회계학

재무회계

원가관리회계 · 정부회계

해커스공무원

이승우

약력

연세대학교 경영학과 졸업
제 40회 공인회계사 시험 합격

현 | 해커스공무원 회계학 강의
현 | AIFA 우리경영아카데미 강사
현 | 국세공무원교육원 강사
현 | 숭실대학교 강사
전 | 한영회계법인

저서

해커스공무원 회계학, 해커스패스
해커스공무원 최신기출문제집 회계학, 해커스패스
CPA·CTA 1차대비 객관식 회계학 모의고사문제집, 다임
세무사 2차대비 모의고사문제집 회계학 1부, 다임

해커스공무원

회계학

개정 4판 1쇄 발행 2019년 7월 8일

지은이	이승우, 해커스 공무원시험연구소
펴낸곳	해커스패스
펴낸이	박규명

주소	서울특별시 강남구 강남대로 428 해커스공무원
고객센터	02-598-5000
교재 관련 문의	gosi@hackerspass.com
	해커스공무원 사이트(gosi.Hackers.com) 교재 Q&A 게시판
학원 강의 및 동영상강의	gosi.Hackers.com

ISBN	979-11-6266-382-0 (13320)
Serial Number	04-01-01

최단기 합격 1위,
해커스공무원(gosi.Hackers.com)

해커스공무원

· 해커스 스타강사의 **본 교재 인강** (교재 내 할인쿠폰 수록)
· 합격을 위해 꼭 필요한 '회독'의 방법과 공부 습관을 제시하는 **해커스 회독증강 콘텐츠** (교재 내 할인쿠폰 수록)
· 해커스공무원 스타강사의 **무료 공무원 회계학 동영상강의**

[최단기 합격 1위 해커스공무원] 헤럴드미디어 2018 대학생 선호 브랜드 대상 '대학생이 선정한 최단기 합격 공무원 학원' 분야 1위

공무원 시험 합격을 위한 필수 기본서!

공무원 공부, 어떻게 시작해야 할까?

많은 수험생 여러분들이 회계학 과목의 방대한 양에 막연한 두려움을 느끼곤 합니다. 하지만 우리에게 중요한 것은 오랜 기간 축적되어 온 학문으로서의 회계학이 아닌, '시험에 합격할 수 있는' 회계학일 것입니다.

이에 『2020 해커스공무원 회계학』은 수험생 여러분들이 '시험에 나오는' 회계학만을 효율적으로 학습할 수 있도록 다음과 같은 특징을 가지고 있습니다.

첫째, 회계학의 핵심을 빠르고 정확하게 학습할 수 있도록 구성하였습니다.

수험생 여러분들의 효율적인 학습을 위해 회계학의 핵심 내용만을 충실히 다룬 이론서로서, 기본 개념부터 심화 이론까지 차근차근 이해하며 따라갈 수 있도록 교재를 짜임새 있게 구성하였습니다.

둘째, 공무원 회계학의 기출문제를 주제별로 정리하여 수록하였습니다.

실제 시험장에서 문제를 빠르고 정확하게 풀기 위해 수험생들이 가장 먼저 할 일은 주어진 문제의 주제를 구분하는 것입니다. 이를 위해 공무원 회계학 시험의 주제들을 기반으로 기출문제를 체계적으로 분류하여 수록하였습니다. 특히, 계산문제에 대한 문제 해결 능력을 향상시키기 위해 계산문제가 자주 출제되는 주제에는 계산문제의 풀이를 그림과 계산식을 통해 설명하였습니다.

더불어, 공무원 시험 전문 사이트 해커스공무원(gosi.Hackers.com)에서 교재 학습 중 궁금한 점을 나누고 다양한 무료 학습 자료를 함께 이용하여 학습 효과를 극대화할 수 있습니다.

부디 『2020 해커스공무원 회계학』과 함께 공무원 회계학 시험 고득점을 달성하고 합격을 향해 한걸음 더 나아가시기를 바랍니다.

『2020 해커스공무원 회계학』이 공무원 합격을 꿈꾸는 모든 수험생 여러분에게 훌륭한 길잡이가 되기를 바랍니다.

이승우, 해커스 공무원시험연구소

목차

이 책의 구성

『2020 해커스공무원 회계학』은 수험생 여러분들이 회계학 과목을 효율적으로 정확하게 학습하실 수 있도록 상세한 내용과 다양한 학습장치를 수록·구성하였습니다. 아래 내용을 참고하여 본인의 학습 과정에 맞게 체계적으로 학습 전략을 세워 학습하기 바랍니다.

① 이론의 세부적인 내용을 정확하게 이해하기

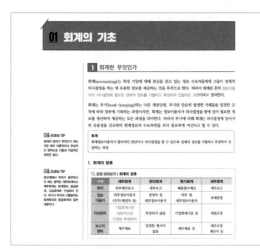

최신 출제 경향 및 개정 기업회계기준을 반영한 이론

1. 최신 출제 경향 반영

철저한 기출분석으로 도출한 최신 출제 경향을 바탕으로 자주 출제되거나 출제가 예상되는 내용 등을 엄선하여 교재 내 이론에 반영·수록하였습니다. 이를 통해 방대한 회계학의 내용 중 시험에 나오는 이론만을 효과적으로 학습할 수 있습니다.

2. 2020년 시험 대비 기업회계기준 및 정부회계규칙 반영

2020년에 적용되는 최신 기업회계기준 및 정부회계규칙을 교재 내 모든 이론과 문제에 적극 반영하였습니다. 이를 통해 개정된 회계기준의 내용을 빠짐없이 학습하여 시험에 효율적으로 대비할 수 있습니다.

② 다양한 학습장치를 활용하여 이론 완성하기

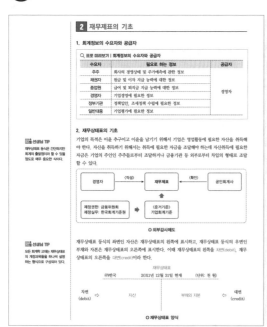

체계적인 학습을 위한 다양한 학습 장치

1. 표로 미리보기

한국채택국제회계기준(K-IFRS)내용을표로정리하여수록하였습니다. 이를 통해 관련 이론을 학습하기 전, 큰 맥락에서 내용을 먼저 한눈에 확인하고 접근할 수 있습니다.

2. 그림으로 이해하는 회계학

회계학 이론과 계산 과정을 이해하기 쉽게 그림으로 설명하였습니다. 이를 통해 학습한 내용을 일목요연하게 정리하고, 문제를 더 빠르고 정확하게 해결하는 방법을 학습할 수 있습니다.

3. 선생님 TIP

본문 내용 중 더 알아두면 좋은 내용 또는 학습에 도움이 되는 내용을 '선생님 TIP'에 담아 제시하였습니다. 친절한 설명을 통해 회계학 이론의 큰 흐름 속에서 이해하기 어려웠던 부분의 학습을 보충할 수 있으며, 전략적인 학습을 위해 필요한 내용을 익힐 수 있습니다.

③ 실제 사례를 통해 이론 적용하기

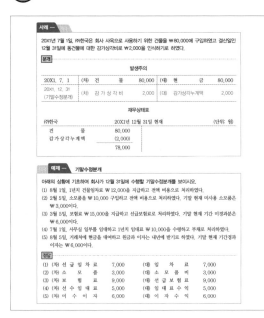

심층학습을 위한 사례와 예제

1. 사례
공무원 회계학 시험에서는 주요 이론 외에도 실제와 같은 사례를 제시하고 해결해야 하는 문제가 함께 출제되므로, 이론과 관련된 사례와 그에 따른 분개, 풀이 과정을 함께 수록하였습니다. 이를 통해 학습한 이론을 확실하게 정리하고, 사례형 문제에 대한 적응력을 높일 수 있습니다.

2. 예제
회계학의 이론을 문제에 적용할 수 있도록 예제와 정답을 함께 수록하였습니다. 문제를 풀어보면서 학습한 개념과 이론을 제대로 이해하고 있는지 확인해볼 수 있으며, 문제를 해결하는 과정에서 이해가 부족했던 부분을 바로 짚고 넘어갈 수 있습니다.

④ 문제를 통해 다시 한 번 이론 정리하기

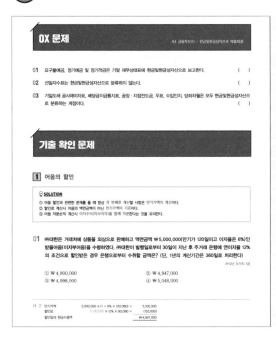

실전 감각을 높일 수 있는 다양한 문제 및 해설

1. 주요 핵심 지문으로 재구성된 OX 문제
주요 핵심 이론과 시험에 자주 출제되는 지문을 모아 OX 문제로 구성하였습니다. 이를 통해 앞서 학습한 이론을 정확하게 이해하였는지 점검하고, 헷갈리기 쉬운 개념을 충분히 연습하여 실전에 대비할 수 있습니다.

2. 주제별로 엄선된 기출문제
취약 부분을 파악하고 학습을 효과적으로 마무리할 수 있도록 기출문제를 주제별로 정리하여 수록하였습니다. 또한, 계산문제가 자주 출제되는 주제에는 문제 해결에 대한 TIP이나 풀이 방법을 수록한 SOLUTION을 제시하여 계산문제의 패턴을 익히고 문제 해결 능력을 높일 수 있습니다.

3. 상세한 해설
교재에 수록된 모든 문제에 상세한 해설을 수록하였습니다. 이를 통해 개념을 다시 정리하고 복습할 수 있으며, 특히 그림과 표로 정리된 계산문제를 통해 계산 과정을 직관적으로 이해할 수 있습니다.

공무원 회계학 길라잡이

시험분석

공무원 회계학 과목은 세무직 · 관세직 · 회계직 등에서 채택하고 있는 선택과목입니다. 최근 3년간 9 · 7급 공채 필기시험 응시 현황에 따르면 회계학을 선택과목으로 할 경우 응시 가능한 직렬 중에서 수험생들이 가장 많이 지원하는 직렬은 세무직입니다. 하단에 국가직 세무직 시험에 대한 정보를 수록하였으니, 학습 전략을 세우는 데 참고하기 바랍니다.

* 사이버국가고시센터 참고 (gosi.kr)

대표 직렬 안내

세무직에 합격하면 국가직의 경우 국세청 산하 지방국세청과 세무서에서, 지방직의 경우 각 지방자치단체의 지방세과에서 근무하게 됩니다. 세무직 공무원이 되면 국내의 세금과 관련된 전문적이고 다양한 업무들을 수행하게 되는데, 세금 부과 및 감면에 대한 업무는 물론 세무조사, 납세서비스, 복지세정 등 국민 생활에서 중요한 영역인 '세금' 관련 업무를 담당하게 됩니다.

(참고)

회계학을 선택과목으로 선택할 경우 세무직 외에도 7급은 관세직 · 회계직 응시가 가능하며, 9급은 관세직 · 회계직 · 감사직 응시가 가능합니다. 응시 가능한 모든 직렬의 시험에서 회계학 전 범위의 내용이 다루어지는 것은 아니며, 직렬별로 시험 범위가 다르므로 시험 준비 전 이를 명확히 알고 대비할 필요가 있습니다.

합격선 안내

다음의 그래프는 지난 3년간 9 · 7급 국가직 세무직의 필기시험 합격선을 나타낸 것입니다. 2013년 9급 공채 세무직 시험과목에 고교 이수과목 등의 선택과목이 추가됨에 따라, 난이도 차이 보정을 위해 조정점수제가 도입되어 5개 응시과목의 총득점으로 합격선 및 합격자를 결정하고 있으며, 7급의 경우 기존과 같이 평균 점수로 합격선을 결정하고 있습니다. 따라서 급수에 따른 합격선 기준이 다름을 참고하여 그래프를 확인하시기 바랍니다.

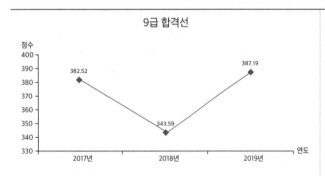

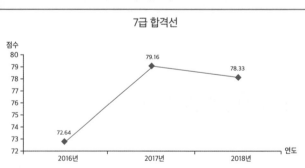

(참고)

1. 9급 필수과목은 절대평가로 100점 만점 기준으로 점수가 환산되는 반면, 선택과목은 상대평가로 조정점수제를 바탕으로 해당 과목의 평균과 표준편차를 활용해서 점수가 일정하지 않고 달라질 수 있습니다.

2. 조정점수제란, 서로 다른 선택과목을 응시한 수험생들의 성적을 동일한 척도 상에서 비교할 수 있도록 해당 과목의 평균과 표준편차를 활용하여 과목 간 난이도 차이를 보정할 수 있는 제도입니다.

📝 커리큘럼

* 학습 기간은 개인의 학습 수준과 상황 및 시험 일정에 따라 조절하기 바랍니다.

기본이론
2개월

재무회계 기본이론 학습

재무회계의 기본적인 이론과 주제들을 학습하는 단계입니다. 회계학 시험은 개념과 사례들을 다양하게 응용하는 형태로 출제되기 때문에, 규정에 대한 단순한 암기는 지양하고 다양한 사례를 통해 회계규정의 적용 상황, 취지, 내용 등을 이해해야 합니다.

💎 **TIP** 기본이론에서는 너무 세세한 내용에 집중하기보다는 사례와 예제를 중심으로 빠르게 여러 번 반복하여 학습하는 것이 좋습니다.

심화이론
2개월

재무회계 심화주제 및 원가관리회계, 정부회계 학습

재무회계의 심화주제 및 원가관리회계, 정부회계를 학습하는 단계입니다. 특히, 원가관리회계는 사례 응용을 통한 계산문제가, 정부회계는 기본개념에 대한 응용문제가 주로 출제되므로 각 과목의 특성을 이해하고 학습할 필요가 있습니다.

💎 **TIP** 심화이론에서는 계산문제의 유형별 풀이방법을 반드시 이해하고 넘어갈 수 있도록 반복적으로 학습하며, 이를 통해 빠르고 정확하게 문제를 풀어내는 능력을 기르도록 합니다.

문제풀이
2개월

단원별 기출문제 및 예상문제 풀이

이론을 응용하여 문제를 푸는 방법을 학습하는 단계입니다. 다양한 형태의 예상문제들을 풀어봄으로써 취약한 주제를 집중적으로 보완하고, 기본 및 심화이론 단계에서 다루었던 문제들보다 더 복잡하고 까다로운 문제들을 통해 응용력과 이해력을 높이는 연습이 필요합니다.

💎 **TIP** 회계학 문제들은 대부분 기본개념에 대한 응용문제이므로 기초적인 내용이 흔들리면 응용문제들을 정확하게 풀 수 없습니다. 따라서 자주 틀리는 문제가 있다면 반드시 기본서를 통해 기초적인 내용부터 다시 숙지하고, 서술형 문제에 대비하기 위해서 빈출되는 문구들은 기본서에 체크해두었다가 주기적으로 반복해서 읽어봅니다.

실전동형
2개월

실전과 동일한 형태의 전 범위 모의고사 풀이

실제 시험과 비슷한 구성의 문제들로 최종 마무리하는 단계입니다. 계산문제가 대부분인 회계학 시험의 특성상 시간 안배에 대한 연습을 충분히 해야 하며, 실제 시험장에서 과목 또는 주제별로 풀이 순서를 어떻게 정할지 등에 대한 전략까지 수립하는 것이 필요합니다.

💎 **TIP** 전 범위를 기출문제와 유사한 형태와 문제로 빠르게 점검하고, 실전처럼 시간 배분까지 연습합니다. 모의고사를 통해 본인의 실력을 마지막까지 확인하여, 자주 틀리거나 취약한 부분은 기본서 복습 등으로 보충하여 대비하는 것이 좋습니다.

학습 플랜

효율적인 학습을 위하여 DAY별로 권장 학습 분량을 제시하였으며, 이를 바탕으로 본인의 학습 진도나 수준에 따라 조절하여 학습하기 바랍니다. 또한 학습한 날은 표 우측의 각 회독 부분에 형광펜이나 색연필 등으로 표시하며 채워나가기 바랍니다.

* 1, 2회독 때에는 60일 학습 플랜을, 3회독 때에는 30일 학습 플랜을 활용하면 좋습니다.

60일 플랜	30일 플랜		학습 플랜	1회독	2회독	3회독
DAY 1	DAY 1	재무회계	01 회계의 기초 1~3	DAY 1	DAY 1	DAY 1
DAY 2			01 회계의 기초 4	DAY 2	DAY 2	
DAY 3	DAY 2		01 회계의 기초 문제풀이	DAY 3	DAY 3	DAY 2
DAY 4			01 회계의 기초 복습	DAY 4	DAY 4	
DAY 5	DAY 3		02 재무보고를 위한 개념체계와 재무제표 표시 1~2	DAY 5	DAY 5	DAY 3
DAY 6			02 재무보고를 위한 개념체계와 재무제표 표시 3~5	DAY 6	DAY 6	
DAY 7	DAY 4		02 재무보고를 위한 개념체계와 재무제표 표시 문제풀이	DAY 7	DAY 7	DAY 4
DAY 8			02 재무보고를 위한 개념체계와 재무제표 표시 복습	DAY 8	DAY 8	
DAY 9	DAY 5		03 상기업의 회계처리와 수익의 인식	DAY 9	DAY 9	DAY 5
DAY 10			03 상기업의 회계처리와 수익의 인식 문제풀이	DAY 10	DAY 10	
DAY 11	DAY 6		03 상기업의 회계처리와 수익의 인식 복습	DAY 11	DAY 11	DAY 6
DAY 12			04 금융자산(1) - 현금및현금성자산과 매출채권	DAY 12	DAY 12	
DAY 13	DAY 7		04 금융자산(1) - 현금및현금성자산과 매출채권 문제풀이	DAY 13	DAY 13	DAY 7
DAY 14			04 금융자산(1) - 현금및현금성자산과 매출채권 복습	DAY 14	DAY 14	
DAY 15	DAY 8		05 재고자산	DAY 15	DAY 15	DAY 8
DAY 16			05 재고자산 문제풀이	DAY 16	DAY 16	
DAY 17	DAY 9		05 재고자산 복습	DAY 17	DAY 17	DAY 9
DAY 18			06 유형자산과 무형자산 1~3	DAY 18	DAY 18	
DAY 19	DAY 10		06 유형자산과 무형자산 4~8	DAY 19	DAY 19	DAY 10
DAY 20			06 유형자산과 무형자산 문제풀이(OX~기출 35)	DAY 20	DAY 20	
DAY 21	DAY 11		06 유형자산과 무형자산 문제풀이(기출 36~70)	DAY 21	DAY 21	DAY 11
DAY 22			06 유형자산과 무형자산 복습	DAY 22	DAY 22	
DAY 23	DAY 12		07 사채와 충당부채 1~2	DAY 23	DAY 23	DAY 12
DAY 24			07 사채와 충당부채 3~4	DAY 24	DAY 24	
DAY 25	DAY 13		07 사채와 충당부채 문제풀이	DAY 25	DAY 25	DAY 13
DAY 26			07 사채와 충당부채 복습	DAY 26	DAY 26	
DAY 27	DAY 14		08 자본	DAY 27	DAY 27	DAY 14
DAY 28			08 자본 문제풀이	DAY 28	DAY 28	
DAY 29	DAY 15		08 자본 복습	DAY 29	DAY 29	DAY 15
DAY 30			09 금융자산(2) - 지분상품과채무상품	DAY 30	DAY 30	

✅ 1회독 때에는 처음부터 완벽하게 학습하려고 욕심을 내는 것보다는 전체적인 내용을 가볍게 익힌다는 생각으로 교재를 읽는 것이 좋습니다.

✅ 2회독 때에는 1회독 때 확실히 학습하지 못한 부분을 정독하면서 꼼꼼히 교재의 내용을 익힙니다.

✅ 3회독 때에는 기출 또는 예상문제를 함께 풀어보며 본인의 취약점을 찾아 보완하면 좋습니다.

60일 플랜	30일 플랜		학습 플랜	1회독	2회독	3회독
DAY 31	DAY 16	재무회계	09 금융자산(2) - 지분상품과채무상품 문제풀이	DAY 31	DAY 31	DAY 16
DAY 32			09 금융자산(2) - 지분상품과채무상품 복습	DAY 32	DAY 32	
DAY 33	DAY 17		10 현금흐름표	DAY 33	DAY 33	DAY 17
DAY 34			10 현금흐름표 문제풀이	DAY 34	DAY 34	
DAY 35	DAY 18		10 현금흐름표 복습	DAY 35	DAY 35	DAY 18
DAY 36			11 재무회계의 기타주제	DAY 36	DAY 36	
DAY 37	DAY 19		11 재무회계의 기타주제 문제풀이	DAY 37	DAY 37	DAY 19
DAY 38			11 재무회계의 기타주제 복습	DAY 38	DAY 38	
DAY 39	DAY 20		재무회계 복습(01 ~ 05)	DAY 39	DAY 39	DAY 20
DAY 40			재무회계 복습(06 ~ 11)	DAY 40	DAY 40	
DAY 41	DAY 21	원가관리 회계	01 제조기업의 회계처리 1 ~ 2	DAY 41	DAY 41	DAY 21
DAY 42			01 제조기업의 회계처리 3 ~ 4	DAY 42	DAY 42	
DAY 43	DAY 22		01 제조기업의 회계처리 문제풀이	DAY 43	DAY 43	DAY 22
DAY 44			01 제조기업의 회계처리 복습	DAY 44	DAY 44	
DAY 45	DAY 23		02 개별원가계산과 활동기준원가계산	DAY 45	DAY 45	DAY 23
DAY 46			02 개별원가계산과 활동기준원가계산 문제풀이	DAY 46	DAY 46	
DAY 47	DAY 24		02 개별원가계산과 활동기준원가계산 복습	DAY 47	DAY 47	DAY 24
DAY 48			03 종합원가계산과 결합원가계산	DAY 48	DAY 48	
DAY 49	DAY 25		03 종합원가계산과 결합원가계산 문제풀이	DAY 49	DAY 49	DAY 25
DAY 50			03 종합원가계산과 결합원가계산 복습	DAY 50	DAY 50	
DAY 51	DAY 26		04 변동원가계산과 CVP분석	DAY 51	DAY 51	DAY 26
DAY 52			04 변동원가계산과 CVP분석 문제풀이	DAY 52	DAY 52	
DAY 53	DAY 27		04 변동원가계산과 CVP분석 복습	DAY 53	DAY 53	DAY 27
DAY 54			05 표준원가	DAY 54	DAY 54	
DAY 55	DAY 28		05 표준원가 문제풀이, 복습	DAY 55	DAY 55	DAY 28
DAY 56			원가관리회계 복습	DAY 56	DAY 56	
DAY 57	DAY 29	정부회계	정부회계 1 ~ 2	DAY 57	DAY 57	DAY 29
DAY 58			정부회계 3	DAY 58	DAY 58	
DAY 59			정부회계 문제풀이, 복습	DAY 59	DAY 59	
DAY 60	DAY 30		전체 복습	DAY 60	DAY 60	DAY 30

해커스공무원 학원 · 인강
gosi.Hackers.com

재무회계

목차 내비게이션

04 ▶ 금융자산(1)-현금및현금성자산과 매출채권

재무상태표

㈜한국	20X1년 12월 31일 현재	(단위: 백만 원)
자 산	부 채	
유동자산	유동부채	
현금및현금성자산 ×××	·······	
(제1절)		
매출채권 ×××		
(제2절)		
·······		

① 현금및현금성자산
  ㉠ 현금및현금성자산의 분류
  ㉡ 은행계정조정표

② 매출채권
  ㉠ 매출채권의 할인
  ㉡ 대손회계(손상차손)

05 ▶ 재고자산

재무상태표

㈜한국	20X1년 12월 31일 현재	(단위: 백만 원)
자 산	부 채	
유동자산	유동부채	
현금및현금성자산 ×××	·······	
매출채권 ×××		
재고자산 ×××		
·······		

① 기말재고수량에 포함할 항목
② 원가흐름의 가정
  ㉠ 개별법   ㉡ 선입선출법
  ㉢ 후입선출법 ㉣ 가중평균법

③ 재고자산감모손실과 평가손실
④ 재고자산의 추정
  ㉠ 매출총이익법
  ㉡ 소매재고법(매출가격환원법)

06 유형자산과 무형자산

재무상태표

㈜한국		20X1년 12월 31일 현재		(단위: 백만 원)
자 산		부 채		
유동자산		유동부채		
현금및현금성자산	×××		· · · · · · ·	
매출채권	×××			
재고자산	×××			
비유동자산				
유형자산	×××			
무형자산	×××			
· · · · · · ·				

① 유형자산
　㉠ 유형자산의 취득
　　– 유형자산의 취득원가
　　– 토지의 취득
　　– 교환에 의한 취득
　　– 정부보조금
　　– 차입원가

② 무형자산
　㉠ 무형자산의 의의
　㉡ 내부적으로 창출한 무형자산
　㉢ 무형자산의 상각
　㉣ 영업권

　㉡ 후속원가
　　– 수익적지출
　　– 자본적지출
　㉢ 감가상각대상자산의 원가모형
　㉣ 감가상각비대상자산의 재평가모형
　㉤ 감가상각대상자산의 재평가모형
　㉥ 투자부동산

07 사채와 충당부채

재무상태표

㈜한국		20X1년 12월 31일 현재		(단위: 백만 원)
자 산		부 채		
유동자산		유 동 부 채		
현금및현금성자산	×××	비유동부채		
매출채권	×××	사채		×××
재고자산	×××	충당부채		×××
· · · · · · ·		· · · · · · ·		

재무상태표
자본변동표

08 ▶ 자본

재무상태표

㈜한국		20X1년 12월 31일 현재		(단위: 백만 원)
자　산		부　채		
유동자산		유 동 부 채		
현금및현금성자산	×× ×	비유동부채		
매출채권	×× ×	사채		×× ×
재고자산	×× ×	충당부채		×× ×
		자　본		
‥‥‥‥		납입자본		×× ×
		이익잉여금		×× ×
		기타자본구성요소		×× ×
		‥‥‥‥		

① 자본의 분류: 납입자본, 이익잉여금, 기타자본구성요소
② 납입자본
　㉠ 배당금 지급액 계산
　㉡ 유상증자와 무상증자
　㉢ 무상증자 VS 주식배당 VS 주식분할(병합)
　㉣ 유상감자와 무상감자
　㉤ 자기주식
③ 이익잉여금
　㉠ 법정적립금: 이익준비금
　㉡ 임의적립금
　㉢ 미처분이익잉여금
　㉣ 이익잉여금처분계산서
④ 자본변동표

09 ▶ 금융자산(2)-지분상품과채무상품

재무상태표

㈜한국   20X1년 12월 31일 현재   (단위: 백만 원)

자 산		부 채	
유동자산		유 동 부 채	
현금및현금성자산	×××	비유동부채	
매출채권	×××	사채	×××
재고자산	×××	충당부채	×××
당기손익인식금융자산	×××	자 본	
비유동자산		납입자본	×××
매도가능금융자산	×××	이익잉여금	×××
만기보유금융자산	×××	기타자본구성요소	×××
관계기업투자	×××		
유형자산	×××		
무형자산	×××		

① 금융상품의 의의와 분류
② 금융자산의 최초인식
③ 당기손익 – 공정가치 측정 금융자산
　㉠ 지분상품
　㉡ 채무상품
④ 기타포괄손익 – 공정가치 측정 상품
⑤ 투자채무상품
　㉠ 상각후원가 측정 금융자산: 원가법
　㉡ 기타포괄손익 – 공정가치 측정 금융자산: 공정가치법
⑥ 관계기업투자

01 회계의 기초

1 회계란 무엇인가

회계(accounting)는 특정 기업에 대해 관심을 갖고 있는 정보 수요자들에게 그들이 경제적 의사결정을 하는 데 유용한 정보를 제공하는 것을 목적으로 한다. 따라서 회계란 흔히 정보이용자의 의사결정에 필요한 경제적 정보를 식별하고 측정하여 전달하는 과정이라고 정의한다.

회계는 부기(book-keeping)와는 다른 개념인데, 부기란 단순히 발생한 거래들을 일정한 규칙에 따라 장부에 기록하는 과정이지만, 회계는 정보이용자가 의사결정을 함에 있어 필요한 정보를 생산하여 제공하는 모든 과정을 의미한다. 따라서 부기에 비해 회계는 의사결정에 있어서의 유용성을 강조하며 회계정보의 수요측면을 보다 중요하게 여긴다고 할 수 있다.

> **회계**
> 회계정보이용자가 합리적인 판단이나 의사결정을 할 수 있도록 경제적 정보를 식별하고 측정하여 전달하는 과정

1. 회계의 분류

🔍 표로 미리보기 | 회계의 분류

구분	재무회계	관리회계	원가회계	세무회계
목적	외부재무보고	내부보고	제품원가계산	세무보고
정보 이용자	외부정보이용자 (주주/채권자 등)	경영자 등 내부정보이용자	외부 및 내부정보이용자	과세관청
작성원칙	기업회계기준 (일반적으로 인정된 회계원칙)	특정되지 않음	기업회계기준 등	세법규정
보고의 형태	재무제표	일정한 형식이 없음	재무제표 등	세무조정 계산서 등

재무회계는 외부정보이용자들의 의사결정에 유용한 정보를 제공하는 것을 목적으로 하는 회계의 분야이다. 외부정보이용자란 주주, 채권자, 정부기관, 고객, 일반대중 등 거의 모든 경제 주체들을 아우르는 개념이다.

A전자라는 회사가 있다고 가정을 해보자. A전자의 주식을 현재 보유하고 있는 주주, A전자의 주식에 관심이 있는 잠재적 주주, A전자의 채권을 보유하고 있는 채권자, 종업원, 정부 및 감독기관 등 수많은 경제 참여자들은 A전자의 재무상태나 경영성과에 대해 알고 싶어 한다. A전

자의 경영자는 앞과 같은 외부정보이용자들에게 과거의 사건이나 거래의 결과로 나타나는 현재의 재무상태, 경영성과 및 재무상태의 변동내용 등을 재무제표라는 형식을 통해 알려주게 되는데 이러한 내용을 다루는 분야가 재무회계이다.

외부정보이용자에게 정보를 제공할 때는 재무제표라는 형태로 정보를 제공하는데 기업마다 재무제표를 작성하는 방식과 정보의 내용이 다르다면 외부정보이용자에게 그다지 유용한 정보가 될 수 없을 것이다. 따라서 외부정보이용자에게 제공되는 재무제표는 일정한 규칙이나 지침에 근거해야 하는데 이렇게 재무제표를 작성할 때 규칙이 되는 것이 일반적으로 인정된 회계원칙(GAAP; Generally Accepted Accounting Principles) 또는 기업회계기준이다.

반면 관리회계(managerial accounting)는 외부정보이용자가 아닌 기업의 경영자와 같은 내부정보이용자의 의사결정에 유용한 정보를 제공하는 것을 목적으로 하는 회계이다. 경영자 등 기업의 내부관리자들은 기업활동과 관련된 계획, 통제 및 평가의 모든 과정에서 회계정보를 필요로 한다. 예를 들어, '새로 출시하는 신제품의 가격을 얼마로 하는 것이 적절할 것인가?', '제품을 지금과 같이 자체 생산할 것인가 혹은 외부에 생산을 위탁할 것인가?', '종업원들의 임금을 10% 인상한다면 회사의 이익은 어떻게 변할 것인가?'와 같은 다양한 의사결정 과정에서 회계정보가 필요하고 관리회계는 이런 다양한 의사결정 등에 필요한 정보를 제공하는 것을 목적으로 하는 회계이다.

내부정보이용자에게 전달되는 회계정보, 즉 관리회계정보는 외부정보이용자에게 제공되는 회계정보와 같이 일반적으로 인정된 회계원칙 혹은 기업회계기준을 준수할 필요가 없다. 왜냐하면 관리회계는 경영자가 의사결정을 함에 있어서 가장 목적 적합하고 의사결정에 도움이 되는 방법으로 작성하면 그것으로 충분하기 때문이다. 관리회계정보는 기업 외부로 공시되는 정보가 아니므로 표준화된 양식이나 기준을 준수할 필요가 없다.

2. 회계정보의 수요자와 공급자

수요자	필요로 하는 정보	공급자
주주	회사의 경영상태 및 주가예측에 관한 정보	경영자
채권자	원금 및 이자 지급 능력에 대한 정보	
종업원	급여 및 퇴직금 지급 능력에 대한 정보	
경영자	기업경영에 필요한 정보	
정부기관	정책입안, 조세정책 수립에 필요한 정보	
일반대중	기업평가에 필요한 정보	

🔍 **표로 미리보기 |** 회계정보의 수요자와 공급자

회계정보의 수요자는 위에서 언급한 바와 같이 주주, 채권자, 종업원, 정부기관, 일반대중 등 매우 다양하다. 사실상 거의 모든 경제활동 참여자들이 회계정보의 수요자라고 볼 수 있다.

회계정보의 공급자는 공인회
계사가 아니다.

회계정보의 공급자는 기업의 경영자이다. 경영자는 효율적인 기업의 경영을 위해 회계정보를 이용하기도 하므로 경영자는 회계정보의 공급자인 동시에 수요자라고 볼 수 있다.

3. 일반적으로 인정된 회계원칙

회사의 경영자는 주로 재무제표라는 수단을 통해서 시장에 회계정보를 공급하게 된다. 그런데 회사의 경영자가 재무제표를 작성하면서 회사에 유리한 결과를 가져오는 방향으로 모든 정보를 작성해서 공급한다거나 회계정보를 공급하는 기업들이 모두 저마다의 기준과 양식으로 회계정보를 만들어서 공급한다면 이는 정보이용자에게 그다지 도움이 되는 정보가 될 수 없을 것이다.

따라서 회계정보를 공급할 때에는 일정한 규칙 또는 지침을 준수해야 하는데 이를 일반적으로 인정된 회계원칙(GAAP; Generally Accepted Accounting Principles)이라고 부른다. 일반적으로 인정된 회계원칙은 특정 거래나 사건을 확인, 측정하고 이를 재무제표에 포함하여 보고하는 방법을 기술하고 있다.

일반적으로 인정된 회계원칙은 이를 제정하는 기관에서 일방적으로 제정하여 적용을 강제하는 것이 아니라 회계정보의 작성자와 이용자 대부분이 이를 수용하고 지지할 때 비로소 강제성 있는 지침이 된다. 따라서 아무리 논리적으로 타당한 회계원칙이라 하더라도 다수의 회계정보 공급자 및 수요자가 이를 거부한다면 일반적으로 인정된 회계원칙이 될 수 없다. 일반적으로 인정된 회계원칙은 회계원칙제정기관이 별도로 정한 회계원칙과 오랜 기간에 걸쳐 회계실무에서 사용되어온 결과로 형성된 회계원칙으로 구성된다.

우리나라는 2007년에 국제회계기준을 우리나라의 일반적으로 인정된 회계원칙으로 도입하기로 결정한 후, 2009년 말에 한국회계기준원이 국제회계기준을 한국어로 번역한 '한국채택국제회계기준(K-IFRS)'을 재정·공표하였다. 상장회사 및 금융회사 등은 2011년부터 의무적으로 한국채택국제회계기준을 적용하기 시작하였으며 이를 적용하지 않는 기업은 '일반기업회계기준'을 적용한다. 따라서 현재 우리나라의 일반적으로 인정된 회계원칙은 '한국채택국제회계기준'과 '일반기업회계기준'으로 이원화되어 있다.

● 우리나라의 일반적으로 인정된 회계원칙

일반적으로 인정된 회계원칙	
한국채택국제회계기준(K-IFRS)[*1]	일반기업회계기준
상장회사 및 금융회사 적용	상장회사 및 금융회사 외의 외부감사대상법인 적용[*2]

(*1) 공무원 회계학 시험에는 한국채택국제회계기준을 출제
(*2) 직전 사업연도 말 현재 자산총계가 120억원 이상인 주식회사가 외부감사대상법인

4. 재무제표

경영자가 회계정보를 공급하는 핵심적 재무보고 수단이 재무제표이다. 재무제표는 재무상태표, 포괄손익계산서, 자본변동표, 현금흐름표 및 주석으로 구성되어 있다. 경영자가 재무제표를 작성할 때에는 반드시 일반적으로 인정된 회계원칙에 근거하여야 한다.

① 재무상태표(statement of financial position): 특정시점의 기업의 재무상태에 관한 정보를 제공
② 포괄손익계산서(statement of profit or loss and other comprehensive income): 특정기간의 기업의 경영성과에 관한 정보를 제공
③ 자본변동표(statement of change in equity): 특정기간의 기업의 자본변동에 관한 정보를 제공
④ 현금흐름표(statement of cash flow): 특정기간의 기업의 현금흐름에 관한 정보를 제공
⑤ 주석(notes): 재무제표 상 해당과목 또는 금액에 기호를 붙이고 난외 또는 별지에 그 내용을 간결하게 기재한 보고서로 재무제표 본문에 포함되지 않지만 재무제표에 포함

5. 외부감사제도

기업들이 작성한 재무제표가 외부정보이용자들에게 유용한 것이 되기 위해서는 일반적으로 인정된 회계원칙에 의해 작성되어야 한다. 그리고 경영자가 일반적으로 인정된 회계원칙에 의해 재무제표를 작성했는지 제3자에 의해 검증을 받아야 비로소 신뢰성 있는 정보가 될 수 있다. 따라서 우리나라는 객관적인 제3자가 경영자가 제시한 재무제표가 일반적으로 인정된 회계원칙에 근거했는지 확인하는 인증 제도를 두고 있는데 이 절차를 외부감사제도라고 부른다.

외부감사는 공인회계사(CPA; Certified Public Accountant)들에 의해 수행되는데, 경영자들이 작성한 재무제표가 일반적으로 인정된 회계원칙에 근거했는지를 평가하고 인증하는 기능을 한다. 공인회계사들은 기업이 작성한 재무제표를 검토한 후 이에 대해 감사의견을 표명하는데 감사의견에는 적정의견, 한정의견, 부적정의견 및 의견거절의 4가지 감사의견이 있다.

유의할 사항은 공인회계사의 감사의견이 투자의 적합성을 보장하지는 않는다는 점이다. 예를 들어, A전자의 감사보고서에 적정의견을 표명했다고 해서 A전자의 주식이나 채권이 투자할만한 가치가 있다는 것을 의미하지는 않는다. 적정의견의 의미는 단지, A전자가 해당 기간에 작성한 재무제표가 일반적으로 인정한 회계원칙에 위배됨이 없이 작성되었다는 의미일 뿐이다.

그러나 자산 규모가 크지 않고 이해관계자가 많지 않은 기업에까지 외부감사를 받게 하는 것은 효율성 면에서 바람직하지 못할 뿐만 아니라 비용 면에서 기업에 부담이 될 수 있으므로 '주식회사의 외부감사에 관한 법률'에서는 외부정보이용자들이 상대적으로 많을 것으로 예상되는 기업들만 외부감사를 받도록 하고 있다. 현재에는 주권상장법인이나 직전 사업연도 말 현재 자산총계가 120억원 이상인 주식회사 등의 경우에만 외부감사가 의무화되어 있다.

경영자가 재무제표를 작성할 때는 일반적으로 인정된 회계원칙에 근거해야 하고 공인회계사가 외부감사를 수행할 때도 일반적으로 인정된 회계원칙은 그 판단 근거가 되므로 회계처리기준을 설정하는 문제는 매우 중요하다고 할 수 있다.

'주식회사의 외부감사에 관한 법률'에 따르면 회계처리기준을 금융위원회가 증권선물위원회의 심의를 거쳐 정하도록 하고 있다. 금융위원회는 회계기준의 제정과 관련된 업무를 전문성을 갖춘 민간법인이나 단체에 위탁할 수 있다. 현재는 해석, 질의회신 등 관련 업무를 포함한 회계처리기준에 관한 업무를 한국회계기준원(KAI; Korea Accounting Institute)에 위탁하고 있다.

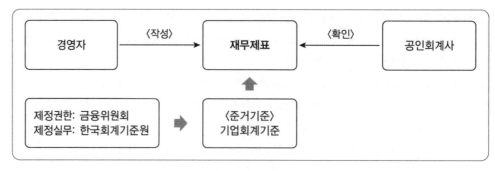

○ 외부감사제도

2 재무제표의 기초

1. 재무상태표의 기초

기업의 목적은 이윤 추구이고 이윤을 남기기 위해서 기업은 영업활동에 필요한 자산을 취득해야 한다. 자산을 취득하기 위해서는 취득에 필요한 자금을 조달해야 하는데 자산취득에 필요한 자금은 기업의 주인인 주주들로부터 조달하거나 금융기관 등 외부로부터 차입의 형태로 조달할 수 있다.

주주로부터 출자받는 금액을 자본, 외부에서 차입한 금액을 부채라고 하면 다음과 같은 관계가 성립한다.

> **재무상태표 등식**
>
> 자산 = 부채 + 자본

위 식의 의미는 기업은 부채 혹은 자본을 통해서 조달한 자금으로 자산을 취득할 것이므로 부채와 자본의 합계는 자산 총액과 같아야 한다는 뜻으로 이 식을 재무상태표 등식이라 부른다.

재무제표는 재무상태표, 포괄손익계산서, 자본변동표, 현금흐름표 및 주석으로 구성되는데 이 중 가장 중요한 것이 재무상태표이다. 재무상태표는 위의 재무상태표 등식을 보기 쉽게 보고서 형식으로 작성한 것이다.

구체적으로 보면 재무상태표 등식의 좌변인 자산은 재무상태표의 왼쪽에 표시하고, 재무상태표 등식의 우변인 부채와 자본은 재무상태표의 오른쪽에 표시한다. 이때 재무상태표의 왼쪽을 차변(debit), 재무상태표의 오른쪽을 대변(credit)이라 하는데 특별한 의미를 갖고 있는 것은 아니고 그냥 관습적으로 그렇게 부를 뿐이다. 그림으로 나타내면 다음과 같다.

📖 선생님 TIP

재무상태표 등식은 간단하지만 회계의 출발점이라 할 수 있을 정도로 매우 중요한 식이다.

📖 선생님 TIP

모든 회계학 교재는 재무상태표의 계정과목들을 하나씩 설명하는 형식으로 구성되어 있다.

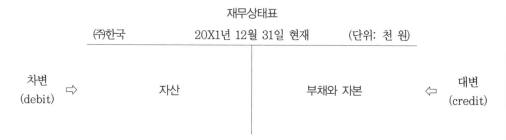

○ 재무상태표 양식

재무상태표(B/S; statement of financial position)의 개략적인 양식은 위와 같은데 중요한 점은 자산은 재무상태표의 차변에 부채와 자본은 재무상태표의 대변에 표시하고, 차변의 합계와 대변의 합계 금액은 반드시 일치해야 한다는 점이다.

추가로 재무상태표를 작성할 때는 당해 재무제표가 재무상태표임을 표시하기 위하여 재무상태표라는 명칭을 표시하고 기업의 명칭과 화폐 단위도 같이 나타낸다.

마지막으로 재무상태표에는 '20X1년 12월 31일 현재'와 같은 특정 시점을 반드시 표시한다. 기업은 매일 영업활동을 영위하고 있고 그에 따라 자산과 부채의 금액은 매일 변동할 것이다. 따라서 현재 표시하고 있는 자산과 부채 그리고 자본의 내역이 정확히 어떤 날짜(시점)를 기준으로 한 것인지에 대한 내용이 필요할 것이기 때문에 재무상태표에는 특정시점에 대한 표시가 반드시 있어야 한다.

재무상태표에 표시되는 자산, 부채 및 자본의 특징은 다음과 같다.

(1) **자산**(assets)

> **자산**
> 자산은 과거 사건의 결과로 기업이 통제하고 있고 미래경제적효익이 기업에 유입될 것으로 기대되는 자원이다.

재무상태표에 인식될 자산이 갖추어야 할 요건으로 다음과 같은 것들을 생각해 볼 수 있다.

① **물리적 형태**: 필요하지 않음

유형자산을 포함한 많은 종류의 자산은 물리적 형태를 가지고 있다. 그러나 자산의 존재를 판단하기 위해서 물리적 형태가 필수적인 것은 아니다. 예를 들어, 특허권과 저작권도 미래에 그로부터 경제적 효익이 창출되어 기업에 귀속되고 기업이 통제한다면 자산이다.

② **법률적 권리**: 필요하지 않음

수취채권과 부동산을 포함한 많은 종류의 자산은 소유권 등 법률적 권리와 관련되어 있다. 그러나 소유권이 자산의 존재를 판단함에 있어 필수적인 것은 아니다. 예를 들어, 기업이 리스계약에 따라 점유하고 있는 부동산에서 기대되는 경제적효익을 통제할 수 있다면 그 부동산은 기업의 자산이다. 일반적으로는 경제적효익에 대한 통제력은 법률적 권리의 결과이지만 경우에 따라서는 법률적 통제가 없어도 자산의 정의를 충족시킬 수 있다. 예를 들어, 기업이 개발활동에서 습득한 핵심지식은 이를 독점적으로 보유함으로써 그로부터 유입될 것으로 기대되는 효익을 통제한다면 자산의 정의를 충족할 수 있다.

③ **과거의 거래나 사건: 필요함**

기업의 자산은 과거의 거래나 그 밖의 사건에서 창출된다. 기업은 일반적으로 구매나 생산을 통하여 자산을 획득하지만 다른 거래나 사건도 자산을 창출할 수 있다. 그러한 예로는 지역의 경제성장을 장려하기 위한 정부의 프로그램에 따라 증여받은 자산이나 매장된 광물의 발견 등이 포함된다. 미래에 발생할 것으로 예상되는 거래나 사건 자체만으로는 자산이 창출되지 아니한다. 예를 들어, 재고자산을 구입하고자 하는 의도 그 자체는 자산의 정의를 충족하지 못한다.

④ **지출의 발생: 필요하지 않음**

일반적으로 지출의 발생과 자산의 취득은 밀접하게 관련되어 있으나 양자가 반드시 일치하는 것은 아니다. 따라서 기업이 지출을 한 경우 이는 미래경제적효익을 추구했다는 증거가 될 수는 있지만 자산의 정의를 충족시키는 어떤 항목을 취득했다는 확정적인 증거는 될 수 없다. 마찬가지로 관련된 지출이 없더라도 특정 항목이 자산의 정의를 충족할 경우 재무상태표의 인식대상이 되는 것을 배제하지는 못한다. 예를 들어, 증여받은 재화는 자산의 정의를 충족할 수 있다.

⊕ 자산의 인식요건

구분	요건	내용
물리적 형태	필요하지 않음	예 무형자산
법률적 권리	필요하지 않음	예 리스자산(사용권자산)
과거의 거래나 사건	필요함	미래 취득계획이나 의도로는 자산 인식 불가
지출의 발생	필요하지 않음	무상으로 취득해도 자산 인식 가능

(2) 부채(debts)

> **부채**
> 부채는 과거사건으로 생긴 현재의무로서, 기업이 가진 경제적 효익이 있는 자원의 유출을 통해 그 이행이 예상되는 의무이다.

미래의 예상영업손실, 공장설비의 대규모 수선계획 등은 부채에 해당하지 않는다. 경제적 효익을 갖는 자원이 기업으로부터 유출될 것으로 예상되지만 현재의무에 해당하지 않기 때문이다.

부채의 본질적 특성은 기업이 현재의무를 갖고 있다는 것이다. 의무란 특정 방법으로 실행하거나 수행할 책무 또는 책임을 말한다. 만일 어떤 기업이 보증기간이 명백히 경과한 후에 발생하는 제품하자에 대해서도 수리해 주기로 방침을 정한 경우에 이미 판매된 제품과 관련하여 지출될 것으로 예상되는 금액은 부채이다.

현재의무와 미래의 약속은 구별되어야 한다. 미래에 특정 자산을 취득하겠다는 경영진의 의사결정 그 자체만으로는 현재의무가 발생하지 아니한다. 의무는 일반적으로 그 자산이 인도되는 때 또는 기업이 자산획득을 위한 취소불능약정을 체결하는 때 발생한다. 후자의 경우에 속하는 취소불능약정은 예를 들어, 의무불이행의 결과에 따른 상당한 위약금 때문에 거래상대방에 대한 자원의 유출을 회피할 여지가 거의 없는 약정을 말한다.

부채는 과거의 거래나 그 밖의 사건에서 발생한다. 예를 들어, 재화를 구입하거나 용역을 제공받는 경우 매입채무가 발생하며(선급 또는 인도와 동시에 지급이 이루어지지 아니한 경우), 은행대출을 받은 경우에는 상환의무가 발생한다. 일부 부채는 상당한 정도의 추정을 해야만 측정이 가능할 수 있다. 이러한 부채는 충당부채라고도 한다.

(3) 자본(shareholder's equity)

> **자본**
> 자본은 기업의 자산에서 모든 부채를 차감한 후의 잔여지분이다.

자본이란 기업의 자산에서 부채를 차감한 잔여지분을 말한다. 재무상태표 등식에서 부채를 좌항으로 이항하면 '자산 − 부채 = 자본'의 식이 되므로 자본은 자산에서 부채를 차감하여 측정한다. 중요한 점은 자본은 그 자체를 직접적으로 측정할 수 있는 것이 아니라 자산과 부채를 각각 측정한 결과 동 금액의 차액으로 계산된다는 점이다.

따라서 재무상태표에 표시되는 자본의 금액은 자산과 부채 금액의 측정에 따라 결정된다. 일반적으로 자본총액은 그 기업이 발행한 주식의 시가총액, 또는 순자산을 나누어서 처분하거나 계속기업을 전제로 기업 전체를 처분할 때 받을 수 있는 총액과 우연한 경우에만 일치한다(대부분 일치하지 않는다는 의미임).

자본은 재무상태표에 소분류하여 표시할 수 있다. 예를 들어, 주식회사의 경우 소유주가 출연한 자본, 이익잉여금, 이익잉여금 처분에 의한 적립금, 자본유지조정을 나타내는 적립금 등으로 구분하여 표시할 수 있다.

📖 선생님 TIP

자본의 소분류에 대한 내용은 08장 '자본'에서 자세히 설명한다.

2. 손익계산서의 기초

❶ 자본이 증감하는 거래

구분	내용	기록
자본거래	주주(소유주)와의 직접 거래	증감내역을 자본변동표에 표시
손익거래	자본거래 이외의 모든 거래	증감내역을 포괄손익계산서에 표시

자본은 기업의 자산에서 부채를 차감하고 남는 금액이라는 뜻에서 잔여지분이라 하며, 주주의 몫에 해당한다는 점에서 주주지분이라고도 한다. 자본은 주주의 몫에 해당하므로 주주들은 특정 기간 동안 자본이 변동하게 된 원인에 대해 매우 궁금해 할 것이다.

자본이 변하는 이유는 크게 두 가지가 있는데 첫째로는 소유주(주주)와 직접거래를 하는 경우(자본거래)이고 둘째는 회사가 여러 활동을 통해 이익 혹은 손실을 발생시키는 경우(손익거래)이다.

자본거래를 통해 자본이 증감하는 경우 그 내역은 자본변동표에 표시한다. 반면 손익거래를 통해 자본이 증감하는 경우 그 내역은 포괄손익계산서에 표시한다.

결과적으로 포괄손익계산서(I/S, Statement of comprehensive Income)는 일정기간 동안 주주(소유주)와의 거래 이외의 모든 원천에서 자본이 증가하거나 감소한 정도와 그 내역에 대한 정보를 제공하는 재무보고서이다. 주주(소유주)와의 거래를 제외하고 자본이 증감하는 거래가 손익거래이므로 포괄손익계산서는 손익거래로 인해 자본이 증감한 내역을 보여주는 재무보고서라 할 수 있다. 따라서 포괄손익계산서와 재무상태표는 서로 연관이 없는 재무제표가 아니라, 포괄손익계산서는 단순히 재무상태표 요소 중 자본이 변하는 이유를 구체적으로 보여주는 재무제표에 지나지 않는다.

손익계산서의 구성요소로는 수익과 비용이 있다.

포괄손익계산서의 구성요소에는 수익과 비용 외에 기타포괄손익이 있는데 기타포괄손익에 대해서는 02장 '재무보고를 위한 개념체계와 재무제표 표시에서 설명하겠다.

(1) 수익(revenues)

> **수익**
> 수익은 자산의 유입이나 증가 또는 부채의 감소에 따라 자본의 증가를 초래하는 특정 회계기간 동안에 발생한 경제적효익의 증가로서, 지분참여자에 의한 출연과 관련된 것은 제외한다.

수익이란 자본을 증가시키는 거래 중에 주주(소유주)와의 거래를 제외한 것을 말한다. 주주(소유주)와의 거래를 제외한 자본의 증감내역이 포괄손익계산서에 표시되므로 수익은 자본을 증가시키는 항목으로 포괄손익계산서에 표시된다.

결국 수익은 손익거래를 통한 자본의 증가와 같은 의미라고 할 수 있다. 손익거래는 기업의 본질적인 영업활동 등을 나타내므로 회계기간 동안 기업에 어떤 손익거래가 있었고 그로 인해 얼마만큼 자본이 증가했는지는 매우 중요한 정보이다. 따라서 이에 대한 내역을 '수익'이라는 계정을 이용해서 구체적으로 보여주는 것이고, 결과적으로 수익은 어떤 손익거래를 통해 얼마만큼 자본이 증가했는지를 설명해주는 것이다. 이런 의미에서 수익에 표시되는 계정을 명목계정이라 부른다.

(2) 비용(expenses)

> **비용**
> 비용은 자산의 유출이나 소멸 또는 부채의 증가에 따라 자본의 감소를 초래하는 특정 회계기간 동안에 발생한 경제적효익의 감소로서, 지분참여자에 대한 분배와 관련된 것은 제외한다.

비용이란 자본을 감소시키는 거래 중에 주주(소유주)와의 거래를 제외한 것을 말한다. 주주(소유주)와의 거래를 제외한 자본의 증감내역이 포괄손익계산서에 표시되므로 비용은 자본을 감소시키는 항목으로 포괄손익계산서에 표시된다.

결국 비용은 손익거래를 통한 자본의 감소와 같은 의미라고 할 수 있다. 손익거래는 기업의 본질적인 영업활동 등을 나타내므로 회계기간 동안 기업에 어떤 손익거래가 있었고 그로 인해 얼마만큼 자본이 감소했는지는 매우 중요한 정보이다. 따라서 이에 대한 내역을 '비용'이라는 계정을 이용해서 구체적으로 보여주는 것이고, 결과적으로 비용은 어떤 손익거래를 통해 얼마만큼 자본이 감소했는지를 설명해주는 것이다. 이런 의미에서 비용에 표시되는 계정을 명목계정이라 부른다.

재무상태표와 손익계산서의 관계를 그림으로 나타내면 아래와 같다.

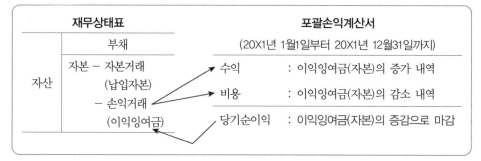

⬆ 재무상태표와 포괄손익계산서의 관계

수익과 비용은 손익거래로 인한 자본의 증감을 구체적으로 나타내기 위해 쓰는 명목계정일 뿐이다. 수익과 비용을 차감해서 얻는 값을 당기순이익(NI; Net Income)이라 하는데 포괄손익계산서의 결과물인 당기순이익은 결국 자본의 순증감액을 의미한다. 따라서 당기순이익은 원천계정인 자본(이익잉여금)에 가감하는 것으로 마감된다.

포괄손익계산서에 표시되어야 할 부가적인 항목을 살펴보면 재무제표 제목(손익계산서), 기업의 명칭, 화폐 단위가 표시되는 것은 앞에서 살펴본 재무상태표와 동일하므로 여기서는 생략하였다.

재무상태표에 표시되는 항목과의 차이점은 앞서 재무상태표에는 '20X1년 12월 31일 현재'와 같은 특정시점이 표시되었지만 포괄손익계산서에는 '20X1년 1월 1일부터 20X1년 12월 31일까지'라는 특정기간이 표시된다는 점이다.

포괄손익계산서는 특정기간 동안 손익거래로 인해 기업의 자본이 얼마나 증가했는지를 나타내는 재무제표이므로 해당 기간에 대한 표시가 필수적이다. 예를 들어, '20X1년 1월 1일부터 20X1년 12월 31일까지' 어떤 기업이 벌어들인 당기순이익이 100억 원이라고 할 때, 기간을 '20X1년 7월 1일부터 20X1년 12월 31일까지'로 변경하면 해당기업이 벌어들인 당기순이익은 크게 감소할 것이므로, 현재 포괄손익계산서에 표시된 당기순이익이 어떤 기간을 대상으로 하는지에 대한 표시는 필수라고 할 수 있다.

3 분개

1. 복식부기의 이해

부기(book-keeping)란 장부기입의 줄임말로 기업실체의 경영활동으로 인한 재산 상의 변화를 일정한 원리에 의하여 장부에 기록하는 방법을 말한다. 부기는 하나의 거래를 발생된 거래의 한쪽 면만을 기록하는 방식의 단식부기와 하나의 거래를 두 가지로 나누어 기록하는 방식의 복식부기가 있다.

📚 선생님 TIP

가정에서 쓰는 가계부, 용돈기입장 등을 기록하는 방식이 단식부기이다. 현대 회계에서 단식부기는 사용하지 않으므로 본교재에서는 단식부기에 대해 설명하지 않는다.

복식부기는 차변과 대변에 동일한 금액을 이중으로 기록하므로 기록, 계산 상의 오류를 자동적으로 파악할 수 있는 자기검증기능을 가지고 있다. 따라서 현대 회계에서는 모든 기업 실체의 재무상태와 경영성과를 기록하는 방법으로 복식부기가 사용되고 있다.

(1) 대차평균의 원리

재무상태표 요소 중 자산은 차변에, 부채와 자본은 대변에 표시된다. 수익은 자본의 증가를 가져오는 항목이므로 자본과 마찬가지로 대변에, 비용은 자본의 감소를 가져오는 항목이므로 자본의 반대편인 차변에 표시한다.

차변	자산	부채	대변
	비용	자본	
		수익	

어떤 거래가 발생하였을 때 자산이 증가한다면 차변에 기록할 것이고 감소한다면 반대편인 대변에 기록할 것이다. 마찬가지 논리로 부채와 자본의 증가는 대변에 기록할 것이고 감소는 차변에 기록할 것이다. 한편, 수익이 발생하는 경우에는 대변에, 비용이 발생하는 경우에는 차변에 기록할 것이다.

차변	대변	재무상태표 공시
자산의 증가	자산의 감소	차변
부채의 감소	부채의 증가	대변
자본의 감소	자본의 증가	대변
비용	수익	손익계산서 공시

회계에서는 언제나 차변과 대변의 합계가 일치하여야 한다. 이를 위해서는 어떤 거래가 발생했을 때 항상 차변과 대변 모두에 같은 금액을 이중으로 기록해야 한다. 따라서 모든 회계상의 거래는 2가지 이상의 구성요소에 영향을 미치는데 이를 거래의 이중성이라고 한다.

만약 차변이나 대변 중 한 곳에만 기록을 한다면 차변합계와 대변합계가 일치하지 않게 되므로 회계 상의 거래는 반드시 차변과 대변 모두에 동일한 금액을 기록해야 한다.

회계 상의 거래가 발생하여 복식부기 방식으로 기록하게 되면 차변과 대변에 항상 동일한 금액이 기입되므로 거래가 아무리 많이 발생하더라도 차변항목의 합계금액과 대변항목의 합계금액은 항상 일치하게 된다. 이러한 복식부기의 특징을 대차평균의 원리라고 하는데 재무상태표 등식도 결국은 대차평균의 원리를 식으로 표현한 것에 지나지 않는다. 대차평균의 원리는 회계의 본질을 가장 명확하게 보여주는 매우 단순하지만 중요한 논리이다.

대차평균의 원리를 이용하면 장부기록의 유형을 4가지로 구분할 수 있다.

① 유형 1: 차변과 대변을 동시에 증가시키는 기록

유형 1: 차변과 대변이 동시에 증가

자산	부채
⇧	자본 ⇧
비용	수익

• 사례
- 투자자로부터 현금 ₩500을 출자받아 영업을 개시하였다.

[자산 ₩500] + [비용] = [부채] + [자본 ₩500] + [수익]

- 은행으로부터 현금 ₩400을 차입하였다.

[자산 ₩400] + [비용] = [부채 ₩400] + [자본] + [수익]

- 토지를 외상으로 ₩300에 취득하였다.

[자산 ₩300] + [비용] = [부채 ₩300] + [자본] + [수익]

- 당기 급여 ₩100을 차기에 지급할 예정이다.

[자산] + [비용 ₩100] = [부채 ₩100] + [자본] + [수익]

- 거래처에 용역을 제공하고 현금 ₩300을 수령하였다.

[자산 ₩300] + [비용] = [부채] + [자본] + [수익 ₩300]

차변요소와 대변요소를 이용해 조합 가능한 거래가 모두 발생할 수 있는 것은 아니다. 유형 1(차변과 대변의 동시 증가)에 해당하는 경우로 '비용의 증가(차변증가)와 수익의 증가(대변증가)' 같은 경우를 생각해 볼 수 있겠지만 이런 거래는 발생하지 않는다. '비용의 증가와 자본의 증가' 또한 발생할 수 없는 거래인데 다양한 유형의 거래에 대해서는 앞으로 차근차근 공부하게 될 것이다.

출자란, 기업이 현금 등을 투자받고 주식을 발행해주는 것으로서 주주와의 직접거래에 해당한다. 출자는 자본거래에 해당하므로 자본을 직접 증감시킨다.

급여가 발생하는 경우 자본의 감소를 가져온다. 그러나 이 거래는 자본거래가 아닌 손익거래이므로 자본에 직접 기록하지 않고 비용에 기록한다.

재화나 용역을 제공하고 그 대가를 수령한 경우 자본의 증가를 가져온다. 그러나 이 거래는 자본거래가 아닌 손익거래이므로 자본에 직접 기록하지 않고 수익에 기록한다.

② 유형 2: 차변과 대변을 동시에 감소시키는 기록

유형 2: 차변과 대변이 동시에 감소

자산	부채
⇩	자본 ⇩
비용	수익

• 사례

　– 차입금 ₩200을 현금으로 상환하였다.

자산 (₩200)	+	비용	=	부채 (₩200)	+	자본	+	수익

　– 발행된 주식을 주주로부터 ₩100에 취득하여 소각하였다.

자산 (₩100)	+	비용	=	부채	+	자본 (₩100)	+	수익

③ 유형 3: 차변을 증가시키고 동시에 차변을 감소시키는 기록

유형 3: 차변의 증가와 차변의 감소

자산	부채
⇧⇩	자본
비용	수익

• 사례

　– 비품 ₩150을 현금을 지급하고 구매하였다.

자산 ₩150 (₩150)	+	비용	=	부채	+	자본	+	수익

　– 당기 임차료 ₩250을 현금으로 지급하였다.

자산 (₩250)	+	비용 ₩250	=	부채	+	자본	+	수익

④ 유형 4: 대변을 증가시키고 동시에 대변을 감소시키는 기록

유형 4: 대변의 증가와 대변의 감소

자산	부채
	자본 ⇧⇩
비용	수익

- 사례
  - 차입금 ₩300에 대해 상환을 면제받았다.

자산	+	비용	=	부채 (₩300)	+	자본	+	수익 ₩300

(2) 계정과목

현대 회계는 재무상태표 중심의 회계이다. 포괄손익계산서는 재무상태표의 요소 중 자본의 변동을 구체적으로 보여주기 위해 작성하는 재무제표일 뿐이다. 따라서 재무제표 요소는 원래 재무상태표에 표시되는 자산, 부채 및 자본 이 세 가지가 전부이다. 여기에서 자본의 변동 내역을 구체적으로 나타내고 당기순이익을 세부항목으로 계산하기 위해서 수익과 비용이 나타난 것이다. 따라서 재무제표에 표시되는 항목은 자산, 부채, 자본, 수익 및 비용이고 이들을 재무제표의 요소라고 부른다.

그런데 만약 이 다섯 가지의 재무제표 요소만 가지고 재무제표를 작성한다면 외부정보이용자들에게 유용한 정보가 될 수 있을 것인가? 어떤 회사가 '20X1년 말 현재 자산 100억, 부채 40억, 자본 60억', '20X1년 1월 1일부터 12월 31일까지 수익 100억, 비용 90억'이라고 공시를 한다면 정보이용자에게 절대로 충분하고 유용한 정보가 될 수 없을 것이다.

회계정보이용자는 자산의 총액뿐만 아니라 그 구성 내역도 알고 싶어 한다. 부채, 자본, 수익 및 비용 항목도 마찬가지이다. 결국 회사는 자산, 부채, 자본, 수익 및 비용의 구체적인 내역이 무엇인지를 세부적으로 밝혀야 정보이용자의 의사결정에 유용한 정보를 제공할 수 있을 것이다.

따라서 회사는 자산을 현금, 토지, 건물, 재고자산 등 그 세부적인 항목으로 구분해서 공시하게 되는데 이것들이 우리가 일반적으로 사용하는 계정(또는 계정과목, account)이다. 그리고 회사는 이러한 계정을 이용해서 장부와 재무제표를 작성하게 된다.

⊕ 계정(계정과목)의 예시

구분		계정의 예
재무상태표 계정 (실질계정, 영구계정)	자산 계정	현금, 매출채권, 미수금, 상품, 토지, 건물, 기계장치 등
	부채 계정	매입채무, 미지급금, 미지급비용, 차입금, 사채 등
	자본 계정	자본금, 주식발행초과금, 이익잉여금 등
손익계산서 계정 (명목계정, 임시계정)	수익 계정	매출, 이자수익, 임대료수익, 유형자산처분이익 등
	비용 계정	매출원가, 급여, 임차료, 이자비용, 매출운임 등

📖 **선생님 TIP**

계정(계정과목)은 해당 항목의 성격을 가장 잘 나타내준다고 생각되는 명칭을 사용한다. 계정은 암기의 대상이 아니므로 계정을 암기하지 않아도 된다.

(3) 계정의 분류와 형식

계정은 재무상태표에 표시되는 계정인 자산, 부채 및 자본 계정과 손익계산서에 표시되는 수익 및 비용 계정으로 구분된다. 재무상태표 계정들을 실질계정이라고 하는데, 이들 계정들은 개별적으로 확인이 가능하기 때문이다. 이에 반해 손익계산서 계정들은 자본이 변동하게 된 원인을 기록한 가상의 계정에 불과하기 때문에 명목계정이라고 한다.

다른 의미에서 재무상태표 계정들을 영구계정, 손익계산서 계정들을 임시계정이라 부르는데 이에 대해 4절 '회계의 순환과정'에서 설명한다.

2. 분개의 이해

(1) 회계 상의 거래

기업실체에서 발생하는 경제적 사건 중 기업실체의 자산, 부채, 자본, 수익 및 비용에 영향을 미치는 사건들을 회계 상의 거래라고 한다. 회계 상의 거래는 모두 장부기록의 대상이다. 반대로 장부기록의 대상이 되지 않으면 회계 상의 거래에 포함되지 않는다.

따라서 회계 상의 거래는 우리가 일상적으로 말하는 거래와는 개념적으로 서로 일치하지 않는다. 우리가 일상생활에서 말하는 거래란 흔히 다른 사람과 계약을 체결하거나 재화를 교환하는 등의 행위를 말하지만 회계에서 말하는 거래란 회사의 자산, 부채, 자본, 수익 및 비용에 변동을 가져오는 행위를 의미한다. 또한 회계 상의 거래는 장부에 기록해야 하므로 그 금액을 측정할 수 있어야 한다.

따라서 회계 상의 거래가 되기 위해서는 다음 두 가지 요건을 만족시켜야 한다.

〈회계 상의 거래가 되기 위한 요건〉
① 기업의 자산, 부채, 자본, 수익 및 비용에 변동을 가져온다.
② 금액의 신뢰성 있는 측정이 가능하다.

예를 들어 자동차를 구입하는 경우를 생각해보자. 자동차를 구입하는 계약을 체결하면 일상생활에서는 자동차를 취득하는 거래를 한 것이 되지만 계약을 체결한 것만으로는 자산이나 부채가 증감하지 않기 때문에 회계 상의 거래는 될 수 없다. 회계 상의 거래가 되기 위해서는 자동차를 인수하거나 대금을 지급하는 등 자산 또는 부채에 변화가 있어야 한다.

마찬가지로 토지를 담보로 제공하거나 타인을 위한 지급보증 등의 행위는 일상생활에서는 거래라고 칭하지만 기업의 자산이나 부채에 변화를 가져오는 것은 아니므로 회계 상의 거래는 될 수 없다.

한편, 상품을 보관 중인 창고에 화재가 발생한 경우 우리는 일상생활에서 거래를 하였다고 말하지는 않지만 화재로 인하여 자산이 감소하였으므로 회계 상으로는 거래에 해당한다.

회계 상의 거래가 되기 위한 다른 한 가지 요건은 금액을 신뢰성 있게 측정해야 한다는 것인데 신뢰성 있는 측정이 정확한 측정을 의미하는 것은 아니다. 정확한 측정은 아니더라도 합리적인 추정이 가능하다면 회계에서는 합리적인 추정치로 장부에 기록하는 것을 허용한다.

예를 들어, 손해배상 소송에 피소되어 배상을 하게 될 경우 정확한 금액이 확정되지 않았더라도 그 금액을 합리적으로 추정할 수 있다면 부채로 기록한다. 따라서 소송에 피소된 경우도 회계 상의 거래에 해당할 수 있다.

사례 ― 예제

아래의 상황들이 회계 상의 거래인지를 밝히시오.

(1) 상품을 매입하는 계약을 체결하다. : 거래가 아님
(2) 거래처의 파산으로 매출채권을 회수할 수 없게 되다. : 거래임(자산과 자본의 감소)
(3) 주주로부터 현금과 건물을 받고 주식을 발행하다. : 거래임(자산과 자본의 증가)
(4) 회사의 임원진과 연봉계약을 체결하다. : 거래가 아님
(5) 보유하고 있던 건물을 다른 회사의 토지와 교환하다. : 거래임(자산의 증가와 자산의 감소)
(6) 은행으로부터 현금을 차입하다. : 거래임(자산과 부채의 증가)
(7) 시간의 경과에 따라 가지고 있는 기계장치의 가치가 감소하다. : 거래임(자산과 자본의 감소)
(8) 상품의 구입주문서를 발송하다. : 거래가 아님
(9) 차입금에 대한 담보를 제공하다. : 거래가 아님
---

(2) 분개의 의의

회계 상의 거래가 발생하면 회사의 자산, 부채, 자본, 수익 및 비용에 변화가 생긴 것이므로 장부에 기록을 해야 하는데 이 과정을 분개라고 한다. 흔히 '회계처리를 한다'는 표현은 분개를 의미하는 것인데 분개를 하기 위해서는 다음 3가지의 절차가 필요하다.

[1단계] 어떤 계정과목에 기입할 것인가?

회계 상의 거래가 발생하면 우선 자산, 부채, 자본, 수익 및 비용 중 어느 요소를 변동시켰는지를 먼저 판단해야 한다. 거래가 어느 요소를 변동시켰는지가 확인되면 해당 거래를 설명해줄 수 있는 가장 적합한 계정과목을 찾아 기입한다.

다만 특정 거래를 분개할 때, 차변이나 대변의 계정과목 수가 반드시 1개일 필요는 없다. 경우에 따라서는 차변이나 대변에 계정과목이 2개 이상이 되기도 한다.

[2단계] 차변과 대변 중 어느 곳에 기입할 것인가?

계정과목을 결정하고 난 후 해당 계정과목을 차변에 기록할지 대변에 기록할지를 결정해야 하는데, 자산의 증가, 부채 및 자본의 감소, 비용의 발생은 차변에 기록하고 자산의 감소, 부채 및 자본의 증가, 수익의 발생은 대변에 기록한다.

예를 들어 현금은 자산이므로 차변에 표시하는데, 현금을 차변에 기록하면 현금을 증가시키는 것이고 반대의 위치인 대변에 기록하면 현금을 감소시키는 것이다. 반대로 차입금은 대변에 표시하는데, 차입금을 대변에 기록하면 차입금을 증가시키는 것이고 반대의 위치인 차변에 기록하면 차입금을 감소시키는 것이다.

회계를 처음 접하는 경우, 차변과 대변의 위치가 혼란스러울 수 있는데 특정 계정과목의 원래 위치를 기억하고 있으면 당해 항목의 감소 거래는 반대편에 위치한다고 기억하면 될 것이다.

재무제표를 작성할 때 모든 내역에 대해 정확한 금액을 확정하여 공시하는 것은 불가능하다. 회계에서는 이런 경우에 합리적인 추정치로 공시할 수 있도록 허용하고 있다. 즉, 재무제표에는 추정치들이 많이 사용된다.

자산 · 비용 계정		부채 · 자본 · 수익 계정	
〈차변 기록〉	〈대변 기록〉	〈차변 기록〉	〈대변 기록〉
증가	감소	감소	증가

[3단계] 얼마의 금액을 기입할 것인가?

회계에서 금액을 측정하는 것이 언제나 정확한 측정을 의미하는 것은 아니다. 합리적인 추정치로 장부에 기록하는 것도 회계에서는 폭넓게 허용된다. 또한 장기성 채권(채무)에 대해서는 현재가치평가를 해야 하는데 이에 대해서는 뒤에서 자세하게 설명하겠다.

(3) 분개의 방법

다음의 사례를 이용하여 직접 분개를 해보자.

사례 一 예제

다음은 20X1년 중에 발생한 일련의 거래들이다. 각 거래를 분개하시오.

(1) 1월 1일, 현금 ₩100,000을 출자하여 영업을 개시하다.

(2) 2월 15일, 사무용 비품 ₩20,000을 현금으로 구입하다.

(3) 4월 10일, 은행으로부터 현금 ₩40,000을 차입하다.

(4) 6월 11일, 거래처로부터 상품 ₩30,000을 외상으로 구입하다.

(5) 7월 12일, 원가 ₩20,000의 상품을 고객에게 ₩35,000에 처분하고 대금은 현금으로 받다.

(6) 8월 14일, 상품의 외상매입대금 중 ₩25,000을 현금결제하다.

(7) 11월 20일, 종업원에게 급여 ₩10,000을 현금으로 지급하다.

(8) 12월 31일, 임차한 사무실에 대한 임차료로 ₩15,000을 현금으로 지급하다.

분개

(1) 1월 1일,	현　　　　금	100,000	/	자　본　금	100,000
	(자 산 의 증 가)			(자 본 의 증 가)	
(2) 2월 15일,	비　　　　품	20,000	/	현　　　　금	20,000
	(자 산 의 증 가)			(자 산 의 감 소)	
(3) 4월 10일,	현　　　　금	40,000	/	차　입　금	40,000
	(자 산 의 증 가)			(부 채 의 증 가)	
(4) 6월 11일,	상　　　　품	30,000	/	매 입 채 무	30,000
	(자 산 의 증 가)			(부 채 의 증 가)	
(5) 7월 12일,	현　　　　금	35,000	/	상　　　　품	20,000
	(자 산 의 증 가)			(자 산 의 감 소)	
			/	상 품 처 분 이 익	15,000
				(수 익 의 발 생)	
(6) 8월 14일,	매 입 채 무	25,000	/	현　　　　금	25,000
	(부 채 의 감 소)			(자 산 의 감 소)	
(7) 11월 20일,	급　　　　여	10,000	/	현　　　　금	10,000
	(비 용 의 발 생)			(자 산 의 감 소)	
(8) 12월 31일,	임　차　료	15,000	/	현　　　　금	15,000
	(비 용 의 발 생)			(자 산 의 감 소)	

설명

(1) 출자란 주주가 회사에 현금 등을 납입하고 주식을 교부받는 과정(자본거래)이다. 따라서 회사입장에서는 자산인 현금이 증가하므로 차변에 기록하고 동시에 자본이 증가하므로 대변에 기록한다.

(2) 비품이라는 자산의 증가는 차변에, 현금 유출은 자산의 감소이므로 대변에 기록한다.

(3) 차입을 하게 되면 기업 입장에서 현금유입이 일어나므로 자산의 증가로서 차변에, 동시에 차입금이라는 부채가 증가하므로 대변에 기록한다.

(4) 상품이라는 자산의 증가가 일어나므로 차변에, 현금을 지불하지 않았으므로 부채의 증가로서 대변에 기록한다. 매입채무는 재고자산을 외상으로 매입하는 경우 사용하는 계정과목이다.

(5) 현금의 유입은 자산의 증가로서 차변에, 상품의 유출은 자산의 감소로서 대변에 기록한다. 다만 원가 ₩20,000의 상품을 ₩35,000에 처분했으므로 동금액의 차액만큼 처분이익이 생기는데 이는 수익의 발생이므로 대변에 기록한다.

(6) 외상매입대금을 상환하면 부채의 감소가 일어나므로 이는 차변에, 현금 유출은 자산의 감소이므로 대변에 기록한다.

(7) 급여는 비용의 발생이므로 차변에, 현금 유출액은 자산의 감소이므로 대변에 기록한다.

(8) 임차료는 비용의 발생이므로 차변에, 현금 유출액은 자산의 감소이므로 대변에 기록한다.

회계를 처음 접하는 경우, 위 사례에서 수익 또는 비용을 기록하는 것이 다소 어렵게 느껴질 수 있다. 이런 경우에는 아래와 같은 내용으로 수익 및 비용을 이해하는 것이 좋다.

[수익 · 비용의 인식]

자산	부채 자본: 자본거래 : 손익거래 → 수익: 차변의 자산이 증가하는 경우 대변에서 ① 부채가 증가하거나 ② 자본거래에 해당하지 않으면 모두 손익거래인 수익에 해당한다. → 비용: 차변의 자산이 감소하는 경우 대변에서 ① 부채가 감소하거나 ② 자본거래에 해당하지 않으면 모두 손익거래인 비용에 해당한다.

(4) 분개의 형식과 분개장

위 사례에서는 '현금 100,000 / 자본금 100,000'과 같은 형식을 사용해서 분개를 하였지만, 분개의 형식에는 제한이 없다. 어떠한 방법이든지 보는 이로 하여금 차변요소와 대변요소를 구분하게만 하면 그것으로 충분하다. 이를테면 '(차) 현금 100,000 (대) 자본금 100,000'과 같은 양식도 보는 이로 하여금 차변과 대변을 구분할 수 있게 하므로 분개의 형식으로 사용해도 좋다.

위와 같이 회계 상의 거래들을 일자별로 기록하는 장부를 분개장이라고 한다. 실무에서는 분개장보다는 분개전표를 더 많이 사용하는데 양자는 차이가 없다. 분개장이 분개들을 일자별로 기록한 책자라고 한다면 분개전표는 분개를 하나씩 기록한 종이쪽지라고 생각하면 된다. 분개전표는 일별, 주별 또는 월별로 분류하여 묶어놓게 되는데, 그러면 분개장과 동일한 것이 된다.

다음은 20X1년 중에 발생한 일련의 거래들이다. 각 거래를 분개하시오.

(1) 1월 1일, 사무용 설비 ₩10,000을 외상으로 구입하다.
(2) 2월 15일, 설비대금 중 ₩5,000을 현금으로 지급하다.
(3) 4월 10일, 거래처에 용역을 제공하고, ₩15,000은 현금으로 받고 ₩5,000은 외상으로 하다.
(4) 6월 11일, 보유 중인 건물을 대여하고 임대료 ₩10,000을 수령하다.
(5) 7월 12일, 거래처로부터 외상대금 중 ₩4,000을 회수하다.
(6) 8월 14일, 업무용 차량을 현금 ₩30,000을 지급하고 구입하다.
(7) 11월 20일, 은행에 차입금에 대한 이자비용 ₩7,000을 지급하다.

분개

(1) 1월 1일,	설　　　　비 (자 산 의 증 가)	10,000	/	미 지 급 금 (부 채 의 증 가)	10,000
(2) 2월 15일,	미 지 급 금 (부 채 의 감 소)	5,000	/	현　　　　금 (자 산 의 감 소)	5,000
(3) 4월 10일,	현　　　　금 (자 산 의 증 가)	15,000	/	용 역 수 익 (수 익 의 발 생)	20,000
	매 출 채 권 (자 산 의 증 가)	5,000	/		
(4) 6월 11일,	현　　　　금 (자 산 의 증 가)	10,000	/	임 대 료 수 익 (수 익 의 발 생)	10,000
(5) 7월 12일,	현　　　　금 (자 산 의 증 가)	4,000	/	매 출 채 권 (자 산 의 감 소)	4,000
(6) 8월 14일,	차 량 운 반 구 (자 산 의 증 가)	30,000	/	현　　　　금 (자 산 의 감 소)	30,000
(7) 11월 20일,	이 자 비 용 (비 용 의 발 생)	7,000	/	현　　　　금 (자 산 의 감 소)	7,000

4 회계의 순환과정

일반적으로 기업은 1년 단위로 기간을 나누어서 재무제표를 작성한다. 보통 1월 1일이 사업연도(회계기간) 개시일이고, 12월 31일이 사업연도(회계기간) 종료일(결산일)이다. 사업연도 개시일부터 종료일까지를 회계기간 또는 재무보고기간이라고 한다.

그러나 반드시 사업연도 개시일과 종료일이 각각 1월 1일과 12월 31일이어야 하는 것은 아니다. 특정 기업의 경우에는 4월 1일부터 다음 해 3월 31일까지를 회계기간으로 설정하기도 한다. 즉, 회계기간의 개시일과 종료일은 기업이 임의로 설정할 수 있다.

또한, 회계기간이 반드시 1년일 필요도 없다. 경우에 따라서는 6개월 또는 3개월 단위로 나누어 재무제표를 작성할 수도 있다. 그러나 회계기간은 1년을 초과할 수 없다.

특별한 언급이 없는 한 일반적으로 회계기간은 1년을 가정한다.

이번 절에서 살펴볼 회계의 순환과정이란 회계 상의 거래가 발생할 때부터 재무제표가 최종적으로 작성되기까지의 전체 과정을 말한다. 즉, 회계기간 동안 재무제표가 완성되는 일련의 과정들을 회계의 순환과정이라 한다.

회계의 순환과정을 그림으로 나타내면 다음과 같다.

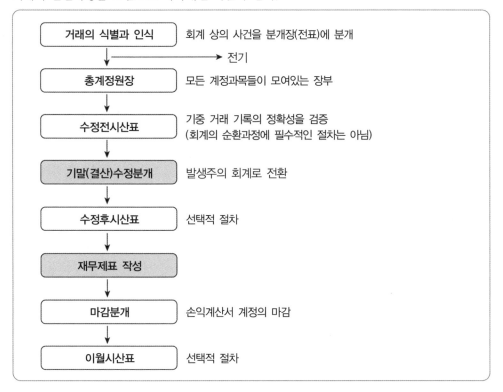

⊕ 회계의 순환과정

① **거래의 식별과 인식:** 거래가 발생하면 해당 거래가 회계 상의 거래인지를 판단하여 분개장에 기록한다.
② **총계정원장으로 전기:** 분개장에 기록된 거래 내역들을 총계정원장으로 이체 기록한다.
③ **수정전시산표의 작성:** 분개와 전기가 올바르게 이루어졌는지를 검증하기 위해 자산, 부채, 자본, 수익 및 비용 계정들을 집합하여 수정전시산표를 작성한다.
④ **기말(결산)수정분개:** 현금주의 등 다양한 방법으로 기록된 계정과목 잔액을 발생주의 금액으로 전환한다.
⑤ **수정후시산표의 작성:** 기말(결산)수정분개가 올바르게 이루어졌는지를 검증하기 위해 자산, 부채, 자본, 수익 및 비용 계정들을 집합하여 수정후시산표를 작성한다.
⑥ **재무제표의 작성:** 수정후시산표를 이용하여 재무제표를 작성한다.
⑦ **마감분개:** 손익계산서 계정들의 잔액을 0으로 만들어 이익잉여금으로 대체시키고 재무상태표 계정들을 차기로 이월한다.
⑧ **이월시산표의 작성:** 마감분개가 올바르게 이루어졌는지를 검증하기 위해 자산, 부채, 및 자본 계정들을 집합하여 이월시산표를 작성한다.

1. 거래의 식별과 인식

회계 상의 거래는 기업실체의 자산, 부채, 자본, 수익 및 비용에 영향을 미치는 모든 사건을 말한다. 기업실체에서 발생한 사건이 회계 상의 거래로 식별이 되면, 동 거래를 기록하는 절차를 거쳐야 하는데 이 과정을 분개라 하고 분개장 또는 분개전표에 일자별로 기록된다.

그러나 원래 회계 상의 거래는 계정에 직접 기입하여야 한다. 계정들이 모여 있는 장부가 총계정원장이므로 총계정원장에 직접 기입하는 것이 올바를 것이다. 재무제표는 결국 총계정원장에 모여 있는 계정과목들을 취합해서 만드는 것이므로 총계정원장만 제대로 작성한다면 재무제표를 작성하는 데 전혀 문제될 것이 없다.

그럼에도 불구하고 우리가 회계 상의 거래를 분개장에 기입하는 이유는 각 계정에 직접 기입하는 경우에는 다음과 같은 문제점들이 발생할 수 있기 때문이다.

① 기업실체에서 발생한 거래들을 계정별로 직접 기록하므로 복식부기의 성격상 한쪽의 기록이 누락될 가능성이 있다.
② 기업실체에서 발생한 거래들을 발생순서대로 파악하는 것이 어렵다.

이러한 이유들로 인하여 기업실체에서 발생한 회계 상의 거래들을 발생순서대로 기록할 필요성이 있고 이렇게 기록한 장부를 분개장이라고 한다. 분개장을 이용하여 기록할 경우 총계정원장에 직접 기입하는 것과 비교해서 다음과 같은 장점이 있다.

① 분개장은 거래를 기록할 때 오류가 발생할 위험을 감소시킬 수 있다.
② 분개장은 일자별로 기록되어 있으므로 영업일지의 역할을 할 수도 있다.

2. 총계정원장

(1) 총계정원장으로의 전기

분개장 또는 분개전표에 기록된 기업실체의 회계 상의 거래들은 각 계정별로 기록되어야 한다. 재무제표란 결국 각 계정과목들의 잔액을 취합해서 작성하는 것이므로 분개장이나 분개전표에 기록된 거래들은 모든 계정이 모여 있는 장부인 총계정원장으로 이기될 필요가 있다. 분개장 또는 분개전표에 기록된 거래들을 총계정원장으로 이체 기록하는 과정을 전기라고 한다.

계정의 형식에는 표준식, 잔액식 등이 있지만 학습용으로는 좀 더 간편한 방법인 T – 계정이 사용된다. 아래의 예를 통해 T – 계정의 작성 방법을 알아보자.

---

① 12월 1일, 회사는 은행으로부터 ₩50,000을 차입하였다.
　〈분개〉현　　　　　금　50,000　/　차　입　금　50,000
② 12월 5일, 회사는 상품 ₩20,000을 현금으로 구입하였다.
　〈분개〉상　　　　　품　20,000　/　현　　　　　금　20,000
③ 12월 9일, 회사는 원가 ₩20,000의 상품을 ₩30,000에 처분하였다.
　〈분개〉현　　　　　금　30,000　/　상　　　　　품　20,000
　　　　　　　　　　　　　　　　　　　상 품 처 분 이 익　10,000

회계에서 사용하는 '장부'라는 표현과 '원장'이라는 표현은 동일한 의미이다. 총계정원장이란 모든 계정이 모여 있는 장부(원장)를 의미한다.

선생님 TIP

세부적인 장부 양식을 일일이 그려서 설명하는 것은 매우 번거롭다. 따라서 회계학 교재에서는 일반적으로 장부의 양식을 영어 대문자 'T'자를 이용하여 간단하게 표시한 후, 여기에 발생 거래를 기록하는 방식으로 장부를 작성하는데, 이를 'T 계정'이라한다.

위는 회계의 순환과정 중 첫 번째 절차인 분개를 수행하였으므로 이제 총계정원장에 전기를 해 보겠다. 계정의 양식은 T–계정을 이용하고 편의상 현금계정만 나타내기로 하자.

현금

12/1	차	입	금	50,000	12/5	상		품	20,000
12/9	제		좌	30,000					
날짜	상대계정과목			금액					

위의 전기를 자세히 살펴보면 12월 1일 회사는 차입을 통해 현금이 증가했으므로 적절하게 분개를 한 후 총계정원장에 전기한다. 이때 전기하는 방법은 먼저 날짜를 적고, 그 다음 상대방 계정과목, 금액의 순서로 기록한다. 마찬가지로 12월 5일, 상품구입으로 인해 현금이 감소했으므로 대변에 날짜, 상대방 계정과목, 금액의 순서로 기입한다. 12월 9일, 회사는 상품의 처분으로 인해 현금이 증가했으므로 현금 계정의 차변에 기록을 하는데 상대방 계정과목이 두 개 이상인 경우에는 제좌라고 기록을 한다.

사례의 현금계정을 살펴보면 차변 합계 금액은 ₩80,000이고 대변 합계금액은 ₩20,000이므로 차변 잔액이 ₩60,000이 됨을 알 수 있다. 전기가 끝나고 난 후의 T 계정에는 자산과 비용계정은 차변 잔액이, 부채와 자본 그리고 수익 계정은 대변 잔액이 발생한다. 현금은 자산 계정이므로 차변 잔액이 발생하는 것이고 이 잔액 ₩60,000이 재무상태표에 보고되는 회사의 현금이다. 나머지 계정들도 마찬가지로 분개장으로부터의 전기를 통해 계정 잔액을 결정할 수 있고 이렇게 계산된 계정 잔액들이 모여서 재무제표를 이루게 된다.

현금

12/1	차	입	금	50,000	12/5	상		품	20,000
12/9	제		좌	30,000					
	───────────					───────────			
	잔	액		60,000					

↑
재무상태표에 '현금 60,000' 보고

(2) 주요장부와 보조장부

회계 상의 거래는 분개장이나 분개전표에 발생순서, 즉 일자별로 분개라는 형식으로 기입하고 당해 거래를 총계정원장 상의 각 계정과목으로 전기하는 절차로 장부기입이 이루어진다. 따라서 분개장(또는 분개전표)이나 총계정원장은 기업실체가 반드시 갖추어야 할 장부가 되는데, 이러한 장부를 주요장부 또는 주요부라고 부른다.

그러나 주요장부만으로 기업이 회계자료를 정리할 수는 없다. 기업은 주요 매출처에 대한 매출내역, 주요 매입처에 대한 매입내역, 현금 입출금내역, 재고자산 내역 등 수많은 회계자료를 정리해야 할 필요가 있는데 이러한 다양한 내역들을 기입하는 장부를 보조장부라 부른다.

선생님 TIP

시험에서 전기를 직접 하는 경우는 다루어지지 않는다. 다만, 전기의 결과인 T 계정을 보고 해당 거래를 추정할 수는 있어야 한다.

보조장부에는 보조기입장과 보조원장이 있는데 보조기입장은 거래를 발생 순서대로 그 명세를 상세히 기록하는 장부를 말하며, 보조원장은 특정 계정의 명세를 거래처 등 특성별로 구분하여 구체적으로 기록하는 장부를 말한다.

● 장부조직

구분	분류	특징	장부의 종류
주요장부		분개장(분개전표), 총계정원장	
보조장부	보조기입장	시간순서로 기록	현금출납장, 매출장, 매입장 등
	보조원장	특성별로 구분하여 기록	상품재고장, 매출(매입)처원장 등

사례 — 예제

다음은 20X1년 ㈜한국에서 발생한 거래 내역이다. 다음의 거래들을 분개장에 일자별로 분개하고 총계정원장 상의 각 계정별로 전기하시오.

(1) 1월 1일, 현금 ₩1,000,000과 건물 ₩500,000을 출자하여 영업을 개시하다.
(2) 2월 1일, 건물을 임대하고 1년치 임대료 ₩24,000을 현금으로 수령하다.
(3) 3월 1일, 건물화재보험을 가입하고 보험료로 ₩12,000을 현금으로 지급하다.
(4) 4월 1일, 상품 ₩300,000을 외상으로 매입하다.
(5) 5월 1일, 소모품 ₩15,000을 현금으로 매입하다.
(6) 6월 1일, 현금 ₩100,000을 거래처에 연 이자율 12%로 1년간 대여하다.
(7) 7월 15일, 보유 중인 원가 ₩150,000의 상품을 ₩200,000에 판매하고 대금 중 ₩80,000은 현금수령하고 나머지 ₩120,000은 외상으로 하다.
(8) 9월 1일, 상품의 외상구입대금 중 ₩100,000을 현금으로 결제하다.
(9) 10월 4일, 보유 중인 원가 ₩100,000의 상품을 ₩180,000에 외상판매하다.
(10) 11월 8일, 외상판매대금 중 ₩200,000을 현금으로 회수하다.

분개

	일자	차변			대변		
(1)	1월 1일	현 금		1,000,000	자 본 금		1,500,000
		건 물		500,000			
(2)	2월 1일	현 금		24,000	임 대 료		24,000
(3)	3월 1일	보 험 료		12,000	현 금		12,000
(4)	4월 1일	상 품		300,000	매 입 채 무		300,000
(5)	5월 1일	소 모 품		15,000	현 금		15,000
(6)	6월 1일	대 여 금		100,000	현 금		100,000
(7)	7월 15일	현 금		80,000	상 품		150,000
		매 출 채 권		120,000	상 품 처 분 이 익		50,000
(8)	9월 1일	매 입 채 무		100,000	현 금		100,000
(9)	10월 4일	매 출 채 권		180,000	상 품		100,000
					상 품 처 분 이 익		80,000
(10)	11월 8일	현 금		200,000	매 출 채 권		200,000

전기 --

현금

1월 1일	자 본 금	1,000,000	3월 1일	보 험 료	12,000
2월 1일	임 대 료	24,000	5월 1일	소 모 품	15,000
7월 15일	제 좌	80,000	6월 1일	대 여 금	100,000
11월 8일	매 출 채 권	200,000	9월 1일	매 입 채 무	100,000

건물

1월 1일	자 본 금	500,000

자본금

1월 1일	제 좌	1,500,000

임대료

2월 1일	현 금	24,000

보험료

3월 1일	현 금	12,000

상품

4월 1일	매 입 채 무	300,000	7월 15일	제 좌	150,000
			10월 4일	매 출 채 권	100,000

매입채무

9월 1일	현 금	100,000	4월 1일	상 품	300,000

소모품

5월 1일	현 금	15,000

대여금

6월 1일	현 금	100,000

매출채권

7월 15일	제 좌	120,000	11월 8일	현 금	200,000
10월 4일	제 좌	180,000			

상품처분이익

7월 15일	제 좌	50,000
10월 4일	매 출 채 권	80,000

3. 수정전시산표의 작성

회계기간 동안 발생하는 모든 거래들은 분개와 전기를 통하여 총계정원장의 각 계정별로 기록된다. 분개와 전기를 정확하게 하였다면 모든 계정들의 차변에 기록한 금액의 합계와 대변에 기록한 금액의 합계는 복식부기의 원리 상 서로 일치하여야 한다.

기중 거래 기록의 정확성을 검증하기 위하여 총계정원장에 있는 각 계정들의 잔액이나 합계금액을 한 곳에 집합시켜 놓은 표를 시산표(T/B, Trial Balance)라고 한다.

시산표는 작성시점에 따라 다음의 3가지로 구분된다.

① 수정전시산표: 기말수정분개를 하기 전에 작성하는 시산표
② 수정후시산표: 기말수정분개를 한 후에 작성하는 시산표
③ 이월시산표: 마감분개를 한 후에 작성하는 시산표

위의 3가지의 시산표들은 작성하는 시점만 다를 뿐 거래 기록의 정확성을 검증하기 위해 작성한다는 목표는 모두 동일하다. 시산표를 작성하게 되면 차변의 합계와 대변의 합계가 일치하여야 한다. 만일 차변의 합계와 대변의 합계가 일치하지 않는다면 회계기록에 오류가 있다는 것을 의미한다.

그러나 차변의 합계와 대변의 합계가 일치한다고 하더라도 회계기록에 오류가 없다는 것은 아니다. 시산표는 단순히 차변과 대변의 합계 금액이 일치하는지의 여부로만 오류를 판단하기 때문에 시산표 상에서 발견되지 않을 수 있는 오류는 다양하게 존재한다.

그 예로 다음과 같은 것들이 있다.

① 특정 거래 전체의 분개를 누락하거나 전기를 누락한 오류
② 특정 거래를 이중으로 분개하거나 이중으로 전기한 오류
③ 분개나 전기 과정에서 차변과 대변을 반대로 기입한 오류
④ 적절하지 못한 계정과목을 사용한 오류
⑤ 여러 오류가 발생하여 대차에 미치는 효과가 우연히 상쇄된 경우의 오류

시산표는 단순히 차변과 대변의 합계가 같은지의 여부로만 오류 발생 여부를 판단하기 때문에 차변과 대변에 일단 같은 금액만 기입된다면 그 안에서 발생하는 오류는 발견하지 못한다. 따라서 시산표가 가지는 오류 검증의 기능은 매우 미약하다고 할 수 있다. 그럼에도 불구하고 시산표는 재무상태표 계정과 손익계산서 계정을 한 곳에 모아놓고 쉽게 살펴볼 수 있다는 장점이 있다.

시산표의 형식에는 잔액시산표, 합계시산표 및 합계잔액시산표가 있으며, 실무에서는 주로 합계잔액시산표가 사용된다. 아래에서는 앞서 제시된 예제 자료를 이용해서 수정전시산표를 합계잔액시산표 형식으로 작성해보도록 하겠다.

합계잔액시산표

㈜한국   20X1년 12월 31일 현재   (단위: 원)

차변		계정과목	대변	
잔액	합계		합계	잔액
1,077,000	1,304,000	현 금	227,000	
500,000	500,000	건 물		
		자 본 금	1,500,000	1,500,000
		임 대 료	24,000	24,000
12,000	12,000	보 험 료		
50,000	300,000	상 품	250,000	
	100,000	매 입 채 무	300,000	200,000
15,000	15,000	소 모 품		
100,000	100,000	대 여 금		
100,000	300,000	매 출 채 권	200,000	
		상 품 처 분 이 익	130,000	130,000
1,854,000	2,631,000	합 계	2,631,000	1,854,000

📖 **선생님 TIP**

실무에서는 합계잔액시산표가 일반적으로 이용되지만 회계학 교재에서는 편의상 T 계정 형식으로 표시하는 잔액시산표를 주로 이용한다.

4. 기말수정분개

재무제표는 현금주의에 따라 작성되는 현금흐름표를 제외하고 발생주의에 따라 작성된다. 발생주의 회계의 기본적인 논리는 사건의 발생에 따라 수익과 비용을 인식하는 것이다. 따라서 발생주의에서는 수익과 비용을 인식할 때 현금유출입에 따르지 않는다. 발생주의에서는 현금유출입과는 무관하게 실제 사건의 발생에 따라 수익과 비용을 인식한다.

발생주의와 대비되는 개념으로 현금주의를 들 수 있는데 현금주의는 현금의 유입이 있는 시점에 수익, 현금의 유출이 있는 시점에 비용을 인식하게 된다. 결국 발생주의와 현금주의는 수익과 비용을 어떤 시점에 인식할 것인가에 차이가 있다.

아래의 간단한 예를 통해 발생주의와 현금주의를 비교해 보자.

① ㈜한국은 11월 1일 거래처에 상품을 ₩10,000에 판매하고 대금은 12월 1일에 회수하기로 하였다.

구분	수익 인식 시기	해설
발생주의	11월 1일	현금 수취와 무관하게 사건(상품판매)의 발생일에 수익을 인식
현금주의	12월 1일	현금 수취일에 수익을 인식

② ㈜한국은 11월분 급여를 12월 15일에 지급한다.

구분	비용 인식 시기	해설
발생주의	11월 중	현금 수취와 무관하게 사건의 발생(용역을 제공받음)기간에 비용을 인식
현금주의	12월 15일	현금 지급일에 비용을 인식

📖 **선생님 TIP**

발생주의는 회계의 근간이라 할 수 있을 만큼 중요한 원칙이므로 반드시 정확한 개념을 이해해야 한다.

앞의 예를 통해 발생주의 및 현금주의의 개념과 관련해서는 아래 두 가지 사항을 이해해야 한다.

① 발생주의는 수익·비용을 정확히 인식하는 것을 목표로 한다. 복식부기 논리상 수익·비용을 정확히 인식하기 위한 회계처리를 하면 자산·부채에도 영향을 미치지만 자산·부채를 정확히 인식하는 것이 발생주의의 일차적인 목표는 아니다. 발생주의의 일차적인 목표는 수익·비용의 정확한 인식에 있다.

② 모든 거래가 종료된 후에는 발생주의에 의한 수익·비용 총액과 현금주의에 의한 수익·비용 총액이 동일하다. 즉, 양자 간에는 수익·비용의 인식 시점에 차이가 있을 뿐 수익·비용의 총액에 차이가 있는 것은 아니다.

현금흐름표를 제외한 재무제표는 발생주의에 의해 작성되어야 하지만 기업실체는 회계연도 중에 발생한 거래들을 발생주의에 따라 회계처리하지 않고 현금주의 등 다양한 방법으로 회계처리한다.

따라서 결산일 현재 총계정원장 상 각 계정과목들의 기말잔액 혹은 수정전시산표 상의 잔액은 발생주의에 따라 수익과 비용을 인식한 결과와 다르다. 결국 발생주의에 따른 재무제표를 작성하기 위해서는 현금주의 등 다양한 방법으로 산출된 총계정원장 상 계정과목들의 기말잔액을 발생주의에 의한 기말잔액으로 수정하는 절차가 필요하다.

기말수정분개(adjusting entries)는 현금주의 등 발생주의 이외의 방법에 의해 기록된 회계기간 중의 회계기록들을 발생주의로 수정하는 분개를 말하며, 결산수정분개라고도 한다.

기말수정분개의 특징은 아래와 같다.

[기말수정분개의 특징]

① 기말에 수행한다.

② 새롭게 발생하는 거래를 기록하는 것이 아닌, 과거의 거래 또는 기록에 대해 수정을 하는 분개이다.

③ 기말수정분개는 현금주의 등에 의한 수익·비용을 발생주의에 의한 수익·비용으로 바꾸는 것이므로 기말수정분개 후에는 기업의 당기순이익에 변화가 생긴다. 따라서 기말수정분개가 되기 위해서는 아래의 분개유형 중 유형 3 또는 유형 4에 해당하여야 한다.

[유형 1] (차) 자 산 또 는 부 채   ×××   (대) 자 산 또 는 부 채   ×××
       → 위 분개는 당기순이익에 변화가 없으므로 기말수정분개에 해당하지 않음

[유형 2] (차) 수 익 또 는 비 용   ×××   (대) 수 익 또 는 비 용   ×××
       → 위 분개는 당기순이익에 변화가 없으므로 기말수정분개에 해당하지 않음

[유형 3] (차) 자 산 또 는 부 채   ×××   (대) 수 익 또 는 비 용[*1]   ×××
       → 위 분개는 당기순이익을 증가시키므로 기말수정분개 유형으로 가능

[유형 4] (차) 수 익 또 는 비 용[*2]   ×××   (대) 자 산 또 는 부 채   ×××
       → 위 분개는 당기순이익을 감소시키므로 기말수정분개 유형으로 가능

(*1) 수익을 대변에 기록하면 수익을 증가시키므로 당기순이익이 증가하고, 비용을 대변에 기록하면 비용을 감소시키므로 당기순이익이 증가한다.

(*2) 수익을 차변에 기록하면 수익을 감소시키므로 당기순이익이 감소하고, 비용을 차변에 기록하면 비용을 증가시키므로 당기순이익이 감소한다.

기말수정분개는 아래와 같이 분류할 수 있다.

◑ 기말수정분개의 분류

구분	내용	계정예시
발생	거래의 종료시점에 현금 수수	미수수익, 미지급비용
이연	거래의 시작시점에 현금 수수	선급비용, 선수수익
기타	–	매출원가, 대손상각비, 감가상각비

선생님 TIP

기말수정분개는 일반적으로 현금수수와 경제적 사건과의 시간적 차이에 따라 분류하는 데 시험에서 다루어지는 내용은 아니다.

(1) 발생항목

발생항목은 먼저 거래가 시작되고 거래의 종료시점에 현금을 수수하는 경우를 말한다. 즉, 발생주의에 의하면 당기에 수익(비용)의 인식요건을 충족하는 사건이 발생하여 수익(비용)을 인식해야 하나 현금의 수취(결제)시기가 차기 이후에 도래하는 경우이다. 아래의 사례를 통해 발생항목에 대해 살펴보자.

사례 一 예제 **미수수익**

20X1년 7월 1일, ㈜한국은 현금 ₩100,000을 연 10%로 대여하고 원금과 이자는 1년 후 받기로 하였다. 회사의 결산일은 12월 31일이다.

분개

			현금주의				
20X1. 7. 1	(차) 대 여 금	100,000	(대) 현 금	100,000
20X2. 6. 30	(차) 현 금	100,000	(대) 대 여 금	100,000
	현 금	10,000	이 자 수 익	10,000

앞의 사례는 발생항목에 해당한다. 사례에서 수익을 인식하는 사건은 대여금의 대가로 수취하는 이자수익의 발생이다. 이자수익을 인식하는 사건인 현금의 대여는 당기부터 발생했으나 이자의 수취는 거래의 종료시점인 20X2년 6월 30일에 일어나므로 발생항목에 해당하는 것이다.

이제 분개를 살펴보자. 앞의 분개는 현금주의에 따라 작성한 분개인데, 현금주의는 현금이 유입되는 시점에 수익을 인식하고, 현금이 유출되는 시점에 비용을 인식하는 것이다. 따라서 현금주의에서는 실제 이자를 수취하는 20X2년 6월 30일에 이자수익을 인식하였다. 하지만 회계는 수익과 비용을 인식하는 경우에 있어서 현금주의가 아닌 발생주의를 택하고 있다. 따라서 위와 같이 현금을 수수하는 시점에 수익을 인식하는 것은 잘못된 분개이다.

발생주의는 현금의 수수와 관계없이 사건의 발생에 따라 수익과 비용을 인식한다. 사례에서 이자수익을 인식하는 이유가 금전 대여에 대한 대가이고 금전의 대여는 20X1년 7월 1일부터 20X2년 6월 30일까지 1년 동안 일어났기 때문에 현금수수와는 무관하게 이자수익역시 1년 동안 균등하게 인식해야 한다는 것이 발생주의의 기본 논리이다. 즉, 이자는 1년 동안 금전 대여에 대한 대가로 수취하는 것이므로 이자수익을 사건의 발생기간인 1년 동안 나누어 인식하는 것이 발생주의이다.

발생주의는 당기의 수익과 비용을 정확히 인식하는 데 그 목적이 있다.

⊕ 현금주의와 발생주의

• 현금주의에 의한 이자수익

현금 수취 시점에 전액(₩10,000)을 수익인식

• 발생주의에 의한 이자수익

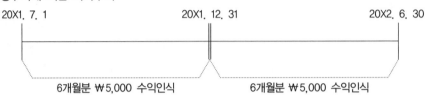

따라서 결산일인 20X1년 12월 31일을 기준으로 20X1년에 7월 1일부터 12월 31일까지의 이자수익에 해당하는 ₩5,000을, 20X2년에 1월 1일부터 6월 30일까지의 이자수익에 해당하는 ₩5,000을 각 회계기간의 수익으로 인식한다. 발생주의에 의한 분개는 다음과 같다.

⊕ 분개 − 발생주의

20X1. 7. 1	(차) 대 여 금	100,000	(대) 현　　　　금	100,000
20X1. 12. 31 (기말수정분개)	(차) 미 수 이 자	5,000	(대) 이 자 수 익	5,000
20X2. 6. 30	(차) 현　　　　금 현　　　　금	100,000 10,000	(대) 대 여 금 미 수 이 자 이 자 수 익	100,000 5,000 5,000

'미수'라는 단어가 붙어 있는 계정과목은 자산으로 분류한다. 미수는 미래에 거래 상대방으로부터 무엇인가를 받을 권리를 의미하기 때문이다.

앞의 분개를 살펴보면 20X1년 12월 31일에 20X1년도분에 해당하는 이자수익 ₩5,000을 인식하고 현금은 차기에 수취할 것이므로 아직 수취하지 못한 현금 ₩5,000을 미수이자로 계상하였다. 미수이자는 차기에 현금으로 수취할 것이므로 재무상태표에 자산으로 보고한다. 이렇게 20X1년의 이자수익을 정확하게 보고하기 위하여 기말에 실시하는 분개를 기말수정분개 또는 결산수정분개라고 한다.

추가로 20X2년 6월 30일에 현금 ₩10,000을 수령할 경우, 전기에 수취하지 못한 미수이자 ₩5,000을 먼저 수취한 것으로 보고 미수이자를 제거하고 나머지 ₩5,000은 20X2년의 이자수익으로 인식한다.

사례 一 예제 **미지급비용**

20X1년 10월 1일, ㈜한국은 은행으로부터 현금 ₩100,000을 연 12%로 차입하고 원금과 이자를 1년 후에 지급하기로 하였다. 회사의 결산일은 12월 31일이다.

분개

현금주의

20X1. 10. 1	(차) 현 금	100,000	(대) 차 입 금	100,000
20X2. 9. 30	(차) 차 입 금	100,000	(대) 현 금	100,000
	이 자 비 용	12,000	현 금	12,000

위의 사례는 발생항목에 해당한다. 사례에서 비용을 인식하는 사건은 차입금의 대가로 지급하는 이자비용의 발생이다. 이자비용을 인식하는 사건인 현금의 차입은 당기부터 발생했으나 이자의 지급은 거래의 종료시점인 20X2년 9월 30일에 일어나므로 발생항목에 해당하는 것이다.

이제 분개를 살펴보자. 위의 분개는 현금주의에 따라 작성한 분개인데, 현금주의는 현금이 유입되는 시점에 수익을 인식하고, 현금이 유출되는 시점에 비용을 인식하는 것이다. 따라서 현금주의에서는 실제 이자를 지급하는 20X2년 9월 30일에 이자비용을 인식하였다. 하지만 회계는 수익과 비용을 인식하는 경우에 있어서 현금주의가 아닌 발생주의를 택하고 있다. 따라서 위와 같이 현금을 수수하는 시점에 비용을 인식하는 것은 잘못된 분개이다.

발생주의는 현금의 수수와 관계없이 사건의 발생에 따라 수익과 비용을 인식한다. 사례에서 이자비용을 인식하는 이유가 금전 차입에 대한 대가이고 금전의 차입은 20X1년 10월 1일부터 20X2년 9월 30일까지 1년 동안 일어났기 때문에 현금수수와는 무관하게 이자비용 역시 1년 동안 균등하게 인식해야 한다는 게 발생주의의 기본 논리이다. 즉, 이자는 1년 동안 금전 차입에 대한 대가로 지급하는 것이므로 이자비용을 사건의 발생기간인 1년 동안 나누어 인식하는 것이 발생주의이다.

⊕ 현금주의와 발생주의

• 현금주의에 의한 이자비용

현금 지급 시점에 전액(₩12,000)을 비용인식

• 발생주의에 의한 이자비용

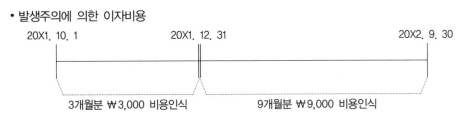

3개월분 ₩3,000 비용인식   9개월분 ₩9,000 비용인식

따라서 결산일인 20X1년 12월 31일을 기준으로 20X1년에 10월 1일부터 12월 31일까지의 이자비용에 해당하는 ₩3,000을, 20X2년에 1월 1일부터 9월 30일까지의 이자비용에 해당하는 ₩9,000을 각 회계기간의 비용으로 인식한다. 발생주의에 의한 분개는 다음과 같다.

● 분개 - 발생주의

20X1. 10. 1	(차) 현　　　금	100,000	(대) 차　입　금	100,000		
20X1. 12. 31 (기말수정분개)	(차) 이 자 비 용	3,000	(대) 미 지 급 이 자	3,000		
20X2. 9. 30	(차) 차　입　금	100,000	(대) 현　　　금	100,000		
	미 지 급 이 자	3,000	현　　　금	12,000		
	이 자 비 용	9,000				

'미지급'이라는 단어가 붙어 있는 계정과목은 부채로 분류한다. 미지급은 미래에 거래 상대방에게 무엇인가를 지급할 의무를 의미하기 때문이다.

위의 분개를 살펴보면 20X1년 12월 31일에 20X1년도분에 해당하는 이자비용 ₩3,000을 인식하고 현금은 차기에 지급할 것이므로 아직 지급하지 않은 현금 ₩3,000을 미지급이자로 계상하였다. 미지급이자는 차기에 현금으로 지급할 것이므로 재무상태표에 부채로 보고한다. 이렇게 20X1년의 이자비용을 정확하게 보고하기 위하여 기말에 실시하는 분개를 기말수정분개 또는 결산수정분개라고 한다.

추가로 20X2년 9월 30일에 현금 ₩12,000을 지급할 경우, 전기에 지급하지 못한 미지급이자 ₩3,000을 먼저 지급한 것으로 보고 미지급이자를 제거하고 나머지 ₩9,000은 20X2년의 이자비용으로 인식한다.

(2) 이연항목

이연항목은 거래의 시작시점에 현금을 먼저 수수하고 거래가 진행되는 경우를 말한다. 즉, 발생주의에 의한 수익(비용)의 인식요건이 충족되기 전에 현금을 미리 수수한 경우이다.

다음의 사례를 통해 이연항목에 대해 살펴보자.

사례 一 예제　　**선급비용**

20X1년 4월 1일, ㈜한국은 보유 중인 건물에 대하여 화재보험을 가입하고 보험가입과 동시에 1년치 보험료 ₩12,000을 현금으로 지급하였다. 회사의 결산일은 12월 31일이다.

현금주의와 발생주의

• 현금주의에 의한 보험료

현금 지급 시점에 전액(₩12,000)을 비용인식

미래의 비용을 미리 지급한 경우 계정과목 앞에 '선급'이라는 단어를 붙인다. '선급'은 미래에 거래 상대방으로부터 반대급부를 받을 권리이므로 자산으로 보고한다.

• 발생주의에 의한 보험료

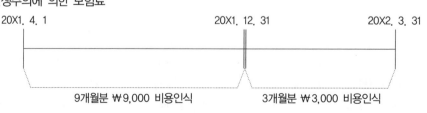

9개월분 ₩9,000 비용인식　　　　3개월분 ₩3,000 비용인식

분개

현금주의

20X1. 4. 1	(차)	보 험 료	12,000	(대)	현		금	12,000

발생주의: 비용처리법

20X1. 4. 1	(차)	보 험 료	12,000	(대)	현		금	12,000
20X1. 12. 31 (기말수정분개)	(차)	선 급 보 험 료	3,000	(대)	보	험	료	3,000
20X2. 3. 31		보 험 료	3,000		선 급 보 험 료			3,000

위의 사례는 거래의 시작 시점에 현금을 전액 지급하고 사건은 그 후 1년에 걸쳐 일어나므로 이연항목에 해당한다. 보험료 ₩12,000을 지급하는 이유는 1년 동안 보험의 효익을 누리기 위한 것이므로 발생주의에 의하면 비용(보험료) 역시 1년에 걸친 기간 동안 인식해야 한다. 따라서 20X1년에 9개월분에 해당하는 보험료 ₩9,000을 비용으로 인식하고, 20X2년에 3개월분에 해당하는 보험료 ₩3,000을 비용으로 인식해야 발생주의에 부합하는 회계처리가 된다.

그러나 현금주의에 의하면 현금을 지급하는 20X1년에 보험료 전액을 비용으로 인식하므로 이는 잘못된 회계처리이다. 따라서 발생주의에 의한 정확한 비용을 인식하기 위해서 20X1년 말에 20X2년의 보험료에 해당하는 ₩3,000만큼을 당기 비용에서 취소하고 취소한 ₩3,000을 선급보험료라는 자산으로 대체한다. 20X1년의 정확한 비용을 계상하기 위해 수행하는 동분개는 기말수정분개(결산수정분개)에 해당한다.

20X2년 3월 31일에 보험의 만기가 도래하면 20X2년분의 보험효익을 모두 누렸으므로 선급보험료 ₩3,000을 자산에서 비용으로 대체하는 회계처리를 수행한다. 이렇게 하면 발생주의에서 처음 의도한대로 20X1년과 20X2년에 각각 ₩9,000, ₩3,000을 비용으로 인식할 수 있게 된다.

한편, 위의 거래를 다른 방식으로 회계처리할 수도 있다. 20X1년 4월 1일 보험료를 지급할 때, 이는 1년분 보험료를 미리 선급한 것이다. 따라서 20X1년 4월 1일에 동금액을 보험료라는 비용이 아닌 선급보험료라는 자산으로 해석하는 것도 가능하다. 회계에서는 그 내역을 불문하고 '선급'에 해당하는 것은 자산으로 인식하기 때문이다. 보험료 지급 당시 이를 비용이 아닌 자산으로 인식한다면 아래와 같은 회계처리가 가능할 것이다.

❂ 분개 – 발생주의: 자산처리법

20X1. 4. 1	(차)	선 급 보 험 료	12,000	(대)	현 금		12,000
20X1. 12. 31 (기말수정분개)	(차)	보 험 료	9,000	(대)	선 급 보 험 료		9,000
20X2. 3. 31	(차)	보 험 료	3,000	(대)	선 급 보 험 료		3,000

앞의 분개는 거래의 시작 시점에 현금을 지급하면서 보험료 ₩12,000을 선급보험료라는 자산으로 인식하였다. 최초에 현금을 지급한 시점에는 보험과 관련된 효익을 전혀 누리지 못했으므로 일단 자산으로 인식한 후에 시간이 지나면서 보험의 효익을 누리게 되면 그 때 비용으로 대체하는 것이 위 분개의 논리이다.

따라서 20X1년에 9개월만큼 보험의 효익을 누렸으므로 20X1년 말에 ₩9,000에 해당하는 금액을 비용으로 대체하고, 20X2년에는 3개월만큼의 효익을 누렸으므로 ₩3,000에 해당하는 금액을 비용으로 대체한다.

비용처리법과 자산처리법은 현금지급시점에서의 회계처리는 다르지만 기말수정분개를 하고 나면 20X1년과 20X2년에 동일한 금액을 비용으로 인식하게 된다. 어떤 과정을 통해 회계처리를 하든지 최종적인 수익과 비용은 발생주의에 의해 파악한 금액과 동일하게 기록되어야 한다.

사례 一 예제 **선수수익**

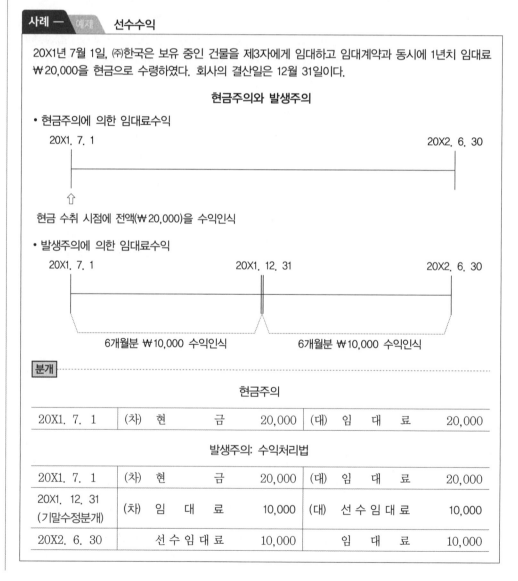

20X1년 7월 1일, ㈜한국은 보유 중인 건물을 제3자에게 임대하고 임대계약과 동시에 1년치 임대료 ₩20,000을 현금으로 수령하였다. 회사의 결산일은 12월 31일이다.

현금주의와 발생주의

• 현금주의에 의한 임대료수익

| 20X1. 7. 1 | 20X2. 6. 30 |

⇧
현금 수취 시점에 전액(₩20,000)을 수익인식

• 발생주의에 의한 임대료수익

| 20X1. 7. 1 | 20X1. 12. 31 | 20X2. 6. 30 |

6개월분 ₩10,000 수익인식   6개월분 ₩10,000 수익인식

분개

현금주의							
20X1. 7. 1	(차)	현	금	20,000	(대)	임 대 료	20,000

발생주의: 수익처리법							
20X1. 7. 1	(차)	현	금	20,000	(대)	임 대 료	20,000
20X1. 12. 31 (기말수정분개)	(차)	임 대 료		10,000	(대)	선 수 임 대 료	10,000
20X2. 6. 30		선 수 임 대 료		10,000		임 대 료	10,000

임대료는 임대용역을 제공하고 그 대가를 수취하는 임대인의 입장에서 쓰는 계정이다. 따라서 임대료는 수익에 해당한다. 임대료를 지급하는 임차인의 입장에서는 임차료라는 계정을 사용하는데 임차료는 비용에 해당한다.

미래의 수익을 미리 수취한 경우 계정과목 앞에 '선수'라는 단어를 붙인다. '선수'는 미래에 거래 상대방에게 반대 급부를 제공해야 할 의무이므로 부채로 보고한다.

앞의 사례는 거래의 시작 시점에 현금을 전액 수취하고 사건은 그 후 1년에 걸쳐 일어나므로 이연항목에 해당한다. 임대료 ₩20,000은 1년 동안 건물을 임대해준 부분에 대한 대가이므로 발생주의에 의하면 수익(임대료) 역시 1년에 걸친 기간 동안 인식해야 한다. 따라서 20X1년에 6개월분에 해당하는 임대료 ₩10,000을 수익으로 인식하고, 20X2년에 6개월분에 해당하는 임대료 ₩10,000을 수익으로 인식해야 발생주의에 부합하는 회계처리가 된다.

그러나 현금주의에 의하면 현금을 수취하는 20X1년에 임대료 전액을 수익으로 인식하므로 이는 잘못된 회계처리이다. 따라서 발생주의에 의한 정확한 수익을 인식하기 위해서 20X1년 말에 20X2년의 임대료에 해당하는 ₩10,000만큼을 당기 수익에서 취소하고 선수임대료라는 부채로 대체한다. 20X1년의 정확한 수익을 계상하기 위해 수행하는 동분개는 기말수정분개(결산수정분개)에 해당한다.

20X2년 6월 30일에 임대용역의 제공이 종료되면 20X2년분의 의무를 모두 이행하였으므로 선수임대료 ₩10,000을 부채에서 수익으로 대체하는 회계처리를 수행한다. 이렇게 하면 발생주의에서 처음 의도한대로 20X1년과 20X2년에 각각 ₩10,000을 수익으로 인식할 수 있게 된다.

한편, 앞의 거래를 다른 방식으로 회계처리할 수도 있다. 20X1년 7월 1일 임대료를 수취할 때, 이는 1년분 임대료를 미리 지급받은 것이다. 따라서 20X1년 7월 1일에 동금액을 임대료라는 수익이 아닌 선수임대료라는 부채로 해석하는 것도 가능하다. 회계에서는 그 내역을 불문하고 '선수'에 해당하는 것은 부채로 인식하기 때문이다. 임대료 수취 당시 이를 수익이 아닌 부채로 인식한다면 아래와 같은 회계처리가 가능할 것이다.

➊ 분개 - 발생주의: 부채처리법

20X1. 7. 1	(차) 현 금	20,000	(대) 선 수 임 대 료	20,000
20X1. 12. 31 (기말수정분개)	(차) 선 수 임 대 료	10,000	(대) 임 대 료	10,000
20X2. 6. 30	(차) 선 수 임 대 료	10,000	(대) 임 대 료	10,000

위의 분개는 거래의 시작 시점에 현금을 수취하면서 임대료 ₩20,000을 선수임대료라는 부채로 인식하였다. 최초에 현금을 수취한 시점에는 임대용역을 전혀 제공하지 않았으므로 일단 부채로 잡았다가 시간이 지나면서 임대용역을 제공하게 되면 그 때 수익으로 대체하는 것이 위 분개의 논리이다.

따라서 20X1년에 6개월만큼 임대용역을 제공하였으므로 20X1년 말에 ₩10,000에 해당하는 금액을 수익으로 대체하고, 20X2년에도 6개월만큼 임대용역을 제공하였으므로 ₩10,000에 해당하는 금액을 수익으로 대체한다.

수익처리법과 부채처리법은 현금수취시점에서의 회계처리는 다르지만 기말수정분개를 하고 나면 20X1년과 20X2년에 동일한 금액을 수익으로 인식하게 된다. 어떤 과정을 통해 회계처리를 하든지 최종적인 수익과 비용은 발생주의에 의해 파악한 금액과 동일하게 기록되어야 한다.

20X1년 7월 1일, ㈜한국은 사무용으로 사용할 소모품 ₩20,000을 현금으로 구입하였다. 20X1년 12월 31일, ㈜한국은 미사용한 소모품 ₩5,000을 창고에 보관하고 있다는 사실을 확인하였다. 회사의 결산일은 12월 31일이다.

분개

발생주의: 자산처리법

20X1. 7. 1	(차)	소　모　품	20,000	(대)	현　　　　금	20,000
20X1. 12. 31 (기말수정분개)	(차)	소　모　품　비	15,000	(대)	소　모　품	15,000

자산처리법에서는 소모품 ₩20,000을 구입하는 시점에 자산으로 인식한다. 기말에 소모품 ₩5,000이 남아 있는 것이 확인되었다면, 기중에 사용한 금액이 ₩15,000이므로 동 금액만큼 자산을 감액하고 비용으로 대체한다.

분개

발생주의: 비용처리법

20X1. 7. 1	(차)	소　모　품　비	20,000	(대)	현　　　　금	20,000
20X1. 12. 31 (기말수정분개)	(차)	소　모　품	5,000	(대)	소　모　품　비	5,000

비용처리법에서는 소모품 ₩20,000을 구입하는 시점에 비용으로 인식한다. 비용으로 인식하는 논리는 소모품은 회사에서 사용하는 소소한 비품들로 당기에 모두 사용할 것이라는 가정을 한 것이다. 그러나 기말에 소모품 ₩5,000이 남아 있는 것이 확인되었다면, 당기에 모두 사용할 것이라는 가정이 잘못되었으므로 기중에 비용으로 인식한 ₩20,000 중 ₩5,000을 취소하고 이를 자산으로 대체한다.

(3) 기타

발생항목과 이연항목 외에 기말수정분개 대상으로 대손상각비, 감가상각비, 매출원가 등을 꼽을 수 있다. 여기서는 대손상각비와 감가상각비의 개략적인 개념에 대해서만 살펴보겠다.

① 대손상각비

기업실체가 재고자산을 외상으로 판매하는 경우 판매대금은 매출채권 과목으로 하여 자산으로 인식한다. 매출채권은 거래처의 재무상태에 따라 회수하지 못할 가능성이 존재하는데, 이렇게 매출채권 중 회수할 수 없다고 판단되는 금액을 비용으로 처리하는 계정을 대손상각비라고 한다.

자산으로 인식되기 위해서는 해당 항목이 미래 경제적 효익의 유입을 가져와야 하는데 회수가능성이 낮은 매출채권은 미래 경제적 효익의 유입을 기대하기 어려우므로 자산에서 제거되어야 한다. 이때 제거되는 매출채권을 비용으로 대체하는 계정이 대손상각비이다.

다만 회수가능성이 낮다고 판단된 매출채권은 매출채권을 직접 감액하지 않고 대손충당금이라는 계정과목을 이용해서 매출채권의 차감계정으로 표시한다.

사례 ─ 예제

20X1년 12월 31일 ㈜한국은 총 ₩300,000의 매출채권을 보유하고 있다. 회사가 이에 대해 회수가능성을 검토한 결과 총 ₩30,000에 해당하는 매출채권을 회수할 수 없을 것으로 판단하였다.

분개

발생주의

20X1. 12. 31 (기말수정분개)	(차) 대 손 상 각 비	30,000	(대) 대 손 충 당 금	30,000

재무상태표

㈜한국	20X1년 12월 31일 현재	(단위: 원)
매 출 채 권	300,000	
대 손 충 당 금	(30,000)	
	270,000	

② 감가상각비

기업실체가 사용할 목적으로 취득한 건물, 기계장치, 차량 등 유형자산은 시간이 경과함에 따라 그 가치가 감소하게 된다. 이러한 가치의 감소는 당해 유형자산의 가치를 감소시키므로 이를 적절하게 비용으로 처리해야 하는데 이를 감가상각(depreciation)이라고 한다.

매출채권을 감액하면서 비용으로 대체하는 계정이 대손상각비라면 유형자산을 감액하면서 비용으로 대체하는 계정이 감가상각비이다.

그러나 현실적으로 유형자산의 가치감소분을 하나하나 찾아내는 것은 쉬운 일이 아니다. 예를 들어 회사에서 보유하고 있는 건물, 기계장치, 차량운반구 등의 가치감소분을 일일이 확인해서 장부에 반영한다는 것은 매우 어려운 일이다. 그리고 유형자산의 보유목적은 장기간 사용하는 데에 있고 단기간 내에 처분할 목적으로 보유하고 있는 것이 아니기 때문에 유형 자산의 가치 감소분에 대한 정보가 꼭 필요하다고 할 수 없다.

따라서 재무회계에서는 유형자산의 가치를 재평가하여 가치감소분을 비용으로 처리하는 대신에 합리적이고 체계적인 방법에 따라 취득원가를 각 회계기간에 배분하는 방법을 사용한다.

감가상각을 통해 비용처리한 금액은 감가상각비의 과목으로 하여 비용으로 인식하고, 동금액을 유형자산에서 직접 감액하는 대신에 감가상각누계액의 과목으로 처리한다. 감가상각누계액은 재무상태표에 유형자산의 차감계정으로 표시한다.

20X1년 7월 1일, ㈜한국은 회사 사옥으로 사용하기 위한 건물을 ₩80,000에 구입하였고 결산일인 12월 31일에 동건물에 대한 감가상각비로 ₩2,000을 인식하기로 하였다.

분개

발생주의

20X1. 7. 1	(차) 건　　　　　물	80,000	(대) 현　　　　　금	80,000
20X1. 12. 31 (기말수정분개)	(차) 감 가 상 각 비	2,000	(대) 감가상각누계액	2,000

재무상태표

㈜한국	20X1년 12월 31일 현재	(단위: 원)
건　　　　　물	80,000	
감 가 상 각 누 계 액	(2,000)	
	78,000	

아래의 상황에 기초하여 회사가 12월 31일에 수행할 기말수정분개를 보이시오.

(1) 8월 1일, 1년치 건물임차료 ₩12,000을 지급하고 전액 비용으로 처리하였다.

(2) 2월 5일, 소모품을 ₩10,000 구입하고 전액 비용으로 처리하였다. 기말 현재 미사용 소모품은 ₩3,000이다.

(3) 3월 5일, 보험료 ₩15,000을 지급하고 선급보험료로 처리하였다. 기말 현재 기간 미경과분은 ₩6,000이다.

(4) 7월 1일, 사무실 일부를 임대하고 1년치 임대료 ₩10,000을 수령하고 부채로 처리하였다.

(5) 8월 5일, 거래처에 현금을 대여하고 원금과 이자는 내년에 받기로 하였다. 기말 현재 기간경과 이자는 ₩6,000이다.

정답

(1)	(차) 선 급 임 차 료	7,000	(대) 임　차　료	7,000
(2)	(차) 소　모　품	3,000	(대) 소 모 품 비	3,000
(3)	(차) 보　험　료	9,000	(대) 선 급 보 험 료	9,000
(4)	(차) 선 수 임 대 료	5,000	(대) 임 대 료 수 익	5,000
(5)	(차) 미 수 이 자	6,000	(대) 이 자 수 익	6,000

5. 재무제표의 작성

기말수정분개를 하고 나면 총계정원장 상 각 계정들의 기말잔액은 발생주의로 작성된 금액이 된다. 기말수정분개에 오류가 없는지 확인하기 위해서는 수정후시산표를 작성해서 차변합계와 대변합계가 일치하는지를 확인하면 된다. 수정후시산표는 앞서 설명한 수정전시산표와 작성시점만 다를 뿐 작성하는 논리는 동일하다. 수정전시산표는 기말수정분개를 반영하기 전 금액이고, 수정후시산표는 기말수정분개를 반영한 후의 금액이라는 점에만 차이가 있을 뿐이다.

선생님 TIP

시험에서 자료를 제시하며 '수정전시산표'라고 언급한다면 아직 기말수정분개를 수행하기 전의 자료라고 해석하면 되고, '수정후시산표'라고 언급한다면 기말수정분개를 반영한 후의 자료라고 해석하면 된다.

수정후시산표를 통해 오류가 없다는 것을 확인하고 나면 총계정원장 상 각 계정들의 기말잔액을 기초로 재무제표를 작성한다. 자산, 부채 및 자본계정은 재무상태표에, 수익 및 비용계정은 포괄손익계산서에 표시하는데 이때 재무상태표의 차변합계와 대변합계의 금액은 서로 일치하지 않는다. 이때 일치하지 않는 금액은 당기순이익으로 재무상태표와 포괄손익계산서에서 동일한 금액이 계산된다.

따라서 포괄손익계산서를 통해 당기순이익을 계산하고, 동금액을 재무상태표 상의 자본에 마감하게 되면 재무상태표의 차변과 대변합계가 일치하게 된다. 이를 그림으로 나타내면 아래와 같다.

⊕ 당기순이익을 자본으로 마감

〈수정후시산표〉

자산	부채
	자본
비용	수익

→ 당기순이익(이익잉여금)

📖 **선생님 TIP**

포괄손익계산서 상의 수익과 비용은 결국 자본의 증감을 구체적으로 보여주는 항목이므로 포괄손익계산서의 결과물인 당기순이익은 원천 계정인 자본으로 마감된다. 이때 자본 중 이익잉여금이라는 계정을 통해 마감하는데 구체적인 계정과목에 대해서는 02장 '재무보고를 위한 개념체계와 재무제표 표시'에서 설명하겠다.

사례 ― 예제

다음은 ㈜한국의 20X1년도 수정후시산표이다. 자료를 이용하여 20X1년도에 보고할 손익계산서와 재무상태표를 작성하시오.

잔액시산표

㈜한국   20X1년 12월 31일 현재   (단위: 원)

차변잔액	계정과목	대변잔액
1,077,000	현 금	
500,000	건 물	
	자 본 금	1,500,000
	임 대 료	22,000
10,000	보 험 료	
50,000	상 품	
	매 입 채 무	200,000
3,000	소 모 품	
100,000	대 여 금	
100,000	매 출 채 권	
	상 품 처 분 이 익	130,000
	선 수 임 대 료	2,000
2,000	선 급 보 험 료	
12,000	소 모 품 비	
7,000	미 수 이 자	
	이 자 수 익	7,000
10,000	감 가 상 각 비	
	감 가 상 각 누 계 액	10,000
1,871,000	합 계	1,871,000

손익계산서

㈜한국	20X1년 1월 1일부터 12월 31일까지	(단위: 원)
수익		₩ 159,000
임대료	₩ 22,000	
상품처분이익	130,000	
이자수익	7,000	
비용		(32,000)
보험료	₩ 10,000	
소모품비	12,000	
감가상각비	10,000	
당기순이익		₩ 127,000

재무상태표

㈜한국		20X1년 12월 31일 현재		(단위: 원)
현　　　　금	₩ 1,077,000	매 입 채 무	₩ 200,000	
매 출 채 권	100,000	선 수 임 대 료	2,000	
대 　 여 　 금	100,000	자 　 본 　 금	1,500,000	
선 급 보 험 료	2,000	이 익 잉 여 금	127,000	
미 수 이 자	7,000	(당 기 순 이 익)		
상　　　　품	50,000			
소 　 모 　 품	3,000			
건　　　　물	500,000			
감 가 상 각 누 계 액	(10,000)			
자 산 총 계	₩ 1,829,000	부 채 와 자 본 총 계	₩ 1,829,000	

6. 마감분개

(1) 영구계정(permanent account)과 임시계정(temporary account)

회계연도를 마감하기 위해서는 자산·부채·자본 계정들은 차기로 이월시키고, 수익·비용 계정들은 차기로 이월시키지 않고 자본(이익잉여금)으로 마감하는 절차가 필요하다. 이러한 절차를 마감분개(closing entries)라고 한다.

손익계산서 계정인 수익·비용계정은 여러 회계기간에 걸쳐 사용되는 재무상태표 계정과는 달리 특정 회계기간에만 사용된다.

예를 들어, ㈜한국이 20X1년 12월 31일 현재 재무상태표에 자산으로 현금 ₩ 10억, 토지 ₩ 20억, 부채로 차입금 ₩ 5억을 보고했다고 가정하자. 회계기간이 바뀌어 20X2년 초가 되어도 전기 말의 현금과 토지는 그대로 존재할 것이고, 차입금 잔액 역시 ₩ 5억이 존재할 것이다.

재무상태표에 보고되는 계정과목들의 잔액은 차기가 되어도 변하지 않을 것이므로 재무상태표 계정은 특별히 0으로 만드는 절차가 필요하지 않다. 즉, 재무상태표 계정은 마감을 위한 별도의 회계처리를 수행하지 않고 계정들의 기말 잔액을 다음 회계기간의 기초잔액으로 이월시키는 것으로 충분하며, 분개의 형태를 취하지 않고 총계정원장 상의 각 계정에 '차기이월'이라고 직접 표기하는 것으로 종료된다.

[재무상태표 계정의 마감]

건물

1월 1일	자 본 금	500,000	차기이월		500,000

상품

4월 1일	매 입 채 무	300,000	7월 15일	제 좌	150,000
			10월 4일	매 출 채 권	100,000
			차기이월		50,000

매입채무

9월 1일	현 금	100,000	4월 1일	상 품	300,000
차기이월		200,000			

반면에 ㈜한국이 20X1년 손익계산서에 매출 ₩50억, 급여 ₩10억, 임차료 ₩5억을 보고했다고 가정하자. 매출은 1년 동안 ㈜한국이 판매한 상품의 금액, 급여는 1년 동안 ㈜한국이 임직원에게 지급한 임금, 임차료는 1년 동안 ㈜한국이 지급한 건물 등의 사용대가를 의미한다.

위의 계정과목들은 20X1년 회계기간 동안 회사가 달성한 수익과 비용을 나타내는 계정과목들이므로 20X2년이 되어 회계연도가 바뀌게 되면 동계정과목들은 ₩0에서부터 다시 기록하여 20X2년의 순수한 경영성과를 보고해야 한다. 따라서 20X1년에 기록한 매출, 급여, 임차료 등의 계정과목들을 ₩0으로 만들고 20X2년으로 넘어가야 하는데 이것이 손익계산서 계정의 마감이다.

재무상태표 상의 계정들은 과거부터 누적해서 기록하므로 영구계정, 손익계산서 상의 계정들은 특정회계기간에만 사용하므로 임시계정이라 부른다.

> 재무상태표 상의 계정들을 실질계정(real account), 손익계산서 상의 계정들을 명목계정(nominal account)이라고도 한다.

(2) 마감분개

수익 및 비용 계정들은 다음 연도로 이월시키지 않고 그 순액(당기순이익)을 재무상태표의 이익잉여금 계정으로 귀속시키는 회계처리를 하는 것으로 장부를 마감한다.

손익계산서 계정의 마감은 마감분개(closing entries)라는 형태로 이루어진다. 모든 수익계정과 비용계정은 집합손익(revenue and expense summary account) 계정으로 대체되는 방식으로 마감되는데 분개의 예시는 아래와 같다.

[수익계정의 마감]

(차) 수　　　　익　　×××　　　(대) 집 합 손 익　　×××

[비용계정의 마감]

(차) 집 합 손 익   ×××   (대) 비   용   ×××

수익계정은 대변 잔액을 갖고 있으므로 차변에 같은 금액을 기록하면 차변과 대변의 금액이 같아져서 수익계정의 잔액은 ₩0이 된다. 마찬가지로 비용계정은 차변 잔액을 갖고 있으므로 대변에 같은 금액을 기록하면 차변과 대변의 금액이 같아져서 비용계정의 잔액은 ₩0이 된다. 이때 수익과 비용계정의 상대방에 기록할 계정이 필요한데 이 계정이 바로 집합손익이다.

집합손익은 단순히 모든 수익과 비용계정을 대체한 계정이므로 집합손익계정의 잔액이 곧 당기순이익이 된다. 따라서 집합손익계정에 대변잔액이 발생하면 당기순이익이 보고되며, 차변잔액이 발생하면 당기순손실이 보고된다.

한편, 집합손익계정도 수익계정과 비용계정을 마감하기 위하여 임시적으로 설정한 계정에 불과하므로 집합손익 역시 마감되어야 한다. 집합손익계정의 마감은 이익잉여금(자본)을 통해서 이루어지는데 당기순이익이 집합손익을 통해 결국 이익잉여금(자본)으로 마감되는 것이므로 집합손익계정은 손익계산서의 마감과정에서 임시적으로 사용되는 계정일 뿐인 것이다.

[집합손익계정의 마감: 당기순이익의 경우]

(차) 집 합 손 익   ×××   (대) 이 익 잉 여 금   ×××

[집합손익계정의 마감: 당기순손실의 경우]

(차) 이 익 잉 여 금   ×××   (대) 집 합 손 익   ×××

[손익계산서 계정의 마감: 예시]

매출

집합손익	50,000	1월 1일	현	금	50,000

임대료

집합손익	24,000	2월 1일	현	금	24,000

보험료

3월 1일	현	금	12,000	집합손익		12,000

(차) 매   출 50,000   (대) 집 합 손 익 50,000
    임   대   료 24,000   집 합 손 익 24,000
    집 합 손 익 12,000   보   험   료 12,000
    집 합 손 익 62,000   이 익 잉 여 금 62,000

마감분개를 한 후에 작성하는 시산표를 이월시산표라 하는데 수정전시산표 또는 수정후시산표와 작성논리가 동일하다. 다만 이월시산표가 수정전시산표 및 수정후시산표와 다른 점은 이월시산표는 마감분개를 수행하고 난 후에 작성하는 시산표이므로 재무상태표 계정만으로 구성되고 손익계산서 계정은 표시되지 않는다는 점이다.

01 재무회계는 외부정보이용자들의 의사결정에 유용한 정보를 제공하는 것을 목적으로 하는 반면 관리회계는 기업의 경영자와 같은 내부정보이용자의 의사결정에 유용한 정보를 제공하는 것을 목적으로 한다. ( )

02 공인회계사들이 수행하는 외부감사의 목적은 기업에 대한 투자 적정성을 평가하는 데 있다. ( )

03 재무상태표에 자산으로 인식하기 위해서 물리적 형태는 필요하지 않지만 법률적 권리는 필요하다. ( )

04 미래에 회사 생산시설에 대한 대규모 수선을 계획하고 있는 경우 부채를 인식해야 한다. ( )

05 자본은 자산에서 부채를 차감한 값으로 기업이 발행한 주식의 시가총액과 일치하지 않는다. ( )

06 수익은 자본을 증가시키는 거래 중에 소유주와의 거래를 제외한 것이다. ( )

07 재무상태표 계정은 실질계정 또는 임시계정에 해당하고, 손익계산서 계정은 명목계정 또는 영구계정에 해당한다. ( )

08 회사가 원재료 구매계약을 체결한 것은 회계 상의 거래에 해당한다. ( )

09 회사가 원재료 구매계약을 체결하며 계약금을 지급한 것은 회계 상의 거래에 해당한다. ( )

10 모든 재무제표는 발생주의에 따라 작성된다. ( )

---

01 ○ 외부감사
02 × 외부감사는 경영자들이 작성한 재무제표가 일반적으로 인정된 회계원칙에 근거했는지를 평가하고 인증하는 기능을 한다.
03 × 자산으로 인식하기 위해 법률적 권리가 필요한 것은 아니다.
04 × 미래의 대규모 수선 계획은 현재의무에 해당하지 않으므로 부채의 요건을 충족하지 못한다.
05 ○
06 ○
07 × 재무상태표 계정은 실질계정 또는 영구계정에 해당하고, 손익계산서 계정은 명목계정 또는 임시계정에 해당한다.
08 × 단순한 계약은 회사의 자산, 부채 및 자본에 변화를 가져오지 않으므로 회계 상의 거래에 해당하지 않는다.
09 ○ 구매계약을 체결한 것은 회계 상의 거래에 해당하지 않으나 계약금을 지급한 것은 회사의 자산에 변화가 있으므로 회계 상의 거래에 해당한다.
10 × 현금흐름표는 현금주의에 따라 작성된다.

1 재무제표의 기초

01 우리나라의 주식회사는 직전연도 자산총액이 120억 원 이상인 경우에 의무적으로 공인회계사로부터 외부 회계감사를 받아야 한다. 이와 같이 기업이 공인회계사로부터 매년 회계감사를 받는 주요 이유는?

2010년 관세직 9급

① 외부전문가의 도움에 의한 재무제표 작성
② 회사 종업원들의 내부공모에 의한 부정과 횡령의 적발
③ 경영자의 재무제표 작성 및 표시에 대한 책임을 외부전문가에게 전가
④ 독립된 외부전문가의 검증을 통한 회계정보의 신뢰성 제고

02 재무상태 또는 성과측정과 관련된 재무제표요소에 대한 설명으로 옳지 않은 것은?

2014년 지방직 9급

① 자산은 과거 사건의 결과로 기업이 통제하고 있고 미래 경제적 효익이 유입될 것으로 기대되는 자원이다.
② 부채는 과거 사건에 의하여 발생하였으며 경제적 효익을 갖는 자원이 기업으로부터 유출됨으로써 이행될 것으로 기대되는 현재의무이다.
③ 자본은 기업의 자산에서 모든 부채를 차감한 후의 잔여지분으로 자산과 부채 금액의 측정에 따라 결정되며, 자본 총액은 기업이 발행한 주식의 시가총액과 같다.
④ 수익은 자산의 유입이나 증가 또는 부채의 감소에 따라 자본의 증가를 초래하는 특정 회계기간 동안에 발생한 경제적 효익의 증가로서, 지분참여자에 의한 출연과 관련된 것은 제외한다.

---

01 ④ 외부감사를 받는 이유는 독립된 외부감사인에게 재무제표가 일반적으로 인정된 회계원칙에 근거하여 적정하게 작성되었는지를 검증받아 재무제표의 신뢰성을 높이기 위함이다.

02 ③ 자본은 기업의 자산에서 모든 부채를 차감한 후의 잔여지분으로 기업의 시가총액과는 일치하지 않는다.

03 재무제표를 구성하는 요소의 정의로서 옳지 않은 것은?

2015년 서울시 9급

① 수익은 자산의 유입이나 증가 또는 부채의 감소에 따라 자본의 증가를 초래하는 특정 회계기간 동안에 발생한 경제적 효익의 증가로서, 지분참여자에 의한 출연과 관련된 것을 포함한다.

② 부채는 과거 사건에 의하여 발생하였으며 경제적 효익을 갖는 자원이 기업으로부터 유출됨으로써 이행될 것으로 예상되는 현재의무이다.

③ 자산은 과거 사건의 결과로 기업이 통제하고 있고 미래 경제적 효익이 기업에 유입될 것으로 기대되는 자원이다.

④ 자본은 기업의 자산에서 모든 부채를 차감한 후의 잔여지분이다. 자본총액은 그 기업이 발행한 주식의 시가총액 또는 기업순자산을 나누어서 처분하거나 기업 전체로 처분할 때 받을 수 있는 대가와 일치하지 않는 것이 일반적이다.

04 재무제표 요소들에 대한 설명으로 옳지 않은 것은?

2018년 관세직 9급

① 자본은 기업의 자산에서 부채를 차감한 후의 잔여지분이다.

② 부채는 과거 사건에 의하여 발생하였으며, 경제적 효익을 갖는 자원이 기업으로부터 유출됨으로써 이행될 것으로 기대되는 현재의무이다.

③ 수익은 자본의 증가를 초래하는 특정 회계기간 동안에 발생한 경제적 효익의 증가로서, 지분참여자에 의한 출연과 관련된 것도 포함한다.

④ 비용은 자본의 감소를 초래하는 특정 회계기간 동안에 발생한 경제적 효익의 감소로서, 지분참여자에 대한 분배와 관련된 것은 제외한다.

05 자산은 '과거사건의 결과로서 기업이 통제하고 있고 미래 경제적 효익이 기업에 유입될 것으로 기대되는 자원'으로 정의되는데 이에 대한 설명으로 옳지 않은 것은?

2018년 관세직 9급

① 과거사건의 결과라는 것은 미래에 발생할 것으로 예상되는 거래나 사건만으로는 자산을 인식하지 않는다는 것을 의미한다.

② 미래 경제적 효익은 직접 혹은 간접으로 기업의 미래현금흐름창출에 기여하는 잠재력을 의미한다.

③ 기업이 통제하고 있다는 것은 자산으로부터 발생하는 미래 경제적 효익을 해당 기업만이 누릴 수 있어야 한다는 것을 의미한다.

④ 경제적 효익에 대한 기업의 통제력은 일반적으로 법률적 권리로부터 나오므로 법적인 소유권이 없으면 자산으로 인식할 수 없다는 것을 의미한다.

---

03 ① 수익은 자산의 유입이나 증가 또는 부채의 감소에 따라 자본의 증가를 초래하는 특정 회계기간 동안에 발생한 경제적 효익의 증가로서, 지분참여자에 의한 출연과 관련된 것은 제외한다.

04 ③ 수익은 자본의 증가를 초래하는 특정 회계기간 동안에 발생한 경제적 효익의 증가로서, 지분참여자에 의한 출연과 관련된 것은 제외한다.

05 ④ 법적 소유권이 자산을 인식하기 위한 필수조건은 아니다.

06 2018년 12월 31일에 ㈜한국에서 발생한 거래가 다음과 같을 때, 2018년 말 재무상태표상 부채에 포함할 금액은?

2019년 관세직 9급

- 제품보증에 대한 충당부채 ₩1,000을 설정하였다.
- 사무실을 임대하고 12개월분 임대료 ₩2,000을 미리 받았다.
- 거래처로부터 원재료 ₩1,000을 외상으로 구입하였다.
- 공장 확장 자금을 조달하기 위해 보통주 10주(주당 액면가 ₩100, 주당 발행가 ₩200)를 발행하였다.

① ₩2,000

② ₩3,000

③ ₩4,000

④ ₩5,000

---

2 재무상태표 등식

⊙ SOLUTION

- '기초자본 + 당기순이익 = 기말자본'의 식으로 해결한다.
  수익 − 비용
- 문제에서 자산 및 부채 관련 자료를 제시하더라도 언제나 '자본'을 이용해서 해결한다.

---

07 각 거래에 대한 회계처리로 옳지 않은 것은?

2017년 관세직 9급

	거래	회계처리
①	외상용역대금 ₩200,000을 현금으로 회수하였다.	차변) 자산의 증가 대변) 부채의 감소
②	주당 액면 ₩1,000인 보통주 100주를 발행하고 현금 ₩100,000을 받았다.	차변) 자산의 증가 대변) 자본의 증가
③	관리용역 업체로부터 12월 관리비 발생분 ₩50,000을 청구받았으나 내년에 지급할 계획이다.	차변) 자본의 감소 대변) 부채의 증가
④	은행으로부터 현금 ₩1,000,000을 차입하였다.	차변) 자산의 증가 대변) 부채의 증가

---

06 ③ 1,000(제품보증충당부채) + 2,000(선수임대료) + 1,000(매입채무) = ₩4,000

07 ① 외상용역대금을 현금으로 회수하면 차변에 자산이 증가하고 대변에 수익(자본)이 증가한다.

08 다음 자료에 따른 당기의 수익총액은?

2013년 지방직 9급

• 기초자산	₩ 50,000	• 기초부채	₩ 30,000
• 기말자산	90,000	• 기말부채	40,000
• 당기비용총액	120,000		

① ₩ 140,000 ② ₩ 150,000
③ ₩ 160,000 ④ ₩ 170,000

09 ㈜서울의 재무상태표상 각 계정별 2017년 말 잔액은 다음과 같다. 그리고 2017년 말 부채총계는 2017년 초 부채총계보다 ₩ 300,000만큼 더 크고, 2017년 말 자본총계는 2017년 초 자본총계보다 ₩ 150,000만큼 더 작다. 이를 토대로 ㈜서울의 2017년 초 자산총계를 구하면 얼마인가?

2017년 서울시 9급

• 상품	₩ 700,000	• 차입금	₩ 1,100,000
• 현금	₩ 900,000	• 선수금	₩ 450,000
• 선수수익	₩ 250,000	• 미수금	₩ 200,000
• 매출채권	₩ 500,000	• 대여금	₩ 600,000

① ₩ 2,750,000 ② ₩ 2,900,000
③ ₩ 3,150,000 ④ ₩ 3,325,000

---

08 ② • 기초자본: 기초자산(50,000) − 기초부채(30,000) = ₩ 20,000
　　 • 기말자본: 기말자산(90,000) − 기말부채(40,000) = ₩ 50,000
　　 • 당기순이익 = 자본증가액 = 기말자본(50,000) − 기초자본(20,000) = ₩ 30,000
　　 • 당기순이익(30,000) = 수익총액(X) − 비용총액(120,000)
　　　 수익총액(X) = ₩ 150,000

09 ① • 자산(150,000 증가) = 부채(300,000 증가) + 자본(150,000 감소)
　　 • 기말자산: 700,000 + 900,000 + 500,000 + 200,000 + 600,000 = ₩ 2,900,000
　　 • 기초자산: 2,900,000 − 150,000 = ₩ 2,750,000

3 회계 상의 거래

> **⊘ SOLUTION**
> • 회계 상의 거래에 해당하기 위해서는 반드시 자산, 부채 및 자본에 변화가 있어야 한다.
> • 단순한 **계약**은 회계 상의 거래에 해당하지 않는다.

10 다음은 기업에서 발생한 사건들을 나열한 것이다. 이 중 회계 상의 거래에 해당되는 것을 모두 고른 것은?

2012년 지방직 9급

> ㉠ 현금 ₩ 50,000,000을 출자하여 회사를 설립하다.
> ㉡ 원재료 ₩ 30,000,000을 구입하기로 계약서에 날인하였다.
> ㉢ 종업원 3명을 고용하기로 하고 근로계약서를 작성하였다. 계약서에는 월급여액과 상여금액을 합하여 1인당 ₩ 2,000,000 으로 책정하였다.
> ㉣ 회사 사무실 임대계약을 하고 보증금 ₩ 100,000,000을 송금하였다.

① ㉠, ㉡, ㉢, ㉣ 　　　　　② ㉠, ㉡, ㉣
③ ㉠, ㉣ 　　　　　　　　　④ ㉡, ㉢

11 회계 상 거래로 파악될 수 있는 내용으로 옳지 않은 것은? 　　　　2011년 국가직 7급

① ㈜창업은 손실 처리하였던 ₩ 500,000,000의 매출채권 중 ₩ 100,000,000을 채권 추심기관을 통하여 회수하였다.

② ㈜창업은 당해 연도 말 은행차입금에 대한 만기를 5년간 더 연장하는 것에 대하여 은행 측 승인을 받았다.

③ ㈜창업은 보관중인 자재에 대한 재고조사에서 도난으로 인해 장부상의 금액보다 ₩ 500,000,000에 해당하는 재고자산이 부족한 것을 확인하였다.

④ ㈜창업은 제품전시회를 통하여 외국바이어와 ₩ 1,000,000,000의 수출판매계약과 함께 현지 대리점 개설을 위한 양해각서(MOU)를 교환하였다.

---

10 ③ 회계 상의 거래가 되기 위해서는 기업의 자산·부채에 변화가 있어야 한다. 계약을 체결한 것만으로는 기업의 자산·부채에 변화가 일어나지 않는다. 따라서 ㉡, ㉢은 회계 상의 거래에 해당하지 않는다.

11 ④ 양해각서(MOU) 교환과 같은 단순한 계약의 체결로는 기업의 자산(부채)가 변동하지 않으므로 회계 상의 거래에 해당하지 않는다.

4 시산표

12 시산표의 작성을 통해서 발견할 수 있는 오류는?   2011년 국가직 9급

① 비품 ₩100,000을 현금으로 구입하면서 비품계정에 ₩100,000 차기하고, 현금계정에 ₩100,000 대기하는 기록을 두 번 반복하였다.

② 매입채무 ₩200,000을 현금으로 지급하면서 현금계정에 ₩100,000 대기하고, 매입채무 계정에 ₩100,000 차기하였다.

③ 매출채권 ₩100,000을 현금으로 회수하면서 매출채권계정에 ₩100,000차기하고, 현금계정에 ₩100,000 대기하였다.

④ 대여금 ₩100,000을 현금으로 회수하면서 현금계정에 ₩100,000 차기하고, 대여금 계정에 ₩200,000 대기하였다.

13 시산표를 작성함으로써 발견할 수 있는 오류는?   2015년 국가직 9급

① 상품을 판매한 거래에 대하여 두 번 분개한 경우

② 거래를 분개함에 있어서 차입금 계정의 차변에 기록하여야 하는데 대여금 계정의 차변에 기록한 경우

③ 실제 거래한 금액과 다르게 대변과 차변에 동일한 금액을 전기한 경우

④ 매출채권 계정의 차변에 전기해야 하는데 대변으로 전기한 경우

---

12 ④ ① 비품 ₩100,000을 현금으로 구입하면서 비품계정에 ₩100,000 차기하고, 현금계정에 ₩100,000 대기하는 기록을 두 번 반복하였다. ⇨ 차변금액 = 대변금액

② 매입채무 ₩200,000을 현금으로 지급하면서 현금계정에 ₩100,000 대기하고, 매입채무 계정에 ₩100,000 차기하였다. ⇨ **차변금액 = 대변금액**

③ 매출채권 ₩100,000을 현금으로 회수하면서 매출채권계정에 ₩100,000 차기하고, 현금계정에 ₩100,000 대기하였다. ⇨ **차변금액 = 대변금액**

④ 대여금 ₩100,000을 현금으로 회수하면서 현금계정에 ₩100,000 차기하고, 대여금 계정에 ₩200,000 대기하였다. ⇨ **차변금액(₩100,000) ≠ 대변금액(₩200,000)**

13 ④ ① 같은 거래를 두 번 분개하여도 차변금액과 대변금액은 동일하다.

② 시산표는 계정과목의 오류를 검증하지 못한다.

③ 실제 거래한 금액과 다르더라도 차변과 대변에 동일한 금액을 기록한 경우 시산표는 검증하지 못한다.

④ 차변에 전기한 금액은 없고 대변에만 같은 금액을 두 번 전기했으므로 차변금액과 대변금액의 합계가 일치하지 않을 것이다.

5 기말수정분개

14 회계 기말에 행할 결산수정 사항이 아닌 것은?   2016년 국가직 9급

① 기중에 사용된 소모품 금액을 소모품 계정으로부터 소모품비 계정으로 대체한다.
② 거래 중인 회사의 부도로 대손이 확정된 매출채권에 대해 대손충당금과 상계처리한다.
③ 건물에 대한 감가상각비를 인식한다.
④ 실지재고조사법에 따라 상품에 대한 매출원가를 인식한다.

15 ㈜한국은 2015년 3월 1일에 건물 임대 시 1년분 임대료 ₩360,000을 현금으로 수취하고 임대수익으로 처리하였으나 기말에 수정분개를 누락하였다. 그 결과 2015년도 재무제표에 미치는 영향으로 옳은 것은?

2017년 지방직 9급

① 자산총계 ₩60,000 과대계상
② 자본총계 ₩60,000 과소계상
③ 부채총계 ₩60,000 과소계상
④ 비용총계 ₩60,000 과대계상

---

14 ② 기말수정분개는 기본적으로 기말에 외부와의 거래가 없이 수행하므로 대손이 확정된 매출채권을 대손충당금과 상계처리하는 것은 기말수정분개에 해당하지 않는다.

15 ③ (차) 임 대 수 익   60,000   (대) 선수임대료   60,000
위의 기말수정분개를 누락하면 수익 ₩60,000(과대), 부채 ₩60,000(과소)된다.

16 ㈜한국은 20X1년 9월 1일에 1년분 보험료로 ₩1,200을 지급하고 선급비용으로 회계처리하였다. ㈜한국이 20X1년 말 동 보험료와 관련한 수정분개를 누락하였다면, 20X1년 재무제표에 미치는 영향은? (단, 보험료 인식은 월할 계상한다)

2017년 지방직 9급(12월 추가)

① 자산 ₩400 과소계상, 당기순이익 ₩400 과소계상
② 자산 ₩400 과대계상, 당기순이익 ₩400 과대계상
③ 자산 ₩800 과소계상, 당기순이익 ₩800 과소계상
④ 자산 ₩800 과대계상, 당기순이익 ₩800 과대계상

17 ㈜한국의 2012년 12월 31일 수정전시산표와 추가적 정보는 다음과 같다. 수정분개로 옳은 것은?

2013년 관세직 9급

계정과목	잔액
매 출 채 권	₩200,000
선 수 수 익	60,000
선급임차료	120,000
선급보험료	24,000

〈추가적 정보〉
㉠ 2012년 12월 31일을 기준으로 선수수익의 3분의 1에 해당하는 용역을 제공하였다.
㉡ 2012년 9월 1일 1년분 보험료를 지급하고, 선급보험료로 회계처리하였다.
㉢ 대금이 회수되지 않은 용역제공분 ₩6,000에 대하여 회계처리하지 않았다.
㉣ 6개월분의 선급임차료에 대한 거래는 2012년 10월 1일에 발생하였다.

①	㉠	(차) 선 수 수 익	20,000	(대) 매 출 원 가	20,000
②	㉡	(차) 선 급 보 험 료	8,000	(대) 보 험 료	8,000
③	㉢	(차) 현 금	6,000	(대) 용 역 매 출	6,000
④	㉣	(차) 임 차 료	60,000	(대) 선 급 임 차 료	60,000

---

16 ② • 당기 보험료: $1,200 \times \frac{4}{12} = 400$

• 보험료 비용 400을 인식하고 선급보험료 400을 차감하는 분개를 누락하였으므로 자산과 당기순이익이 ₩400만큼 과대계상된다.

17 ④ 올바른 수정분개는 아래와 같다.
㉠ (차) 선 수 수 익   20,000   (대) 용 역 매 출   20,000
㉡ (차) 보 험 료   8,000   (대) 선급보험료   8,000
㉢ (차) 미 수 수 익   6,000   (대) 용 역 매 출   6,000

18 다음의 자료를 이용하여 행한 수정분개로 옳지 않은 것은?

수정전시산표 항목		수정분개 사항	
상 품	₩ 100,000	기 말 상 품 재 고 액	₩ 300,000
매 입	₩ 600,000		
소 모 품	₩ 200,000	소 모 품 기 말 재 고 액	₩ 50,000
소 모 품 비	₩ 0		
임 차 료	₩ 100,000	기 말 미 경 과 임 차 료	₩ 50,000
선 급 임 차 료	₩ 0		
감 가 상 각 비	₩ 0	당 기 건 물 감 가 상 각 비	₩ 100,000
감가상각누계액 - 건물	₩ 100,000		

① (차) 상   품 ₩ 200,000   (대) 매   입 ₩ 600,000
        매 출 원 가 ₩ 400,000
② (차) 소 모 품 비 ₩ 150,000   (대) 소   모   품 ₩ 150,000
③ (차) 임   차   료 ₩ 50,000   (대) 선 급 임 차 료 ₩ 50,000
④ (차) 감 가 상 각 비 ₩ 100,000   (대) 감가상각누계액 - 건물 ₩ 100,000

---

18 ③ 올바른 기말수정분개는 아래와 같다.
    (차) 선급임차료 ₩ 50,000   (대) 임 차 료 ₩ 50,000

19 수정전시산표와 수정후시산표의 비교를 통한 수정분개 추정으로 옳지 않은 것은? 2017년 국가직 9급(4월 시행)

구분	계정과목	수정전시산표	수정후시산표
㉠	이 자 비 용	₩ 3,000	₩ 5,000
	미 지 급 이 자	₩ 1,000	₩ 3,000
㉡	상 품	₩ 1,500	₩ 2,500
	매 입	₩ 6,000	₩ 0
	매 출 원 가	₩ 0	₩ 5,000
㉢	선 급 보 험 료	₩ 2,400	₩ 1,200
	보 험 료	₩ 2,000	₩ 3,200
㉣	선 수 임 대 수 익	₩ 1,800	₩ 1,200
	임 대 수 익	₩ 1,500	₩ 2,100

① ㉠ (차) 이 자 비 용 ₩ 2,000 (대) 미 지 급 이 자 ₩ 2,000
② ㉡ (차) 매 출 원 가 ₩ 6,000 (대) 매 입 ₩ 7,000
　　　　상 품 ₩ 1,000
③ ㉢ (차) 보 험 료 ₩ 1,200 (대) 선 급 보 험 료 ₩ 1,200
④ ㉣ (차) 선 수 임 대 수 익 ₩ 600 (대) 임 대 수 익 ₩ 600

20 결산정리사항 중 당기순이익에 미치는 영향이 나머지와 다른 하나는? 2012년 국가직 7급

① 선급보험료 계상　　　　　　② 선수임대료 계상
③ 대손상각비 계상　　　　　　④ 미지급이자 계상

---

19 ② ㉡과 관련하여 아래와 같은 기말수정분개가 있었을 것이다.
　　(차) 매 출 원 가　　1,500　(대) 상　품　　1,500
　　　　매 출 원 가　　6,000　　　매　입　　6,000
　　　　상　품　　2,500　　　매 출 원 가　　2,500

20 ① 문제의 기말수정분개를 나타내면 아래와 같다.
　　① (차) 선급보험료　×××　　(대) 보 험 료　×××
　　② (차) 임 대 료　×××　　(대) 선수임대료　×××
　　③ (차) 대손상각비　×××　　(대) 대손충당금　×××
　　④ (차) 이 자 비 용　×××　　(대) 미 지 급 이 자　×××
　　위 분개에서 1번 항목은 당기순이익을 증가시키고 나머지 항목은 당기순이익을 감소시킨다.
　　[별해] ① 선급보험료 계상: 자산·부채 차변 ⇨ 수익·비용 대변
　　　　　 ② 선수임대료 계상: 자산·부채 대변 ⇨ 수익·비용 차변
　　　　　 ③ 대손상각비 계상: 수익·비용 차변
　　　　　 ④ 미지급이자 계상: 자산·부채 대변 ⇨ 수익·비용 차변

21 ㈜서울의 경리부장은 2017년의 당기순이익이 ₩15,000,000이라고 사장에게 보고하였다. 사장은 경리부장의 보고 자료를 검토한 결과 2017년의 회계처리상 다음과 같은 오류가 있었음을 발견하였다. 이를 기초로 ㈜서울의 올바른 당기순이익을 구하면 얼마인가?

2017년 서울시 9급

• 미지급비용의 과소계상액	₩1,000,000
• 미수수익의 과소계상액	₩800,000
• 기초상품의 과소계상액	₩700,000
• 기말상품의 과대계상액	₩400,000

① ₩13,700,000   ② ₩14,500,000

③ ₩14,800,000   ④ ₩15,100,000

22 ㈜한국의 2014년 12월 31일 결산 시 당기순이익 ₩400,000이 산출되었으나, 다음과 같은 사항이 누락되었다. 누락 사항을 반영할 경우의 당기순이익은? (단, 법인세는 무시한다)

2015년 관세직 9급

• 기중 소모품 ₩50,000을 구입하여 자산으로 기록하였고 기말 현재 소모품 중 ₩22,000이 남아 있다.
• 2014년 12월분 급여로 2015년 1월 초에 지급 예정인 금액 ₩25,000이 있다.
• 2014년 7월 1일에 현금 ₩120,000을 은행에 예금하였다(연 이자율 10%, 이자지급일은 매년 6월 30일).
• 2014년도의 임차료 ₩12,000이 미지급 상태이다.

① ₩341,000   ② ₩347,000

③ ₩353,000   ④ ₩369,000

---

21 ① 15,000,000 − 1,000,000 + 800,000 − 700,000 − 400,000 = ₩13,700,000

22 ① ㈜한국의 기말수정분개는 아래와 같다.

(차) 소 모 품 비	28,000	(대) 소 모 품	28,000
(차) 급 여	25,000	(대) 미지급급여	25,000
(차) 미 수 이 자	6,000	(대) 이 자 수 익	6,000
(차) 임 차 료	12,000	(대) 미지급임차료	12,000

400,000 − 28,000 − 25,000 + 6,000 − 12,000 = ₩341,000

23 ㈜한국은 실지재고조사법을 사용하고 있으며 20X1년 수정전 당기순이익은 ₩1,000,000이다. 다음의 20X1년도 결산정리사항을 반영한 후에 계산되는 ㈜한국의 당기순이익은?

2017년 국가직 7급

• 매출채권 현금회수	₩130,000
• 기말재고상품의 누락	40,000
• 비용으로 처리한 사무용품 미사용액	70,000
• 당기손익인식금융자산평가이익	70,000
• 외상매입금 현금지급	150,000
• 선수수익의 실현	30,000
• 이자수익 중 선수분	100,000

① ₩1,010,000

② ₩1,020,000

③ ₩1,040,000

④ ₩1,110,000

24 ㈜한국의 2012년 말 소모품 재고액은 ₩50,000이다. ㈜한국은 2013년 중에 소모품 ₩100,000어치를 현금으로 구입하고 이를 소모품비로 회계처리하였다. 2013년 말에 소모품 재고를 실시한 결과 ₩70,000의 소모품이 남아 있음을 확인하였다. 이와 관련하여 2013년 말의 결산수정분개로 옳은 것은?

2014년 관세직 9급

① (차) 소 모 품	20,000	(대) 소 모 품 비	20,000
② (차) 소 모 품 비	20,000	(대) 소 모 품	20,000
③ (차) 소 모 품	30,000	(대) 소 모 품 비	30,000
④ (차) 소 모 품 비	30,000	(대) 소 모 품	30,000

---

23 ④ 1,000,000 + 40,000(기말상품) + 70,000(사무용품) + 70,000(금융자산) + 30,000(선수수익) − 100,000(이자수익) = ₩1,110,000

24 ① • 회사가 기중 매입한 소모품에 대해 전액 비용으로 인식하였으나 기초소모품에 비해 기말소모품 잔액이 증가하였으므로 당기소모품 중 미사용분이 존재한다.
　• 기중 매입 소모품 중 미사용 금액: 70,000(기말소모품) − 50,000(기초소모품) = ₩20,000
　• 미사용소모품에 대해서는 당기 인식한 소모품비 ₩20,000을 취소하고 소모품 자산으로 대체한다.

25 ㈜서울은 12월 말 결산법인이며 아래는 기말수정사항이다. 기말수정분개가 ㈜서울의 재무제표에 미치는 영향으로 가장 옳은 것은? (단, 법인세는 무시한다)

2018년 서울시 9급

> • 3월 1일에 1년간 보험료 ₩300,000을 현금으로 지급하면서 전액 보험료로 기록하였다.
> • 4월 1일에 소모품 ₩300,000을 현금으로 구입하면서 전액 소모품으로 기록하였다. 기말에 실시한 결과 소모품은 ₩70,000으로 확인되었다.
> • 5월 1일에 1년간 건물 임대료로 ₩300,000을 수취하면서 전액 임대료수익으로 기록하였다.

① 자산이 ₩180,000만큼 증가한다.
② 부채가 ₩100,000만큼 감소한다.
③ 비용이 ₩180,000만큼 증가한다.
④ 당기순이익이 ₩80,000만큼 감소한다.

---

25 ③ ㈜서울의 기말수정분개는 아래과 같다.

(차) 선급보험료	50,000	(대) 보 험 료	50,000
(차) 소 모 품 비	230,000	(대) 소 모 품	230,000
(차) 임 대 료 수 익	100,000	(대) 선 수 임 대 료	100,000

① 자산: 50,000(선급보험료) − 230,000(소모품) = (−)₩180,000(감소)
② 부채: ₩100,000 증가(선수임대료)
③ 비용: 230,000(소모품비) − 50,000(보험료) = ₩180,000(증가)
④ 당기순이익: (−)100,000(임대료수익) − 180,000 = (−)₩280,000(감소)

26 ㈜한국의 2013년 12월 31일 수정전잔액시산표의 차변합계와 대변합계는 각각 ₩3,000,000이었다. 다음의 사항을 반영한 ㈜한국의 수정후잔액시산표의 차변합계는?

2014년 국가직 7급

- 선급임차료의 소멸: ₩200,000
- 건물감가상각비(감가상각누계액 설정법): ₩450,000
- 미지급급여: ₩250,000
- 단기매매증권평가이익: ₩150,000

① ₩3,650,000
② ₩3,850,000
③ ₩3,900,000
④ ₩4,050,000

---

26 ② • ㈜한국의 기말수정분개는 아래와 같다.

(차) 임 차 료	200,000	(대) 선 급 임 차 료	200,000
(차) 감 가 상 각 비	450,000	(대) 감 가 상 각 누 계 액	450,000
(차) 급 여	250,000	(대) 미 지 급 급 여	250,000
(차) 단 기 매 매 증 권	150,000	(대) 단기매매증권평가이익	150,000

• 첫 번째 기말수정분개는 아래와 같이 분석된다.
　– 차변을 증가시키고 동시에 차변을 감소시키는 기록

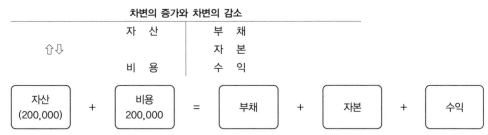

차변의 증가와 차변의 감소

　– 따라서 시산표의 차변합계에 영향을 미치지 않는다.
• 두 번째 기말수정분개에서 감가상각누계액은 재무상태표에 표시할 때는 자산(차변)의 차감계정이지만 시산표에 표시할 때는 대변잔액으로 표시한다.
• 3,000,000(수정전차변합계) + 450,000(감가상각비) + 250,000(급여) + 150,000(단기매매증권) = ₩3,850,000

27 ㈜한국의 기말수정사항이 다음과 같을 때, 기말수정분개가 미치는 영향에 대한 설명으로 옳지 않은 것은? (단, 법인세는 무시한다)

2015년 국가직 9급

- 4월 1일 1년간의 임차료 ₩120,000을 현금으로 지급하면서 전액을 임차료로 기록하였다.
- 12월에 급여 ₩20,000이 발생되었으나, 기말 현재 미지급상태이다.

① 수정후시산표의 차변합계가 ₩50,000만큼 증가한다.
② 당기순이익이 ₩10,000만큼 증가한다.
③ 자산총액이 ₩30,000만큼 증가한다.
④ 부채총액이 ₩20,000만큼 증가한다.

28 ㈜한국의 결산수정사항이 다음과 같은 경우, 기말수정분개가 미치는 영향으로 옳지 않은 것은? (단, 법인세비용에 미치는 영향은 없다고 가정한다)

2015년 지방직 9급

- 4월 1일 1년간의 보험료 ₩12,000을 지급하고 전액을 선급보험료계정에 차기하였다.
- 당해 회계연도의 임대료 수익 ₩6,000이 발생되었으나 12월 31일 현재 회수되지 않고 다음 달 말일에 회수할 예정이다.

① 수정후잔액시산표의 대변합계는 ₩6,000만큼 증가한다.
② 당기순이익이 ₩3,000만큼 증가한다.
③ 자산총액이 ₩3,000만큼 감소한다.
④ 부채총액은 변동이 없다.

---

27 ① ㈜한국의 기말수정분개는 다음과 같다.
(차) 선급임차료   30,000   (대) 임 차 료   30,000
(차) 급   여   20,000   (대) 미지급급여   20,000
수정후시산표의 차변합계 증가액: 30,000 + 20,000 − 30,000(임차료) = ₩20,000

28 ② ㈜한국의 기말수정분개는 다음과 같다.
(차) 보 험 료   9,000   (대) 선급보험료   9,000
(차) 미수임대료   6,000   (대) 임 대 료   6,000
• 수정후시산표의 대변합계 증가액: ₩6,000(임대료)
• 당기순이익 증감액: 9,000(보험료) − 6,000(임대료) = ₩3,000(감소)
• 자산 증감액: 9,000(선급보험료) − 6,000(미수임대료) = ₩3,000(감소)

29 기말수정사항이 다음과 같을 때, 기말수정분개가 미치는 영향으로 옳지 않은 것은? 2018년 관세직 9급

> • 기중에 구입한 소모품 ₩1,000,000을 소모품비로 처리하였으나, 기말 현재 남아 있는 소모품은 ₩200,000이다(단, 기초 소모품 재고액은 없다).
> • 당기에 발생한 미수이자수익 ₩1,000,000에 대한 회계처리가 이루어지지 않았다.

① 당기순이익이 ₩800,000 증가한다.
② 자산총액이 ₩1,200,000 증가한다.
③ 부채총액은 변동이 없다.
④ 수정후잔액시산표의 차변합계가 ₩1,000,000 증가한다.

30 ㈜한국은 보험업을 영위하는 회사이며, 보험상품을 판매시점에 전액 부채로 인식하는 회계처리방식을 선택하고 있다. ㈜한국은 기중에 보험상품 ₩20,000을 ㈜대한에 판매하였다. ㈜한국과 맺은 보험계약과 관련하여 ㈜대한이 수행한 결산수정분개는 다음과 같다. ㈜한국이 ㈜대한과 맺은 보험계약에 대해 수행해야 할 결산수정분개로 옳은 것은? 2016년 국가직 7급

(차) 보 험 료 비 용	₩10,000	(대) 선 급 보 험 료	₩10,000

	차변		대변	
①	선 수 보 험 료	₩10,000	보 험 료 수 익	₩10,000
②	보 험 료 비 용	₩10,000	선 급 보 험 료	₩10,000
③	보 험 료 수 익	₩10,000	선 급 보 험 료	₩10,000
④	선 수 보 험 료	₩10,000	선 급 보 험 료	₩10,000

---

29 ① (차) 소 모 품   200,000   (대) 소 모 품 비   200,000
     (차) 미 수 이 자   1,000,000   (대) 이 자 수 익   1,000,000
     당기순이익 증가: 200,000 + 1,000,000 = ₩1,200,000

30 ① 거래상대방인 ㈜대한이 당기에 ₩10,000을 비용으로 인식했으므로 ㈜한국도 ₩10,000을 당기 수익으로 인식한다.
     (차) 선 수 보 험 료   ₩10,000   (대) 보 험 료 수 익   ₩10,000

31 ㈜한국은 화재보험에 가입된 기계장치를 사용하고 있으며, 〈3월 말 수정후시산표 일부〉의 기계장치와 관련된 계정은 다음과 같다.

〈3월 말 수정후시산표 일부〉

- 선급보험료: ₩450,000
- 기계장치: ₩6,000,000(감가상각누계액 ₩2,400,000)

다음의 〈추가자료〉를 고려하여 기계장치의 화재보험료 1년 총액과 3월 말 기준 기계장치의 잔존내용연수는? (단, ㈜한국은 매월 말 결산을 수행한다)   2019년 관세직 9급

〈추가자료〉
- 매년 1월 1일 기계장치에 대한 화재보험을 갱신하며, 보험료 12개월분을 미리 현금으로 지급한다.
- 기계장치의 내용연수는 5년, 잔존가치 ₩0, 정액법으로 상각한다.

	화재보험료 1년 총액	3월 말 기준 기계장치의 잔존내용연수
①	₩450,000	12개월
②	₩450,000	24개월
③	₩600,000	36개월
④	₩600,000	60개월

---

31 ③ • 화재보험료 1년 총액: $450,000 \times \dfrac{12개월}{9개월} = ₩600,000$

- 3월 말 기준 기계장치의 잔존내용연수: 매월 감가상각비가 ₩100,000$\left(\dfrac{6,000,000}{60개월}\right)$이고, 3월 말 장부금액이 ₩3,600,000이므로 잔존내용 연수는 36개월이다.

32 ㈜한국의 2014년 말 수정전시산표와 결산정리사항은 다음과 같다. 결산정리사항을 반영한 2014년 말 재무상태표 상의 자산총액은?

2017년 지방직 9급

수정전시산표

현 금	₩ 92,000	매 입 채 무	₩ 32,000
매 출 채 권	65,000	대손충당금 − 매출채권	2,000
상 품	5,000	단 기 차 입 금	35,000
매 입	100,000	미 지 급 금	50,000
건 물	300,000	미 지 급 비 용	10,000
임 차 료	10,000	감가상각누계액 − 건물	30,000
급 여	7,500	자 본 금	250,000
보 험 료	3,500	이 익 잉 여 금	40,000
이 자 비 용	5,000	매 출	135,000
		임 대 수 익	4,000
	₩ 588,000	부 채 와 자 본 총 계	₩ 588,000

〈결산정리사항〉

• 2014년 말 재고자산은 ₩ 3,500이다.
• 건물 ₩ 300,000은 2013년 1월 1일에 취득하였고 정액법(내용연수 10년, 잔존가액 ₩ 0)으로 상각한다(단, 건물은 원가모형을 적용한다).
• 보험료 미경과액은 ₩ 1,750이다.
• 2014년 말 현재 매출채권의 회수가능액을 ₩ 60,000으로 추정하였다.

① ₩ 397,250
② ₩ 430,000
③ ₩ 462,250
④ ₩ 530,000

---

32 ① 92,000(현금) + 60,000(매출채권 − 순액) + 3,500(상품) + 240,000(건물 − 순액) + 1,750(선급보험료) = ₩ 397,250

02 재무보고를 위한 개념체계와 재무제표 표시

1 재무보고를 위한 개념체계

1. 목적과 위상

개념체계는 외부이용자를 위한 재무제표의 작성과 표시에 있어 기초가 되는 개념을 정립한다. 개념체계의 목적은 다음과 같다.

(1) 한국회계기준위원회가 향후 새로운 한국채택국제회계기준을 제정하고 기존의 한국채택국제회계기준의 개정을 검토할 때에 도움을 준다.

(2) 한국채택국제회계기준에서 허용하고 있는 대체적인 회계처리방법의 수를 축소하기 위한 근거를 제공하여 회계기준위원회가 재무제표의 표시와 관련되는 법규, 회계기준 및 절차의 조화를 촉진시킬 수 있도록 도움을 준다.

(3) 재무제표의 작성자가 한국채택국제회계기준을 적용하고 한국채택국제회계기준이 미비한 주제에 대한 회계처리를 하는 데 도움을 준다.

(4) 재무제표가 한국채택국제회계기준을 따르고 있는지에 대해 감사인이 의견을 형성하는 데 도움을 준다.

(5) 한국채택국제회계기준에 따라 작성된 재무제표에 포함된 정보를 재무제표의 이용자가 해석하는 데 도움을 준다.

(6) 회계기준위원회의 업무활동에 관심 있는 이해관계자에게 한국채택국제회계기준을 제정하는 데 사용한 접근방법에 대한 정보를 제공한다.

개념체계는 한국채택국제회계기준이 아니므로 특정한 측정과 공시 문제에 관한 기준을 정하지 아니한다. 따라서 개념체계는 어떤 경우에도 특정 한국채택국제회계기준에 우선하지 아니한다.

회계기준위원회는 몇 가지의 경우로 한정되기는 하지만 개념체계와 한국채택국제회계기준이 상충될 수 있다는 것을 알고 있다. 그러한 경우에는 한국채택국제회계기준이 개념체계보다 우선한다. 그러나 회계기준위원회가 향후 한국채택국제회계기준을 제정하고 기존의 한국채택국제회계기준을 검토할 때 개념체계가 지침이 될 것이므로 양자 간에 상충되는 사항들은 점차 감소할 것이다.

개념체계는 회계기준위원회가 관련 업무를 통해 축적한 경험을 기초로 수시로 개정될 것이다.

2. 재무정보의 질적 특성

재무정보의 질적 특성은 재무보고서에 포함된 정보(재무정보)에 근거하여 보고기업에 대한 의사결정을 할 때 현재 및 잠재적 투자자, 대여자 및 기타 채권자에게 가장 유용할 정보의 유형을 식별하는 것이다.

유용한 재무정보의 질적 특성은 재무제표에서 제공되는 재무정보에도 적용되며, 그 밖의 방법으로 제공되는 재무정보에도 적용된다. 보고기업의 유용한 재무정보 제공 능력에 대한 포괄적 제약요인인 원가도 이와 마찬가지로 적용된다.

재무정보의 질적 특성은 근본적 질적 특성과 보강적 질적 특성으로 구성된다. 근본적 질적 특성과 보강적 질적 특성은 다음과 같은 특성들로 구성되어 있으며, 재무정보 제공에 대한 포괄적 제약요인으로 원가가 있다.

Q **표로 미리보기** | 재무정보의 질적 특성

구분	구성요소	포괄적 제약요인
근본적 질적 특성	목적적합성, 표현충실성	원가
보강적 질적 특성	비교가능성, 검증가능성, 적시성, 이해가능성	

재무정보가 유용하기 위해서는 목적적합해야 하고 나타내고자 하는 바를 충실하게 표현해야 한다. 재무정보가 비교가능하고, 검증가능하며, 적시성 있고, 이해가능한 경우 그 재무정보의 유용성은 보강된다.

(1) 근본적 질적 특성

근본적 질적 특성은 목적적합성과 표현충실성이다.

① **목적적합성: 예측가치, 확인가치, 중요성**

목적적합한 재무정보는 정보이용자의 의사결정에 차이가 나도록 할 수 있다. 정보는 일부 정보이용자가 이를 이용하지 않기로 선택하거나 다른 원천을 통하여 이미 이를 알고 있다고 할지라도 의사결정에 차이가 나도록 할 수 있다.

재무정보에 예측가치, 확인가치 또는 이 둘 모두가 있다면 그 재무정보는 의사결정에 차이가 나도록 할 수 있다.

정보이용자들이 미래 결과를 예측하기 위해 사용하는 절차의 투입요소로 재무정보가 사용될 수 있다면, 그 재무정보는 예측가치를 갖는다. 재무정보가 예측가치를 갖기 위해서 그 자체가 예측치 또는 예상치일 필요는 없다. 예측가치를 갖는 재무정보는 정보이용자 자신이 예측하는 데 사용된다.

재무정보가 과거 평가에 대해 피드백을 제공한다면(과거 평가를 확인하거나 변경시킨다면) 확인가치를 갖는다.

재무정보의 예측가치와 확인가치는 상호 연관되어 있다. 예측가치를 갖는 정보는 확인가치도 갖는 경우가 많다. 예를 들어, 미래 연도 수익의 예측 근거로 사용할 수 있는 당해 연도 수익 정보를 과거 연도에 행한 당해 연도 수익 예측치와 비교할 수 있다. 그 비교 결과는 정보이용자가 그 과거 예측에 사용한 절차를 수정하고 개선하는 데 도움을 줄 수 있다.

정보가 누락되거나 잘못 기재된 경우 특정 보고기업의 재무정보에 근거한 정보이용자의 의사결정에 영향을 줄 수 있다면 그 정보는 중요한 것이다. 즉, 중요성은 개별 기업 재무보고서 관점에서 해당 정보와 관련된 항목의 성격이나 규모 또는 이 둘 모두에 근거하여 해당 기업에 특유한 측면의 목적적합성을 의미한다. 중요성은 정보의 유용성을 충족하기 위한 주된 질적 특성이라기보다는 재무제표 표시와 관련된 임계치나 판단기준으로 작용한다. 따라서 회계기준위원회는 중요성에 대한 획일적인 계량 임계치를 정하거나 특정한 상황에서 무엇이 중요한 것인지를 미리 결정할 수 없다.

② 표현충실성: 완전한 서술, 중립적 서술, 오류가 없는 서술
재무보고서는 경제적 현상을 글과 숫자로 나타내는 것이다. 재무정보가 유용하기 위해서는 목적적합한 현상을 표현하는 것뿐만 아니라 나타내고자 하는 현상을 충실하게 표현해야 한다. 완벽하게 표현충실성을 위해서 서술에 세 가지의 특성이 있어야 할 것이다. 서술은 완전하고, 중립적이며, 오류가 없어야 할 것이다. 물론 완벽함은 달성하기 어렵다. 회계기준위원회의 목적은 가능한 정도까지 그 특성을 극대화하는 것이다.

완전한 서술은 필요한 기술과 설명을 포함하여 정보이용자가 서술되는 현상을 이해하는 데 필요한 모든 정보를 포함하는 것이다. 예를 들어, 자산 집합의 완전한 서술은 적어도 집합 내 자산의 특성에 대한 기술과 집합 내 모든 자산의 수량적 서술, 그러한 수량적 서술이 표현하고 있는 기술 내용(예 최초 원가, 조정 원가 또는 공정가치)을 포함한다. 일부 항목의 경우 완전한 서술은 항목의 질 및 성격, 그 항목의 질 및 성격에 영향을 줄 수 있는 요인과 상황, 그리고 수량적 서술을 결정하는 데 사용된 절차에 대한 유의적인 사실의 설명을 수반할 수도 있다.

중립적 서술은 재무정보의 선택이나 표시에 편의가 없는 것이다. 중립적 서술은, 정보이용자가 재무정보를 유리하게 또는 불리하게 받아들일 가능성을 높이기 위해 편파적이 되거나, 편중되거나, 강조되거나, 경시되거나 그 밖의 방식으로 조작되지 않는다. 중립적 정보는 목적이 없거나 행동에 대한 영향력이 없는 정보를 의미하지 않는다. 오히려 목적적합한 재무정보는 정의상 정보이용자의 의사결정에 차이가 나도록 할 수 있는 정보이다.

표현충실성은 모든 면에서 정확한 것을 의미하지는 않는다. 오류가 없다는 것은 현상의 기술에 오류나 누락이 없고, 보고 정보를 생산하는 데 사용되는 절차의 선택과 적용 시 절차 상 오류가 없음을 의미한다. 이 맥락에서 오류가 없다는 것은 모든 면에서 완벽하게 정확하다는 것을 의미하지는 않는다. 예를 들어, 관측가능하지 않은 가격이나 가치의 추정치는 정확한지 또는 부정확한지 결정할 수 없다. 그러나 추정치로서 금액을 명확하고 정확하게 기술하고, 추정 절차의 성격과 한계를 설명하며, 그 추정치를 도출하기 위한 적절한 절차를 선택하고 적용하는 데 오류가 없다면 그 추정치의 표현은 충실하다고 할 수 있다.

표현충실성 그 자체가 반드시 유용한 정보를 만들어 내는 것은 아니다. 예를 들어, 보고기업은 정부보조금으로 유형자산을 받을 수 있다. 기업이 아무런 대가 없이 자산을 취득했다고 보고한다면 그 원가를 충실히 표현한 것은 분명하지만 그 정보는 아마도 매우 유용하지는 않을 것이다. 좀 더 미묘한 사례는 자산의 장부금액이 자산 가치의 손상을 반영하여 조정되어야 하는 금액의 추정치인 경우이다. 보고기업이 적절한 절차를 올바르게 적용하였고, 추정치를 올바로 기술했으며, 추정치에 유의적으로 영향을 미칠 수 있는 불확실성을 기술하였다면, 그 추정치는 표현충실성이 될 수 있다. 그러나 그러한 추정치에 불확실성의 수준이 충분히 크다면, 그 추정치가 별로 유용하지는 못할 것이다. 즉, 충실히 표현된 자산이라도 목적적합성이 의문스럽다는 것이다.

③ 근본적 질적 특성의 적용

정보가 유용하기 위해서는 목적적합하고 충실하게 표현되어야 한다. 목적적합하지 않은 현상에 대한 표현충실성과 목적적합한 현상에 대한 충실하지 못한 표현 모두 정보이용자가 좋은 결정을 내리는 데 도움이 되지 않는다.

(2) 보강적 질적 특성

비교가능성, 검증가능성, 적시성 및 이해가능성은 목적적합하고 충실하게 표현된 정보의 유용성을 보강시키는 질적 특성이다. 보강적 질적 특성은 만일 어떤 두 가지 방법이 현상을 동일하게 목적적합하고 충실하게 표현하는 것이라면 이 두 가지 방법 가운데 어느 방법을 현상의 서술에 사용해야 할지를 결정하는 데에도 도움을 줄 수 있다.

① 비교가능성

정보이용자의 의사결정은 예를 들어, 투자자산을 매도할지 또는 보유할지, 어느 보고기업에 투자할지를 선택하는 것과 같이 대안들 중에서 선택을 하는 것이다. 따라서 보고기업에 대한 정보는 다른 기업에 대한 유사한 정보 및 해당 기업에 대한 다른 기간이나 다른 일자의 유사한 정보와 비교할 수 있다면 더욱 유용하다.

비교가능성은 정보이용자가 항목 간의 유사점과 차이점을 식별하고 이해할 수 있게 하는 질적 특성이다. 다른 질적 특성과 달리 비교가능성은 단 하나의 항목에 관련된 것이 아니다. 비교하려면 최소한 두 항목이 필요하다.

일관성은 비교가능성과 관련은 되어 있지만 동일하지는 않다. 일관성은 한 보고기업 내에서 기간 간 또는 같은 기간 동안에 기업 간, 동일한 항목에 대해 동일한 방법을 적용하는 것을 말한다. 비교가능성은 목표이고 일관성은 그 목표를 달성하는 데 도움을 준다.

비교가능성은 통일성이 아니다. 정보가 비교가능하기 위해서는 비슷한 것은 비슷하게 보여야 하고 다른 것은 다르게 보여야 한다. 재무정보의 비교가능성은 비슷한 것을 달리 보이게 하여 보강되지 않는 것처럼, 비슷하지 않은 것을 비슷하게 보이게 한다고 해서 보강되지 않는다.

근본적 질적 특성을 충족하면 어느 정도의 비교가능성은 달성될 수 있을 것이다. 목적적합한 경제적 현상에 대한 충실한 표현은 다른 보고기업의 유사한 목적적합한 경제적 현상에 대한 충실한 표현과 어느 정도의 비교가능성을 자연히 가져야 한다.

단 하나의 경제적 현상을 충실하게 표현하는 데 여러 방법이 있을 수 있으나 동일한 경제적 현상에 대해 대체적인 회계처리방법을 허용하면 비교가능성이 감소한다.

② 검증가능성

검증가능성은 정보가 나타내고자 하는 경제적 현상을 충실히 표현하는지를 정보이용자가 확인하는 데 도움을 준다. 검증가능성은 합리적인 판단력이 있고 독립적인 서로 다른 관찰자가 어떤 서술이 표현충실성이라는 데, 비록 반드시 완전히 일치하지는 못하더라도 의견이 일치할 수 있다는 것을 의미한다. 계량화된 정보가 검증가능하기 위해서 단일 점 추정치이어야 할 필요는 없다. 가능한 금액의 범위 및 관련된 확률도 검증될 수 있다.

③ 적시성

적시성은 의사결정에 영향을 미칠 수 있도록 의사결정자가 정보를 제때에 이용가능하게 하는 것을 의미한다. 일반적으로 정보는 오래될수록 유용성이 낮아진다. 그러나 일부 정보는 보고기간 말 후에도 오랫동안 적시성이 있을 수 있다. 예를 들어, 일부 정보이용자는 추세를 식별하고 평가할 필요가 있을 수 있기 때문이다.

④ 이해가능성

정보를 명확하고 간결하게 분류하고, 특징지으며, 표시하면 이해가능하게 된다.

일부 현상은 본질적으로 복잡하여 이해하기 쉽게 할 수 없다. 그 현상에 대한 정보를 재무보고서에서 제외하면 그 재무보고서의 정보를 더 이해하기 쉽게 할 수 있다. 그러나 그 보고서는 불완전하여 잠재적으로 오도할 수 있다.

재무보고서는 사업활동과 경제활동에 대해 합리적인 지식이 있고, 부지런히 정보를 검토하고 분석하는 정보이용자를 위해 작성된다. 때로는 박식하고 부지런한 정보이용자도 복잡한 경제적 현상에 대한 정보를 이해하기 위해 자문가의 도움을 받는 것이 필요할 수 있다.

⑤ 보강적 질적 특성의 적용

보강적 질적 특성은 가능한 한 극대화되어야 한다. 그러나 보강적 질적 특성은 정보가 목적적합하지 않거나 충실하게 표현되지 않으면, 개별적으로든 집단적으로든 그 정보를 유용하게 할 수 없다.

보강적 질적 특성을 적용하는 것은 어떤 규정된 순서를 따르지 않는 반복적인 과정이다. 때로는 하나의 보강적 질적 특성이 다른 질적 특성의 극대화를 위해 감소되어야 할 수도 있다. 예를 들어, 새로운 재무보고기준의 전진 적용으로 인한 비교가능성의 일시적 감소는 장기적으로 목적적합성이나 표현충실성을 향상시키기 위해 감수할 수도 있다. 적절한 공시는 비교가능성의 미비를 부분적으로 보완할 수 있다.

(3) 포괄적 제약요인: 원가

원가는 재무보고로 제공될 수 있는 정보에 대한 포괄적 제약요인이다. 재무정보의 보고에는 원가가 소요되고, 해당 정보 보고의 효익이 그 원가를 정당화한다는 것이 중요하다.

3. 기본가정: 계속기업

재무제표는 일반적으로 기업이 계속기업이며 예상가능한 기간 동안 영업을 계속할 것이라는 가정 하에 작성된다. 따라서 기업은 그 경영활동을 청산하거나 중요하게 축소할 의도나 필요성을 갖고 있지 않다는 가정을 적용하며, 만약 이러한 의도나 필요성이 있다면 재무제표는 계속기업을 가정한 기준과는 다른 기준을 적용하여 작성하는 것이 타당할 수 있으며 이때 적용한 기준은 별도로 공시하여야 한다.

4. 재무제표의 요소

재무상태표에서 재무상태의 측정과 직접 관련된 요소는 자산, 부채 및 자본이다. 그리고 포괄손익계산서에서 성과의 측정과 직접 관련된 요소는 수익과 비용이다.

재무제표의 요소가 재무상태표와 포괄손익계산서에 표시될 때 소분류의 과정을 거친다. 예를 들어, 자산과 부채는 기업이 영위하는 사업에서의 해당 항목의 성격이나 기능에 따라 이용자의 경제적 의사결정 목적에 가장 유용하도록 당해 정보를 나타내는 방법으로 분류할 수 있다.

선생님 TIP

여기서 설명하는 재무제표의 요소는 01장 '회계의 기초'에서 설명한 내용과 다르지 않다.

(1) 재무상태

재무상태의 측정에 직접 관련되는 요소는 자산, 부채 및 자본이다. 이러한 요소의 정의는 다음과 같다.

① 자산은 과거 사건의 결과로 기업이 통제하고 있고 미래경제적효익이 기업에 유입될 것으로 기대되는 자원이다.
② 부채는 과거사건으로 생긴 현재의무로서, 기업이 가진 경제적 효익이 있는 자원의 유출을 통해 그 이행이 예상되는 의무이다.
③ 자본은 기업의 자산에서 모든 부채를 차감한 후의 잔여지분이다.

특정 항목이 자산, 부채 또는 자본의 정의를 충족하는지를 판단할 때에 단순한 법률적 형식이 아닌 거래의 실질과 경제적 현실을 고려하여야 한다. 예를 들어, 금융리스 거래의 실질과 경제적 현실은 리스이용자가 리스자산의 공정가치 상당액과 관련 금융비용을 지급하는 의무를 부담하는 대가로서 내용연수의 대부분 기간 동안 리스자산의 사용에 따른 경제적효익을 향유하는 것이다. 따라서 금융리스는 자산과 부채의 정의를 충족하는 항목을 발생시키며 리스이용자의 재무상태표에 관련 자산과 부채로 인식된다.

자산이 갖는 미래경제적효익이란 직접 또는 간접으로 미래 현금 및 현금성자산의 기업에의 유입에 기여하게 될 잠재력을 말한다. 이 잠재력은 기업의 영업활동의 일부인 생산과 관련될 수 있다. 또한, 현금이나 현금성자산으로의 전환 능력의 형태이거나 대체적인 제조과정의 도입으로 생산원가가 절감되는 경우와 같이 현금유출을 감소시키는 능력일 수도 있다.

선생님 TIP

자산·부채·자본의 구체적인 요건에 대해서는 01장 '회계의 기초'에서 설명하였다.

(2) 성과

이익의 측정과 직접 관련된 요소는 수익과 비용이다. 수익과 비용은 다음과 같이 정의한다.

① 수익은 자산의 유입이나 증가 또는 부채의 감소에 따라 자본의 증가를 초래하는 특정 회계기간 동안에 발생한 경제적효익의 증가로서, 지분참여자에 의한 출연과 관련된 것은 제외한다.

② 비용은 자산의 유출이나 소멸 또는 부채의 증가에 따라 자본의 감소를 초래하는 특정 회계기간 동안에 발생한 경제적효익의 감소로서, 지분참여자에 대한 분배와 관련된 것은 제외한다.

경제적 의사결정에 목적적합한 정보를 제공하기 위하여 포괄손익계산서에 수익과 비용을 다양한 방법으로 표시할 수 있다. 예를 들어, 기업의 정상영업활동의 일환으로 발생하는 수익과 비용 항목 및 그렇지 않은 수익과 비용 항목을 구분하여 표시하는 것이 보통이다. 이와 같은 구분은 수익과 비용 항목의 원천이 기업의 미래 현금 및 현금성자산의 창출능력을 평가하는 데 목적적합한 정보라는 점에 근거한 것이다.

수익과 비용 항목을 구분하거나 다양하게 결합하면 기업의 성과를 여러 가지 측정치로 표시할 수 있다. 결과적으로 이 같은 측정치는 포괄하는 범위가 서로 다르다. 예를 들어, 포괄손익계산서는 매출총이익, 세전정상영업손익, 세후정상영업손익과 당기순손익으로 구분 표시될 수 있다.

① 수익

광의의 수익의 정의에는 수익과 차익이 모두 포함된다. 수익은 기업의 정상영업활동의 일환으로 발생하며 매출액, 수수료수익, 이자수익, 배당수익, 로열티수익 및 임대료수익 등 다양한 명칭으로 구분된다.

차익은 광의의 수익의 정의를 충족하는 그 밖의 항목으로 기업의 정상영업활동의 일환이나 그 이외의 활동에서 발생할 수 있다. 차익도 경제적효익의 증가를 나타내므로 본질적으로 수익과 차이가 없다. 따라서 이 개념체계에서는 차익을 별개의 요소로 보지 아니한다.

예를 들어, 차익은 비유동자산의 처분에서 발생한다. 또한 광의의 수익의 정의는 시장성 있는 유가증권의 재평가나 장기성 자산의 장부금액 증가로 인한 미실현이익을 포함한다. 차익을 포괄손익계산서에 표시하는 경우 일반적으로 구분 표시하는 데 의사결정자가 이를 알면 경제적 의사결정에 도움이 되기 때문이다. 차익은 흔히 관련 비용을 차감한 금액으로 보고된다.

수익의 발생에 따라 다양한 자산이 수취되거나 증가될 수 있는데, 제공하는 재화나 용역의 대가로 받은 현금, 수취채권 및 재화나 용역이 그 예이다. 수익은 또한 부채의 상환에 따라 발생할 수도 있는데, 예를 들어 기업이 차입금의 상환의무를 이행하기 위해 대여자에게 재화나 용역을 제공하는 경우가 이에 해당한다.

② 비용

광의의 비용의 정의에는 기업의 정상영업활동의 일환으로 발생하는 비용뿐만 아니라 차손도 포함된다. 기업의 정상영업활동의 일환으로 발생하는 비용은 예를 들어, 매출원가, 급여 및 감가상각비 등이다. 비용은 일반적으로 현금 및 현금성자산, 재고자산 또는 유형자산과 같은 자산의 유출이나 소모의 형태로 나타난다.

차손은 비용의 정의를 충족하는 그 밖의 항목으로 기업의 정상영업활동의 일환이나 그 이외의 활동에서 발생할 수 있다. 차손도 경제적효익의 감소를 나타내므로 본질적으로 다른 비용과 차이가 없다. 따라서 이 개념체계에서는 차손을 별개의 요소로 보지 아니한다.

예를 들어, 차손은 화재나 홍수와 같은 자연재해 또는 비유동자산의 처분에서 발생한다. 또한 비용의 정의는 미실현손실도 포함하는데, 예를 들어 기업의 외화차입금에 관련된 환율상승의 영향으로 발생하는 미실현손실이다. 차손을 포괄손익계산서에 표시하는 경우 일반적으로 구분 표시하는데 의사결정자가 이를 알면 경제적 의사결정에 도움이 되기 때문이다. 차손은 흔히 관련 수익을 차감한 금액으로 보고된다.

5. 재무제표 요소의 인식

인식은 재무제표 요소의 정의에 부합하고 아래에서 설명하는 인식기준을 충족하는 항목을 재무상태표나 포괄손익계산서에 반영하는 과정을 말한다. 이 과정은 해당 항목을 서술하는 계정명칭과 화폐금액으로 기술하고 그 금액을 재무상태표 또는 포괄손익계산서 총계에 산입하는 것을 포함한다. 인식기준을 충족하는 항목은 재무상태표나 포괄손익계산서에 인식되어야 한다. 관련된 회계정책의 공시, 주석 또는 설명 자료만으로는 그러한 항목의 인식누락을 정당화할 수 없다.

재무제표 요소의 정의에 부합하는 항목이 다음 기준을 모두 충족한다면 재무제표에 인식되어야 한다.

① 그 항목과 관련된 미래경제적효익이 기업에 유입되거나 기업으로부터 유출될 가능성이 높다.
② 그 항목의 원가 또는 가치를 신뢰성 있게 측정할 수 있다.

어떤 항목이 이러한 기준을 충족하여 재무제표에 인식해야 하는지를 평가할 때 중요성을 고려할 필요가 있다.

(1) 미래경제적효익의 발생가능성

미래경제적효익의 유입과 유출에 대한 불확실성 정도의 평가는 재무제표를 작성할 때 이용가능한 증거에 기초하여야 한다. 예를 들어, 기업이 보유하는 특정 매출채권과 관련하여 대손가능성에 대한 증거가 없고 회수가능성이 높다면 해당 매출채권을 자산으로 인식하는 것이 정당화 된다. 그러나 다수의 매출거래처가 존재한다면 어느 정도 대손이 발생할 가능성이 높은 것이 일반적이므로 예상되는 경제적효익의 감소를 나타내는 비용을 인식하여야 한다.

(2) 측정의 신뢰성

어떤 항목의 인식을 위한 두 번째 기준은 신뢰성 있는 측정이 가능한 원가 또는 가치를 갖고 있어야 한다는 것이다. 많은 경우에 원가 또는 가치가 추정되어야 하는데 이 경우 재무제표를 작성할 때 합리적인 추정을 사용해야 하며 합리적 추정이 신뢰성을 훼손하지는 않는다. 그러나 합리적인 추정을 할 수 없는 경우 해당 항목은 재무상태표나 포괄손익계산서에 인식될 수 없다. 예를 들어, 소송으로부터 예상되는 배상금이 자산과 수익의 정의에 부합하고 인식을 위한 발생가능성 기준을 충족한다 하더라도 그 금액을 신뢰성 있게 측정할 수 없는 경우에는 이를 자산이나 수익으로 인식할 수 없다. 그러나 이와 같은 배상금의 존재는 주석, 설명 자료 또는 부속명세서에 공시될 수 있다.

특정 시점에서는 인식기준을 충족하지 못하는 항목이더라도 그 후에 후속 상황이나 사건의 결과에 따라 인식기준을 충족할 수도 있다.

어떤 항목이 재무제표 요소에 부합하는 본질적 성격을 가지고 있으나 인식기준을 충족하지 못하는 경우에도 해당 항목은 주석, 설명 자료 또는 부속명세서에 공시될 수 있다. 이러한 공시는 재무제표의 이용자가 기업의 재무상태, 성과 및 재무상태변동을 평가할 때 해당 항목에 대한 정보가 목적적합하다고 판단되는 경우에 적절하다.

(3) 자산의 인식

자산은 미래경제적효익이 기업에 유입될 가능성이 높고 해당 항목의 원가 또는 가치를 신뢰성 있게 측정할 수 있을 때 재무상태표에 인식한다.

지출이 발생하였으나 당해 회계기간 후에는 관련된 경제적효익이 기업에 유입될 가능성이 높지 않다고 판단되는 경우에는 재무상태표에 자산으로 인식하지 아니한다. 대신에 그러한 거래는 포괄손익계산서에 비용으로 인식한다.

(4) 부채의 인식

자본은 자산과 부채를 차감한 값으로 결정되므로 별도의 인식기준이 존재하지 않는다.

부채는 현재 의무의 이행에 따라 경제적효익을 갖는 자원의 유출 가능성이 높고 결제될 금액에 대해 신뢰성 있게 측정할 수 있을 때 재무상태표에 인식한다.

(5) 수익의 인식

수익은 자산의 증가나 부채의 감소와 관련하여 미래경제적효익이 증가하고 이를 신뢰성 있게 측정할 수 있을 때 포괄손익계산서에 인식한다. 이는 실제로 수익의 인식이 자산의 증가나 부채의 감소에 대한 인식과 동시에 이루어짐을 의미한다. 예를 들어, 재화나 용역의 매출에 따라 자산의 순증가가 인식되며 미지급채무의 면제에 따라 부채의 감소가 인식된다.

(6) 비용의 인식

비용은 자산의 감소나 부채의 증가와 관련하여 미래경제적효익이 감소하고 이를 신뢰성 있게 측정할 수 있을 때 포괄손익계산서에 인식한다. 이는 실제로 비용의 인식이 부채의 증가나 자산의 감소에 대한 인식과 동시에 이루어짐을 의미한다. 예를 들어, 종업원급여의 발생에 따라 부채의 증가가 인식되며 설비의 감가상각에 따라 자산의 감소가 인식된다.

비용은 발생된 원가와 특정 수익항목의 가득 간에 존재하는 직접적인 관련성을 기준으로 포괄손익계산서에 인식한다. 재화의 판매에 따라 수익이 발생됨과 동시에 매출원가를 구성하는 다양한 비용요소가 인식되는 것이 그 예이다.

경제적효익이 여러 회계기간에 걸쳐 발생할 것으로 기대되고 수익과의 관련성이 단지 포괄적으로 또는 간접적으로만 결정될 수 있는 경우 비용은 체계적이고 합리적인 배분절차를 기준으로 포괄손익계산서에 인식된다. 이러한 비용 인식 절차는 유형자산, 영업권, 특허권과 상표권 같은 자산의 사용과 관련된 비용을 인식하기 위하여 자주 필요하다. 이러한 경우에 관련된 비용은 감가상각비 또는 상각비로 표시된다. 이 배분절차는 해당 항목과 관련된 경제적효익이 소비되거나 소멸되는 회계기간에 비용을 인식하는 것을 목적으로 한다.

미래경제적효익이 기대되지 않는 지출이거나, 미래경제적효익이 기대되더라도 재무상태표에 자산으로 인식되기 위한 조건을 원래 충족하지 못하거나 더 이상 충족하지 못하는 부분은 즉시 포괄손익계산서에 비용으로 인식되어야 한다.

광고비, 판매비, 관리비, 교육훈련비, 연구비 등은 즉시 비용화한다.

제품보증에 따라 부채가 발생하는 경우와 같이 자산의 인식을 수반하지 않는 부채가 발생하는 경우에는 포괄손익계산서에 비용을 동시에 인식한다.

❸ 비용의 인식기준

분류	계정과목 예시
수익과의 직접 대응	매출원가 등
체계적이고 합리적인 배분	감가상각비 등
즉시 비용화	광고비, 연구비, 교육훈련비 등
자산의 인식을 수반하지 않는 부채의 발생	제품보증충당부채, 미지급비용 등

6. 재무제표 요소의 측정

측정은 재무상태표와 포괄손익계산서에 인식되고 평가되어야 할 재무제표 요소의 화폐금액을 결정하는 과정이다. 측정은 특정 측정기준의 선택과정을 포함한다.

재무제표를 작성하기 위해서는 다수의 측정기준이 다양한 방법으로 결합되어 사용된다. 그러한 측정기준의 예는 다음과 같다.

① 역사적 원가: 자산은 취득의 대가로 취득 당시에 지급한 현금 또는 현금성자산이나 그 밖의 대가의 공정가치로 기록한다. 부채는 부담하는 의무의 대가로 수취한 금액으로 기록한다.
② 현행원가: 자산은 동일하거나 또는 동등한 자산을 현재시점에서 취득할 경우에 그 대가로 지불하여야 할 현금이나 현금성자산의 금액으로 평가한다. 부채는 현재시점에서 그 의무를 이행하는 데 필요한 현금이나 현금성자산의 할인하지 아니한 금액으로 평가한다.

③ 실현가능(이행)가치: 자산은 정상적으로 처분하는 경우 수취할 것으로 예상되는 현금이나 현금성자산의 금액으로 평가한다. 부채는 이행가치로 평가하는데 이는 정상적인 영업과정에서 부채를 상환하기 위해 지급될 것으로 예상되는 현금이나 현금성자산의 할인하지 아니한 금액으로 평가한다.

④ 현재가치: 자산은 정상적인 영업과정에서 그 자산이 창출할 것으로 기대되는 미래 순현금유입액의 현재할인가치로 평가한다. 부채는 정상적인 영업과정에서 그 부채를 상환할 때 필요할 것으로 예상되는 미래 순현금유출액의 현재할인가치로 평가한다.

재무제표를 작성할 때 기업이 가장 보편적으로 채택하고 있는 측정기준은 역사적 원가이다. 역사적 원가는 일반적으로 다른 측정 기준과 함께 사용된다. 예를 들어, 재고자산은 통상 역사적 원가와 순실현가능가치를 비교하여 저가로 평가되고, 시장성 있는 유가증권은 시가로 평가되기도 하며 연금부채는 현재가치로 평가된다. 일부 기업은 비화폐성자산에 대한 가격변동효과를 반영하지 못하는 역사적 원가 모형에 대한 대응책으로 현행원가기준을 사용하기도 한다.

7. 기타원칙

선생님 TIP

7. 기타원칙은 개념체계에 포함되지는 않지만 앞으로 회계를 공부함에 있어서 이론적으로 알고 있어야 할 몇 가지 중요한 원칙들을 설명한다.

(1) 취득원가주의

취득원가주의는 자산을 취득할 때 당해 자산의 취득을 위해 제공한 자산 등의 대가를 취득원가로 계상하는 원칙을 말한다. 즉, 교환 거래에서 자산의 취득원가를 언제나 기업이 제공한 자산의 공정가치나 부담한 부채의 공정가치로 측정하는 것이 취득원가주의이다.

예를 들어, 기계장치를 현금 ₩100을 지급하고 취득한 경우 기계장치의 취득원가는 ₩100이다. 내가 제공한 현금이 ₩100이기 때문이다. 기계장치를 취득하며 차량운반구를 그 대가로 제공하였다면, 취득한 기계장치의 취득원가는 내가 제공한 차량운반구의 공정가치로 측정해야 한다. 마찬가지로 내가 가진 토지와 상대방이 가진 건물을 교환하였다면, 새롭게 취득한 건물의 취득원가는 내가 제공한 토지의 가치로 측정한다. 이렇게 취득원가주의에 따르면 언제나 자산의 취득원가는 기업이 제공한 자산의 공정가치 혹은 부담한 부채의 공정가치로 측정되는 것이다.

그러나 현실적으로 제공한 자산이나 부담한 부채의 공정가치를 신뢰성 있게 측정할 수 없는 경우가 있다. 예를 들어 내가 비상장회사의 주식을 제공하고 자산을 취득한 경우 내가 제공한 비상장회사 주식의 가치를 측정할 수 없는 경우가 발생할 수 있다. 이런 경우 그 대안으로 취득한 자산의 공정가치를 취득원가로 측정한다.

회계에서는 기본적으로 모든 교환을 등가교환으로 가정한다. 등가교환에서는 제공한 자산의 공정가치와 취득한 자산의 공정가치가 동일하다. 만일 등가가 아닌 자산끼리 교환이 일어난다면 추가적인 현금 수수 등이 일어나게 되어 결과적으로는 등가인 거래가 될 것이다. 따라서 제공한 자산의 공정가치를 신뢰성 있게 측정할 수 없다면 그 대안으로 취득한 자산의 공정가치를 취득원가로 할 수 있다. 제공한 자산과 취득한 자산은 등가일 것이기 때문이다.

● 취득원가주의

제공한 대가	취득한 자산	취득원가 계상액
현금 ₩100	기계장치	₩100
토지	건물	토지의 공정가치
건물	토지	건물의 공정가치
건물(공정가치 모름)	토지	토지의 공정가치

(2) 기간별 보고

기간별 보고는 기업실체의 전체 존속기간을 일정한 회계기간 단위로 분할하여 각 회계기간별로 재무제표를 작성하는 것을 말한다. 이를 통해 각 회계기간별로 기업실체의 재무상태, 경영성과, 현금흐름, 자본변동 등에 대한 정보를 제공할 수 있게 된다.

회계기간으로 가장 많이 사용되는 기간은 1년이 일반적이지만 정보이용자들의 정보 수요가 많은 상장법인들은 6개월 단위의 반기보고와 3개월 단위의 분기보고를 하고 있다.

(3) 수익의 인식기준: 실현주의

회계는 현금기준이 아닌 발생기준에 의해 수익과 비용을 인식한다. 현금기준에 의하면 현금의 유입이 있는 시점에 수익을 인식해야 하지만 회계는 발생기준을 사용하고 있으므로 수익의 인식과 현금의 유입은 무관하다. 회계에서 수익을 인식하는 일반적인 기준은 실현주의인데 실현주의는 실현기준과 가득기준을 모두 만족시키는 시점에 수익을 인식하는 것이다.

실현기준은 실현되었거나 또는 실현가능한 시점에서 수익을 인식하는 것이다. 회계에서 말하는 '실현'이란 일상생활에서 말하는 '현금화'와 비슷한 의미이다. 따라서 실현되었다는 것은 현금 등 판매의 대가를 이미 수령하였다는 것을 의미한다.

수익이 실현가능하다는 것은 표면적으로 해석하자면 현금화가 가능하다는 것으로, 수익의 발생과정에서 수취 또는 보유한 자산이 일정액의 현금 또는 현금청구권으로 즉시 전환될 수 있거나 채권금액이 확정 혹은 합리적으로 추정 가능한 상황을 의미한다.

가득기준은 수익 창출을 위한 가득과정이 완료되어야 수익을 인식한다는 것이다. 기업실체의 수익 창출활동은 재화의 생산 또는 인도, 용역의 제공 등으로 나타나며, 수익 창출에 따른 경제적 효익을 이용할 수 있다고 주장하기에 충분한 정도의 활동을 이행하였을 때 그 가득과정이 완료되었다고 본다.

예를 들어 자동차를 판매하는 경우, 실현기준을 만족하기 위해서는 자동차의 판매로 인하여 고객으로부터 수령할 대가가 확정되어야 하고, 가득기준을 만족하기 위해서는 자동차를 고객에게 인도하여야 한다.

1년 단위로 이루어지는 재무보고를 연차재무보고, 분기 단위로 이루어지는 재무보고를 중간재무보고라 한다.

▨ 선생님 TIP

실현주의는 한국채택국제회계기준에서 설명하는 수익의 인식기준은 아니다. 한국채택국제회계기준에서 설명하는 수익의 인식기준은 03장 '상기업의 회계처리와 수익의 인식'에서 자세히 설명할 것이다.

● 수익의 인식기준: 실현주의

요건	의미	수익의 인식
실현기준	수익이 실현되었거나 실현가능함	실현기준과 가득기준을 모두
가득기준	수익창출을 위한 가득과정 완료	만족할 때 수익 인식

(4) 보수주의

보수주의는 두 가지 이상의 선택 가능한 회계처리방법이 있는 경우 이익과 자본을 낮게 보고하는 방법을 선택하는 회계관습을 말한다.

자본은 직접 측정하는 것이 아닌 자산과 부채의 차액으로 측정되는 것이므로 자본을 낮게 보고하기 위해서는 자산은 낮게, 부채는 높게 측정하여야 한다. 또한 이익을 낮게 보고하기 위해서는 수익은 늦게, 비용은 빨리 인식하여야 한다.

보수주의적 회계처리는 기업의 재무적 기초를 견고히 하며, 기업의 재무적 안전성을 유지할 수 있게 한다는 장점이 있다. 그러나 보수주의는 논리적 일관성이 결여되어 있고 자의적인 회계처리를 허용하는 등 회계정보의 신뢰성이나 비교가능성을 저해하는 결과를 가져올수 있다.

● 보수주의

내용	예
① 자본을 낮게 보고 (자산은 낮게 부채는 높게 보고)	재고자산 회계처리에서, 평가이익 인정(×) 평가손실 인정(○)
② 이익을 낮게 보고 (수익은 늦게 비용은 빨리 보고)	건설계약 회계처리에서, 이익은 진행률에 따라 인식 손실은 즉시 인식

2 재무제표 표시

1. 용어의 정의

아래에서 사용하는 용어의 정의는 다음과 같다.

(1) 일반목적 재무제표(이하 '재무제표'라 한다)

특정 필요에 따른 특수보고서의 작성을 기업에 요구할 수 있는 위치에 있지 아니한 재무제표이용자의 정보요구를 충족시키기 위해 작성되는 재무제표이다.

(2) 중요한

어떠한 항목의 누락이나 왜곡표시가 개별적으로 또는 집합적으로 재무제표에 기초한 재무제표이용자의 경제적 의사결정에 영향을 미치는 경우 그 항목의 누락이나 왜곡 표시는 중요하다. 중요성은 관련 상황을 고려하여 누락이나 왜곡표시의 크기와 성격에 따라 결정된다. 그 항목의 크기나 성격 또는 두 요소의 결합이 결정요소가 될 수 있다.

(3) **주석**

재무상태표, 포괄손익계산서, 자본변동표 및 현금흐름표에 표시하는 정보에 추가하여 제공된 정보. 주석은 상기 재무제표에 표시된 항목을 구체적으로 설명하거나 세분화하며, 상기 재무제표 인식요건을 충족하지 못하는 항목에 대한 정보를 제공한다.

(4) **기타포괄손익**

다른 한국채택국제회계기준서에서 요구하거나 허용하여 당기손익으로 인식하지 않은 수익과 비용항목(재분류조정 포함)을 포함한다.

(5) **소유주**

자본으로 분류되는 금융상품의 보유자이다.

(6) **당기순손익**

수익에서 비용을 차감한 금액(기타포괄손익의 구성요소 제외)이다.

(7) **재분류조정**

당기나 과거 기간에 기타포괄손익으로 인식되었으나 당기손익으로 재분류된 금액이다.

(8) **총포괄손익**

거래나 그 밖의 사건으로 인한 기간 중 자본의 변동(소유주로서의 자격을 행사하는 소유주와의 거래로 인한 자본의 변동 제외). 총포괄손익은 '당기순손익'과 '기타포괄손익'의 모든 구성요소를 포함한다.

2. 재무제표

(1) **재무제표의 목적**

재무제표는 기업의 재무상태와 재무성과를 체계적으로 표현한 것이다. 재무제표의 목적은 광범위한 정보이용자의 경제적 의사결정에 유용한 기업의 재무상태, 재무성과와 재무상태 변동에 관한 정보를 제공하는 것이다. 또한 재무제표는 위탁받은 자원에 대한 경영진의 수탁책임 결과도 보여준다. 이러한 목적을 충족하기 위하여 재무제표는 다음과 같은 기업 정보를 제공한다.

① 자산
② 부채
③ 자본
④ 차익과 차손을 포함한 광의의 수익과 비용
⑤ 소유주로서의 자격을 행사하는 소유주에 의한 출자와 소유주에 대한 배분
⑥ 현금흐름

이러한 정보는 주석에서 제공되는 정보와 함께 재무제표이용자가 기업의 미래현금흐름, 특히 그 시기와 확실성을 예측하는 데 도움을 준다.

(2) 전체 재무제표

전체 재무제표는 다음을 모두 포함하여야 한다.

① 기말 재무상태표
② 기간 손익과기타포괄손익계산서
③ 기간 자본변동표
④ 기간 현금흐름표
⑤ 주석(유의적인 회계정책 및 그 밖의 설명으로 구성)
⑥ 전기에 관한 비교정보
⑦ 회계정책을 소급하여 적용하거나, 재무제표의 항목을 소급하여 재작성 또는 재분류하는 경우 전기 기초 재무상태표

이 기준서에서 사용하는 재무제표의 명칭이 아닌 다른 명칭을 사용할 수 있다. 예를 들어, '손익과기타포괄손익계산서'라는 명칭 대신에 '포괄손익계산서'라는 명칭을 사용할 수 있다.

각각의 재무제표는 전체 재무제표에서 동등한 비중으로 표시한다.

당기손익과 기타포괄손익은 단일의 포괄손익계산서에 두 부분으로 나누어 표시할 수 있다. 이 두 부분은 당기손익 부분을 먼저 표시하고 바로 이어서 기타포괄손익 부분을 표시함으로써 함께 표시한다. 당기손익 부분을 별개의 손익계산서에 표시할 수 있다. 그러한 경우, 별개의 손익계산서는 포괄손익을 표시하는 보고서(이 보고서는 당기순손익으로부터 시작한다) 바로 앞에 위치한다.

3. 일반사항

(1) 공정한 표시와 한국채택국제회계기준의 준수

재무제표는 기업의 재무상태, 재무성과 및 현금흐름을 공정하게 표시해야 한다. 공정한 표시를 위해서는 '개념체계'에서 정한 자산, 부채, 수익 및 비용에 대한 정의와 인식요건에 따라 거래, 그 밖의 사건과 상황의 효과를 충실하게 표현해야 한다. 한국채택국제회계기준에 따라 작성된 재무제표는 공정하게 표시된 재무제표로 본다.

한국채택국제회계기준을 준수하여 재무제표를 작성하는 기업은 그러한 준수 사실을 주석에 명시적이고 제한 없이 기재한다. 재무제표가 한국채택국제회계기준의 요구사항을 모두 충족한 경우가 아니라면 한국채택국제회계기준을 준수하여 작성되었다고 기재하여서는 아니된다.

한국채택국제회계기준을 준수하여 작성된 재무제표는 국제회계기준을 준수하여 작성된 재무제표임을 주석으로 공시할 수 있다.

부적절한 회계정책은 이에 대하여 공시나 주석 또는 보충 자료를 통해 설명하더라도 정당화될 수 없다.

(2) 계속기업

경영진은 재무제표를 작성할 때 계속기업으로서의 존속가능성을 평가해야 한다. 경영진이 기업을 청산하거나 경영활동을 중단할 의도를 가지고 있지 않거나, 청산 또는 경영활동의 중단 외에 다른 현실적 대안이 없는 경우가 아니면 계속기업을 전제로 재무제표를 작성한다. 계속기업으로서의 존속능력에 유의적인 의문이 제기될 수 있는 사건이나 상황과 관련된 중요한 불확실성을 알게 된 경우, 경영진은 그러한 불확실성을 공시하여야 한다. 재무제표가 계속기업의 기준 하에 작성되지 않는 경우에는 그 사실과 함께 재무제표가 작성된 기준 및 그 기업을 계속기업으로 보지 않는 이유를 공시하여야 한다.

계속기업의 가정이 적절한지의 여부를 평가할 때 경영진은 적어도 보고기간 말로부터 향후 12개월 기간에 대하여 이용 가능한 모든 정보를 고려한다.

(3) 발생기준 회계

기업은 현금흐름 정보를 제외하고는 발생기준 회계를 사용하여 재무제표를 작성한다. 발생기준 회계를 사용하는 경우, 각 항목이 개념체계의 정의와 인식요건을 충족할 때 자산, 부채, 자본, 광의의 수익 및 비용으로 인식한다.

(4) 중요성과 통합표시

유사한 항목은 중요성 분류에 따라 재무제표에 구분하여 표시하며, 상이한 성격이나 기능을 가진 항목은 구분하여 표시한다. 다만, 중요하지 않은 항목은 성격이나 기능이 유사한 항목과 통합하여 표시할 수 있다.

개별적으로 중요하지 않은 항목은 상기 재무제표나 주석의 다른 항목과 통합한다. 상기 재무제표에는 중요하지 않아 구분하여 표시하지 않은 항목이라도 주석에서는 구분 표시해야 할 만큼 충분히 중요할 수 있다.

일부 한국채택국제회계기준에서는 재무제표(주석 포함)에 포함하도록 요구하는 정보를 명시하고 있다. 한국채택국제회계기준의 요구에 따라 공시되는 정보가 중요하지 않다면 그 공시를 제공할 필요는 없다. 이는 한국채택국제회계기준에 특정 요구사항이 열거되어 있거나 최소한의 요구사항으로 기술되어 있더라도 그러하다.

(5) 상계

한국채택국제회계기준에서 요구하거나 허용하지 않는 한 자산과 부채 그리고 수익과 비용은 상계하지 아니한다.

자산과 부채, 그리고 수익과 비용은 구분하여 표시한다. 상계표시로 거래나 그 밖의 사건의 실질이 반영되는 경우를 제외하고는, 포괄손익계산서, 재무상태표에서의 상계표시는 발생한 거래, 그 밖의 사건과 상황을 이해하고 기업의 미래현금흐름을 분석할 수 있는 재무제표 이용자의 능력을 저해한다. 재고자산에 대한 재고자산평가충당금과 매출채권에 대한 대손충당금과 같은 평가충당금을 차감하여 관련 자산을 순액으로 측정하는 것은 상계표시에 해당하지 아니한다.

동일 거래에서 발생하는 수익과 관련비용의 상계표시가 거래나 그 밖의 사건의 실질을 반영한다면 그러한 거래의 결과는 상계하여 표시한다. 예를 들면 다음과 같다.

① 투자자산 및 영업용자산을 포함한 비유동자산의 처분손익은 처분대금에서 그 자산의 장부금액과 관련처분비용을 차감하여 표시한다.

② 충당부채와 관련된 지출을 제3자와의 계약관계(예 공급자의 보증약정)에 따라 보전받는 경우, 당해 지출과 보전받는 금액은 상계하여 표시할 수 있다.

외환손익 또는 단기매매 금융상품에서 발생하는 손익과 같이 유사한 거래의 집합에서 발생하는 차익과 차손은 순액으로 표시한다. 그러나 그러한 차익과 차손이 중요한 경우에는 구분하여 표시한다.

(6) 보고빈도

전체 재무제표(비교정보를 포함)는 적어도 1년마다 작성한다. 보고기간 종료일을 변경하여 재무제표의 보고기간이 1년을 초과하거나 미달하는 경우 재무제표 해당 기간뿐만 아니라 다음 사항을 추가로 공시한다.

① 보고기간이 1년을 초과하거나 미달하게 된 이유

② 재무제표에 표시된 금액이 완전하게 비교가능하지는 않다는 사실

일반적으로 재무제표는 일관성 있게 1년 단위로 작성한다. 그러나 실무적인 이유로 어떤 기업은 예를 들어 52주의 보고기간을 선호한다. 이 기준서는 이러한 보고관행을 금지하지 않는다.

(7) 비교정보

한국채택국제회계기준이 달리 허용하거나 요구하는 경우를 제외하고는 당기 재무제표에 보고되는 모든 금액에 대해 전기 비교정보를 표시한다. 당기 재무제표를 이해하는 데 목적적합하다면 서술형 정보의 경우에도 비교정보를 포함한다.

최소한 두 개의 재무상태표와 두 개의 포괄손익계산서, 두 개의 별개 손익계산서(표시하는 경우), 두 개의 현금흐름표, 두 개의 자본변동표 그리고 관련 주석을 표시해야 한다.

다음 모두에 해당된다면, 최소한의 비교 재무제표에 추가하여 전기 기초를 기준으로 세 번째 재무상태표를 표시한다.

① 회계정책을 소급하여 적용하거나, 재무제표 항목을 소급하여 재작성 또는 재분류한다.

② 이러한 소급적용, 소급재작성 또는 소급재분류가 전기 기초 재무상태표의 정보에 중요한 영향을 미친다.

위의 경우에 해당된다면, 다음의 각 시점에 세 개의 재무상태표를 표시한다.

① 당기 말

② 전기 말

③ 전기 초

(8) 표시의 계속성

재무제표 항목의 표시와 분류는 다음의 경우를 제외하고는 매기 동일하여야 한다.

① 사업내용의 유의적인 변화나 재무제표를 검토한 결과 다른 표시나 분류방법이 더 적절한 것이 명백한 경우

② 한국채택국제회계기준에서 표시방법의 변경을 요구하는 경우

예를 들어, 유의적인 인수나 매각, 또는 재무제표의 표시에 대해 검토한 결과 재무제표를 다른 방법으로 표시할 필요가 있을 수 있다. 기업은 변경된 표시방법이 재무제표이용자에게 신뢰성 있고 더욱 목적적합한 정보를 제공하며, 변경된 구조가 지속적으로 유지될 가능성이 높아 비교가능성을 저해하지 않을 것으로 판단할 때에만 재무제표의 표시방법을 변경한다.

(9) 재무제표의 식별

한국채택국제회계기준은 오직 재무제표에만 적용하며 연차보고서, 감독기구 제출서류 또는 다른 문서에 표시되는 그 밖의 정보에 반드시 적용하여야 하는 것은 아니다. 따라서 한국채택국제회계기준을 준수하여 작성된 정보와 한국채택국제회계기준에서 요구하지 않지만 유용한 그 밖의 정보를 재무제표 이용자가 구분할 수 있는 것이 중요하다.

각 재무제표와 주석은 명확하게 식별되어야 한다. 또한 다음의 정보가 분명히 드러나야 하며, 정보의 이해를 위해서 필요할 때에는 반복 표시하여야 한다.

① 보고기업의 명칭 또는 그 밖의 식별 수단과 전기 보고기간 말 이후 그러한 정보의 변경 내용

② 재무제표가 개별 기업에 대한 것인지 연결실체에 대한 것인지의 여부

③ 재무제표나 주석의 작성대상이 되는 보고기간 종료일 또는 보고기간

④ 표시통화

⑤ 재무제표의 금액 표시를 위하여 사용한 금액 단위

흔히 재무제표의 표시통화를 천 단위나 백만 단위로 표시할 때 더욱 이해가능성이 제고될 수 있다. 이러한 표시는 금액 단위를 공시하고 중요한 정보가 누락되지 않는 경우에 허용될 수 있다.

3 재무상태표(statement of financial position, B/S)

1. 재무상태표에 표시되는 정보

재무상태표

㈜한국	20X1년 12월 31일 현재	(단위: 백만 원)
자산		**부채**	
유동자산		유동부채	
현금및현금성자산	×××	매입채무	×××
재고자산	×××	미지급금	×××
매출채권	×××	단기차입금	×××
단기매매금융자산	×××	**유동부채 계**	×××
유동자산 계	×××	비유동부채	
비유동자산		장기차입금	×××
기타포괄손익 – 공정가치 측정 금융자산	×××	이연법인세부채	×××
관계기업투자주식	×××	**비유동부채 계**	×××
유형자산	×××	자본	
기타무형자산	×××	납입자본	×××
영업권	×××	이익잉여금	×××
비유동자산 계	×××	**자본 계**	×××
자산 총계	×××	**자본과부채 총계**	×××

재무상태표에는 다음에 해당하는 금액을 나타내는 항목을 표시한다.

① 유형자산

② 투자부동산

③ 무형자산

④ 금융자산(단, ⑤, ⑧ 및 ⑨를 제외)

⑤ 지분법에 따라 회계처리하는 투자자산

⑥ 기업회계기준서 제1041호 '농림어업'의 적용범위에 포함되는 생물자산

⑦ 재고자산

⑧ 매출채권 및 기타 채권

⑨ 현금및현금성자산

⑩ 기업회계기준서 제1105호 '매각예정비유동자산과 중단영업'에 따라 매각예정으로 분류된 자산과 매각예정으로 분류된 처분자산집단에 포함된 자산의 총계

⑪ 매입채무 및 기타 채무

⑫ 충당부채

⑬ 금융부채(단, ⑪과 ⑫ 제외)

⑭ 기업회계기준서 제1012호 '법인세'에서 정의된 당기 법인세와 관련한 부채와 자산

⑮ 기업회계기준서 제1012호에서 정의된 이연법인세부채 및 이연법인세자산

⑯ 기업회계기준서 제1105호에 따라 매각예정으로 분류된 처분자산집단에 포함된 부채

⑰ 자본에 표시된 비지배지분

⑱ 지배기업의 소유주에게 귀속되는 납입자본과 적립금

기업의 재무상태를 이해하는 데 목적적합한 경우 재무상태표에 항목, 제목 및 중간합계를 추가하여 표시한다.

기업이 재무상태표에 유동자산과 비유동자산, 그리고 유동부채와 비유동부채로 구분하여 표시하는 경우, 이연법인세자산(부채)은 유동자산(부채)으로 분류하지 아니한다.

이연법인세자산(부채)은 언제나 비유동자산(부채)로 분류한다.

기업회계기준서 제1001호 '재무제표 표시'는 표시되어야 할 항목의 순서나 형식을 규정하지 아니하며, 단순히 재무상태표에 구분 표시하기 위해 성격이나 기능면에서 명확하게 상이한 항목명을 제시할 뿐이다. 또한,

① 한 항목 또는 통합된 유사 항목의 크기, 성격 또는 기능상 기업의 재무상태를 이해하기 위해 구분표시가 필요한 경우 그러한 항목을 추가로 재무상태표에 포함한다.

② 기업의 재무상태를 이해하는 데 목적적합한 정보를 제공하기 위해 기업과 거래의 성격에 따라 사용된 용어와 항목의 순서, 또는 유사 항목의 통합방법을 변경할 수 있다.

2. 유동과 비유동의 구분

유동성 순서에 따른 표시방법이 신뢰성 있고 더욱 목적적합한 정보를 제공하는 경우를 제외하고는 유동자산과 비유동자산, 유동부채와 비유동부채로 재무상태표에 구분하여 표시한다. 유동성 순서에 따른 표시방법을 적용할 경우 모든 자산과 부채는 유동성 순서에 따라 표시한다.

재무상태표는 유동·비유동 구분법과 유동성순서 배열법 중 하나를 선택하여 표시한다. 두 가지 방법을 혼합해서 사용하는 것도 가능하다.

어느 표시방법을 채택하더라도 자산과 부채의 각 개별 항목이 다음의 기간에 회수되거나 결제될 것으로 기대되는 금액이 합산하여 표시되는 경우, 12개월 후에 회수되거나 결제될 것으로 기대되는 금액을 공시한다.

① 보고기간 후 12개월 이내

② 보고기간 후 12개월 후

기업이 명확히 식별 가능한 영업주기 내에서 재화나 용역을 제공하는 경우, 재무상태표에 유동자산과 비유동자산 및 유동부채와 비유동부채를 구분하여 표시한다. 이는 운전자본으로서 계속 순환되는 순자산과 장기 영업활동에서 사용하는 순자산을 구분함으로써 유용한 정보를 제공하기 때문이다. 이는 또한 정상영업주기 내에 실현될 것으로 예상되는 자산과 동 기간 내에 결제 기일이 도래하는 부채를 구분하여 보여준다.

금융회사와 같은 일부 기업의 경우에는 오름차순이나 내림차순의 유동성 순서에 따른 표시방법으로 자산과 부채를 표시하는 것이 유동·비유동 구분법보다 신뢰성 있고 더욱 목적적합한 정보를 제공한다. 이러한 기업은 재화나 서비스를 명확히 식별 가능한 영업주기 내에 제공하지 않기 때문이다.

신뢰성 있고 더욱 목적적합한 정보를 제공한다면 자산과 부채의 일부는 유동·비유동 구분법으로, 나머지는 유동성 순서에 따른 표시방법으로 표시하는 것이 허용된다. 이러한 혼합표시방법은 기업이 다양한 사업을 영위하는 경우에 필요할 수 있다.

(1) 유동자산

자산은 다음의 경우에 유동자산으로 분류하고, 그 밖의 모든 자산은 비유동자산으로 분류한다.
① 기업의 정상영업주기 내에 실현될 것으로 예상하거나, 정상영업주기 내에 판매하거나 소비할 의도가 있다.
② 주로 단기매매 목적으로 보유하고 있다.
③ 보고기간 후 12개월 이내에 실현될 것으로 예상한다.
④ 현금이나 현금성자산으로서, 교환이나 부채 상환 목적으로의 사용에 대한 제한 기간이 보고기간 후 12개월 이상이 아니다.

영업주기는 영업활동을 위한 자산의 취득시점부터 그 자산이 현금이나 현금성자산으로 실현되는 시점까지 소요되는 기간이다. 정상영업주기를 명확히 식별할 수 없는 경우에는 그 기간이 12개월인 것으로 가정한다. 유동자산은 보고기간 후 12개월 이내에 실현될 것으로 예상되지 않는 경우에도 재고자산 및 매출채권과 같이 정상영업주기의 일부로서 판매, 소비 또는 실현되는 자산을 포함한다. 또한 유동자산은 단기매매목적으로 보유하고 있는 자산(예 단기매매항목으로 분류되는 일부 금융자산)과 비유동금융자산의 유동성 대체 부분을 포함한다.

① 유동자산의 분류: 당좌자산, 재고자산
유동자산은 당좌자산과 재고자산으로 분류한다.

당좌자산은 쉽게 현금화되거나 소멸하는 자산으로 재고자산을 제외한 모든 유동자산을 말하며, 다음과 같은 항목들로 구성되어 있다.
㉠ 현금및현금성자산: 통화 및 타인발행수표 등의 통화대용증권과 보통예금, 당좌예금 등 요구불예금 및 현금성자산으로 한다.
㉡ 단기금융상품: 금융기관이 취급하는 정기예금, 정기적금, 양도성예금증서 등의 상품으로 단기적 자금운용목적으로 소유하거나 기한이 1년 이내에 도래하는 것으로 한다.
㉢ 단기매매금융자산: 단기간 내에 매매할 목적으로 취득한 금융자산으로 한다.
㉣ 매출채권: 일반적 상거래에서 발생한 외상매출금과 받을어음으로 한다.
㉤ 미수금: 일반적 상거래 이외의 거래에서 발생한 미수채권으로 한다.
㉥ 미수수익: 당기에 발생한 수익으로 미회수한 금액으로 한다.
㉦ 단기대여금: 회수기한이 1년 이내에 도래하는 대여금으로 한다.
㉧ 선급금: 상품, 원재료 등 재고자산의 구입을 위하여 선급한 금액으로 한다.
㉨ 선급비용: 선급된 비용 중 1년 이내에 비용으로 되는 것으로 한다.

재고자산은 정상적인 영업활동과정에서 판매를 목적으로 보유하거나 판매될 제품의 제조과정에서 사용되거나 소비되는 재화를 말한다. 재고자산은 다음과 같은 항목들로 구성되어 있다.

📖 선생님 TIP

기업회계기준서 제1001호 '재무제표 표시'에는 유동자산과 비유동자산의 세부적인 분류에 대해 설명하고 있지 않다. 따라서 아래에서 설명하는 세부적인 계정의 분류는 기업회계기준서의 내용은 아니지만 수험 목적상 이하의 내용들도 숙지하고 있어야 한다.

📖 선생님 TIP

각 계정과목의 구체적인 내용에 대해서는 앞으로 공부하게 될 것이다.

ⓐ 상품: 회사의 정상적인 영업활동과 관련하여 판매를 목적으로 구입한 것으로 한다.

ⓑ 제품: 회사의 정상적인 영업활동과 관련하여 판매를 목적으로 제조한 것으로 한다.

ⓒ 재공품: 제품 등의 제조를 위하여 재공과정에 있는 것으로 한다.

ⓓ 원재료: 원료, 재료 등 제품 생산에 투입될 원료로 한다.

② **비유동자산의 분류:** 투자자산, 유형자산, 무형자산, 기타비유동자산

비유동자산은 투자자산, 유형자산, 무형자산 및 기타비유동자산으로 분류한다.

투자자산은 장기적인 투자수익을 얻기 위해서 가지고 있는 금융자산, 부동산 등을 포함한다. 투자자산은 다음과 같은 항목들로 구성되어 있다.

ⓐ **장기금융상품:** 유동자산에 속하지 아니하는 금융상품으로 한다.

ⓑ **상각후원가 측정 금융자산:** 계약상 현금흐름을 수취하기 위해 보유하는 것이 목적인 사업모형 하에서 금융자산을 보유한다.

ⓒ **기타포괄손익 – 공정가치 측정 금융자산:** 계약상 현금흐름의 수취와 금융자산의 매도 둘 다를 통해 목적을 이루는 사업모형 하에서 금융자산을 보유한다.

ⓓ **관계기업투자주식:** 유의적인 영향력을 행사할 수 있는 피투자회사의 주식으로 한다.

ⓔ **투자부동산:** 임대수익이나 시세차익 또는 두 가지를 모두 얻기 위하여 소유하고 있는 부동산으로 한다.

ⓕ **장기대여금:** 유동자산에 속하지 아니하는 장기의 대여금으로 한다.

유형자산은 재화의 생산이나 용역의 제공, 타인에 대한 임대, 또는 자체적으로 사용할 목적으로 보유하고 있으며, 물리적 형태가 있는 비화폐성 자산으로서 토지, 건물, 기계장치 등을 포함한다.

ⓐ **토지**

ⓑ **건물:** 건물과 기타의 건물부속설비로 한다.

ⓒ **구축물:** 선거, 교량, 안벽, 부교, 저수지, 굴뚝, 정원설비 및 기타의 토목설비로 한다.

ⓓ **기계장치**

ⓔ **선박**

ⓕ **차량운반구**

ⓖ **건설 중인 자산:** 유형자산의 건설을 위한 재료비, 노무비 및 경비로 하되, 건설을 위하여 지출한 도급금액 또는 취득한 기계 등을 포함한다.

무형자산은 물리적 형체는 없지만 식별가능하고 기업이 통제하고 있으며 미래 경제적 효익이 있는 비화폐성 자산으로 다음과 같은 항목들로 구성되어 있다.

ⓐ **영업권:** 합병, 영업양수 등의 대가로 지급한 금액이 합병 등으로 취득한 순자산의 공정가치를 초과하는 부분으로 한다.

ⓑ **산업재산권:** 일정기간 독점적, 배타적으로 이용할 수 있는 권리로서 특허권, 실용신안권, 상표권 등으로 한다.

ⓒ **개발비:** 개발단계에서 발생한 지출액으로 자산인식요건을 충족시킨 것으로 한다.

ⓓ **임차권리금:** 건물 등을 임차할 때 보증금 이외에 지급하는 금액으로 한다.

기타비유동자산은 투자자산, 유형자산, 무형자산에 속하지 않는 비유동자산을 포함한다.

㉠ 이연법인세자산: 일시적차이로 인하여 납부할 법인세금액이 법인세비용을 초과하는 경우 그 초과하는 금액으로 한다.

㉡ 장기매출채권: 유동자산에 속하지 않는 일반적 상거래에서 발생한 장기의 외상매출금 및 받을어음으로 한다.

㉢ 장기미수금: 유동자산에 속하지 않는 일반적 상거래 이외에서 발생한 미수채권으로 한다.

㉣ 장기선급금: 유동자산에 속하지 않는 상품, 원재료 등 재고자산의 구입을 위하여 선급한 금액으로 한다.

㉤ 장기선급비용: 선급된 비용 중 1년 이후에 비용으로 되는 것으로 한다.

㉥ 보증금: 전세권, 임차보증금 및 영업보증금 등으로 한다.

➕ 재무상태표 계정의 분류

재무상태표

㈜한국	20X1년 12월 31일 현재		(단위: 백만 원)
자산		부채	
유동자산		유동부채	×××
당좌자산	×××	유동부채 계	×××
재고자산	×××	비유동부채	×××
유동자산 계	×××	비유동부채 계	×××
비유동자산			
투자자산	×××	자본	
유형자산	×××	납입자본	×××
무형자산	×××	이익잉여금	×××
기타비유동자산	×××	기타포괄손익누계액	×××
비유동자산 계	×××	자본 계	×××
자산 총계	×××	자본과부채 총계	×××

(2) 유동부채

부채는 다음의 경우에 유동부채로 분류하고, 그 밖의 모든 부채는 비유동부채로 분류한다.

① 정상영업주기 내에 결제될 것으로 예상하고 있다.

② 주로 단기매매 목적으로 보유하고 있다.

③ 보고기간 후 12개월 이내에 결제하기로 되어 있다.

④ 보고기간 후 12개월 이상 부채의 결제를 연기할 수 있는 무조건의 권리를 가지고 있지 않다.

매입채무 그리고 종업원 및 그 밖의 영업원가에 대한 미지급비용과 같은 유동부채는 기업의 정상영업주기 내에 사용되는 운전자본의 일부이다. 이러한 항목은 보고기간 후 12개월 후에 결제일이 도래한다 하더라도 유동부채로 분류한다. 동일한 정상영업주기가 기업의 자산과 부채의 분류에 적용된다. 기업의 정상영업주기가 명확하게 식별되지 않는 경우 그 주기는 12개월인 것으로 가정한다.

기타 유동부채는 정상영업주기 이내에 결제되지는 않지만 보고기간 후 12개월 이내에 결제일이 도래하거나 주로 단기매매목적으로 보유한다. 이에 대한 예로는 단기매매항목으로 분류된 일부 금융부채, 당좌차월, 비유동금융부채의 유동성 대체 부분, 미지급배당금, 법인세 및 기타 지급채무 등이 있다. 장기적으로 자금을 조달하며(즉, 기업의 정상영업주기 내에 사용되는 운전자본의 일부가 아닌 경우) 보고기간 후 12개월 이내에 만기가 도래하지 아니하는 금융부채는 비유동부채이다.

다음 모두에 해당하는 경우라 하더라도 금융부채가 보고기간 후 12개월 이내에 결제일이 도래하면 이를 유동부채로 분류한다.
① 원래의 결제기간이 12개월을 초과하는 경우
② 보고기간 후 재무제표 발행승인일 전에 장기로 차환하는 약정 또는 지급기일을 장기로 재조정하는 약정이 체결된 경우

기업이 기존의 대출계약조건에 따라 보고기간 후 적어도 12개월 이상 부채를 차환하거나 연장할 것으로 기대하고 있고, 그런 재량권이 있다면 보고기간 후 12개월 이내에 만기가 도래한다 하더라도 비유동부채로 분류한다. 그러나 기업에게 부채의 차환이나 연장에 대한 재량권이 없다면(예 차환약정이 없는 경우), 차환가능성을 고려하지 않고 유동부채로 분류한다.

보고기간 말 이전에 장기차입약정을 위반하였을 때 대여자가 즉시 상환을 요구할 수 있는 채무는 보고기간 후 재무제표 발행승인일 전에 채권자가 약정위반을 이유로 상환을 요구하지 않기로 합의하더라도 유동부채로 분류한다. 그 이유는 기업이 보고기간 말 현재 그 시점으로부터 적어도 12개월 이상 결제를 연기할 수 있는 무조건적 권리를 가지고 있지 않기 때문이다.

그러나 대여자가 보고기간 말 이전에 보고기간 후 적어도 12개월 이상의 유예기간을 주는 데 합의하여 그 유예기간 내에 기업이 위반사항을 해소할 수 있고, 또 그 유예기간 동안에는 대여자가 즉시 상환을 요구할 수 없다면 그 부채는 비유동부채로 분류한다.

❶ 유동부채와 비유동부채의 구분

구분	내용	분류
상황 ①	보고기간 후 재무제표 발행승인일 전에 장기로 차환(지급기일을 장기로 재조정)하는 약정 체결	유동
상황 ②	기업이 12개월 이상 부채를 차환하거나 연장할 것으로 기대하고 있고, 그런 재량권 보유	비유동
상황 ③	보고기간 후 재무제표 발행승인일 전에 약정위반을 이유로 상환을 요구하지 않기로 합의	유동
상황 ④	대여자가 보고기간 말 이전에 12개월 이상의 유예기간을 제공	비유동

유동부채와 비유동부채는 유동자산 및 비유동자산과 달리 이를 추가로 구분하지 않는다.

① 유동부채의 계정과목

유동부채는 다음과 같은 항목들로 구성되어 있다.

㉠ 매입채무: 일반적 상거래에서 발생한 외상매입금과 지급어음으로 한다.

㉡ 미지급금: 일반적 상거래 이외에서 발생한 채무로 한다.

㉢ 미지급비용: 발생된 비용으로서 지급되지 아니한 것으로 한다.

㉣ 단기차입금: 1년 이내에 상환될 차입금으로 한다.

㉤ 선수금: 일반적 상거래에서 발생한 선수액으로 한다.

㉥ 선수수익: 받은 수익 중 차기 이후에 귀속되는 수익으로 한다.

㉦ 예수금: 일반적 상거래 이외에서 발생한 일시적 제예수액으로 한다.

㉧ 미지급법인세: 법인세 등의 미지급액으로 한다.

㉨ 유동성장기부채: 장기부채 중 1년 이내에 상환될 것으로 한다.

㉩ 단기충당부채: 1년 이내에 사용되는 충당부채로 한다.

② 비유동부채의 계정과목

비유동부채는 다음과 같은 항목들로 구성되어 있다.

㉠ 사채: 1년 이후에 상환되는 사채의 가액으로 한다.

㉡ 장기차입금: 1년 이후에 상환되는 차입금으로 한다.

㉢ 장기매입채무: 유동부채에 속하지 않는 일반적 상거래에서 발생한 장기의 외상매입금과 지급어음으로 한다.

㉣ 장기미지급금: 일반적 상거래 이외에서 발생한 1년 이후에 상환되는 채무로 한다.

㉤ 장기충당부채: 1년 이후에 사용되는 충당부채로 한다.

㉥ 순확정급여부채: 확정급여제도와 관련하여 인식하는 확정급여채무의 현재가치에서 사외적립자산의 공정가치를 차감한 금액으로 한다.

㉦ 이연법인세부채: 일시적 차이로 인하여 납부할 법인세금액이 법인세비용에 미달하는 경우 동 미달하는 금액으로 한다.

(3) 자본

● 자본이 증감하는 거래

구분	내용	기록
자본거래	주주(소유주)와의 직접 거래	납입자본에 직접 기록
손익거래	자본거래 이외의 모든 거래	포괄손익계산서(당기순이익)를 통해 이익잉여금에 마감

① 납입자본

납입자본은 기업실체가 발행한 주식에 대한 대가로 납입된 금액을 말하며, 자본금과 자본잉여금 및 자본조정으로 구성되어 있다.

㉠ 자본금: 기업실체가 발행한 주식의 액면금액으로 우선주를 발행한 경우에는 보통주자본금과 우선주자본금으로 구분하여 표시한다.

㉡ 자본잉여금: 자본거래에서 발생한 잉여금으로 주주의 납입 등에 의하여 형성된 잉여금이다. 주식발행초과금, 감자차익, 자기주식처분이익 등이 해당한다.

㉢ 자본조정: 주로 자본거래에서 발생하는 항목으로 자본금, 자본잉여금, 이익잉여금 등에 귀속시킬 수 없는 항목들이다. 자기주식, 주식할인발행차금, 감자차손, 자기주식처분손실 등이 해당한다.

② 이익잉여금

이익잉여금은 기업실체가 벌어들인 이익 중 배당 등의 형태로 사외유출되지 않고 기업 내부에 유보되어 누적된 금액을 말한다. 기업실체가 손실을 보고한 경우 손실누적액은 결손금이라는 명칭을 사용한다. 이익잉여금은 법정적립금, 임의적립금 및 미처분이익잉여금으로 구분된다.

㉠ 법정적립금: 상법 등 법령의 규정에 의하여 적립된 금액으로 하며, 자본전입이나 결손보전 이외의 목적으로는 사용할 수 없다.

㉡ 임의적립금: 정관의 규정 또는 주주총회의 결의로 적립된 금액으로서 사업확장적립금, 결손보전적립금 등이 있다.

㉢ 미처분이익잉여금: 이익잉여금 중 처분되지 않은 잔액을 말한다.

③ 기타자본구성요소

포괄손익계산서의 기타포괄손익이 마감되는 기타포괄손익누계액이 해당한다. 포괄손익계산서의 기타포괄손익을 단순히 마감하는 계정이므로 기타포괄손익과 계정과목이 일치한다.

기타포괄손익에 대해서는 제4절 '포괄손익계산서'에서 설명한다.

4 포괄손익계산서(statement of profit or loss and other comprehensive income, I/S)

단일의 포괄손익계산서

㈜한국	20X1년 1월 1일부터 12월 31일까지	(단위: 원)
수익		×××
매출원가		(×××)
매출총이익		×××
기타수익		×××
물류원가		(×××)
관리비		(×××)
기타비용		(×××)
금융원가		(×××)
관계기업이익지분		×××
법인세비용차감전계속사업이익		×××
계속사업법인세비용		(×××)
계속사업순이익		×××
중단영업이익		×××
당기순이익		×××
기타포괄이익		×××
총포괄이익		×××

별개의 손익계산서

㈜한국	20X1년 1월 1일부터 12월 31일까지	(단위: 원)
수익		×××
매출원가		(×××)
매출총이익		×××
기타수익		×××
물류원가		(×××)
관리비		(×××)
기타비용		(×××)
금융원가		(×××)
관계기업이익지분		×××
법인세비용차감전계속사업이익		×××
계속사업법인세비용		(×××)
계속사업순이익		×××
중단영업이익		×××
당기순이익		×××

포괄손익계산서

㈜한국	20X1년 1월 1일부터 12월 31일까지	(단위: 원)
당기순이익		×××
기타포괄이익		×××
총포괄이익		×××

당기손익과 기타포괄손익은 단일의 포괄손익계산서에 두 부분으로 나누어 표시할 수 있다. 이 두 부분은 당기손익 부분을 먼저 표시하고 바로 이어서 기타포괄손익 부분을 표시함으로써 함께 표시한다. 당기손익 부분을 별개의 손익계산서에 표시할 수 있다. 그러한 경우, 별개의 손익계산서는 포괄손익을 표시하는 보고서(이 보고서는 당기순손익으로부터 시작한다) 바로 앞에 위치한다.

또한 포괄손익계산서에는 계속사업이익과 중단영업손익이 구분표시된다. 기업이 두 개 이상의 사업부를 가지고 있다가 이 중 특정 사업부를 당기 중에 매각하거나 폐쇄하기로 한 경우 당해 연도 기초시점부터 사업 중단시점까지 동 사업부에서 발생한 손익을 계속사업이익과 구분하여 중단영업손익(세후금액)으로 별도 표시한다. 중단영업손익은 예측가치가 없으므로 계속사업이익과 별도로 표시하는 것이 정보이용자의 의사결정에 도움이 될 것이다.

포괄손익계산서는 단일의 포괄손익계산서로 표시하는 방법과 당기손익부분과 기타포괄손익부분의 두 부분으로 나누어 표시하는 방법 중 하나를 선택하여 표시한다.

1. 포괄손익계산서에 표시되는 정보

당기손익 부분이나 손익계산서에는 다른 한국채택국제회계기준서가 요구하는 항목을 추가하여 당해 기간의 다음 금액을 표시하는 항목을 포함한다.

① 수익
② 금융원가
③ 지분법 적용대상인 관계기업과 조인트벤처의 당기순손익에 대한 지분
④ 법인세비용
⑤ 중단영업의 합계를 표시하는 단일금액

기타포괄손익 부분에는 해당 기간의 금액을 표시하는 항목을 다음의 항목으로 표시한다.

① 성격별로 분류하고, 다른 한국채택국제회계기준에 따라 다음의 집단으로 묶은 기타포괄손익의 항목
　㉠ 후속적으로 당기손익으로 재분류되지 않는 항목
　㉡ 특정 조건을 충족하는 때에 후속적으로 당기손익으로 재분류되는 항목

② 지분법으로 회계처리하는 관계기업과 공동기업의 기타포괄손익에 대한 지분으로서 다른 한국채택국제회계기준에 따라 다음과 같이 구분되는 항목에 대한 지분
　㉠ 후속적으로 당기손익으로 재분류되지 않는 항목
　㉡ 특정 조건을 충족하는 때에 후속적으로 당기손익으로 재분류되는 항목

기업의 재무성과를 이해하는 데 목적적합한 경우에는 당기손익과 기타포괄손익을 표시하는 보고서에 항목, 제목 및 중간합계를 추가하여 표시한다.

수익과 비용의 어느 항목도 당기손익과 기타포괄손익을 표시하는 보고서 또는 주석에 특별손익 항목으로 표시할 수 없다.

(1) 당기순손익

한 기간에 인식되는 모든 수익과 비용 항목은 한국채택국제회계기준이 달리 정하지 않는 한 당기손익으로 인식한다.

일부 한국채택국제회계기준서는 특정항목을 당기손익 이외의 항목으로 인식하는 상황을 규정하고 있다. 기업회계기준서 제1008호는 그러한 두 가지 상황으로서 오류의 수정과 회계정책의 변경 효과를 규정하고 있다. 다른 한국채택국제회계기준서에서는 '개념체계'의 수익 또는 비용에 대한 정의를 충족하는 기타포괄손익의 구성요소를 당기손익에서 제외할 것을 요구하거나 허용한다.

(2) 기타포괄손익

기타포괄손익의 항목(재분류조정 포함)과 관련한 법인세비용 금액은 포괄손익계산서나 주석에 공시한다.

기타포괄손익의 항목은 다음 중 한 가지 방법으로 표시할 수 있다. 단, ②를 선택하는 경우, 법인세는 후속적으로 당기손익 부분으로 재분류되는 항목과 재분류되지 않는 항목 간에 배분한다.

① 관련 법인세 효과를 차감한 순액으로 표시
② 기타포괄손익의 각 항목과 관련된 법인세 효과 반영 전 금액으로 표시하고, 각 항목들에 관련된 법인세 효과는 단일 금액으로 합산하여 표시

기타포괄손익 항목은 아래와 같다.

⊕ 기타포괄손익

기타포괄손익	재분류조정 여부
① 재평가잉여금의 변동	재분류조정 ×
② 확정급여제도의 재측정요소	
③ 기타포괄손익 - 공정가치 측정 항목으로 지정한 지분상품에 대한 투자에서 발생한 손익	
④ 기타포괄손익 - 공정가치로 측정하는 지분상품투자에 대한 위험회피에서 위험회피수단의 평가손익 중 효과적인 부분	
⑤ 당기손익 - 공정가치 측정 항목으로 지정한 특정 부채의 신용위험 변동으로 인한 공정가치 변동 금액	
⑥ 관계기업 및 공동기업의 재분류되지 않는 기타포괄손익에 대한 지분	
① 해외사업장의 재무제표 환산으로 인한 손익	재분류조정 ○
② 현금흐름위험회피에서 위험회피수단의 평가손익 중 효과적인 부분	
③ 기타포괄손익 - 공정가치로 측정하는 금융자산(채무상품)에서 발생한 손익	
④ 관계기업 및 공동기업의 재분류되는 기타포괄손익에 대한 지분	

2. 비용의 분류방법

기업은 성격별 분류방법과 기능별 분류방법 중 신뢰성 있고 더욱 목적적합한 정보를 제공할 수 있는 방법을 적용하여 당기손익으로 인식한 비용의 분석내용을 표시한다.

비용의 기능별 분류 또는 성격별 분류에 대한 선택은 역사적, 산업적 요인과 기업의 성격에 따라 다르다. 각 방법이 상이한 유형의 기업별로 장점이 있기 때문에 이 기준서는 신뢰성 있고 보다 목적적합한 표시방법을 경영진이 선택하도록 하고 있다. 그러나 비용의 성격에 대한 정보가 미래현금흐름을 예측하는 데 유용하기 때문에 비용을 기능별로 분류하는 경우에는 성격별 분류에 따른 추가공시가 필요하다.

(1) 성격별 분류법

성격별 분류법에서는 당기손익에 포함된 비용은 그 성격별(예 감가상각비, 원재료의 구입, 운송비, 종업원급여와 광고비)로 통합하며, 기능별로 재분배하지 않는다. 비용을 기능별 분류로 배분할 필요가 없기 때문에 적용이 간단할 수 있다.

포괄손익계산서(성격별 분류법)

㈜한국	20X1년 1월 1일부터 12월 31일까지		(단위: 천 원)
수익			×××
기타수익			×××
총비용			
제품과 재공품의 변동		×××	
원재료와 소모품의 사용액		×××	
종업원급여비용		×××	
감가상각비와 기타상각비		×××	
기타비용		×××	(×××)
법인세비용차감전순이익			×××
법인세비용			(×××)
당기순이익			×××
기타포괄이익			×××
총포괄이익			×××

(2) 기능별 분류법

기능별 분류법은 비용을 매출원가, 그리고 물류원가와 관리활동원가 등과 같이 기능별로 분류하는 방법으로 '매출원가법'이라고도 한다. 이 방법에서는 적어도 매출원가를 다른 비용과 분리하여 공시한다.

이 방법은 성격별 분류보다 재무제표이용자에게 더욱 목적적합한 정보를 제공할 수 있지만 비용을 기능별로 배분하는 데 자의적인 배분과 상당한 정도의 판단이 개입될 수 있다.

비용을 기능별로 분류하는 기업은 감가상각비, 기타 상각비와 종업원급여비용을 포함하여 비용의 성격에 대한 추가 정보를 공시한다.

포괄손익계산서(기능별 분류법)

㈜한국	20X1년 1월 1일부터 12월 31일까지	(단위: 천 원)
수익		×××
매출원가		(×××)
매출총이익		×××
기타수익		×××
물류원가		(×××)
관리비		(×××)
기타비용		(×××)
금융원가		(×××)
관계기업이익에대한지분		×××
법인세비용차감전순이익		×××
법인세비용		(×××)
당기순이익		×××
기타포괄이익		×××
총포괄이익		×××

5 기타 재무제표와 주석

1. 자본변동표

자본변동표(statement of change in equity)는 자본의 크기와 그 변동에 관한 정보를 제공하는 재무보고서로서, 자본을 구성하고 있는 납입자본, 이익잉여금 및 기타자본구성요소의 변동에 대한 포괄적인 정보를 제공한다.

자본변동표

구분	납입자본	이익잉여금	기타자본구성요소	총 계
㈜한국	20X1년 1월 1일부터 12월 31일까지			(단위: 원)
20X1년 1월 1일 잔액	×××	×××	×××	×××
연차배당		(×××)		(×××)
기타이익잉여금 처분액		−		−
중간배당		(×××)		(×××)
유상증자	×××			×××
자기주식 취득	(×××)			(×××)
총포괄이익		×××	×××	×××
20X1년 12월 31일 잔액	×××	×××	×××	×××

2. 현금흐름표

현금흐름표(statement of cash flows)는 기업의 현금및현금성자산 창출능력과 기업의 현금흐름 사용 필요성에 대한 평가의 기초를 재무제표이용자에게 제공한다. 기업회계기준서 제1007호 '현금흐름표'는 현금흐름 정보의 표시와 공시에 대한 요구사항을 규정하고 있다.

현금흐름표

㈜한국	20X1년 1월 1일부터 12월 31일까지		(단위: 원)
영업활동현금흐름			×××
직접법 또는 간접법 중 선택			
투자활동 현금흐름			×××
투자활동으로 인한 현금유입액		×××	
투자활동으로 인한 현금유출액		(×××)	
재무활동 현금흐름			×××
재무활동으로 인한 현금유입액		×××	
재무활동으로 인한 현금유출액		(×××)	
현금및현금성자산의 증감			×××
기초 현금및현금성자산			×××
기말 현금및현금성자산			×××

3. 주석

(1) 주석의 구조

주석은 다음의 정보를 제공한다.

① 재무제표 작성 근거와 구체적인 회계정책에 대한 정보

② 한국채택국제회계기준에서 요구하는 정보이지만 재무제표 어느 곳에도 표시되지 않는 정보

③ 재무제표 어느 곳에도 표시되지 않지만 재무제표를 이해하는 데 목적적합한 정보

주석은 실무적으로 적용 가능한 한 체계적인 방법으로 표시한다. 체계적인 방법을 결정할 때, 재무제표의 이해가능성과 비교가능성에 미치는 영향을 고려한다. 재무상태표, 포괄손익계산서, 자본변동표 및 현금흐름표에 표시된 개별 항목은 주석의 관련 정보와 상호 연결시켜 표시한다.

주석을 체계적으로 배열할 때 다양한 분류방법을 이용할 수 있는데 그 중 한 가지 방법은 포괄손익계산서와 재무상태표의 항목 순서를 따르는 것이다. 이 방법에 따른 주석의 표시 순서는 다음과 같다.

① 한국채택국제회계기준을 준수하였다는 사실

② 적용한 유의적인 회계정책의 요약

③ 재무상태표, 포괄손익계산서, 자본변동표 및 현금흐름표에 표시된 항목에 대한 보충정보. 재무제표 배열 및 각 재무제표에 표시된 개별 항목의 순서에 따라 표시한다.

④ 다음을 포함한 기타 공시

　　㉠ 우발부채와 재무제표에서 인식하지 아니한 계약상 약정사항

　　㉡ 비재무적 공시항목(예 기업의 재무위험관리목적과 정책)

(2) 기타 공시

상법 등 관련 법규에서 이익잉여금처분계산서(또는 결손금처리계산서)의 작성을 요구하는 경우에는 재무상태표의 이익잉여금(또는 결손금)에 대한 보충정보로서 이익잉여금처분계산서(또는 결손금처리계산서)를 주석으로 공시한다.

기업은 수익에서 매출원가 및 판매비와관리비(물류원가 등을 포함)를 차감한 영업이익(또는 영업손실)을 포괄손익계산서에 구분하여 표시한다. 다만 영업의 특수성을 고려할 필요가 있는 경우(예 매출원가를 구분하기 어려운 경우)나 비용을 성격별로 분류하는 경우 영업수익에서 영업비용을 차감한 영업이익(또는 영업손실)을 포괄손익계산서에 구분하여 표시할 수 있다.

영업이익(또는 영업손실) 산출에 포함된 주요항목과 그 금액을 포괄손익계산서 본문에 표시하거나 주석으로 공시한다.

영업이익(또는 영업손실)에 포함되지 않은 항목 중 기업의 영업성과를 반영하는 그 밖의 수익 또는 비용 항목이 있다면 이러한 항목을 추가하여 조정영업이익(또는 조정영업손실) 등의 명칭을 사용하여 주석으로 공시할 수 있으며, 이 경우 다음 내용을 포함한다.

① 추가한 주요항목과 그 금액

② 이러한 조정영업이익(또는 조정영업손실) 등은 해당 기업이 자체 분류한 영업이익(또는 영업손실)이라는 사실

국제회계기준에서는 포괄손익계산서에 영업이익의 구분표시를 요구하지 않는다. 그러나 우리나라에서는 실무적으로 영업이익을 다양한 영역에서 이용해왔기 때문에 한국채택국제회계기준을 개정하여 포괄손익계산서에 영업이익을 구분하여 표시하도록 규정하고 있다. 영업이익을 계산하는 방법은 일반기업회계기준과 동일하다.

01 개념체계와 한국채택국제회계기준이 상충될 경우에는 한국채택국제회계기준이 개념체계보다 우선한다. ( )

02 근본적 질적 특성은 목적적합성과 비교가능성이다. ( )

03 재무정보가 예측가치를 갖기 위해서는 정보 자체가 예측치이어야 한다. ( )

04 재무정보에 오류가 없다는 것은 모든 면에서 완벽하게 정확하다는 것을 의미한다. ( )

05 정보를 명확하고 간결하게 분류하고, 특징지으며, 표시하는 것은 표현충실성의 속성이다. ( )

06 재고자산에 대한 재고자산평가충당금과 매출채권에 대한 대손충당금과 같은 평가충당금을 차감하여 관련 자산을 순액으로 측정하는 것은 상계표시에 해당하지 아니한다. ( )

07 재무상태표에 자산과 부채를 표시할 때는 유동항목과 비유동항목으로 구분한 후, 유동성순서에 따라 표시한다. ( )

08 재해손실, 보험차익 등은 포괄손익계산서에 특별손익으로 표시한다. ( )

09 비용을 성격별로 분류하는 경우에는 기능별 분류에 따른 추가공시가 필요하다. ( )

10 기업은 수익에서 매출원가 및 판매비와관리비(물류원가 등을 포함)를 차감한 영업이익(또는 영업손실)을 포괄손익계산서에 구분하여 표시한다. ( )

---

01 ○
02 × 근본적 질적 특성은 목적적합성과 표현충실성이다.
03 × 재무정보가 예측가치를 갖기 위해서 그 자체가 예측치 또는 예상치일 필요는 없다.
04 × 오류가 없다는 것은 현상의 기술에 오류나 누락이 없고, 보고 정보를 생산하는 데 사용되는 절차의 선택과 적용 시 절차 상 오류가 없음을 의미한다.
05 × 정보를 명확하고 간결하게 분류하고, 특징지으며, 표시하는 것은 이해가능성의 속성이다.
06 ○
07 × 재무상태표는 유동·비유동 구분법과 유동성순서 배열법 중 하나를 선택하여 표시한다. 두 가지 방법을 혼합해서 사용하는 것도 가능하지만 반드시 같이 써야 하는 것은 아니다.
08 × 수익과 비용의 어느 항목도 당기손익과 기타포괄손익을 표시하는 보고서 또는 주석에 특별손익 항목으로 표시할 수 없다.
09 × 비용을 기능별로 분류하는 경우에는 성격별 분류에 따른 추가공시가 필요하다.
10 ○

1 재무정보의 질적 특성

01 정보이용자가 어떤 회계정보를 이용하여 의사결정을 할 때 그 정보가 없는 경우와 비교하여 보다 유리한 차이를 낼 수 있는 회계정보의 질적 특성은?

2015년 지방직 9급

① 목적적합성　　　　　　　　　　　② 표현충실성

③ 적시성　　　　　　　　　　　　　④ 비교가능성

02 다음 설명에 해당하는 재무정보의 질적 특성은?

2015년 국가직 9급

> 재무정보가 유용하기 위해서는 서술이 완전하고, 중립적이며, 오류가 없어야 한다.

① 목적적합성　　　　　　　　　　　② 검증가능성

③ 표현충실성　　　　　　　　　　　④ 비교가능성

03 유용한 재무정보의 보강적 질적 특성에 대한 설명으로 옳지 않은 것은?

2012년 지방직 9급

① 보고기업에 대한 정보는 다른 기업에 대한 유사한 정보와 비교할 수 있어야 한다.

② 재무보고서는 나타내고자 하는 현상을 완전하고, 중립적이며, 오류가 없이 서술하여야 한다.

③ 의사결정에 영향을 미칠 수 있도록 의사결정자가 정보를 제때에 이용가능하게 하여야 한다.

④ 정보는 의사결정자가 이해 가능하도록 명확하고 간결하게 분류하고, 특징지으며, 표시하여야 한다.

---

01 ① 목적적합한 재무정보는 정보이용자의 의사결정에 차이가 나도록 할 수 있다.

02 ③ 보기의 설명은 근본적 질적 특성인 표현충실성에 대한 설명이다.

03 ② 보강적 질적 특성: 비교가능성(①), 검증가능성, 적시성(③), 이해가능성(④)
　　② 표현충실성에 대한 설명으로, 표현충실성은 근본적 질적 특성에 해당한다.

04 재무보고를 위한 개념체계에 대한 설명으로 옳지 않은 것은? 2016년 국가직 7급

① 정보이용자들이 미래 결과를 예측하기 위해 사용하는 절차의 투입요소로 재무정보가 사용될 수 있다면, 그 재무정보는 예측가치를 갖는다.
② 회계기준위원회는 중요성에 대한 획일적인 계량 임계치를 정하거나 특정 상황에서 무엇이 중요한 것이지를 미리 결정할 수 있다.
③ 중요성은 개별 기업 재무보고서 관점에서 해당 정보와 관련된 항목의 성격이나 규모 또는 이 둘 모두에 근거하여 해당 기업에 특유한 측면의 목적적합성을 의미한다.
④ 재무정보가 과거 평가에 대해 피드백을 제공한다면(과거 평가를 확인하거나 변경시킨다면) 확인가치를 갖는다.

05 재무정보의 질적특성에 대한 설명으로 옳지 않은 것은? 2017년 국가직 9급(4월 시행)

① 목적적합한 재무정보는 정보이용자의 의사결정에 차이가 나도록 할 수 있다.
② 재무정보가 예측가치를 갖기 위해서는 그 자체가 예측치 또는 예상치일 필요는 없으며, 정보이용자들이 미래결과를 예측하기 위해 사용하는 절차의 투입요소로 사용될 수 있다면 그 재무정보는 예측가치를 갖는다.
③ 비교가능성은 정보이용자가 항목 간의 유사점과 차이점을 식별하고 이해할 수 있게 하는 질적 특성이다.
④ 오류가 없다는 것은 현상의 기술에 오류나 누락이 없고, 보고 정보를 생산하는 데 사용되는 절차의 선택과 적용 시 절차상 오류가 없음을 의미하므로 모든 면에서 완벽하게 정확하다는 것이다.

06 재무보고를 위한 개념체계에 대한 설명으로 옳은 것만을 모두 고른 것은? 2016년 지방직 9급

> ㄱ. 자산은 미래경제적효익이 기업에 유입될 가능성이 높고 해당 항목의 원가 또는 가치를 신뢰성 있게 측정할 수 있을 때 재무상태표에 인식한다.
> ㄴ. 재무정보가 유용하기 위해서는 목적적합해야 하고 나타내고자 하는 바를 충실하게 표현해야 한다.
> ㄷ. 비교가능성, 검증가능성, 중요성 및 이해가능성은 목적 적합하고 충실하게 표현된 정보의 유용성을 보강시키는 질적 특성이다.
> ㄹ. 재무보고를 위한 개념체계와 한국채택국제회계기준이 서로 상충하는 경우에는 개념체계가 우선하여 적용된다.

① ㄱ, ㄴ   ② ㄱ, ㄷ
③ ㄴ, ㄷ   ④ ㄴ, ㄹ

---

04 ② 회계기준위원회는 중요성에 대한 획일적인 계량 임계치를 정하거나 특정 상황에서 무엇이 중요한 것이지를 미리 결정할 수 없다.

05 ④ 오류가 없다는 것은 현상의 기술에 오류나 누락이 없고, 보고 정보를 생산하는 데 사용되는 절차의 선택과 적용 시 절차상 오류가 없음을 의미한다. 이 맥락에서 오류가 없다는 것은 모든 면에서 완벽하게 정확하다는 것을 의미하지는 않는다.

06 ① ㄷ. 비교가능성, 검증가능성, 적시성 및 이해가능성은 목적 적합하고 충실하게 표현된 정보의 유용성을 보강시키는 질적 특성이다.
   ㄹ. 재무보고를 위한 개념체계는 어떠한 경우에도 한국채택국제회계기준에 우선하지 아니한다.

114 해커스공무원 학원·인강 gosi.Hackers.com

07 한국채택국제회계기준의 재무보고를 위한 개념체계에서 규정한 유용한 재무정보의 질적 특성의 내용으로 옳지 않은 것은? 2016년 국가직 9급

① 목적적합한 재무정보는 정보이용자의 의사결정에 차이가 나도록 할 수 있다.

② 정보이용자들이 미래 결과를 예측하기 위해 사용하는 절차의 투입요소로 재무정보가 사용될 수 있다면, 그 재무정보는 예측가치를 갖는다.

③ 중립적 서술은 재무정보의 선택이나 표시에 편의가 없는 것을 의미하는 것으로, 중립적 정보는 목적이 없고 행동에 대한 영향력이 없는 정보를 의미한다.

④ 완전한 서술은 필요한 기술과 설명을 포함하여 정보이용자가 서술되는 현상을 이해하는 데 필요한 모든 정보를 포함하는 것이다.

08 재무보고를 위한 개념체계 중 '표현충실성'에 대한 설명으로 옳지 않은 것은? 2017년 국가직 7급

① 기업의 경제적 상황을 이해하는 데 필요한 정보를 완전히 포함하도록 해야 한다.

② 특정 정보이용자에게 유리하도록 정보를 선택적으로 제공하지 않아야 한다.

③ 추정치의 경우 추정 금액을 정확하게 기술하고 추정 절차의 성격과 한계를 설명하도록 한다.

④ 향후 어떤 결과를 초래할 것인지 예측하는 데 도움이 되도록 해야 한다.

09 ㈜대한은 유형자산의 장부금액을 자산가치의 손상을 반영하여 조정하였다. 이를 위해 ㈜대한은 적절한 절차를 적용하였고, 추정치에 유의적으로 영향을 미칠 수 있는 불확실성을 기술하였다. 그러나 추정치의 불확실성 수준이 충분히 크다면 그 추정치가 별로 유용하지는 못할 것이다. ㈜대한의 경우 유용한 정보가 지녀야 할 정보의 어떤 질적 특성이 결여되어 있다고 할 수 있는가? 2012년 서울시 9급

① 표현충실성   ② 이해가능성

③ 중립성   ④ 목적적합성

⑤ 비교가능성

---

07 ③ 중립적 서술은 재무정보의 선택이나 표시에 편의가 없는 것이다. 중립적 서술은, 정보이용자가 재무정보를 유리하게 또는 불리하게 받아들일 가능성을 높이기 위해 편파적이 되거나, 편중되거나, 강조되거나, 경시되거나 그 밖의 방식으로 조작되지 않는다. 중립적 정보는 목적이 없거나 행동에 대한 영향력이 없는 정보를 의미하지 않는다.

08 ④ 표현충실성을 위해서는 서술이 완전하고(①), 중립적이며(②), 오류가 없어야(③) 한다.

09 ④ 추정치의 불확실성 수준이 크다면 의사결정에 목적적합한 정보가 될 수 없을 것이다.

10 재무보고를 위한 개념체계의 내용으로 옳지 않은 것은? 2013년 국가직 7급

① 유용한 재무정보의 질적 특성은 재무제표에서 제공되는 재무정보에도 적용되며, 그 밖의 방법으로 제공되는 재무정보에도 적용된다.

② 재무정보가 유용하기 위한 근본적 질적 특성은 목적적합성과 적시성이다.

③ 재무정보에 예측가치, 확인가치 또는 이 둘 모두가 있다면 그 재무정보는 의사결정에 차이가 나도록 할 수 있다.

④ 완벽한 표현충실성을 위해서 서술은 완전하고, 중립적이며, 오류가 없어야 한다.

11 재무정보의 질적 특성에 대한 설명으로 옳지 않은 것은? 2018년 국가직 9급

① 유용한 재무정보의 근본적 질적 특성은 목적적합성과 표현충실성이다.

② 재무정보에 예측가치, 확인가치 또는 이 둘 모두가 있다면 의사결정에 차이가 나도록 할 수 있다.

③ 검증가능성은 정보이용자가 항목 간의 유사점과 차이점을 식별하고 이해할 수 있게 하는 질적 특성이다.

④ 적시성은 의사결정에 영향을 미칠 수 있도록 의사결정자가 정보를 제때에 이용가능하게 하는 것을 의미한다.

12 재무정보의 질적 특성 중 중요성에 대한 설명으로 옳은 것은? 2018년 지방직 9급

① 근본적 질적 특성인 표현충실성을 갖추기 위한 요소이다.

② 인식을 위한 최소요건으로 정보이용자가 항목 간의 유사점과 차이점을 식별할 수 있게 한다.

③ 의사결정에 영향을 미칠 수 있도록 정보이용자가 정보를 적시에 이용 가능하게 하는 것을 의미한다.

④ 기업마다 다를 수 있기 때문에 기업 특유의 측면을 고려해야 한다.

---

10 ② 근본적 질적 특성에는 목적적합성과 표현충실성이 있다.

11 ③ 비교가능성은 정보이용자가 항목 간의 유사점과 차이점을 식별하고 이해할 수 있게 하는 질적 특성이다.

12 ④ ① 근본적 질적 특성인 목적적합성을 갖추기 위한 요소이다.
② 비교가능성에 대한 설명이다.
③ 적시성에 대한 설명이다.

13 유용한 재무정보의 질적 특성에 대한 설명으로 옳지 않은 것은? 2019년 관세직 9급

① 재무정보에 예측가치, 확인가치 또는 이 둘 모두가 있다면 그 재무정보는 의사결정에 차이가 나도록 할 수 있다.

② 비교가능성은 정보이용자가 항목 간의 유사점과 차이점을 식별하고 이해할 수 있게 하는 질적 특성으로 일관성과 동일하며 통일성과는 다른 개념이다.

③ 재무정보가 유용하기 위해서는 목적적합한 현상을 표현하는 것뿐만 아니라 나타내고자 하는 현상을 충실하게 표현해야 한다. 이때, 완벽하게 표현충실성을 위해서 서술은 완전하고, 중립적이며, 오류가 없어야 한다.

④ 적시성은 의사결정에 영향을 미칠 수 있도록 의사결정자가 정보를 제때에 이용가능하게 하는 것을 의미하며 일반적으로 정보는 오래될수록 유용성이 낮아진다.

2 재무보고를 위한 개념체계

14 재무제표의 작성과 표시를 위한 개념체계에 대한 설명 중 타당하지 않은 것은? 2014년 서울시 9급

① 실무에서는 정보의 질적 특성 간의 균형 또는 상충관계를 고려할 필요가 있다.

② 이해가능성은 이용자는 경영 및 경제활동과 회계에 대한 합리적인 지식을 가지고 있으며 관련 정보를 분석하기 위하여 합리적인 노력을 기울일 의지가 있는 것으로 가정한다.

③ 중요성은 정보의 유용성을 충족하기 위한 주된 질적 특성이라기보다는 재무제표 표시와 관련된 임계치나 판단기준으로 작용한다.

④ 이 개념체계와 한국채택국제회계기준이 상충되는 경우에는 개념체계가 한국채택국제회계기준보다 우선한다.

⑤ 재무정보가 특정 거래나 그 밖의 사건에 대해 나타내고자 하는 바를 충실하게 표현하기 위해서는 거래나 그 밖의 사건을 단지 법률적 형식만이 아니라 그 실질과 경제적 현실에 따라 회계처리하고 표시하여야 한다.

---

13 ② 일관성은 비교가능성을 달성하기 위한 수단으로, 일관성과 비교가능성은 동일한 개념에 해당하지 않는다.

14 ④ 개념체계와 한국채택국제회계기준이 상충되는 경우에는 개념체계보다 한국채택국제회계기준이 우선한다.

15 재무보고를 위한 개념체계에서 언급하고 있는 기본가정에 대한 설명으로 옳지 <u>않은</u> 것은? 2014년 지방직 9급

① 재무제표는 일반적으로 기업이 계속기업이며 예상 가능한 기간 동안 영업을 계속할 것이라는 가정 하에 작성된다.

② 계속기업의 가정은 재무제표항목들을 역사적 원가로 보고하는 것에 정당성을 부여한다.

③ 유형자산에 대한 감가상각은 기업실체가 계속된다는 가정을 전제로 한다.

④ 경영활동을 청산하거나 중요하게 축소할 의도나 필요성이 있다면 계속기업을 가정한 기준과는 다른 기준을 적용하여 작성하는 것이 타당할 수 있으며, 이때 적용한 기준은 별도로 공시할 필요가 없다.

16 재무제표 요소의 측정에 대한 설명으로 옳지 <u>않은</u> 것은? 2017년 지방직 9급(6월 시행)

① 역사적 원가로 측정하는 경우, 부채는 부담하는 의무의 대가로 수취한 금액으로 기록한다.

② 현행원가로 측정하는 경우, 부채는 현재시점에서 그 의무를 이행하는 데 필요한 현금이나 현금성자산의 할인하지 않은 금액으로 평가한다.

③ 실현가능가치로 측정하는 경우, 자산은 동일하거나 또는 동등한 자산을 현재시점에서 취득할 경우에 그 대가로 지불하여야 할 현금이나 현금성자산의 금액으로 평가한다.

④ 현재가치로 측정하는 경우, 자산은 정상적인 영업과정에서 그 자산이 창출할 것으로 기대되는 미래 순현금유입액의 현재할인가치로 평가한다.

---

15 ④ 경영활동을 청산하거나 중요하게 축소할 의도나 필요성이 있다면 계속기업을 가정한 기준과는 다른 기준을 적용하여 작성하는 것이 타당할 수 있으며, 이때 적용한 기준은 별도로 공시한다.

16 ③ • 현행원가: 자산은 동일하거나 또는 동등한 자산을 현재시점에서 취득할 경우에 그 대가로 지불하여야 할 현금이나 현금성자산의 금액으로 평가한다. 부채는 현재시점에서 그 의무를 이행하는 데 필요한 현금이나 현금성자산의 할인하지 아니한 금액으로 평가한다.
   • 실현가능(이행)가치: 자산은 정상적으로 처분하는 경우 수취할 것으로 예상되는 현금이나 현금성자산의 금액으로 평가한다. 부채는 이행가치로 평가하는 데 이는 정상적인 영업과정에서 부채를 상환하기 위해 지급될 것으로 예상되는 현금이나 현금성자산의 할인하지 아니한 금액으로 평가한다.

17 재무보고를 위한 개념체계에서 규정하고 있는 재무제표 요소의 인식과 측정에 대한 설명으로 가장 옳지 않은 것은?

2018년 서울시 9급

① 인식이란 재무제표 요소의 정의에 부합하고 인식기준을 충족하는 항목을 재무상태나 포괄손익계산서에 반영하는 과정을 말한다.

② 자산의 현행원가는 동일하거나 또는 동등한 자산을 현재시점에서 취득할 경우 그 대가로 지불하여야 할 현금이나 현금성자산의 금액을 말한다.

③ 부채의 이행가치는 정상적인 영업과정에서 부채를 상환하기 위해 지급될 것으로 예상되는 현금이나 현금성자산의 할인하지 아니한 금액을 말한다.

④ 측정이란 재무상태표와 포괄손익계산서에 인식되고 평가되어야 할 재무제표 요소의 화폐금액을 결정하는 과정이며 특정 측정기준의 선택과정을 포함하지는 않는다.

18 한국채택국제회계기준의 재무보고를 위한 개념체계에서 규정하고 있는 일반목적재무보고의 유용성 및 한계에 대한 내용으로 옳지 않은 것은?

2016년 관세직 9급

① 재무보고서는 정확한 서술보다는 상당 부분 추정, 판단 및 모형에 근거한다.

② 일반목적재무보고서는 현재 및 잠재적 투자자, 대여자 및 기타 채권자가 필요로 하는 모든 정보를 제공한다.

③ 일반목적재무보고서는 현재 및 잠재적 투자자, 대여자 및 기타 채권자가 보고기업의 가치를 추정하는 데 도움이 되는 정보를 제공한다.

④ 각 주요 이용자들의 정보수요 및 욕구는 다르고 상충되기도 하지만, 기준제정기관은 재무보고기준을 제정할 때 주요 이용자 최대 다수의 수요를 충족하는 정보를 제공하기 위하여 노력한다.

---

17 ④ 측정은 측정기준의 선택과정을 포함한다.

18 ② 일반목적재무보고서가 정보이용자가 필요로 하는 모든 정보를 제공할 수는 없다.

3 재무제표 표시

19 한국채택국제회계기준에 근거한 재무제표 작성과 표시의 일반원칙에 관한 설명으로 옳지 않은 것은?

① 기업은 현금흐름 정보를 제외하고는 발생기준 회계를 사용하여 재무제표를 작성한다.
② 한국채택국제회계기준에서 요구하거나 허용하지 않는 한 자산과 부채, 그리고 수익과 비용은 상계하지 아니한다.
③ 재무제표 본문에서 중요하지 않다고 판단하여 구분하여 표시하지 않은 항목은 주석에서도 구분하여 표시할 수 없다.
④ 한국채택국제회계기준이 달리 허용하거나 요구하는 경우를 제외하고는 당기 재무제표에 보고되는 모든 금액에 대해 전기 비교정보를 공시하며, 재무제표를 이해하는 데 목적적합하다면 서술형 정보의 경우에도 비교정보를 포함한다.

20 재무제표의 작성 및 표시와 관련된 설명으로 옳지 않은 것은?

① 자산과 부채는 각각 유동과 비유동으로 구분해야 하고 유동성이 큰 항목부터 배열한다.
② 현금및현금성자산은 교환이나 부채 상환 목적으로의 사용에 대한 제한기간이 보고기간 후 12개월 이상인 경우에는 유동자산으로 분류하지 않는다.
③ 투자자산의 시장가치가 보고기간(2013년) 말과 재무제표 발행 승인일 사이에 하락한 경우, 이를 반영하여 2013년 재무상태표의 투자자산 금액을 수정하지 않는다.
④ 상법 등에서 이익잉여금처분계산서의 작성을 요구하는 경우에는 이익잉여금처분계산서를 주석으로 공시한다.

---

19 ③ 재무제표 본문과 주석에서의 표시 및 분류 방법은 달라질 수 있다.

20 ① 자산과 부채는 유동·비유동 구분법과 유동성 순서 배열법 중 선택해서 표시한다.

120 해커스공무원 학원·인강 gosi.Hackers.com

21 기업회계기준서 제1001호 '재무제표 표시'에 따른 상계표시의 내용으로 옳지 않은 것은? 2015년 국가직 7급

① 재고자산에 대한 재고자산평가충당금을 차감하여 관련 자산을 순액으로 상계표시한다.

② 충당부채와 관련된 지출을 제3자와의 계약관계에 따라 보전받는 경우, 당해 지출과 보전받는 금액은 상계하여 표시할 수 있다.

③ 투자자산 및 영업용자산을 포함한 비유동자산의 처분손익은 처분대금에서 그 자산의 장부금액과 관련처분비용을 차감하여 표시한다.

④ 외환손익 또는 단기매매금융상품에서 발생하는 손익과 같이 유사한 거래의 집합에서 발생하는 차익과 차손이 중요한 경우에는 구분하여 표시한다.

22 재무제표의 작성 및 표시에 대한 설명으로 옳은 것은? 2016년 서울시 7급

① 재무상태표상 자산과 부채는 반드시 유동성 순서에 따라 표시한다.

② 한국채택국제회계기준은 재무제표 및 연차보고서 작성 시 반드시 적용되어야 한다.

③ 매출채권에서 대손충당금을 차감하여 매출채권을 순액으로 표시하는 것은 상계표시에 해당한다.

④ 수익과 비용 어느 항목도 포괄손익계산서상에 특별손익으로 구분하여 표시할 수 없으며, 주석으로 표시하는 것도 금지하고 있다.

23 재무제표 작성과 관련된 설명으로 옳은 것은? 2016년 국가직 9급

① 기업의 재무제표는 발생기준 회계만을 사용하여 작성하며, 현금기준 회계는 사용하지 않는다.

② 포괄손익계산서 상의 비용은 성격별 분류법과 기능별 분류법 중에서 매출원가를 다른 비용과 분리하여 공시하는 기능별 분류법만으로 표시해야 한다.

③ 재무제표 표시에 있어 반드시 유사한 항목은 통합하고, 상이한 성격이나 기능을 가진 항목은 구분하여 표시하여야 한다.

④ 한국채택국제회계기준에서 요구하거나 허용하지 않는 한 자산과 부채 그리고 수익과 비용은 상계처리하지 아니한다.

---

21 ① 재고자산에 대한 재고자산평가충당금과 매출채권에 대한 대손충당금과 같은 평가충당금을 차감하여 관련 자산을 순액으로 측정하는 것은 상계표시에 해당하지 아니한다.

22 ④ ① 재무상태표상 자산과 부채는 유동성 순서에 따라 표시하거나 유동·비유동으로 구분하여 표시한다.
　　② 한국채택국제회계기준은 재무제표에만 적용한다.
　　③ 매출채권에서 대손충당금을 차감하여 매출채권을 순액으로 표시하는 것은 상계에 해당하지 않는다.

23 ④ ① 재무제표 중 현금흐름표는 현금기준으로 작성한다.
　　② 포괄손익계산서 상의 비용은 성격별 분류법과 기능별 분류법 중 선택하여 표시한다.
　　③ 재무제표 표시에 있어 유사한 항목은 중요성 분류에 따라 재무제표에 구분하여 표시하며, 상이한 성격이나 기능을 가진 항목은 구분하여 표시한다.

24 유동자산과 유동부채에 대한 설명으로 옳지 않은 것은?

2018년 국가직 7급

① 기업의 정상영업주기 내에 실현될 것으로 예상하거나, 정상영업주기 내에 판매하거나 소비할 의도가 있는 자산은 유동자산으로 분류한다.

② 보고기간 후 12개월 이내에 실현될 것으로 예상되는 자산은 유동자산으로 분류한다.

③ 보고기간 후 12개월 이상 부채의 결제를 연기할 수 있는 무조건의 권리를 가지고 있지 않은 부채는 유동부채로 분류한다.

④ 매입채무와 같이 기업의 정상영업주기 내에 사용되는 운전자본의 일부항목이라도 보고기간 후 12개월 후에 결제일이 도래할 경우 비유동부채로 분류한다.

25 기업회계기준서 제1001호 '재무제표 표시'에 따른 재무제표 작성 및 표시의 일반원칙으로 옳지 않은 것은?

2015년 국가직 7급

① 재무제표는 기업의 재무상태, 경영성과 및 현금흐름을 공정하게 표시해야 한다.

② 경영진이 기업을 청산하거나 경영활동을 중단할 의도를 가지고 있는 경우에도 계속기업을 전제로 재무제표를 작성한다.

③ 유사한 항목은 중요성 분류에 따라 재무제표에 구분하여 표시한다.

④ 기업은 현금흐름 정보를 제외하고는 발생기준 회계를 사용하여 재무제표를 작성한다.

---

24 ④ 매입채무와 같은 유동부채는 기업의 정상영업주기 내에 사용되는 운전자본의 일부이므로 보고기간 후 12개월 후에 결제일이 도래한다 하더라도 유동부채로 분류한다.

25 ② 기업이 경영활동을 청산하거나 중요하게 축소할 의도나 필요성이 있다면 재무제표는 계속기업을 가정한 기준과는 다른 기준을 적용하여 작성하는 것이 타당할 수 있으며 이때 적용한 기준은 별도로 공시하여야 한다.

26 20X3년 12월 31일 현재 ㈜한국의 재무제표 정보를 이용하여 계산한 유동자산 금액은? 2017년 국가직 7급

- 20X1년 10월 1일 3년 만기로 발행한 사채의 장부금액 ₩100,000이 남아 있다.
- 결산일 현재 만기가 8개월 남은 정기예금 ₩200,000이 있다.
- 당좌예금 ₩50,000이 있다.
- 만기가 3년 남은 정기적금 ₩500,000이 있다.
- ₩100,000에 취득한 단기매매금융자산의 기말 공정가치가 ₩150,000이다.

① ₩900,000　　　　　　　　　② ₩500,000
③ ₩400,000　　　　　　　　　④ ₩350,000

27 재무제표 작성 및 표시에 대한 설명으로 옳지 않은 것은? 2017년 관세직 9급

① 경영진은 재무제표를 작성할 때 계속기업으로서의 존속가능성을 평가해야 한다.
② 기업은 현금흐름 정보를 제외하고는 발생기준 회계를 사용하여 재무제표를 작성한다.
③ 중요하지 않은 항목은 성격이나 기능이 유사한 항목과 통합하여 표시할 수 있다.
④ 매출채권에 대해 대손충당금을 차감하여 순액으로 측정하는 것은 상계표시에 해당한다.

28 재무상태표의 구성요소에 대한 설명으로 옳지 않은 것은? 2017년 관세직 9급

① 자산이란 과거 사건의 결과로 기업이 통제하고 있고 미래경제적효익이 기업에 유입될 것으로 기대되는 자원이다.
② 자본은 주주에 대한 의무로서 기업이 가지고 있는 자원의 활용을 나타낸다.
③ 부채란 과거사건으로 생긴 현재의무로서, 기업이 가진 경제적효익이 있는 자원의 유출을 통해 그 이행이 예상되는 의무이다.
④ 일반적으로 자본은 자본금, 자본잉여금, 자본조정, 기타포괄손익누계액, 이익잉여금으로 구분한다.

---

26 ③ 200,000(정기예금) + 50,000(당좌예금) + 150,000(단기매매금융자산) = ₩400,000

27 ④ 매출채권에 대해 대손충당금을 차감하여 순액으로 측정하는 것은 상계표시에 해당하지 않는다.

28 ② 기업이 가지고 있는 자원의 활용을 나타내는 것은 자산이다.

29 ㈜한국은 포괄손익계산서에 표시되는 비용을 매출원가, 물류원가, 관리활동원가 등으로 구분하고 있다. 이는 비용항목의 구분표시 방법 중 무엇에 해당하는가? 2019년 국가직 9급

① 성격별 분류   ② 기능별 분류
③ 증분별 분류   ④ 행태별 분류

30 재무제표 표시 중 포괄손익계산서에 대한 설명으로 옳지 않은 것은? 2017년 지방직 9급(6월 시행)

① 기타포괄손익의 항목(재분류조정 포함)과 관련한 법인세비용금액은 포괄손익계산서나 주석에 공시하지 않는다.
② 기업의 재무성과를 이해하는 데 목적적합한 경우에는 당기손익과 기타포괄손익을 표시하는 보고서에 항목, 제목 및 중간합계를 추가하여 표시한다.
③ 한 기간에 인식되는 모든 수익과 비용 항목은 한국채택국제회계기준이 달리 정하지 않는 한 당기손익으로 인식한다.
④ 기업은 수익에서 매출원가 및 판매비와관리비(물류원가 등을 포함)를 차감한 영업이익(또는 영업손실)을 포괄손익계산서에 구분하여 표시한다.

31 재무제표 표시에 대한 설명으로 옳지 않은 것은? 2017년 지방직 9급(12월 추가)

① 재무제표의 항목을 소급하여 재분류하고, 이러한 소급재분류가 전기 기초 재무상태표의 정보에 중요한 영향을 미치는 경우 전기 기초 재무상태표도 전체 재무제표에 포함된다.
② 한국채택국제회계기준은 오직 재무제표에만 적용하며, 재무제표는 동일한 문서에 포함되어 함께 공표되는 그 밖의 정보와 명확하게 구분되고 식별되어야 한다.
③ 기업이 재무상태표의 자산과 부채를 유동과 비유동으로 구분 표시하는 경우, 어떤 경우라도 이연법인세자산(부채)은 유동자산(부채)으로 분류하지 아니한다.
④ 일반적으로 수익과 비용은 포괄손익계산서에 특별손익 항목으로 표시할 수 없지만, 천재지변 등 예외적인 경우에 한하여 해당 수익과 비용을 특별손익 항목으로 주석에 표시할 수 있다.

---

29 ② 매출원가, 물류원가, 관리활동원가 등으로 구분하여 표시하는 것은 기능별 분류이다. 해당 분류법에서는 최소한 매출원가는 구분하여 표시하여야 하며 매출원가법이라고도 한다.
30 ① 기타포괄손익의 항목(재분류조정 포함)과 관련한 법인세비용금액은 포괄손익계산서나 주석에 공시한다.
31 ④ 포괄손익계산서 또는 주석에 특별손익 항목을 표시할 수 없다.

32 재무제표와 관련된 설명 중 옳은 것만을 모두 고른 것은?

ㄱ. 현금흐름표는 일정 회계기간 동안의 기업의 영업활동, 투자활동, 재무활동으로 인한 현금의 유입과 유출에 관한 정보를 제공한다.
ㄴ. 재무상태표는 일정시점의 기업의 재무상태에 관한 정보를 제공한다.
ㄷ. 자본변동표는 일정 회계기간 동안의 기업의 경영성과에 관한 정보를 제공한다.
ㄹ. 재무제표의 작성과 표시에 대한 책임은 소유주인 주주에게 있고, 반드시 공인회계사에게 외부검토를 받아야 한다.
ㅁ. 포괄손익계산서에서는 당기순손익에 기타포괄손익을 더한 총포괄손익을 나타낸다.

① ㄱ, ㄴ, ㄷ
② ㄱ, ㄴ, ㅁ
③ ㄴ, ㄷ, ㄹ
④ ㄷ, ㄹ, ㅁ

33 재무제표 표시에 대한 설명으로 옳은 것은?

① 재무상태표에 자산과 부채는 반드시 유동성 순서에 따라 표시하여야 한다.
② 정상적인 영업활동과 구분되는 거래나 사건에서 발생하는 것으로 그 성격이나 미래의 지속성에 차이가 나는 특별 손익 항목은 포괄손익계산서에 구분해서 표시하여야 한다.
③ 부적절한 회계정책이라도 공시나 주석 또는 보충 자료를 통해 잘 설명된다면 정당화될 수 있다.
④ 재무제표 항목의 표시와 분류방법의 적절한 변경은 회계정책 변경에 해당된다.

---

32 ② ㄷ. 포괄손익계산서는 일정 회계기간 동안의 기업의 경영성과에 관한 정보를 제공한다.
　　　ㄹ. 재무제표의 작성과 표시에 대한 책임은 회사(경영자)에 있다.

33 ④ ① 재무상태표에 자산과 부채는 유동·비유동으로 구분하거나 유동성 순서에 따라 배열한다.
　　　② 포괄손익계산서 또는 주석에 특별손익 항목을 표시할 수 없다.
　　　③ 부적절한 회계정책은 공시나 주석 또는 보충 자료를 통해 정당화될 수 없다.

34 비용의 성격별 분류와 기능별 분류에 대한 설명으로 옳은 것은? 2018년 국가직 7급

① 비용의 성격별 분류는 기능별 분류보다 재무제표 이용자에게 더욱 목적적합한 정보를 제공할 수 있다.
② 비용의 성격별 분류는 기능별 분류보다 비용을 배분하는 데 자의성과 상당한 정도의 판단이 개입될 수 있다.
③ 비용을 성격별로 분류하는 경우 비용을 기능별 분류로 배분할 필요가 없기 때문에 적용이 간단할 수 있다.
④ 비용의 기능별 분류는 성격별 분류보다 미래현금흐름을 예측하는 데 더 유용하다.

35 다음은 제조업을 영위하는 ㈜한국의 2017년 말 회계자료이다. 2017년 포괄손익계산서에 보고할 영업이익은? 2017년 관세직 9급

• 매출액	₩ 300,000
• 매출원가	₩ 128,000
• 대손상각비(매출채권)	₩ 4,000
• 급여(판매사원)	₩ 30,000
• 사채이자비용	₩ 2,000
• 감가상각비(본사건물)	₩ 3,000
• 임차료(영업점)	₩ 20,000
• 임대료	₩ 15,000
• 법인세비용	₩ 50,000

① ₩ 83,000   ② ₩ 106,000
③ ₩ 115,000   ④ ₩ 130,000

---

34 ③ ① 비용의 기능별 분류는 성격별 분류보다 재무제표 이용자에게 더욱 목적적합한 정보를 제공할 수 있다.
② 비용의 기능별 분류는 비용을 배분하는 데 자의성과 상당한 정도의 판단이 개입될 수 있다.
④ 비용의 성격별 분류는 미래현금흐름을 예측하는 데 더 유용하다.

35 ③ 300,000 − 128,000(매출원가) − 4,000(대손상각비) − 30,000(급여) − 3,000(감가상각비) − 20,000(임차료) = ₩ 115,000

36 일반목적재무보고에 대한 설명으로 옳지 않은 것은?

2019년 지방직 9급

① 현재 및 잠재적 투자자, 대여자 및 기타 채권자는 기업의 경영진 및 이사회가 기업의 자원을 사용하는 그들의 책임을 얼마나 효율적이고 효과적으로 이행해 왔는지에 대한 정보를 필요로 한다.

② 일반목적재무보고의 목적은 현재 및 잠재적 투자자, 대여자 및 기타 채권자가 기업에 자원을 제공하는 것에 대한 의사결정을 할 때 유용한 보고기업 재무정보를 제공하는 것이다.

③ 외부 이해관계자들과 마찬가지로 보고기업의 경영진도 해당 기업의 경영의사결정을 위해 일반목적재무보고서에 가장 많이 의존한다.

④ 재무보고서는 정확한 서술보다는 상당 부분 추정, 판단 및 모형에 근거한다.

37 재무제표 표시에 대한 설명으로 옳지 않은 것은?

2019년 지방직 9급

① 재무제표의 목적은 광범위한 정보이용자의 경제적 의사결정에 유용한 기업의 재무상태, 재무성과와 재무상태변동에 관한 정보를 제공하는 것이다.

② 전체 재무제표는 적어도 1년마다 작성한다. 따라서 보고기간 종료일을 변경하는 경우라도 재무제표의 보고기간은 1년을 초과할 수 없다.

③ 재무제표의 목적을 충족하기 위하여 자산, 부채, 자본, 차익과 차손을 포함한 광의의 수익과 비용, 소유주로서의 자격을 행사하는 소유주에 의한 출자와 소유주에 대한 배분 및 현금흐름 정보를 제공한다.

④ 재무제표는 위탁받은 자원에 대한 경영진의 수탁책임 결과도 보여준다.

---

36 ③ 보고기업의 경영진도 해당 기업에 대한 재무정보에 관심이 있다. 그러나 경영진은 그들이 필요로 하는 재무정보를 내부에서 구할 수 있기 때문에 일반목적재무보고서에 의존할 필요가 없다.

37 ② 보고기간 종료일을 변경하는 경우에는 일시적으로 재무제표의 보고기간이 1년을 초과하거나 미달할 수 있다.

03 상기업의 회계처리와 수익의 인식

1 상기업의 회계처리

1. 기업의 종류

(1) 개인기업과 법인기업

기업실체는 기업의 형태에 따라 개인기업과 법인기업으로 구분된다.

개인기업은 기업의 소유주인 개인과 기업실체가 동일한 인격체로 취급된다. 즉, 기업실체는 소유주인 개인에 속해 있고 별개의 실체로 파악되지 않는다. 따라서 기업실체의 자산과 부채는 소유주 개인의 자산과 부채가 되며 소유주가 소득세를 부담하는 것으로 과세가 종결된다. 개인기업은 개인이 사망하는 경우 기업실체는 자동적으로 소멸된다.

법인기업은 개인과는 인격적으로 구분되는 법인을 설립하고, 당해 법인에 별도의 인격을 부여하여 사업을 하는 경우 당해 기업을 말한다. 즉, 기업실체를 소유주인 개인과 별개의 실체로 파악하는 것이다. 이때 법인기업의 자산과 부채는 법인기업에 속하는 것이며, 법인기업을 설립한 개인과는 무관한 것이다. 과세에 있어서도 법인기업은 법인세법에 따라, 소유주인 개인은 소득세법에 따라 각각 과세를 한다. 법인기업은 개인이 사망하는 경우에도 기업실체는 계속적으로 존속된다.

한편, 법인기업의 종류에는 상법의 규정에 따라 합명회사, 합자회사, 유한회사, 유한책임회사 및 주식회사의 5가지 형태가 있으며 법인기업은 이 중 주식회사의 형태를 갖는 경우가 대부분이다. 재무회계는 일반적으로 주식회사를 기업실체의 주요 대상으로 하고 있다.

(2) 상기업과 제조기업 및 서비스기업

기업은 영업의 종류에 따라 상품매매기업(상기업), 제조기업 및 서비스기업으로 구분할 수 있다.

상품매매기업은 상품을 제조기업 등으로부터 구매하여 고객에게 판매하는 기업으로 주로 유통업체들이 여기에 해당한다. 제조기업은 원재료를 이용하여 제품을 직접 제조한 후에 이를 고객에게 판매하는 기업인데 우리나라 대부분의 기업들이 제조기업에 속한다. 서비스기업은 용역이나 서비스를 제공하는 기업으로 은행, 보험회사 등을 예로 들 수 있다.

재무회계는 상품매매기업을 주요 대상으로 하여 논의를 전개한다. 제조기업의 회계처리는 대부분의 영역에서 상품매매기업의 회계처리와 동일하다. 다만, 제조기업은 상품매매기업에 비해 제품(재고자산)의 생산이라는 활동이 추가되므로 재고자산의 회계처리가 상품매매기업에 비해 다소 복잡하다. 제조기업의 재고자산(제품원가)에 대한 회계처리는 원가회계에서 다루는 내용이다. 서비스기업은 용역을 제공하는 회사로 대부분의 회계처리가 상품매매기업과 동일하다.

선생님 TIP

01장 '회계의 기초'에서 직전 사업연도 말 현재 자산총액 120억 이상인 주식회사가 회계감사 대상 법인이라고 설명하였다. 이들이 기업회계기준 적용 대상 법인에 해당한다.

2. 매출과 매입

(1) 매입계정

상품매매기업(상기업)은 제조기업 등으로부터 상품을 구매하여 판매하는 기업으로 상품의 매입이 빈번하게 일어난다. 상품의 매입시 일반적으로 생각할 수 있는 분개는 아래와 같다.

[상품의 구입시 – 잘못된 분개]

(차) 상   품   ×××   (대) 매 입 채 무   ×××

그러나 위와 같이 상품의 구입시에 상품계정의 차변에 기록을 하게 되면 전기에서 이월된 기초상품과 당기에 구입한 상품을 구분할 수 없게 되는 문제가 있다. 따라서 상품을 구입할 때는 상품계정에 기록하지 않고 매입이라는 별도의 계정에 기록하게 된다.

[상품의 구입시 – 올바른 분개]

(차) 매   입   ×××   (대) 매 입 채 무   ×××

(2) 매출의 회계처리

사례를 이용해 상품 판매시의 회계처리에 대해 살펴보자.

사례 ━ 예제

> 1. ㈜한국은 1월 10일 원가 ₩200의 상품을 ₩300에 외상으로 처분하였다.
> 2. ㈜한국은 1월 20일 원가 ₩500의 상품을 ₩600에 외상으로 처분하였다.
>
> [상품의 판매시 – 잘못된 분개]
>
> 1월 10일   (차) 매 출 채 권   300   (대) 상   품   200
>   상품처분이익   100
>
> 1월 20일   (차) 매 출 채 권   600   (대) 상   품   500
>   상품처분이익   100

상품의 판매시, 일반적으로 위와 같은 분개를 생각할 수 있는데 회계에서는 위와 같은 분개를 인정하지 않는다. 위와 같은 분개를 하게 되면 양 일자의 거래 모두 상품처분이익 ₩100을 손익계산서에 보고하게 되는데 각 거래는 상품의 취득액과 판매액이 상이하기 때문에 단순히 '처분이익 ₩100'이라는 정보를 전달하는 것만으로는 정보이용자에게 충분한 정보를 제공하지 못하기 때문이다.

상품 등 재고자산의 매매거래는 기업의 주요 영업활동에 해당하는 것이므로 총액으로 수익(매출)과 비용(매출원가)을 보고하는 것이 외부정보이용자에게 더욱 유용한 정보가 될 수 있다. 따라서 위의 사례는 다음과 같은 분개를 하는 것이 더욱 적합할 것이다.

📖 선생님 TIP

양 일자의 거래 모두 상품처분이익을 ₩100으로 보고하지만 1월 10일 거래의 매출총이익률이 1월 20일 거래의 매출총이익률보다 높으므로 일반적인 시각에서는 1월 10일의 거래가 수익성이 높은 거래라고 할 수 있다.

회계는 대부분의 상황에서 당해 거래가 기업의 주요 영업활동에 해당하는지 그렇지 않은지를 구분할 필요가 있다. 기업의 주요 영업활동에 해당한다면 수익과 비용을 각각 표시하는 총액법, 주업에 해당하지 않는다면 수익과 비용을 순액으로 표시하는 순액법 회계처리를 일반적으로 사용한다.

선생님 TIP

계속기록법 하의 회계처리 방법에서는 위와 같은 분개를 사용한다. 계속기록법에 대해서는 05장 '재고자산'에서 설명할 것이다.

선생님 TIP

이와 같은 회계기록을 실지재고조사법(실사법)이라 하는데 실사법이 계속기록법에 비해 기업회계기준에 더욱 부합하는 방법이다. 이에 대해서는 05장 '재고자산'에서 설명할 것이다.

[상품의 판매시 - 계속기록법]

1월 10일	(차) 매 출 채 권	300	(대) 매			출	300		
	매 출 원 가	200		상		품	200		
1월 20일	(차) 매 출 채 권	600	(대) 매			출	600		
	매 출 원 가	500		상		품	500		

위의 분개는 수익(매출)과 비용(매출원가)을 각각 총액으로 손익계산서에 보고하게 된다. 이런 측면에서는 위의 분개가 바람직하지만 일반적으로는 이러한 분개를 잘 사용하지 않는다. 이유는 위와 같은 분개가 가능하기 위해서는 상품을 판매할 때마다 판매된 상품의 구입가격을 일일이 파악해야 하기 때문이다. 상품의 판매수량이 많지 않은 경우에는 상품의 구입가격을 파악하는 것이 어렵지 않을 수 있으나 상품의 입출고가 빈번한 대부분의 상기업에서는 수시로 상품의 구입가격을 파악하는 일이 쉽지 않다.

따라서 상품을 판매하는 경우에 매출에 대한 기록만 하고 매출원가는 기말수정분개를 통해 인식하는 것이 일반적이다.

[상품의 판매시 - 실사법]

1월 10일	(차) 매 출 채 권	300	(대) 매	출	300
1월 20일	(차) 매 출 채 권	600	(대) 매	출	600

예제 一

다음은 20X1년 중에 ㈜한국에서 발생한 상품의 매입·매출과 관련한 거래들이다. ㈜한국이 실사법에 의한 회계기록을 할 경우 각 일자의 적절한 분개를 수행하시오.

(1) 1월 8일, 상품 ₩20,000을 현금으로 구입하다.

(2) 4월 10일, 구입원가 ₩10,000의 상품을 ₩25,000에 현금으로 판매하다.

(3) 9월 18일, 상품 ₩30,000을 외상으로 구입하다.

(4) 11월 25일, 구입원가 ₩20,000의 상품을 ₩35,000에 외상으로 판매하다.

해설

상품의 매입시에는 상품계정이 아닌 매입계정에 기록하고, 판매시에는 구입원가를 별도로 산정하지 않는다.

구분	회계처리					
(1) 1월 8일	(차) 매 입	20,000	(대) 현	금		20,000
(2) 4월 10일	(차) 현 금	25,000	(대) 매	출		25,000
(3) 9월 18일	(차) 매 입	30,000	(대) 매 입 채	무		30,000
(4) 11월 25일	(차) 매 출 채 권	35,000	(대) 매	출		35,000

(3) 매출원가: 기말수정분개

실사법에서는 기중에 매출에 대한 기록만 할뿐 판매한 상품의 원가에 대한 기록은 하지 않는다. 따라서 기말에 회계연도 중에 판매한 상품의 구입가격을 별도로 계산하는 기말수정분개가 필요하다.

회계연도 중에 판매한 상품의 구입가격을 매출원가(cost of goods sold)라고 한다. 실사법에서는 상품의 판매시마다 일일이 매출원가를 산정하는 대신에 기말에 아래와 같은 계산을 통해 매출원가를 산정한다.

> 매출원가 = 기초상품재고액 + 당기상품매입액 − 기말상품재고액
> <u>판매가능재고</u>

선생님 TIP

매출원가를 구하는 식은 회계에서 여러 종류의 문제를 풀이에 사용되므로 반드시 이해해야 한다.

위 식의 의미는 다음과 같다.

① 기초상품재고액이란 기업이 전기에 판매하고 남은 상품을 당기 초로 이월한 것이다.
② 당기매입액이란 회사가 기중에 새롭게 매입한 상품으로, 이를 기초상품재고액과 더하면 회사가 당기에 판매할 수 있는 재고자산의 총액이 계산된다. 이를 판매가능재고라 부른다.
③ 기말이 되면 회사가 판매하지 않고 남아있는 상품을 파악한다. 이 값이 기말상품재고액에 해당한다.
④ 매출원가는 판매가능재고에서 기말상품재고액을 차감한 값이다.

결과적으로 매출원가는 판매할 때마다 판매된 상품의 원가를 일일이 기록하는 대신에 판매가능재고에서 기말 현재 미판매된 상품의 원가를 차감하여 계산된다.

한편, 매출원가를 인식하는 기말수정분개는 다음과 같다.

[기초상품재고액을 매출원가로 대체]

(차) 매 출 원 가 ××××   (대) 상   품 ××××

[당기매입액을 매출원가로 대체]

(차) 매 출 원 가 ×××   (대) 매   입 ×××

[기말상품재고액을 매출원가에서 상품계정으로 대체]

(차) 상   품 ×××   (대) 매 출 원 가 ×××

위의 분개는 아래와 같은 과정을 통해 이루어진 것이다.

① 기초상품이 모두 판매되었다고 가정하고 매출원가로 대체한다.
② 당기매입액이 모두 판매되었다고 가정하고 매출원가로 대체한다.
③ 재고실사를 통해 판매되지 않고 남아있는 기말상품재고액을 파악한다.
④ 기말상품재고액은 미판매된 부분이므로 해당 금액만큼 매출원가를 취소하고 기말상품으로 대체한다.

앞의 분개는 결국 매출원가를 구하는 식인 '기초상품재고액 + 당기상품매입액 − 기말상품 재고액'을 분개로 나타낸 것에 불과하다.

사례 │ 예제 ─

다음의 자료를 이용해서 매출원가를 인식하기 위한 기말수정분개를 수행하시오.
(1) 회사의 기초상품재고액은 ₩5,000이다.
(2) 회사는 1월 8일 상품 ₩20,000을 현금으로 구입하였다.
(3) 회사는 9월 18일 상품 ₩30,000을 외상으로 구입하였다.
(4) 12월 31일 현재 회사가 보유하고 있는 기말상품재고액은 ₩25,000이다.

해설

[기초상품재고액을 매출원가로 대체]

(차) 매 출 원 가   5,000   (대) 상   품   5,000

[당기매입액을 매출원가로 대체]

(차) 매 출 원 가   50,000   (대) 매   입   50,000

[기말상품재고액을 매출원가에서 상품계정으로 대체]

(차) 상   품   25,000   (대) 매 출 원 가   25,000

---

3. 상품매매관련 에누리 · 환출입 · 할인 · 운임

회계에서 자산의 원가를 측정하는 원칙은 취득원가주의다. 즉, 자산의 매입과 관련하여 실제 지급한 대가를 자산의 원가로 측정한다. 따라서 최초 거래시 지급하기로 하였으나 추후에 판매 자로부터 구입대금 일부를 환급 또는 감액받았다면 그 금액만큼은 자산의 원가에서 차감한다.

선생님 TIP

수익의 측정에 대해서는 2절 '수익의 인식'에서 설명한다.

한편, 수익(매출)은 받았거나 받을 대가의 공정가치로 측정한다. 즉, 상품의 판매와 관련하여 실제 받았거나 받을 대가를 수익으로 측정한다. 따라서 최초 거래시 수취하기로 하였으나 추후 에 구매자에게 판매대금 일부를 환급 또는 감액해주었다면 그 금액만큼은 수익에서 차감한다.

(1) 매입에누리와 매출에누리

에누리는 구매자와 판매자가 상품을 매매한 후 당해 상품이 운송 중에 파손되거나 하자가 발생하여 매매가격 중의 일부를 감액하는 것을 말한다. 일정기간 동안의 거래수량이나 거 래금액에 따라 일정액을 감액하여 주는 것도 에누리에 해당한다.

이러한 에누리를 구매자의 입장에서는 매입에누리라 하고, 판매자의 입장에서는 매출에누리 라 한다.

매입에누리는 추후에 판매자로부터 구입대금 일부를 감액받은 것이므로 그 금액만큼 매입에 서 직접 차감한다. 또는 사후적으로 매입에누리 총액을 파악하기 위해 매입에누리라는 계정 을 이용해 표시할 수도 있으나 매입에누리는 종국적으로 매입에서 차감되어야 하므로 처음 부터 매입에서 직접 차감하는 것이 더 간편한 회계처리다.

매출에누리는 추후에 구매자에게 판매대금 일부를 감액해준 것이므로 그 금액만큼 매출에서 직접 차감한다. 또는 사후적으로 매출에누리 총액을 파악하기 위해 매출에누리라는 계정을 이용해 표시할 수도 있으나 매출에누리는 종국적으로 매출에서 차감되어야 하므로 처음부터 매출을 직접 차감하는 것이 더 간편한 회계처리다.

〈구매자〉

[매입에누리를 매입계정에서 직접 차감하는 방법]

(차) 매 입 채 무   ×××   (대) 매   입   ×××

[매입에누리를 매입에누리계정에서 처리하는 방법]

(차) 매 입 채 무   ×××   (대) 매 입 에 누 리   ×××

〈판매자〉

[매출에누리를 매출계정에서 직접 차감하는 방법]

(차) 매   출   ×××   (대) 매 출 채 권   ×××

[매출에누리를 매출에누리계정에서 처리하는 방법]

(차) 매 출 에 누 리   ×××   (대) 매 출 채 권   ×××

(2) 매입환출과 매출환입

구입한 상품에 하자가 발생하거나 변심으로 인해 구매자가 상품을 반품하는 경우를 매입환출이라고 한다. 판매자의 입장에서는 이를 매출환입이라고 한다.

매입환출은 매입을 취소한 것이므로 매입에서 직접 차감한다. 또는 사후적으로 매입환출 총액을 파악하기 위해 매입환출이라는 계정을 이용해 표시할 수도 있으나 매입환출은 종국적으로 매입에서 차감되어야 하므로 처음부터 매입에서 직접 차감하는 것이 더 간편한 회계처리다.

매출환입은 매출을 취소한 것이므로 매출에서 직접 차감한다. 또는 사후적으로 매출환입 총액을 파악하기 위해 매출환입이라는 계정을 이용해 표시할 수도 있으나 매출환입은 종국적으로 매출에서 차감되어야 하므로 처음부터 매출을 직접 차감하는 것이 더 간편한 회계처리다.

〈구매자〉

[매입환출을 매입계정에서 직접 차감하는 방법]

(차) 매 입 채 무   ×××   (대) 매   입   ×××

[매입환출을 매입환출계정에서 처리하는 방법]

(차) 매 입 채 무   ×××   (대) 매 입 환 출   ×××

〈판매자〉

[매출환입을 매출계정에서 직접 차감하는 방법]

(차) 매   출   ×××   (대) 매 출 채 권   ×××

[매출환입을 매출환입계정에서 처리하는 방법]

(차) 매 출 환 입   ×××   (대) 매 출 채 권   ×××

(3) **매입할인과 매출할인**

할인이란 판매자가 판매대금의 회수를 촉진하기 위하여 판매 후 일정기간 이내에 회수되는 경우 구매자에게 추가적으로 결제대금을 감액하는 경우를 말한다. 할인조건은 일반적으로 '2/10, n/30' 조건으로 표시되는데, 이 표시의 의미는 판매대금을 판매일로부터 30일 이내에 결제하여야 하며, 10일 이내에 결제하는 경우에는 판매대금의 2%를 할인하여 준다는 것을 뜻한다.

매입할인은 추후에 판매자로부터 구입대금 일부를 감액받은 것이므로 그 금액만큼 매입에서 직접 차감한다. 또는 사후적으로 매입할인 총액을 파악하기 위해 매입할인이라는 계정을 이용해 표시할 수도 있으나 매입할인은 종국적으로 매입에서 차감되어야 하므로 처음부터 매입에서 직접 차감하는 것이 더 간편한 회계처리이다.

매출할인은 추후에 구매자에게 판매대금 일부를 감액해준 것이므로 그 금액만큼 매출에서 직접 차감한다. 또는 사후적으로 매출할인 총액을 파악하기 위해 매출할인이라는 계정을 이용해 표시할 수도 있으나 매출할인은 종국적으로 매출에서 차감되어야 하므로 처음부터 매출을 직접 차감하는 것이 더 간편한 회계처리이다.

사례 **예제 ─**

㈜한국이 ㈜서울로부터 상품 ₩10,000을 '2/10, n/30' 조건으로 외상구입하였다. ㈜한국이 10일 이내에 결제하는 경우와 그렇지 않은 경우로 나누어 ㈜한국과 ㈜서울 입장에서의 분개를 수행하시오.

해설

(1) ㈜한국

[상품을 구입한 시점]

(차) 매   입   10,000   (대) 매 입 채 무   10,000

[10일 이내에 결제하는 경우]

(차) 매 입 채 무   10,000   (대) 현   금   9,800
                                              매   입(할인)   200

[10일을 초과하여 결제하는 경우]

(차) 매 입 채 무   10,000   (대) 현   금   10,000

(2) ㈜서울

[상품을 판매한 시점]

(차) 매 출 채 권   10,000   (대) 매   출   10,000

[10일 이내에 회수하는 경우]

(차) 현   금   9,800   (대) 매 출 채 권   10,000

      매   출(할인)   200

[10일을 초과하여 회수하는 경우]

(차) 현   금   10,000   (대) 매 출 채 권   10,000

(4) 매입운임과 매출운임

에누리·환출입·할인의 회계처리의 경우 판매자와 구매자가 서로 대칭적인 회계처리를 하지만 운임의 경우에는 그렇지 않다.

상품매매와 관련된 운임을 구매자가 부담하는 경우에는 매입운임이, 판매자가 부담하는 경우에는 매출운임이 발생한다.

① 매입운임

구매자가 운임을 부담하는 경우 매입운임이 발생하는데 매입운임은 발생하는 시점에 비용으로 인식하지 않고 매입에 가산하여 취득원가로 인식한다.

매입운임을 매입에 가산하는 이유는 아래와 같다.

㉠ 비용은 수익과 대응해서 인식한다. 구매자 입장에서는 상품을 매입하는 과정에 있을 뿐, 해당 상품을 판매하여 수익을 발생시킨 것이 아니므로 비용도 인식되어서는 안 된다. 따라서 매입운임은 일단 매입에 가산하여 인식한 뒤, 해당 상품이 판매되어 수익이 발생하면 그 때 비용으로 대체한다.

㉡ 재고자산의 취득원가는 재고자산을 판매 가능한 상태로 만드는 데 투입된 모든 원가를 포함한다. 매입운임 역시 재고자산을 판매 가능한 상태로 만드는 과정에 투입된 원가이므로 취득원가에 포함한다.

위와 같은 이유로 매입운임은 발생하는 시점에 매입에 가산하여 인식한 뒤, 해당 상품이 판매되어 수익이 발생하면 그때 비용으로 대체한다. 이 경우 매입계정에 직접 가산하거나 매입운임이라는 계정을 이용해 표시한다.

[매입운임을 매입계정에 직접 가산하는 방법]

(차) 매   입   ××××   (대) 현   금   ××××

[매입운임을 매입운임계정에서 처리하는 방법]

(차) 매 입 운 임   ××××   (대) 현   금   ××××

선생님 TIP

에누리·환출입·할인·운임 중 시험에서 중요하게 다루어지는 것이 매출운임이다.

② 매출운임

판매자가 운임을 부담하는 경우 매출운임이 발생하는데 매출운임은 포괄손익계산서에 즉시 비용으로 인식한다.

판매자는 해당 상품과 관련하여 수익(매출)을 인식하였다. 이미 수익을 인식하였으므로 관련 거래에서 발생한 원가를 비용으로 인식할 수 있다. 따라서 판매자가 운임을 지급하는 경우 판매자는 매출운임의 과목으로 하여 즉시 비용으로 인식한다. 그리고 포괄손익계산서에는 판매비로 분류하여 표시한다.

결과적으로 에누리·환출입·할인 및 매입운임과 달리 매출운임은 매출 및 매입과 관계된 계정이 아닌 포괄손익계산서에 판매비로 보고되는 계정이다.

[매출운임]

(차) 매출운임(비용 – 판매비) ××××   (대) 현   금 ××××

[에누리·환출입·할인·운임]

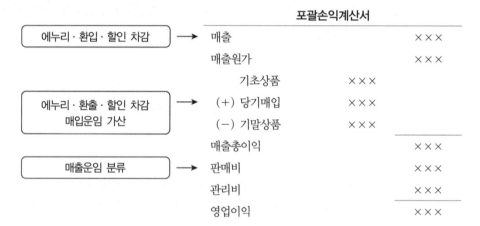

(5) 평가계정

평가계정이란 주된 계정의 가액을 정확하게 표기하기 위하여 보조적으로 설정되는 계정을 말한다. 건물, 기계장치 등 유형자산의 가액을 정확하게 표기하기 위하여 설정한 감가상각누계액, 매출채권의 가액을 정확하게 표기하기 위하여 설정한 대손충당금 등이 평가계정의 예이다. 에누리, 환출입, 할인 등도 별도의 계정을 설정하여 표시하였다면 매출 및 매입의 평가계정에 해당한다.

평가계정은 주된 계정에 가산하는 부가적 평가계정과 주된 계정에서 차감하는 차감적 평가계정으로 구분된다. 매입운임은 매입의 부가적 평가계정이며 매입에누리, 매입환출 및 매입할인은 매입의 차감적 평가계정에 해당한다.

판매자의 경우, 매출에누리, 매출환입 및 매출할인은 매출의 차감적 평가계정에 해당한다.

매출운임은 매출의 평가계정에 해당하지 않는다. 매출운임은 지급할 당시에 판매비로 분류해서 당기비용 처리하며 매출에서 차감하지 않는다.

평가계정들을 가감해서 순매입액과 순매출액을 계산하면 아래와 같다.

> 순매입액 = 총매입액 + 매입운임 − 매입에누리 − 매입환출 − 매입할인
>
> 순매출액 = 총매출액 − 매출에누리 − 매출환입 − 매출할인

매입이나 매출을 손익계산서에 표시하는 경우 매입의 평가계정이나 매출의 평가계정들을 매입이나 매출에서 차감한 순액, 즉 순매입액과 순매출액으로 공시한다. 다만, 평가계정들의 금액이 중요한 경우에는 평가계정들을 총매입액이나 총매출액에서 차감하는 형식으로 공시할 수도 있다. 이때 전자를 '차감표시한다'고 표현하고, 후자의 경우를 '차감하는 형식으로 표시한다'고 표현한다. 예를 들어 표시하면 아래와 같다.

차감하는 형식으로 표시(총액표시)			차감표시(순액표시)	
총매출액	₩100		매출액	₩90
매출할인	(10)	₩90		

2 고객과의 계약에서 생기는 수익

본 절의 내용은 계약 상대방이 고객인 경우에만 그 계약에 적용한다. 고객이란 기업의 통상적인 활동의 산출물인 재화나 용역을 대가와 교환하여 획득하기로 그 기업과 계약한 당사자를 말한다. 예를 들면 계약상대방이 기업의 통상적인 활동의 산출물을 취득하기 위해서가 아니라 어떤 활동이나 과정(예 협업약정에 따른 자산 개발)에 참여하기 위해 기업과 계약하였고, 그 계약당사자들이 그 활동이나 과정에서 생기는 위험과 효익을 공유한다면, 그 계약상대방은 고객이 아니다.

1. 수익인식의 5단계

수익을 인식하기 위해서는 다음의 단계를 적용해야 한다.

① 1단계: 고객과의 계약을 식별

계약은 둘 이상의 당사자 사이에 집행 가능한 권리와 의무가 생기게 하는 합의이다.

② 2단계: 수행의무를 식별

하나의 계약은 고객에게 재화나 용역을 이전하는 여러 약속을 포함한다. 그 재화나 용역들이 구별된다면 약속은 수행의무이고 별도로 회계처리한다.

③ 3단계: 거래가격을 산정

거래가격은 고객에게 약속한 재화나 용역을 이전하고 그 대가로 기업이 받을 권리를 갖게 될 것으로 예상하는 금액이다. 거래가격은 고객이 지급하는 고정된 금액일 수도 있으나, 어떤 경우에는 변동대가를 포함하거나 현금 외의 형태로 지급될 수도 있다. 거래가격은 계약

에 유의적인 금융요소가 포함된다면 화폐의 시간가치 영향을 조정하며, 고객에게 지급하는 대가가 있는 경우에도 거래가격에서 조정한다.

④ 4단계: 거래가격을 계약 내 수행의무에 배분

거래가격은 일반적으로 계약에서 약속한 각 구별되는 재화나 용역의 상대적 개별 판매가격을 기준으로 배분한다. 개별 판매가격을 관측할 수 없다면 추정해야 한다.

⑤ 5단계: 수행의무를 이행할 때(또는 기간에 걸쳐 이행하는 대로) 수익을 인식

기업이 약속한 재화나 용역을 고객에게 이전하여 수행의무를 이행할 때(이행하는 대로)(고객이 재화나 용역을 통제하게 되는 때) 수익을 인식한다. 인식하는 수익 금액은 이행한 수행의무에 배분된 금액이다. 수행의무는 한 시점에 이행하거나(일반적으로 고객에게 재화를 이전하는 약속의 경우), 기간에 걸쳐 이행한다(일반적으로 고객에게 용역을 이전하는 약속의 경우). 기간에 걸쳐 이행하는 수행의무의 수익은 그 수행의무의 진행률을 적절하게 측정하는 방법을 선택하여 기간에 걸쳐 인식한다.

◐ 수익인식의 5단계

1단계	계약의 식별	고객과의 계약인지를 확인함
2단계	수행의무의 식별	고객에게 수행할 의무가 무엇인지를 확인함(재화의이전 또는 용역의제공)
3단계	가격의 산정	고객으로부터 수령할 대가를 측정함
4단계	거래가격의 배분	거래가격을 각각의 수행의무별로 배분함
5단계	수익의 인식	의무이행에 따라 수익을 인식함

사례 ─ 예제

고객에게 기계장치를 이전하면서 기계 설치용역, 일정 기간 동안 기술지원 용역을 제공할 것을 약속하는 계약을 체결하며 ₩2,000을 수취하기로 한 경우

① 고객과의 계약을 식별

당사자들이 상업적 실질이 있는 계약을 승인하고, 이전할 재화나 용역과 관련된 당사자의 권리 및 지급조건을 식별할 수 있으며, 대가의 회수가능성이 높은지 등 고객과의 계약이 K-IFRS 제1115호 적용범위에 포함되는지를 식별

② 수행의무를 식별

고객과의 계약은 다음의 세 가지 약속으로 구성
(1) 기계장치 판매
(2) 설치용역
(3) 기술지원
(1) ~ (3) 약속이 각각 구별된다면 별개의 수행의무로 보아 회계처리

③ 거래가격을 산정

고객으로부터 받을 것으로 예상되는 대가를 산정(할인, 환불, 장려금 등 약속한 대가의 변동 가능성을 고려)

④

수행의무	개별 판매가격	거래가격의 배분
(1) 기계장치 판매	1,500	1,000
(2) 설치용역	600	400
(3) 기술지원	900	600
계	3,000	2,000

⑤ 수행의무를 이행할 때 ④에서 배분된 거래가격을 수익으로 인식

(예) 기계판매 시 1,000 인식, 설치 시 400 인식, 기술지원 기간에 걸쳐 600 인식)

(1) 계약의 식별

다음 기준을 모두 충족하는 때에만, 고객과의 계약으로 회계처리한다.

① 계약 당사자들이 계약을 (서면으로, 구두로, 그 밖의 사업 관행에 따라) 승인하고 각자의 의무를 수행하기로 확약한다.
② 이전할 재화나 용역과 관련된 각 당사자의 권리를 식별할 수 있다.
③ 이전할 재화나 용역의 지급조건을 식별할 수 있다.
④ 계약에 상업적 실질이 있다(계약의 결과로 기업의 미래 현금흐름의 위험, 시기, 금액이 변동될 것으로 예상된다).
⑤ 고객에게 이전할 재화나 용역에 대하여 받을 권리를 갖게 될 대가의 회수 가능성이 높다. 대가의 회수 가능성이 높은지를 평가할 때에는 지급기일에 고객이 대가(금액)를 지급할 수 있는 능력과 지급할 의도만을 고려한다. 기업이 고객에게 가격할인을 제공할 수 있기 때문에 대가가 변동될 수 있다면, 기업이 받을 권리를 갖게 될 대가는 계약에 표시된 가격보다 적을 수 있다.

(2) 수행의무의 식별

계약 개시시점에 고객과의 계약에서 약속한 재화나 용역을 검토하여 고객에게 다음 중 어느 하나를 이전하기로 한 각 약속을 하나의 수행의무로 식별한다.

① 구별되는 재화나 용역(또는 재화나 용역의 묶음)
② 실질적으로 서로 같고 고객에게 이전하는 방식도 같은 일련의 구별되는 재화나 용역

고객에게 약속한 재화나 용역, 즉 자산을 이전하여 수행의무를 이행할 때(또는 기간에 걸쳐 이행하는 대로) 수익을 인식한다. 자산은 고객이 그 자산을 통제할 때(또는 기간에 걸쳐 통제하게 되는 대로) 이전된다.

식별한 각 수행의무를 기간에 걸쳐 이행하는지 또는 한 시점에 이행하는지를 계약 개시시점에 판단한다. 수행의무가 기간에 걸쳐 이행되지 않는다면, 그 수행의무는 한 시점에 이행되는 것이다.

다음 기준 중 어느 하나를 충족하면, 기업은 재화나 용역에 대한 통제를 기간에 걸쳐 이전하므로, 기간에 걸쳐 수행의무를 이행하는 것이고 기간에 걸쳐 수익을 인식한다.

① 고객은 기업이 수행하는 대로 기업의 수행에서 제공하는 효익을 동시에 얻고 소비한다(예 청소용역).
② 기업이 수행하여 만들어지거나 가치가 높아지는 대로 고객이 통제하는 자산(예 재공품)을 기업이 만들거나 그 자산 가치를 높인다(예 고객의 소유지에서 제작하는 자산).
③ 기업이 수행하여 만든 자산이 기업 자체에는 대체 용도가 없고, 지금까지 수행을 완료한 부분에 대해 집행 가능한 지급청구권이 기업에 있다(예 주문제작자산).

기간에 걸쳐 수익을 인식하는 것을 '진행기준'이라 한다. 진행기준의 가장 대표적인 사례는 건설계약이 있으며 본 내용은 3절에서 설명한다.

기간에 걸쳐 수익을 인식하는 경우 수행의무 완료까지의 진행률을 측정하여 수익을 인식한다. 진행률을 측정하는 목적은 고객에게 약속한 재화나 용역에 대한 통제를 이전(기업의 수행의무 이행)하는 과정에서 기업의 수행 정도를 나타내기 위한 것이다.

기간에 걸쳐 이행하는 각 수행의무에는 하나의 진행률 측정방법을 적용하며 비슷한 상황에서의 비슷한 수행의무에는 그 방법을 일관되게 적용한다. 기간에 걸쳐 이행하는 수행의무의 진행률은 보고기간 말마다 다시 측정한다.

적절한 진행률 측정방법에는 산출법과 투입법이 포함된다. 시간이 흐르면서 상황이 바뀜에 따라 수행의무의 결과 변동을 반영하기 위해 진행률을 새로 수정한다. 이러한 진행률의 변동은 회계추정의 변경으로 회계처리한다.

수행의무의 진행률을 합리적으로 측정할 수 있는 경우에만, 기간에 걸쳐 이행하는 수행의무에 대한 수익을 인식한다. 적절한 진행률 측정방법을 적용하는 데 필요한 신뢰할 수 있는 정보가 부족하다면 수행의무의 진행률을 합리적으로 측정할 수 없을 것이다. 어떤 상황(예 계약 초기 단계)에서는 수행의무의 결과를 합리적으로 측정할 수 없으나, 수행의무를 이행하는 동안에 드는 원가는 회수될 것으로 예상한다. 그 상황에서는 수행의무의 결과를 합리적으로 측정할 수 있을 때까지 발생원가의 범위에서만 수익을 인식한다.

수행의무가 기간에 걸쳐 이행되지 않는다면, 그 수행의무는 한 시점에 이행되는 것이다. 한 시점에 이행되는 수행의무에 대한 수익은 고객이 약속된 자산을 통제하고 기업이 수행의무를 이행하는 시점에 인식한다. 다음과 같은 통제 이전의 지표를 참고하여 한 시점에 이행되는 수행의무인지를 판단한다.

① **기업은 자산에 대해 현재 지급청구권이 있다.**: 고객이 자산에 대해 지급할 현재 의무가 있다면, 이는 고객이 교환되는 자산의 사용을 지시하고 자산의 나머지 효익의 대부분을 획득할 능력을 갖게 되었음을 나타낼 수 있다.
② **고객에게 자산의 법적 소유권이 있다.**: 법적 소유권은 계약 당사자 중 누가 '자산의 사용을 지시하고 자산의 나머지 효익의 대부분을 획득할 능력이 있는지' 또는 '그 효익에 다른 기업이 접근하지 못하게 하는 능력이 있는지'를 나타낼 수 있다. 그러므로 자산의 법적 소유권의 이전은 자산을 고객이 통제하게 되었음을 나타낼 수 있다. 고객의 지급불이행에 대비한 안전장치로서만 기업이 법적 소유권을 보유한다면, 그러한 기업의 권리가 고객이 자산을 통제하게 되는 것을 막지는 못할 것이다.

③ 기업이 자산의 물리적 점유를 이전하였다.: 자산에 대한 고객의 물리적 점유는 고객이 '자산의 사용을 지시하고 자산의 나머지 효익의 대부분을 획득할 능력'이 있거나 '그 효익에 다른 기업이 접근하지 못하게 하는 능력'이 있음을 나타낼 수 있다. 그러나 물리적 점유는 자산에 대한 통제와 일치하지 않을 수 있다. 예를 들면 일부 재매입약정이나 위탁약정에서는 고객이나 수탁자가 기업이 통제하는 자산을 물리적으로 점유할 수 있다. 이와 반대로, 일부 미인도청구약정에서는 고객이 통제하는 자산을 기업이 물리적으로 점유할 수 있다.

④ 자산의 소유에 따른 유의적인 위험과 보상이 고객에게 있다.: 자산의 소유에 따른 유의적인 위험과 보상이 고객에게 이전되었다는 것은 자산의 사용을 지시하고 자산의 나머지 효익의 대부분을 획득할 능력이 고객에게 있음을 나타낼 수 있다. 그러나 약속된 자산의 소유에 따른 위험과 보상을 평가할 때에는, 그 자산을 이전해야 하는 수행의무에 더하여 별도의 수행의무를 생기게 할 위험은 고려하지 않는다. 예를 들면 기업이 고객에게 자산에 대한 통제를 이전하였으나 이전한 자산과 관련된 유지용역을 제공해야 하는 추가되는 수행의무는 아직 이행하지 못하였을 수 있다.

⑤ 고객이 자산을 인수하였다.: 고객이 자산을 인수한 것은 '자산의 사용을 지시하고 자산의 나머지 효익의 대부분을 획득할 능력'이 고객에게 있음을 나타낼 수 있다.

(3) 가격의 산정

수행의무를 이행할 때(또는 이행하는 대로), 그 수행의무에 배분된 거래가격을 수익으로 인식한다.

거래가격을 산정하기 위해서는 계약 조건과 기업의 사업 관행을 참고한다. 거래가격은 고객에게 약속한 재화나 용역을 이전하고 그 대가로 기업이 받을 권리를 갖게 될 것으로 예상하는 금액이며, 제삼자를 대신해서 회수한 금액(예 일부 판매세)은 제외한다. 고객과의 계약에서 약속한 대가는 고정금액, 변동금액 또는 둘 다를 포함할 수 있다.

(4) 거래가격의 배분

거래가격을 배분하는 목적은 기업이 고객에게 약속한 재화나 용역을 이전하고 그 대가로 받을 권리를 갖게 될 금액을 나타내는 금액으로 각 수행의무(또는 구별되는 재화나 용역)에 거래가격을 배분하는 것이다.

2. 적용사례

(1) 위탁판매

위탁판매는 위탁자가 수탁자에게 상품의 판매를 위탁하고 그 대가로 수탁자에게 수수료를 지급하는 형태의 판매를 말한다. 이 때 상품의 판매를 위탁한 기업을 위탁자, 상품의 판매를 위탁받은 기업을 수탁자라고 한다. 위탁자는 수탁자가 제3자에게 재화를 판매한 시점에 수익을 인식한다.

출판사(위탁자)와 서점(수탁자)의 관계가 대표적인 위탁판매의 사례에 해당한다.

(1) ㈜한국은 20X1년 12월 1일 ㈜서울과 위탁판매계약을 체결하고 상품 10개를 ㈜서울에 발송하였다. 상품의 개당 취득금액은 ₩5,000, 상품의 발송운임은 ₩2,000으로 운임은 현금 지급하였다.

(2) ㈜서울은 20X1년 12월 15일 판매를 수탁받은 상품 7개를 ₩50,000에 판매하였다. ㈜서울이 상품 판매로 인하여 수령할 수탁수수료는 ₩5,000이며, 판매운임 ₩1,000을 현금으로 지급하였다. 판매운임은 위탁자인 ㈜한국이 부담하며, 판매관련 자료는 즉시 팩스로 ㈜한국에 전송되었다.

(3) ㈜서울은 20X1년 12월 31일 판매대금에서 수수료와 운임 등을 제외한 금액 ₩44,000을 ㈜한국에 송금하였다.

해설

(1) ㈜한국(위탁자)의 회계처리

구분	회계처리				
① 20X1. 12. 1	(차) 적 송 품	50,000	(대) 상 품	50,000
	적 송 품	2,000	현 금	2,000
② 20X1. 12. 15	(차) 매 출 채 권	50,000	(대) 매 출	50,000
	지 급 수 수 료	5,000	매 출 채 권	5,000
	매 출 운 임	1,000	매 출 채 권	1,000
③ 20X1. 12. 31	(차) 현 금	44,000	(대) 매 출 채 권	44,000
	(차) 매 출 원 가	36,400	(대) 적 송 품	36,400

- 20X1. 12. 1: ㈜한국은 상품의 적송 시에 상품을 적송품으로 대체하는 회계처리를 한다. 이는 타사 창고에 보관중인 재고자산을 별도로 관리하기 위함이다. 적송 시에 발생하는 운임은 매입운임과 마찬가지로 아직 재고자산의 판매와 관련한 수익이 발생하지 않았으므로 비용으로 인식할 수 없고 적송품원가에 가산한다.

- 20X1. 12. 15: 수탁자가 재고자산을 판매하게 되면 위탁자는 관련 수익을 인식한다. 수탁자는 단순히 판매를 대행한 것일 뿐이므로 상품의 판매와 관련된 매출은 재고자산의 소유권을 가지고 있는 위탁자가 인식한다. 이때 수탁자에게 지급할 지급수수료와 운임 등은 비용으로 처리한다.

- 20X1. 12. 31: 현금을 송금받게 되면 매출채권과 현금을 상계하는 회계처리를 수행하고, 기말에는 판매한 상품의 원가를 매출원가로 계상하는 기말수정분개가 필요하다(매출원가: ₩52,000 $\times \frac{7개}{10개} = ₩36,400$).

(2) ㈜서울(수탁자)의 회계처리

구분	회계처리				
① 20X1. 12. 1	분 개 없 음				
② 20X1. 12. 15	(차) 현 금	50,000	(대) 수 탁 판 매	50,000
	수 탁 판 매	5,000	수 탁 수 수 료	5,000
	수 탁 판 매	1,000	현 금	1,000
③ 20X1. 12. 31	(차) 수 탁 판 매	44,000	(대) 현 금	44,000

- 20X1. 12. 1: 상품의 적송시점에 수탁자가 수행할 회계처리는 없다. 왜냐하면 수탁자는 상품의 판매를 단순히 위탁받은 것일 뿐 소유권을 이전받은 것이 아니므로 적송시점에 수탁자의 자산과 부채에는 변화가 없기 때문이다.

- 20X1. 12. 15: 상품의 판매시점에 수탁자는 수탁판매라는 부채를 인식한다. 상품의 판매로 인해 현금을 수취하였지만 수취한 현금은 수탁자의 자산이 아니라 단순히 위탁자를 대신해 받은 성격에 불과하기 때문에 후일 위탁자인 ㈜한국에 돌려줄 것이므로 부채의 성격을 갖게 된다. 다만 여기서 위탁자를 대신하여 지급한 운임과 ㈜서울의 수익이 되는 수탁수수료는 ㈜한국에 돌려주지 않을 것이므로 부채인 수탁판매에서 차감한다.
- 20X1. 12. 31: 송금하는 시점에 수탁자는 부채인 수탁판매와 현금을 상계하면 된다.

(2) 상품권

상품권 발행회사는 상품권을 발행하고 현금을 수령하는 경우 수익으로 인식하지 않고 상품권의 액면금액을 계약부채의 과목으로 하여 부채로 계상한다. 대가는 수령하였지만 상품의 제공 등 수익 인식을 위한 의무를 이행하지 않았으므로 수익의 요건을 만족시키지 못하기 때문이다. 만일 상품권을 할인발행하는 경우에는 상품권의 액면금액과 수령한 현금의 차액을 상품권할인액의 과목으로 인식하고 부채의 차감계정으로 재무상태표에 공시한다.

상품권 발행회사는 고객이 상품권을 제시하는 경우 상품을 고객에게 제공하고, 상품의 판매금액과 상품권 액면금액과의 차액은 현금으로 지급한다. 상품권 발행회사는 상품권의 회수시 계약부채를 매출로 대체하고 상품권할인액은 매출에누리로 대체한다.

사례 — 예제

(1) ㈜한국은 20X1년 12월 1일 액면금액 ₩10,000의 상품권 10매를 고객에게 판매하였다. 상품권은 10%를 할인하여 매당 ₩9,000에 판매하였다.
(2) 20X1년 12월 5일, 고객은 상품권 6매를 제시하고 상품을 구입하였으며, A사는 판매금액과 상품권 액면금액과의 차액 ₩5,000을 현금으로 환불하였다.

해설

구분	회계처리							
① 20X1. 12. 1	(차)	현 금	90,000	(대)	계 약 부 채	100,000
		상 품 권 할 인 액	10,000			
② 20X1. 12. 5	(차)	계 약 부 채	60,000	(대)	매 출	55,000
					현 금	5,000
	(차)	매 출 에 누 리	6,000	(대)	상 품 권 할 인 액	6,000

(3) 장기할부판매

이자부분을 제외한 판매가격에 해당하는 수익을 판매시점에 인식한다. 판매가격은 대가의 현재가치로서 수취할 할부금액을 내재이자율로 할인한 금액이다. 이자부분은 유효이자율법을 사용하여 가득하는 시점에 수익으로 인식한다.

(4) 선수금에 포함된 유의적인 금융요소

할부판매와는 반대로 대가를 먼저 수취하고 재화를 나중에 제공하는 경우도 있다. 이 경우 대가의 수취시점과 재화의 이전시점 사이의 기간이 1년 이상이라면 유의적인 금융요소가 포함된 것이다.

사례 ― 예제

2년 뒤 고객에게 자산에 대한 통제가 이전되는 계약에서 고객은 ① 2년 후 ₩5,000을 지급하거나, ② 계약시 ₩4,000을 지급하는 방법 중 ②를 선택, 계약에 유의적인 금융요소가 포함되어 있고, 해당 거래의 유효이자율은 6%라고 판단하는 경우, 각 일자의 회계처리는 아래와 같다.

구분	회계처리					
계약 시	(차) 현 금	4,000	(대) 계 약 부 채	4,000		
1년 후	(차) 이 자 비 용	240	(대) 계 약 부 채	240		
	(*) 4,000 × 6% = 240					
2년 후	(차) 이 자 비 용	254	(대) 계 약 부 채	254		
	(*) 4,240 × 6% = 254					
자산 이전 시	(차) 계 약 부 채	4,494	(대) 수 익	4,494		

(5) 반품권이 부여된 판매

반품가능성을 예측할 수 있는 경우에는 제품을 이전할 때 수익을 인식하고, 반품가능성을 예측할 수 없는 경우에는 제품을 이전할 때 수익을 인식하지 않는다. 반품가능성을 예측할 수 없는 상황에서 제품을 이전할 때 현금을 수취했다면 부채로 인식한다.

사례 1 예제 **반품가능성을 추정할 수 있는 경우**

㈜한국은 고객과 제품 100개를 개당 ₩100에 판매하는 계약을 체결하였다. 제품의 원가는 개당 ₩60이며, 고객이 30일 이내에 반품하면 전액 환불을 받을 수 있다. ㈜한국은 97개의 제품이 반환되지 않을 것으로 예상하고 있다. 판매일에 ㈜한국이 수행할 회계처리를 보이시오.

해설

구분	회계처리			
판매일	(차) 현 금	10,000	(대) 수 익	9,700
			환 불 부 채[*1]	300
	반품제품회수권[*2]	180	재 고 자 산	6,000
	매 출 원 가[*3]	5,820		
	(*1) 3개 × 100 = 300			
	(*2) 3개 × 60 = 180			
	(*3) 97개 × 60 = 5,820			

사례 2 예제   반품가능성을 추정할 수 없는 경우

㈜한국은 고객과 제품 1개를 개당 ₩100에 판매하는 계약을 체결하였다. 제품의 원가는 개당 ₩60이며, 고객이 30일 이내에 반품하면 전액 환불을 받을 수 있다. 고객은 계약 개시시점에 제품을 통제할 수 있으며, ㈜한국은 제품의 반품가능성을 합리적으로 추정할 수 없다. 실제 제품이 반품되지 않았을 경우 판매일과 반품기간 종료일에 ㈜한국이 수행할 회계처리를 보이시오.

해설

구분	회계처리						
판매일	(차)	반품제품회수권	60	(대)	재 고 자 산		60
반품기간 종료일	(차)	수취채권(현금)	100	(대)	수 익		100
	(차)	매 출 원 가	60	(대)	반품제품회수권		60

(6) 재화나 용역의 교환

성격과 가치가 유사한 재화나 용역의 교환이나 스왑거래는 수익이 발생하는 거래로 보지 아니한다. 예를 들어, 원유나 우유와 같은 일반 상품의 경우, 공급기업들이 특정지역의 수요를 적시에 충족시키기 위하여 여러 지역에 있는 재고자산을 서로 교환하거나 스왑거래를 하는 경우가 있다. 그러나 성격이나 가치가 상이한 재화나 용역의 교환은 수익이 발생하는 거래로 본다. 이때 수익은 교환으로 수취한 재화나 용역의 공정가치로 측정하되 현금이나 현금성자산이 이전되면 이를 반영하여 조정한다. 만일 수취한 재화나 용역의 공정가치를 신뢰성 있게 측정할 수 없는 경우에는, 수익은 제공한 재화나 용역의 공정가치로 측정하되 현금이나 현금성자산이 이전되면 이를 반영하여 조정한다.

[회사가 보유한 상품A를 거래처의 상품B와 교환 – 성격과 가치가 유사한 경우]

(차) 상 품 B ××× (대) 상 품 A ×××

[회사가 보유한 상품A를 거래처의 상품B와 교환 – 성격과 가치가 상이한 경우]

(차) 상 품 B ××× (대) 매 출 ×××
     매 출 원 가 ××× 상 품 A ×××

사례 ─ 예제

㈜한국은 보유하고 있는 상품A(장부금액 ₩500)를 거래처의 상품B와 교환하였다.

(1) 상품A와 상품B가 성격과 가치가 유사한 재화일 경우 ㈜한국이 수행할 회계처리를 보이시오.
(2) 상품A와 상품B가 성격과 가치가 상이한 재화일 경우 ㈜한국이 수행할 회계처리를 보이시오.
     (단, 상품B의 공정가치는 ₩800임)
(3) 상품A와 상품B가 성격과 가치가 상이한 재화일 경우 ㈜한국이 수행할 회계처리를 보이시오.
     (단, 상품B의 공정가치는 ₩800이며 ㈜한국은 거래처로부터 현금 ₩100을 추가로 수취)

(1) 상품A와 상품B가 성격과 가치가 유사한 재화일 경우

(차) 상 품 B	500	(대) 상 품 A	500

(2) 상품A와 상품B가 성격과 가치가 상이한 재화일 경우

(차) 상 품 B	800	(대) 매 출	800
매 출 원 가	500	상 품 A	500

(3) 상품A와 상품B가 성격과 가치가 상이한 재화일 경우 - 현금수수

(차) 상 품 B	800	(대) 매 출	900
현 금	100		
매 출 원 가	500	상 품 A	500

(7) **검사 조건부 판매**

재화나 용역이 합의한 규격에 부합하지 않는 경우에 고객의 계약 취소를 허용하거나 기업의 개선 조치를 요구하는 경우가 있는데, 이러한 경우를 검사 조건부 판매라고 한다. 검사 조건부 판매는 아래와 같이 회계처리한다.

① 재화나 용역이 합의된 규격에 부합하는지 객관적으로 판단할 수 있는 경우: 고객의 인수는 형식적인 것이므로 고객의 인수여부와 관계없이 수익을 인식

② 재화나 용역이 합의된 규격에 부합하는지 객관적으로 판단할 수 없는 경우: 고객이 인수하는 시점에 수익을 인식

시험·평가 목적으로 제품을 고객에게 인도하고 고객이 시험기간이 경과할 때까지 어떠한 대가도 지급하지 않기로 확약한 경우에 고객이 제품을 인수하는 때나 시험기간이 경과할 때까지 제품에 대한 통제는 고객에게 이전되지 않은 것이다.

(8) **정기간행물 구독료**

해당 품목의 가액이 매기 비슷한 경우에는 발송기간에 걸쳐 정액기준으로 수익을 인식한다. 그러나 품목의 가액이 기간별로 다른 경우에는 발송된 품목의 판매가액이 구독신청을 받은 모든 품목의 추정 총판매가액에서 차지하는 비율에 따라 수익을 인식한다.

(9) **설치수수료**

설치수수료는 재화가 판매되는 시점에 수익을 인식하는 재화의 판매에 부수되는 설치의 경우를 제외하고는 설치의 진행률에 따라 수익으로 인식한다. 따라서 재화의 판매에 부수되는 설치의 경우에는 전체를 재화의 판매로 본다.

① 설치용역이 재화와 구별되는 경우: 별도의 수행의무로 보아 수익을 인식

② 설치용역이 재화와 구별되지 않는 경우: 재화와 용역을 단일의 수행의무로 보아 재화의 통제가 이전되는 시점에 수익을 인식

(10) **유통업자, 판매자, 또는 재판매를 목적으로 하는 기타상인 등과 같은 중간상에 대한 판매**

이러한 판매에 따른 수익은 소유에 따른 위험과 보상이 구매자에게 이전되는 시점에 인식한다. 그러나 구매자가 실질적으로 대리인 역할만을 한다면 이러한 거래를 위탁판매로 처리한다.

(11) **시용판매**

시용판매는 상품을 고객에게 일정기간 사용하게 한 후 구입 여부를 결정하게 하는 형태의 판매를 말한다. 시용판매에서는 고객의 매입의사표시가 수익창출과정에서 가장 결정적인 사건이므로 고객이 매입의사를 표시한 시점에 수익을 인식하고 상품을 발송하는 등의 매입의사 표시 전 상황에서 수익을 인식해서는 안 된다.

(12) **광고수수료**

광고매체수수료는 광고가 대중에게 전달될 때 수익으로 인식하고 광고제작수수료는 광고 제작의 진행률에 따라 수익으로 인식한다.

(13) **보험대리수수료**

보험대리인이 추가로 용역을 제공할 필요가 없는 경우에 보험대리인은 대리인이 받았거나 받을 수수료를 해당 보험의 효과적인 개시일 또는 갱신일에 수익으로 인식한다. 그러나 대리인이 보험계약기간에 추가로 용역을 제공할 가능성이 높은 경우에는 수수료의 일부 또는 전부를 이연하여 보험계약기간에 걸쳐 수익으로 인식한다.

(14) **입장료**

예술공연, 축하연, 기타 특별공연 등에서 발생하는 수익은 행사가 개최되는 시점에 인식한다. 하나의 입장권으로 여러 행사에 참여 할 수 있는 경우의 입장료수익은 각각의 행사를 위한 용역의 수행된 정도가 반영된 기준에 따라 각 행사에 배분하여 인식한다.

(15) **수강료**

강의기간에 걸쳐 수익으로 인식한다.

(16) **인도결제판매(cash on delivery sales)**

인도가 완료되고 판매자나 판매자의 대리인이 현금을 수취할 때 수익을 인식한다.

(17) **완납인도 예약판매(Lay away sales)**: 구매자가 최종 할부금을 지급한 경우에만 재화가 인도되는 판매

이러한 판매는 재화를 인도하는 시점에만 수익을 인식한다. 그러나 경험상 대부분의 그러한 판매가 성사되었다고 보이는 경우, 재화를 보유하고 있고, 재화가 식별되며, 구매자에게 인도할 준비가 되어 있다면 유의적인 금액의 예치금이 수령되었을 때 수익을 인식할 수 있다.

(18) **이자수익**

이자부 투자자산을 취득하기 전에 지급받지 아니한 이자가 발생한 경우, 취득 후 처음 받은 이자에 대해서는 취득 이전 기간과 취득 이후 기간으로 배분하여 취득 이후 기간에 해당하는 이자만을 수익으로 인식한다.

㈜한국은 20X1년 초에 취득한 A사의 회사채(액면금액 ₩10,000, 발행 당시 유효이자율과 액면이자율 모두 6%로 동일, 매년 말 이자지급, 만기 3년)를 20X1년 5월 1일 ㈜서울에 매각하였다. 동 회사채와 관련하여 ㈜한국과 ㈜서울이 수행할 회계처리를 보이시오.

해설

• ㈜한국의 회계처리

구분	회계처리								
20X1. 1. 1	(차)	회 사 채	10,000		(대)	현 금	10,000		
20X1. 5. 1	(차)	현 금	10,000		(대)	회 사 채	10,000		
		현 금	200			이 자 수 익	200		

• ㈜서울의 회계처리

구분	회계처리								
20X1. 5. 1	(차)	회 사 채	10,000		(대)	현 금	10,000		
		미 수 이 자	200			현 금	200		
20X1. 12. 31	(차)	현 금	600		(대)	미 수 이 자	200		
						이 자 수 익	400		

3 건설계약

1. 수익과 비용의 인식

건설계약에 따른 활동의 성격으로 인해, 계약활동이 시작되는 날과 종료되는 날은 보통 다른 회계기간에 귀속된다. 그러므로 건설계약의 회계처리에 대한 핵심 사항은 계약수익과 계약원가를 건설공사가 수행되는 회계기간에 배분하는 것이다.

건설계약의 결과를 신뢰성 있게 추정할 수 있는 경우, 건설계약과 관련한 계약수익과 계약원가는 보고기간 말 현재 계약활동의 진행률을 기준으로 각각 수익과 비용으로 인식한다. 건설계약에 손실이 예상되는 경우에는 관련 손실을 즉시 비용으로 인식한다.

계약의 진행률을 기준으로 수익과 비용을 인식하는 방법을 진행기준이라고 한다. 이 방법에 따르면 계약수익은 특정 진행률에 도달하기까지 발생한 계약원가에 대응되며, 그 결과로 공사진행률에 비례하여 수익, 비용 및 이익이 보고된다. 이 방법은 특정 기간의 계약활동과 성과에 대하여 유용한 정보를 제공한다.

수행의무의 진행률을 합리적으로 측정할 수 있는 경우에만 기간에 걸쳐 이행하는 수행의무에 대한 수익을 인식한다. 적절한 진행률 측정방법을 적용하는 데 필요한 신뢰할 수 있는 정보가 부족하다면 수행의무의 진행률을 합리적으로 측정할 수 없을 것이다.

어떤 상황(예 계약 초기 단계)에서는 수행의무의 결과를 합리적으로 측정할 수 없으나, 수행의무를 이행하는 동안에 드는 원가는 회수될 것으로 예상한다. 그 상황에서는 수행의무의 결과를 합리적으로 측정할 수 있을 때까지 발생원가의 범위에서만 수익을 인식한다.

2. 이익이 예상되는 건설계약

사례 — 예제

(1) ㈜한국은 20X1년 1월 1일 도로 건설 공사를 정부로부터 ₩1,000,000에 수주하였다. 공사기간은 20X3년 12월 31일까지이다.
(2) 건설계약과 관련하여 각 회계연도에 발생한 ㈜한국의 계약원가자료 및 계약대금청구액 및 수령액은 다음과 같다.

구분	20X1년	20X2년	20X3년
누적발생계약원가	₩360,000	₩740,000	₩930,000
추정총계약원가	900,000	925,000	930,000
계약대금청구액	450,000	320,000	230,000
계약대금수령액	350,000	400,000	250,000

설명

진행기준은 수익과 비용을 진행률에 따라 인식하는 것인데 진행률과 각 회계연도의 수익 및 비용을 계산하면 아래와 같다.

	20X1년	20X2년	20X3년
① 누적발생계약원가	₩360,000	₩740,000	₩930,000
② 추정총계약원가	900,000	925,000	930,000
③ 진행률(① ÷ ②)	40%	80%	100%
④ 누적계약수익(수주액 × ③)	₩400,000	₩800,000	₩1,000,000
⑤ 전기누적계약수익	–	(400,000)	(800,000)
⑥ 계약수익(④ – ⑤)	₩400,000	₩400,000	₩200,000
⑦ 계약원가	(360,000)	(380,000)	(190,000)
⑧ 계약이익(⑥ – ⑦)	₩40,000	₩20,000	₩10,000

시험에서는 대부분의 경우 계약이익의 계산을 요구한다. 위의 표처럼 계약수익과 계약원가를 구한 후, 이를 차감하여 계약이익을 구할 수도 있으나 시험에서 사용하기에는 다소 번거로운 방법이다. 계약수익과 계약원가 모두 매년 진행률에 따라 인식하므로 두 값을 차감한 결과인 계약이익 역시 진행률에 따라 인식될 것이다. 따라서 시험에서는 직접 계약이익을 계산하는 아래와 같은 방법을 사용하는 것이 효율적이다.

[계약이익의 계산 – 실전용]

20X1년 계약이익	(1,000,000 − 900,000) × ↳20X1년에 예상한 전체 계약이익	40% = ₩40,000 ↳20X1년까지 진행률	
20X2년 계약이익	(1,000,000 − 925,000) × ↳20X2년에 예상한 전체 계약이익	80% ↳20X2년까지 진행률	− 40,000 = ₩20,000 ↳전기까지 인식한 계약이익
20X3년 계약이익	(1,000,000 − 930,000) × ↳전체계약이익 확정액	100% ↳20X3년까지 진행률	− 60,000 = ₩10,000 ↳전기까지 인식한 계약이익

사례와 관련한 각 회계연도의 분개는 아래와 같다.

구분		회계처리						
20X1년	원가발생시	(차)	미 성 공 사	360,000	(대)	현 금	360,000
	대금청구시	(차)	계 약 미 수 금	450,000	(대)	진 행 청 구 액	450,000
	대금수령시	(차)	현 금	350,000	(대)	계 약 미 수 금	350,000
	결산시	(차)	계 약 원 가	360,000	(대)	계 약 수 익	400,000
			미 성 공 사	40,000			
20X2년	원가발생시	(차)	미 성 공 사	380,000	(대)	현 금	380,000
	대금청구시	(차)	계 약 미 수 금	320,000	(대)	진 행 청 구 액	320,000
	대금수령시	(차)	현 금	400,000	(대)	계 약 미 수 금	400,000
	결산시	(차)	계 약 원 가	380,000	(대)	계 약 수 익	400,000
			미 성 공 사	20,000			
20X3년	원가발생시	(차)	미 성 공 사	190,000	(대)	현 금	190,000
	대금청구시	(차)	계 약 미 수 금	230,000	(대)	진 행 청 구 액	230,000
	대금수령시	(차)	현 금	250,000	(대)	계 약 미 수 금	250,000
	결산시	(차)	계 약 원 가	190,000	(대)	계 약 수 익	200,000
			미 성 공 사	10,000			
		(차)	진 행 청 구 액	1,000,000	(대)	미 성 공 사	1,000,000

20X1년과 20X2년 말의 재무상태표를 표시하면 아래와 같다.

재무상태표

㈜한국   20X1년 12월 31일 현재   (단위: 원)

유동자산		유동부채	
계약미수금	₩100,000[*2]	초과청구공사	
		진행청구액	₩450,000[*1]
		미성공사	(400,000)[*3]
			₩50,000

(*1) 진행청구액: ₩450,000(청구액)

(*2) 계약미수금: ₩450,000(청구액) − ₩350,000(수령액) = ₩100,000

(*3) 미성공사: ₩400,000(계약수익)

재무상태표

㈜한국   20X2년 12월 31일 현재   (단위: 원)

유동자산			
계약미수금	₩20,000[*2]		
미청구공사			
미성공사	₩800,000[*3]		
진행청구액	(770,000)[*1]		
	₩30,000		

(*1) 진행청구액: ₩450,000 + ₩320,000 = ₩770,000

(*2) 계약미수금: ₩770,000(누적청구액) − ₩750,000(누적수령액) = ₩20,000

(*3) 미성공사: ₩800,000(누적계약수익)

① 분개의 해설

　　㉠ 원가발생시: 회사가 현금 등 공사원가를 투입하면 비용으로 처리하지 않고 미성공사라는 자산으로 인식한다. 아직 공사와 관련한 수익이 발생하지 않았으므로 원가발생 시점에서 비용을 인식할 수 없고, 공사원가는 나중에 정부(발주자)로부터 회수할 수 있는 금액이므로 자산의 요건을 충족시킨다.

　　㉡ 대금청구시: 대금청구시에는 청구한 금액만큼 진행청구액이라는 부채를 인식한다. 진행청구액이 부채인 이유는 정부(발주자)에게 대금을 청구한 만큼 공사를 이행해야 할 의무를 갖기 때문이다. 한편, 청구했으나 아직 대금은 수령하지 못했으므로 미수금이라는 자산을 인식한다.

　　㉢ 대금수령시: 대금을 수령하면 현금과 미수금을 상계한다.

　　㉣ 결산시: 결산시에는 진행기준에 의한 당해 회계연도의 수익과 비용을 인식한다. 여기서 수익과 비용 금액은 일치하지 않는 것이 일반적인데 동차액은 당기 계약손익에 해당할 것이고 해당 금액을 미성공사 계정에 기록한다.

② 재무상태표의 해설: 분개를 종합하면 재무상태표에는 진행청구액, 계약미수금, 미성공사 계정이 표시된다.

　　㉠ 진행청구액: 계약대금청구액으로 부채에 해당한다.

　　㉡ 계약미수금: 청구했으나 수령하지 못한 금액으로 자산에 해당한다.

　　㉢ 미성공사: 앞의 분개에서 미성공사는 원가투입시와 결산시 계약손익 대신, 이렇게 두 번 인식한다. 따라서, '미성공사 = 계약원가 + 계약이익 = 계약수익'의 식이 성립한다. 결과적으로 이익이 예상되는 건설계약의 경우 재무상태표에 표시되는 미성공사는 누적계약수익과 동일한 금액이다.

　　㉣ 초과청구공사: 미성공사는 누적계약수익과 동일한 금액으로 정부(발주자)에게 제공해 준 공사금액을 의미하고, 진행청구액은 정부(발주자)에게 대금을 청구했으므로 제공할 의무가 있는 공사금액을 의미한다. 두 계정과목은 동일한 대상(정부)에 대한 권리와 의무이므로 재무상태표에는 상계하여 차감하는 형식으로 표시한다. 이때, 미성공사보다 진행청구액이 크다면 청구한 공사대가가 제공한 공사금액을 초과한다는 의미이므로 초과청구공사라는 계정과목을 이용해 부채로 표시한다.

　　㉤ 미청구공사: ㉣과 마찬가지 이유로 미성공사와 진행청구액은 재무상태표에 상계하여 차감하는 형식으로 표시한다. 이때, 미성공사가 진행청구액보다 크다면 제공한 공사금액 중 청구하지 못한 부분이 있다는 의미이므로 미청구공사라는 계정과목을 이용해 자산으로 표시한다.

◐ 초과청구공사와 미청구공사

상황	계정과목	재무상태표에 표시
미성공사 〈 진행청구액	초과청구공사	부채
미성공사 〉 진행청구액	미청구공사	자산

3. 손실이 예상되는 건설계약

총계약원가가 총계약수익을 초과할 가능성이 높은 경우, 예상되는 손실을 즉시 비용으로 인식한다.

> **사례 ―** 예제

(1) ㈜한국은 20X1년 1월 1일 도로 건설 공사를 정부로부터 ₩1,000,000에 수주하였다. 공사기간 은 20X3년 12월 31일까지이다.
(2) 건설계약과 관련하여 각 회계연도에 발생한 ㈜한국의 계약원가자료 및 계약대금 청구액 및 수령 액은 다음과 같다.

구분	20X1년	20X2년	20X3년
누적발생계약원가	₩360,000	₩721,000	₩1,050,000
추정총계약원가	900,000	1,030,000	1,050,000
계약대금청구액	350,000	350,000	300,000
계약대금수령액	280,000	300,000	420,000

> **설명**

- 수익은 언제나 진행률에 따라 인식한다. 그러나 손실이 예상되는 경우에는 예상되는 손실을 즉시 비용으로 인식하므로 원가(비용)와 이익은 진행률에 따라 인식하지 않는다.

	20X1년	20X2년	20X3년
① 누적발생계약원가	₩360,000	₩721,000	₩1,050,000
② 추정총계약원가	900,000	1,030,000	1,050,000
③ 진행률(① ÷ ②)	40%	70%	100%
④ 누적계약수익(수주액 × ③)	₩400,000	₩700,000	₩1,000,000
⑤ 전기누적계약수익	–	(400,000)	(700,000)
⑥ 계약수익(④ − ⑤)	₩400,000	₩300,000	₩300,000
⑦ 계약원가	(360,000)	②(370,000)	②(320,000)
⑧ 계약이익	₩40,000	①(₩70,000)	①(₩20,000)

- 손실이 예상되는 경우에는 계약원가를 구하는 과정이 다소 복잡하다. 따라서 아래의 실전용 방법을 이용해서 계약이익을 먼저 구한 후에 계약수익과 계약이익의 차액으로 계약원가를 구하는 방법이 훨씬 간편하다. 위의 표에서 20X2년과 20X3년의 계약원가금액은 이런 방법으로 계산하였다.

[계약이익의 계산 – 실전용]

20X1년 계약이익	$(1,000,000 - 900,000) \times$ ↳20X1년에 예상한 전체 계약이익	40% = ₩40,000 ↳20X1년까지 진행률
20X2년 계약손실	$(1,000,000 - 1,030,000)$ ↳예상손실을 전액 인식	$- 40,000$ = (₩70,000) ↳전기 이익 취소
20X3년 계약손실	$(1,050,000 - 1,000,000)$ ↳전체계약손실 확정액	$- (30,000)$ = (₩20,000) ↳전기 인식 손실

📖 선생님 TIP

표에서 '계약수익 계산 → 계약이익 계산 → 두 금액의 차액으로 계약원가 계산' 이런 방법으로 계약원가를 계산하였다. 그러나 시험에서는 대부분 계약이익(손실)을 묻고 있으므로 계약원가의 계산에 크게 신경쓰지 않아도 된다.

사례와 관련한 각 회계연도의 분개는 아래와 같다.

구분		회계처리					
20X1년	원가발생시	(차)	미성공사	360,000	(대)	현 금	360,000
	대금청구시	(차)	계약미수금	350,000	(대)	진행청구액	350,000
	대금수령시	(차)	현 금	280,000	(대)	계약미수금	280,000
	결산시	(차)	계약원가	360,000	(대)	계약수익	400,000
			미성공사	40,000			
20X2년	원가발생시	(차)	미성공사	361,000	(대)	현 금	361,000
	대금청구시	(차)	계약미수금	350,000	(대)	진행청구액	350,000
	대금수령시	(차)	현 금	300,000	(대)	계약미수금	300,000
	결산시	(차)	계약원가	370,000	(대)	계약수익	300,000
					(대)	미성공사	70,000
20X3년	원가발생시	(차)	미성공사	329,000	(대)	현 금	329,000
	대금청구시	(차)	계약미수금	300,000	(대)	진행청구액	300,000
	대금수령시	(차)	현 금	420,000	(대)	계약미수금	420,000
	결산시	(차)	계약원가	320,000	(대)	계약수익	300,000
					(대)	미성공사	20,000
		(차)	진행청구액	1,000,000	(대)	미성공사	1,000,000

20X1년과 20X2년 말의 재무상태표를 표시하면 아래와 같다.

재무상태표

(주)한국   20X1년 12월 31일 현재   (단위: 원)

유동자산
　계약미수금   ₩70,000[*2]
　미청구공사
　　미성공사   ₩400,000[*3]
　　진행청구액   (350,000)[*1]
　　　　　　　　　　　　₩50,000

(*1) 진행청구액: ₩350,000(청구액)
(*2) 계약미수금: ₩350,000(청구액) − ₩280,000(수령액) = ₩70,000
(*3) 미성공사: ₩400,000(계약수익)

재무상태표

(주)한국   20X2년 12월 31일 현재   (단위 : 원)

유동자산   유동부채
　계약미수금   ₩120,000[*2]   　초과청구공사
　　　　　　　　　　　　　　　　　　　진행청구액   ₩700,000[*1]
　　　　　　　　　　　　　　　　　　　미성공사   (691,000)[*3]
　　　　　　　　　　　　　　　　　　　　　　　　　₩9,000

(*1) 진행청구액: ₩350,000 + ₩350,000 = ₩700,000
(*2) 계약미수금: ₩700,000(누적청구액) − ₩580,000(누적수령액) = ₩120,000
(*3) 미성공사: ₩721,000(누적원가) + (₩30,000)(손실예상액 − 전액인식) = ₩691,000[1]

1) 손실이 예상되는 경우에는 미성공사를 누적계약수익으로 인식할 수 없다. 공사손익을 진행률에 의해 인식하지 않기 때문이다. 따라서 '미성공사 = 누적계약원가 + 계약손익(손실: 전액인식)'의 식으로 미성공사를 계산한다.

01 매입에누리 및 매입할인은 매입에서 차감하고 매입운임은 매입에 가산한다. ( )

02 매출환입 및 매출운임은 매출에서 차감한다. ( )

03 제삼자를 대신해서 회수한 금액(예 일부 판매세)은 수익에서 제외한다. ( )

04 상품권을 발행하고 현금을 수취하는 시점에 수익을 인식한다. ( )

05 반품가능성을 예측할 수 있는 경우에는 제품을 이전할 때 수익을 인식하고, 반품가능성을 예측할 수 없는 경우에는 제품을 이전할 때 수익을 인식하지 않는다. ( )

06 예술공연, 축하연, 기타 특별공연 등에서 발생하는 수익은 입장권을 판매하는 시점에 수익을 인식한다. ( )

07 정기구독하는 출판물의 가액이 매기 비슷한 경우에는 발송기간에 걸쳐 정액기준으로 수익을 인식한다. ( )

08 위탁판매에서는 수탁자가 제3자에게 재화를 판매하는 시점에 수탁자가 수익을 인식한다. ( )

09 광고매체수수료는 광고가 대중에게 전달될 때 수익으로 인식하고 광고제작수수료는 광고 제작의 진행률에 따라 수익으로 인식한다. ( )

---

01 ○
02 × 매출운임은 매출에서 차감하지 않고 판매비로 분류하여 비용처리한다.
03 ○
04 × 상품권 발행회사는 상품권을 발행하고 현금을 수령하는 경우 수익으로 인식하지 않고 상품권의 액면금액을 계약부채의 과목으로 하여 부채로 계상한다.
05 ○
06 × 예술공연, 축하연, 기타 특별공연 등에서 발생하는 수익은 행사가 개최되는 시점에 인식한다.
07 ○
08 × 위탁판매에서는 수탁자가 제3자에게 재화를 판매하는 시점에 위탁자가 수익을 인식한다.
09 ○

1 에누리 · 환출입 · 할인 · 운임

⊘ SOLUTION

에누리 · 환출입 · 할인은 매출 및 매입에서 직접 차감한다. 반면, 매입운임은 매입에 가산하고 매출운임은 판매비로 처리한다. 즉, 매출운임과 매출은 관계없는 계정이다.

⊕ 에누리 · 환출입 · 할인 · 운임

	포괄손익계산서		
에누리 · 환입 · 할인 차감 →	매출		×××
	매출원가		×××
	기초상품	×××	
에누리 · 환출 · 할인 차감 매입운임 가산 →	(+) 당기매입	×××	
	(−) 기말상품	×××	
	매출총이익		×××
매출운임 분류 →	판매비		×××
	관리비		×××
	영업이익		×××

01 ㈜대한의 2010 회계연도의 매출 및 매입 관련 자료에 대한 설명으로 옳은 것은? 2011년 국가직 9급

총 매 출 액	₩1,000	총 매 입 액	₩700
기 초 재 고	400	기 말 재 고	300
매 출 환 입	100	매 입 에 누 리	100
매 출 할 인	100	매 입 할 인	100
매 입 운 임	100		

① 순매출액은 ₩900이다.

② 순매입액은 ₩800이다.

③ 매출원가는 ₩700이다.

④ 매출총이익은 ₩200이다.

---

01 ③

	포괄손익계산서		
매출	1,000 − 100(환입) − 100(할인)		₩800
매출원가			₩700
기초상품		400	
(+) 당기매입	700 − 100(에누리) − 100(할인) + 100(운임) = 600		
(−) 기말상품		300	
매출총이익			₩100

02 다음 자료를 이용하여 기초 상품 재고액을 계산하면? 2016년 지방직 9급

• 총매출액	₩ 300,000	• 매출에누리	₩ 20,000
• 총매입액	₩ 210,000	• 매입할인	₩ 10,000
• 매출총이익	₩ 100,000	• 기말 상품 재고액	₩ 55,000

① ₩ 15,000   ② ₩ 25,000

③ ₩ 35,000   ④ ₩ 45,000

03 상품매매 기업인 ㈜우리의 결산시점에서 각 계정의 잔액이 다음과 같을 때 매출원가와 매출총이익은? 2014년 지방직 9급

기 초 재 고	₩ 48,000	당 기 총 매 입	₩ 320,000
매 입 에 누 리	3,000	매 입 할 인	2,000
매 입 운 임	1,000	매 입 환 출	4,000
당 기 총 매 출	700,000	매 출 할 인	16,000
매 출 에 누 리	18,000	매 출 환 입	6,000
매 출 운 임	1,000	광 고 비	39,000
급 여	60,000	수 선 유 지 비	5,000
기 말 재 고	30,000		

	매출원가	매출총이익		매출원가	매출총이익
①	₩ 329,000	₩ 331,000	②	₩ 330,000	₩ 330,000
③	₩ 332,000	₩ 328,000	④	₩ 338,000	₩ 362,000

---

02 ③ • 매출원가: 280,000(순매출액) − 100,000(매출총이익) = ₩180,000
　　• X(기초상품) + 200,000 = 180,000(매출원가) + 55,000(기말상품)
　　　X(기초상품) = ₩35,000

03 ② 매출운임, 광고비, 급여, 수선유지비는 판매비와 관리비 등으로 처리되는 계정으로 매출총이익을 구하는 과정에 포함하지 않는다.

포괄손익계산서

매출	700,000 − 18,000(에누리) − 16,000(할인) − 6,000(환입)	₩660,000
매출원가		₩330,000
기초상품		48,000
(+) 당기매입	320,000 − 3,000(에누리) − 2,000(할인) + 1,000(운임) − 4,000(환출) = 312,000	
(−) 기말상품		30,000
매출총이익		₩330,000

04 ㈜한국은 2016년 1월 1일 영업을 개시하였다. 2016년 12월 31일 회계자료가 다음과 같을 때, 2016년도 매출총이익은?

2016년 국가직 7급

매 출 총 액	₩200,000	매 입 에 누 리	₩1,000	임 차 료	₩5,000
매 입 총 액	₩100,000	매 출 운 임	₩5,000	급 여	₩15,000
매 입 운 임	₩10,000	매 출 할 인	₩5,000	매 입 할 인	₩1,000
이 자 수 익	₩10,000	기말상품재고	₩15,000	기계처분손실	₩2,000

① ₩102,000

② ₩112,000

③ ₩122,000

④ ₩132,000

---

2 수익인식 기준

05 수익인식 단계에 대한 설명으로 옳은 것은?

2019년 관세직 9급

① 수익인식 5단계 순서는 '수행의무 식별 → 계약식별 → 거래가격 산정 → 거래가격 배분 → 수행의무별 수익인식'이다.

② 계약 개시시점에 고객과의 계약에서 약속한 재화나 용역을 검토하여 고객에게 구별되는 재화나 용역을 이전하기로 한 약속을 하나의 수행의무로 식별한다.

③ 거래가격은 고객에게 약속한 재화나 용역을 이전하고 그 대가로 기업이 받을 권리를 갖게 될 것으로 예상하는 금액이며, 이때 제삼자를 대신하여 회수한 금액을 포함한다.

④ 계약 당사자들이 계약을 승인하고 각자의 의무를 수행하기로 확약하거나, 이전할 재화나 용역과 관련된 각 당사자의 권리를 식별할 수만 있으면 계약을 식별할 수 있다.

---

04 ① • 순매출액: 200,000 − 5,000(매출할인) = ₩195,000
  • 순매입액: 100,000 + 10,000(매입운임) − 1,000(매입에누리) − 1,000(매입할인) = ₩108,000
  • 매출원가: 108,000(순매입액) − 15,000(기말상품) = ₩93,000
  • 매출총이익: 195,000 − 93,000 = ₩102,000

05 ② ① 수익인식 5단계: 계약식별 → 수행의무 식별 → 거래가격 산정 → 거래가격 배분 → 수행의무별 수익인식
  ③ 제삼자를 대신하여 회수한 금액은 수익에 포함하지 않는다(부채에 해당).
  ④ 다음 기준을 모두 충족하는 때에만 고객과의 계약을 식별할 수 있다.
    • 계약 당사자들이 계약을 승인하고 각자의 의무를 수행하기로 확약한다.
    • 이전할 재화나 용역과 관련된 각 당사자의 권리를 식별할 수 있다.
    • 이전할 재화나 용역의 지급조건을 식별할 수 있다.
    • 계약에 상업적 실질이 있다.
    • 고객에게 이전할 재화나 용역에 대하여 받을 권리를 갖게 될 대가의 회수 가능성이 높다.

06 수익의 인식을 수반하지 않는 사건에 해당하는 것은?

2018년 서울시 7급

① 상품을 도착지 인도기준으로 판매하기로 하고 운송선박에 선적하였다.
② 상품을 거래처에 위탁하여 판매하였다.
③ 이자부 채권을 매입하고 3개월이 지났으나 이자는 수취하지 못하였다.
④ 용역을 제공하고 용역대금으로 거래처에 대한 매입채무를 상계하였다.

07 ㈜대한은 20X1년 12월 초 위탁판매를 위해 ㈜민국에게 단위당 원가 ₩1,200인 상품 500개를 적송하면서 운임 ₩30,000을 현금 지급하였다. 20X2년 1월 초 위탁판매와 관련하여 ㈜대한은 ㈜민국에서 다음과 같은 판매현황을 보고받았다.

매 출 액	400개 × @₩1,500	= ₩600,000
판 매 수 수 료	₩18,000	
운 임 및 보 관 료	₩12,000	(₩30,000)
㈜대한에게 송금한 금액		₩570,000

㈜대한이 위탁판매와 관련하여 20X1년 재무제표에 인식할 매출액과 적송품 금액은? (단, ㈜대한은 계속기록법을 채택하고 있다)

2018년 국가직 7급

	매출액	적송품 금액
①	₩570,000	₩120,000
②	₩570,000	₩126,000
③	₩600,000	₩120,000
④	₩600,000	₩126,000

---

06 ① 도착지 인도조건으로 판매하고 기말 현재 운송 중인 미착상품에 대해서는 수익을 인식하지 아니한다.

07 ④ · 매출액: ₩600,000

· 기말 적송품: $(1,200 \times 500개 + 30,000) \times \frac{1}{5} = ₩126,000$

08 ㈜대한은 ㈜민국에 TV를 위탁하여 판매하고 있다. 2016년 초 ㈜대한은 TV 10대(대당 판매가격 ₩1,000,000, 대당 원가 ₩800,000)를 ㈜민국에 발송하였으며, 운송업체에 발송비 ₩100,000을 지급하였다. ㈜민국은 ㈜대한으로부터 2016년 초 수탁한 TV 10대 중 8대를 2016년도에 판매하였다. ㈜민국의 위탁판매와 관련하여 ㈜대한이 2016년도에 인식할 매출원가는?

① ₩6,400,000   ② ₩6,480,000
③ ₩6,500,000   ④ ₩8,100,000

09 ㈜한국은 2013년 6월 1일에 원가 ₩300,000의 상품을 ₩500,000에 판매하였다. 판매대금은 2013년 6월 말부터 매월 말 ₩50,000씩 10회에 걸쳐 회수하기로 하였다. 당해 거래에서 할부매출의 명목금액과 현재가치의 차이가 중요하지 않은 경우, 2013년의 매출총이익은? (단, 당해 거래 이외의 매출거래는 없다)

2014년 국가직 7급

① ₩140,000   ② ₩200,000
③ ₩250,000   ④ ₩350,000

---

08 ② 매출원가: (800,000 × 10대 + 100,000) × 80% = ₩6,480,000

09 ② • 상품 판매의 경우 판매기준을 적용하므로 현금회수와 관계없이 판매시점에 전액 매출을 인식한다.
      • 매출총이익: 500,000 − 300,000 = ₩200,000

03 상기업의 회계처리와 수익의 인식 **159**

10 고객과의 계약에서 생기는 수익에 대한 설명으로 옳지 않은 것은? 2019년 지방직 9급

① 고객에게 이전할 재화나 용역에 대하여 받을 권리를 갖게 될 대가의 회수 가능성이 높지 않더라도, 계약에 상업적 실질이 존재하고 이전할 재화나 용역의 지급조건을 식별할 수 있으면 고객과의 계약으로 회계처리한다.

② 수익을 인식하기 위해서는 '고객과의 계약 식별', '수행의무 식별', '거래가격 산정', '거래가격을 계약 내 수행의무에 배분', '수행의무를 이행할 때 수익인식'의 단계를 적용한다.

③ 거래가격 산정 시 제삼자를 대신해서 회수한 금액은 제외하며, 변동대가, 비현금 대가, 고객에게 지급할 대가 등이 미치는 영향을 고려한다.

④ 고객에게 약속한 자산을 이전하여 수행의무를 이행할 때 수익을 인식하며, 자산은 고객이 그 자산을 통제할 때 이전된다.

11 ㈜한국은 20X1년부터 상품 A(단위당 판매가 ₩100,000, 단위당 매입원가 ₩60,000)의 위탁판매를 시작하면서, 수탁자에게 단위당 ₩10,000의 판매수수료를 지급하기로 하였다. 20X1년 ㈜한국이 수탁자에게 적송한 상품 A는 100개이며, 적송운임 ₩40,000은 ㈜한국이 부담하였다. 수탁자는 이 중 50개를 20X1년에 판매하였다. 20X1년 ㈜한국이 상품 A의 위탁판매와 관련하여 인식할 당기이익은? 2019년 지방직 9급

① ₩1,460,000   ② ₩1,480,000

③ ₩1,500,000   ④ ₩2,960,000

---

10 ① 고객에게 이전할 재화나 용역에 대하여 받을 권리를 갖게 될 대가의 회수 가능성이 높은 경우에 수익을 인식한다.

11 ② • 이익을 구하는 것이므로 수익(매출)에서 관련비용(매출원가 및 판매비)을 차감하여야 한다.
      • 100,000 × 50개 − 6,040,000 × 0.5(매출원가) − 50개 × 10,000(판매수수료) = ₩1,480,000

3 건설계약

12 다음은 ㈜청풍의 20X1년 초에 시작해서 20X3년 말에 끝나는 공사계약(총공사계약금액 ₩5,000,000)과 관련된 자료이다. ㈜청풍이 20X2년도에 인식할 공사관련 이익은 얼마인가? (단, ㈜청풍은 발생한 누적계약원가를 추정총계약원가로 나눈 진행률(진행기준)을 사용하여 수익과 비용을 인식한다) <small>2010년 주택관리사</small>

구분	20X1	20X2	20X3
발생한 누적계약원가	₩800,000	₩2,700,000	₩4,500,000
추정 총계약원가	4,000,000	4,500,000	4,500,000

① ₩100,000

② ₩150,000

③ ₩200,000

④ ₩250,000

---

12 ① • 20X1년 계약이익: $(5,000,000 - 4,000,000) \times \dfrac{8}{40} = ₩200,000$

    • 20X2년 계약이익: $(5,000,000 - 4,500,000) \times \dfrac{27}{45} - 200,000 = ₩100,000$

13 ㈜한국은 2012년에 ㈜민국과 컨설팅용역을 3년간 제공하기로 하는 계약을 체결하였으며, 총계약금액은 ₩5,000,000이다. ㈜한국의 용역수익 인식은 진행기준을 적용하고 있으며, 3년 동안의 컨설팅 용역과 관련된 원가 자료는 다음과 같다. ㈜한국의 2013년 용역이익은?

2015년 관세직 9급

구분	2012년	2013년	2014년
당기발생 용역원가	₩600,000	₩900,000	₩1,700,000
용역완료 시까지 추가소요 용역원가	2,400,000	1,500,000	–

① ₩600,000
② ₩975,000
③ ₩1,000,000
④ ₩1,600,000

14 다음은 ㈜대한이 2011년 수주하여 2013년 완공한 건설공사에 관한 자료이다.

구분	2011년	2012년	2013년
당기발생계약원가	₩20억	₩40억	₩60억
총계약원가추정액	80억	100억	120억
계약대금청구	30억	40억	50억
계약대금회수	20억	30억	70억

이 건설계약의 최초 계약금액은 ₩100억이었으나, 2012년 중 설계변경과 건설원가 상승으로 인해 계약금액이 ₩120억으로 변경되었다. ㈜대한이 2012년에 인식할 계약손익은? (단, 진행률은 누적발생계약원가를 총계약원가추정액으로 나누어 계산한다)

2013년 국가직 7급

① ₩5억 손실
② ₩3억 손실
③ ₩3억 이익
④ ₩7억 이익

---

13 ① • 2012년 이익: $(5,000,000 - 3,000,000) \times \dfrac{6}{30} = ₩400,000$

　　　• 2013년 이익: $(5,000,000 - 3,000,000) \times \dfrac{15}{30} - 400,000 = ₩600,000$

14 ④ • 2011년 이익: $(100억 - 80억) \times \dfrac{20}{80} = ₩5억$

　　　• 2012년 이익: $(120억 - 100억) \times \dfrac{60}{100} - 5억 = ₩7억$

15 ㈜서울은 장기건설계약에 대하여 진행기준을 적용하고 있다. 2017년도에 계약금액 ₩20,000의 사무실용 빌딩 건설계약을 하였다. 2017년 말 현재 공사진행률은 30%, 당기에 인식한 공사이익의 누계액은 ₩1,500 이고 추정 총계약원가는 ₩15,000이다. 또한, 2018년 말 현재 공사진행률은 60%, 지금까지 인식한 공사이익의 누계액은 ₩2,400이고 추정 총계약원가는 ₩16,000이다. 2018년도에 발생한 계약원가는 얼마인가?

2017년 서울시 9급

① ₩4,500   ② ₩5,100

③ ₩6,000   ④ ₩9,600

16 ㈜대한은 2014년 1월 1일에 도로건설계약(공사기간: 2014.1.1 ~ 2016.12.31)을 체결하고 공사를 진행하였다. 총계약수익은 ₩300,000이며, 이 도로를 건설하는 데 필요한 총계약원가는 ₩200,000으로 추정되었다. 당해 건설계약에서 실제로 발생한 누적계약원가가 다음과 같을 때, 이 건설계약에 대한 설명으로 옳지 않은 것은? (단, 진행률은 실제 발생한 누적계약원가를 추정총계약원가로 나눈 비율로 계산한다)

2016년 관세직 9급

구분	2014년	2015년	2016년
누적계약원가	₩50,000	₩130,000	₩200,000

① 2014년의 계약진행률은 25%이다.
② 2016년의 계약수익은 ₩105,000이다.
③ 2015년까지의 누적계약진행률은 65%이다.
④ 2015년에 인식할 계약이익은 ₩65,000이다.

---

15 ② • 2017년도 진행률 30% = 2017년도 계약원가(X) ÷ 15,000, X = ₩4,500
     • 2018년도 진행률 60% = {4,500 + 2018년도 계약원가(X)} ÷ 16,000, X = ₩5,100

16 ④ ① 2014년의 계약진행률: $\dfrac{5}{20}$ = 25%

     ② 2015년까지 계약수익: 300,000 × $\dfrac{13}{20}$ = ₩195,000

       2016년 계약수익: 300,000 − 195,000 = ₩105,000

     ③ 2015년까지의 누적계약진행률: $\dfrac{13}{20}$ = 65%

     ④ 2014년 계약이익: (300,000 − 200,000) × $\dfrac{5}{20}$ = ₩25,000

       2015년 계약이익: (300,000 − 200,000) × 65% − 25,000 = ₩40,000

17 ㈜한국은 2014년 초에 시작되어 2016년 말에 완성되는 건설계약을 ₩300,000에 수주하였다. ㈜한국은 진행기준으로 수익과 비용을 인식하며, 건설계약과 관련한 원가는 다음과 같다. ㈜한국이 2016년에 인식할 공사손익은? (단, 진행률은 발생한 누적계약원가를 추정총계약원가로 나누어 계산한다) 2016년 국가직 9급

구분	2014년	2015년	2016년
당기발생원가	₩30,000	₩50,000	₩120,000
완성 시까지 추가소요원가	₩70,000	₩20,000	−

① ₩60,000 이익

② ₩60,000 손실

③ ₩80,000 이익

④ ₩80,000 손실

18 ㈜서울건설은 2013년 초에 도급금액이 ₩1,000이며 공사기간이 3년인 공사계약을 체결하였다. 그리고 계약시점부터 3년간의 공사예정원가를 ₩800으로 추정하였으며, 회사의 공사계약은 해당 계약 1건만 존재한다. 추가 자료는 아래와 같다. 당해 공사와 관련하여 2014년 말 재무상태표에 표시될 미청구공사 또는 초과청구공사 잔액은 얼마인가? (단, 진행률 산정기준은 투입원가 기준이다) 2016년 서울시 9급

구분	2013년	2014년	2015년
당기발생원가	₩200	₩400	₩200
완성시점까지의 추가발생원가	₩600	₩200	−
공사대금 청구액	₩300	₩400	₩300
공사대금 수령액	₩200	₩400	₩400

① 미청구공사 ₩50

② 미청구공사 ₩100

③ 초과청구공사 ₩600

④ 초과청구공사 ₩700

---

17 ② • 2015년 계약손익: $(300,000 - 100,000) \times \dfrac{8}{20} = ₩160,000$(이익)

• 2016년 계약손익: $(300,000 - 200,000) - 160,000 = ₩60,000$(손실)

18 ① • 미성공사(= 누적계약수익): $1,000 \times \dfrac{6}{8} = ₩750$

• 진행청구액: $300 + 400 = ₩700$

• 미청구공사: $750 - 700 = ₩50$

19 ㈜서울이 2017년 수주한 장기건설공사는 3년간에 걸쳐서 수행될 예정이며, 당해 건설계약의 결과를 신뢰성 있게 추정할 수 있다. 계약금액은 ₩2,500,000이다. 진행기준 적용 시 진척도는 총 추정원가 대비 현재까지 발생한 누적원가의 비율을 사용한다. 관련 정보가 다음과 같을 때, 건설공사와 관련하여 2017년도의 미성공사 계정과 진행청구액 계정은 재무상태표에 어떻게 표시되는가?

2017년 서울시 7급

구분	2017년	2018년
당기발생원가	₩500,000	₩1,300,000
완성시까지 추가소요원가	1,500,000	1,200,000
대금청구액	550,000	2,490,000
대금회수액	450,000	2,000,000

① 미청구공사 ₩75,000
② 미청구공사 ₩125,000
③ 초과청구공사 ₩75,000
④ 초과청구공사 ₩125,000

20 ㈜한국은 20X1년 1월 1일 총계약금액 ₩60,000의 건설공사를 수주하였다. ㈜한국이 진행기준을 사용하여 해당 건설공사를 회계처리하는 경우, 20X2년 말 재무상태표에 표시할 미청구공사(유동자산) 금액은?

2017년 국가직 7급

항목	20×1년	20×2년	20×3년
발생 누적계약원가	₩8,000	₩35,000	₩50,000
총계약예정원가	40,000	50,000	50,000
계약대금청구	10,000	30,000	20,000
계약대금회수	7,000	28,000	25,000

① ₩2,000
② ₩3,000
③ ₩40,000
④ ₩42,000

---

19 ① • 미성공사(누적계약수익): $2,500,000 \times \dfrac{5}{20} = ₩625,000$

• 진행청구액: ₩550,000

• 625,000 − 550,000 = ₩75,000(미청구공사)

20 ① • 미성공사(누적계약수익): $60,000 \times \dfrac{35}{50} = ₩42,000$

• 진행청구액: 10,000 + 30,000 = ₩40,000

• 미청구공사: 42,000 − 40,000 = ₩2,000

04 금융자산(1)-현금및현금성자산과 매출채권

1 현금및현금성자산

1. 예금의 종류

구분	내용		계정분류
요구불예금	보통예금: 현금으로 인출		현금및현금성자산
	당좌예금: 수표나 어음을 발행하여 인출		
정기예금	인출이 자유롭지 않음		금융상품
정기적금	(인출을 위해서는 이자의 상당액을 포기)		

회사는 언제나 적절한 내부통제제도를 갖추어야 한다. 내부통제제도란 제도적으로 종업원의 횡령 등 부정을 방지하는 것으로 이를 위해 회사는 적절한 업무 분장을 해야 하고 회사 내부에 현금을 보관하지 않아야 한다. 예를 들어, 한명의 직원이 현금의 수납과 장부기록 업무를 동시에 수행한다면 현금이 수납되었을 때 장부에 기록하지 않고 개인적으로 유용하는 등의 부정이 가능하므로 이는 내부통제제도가 적절히 갖추어지지 않은 경우이다.

마찬가지로 내부통제제도 상 회사는 내부에 현금을 보관하지 않는다. 회사는 현금을 내부에 보관하지 않고 은행에 현금을 예치하고 필요할 때마다 현금으로 출금하여 사용하는데, 필요할 때마다 현금으로 출금할 수 있는 예금을 요구불예금이라고 한다. 요구불예금 중 대표적인 예금이 보통예금과 당좌예금이다.

보통예금은 우리가 일상생활에서 사용하는 것으로 거래처 등에 대금을 지급할 때 현금으로 자금을 인출하여야 한다. 현금으로 자금을 인출하게 되면 거액의 자금을 인출하는 경우 분실의 위험이 있고 종업원 등에 의한 부정의 소지가 여전히 남아있으므로 회사가 보통예금을 사용하는 것은 바람직하지 않다.

따라서 회사는 수표나 어음으로 대금을 지급하는 당좌예금을 일반적으로 사용한다. 보통예금이나 당좌예금과 같은 요구불예금은 회사가 원하면 언제든 현금으로 인출할 수 있으므로 기말 재무상태표에 보고시 현금및현금성자산의 과목으로 보고한다.

> 정기예금 및 정기적금을 현금및현금성자산으로 분류하지 않도록 주의한다.

반면 정기예금이나 정기적금의 경우, 자금을 인출하기 위해서는 중도 해약이라는 절차를 거쳐야 한다. 정기예금이나 정기적금을 중도에 해약하게 되면 발생한 이자의 상당액을 포기해야 하므로 요구불예금처럼 인출이 자유롭다고 보기 어렵다. 따라서 정기예금과 정기적금은 금융상품으로 분류한다.

2. 당좌예금

(1) 수표와 어음

수표나 어음을 발행하여 현금을 인출하는 예금을 당좌예금이라고 한다. 회사가 당좌예금계좌를 개설하기 위해서는 은행에 당좌개설보증금을 예치하여야 한다. 당좌개설보증금은 당좌예금계좌를 해지하기 이전에는 기업이 인출하여 사용할 수 없으므로 장기금융상품의 과목으로 하여 비유동자산으로 분류한다.

당좌예금의 거래 구조는 아래와 같다.

선생님 TIP

기업이 당좌예금계좌를 스스로 해지하는 경우는 매우 드물다.

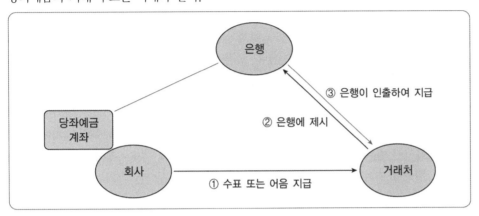

◐ 당좌예금의 거래 구조

위 거래의 ①에서 회사가 거래처에 수표를 지급할 수도 있고 어음을 지급할 수도 있는데 그림에서 보듯이 수표와 어음의 거래 구조는 기본적으로 동일하지만 수표와 어음은 아래와 같은 차이가 있다.

◐ 수표와 어음의 차이

구분	기재사항	특징	계정분류
수표	발행일	언제든 현금 교환 가능	현금및현금성자산
어음	만기일	만기일 이후 현금 교환 가능	매출채권

회사가 상품을 판매하고 수표를 수령하였다고 가정하면 수표는 발행일이 기재되어 있고 발행일 이후에는 언제든 은행에서 현금과 교환할 수 있으므로 수표는 현금과 실질에서 차이가 없다. 따라서 타인발행수표는 현금및현금성자산으로 분류하여 보고한다.

반면, 어음을 수령한 경우, 어음은 만기일이 기재되어 있고 만기일 이후에 현금과 교환할 수 있다. 즉, 어음을 수령한 것은 외상으로 상품을 판매한 것과 실질이 다르지 않다. 따라서 받을어음은 매출채권으로 분류하여 보고한다.

한편, 선일자수표는 미래의 특정 일자를 발행일로 하여 발행한 수표이다. 선일자수표는 표면상 수표이지만 미래의 특정 일자가 실질이 만기에 해당하므로 그 실질이 어음과 같다고 할 수 있다. 따라서 선일자수표는 수표로 분류하지 않고 어음으로 분류한다.

(2) 당좌차월

당좌예금과 관련해서는 상황에 따라 아래와 같은 분개가 발생한다.

[당좌예금에 예금시]

(차) 당 좌 예 금   ×××   (대) 현   금   ×××

[상품을 매입하며 당좌수표를 지급]

(차) 매   입   ×××   (대) 당 좌 예 금   ×××

한편, 기업은 수표를 발행할 때 당좌예금 잔액의 범위 내에서만 발행할 수 있다. 만일 당좌예금 잔액의 범위를 초과하여 수표를 발행하는 경우에는 수표대금의 인출이 정상적으로 일어나지 않으므로 당좌거래가 정지된다. 당좌거래가 정지된다는 것은 일상생활에서 말하는 부도를 의미한다.

수표는 당좌예금 계좌의 잔액 범위 내에서만 발행하여야 하지만 어음은 당좌예금 계좌에 잔액이 없는 경우에도 발행할 수 있다. 어음은 발행일이 아닌 미래의 특정 일자에 어음대금을 지급하기 때문이다. 다만, 어음의 경우에도 어음대금의 결제가 정상적으로 일어날 수 있도록 만기일 전까지 당좌예금 계좌에 어음대금 이상의 잔액을 유지해야 한다.

회사는 당좌예금의 잔액이 없는 경우에는 수표를 발행할 수 없지만 은행과 당좌차월계약을 체결한 경우에는 당좌예금의 잔액이 없는 경우에도 일정한 한도 내에서 수표를 발행할 수 있다. 당좌차월계약은 은행과 맺은 차입약정이며, 당좌예금계정의 잔액이 부(-)의 잔액을 갖는 경우로 일상생활에서 의미하는 마이너스 통장의 개념으로 생각하면 된다. 기업이 당좌예금의 범위를 초과하여 수표를 발행하는 경우, 동 초과액은 당좌차월의 계정으로 기록하고 재무상태표에 보고 시에는 단기차입금과 합산하여 유동부채로 보고한다.

[상품을 매입하며 당좌수표를 지급(당좌예금 잔액이 부족한 경우)]

(차) 매   입   ×××   (대) 당 좌 예 금   ×××
                                    당 좌 차 월   ×××

(3) 부도수표와 부도어음

회사가 거래처에 상품을 판매하고 수표를 교부받아 은행(당좌예금계좌)에 입금하였는데, 수표발행자의 당좌예금계좌에 잔액이 부족하여 수표대금이 정상적으로 회수되지 않을 수 있다. 이를 부도수표라 하며 아래와 같이 회계처리한다.

[채무자의 당좌예금계좌에 잔액이 부족하여 수표 부도시]

(차) 부 도 수 표   ×××   (대) 당 좌 예 금   ×××

마찬가지로 받을어음이 어음발행자의 당좌예금계좌에 잔액이 부족하여 부도어음이 된 경우 아래와 같이 회계처리한다.

[채무자의 당좌예금계좌에 잔액이 부족하여 어음 부도시]

(차) 부 도 어 음   ×××   (대) 받 을 어 음   ×××

부도수표 및 부도어음이라 하더라도 재무상태표에는 매출채권으로 보고한다. 다만 대금의 회수 가능성이 낮다고 판단되면 대손충당금을 설정한다.

3. 소액현금제도

(1) 소액현금제도의 운영

회사가 대금을 지급하는 경우 당좌수표 등을 발행하여 지급하는 것이 바람직하지만 식비, 교통비 등 소액 지출의 경우에도 매번 수표를 발행하여 지급하는 것은 효율적이지 않다. 따라서 기업에서는 소액지출에 사용할 약간의 현금을 각 부서 등에서 보유하고 있는데 이를 소액현금제도라고 한다.

소액현금제도에서는 우선 수표를 발행하여 소액현금을 설정하여야 한다. 수표를 발행하여 소액현금을 설정하는 경우 당좌예금의 잔액이 감소하고 소액현금의 잔액이 증가할 것이다.

소액현금제도 하에서는 현금 지출이 있을 때마다 장부기록을 하는 것은 효율적이지 않으므로 1주일, 1개월 등 정기적으로 한꺼번에 장부기록을 하게 되는데, 소액현금을 감소시키고 증빙(영수증 등)을 이용하여 적절한 계정과목으로 비용처리를 하면 된다. 결산 후에는 적절한 금액만큼 다시 수표를 발행하여 소액현금을 보충한다.

[소액현금 설정시]

(차) 소 액 현 금   ×××   (대) 당 좌 예 금   ×××

[소액현금 결산시]

(차) 소 모 품 비   ×××   (대) 소 액 현 금   ×××
　 식 　 　 비   ×××

[소액현금 보충시]

(차) 소 액 현 금   ×××   (대) 당 좌 예 금   ×××

(2) 현금과부족

현금은 부정의 위험이 높은 자산이므로 수시로 현금 실사를 통해 장부상 소액현금 잔액과 실제잔액이 일치하는지를 확인해야 한다. 만일 두 금액이 일치하지 않는다면 현금과부족이라는 계정과목을 이용해 아래와 같이 회계처리한다.

① 실제 현금잔액이 부족한 경우

　[현금 부족 확인시]

　(차) 현 금 과 부 족   ×××   (대) 소 액 현 금   ×××

　[현금 부족액이 식비로 확인된 경우]

　(차) 식 　 　 　 비   ×××   (대) 현 금 과 부 족   ×××

　[현금 부족액의 원인을 밝히지 못한 경우]

　(차) 잡 　 손 　 실   ×××   (대) 현 금 과 부 족   ×××

② 실제 현금잔액이 과다한 경우

[현금 과다 확인시]

(차) 소 액 현 금　　×××　　(대) 현 금 과 부 족　　×××

[현금 과다액이 매출채권 회수로 확인된 경우]

(차) 현 금 과 부 족　　×××　　(대) 매 출 채 권　　×××

[현금 과다액의 원인을 밝히지 못한 경우]

(차) 현 금 과 부 족　　×××　　(대) 잡　　이　　익　　×××

현금과부족은 임시적으로 설정한 계정이므로 그 차이의 원인을 밝혀서 재무제표에 나타내야 한다. 재무제표 상에는 절대로 현금과부족이라는 계정이 존재해서는 안 된다. 다만, 차이의 원인을 밝히지 못했을 경우에는 잡손실 또는 잡이익의 계정으로 처리한다.

4. 현금성자산의 분류

회사는 총계정원장 상의 계정과목 중 현금뿐만 아니라 별다른 제약 없이 통화와 교환될 수 있거나 지불수단이 될 수 있는 통화대용증권을 묶어서 기말 재무상태표에 현금및현금성자산으로 공시한다.

현금및현금성자산에는 다음과 같은 항목들이 포함된다.

① 지폐나 주화 등 통화
② 보통예금, 당좌예금 등 요구불예금
③ 우편환증서, 송금환
④ 타인발행 수표
⑤ 기일도래 공사채이자표, 배당금지급통지표
⑥ 공장·지점전도금

한편, 다음과 같은 항목들은 현금및현금성자산으로 분류할 수 없다.

① 우표, 수입인지: 소모품
② 종업원 가불금, 차용증서: 단기대여금
③ 받을어음: 매출채권
④ 선일자수표: 매출채권

(1) 금융상품

금융상품이란 은행, 증권사 등 금융회사가 취급하는 상품으로 기업은 여유자금을 금융상품에 투자함으로써 조금이라도 더 많은 수익을 올리고자 한다. 금융상품의 대표적인 예로는 다음과 같은 것들이 있다.

📖 선생님 TIP

기업회계기준서 제1032호 '금융상품' 표시에서 정의하는 금융상품과 본문단에서 설명하는 금융상품은 개념 상의 차이가 있다. 이는 9장 '금융자산 (2)-지분상품과채무상품'에서 자세히 설명한다.

① 정기예금과 정기적금
② 양도성예금증서(CD, certificate of deposit): 금융회사가 정기예금에 대하여 발행하는 무기명예금증서로 정기예금과는 달리 금융시장에서 자유롭게 매매가 가능하다.
③ 기업어음(CP, commercial paper): 신용도가 높은 우량기업이 발행한 어음으로 금융기관이 이를 할인 매입하여 일반 고객에게 판매한 어음이다. 상품을 매입하며 거래처에 지급한 일반적인 어음과는 달리 자금을 차입할 목적으로 발행한 어음이다.
④ 머니마켓펀드(MMF, money market fund): 금융회사가 고객들로부터 자금을 모아 펀드를 구성한 후 금리가 높은 단기금융상품에 투자하여 그 수익을 고객에게 돌려주는 금융상품이다.
⑤ 종합자산관리계좌(CMA, cash management account): MMF와 비슷한 성격이나 MMF에 비해 투자 대상의 범위가 훨씬 넓다.
⑥ 환매채(RP, repurchase agreement): 금융회사가 일정기간 후 일정금리를 가산하여 되사는 조건으로 발행한 채권이다.

(2) 금융상품의 분류

🔍 표로 미리보기 | 금융상품의 분류

기준일	만기	계정분류	특징
취득일	3개월 이내	현금성자산	확정된 현금으로 전환이 용이하고 가치변동이 거의 없음
결산일	1년 이내	단기금융상품	–
결산일	1년 이후	장기금융상품	–

현금성자산은 유동성이 매우 높은 단기 투자자산으로서 확정된 금액의 현금으로 전환이 용이하고 가치변동의 위험이 중요하지 않은 자산을 말한다. 투자자산은 취득일로부터 만기일 또는 상환일이 3개월 이내인 경우에만 현금성자산으로 분류된다.

중요한 점은 만기일을 계산할 때 기준시점이 보고기간 말이 아니라 취득일이라는 점이다. 예를 들어, 20X2년 2월 28일로 만기가 돌아오는 양도성예금증서를 재무상태표에 보고할 때는 취득일이 20X1년 12월 15일이었다면 취득 당시 만기가 3개월 이내에 도래하므로 현금성자산으로 분류하지만, 취득일이 20X1년 11월 1일이었다면 취득 당시 만기가 3개월을 초과하므로 단기금융상품으로 분류해야 한다.

현금성자산은 회사가 취득한 날부터 3개월을 계산하는 것이므로 당해 자산의 최초발행일을 고려하지 않는다. 예를 들어, 20X1년 7월 1일에 최초로 발행한 양도성예금증서를 회사가 20X1년 12월 15일에 취득하였고 당해 양도성예금증서의 만기가 20X2년 2월 28일이라고 할 경우 회사가 취득한 날부터 만기까지의 기간이 3개월 이내이므로 현금성자산으로 분류한다.

현금및현금성자산과 마찬가지로 단기(장기)금융상품 역시 재무상태표에 표시되는 계정과목이다. 분개장 및 총계정원장에는 정기예금, 양도성예금증서, 환매채 등으로 회계처리를 하고 기말 재무상태표 작성 시 만기에 따라 현금및현금성자산, 단기금융상품, 장기금융상품 등으로 분류한다.

금융상품 중에는 사용이 제한되어 있는 경우가 있는데, 사용이 제한되어 있는지의 여부는 금융상품의 분류와는 무관하지만 현금성자산으로 분류할 수는 없다. 일반적으로 토지, 건물 등 부동산의 사용을 제한할 때는 저당권을 설정하고, 금융상품이나 유가증권 등 동산의 사용을 제한할 때는 질권을 설정한다.

마지막으로 받을어음은 현금성자산으로 분류할 수 없고 매출채권으로 분류한다. 회사가 상품을 판매하고 거래처로부터 수령한 받을어음의 만기가 3개월 이내라 하더라도 동어음은 금융회사가 취급하는 정형화된 상품에 해당하지 않으므로 현금성자산이 아닌 매출채권으로 분류한다.

⊕ 현금및현금성자산의 분류

구분	분류항목		계정분류
현금및 현금성자산	통화 및 타인발행수표, 보통예금·당좌예금 등 요구불예금, 우편환증서, 송금환, 기일도래 공사채이자표, 배당금지급통지표, 공장·지점전도금, 현금성자산		현금및 현금성자산
금융상품	정기예금, 정기적금, 환매채, 양도성예금증서, 기업어음, MMF 등	취득일로부터 3개월 이내 만기도래	현금성자산
		결산일로부터 1년 이내 만기도래	단기금융상품
		결산일로부터 1년 이후 만기도래	장기금융상품

사례 예제 ―

다음은 ㈜한국이 20X1년 12월 31일 현재 보유하고 있는 현금 및 금융상품 등의 내역이다. 계정의 분류를 올바르게 수행하시오.

현금	₩25,000	양도성예금증서(120일 만기)	₩50,000
당좌차월	20,000	환매채(90일 환매조건)	400,000
1년 이후 만기도래 정기적금	250,000	타인발행수표	30,000
기일도래 공사채이자표	5,000	당좌개설 보증금	10,000
1년 이내 만기도래 정기예금 (질권설정)	30,000		

해설 --

현금	₩25,000	현금및현금성자산
양도성예금증서(120일 만기)	50,000	만기가 3개월을 초과하므로 단기금융상품
당좌차월	20,000	단기차입금(유동부채)
환매채(90일 환매조건)	400,000	만기가 3개월 이내이므로 현금및현금성자산
1년 이후 만기도래 정기적금	250,000	장기금융상품
타인발행수표	30,000	현금및현금성자산
기일도래 공사채이자표	5,000	현금및현금성자산
당좌개설 보증금	10,000	장기금융상품
1년 이내 만기도래 정기예금 (질권설정)	30,000	단기금융상품(질권설정 여부는 무관)

5. 은행계정조정

회사가 당좌예금 계좌를 가지고 있는 경우, 특정일 현재 은행측 당좌예금계정의 잔액은 회사측 장부상의 잔액과 항상 일치하여야 한다. 그러나 여러 가지 원인으로 인하여 이들 잔액이 서로 일치하지 않을 수 있는데, 이 차이를 조정하는 과정을 은행계정조정이라고 한다.

은행계정조정을 수행할 때는 회사측의 잘못으로 회사측 장부금액을 수정해야 하는 항목과 은행측 잘못으로 은행측 잔액을 수정해야 하는 항목이 있는데 대표적인 사례는 아래와 같다.

⊙ 은행계정조정표 조정방법

구분	항목	내용
은행측 잔액을 조정	미기입예금(마감후입금)	회사가 입금한 내역을 은행이 처리하지 않음
	미결제수표(미인출수표)	회사가 발행한 수표를 은행이 처리하지 않음
회사측 잔액을 조정	미통지입금(미착예금)	거래처에서 회사계좌에 입금하였으나 회사가 알지 못함
	이자수익	회사계좌에 이자수익이 입금되었으나 회사가 알지 못함
	부도수표(어음)	회사가 예입한 수표가 부도처리되었으나 회사가 알지 못함
	이자비용	회사계좌에서 이자비용이 차감되었으나 회사가 알지 못함
	은행수수료	회사계좌에서 은행수수료가 차감되었으나 회사가 알지 못함

위의 상황을 구체적으로 설명하면 아래와 같다.

① 미기입예금(마감후입금): 회사가 수령한 타인발행수표를 은행에 입금하고 회사의 당좌예금 장부에도 입금 기록하였으나, 은행이 동일자로 입금처리하지 않은 경우 → 은행측 잔액에 가산

② 미결제수표(미인출수표): 회사가 수표를 발행하면서 회사의 당좌예금 장부에 출금 기록하였으나, 수표 소지인이 수표를 은행에 제시하지 않아 은행측 잔액이 아직 출금 처리가 되지 않은 경우 → 은행측 잔액에 차감

③ 미통지입금(미착예금): 거래처가 매출채권 대금을 입금하였으나 회사에 통보되지 않아 회사는 입금 기록을 하지 않은 경우 → 회사측 잔액에 가산

④ 부도수표(어음): 회사가 거래처로부터 수표를 수령하여 은행에 입금하고 장부에 입금 기록하였으나, 동 수표가 부도수표로 판명되어 은행에 최종 입금 처리가 되지 않은 경우 → 회사측 잔액에 차감

⑤ 이자수익, 이자비용, 은행수수료 등: 은행이 회사의 당좌예금 계좌에서 이자수익, 이자비용 또는 은행수수료 등을 입금 또는 출금하였으나 회사가 이러한 사실을 모르고 아무런 기록도 하지 않은 경우 → 회사측 잔액에 가감

⑥ 오류: 다양한 원인으로 인해 발생한 오류 → 원인을 파악하여 회사측 또는 은행측 잔액을 적절하게 수정

한편, 은행계정조정표를 작성하고 난 후 정확한 계정잔액을 보고하기 위해 수정분개를 수행해야 하는데 회사가 장부에 반영해야 할 수정분개는 회사측 조정사항 뿐이다. 은행측 조정사항은 은행에서 수정을 해야 할 사항이기 때문이다.

수정분개를 할 때에는 당좌예금 잔액을 증가시키는 조정은 당좌예금 계정의 차변에, 당좌예금 잔액을 감소시키는 조정은 당좌예금 계정의 대변에 기록한 후, 적절한 상대방 계정과목을 찾아 동일한 금액을 기록한다.

사례 | 예제 ―

아래의 자료를 이용하여 ㈜한국의 20X1년 12월 31일의 은행계정조정표를 작성하고 ㈜한국이 수행할 수정분개를 보이시오.

㈜한국의 20X1년 12월 31일 현재 장부상 당좌예금계정 잔액은 ₩46,000이며, 은행측에 조회한 예금증명서 상의 잔액은 ₩8,000이다.

(1) 12월 30일, ㈜한국이 입금한 수표 ₩50,000이 부도처리되어 소구비용 ₩2,000을 합한 금액이 은행계좌에서 차감되었다.
(2) 12월 중 은행수수료로 발생한 금액은 ₩3,000이지만 회사는 이를 모르고 있었다.
(3) 거래처에서 외상대금으로 입금한 금액이 ₩28,000이지만 회사는 이를 모르고 있었다.
(4) 12월 31일 현재 미기입예금은 ₩6,000이며, 미결제수표는 ₩4,000이다.
(5) 12월 19일, 보유 중인 현금 ₩12,000을 입금하였으나 ₩21,000으로 잘못 기록하였다.

해설

〈은행계정조정표〉
20X1년 12월 31일 현재

수정전 회사측 잔액	₩46,000	수정전 은행측 잔액	₩8,000
(1) 부도수표	(52,000)	(4) 미기입예금	6,000
(2) 은행수수료	(3,000)	미결제수표	(4,000)
(3) 미통지입금	28,000		
(5) 오류	(9,000)		
올바른 잔액	₩10,000		₩10,000

[수정분개]

(차)	부 도 수 표	52,000	(대)	당 좌 예 금	52,000
	은 행 수 수 료	3,000		당 좌 예 금	3,000
	당 좌 예 금	28,000		매 출 채 권	28,000
	현 금	9,000		당 좌 예 금	9,000

2 매출채권

1. 수취채권과 지급채무의 분류

수취채권은 기업이 다른 기업이나 개인에 대하여 현금이나 재화 및 용역 등을 요구할 수 있는 권리를 말한다. 지급채무는 기업이 다른 기업이나 개인에 대하여 현금이나 재화 및 용역을 제공해야 하는 의무를 말한다. 따라서 수취채권과 지급채무는 서로 대칭적인 관계를 갖고 있다.

수취채권이나 지급채무는 재무상태표일로부터 1년 이내에 만기가 도래하는 경우 유동자산이나 유동부채로 분류하고, 재무상태표일로부터 1년 이후에 만기가 도래하는 경우에는 비유동자산이나 비유동부채로 분류한다. 비유동항목으로 분류되는 수취채권이나 지급채무에는 계정과목 앞에 '장기'라는 표현을 사용한다. 유동항목으로 분류되는 수취채권이나 지급채무에 '단기'라는 표현을 사용할 수도 있지만 일반적으로는 잘 사용하지 않는다.

2. 매출채권과 매입채무

매출채권은 주된 영업활동의 결과로 발생한 외상매출금과 받을어음을 말한다. 외상매출금과 받을어음은 그 실질이 다르므로 분개장과 총계정원장에는 외상매출금과 받을어음 계정을 각각 별도로 설정하여 회계처리하고, 재무상태표에 공시할 때 이를 합산하여 매출채권으로 공시한다.

판매자의 경우가 매출채권이라면 구매자의 경우에는 매입채무가 된다. 매입채무는 주된 영업활동의 결과로 발생한 외상매입금과 지급어음을 말한다. 마찬가지로 외상매입금과 지급어음은 분개장과 총계정원장에는 별도로 회계처리하는 것이 일반적이지만 재무상태표에 공시할 때는 매입채무로 합산하여 공시한다.

일반적으로 회계학에서는 외상매출금(외상매입금)과 받을어음(지급어음)을 구분하지 않고 매출채권(매입채무) 계정과목을 사용한다. 다만 어음에 대해 설명하는 이하의 내용에서만 받을어음(지급어음)이라는 계정과목을 사용하겠다.

> 외상매출금은 외상으로 물건을 판매한 경우이고, 받을어음은 어음을 수령하고 물건을 판매한 경우이다.
>
> 외상매입금은 외상으로 물건을 구매한 경우이고, 지급어음은 어음을 지급하고 물건을 구매한 경우이다.

(1) 어음거래

판매자와 구매자가 상품 매매 거래를 하는 경우, 일반적으로 현금 거래는 잘 일어나지 않고 일정기간 후에 현금을 수수하게 된다. 이때 단순히 후일 현금을 수수하기로 약속만을 하는 경우, 판매자는 외상매출금이라는 계정에 기록하고 구매자는 외상매입금이라는 계정에 기록한다. 그러나 상품을 매매하면서 구매자가 판매자에게 약속어음을 지급하게 되면, 판매자는 받을어음이라는 계정에 기록하고 구매자는 지급어음이라는 계정에 기록한다.

약속어음이란 미리 약정한 지급기일에 일정금액을 미리 정한 장소에서 지급하기로 약속한 증서를 말한다. 일반적으로 기업은 은행에 당좌예금 계좌를 개설하고 은행으로부터 어음용지를 교부받아 사용한다. 약속어음은 약정한 일자에 어음대금을 지급한다는 점에서 발행일에 수표대금을 지급하는 수표와 다르다.

받을어음은 재무상태표에 보고할 때 외상매출금과 합산하여 매출채권으로 보고하며, 지급어음은 외상매입금과 합산하여 매입채무로 보고한다.

〈상품을 거래하고 어음을 수수할 때〉

[상품판매자(채권자)]

(차) 받 을 어 음   ×××   (대) 매   출   ×××

[상품구매자(채무자)]

(차) 매   입   ×××   (대) 지 급 어 음   ×××

〈만기에 어음대금을 회수할 때〉

[상품판매자(채권자)]

(차) 현   금   ×××   (대) 받 을 어 음   ×××

[상품구매자(채무자)]

(차) 지 급 어 음   ×××   (대) 당 좌 예 금   ×××

(2) 어음의 할인

어음의 소지인은 어음 만기일 이전에 자금이 필요한 경우 은행 등의 금융기관에 어음의 권리를 양도하고 현금을 조달할 수 있다. 이렇게 어음의 권리를 은행 등의 금융기관에 양도하고 현금을 조달하는 것을 어음의 할인이라고 한다.

어음을 할인할 때, 어음의 보유자는 어음에 대한 권리를 제3자에게 양도하기 위하여 어음의 뒷면에 기명날인하게 되는데 이를 어음의 배서라고 한다. 어음을 배서하는 경우에는 어음의 권리가 어음을 수령하게 되는 제3자에게 이전되며, 어음을 수령한 제3자는 어음의 만기일에 어음을 은행에 제시하고 어음대금을 수령하면 된다.

한편, 어음만기일에 은행에 어음을 제시할 때도 배서를 하여야 한다. 이때 어음의 배서는 어음대금을 회수하기 위한 것이지 어음의 권리를 제3자에게 양도하기 위한 것이 아니므로 일반적인 배서와는 성격이 다르며, 이렇게 만기일에 어음을 은행에 제시하고 배서하는 것을 추심위임배서라고 한다.

어음의 할인은 다음의 두 가지 거래로 구분된다.

① 제거요건을 충족시키는 경우: 어음에 대한 권리를 양도하고 어음의 소유에 따른 위험과 보상의 대부분을 이전한 경우 → 처분거래

> 예 ㈜한국이 우리은행에 어음을 양도한 상황에서, 만기에 어음대금이 정상적으로 회수되지 않더라도 우리은행이 대손과 관련한 모든 위험을 부담하는 경우

② 제거요건을 충족시키지 못하는 경우: 어음에 대한 권리를 양도하였으나 어음의 소유에 따른 위험과 보상의 대부분을 보유한 경우 → 차입거래

> 예 ㈜한국이 우리은행에 어음을 양도한 상황에서, 만기에 어음대금이 정상적으로 회수되지 않을 때 ㈜한국이 어음대금을 대신 지급해주는 경우

제거요건을 충족시키는 경우에는 어음을 처분한 것과 동일하므로 어음가액과 현금수령액과의 차액은 매출채권처분손실의 과목으로 하여 당기손익으로 처리한다.

이에 반해 제거요건을 충족시키지 못하는 경우에는 어음을 금융기관 등에 담보로 제공하고 현금을 차입한 것으로 보기 때문에 어음가액을 단기차입금으로 기록하고 현금수령액과의 차액은 이자비용의 과목으로 하여 당기손익으로 처리한다.

어음을 할인하는 경우 기업은 은행으로부터 어음가액에서 할인료를 차감한 금액을 현금으로 수령하는데 일종의 선이자성격으로 이해하면 된다.

사례 ─ 예제 **무이자부어음**

(1) ㈜한국은 20X1년 10월 1일에 3개월 만기인 받을어음 ₩100,000을 은행에 할인하였다.
(2) 할인율은 연 12%로 할인료를 월할계산하며, 어음은 만기에 무사히 현금으로 결제되었다.

해설

(1) 현금수령액의 계산

어음가액		₩100,000
할인료	$100,000 \times 12\% \times \dfrac{3}{12} =$	(3,000)
할인일의 현금수령액		₩97,000

(2) 회계처리

① 제거요건을 충족시키는 경우

[20X1. 10. 1]
(차) 현 금 97,000 (대) 받 을 어 음 100,000
매출채권처분손실 3,000

[20X1. 12. 31]
분 개 없 음

② 제거요건을 충족시키지 못하는 경우

[20X1. 10. 1]
(차) 현 금 97,000 (대) 단 기 차 입 금 100,000
이 자 비 용 3,000

[20X1. 12. 31]
(차) 단 기 차 입 금 100,000 (대) 받 을 어 음 100,000

위의 사례는 어음발행자가 이자를 별도로 지급하지 않는 무이자부어음이다. 경우에 따라서는 발행자가 어음에 대해 별도로 이자를 지급할 수도 있는데 이를 이자부어음이라고 한다. 이자부어음의 경우에는 어음소지인에게 이자수익이 발생하므로 회계처리가 다소 복잡해진다.

선생님 TIP

시험에서는 대부분 이자부어음의 사례를 다룬다.

(1) ㈜한국은 20X1년 6월 1일에 4개월 만기인 받을어음 ₩500,000을 거래처로부터 수령하였다.

(2) 동어음의 표시이자율은 6%이고, ㈜한국은 8월 1일에 동어음을 은행에 할인하였다.

(3) 할인율은 연 8%로 할인료를 월할계산하며, 어음은 만기에 무사히 현금으로 결제되었다.

해설

(1) 현금수령액과 이자수익의 계산

만기가액	$₩500,000 \times (1 + 6\% \times \frac{4}{12}) =$	₩510,000
할인료	$510,000 \times 8\% \times \frac{2}{12} =$	(6,800)
할인일의 현금수령액		₩503,200
이자수익	$₩500,000 \times 6\% \times \frac{2}{12} =$	₩5,000

(2) 회계처리

① 제거요건을 충족시키는 경우

[20X1. 8. 1]

(차) 현　　　　　금　503,200　　(대) 받 을 어 음　500,000
　　매출채권처분손실　　1,800　　　　이 자 수 익　　5,000

[20X1. 10. 1]

분 개 없 음

② 제거요건을 충족시키지 못하는 경우

[20X1. 8. 1]

(차) 현　　　　　금　503,200　　(대) 단 기 차 입 금　500,000
　　이 자 비 용　　1,800　　　　이 자 수 익　　5,000

[20X1. 10. 1]

(차) 단 기 차 입 금　500,000　　(대) 받 을 어 음　500,000

선생님 TIP

할인료 계산시, 어음의 액면금액이 아닌 만기금액을 기준으로 계산한다는 점에 유의한다.

회사채, 국공채 등을 처분할 때도, 채권뿐만 아니라 미수이자에 대한 처분이 동시에 일어난다.

위의 분개를 살펴보면, 이자부어음의 경우 ㈜한국은 어음의 할인 시점에 받을어음뿐만 아니라 이자수익(미수이자)도 함께 처분함을 알 수 있다.

부연설명을 하자면, 동 어음을 ㈜한국이 2개월, 은행이 2개월 보유했으므로 만기에 어음의 총이자 ₩10,000 중 ㈜한국과 은행이 각각 ₩5,000씩을 지급받아야 한다. 그러나 실제 어음의 만기에 모든 이자는 은행이 수령하게 되는데, 이유는 어음의 할인일에 ㈜한국이 어음에 대한 권리 뿐 아니라, 이자에 대한 권리까지 같이 양도했기 때문이다. 따라서 매출채권처분손익 계산시, 어음에 대한 권리와 이자에 대한 권리가 모두 처분된 것으로 보고 계산해야 정확한 손익을 구할 수 있다.

3. 매출채권의 손상차손: 대손상각비

기업이 보유하고 있는 매출채권 중 회수불가능하다고 판단되는 금액은 비용으로 인식해야 하는데 이를 손상차손이라고 부른다. 다만, 매출채권이나 대여금 및 미수금 등에서 발생하는 손상차손은 대손상각비라는 계정과목을 이용하여 회계처리하는 것이 일반적이다. 따라서, 매출채권 손상차손과 대손상각비는 동일한 것으로 이해하면 된다. 또한 매출채권의 차감적 평가계정인 대손충당금이라는 계정 대신 손실충당금이라는 계정을 사용하기도 한다. 따라서 대손충당금과 매출채권손실충당금은 동일한 것으로 이해하면 된다.

(1) 충당금설정법

매출채권이 실제 회수불가능한 것으로 판명되었을 때 대손상각비를 인식하는 것을 직접상각법이라 하는데 기업회계기준은 이러한 방법을 인정하지 않으며 재무상태표일에 대손예상액을 추정하여 동 금액을 대손충당금으로 인식하는 충당금설정법을 인정한다. 충당금설정법만을 인정하는 이유는 다음과 같다.

① 매출채권의 올바른 평가: 매출채권은 자산에 해당하므로 미래 경제적효익의 유입을 기업에 가져오는, 즉 실제 회수가능한 금액만을 인식하여야 한다.
② 올바른 기간손익의 확정: 당기 매출과 관련한 비용은 당기에 인식하여야 수익과 비용이 적절하게 대응된다.

충당금설정법은 매회계연도 결산일에 매출채권의 손상 발생에 대한 객관적 증거가 있는지 평가하고, 그러한 증거가 있는 경우 적절하게 대손상각비(손상차손)를 추정하여 대손충당금으로 반영한다. 추후 실제 매출채권이 회수될 수 없는 것으로 확정되는 경우 이미 인식한 대손충당금과 회수불능으로 확정된 매출채권을 함께 제거한다.

직접상각법과 충당금설정법에 의한 분개는 아래와 같다.

⟨직접상각법⟩
[기말 결산시]

분 개 없 음

[대손 확정시]

(차) 대 손 상 각 비 ××××   (대) 매 출 채 권 ××××
   (매출채권손상차손)

⟨충당금설정법⟩
[기말 결산시]

(차) 대 손 상 각 비 ××××   (대) 대 손 충 당 금 ××××
   (매출채권손상차손)   (손 실 충 당 금)

[대손 확정시]

(차) 대 손 충 당 금 ××××   (대) 매 출 채 권 ××××
   (손 실 충 당 금)

충당금설정법에서 기말에 인식한 대손충당금은 매출채권의 차감적 평가계정으로 공시한다. 따라서 재무상태표에 매출채권은 다음과 같이 표시된다.

재무상태표

㈜한국 　　　　　　　　　　　20X1년 12월 31일 현재 　　　　　　　　　(단위: 원)

매출채권	×××	
대손충당금	(×××)	
	×××	

(2) 대손예상액의 추정

충당금설정법에서는 기말에 대손예상액을 추정하여 대손충당금으로 인식하는데 대손예상액을 추정하는 한 가지 방법으로는 매출채권의 기말 잔액에 과거 경험에 따른 대손예상률을 곱하여 추정하는 방법이 있다.

> 대손예상액 = 재무상태표일의 매출채권 금액 × 대손예상률

매출채권의 기간이 경과할수록 채권대금의 회수가능성은 점점 낮아지는 것이 일반적이다. 이를 고려하여 매출채권을 판매일로부터 경과된 기간을 기준으로 여러 개의 집단으로 분류하고, 각 집단별로 서로 다른 대손예상률을 곱하여 대손예상액을 추정하기도 하는데, 이러한 방법을 연령분석법이라고 한다. 연령분석법에 의하면 대손예상액은 다음과 같이 추정한다.

[연령분석법 예시]

구분	매출채권	대손예상률	대손예상액
3개월 이내	₩5,000	1%	₩50
3개월 – 6개월 이내	4,000	10%	400
6개월 초과	1,000	50%	500
	₩10,000		₩950

(3) 회계처리

① 상황1: 기말 대손예상액이 ₩1,000이고 결산 전 대손충당금 잔액이 ₩900인 경우

[기말 결산시]

(차) 대 손 상 각 비 　　100 　　(대) 대 손 충 당 금 　　100

② **상황2**: 기말 대손예상액이 ₩1,000이고 결산 전 대손충당금 잔액이 ₩1,200인 경우

[기말 결산시]

(차) 대 손 충 당 금　　 200　　(대) 대손충당금환입[*]　　200
　(*) 대손충당금환입은 당기수익으로 처리한다.

③ **상황3**: 대손충당금 잔액이 ₩1,000인 상황에서 매출채권 ₩1,500이 대손 확정되는 경우

[대손 확정시]

(차) 대 손 충 당 금　 1,000　　(대) 매 출 채 권　　1,500
　　 대 손 상 각 비　　 500

그러나 수험목적 상으로는 위와 같은 분개보다 대손확정시 언제나 대손충당금을 제거하는 분개가 더 간편하다. 이러한 방법에 따른 분개는 아래와 같다.

[대손 확정시]

(차) 대 손 충 당 금　 1,500　　(대) 매 출 채 권　　1,500

위와 같은 분개를 하게 되면 대손충당금 잔액을 초과하여 대손충당금을 제거하였으므로 대손충당금 잔액이 일시적으로 부(−)의 금액이 되는데, 기말 결산시 이를 반영하여 대손충당금을 적립하면 된다. 이에 대한 내용은 아래의 사례를 참고하자.

④ **상황4**: 과거에 대손처리한 매출채권이 회수되는 경우

[대손을 확정시킨 분개의 취소]

(차) 매 출 채 권　×××× 　(대) 대 손 충 당 금　××××
[매출채권의 회수]

(차) 현　　　　　금　××××　(대) 매 출 채 권　××××

⇩

(차) 현　　　　　금　××××　(대) 대 손 충 당 금　××××

사례 ― 예제

(1) ㈜한국은 20X1년 중 설립된 회사로 20X1년 12월 31일 현재 매출채권 잔액은 ₩60,000이다. ㈜한국은 매출채권 잔액의 2%를 대손예상액으로 추정하여 대손충당금을 설정한다.
(2) 20X2년도 중 거래처의 부도로 인하여 매출채권 ₩1,300이 대손으로 확정되었다.
(3) 20X2년 12월 31일 현재 매출채권 잔액은 ₩30,000으로 2%를 대손예상액으로 추정하여 대손충당금을 설정한다.
(4) 20X3년도 중에 전년도에 대손처리한 매출채권 중 ₩400이 회수되었다.
(5) 20X3년 12월 31일 현재 매출채권 잔액은 ₩50,000으로 연령분석법에 따라 대손충당금을 설정한다. 결산일 현재 매출채권 잔액을 연령별로 분석한 자료는 다음과 같다.

구분	매출채권	대손예상률	대손예상액
3개월 이내	₩25,000	1%	?
3개월 – 6개월 이내	20,000	2%	?
6개월 초과	5,000	20%	?
	₩50,000		?

해설

(1) 매년 말 대손충당금의 계산
   ① 20X1년 말: ₩60,000 × 2% = ₩1,200
   ② 20X2년 말: ₩30,000 × 2% = ₩600
   ③ 20X3년 말

구분	매출채권	대손예상률	대손예상액
3개월 이내	₩25,000	1%	₩250
3개월 – 6개월 이내	20,000	2%	400
6개월 초과	5,000	20%	1,000
	₩50,000		₩1,650

(2) 회계처리

구분	회계처리				
① 20X1. 12. 31	(차) 대손상각비	1,200	(대) 대손충당금	1,200	
② 20X2년	(차) 대손충당금	1,200	(대) 매출채권	1,300	
대손 확정시	대손상각비	100			
③ 20X2. 12. 31	(차) 대손상각비	600	(대) 대손충당금	600	
④ 20X3년 회수	(차) 현금	400	(대) 대손충당금	400	
⑤ 20X3. 12. 31	(차) 대손상각비	650	(대) 대손충당금	650	
※ 1,650 − (600 + 400) = 650					

한편, 20X2년의 회계처리를 더 간편한 방법으로 분개하면 아래와 같다.

구분	회계처리				
② 20X2년	(차) 대손충당금	1,300	(대) 매출채권	1,300	
대손 확정시					
③ 20X2. 12. 31	(차) 대손상각비	700	(대) 대손충당금	700	

4. 기타의 채권과 채무

(1) 미수금과 미지급금

재화의 판매나 용역의 제공 등 회사의 주요 영업활동에서 발생한 수취채권을 매출채권, 지급채무를 매입채무라 하며, 그 이외의 거래에서 발생한 수취채권과 지급채무를 각각 미수금, 미지급금이라 한다. 주요 영업활동으로부터 발생한 채권·채무와 그 이외의 활동으로부터 발생한 채권·채무를 각각 구분하여 표시하면 정보이용자에게 더욱 유용한 정보를 제공할 수 있다.

한편, 보고기간 말로부터 1년 이후에 결제일이 도래하는 경우에는 장기미수금 및 장기미지급금의 과목으로 하여 각각 비유동자산과 비유동부채로 표시한다. 장기미수금과 장기미지급금 중 시간이 경과하여 보고기간 말로부터 1년 이내에 결제일이 도래하는 경우에는 유동자산과 유동부채로 각각 분류를 변경한다.

(2) 미수수익과 미지급비용

미수수익은 발생주의에 따라 발생된 수익이나 아직 회수기일이 도래하지 않아 회수하지 아니한 금액을 말하며, 미지급비용은 발생주의에 따라 발생된 비용이나 실제 지급기일이 도래하지 않아 아직 지급하지 아니한 금액을 말한다.

예를 들어, A사가 B사로부터 1년치 임대료 ₩10,000을 후불로 받기로 계약하고 당기에 6개월의 기간이 지났다면, A사는 미수임대료 ₩5,000을, B사는 미지급임차료 ₩5,000을 인식하게 될 것인데, 여기서 미수임대료가 미수수익, 미지급임차료가 미지급비용에 해당한다.

한편, 미수금과 미수수익은 성격이 다른 계정인데, 미수금은 자산의 처분이나 양도거래에서 수취채권이 발생하였으나 아직 현금을 수취하지 못한 경우에 사용하는 계정이고, 미수수익은 기간경과에 따라 수익이 발생하는 거래에서 아직 현금을 수취하지 못한 경우에 사용하는 계정이다. 미지급금과 미지급비용 역시 같은 이유로 서로 다른 상황에서 사용하는 계정이다.

(3) 선급금과 선수금

선급금은 상품 등 재고자산의 매입을 위하여 선지급한 계약금을 말하며, 선수금은 일반적인 상거래에서 발생한 선수액을 의미한다. 기본적으로 선급금과 선수금은 회사의 주요 영업활동에서 사용하는 계정이라는 점에서 매출채권과 매입채무와 동일한 성격을 지닌다.

다만, 매출채권과 매입채무는 상품의 인도가 먼저 일어나고 현금의 수수가 나중에 일어나는 경우에 사용하는 계정이지만, 선급금과 선수금은 현금의 수수가 먼저 일어나고 상품의 인도가 나중에 이루어지는 경우에 사용한다는 점에서 차이가 있을 뿐이다.

[매출채권ㆍ매입채무]

| 상품의 인도 | ➡ | 현금의 수수 |

[판매자] (차) 매 출 채 권 ××× (대) 매　　출 ×××　(차) 현　　금 ××× (대) 매출채권 ×××
[구매자] (차) 매　　입 ××× (대) 매 입 채 무 ×××　(차) 매입채무 ××× (대) 현　　금 ×××

[선급금ㆍ선수금]

| 현금의 수수 | ➡ | 상품의 인도 |

[판매자] (차) 현　　금 ××× (대) 선 수 금 ×××　(차) 선 수 금 ××× (대) 상　　품 ×××
[구매자] (차) 선 급 금 ××× (대) 현　　금 ×××　(차) 상　　품 ××× (대) 선 급 금 ×××

(4) 선급비용과 선수수익

선급비용은 일정 계약에 따라 계속적으로 용역을 제공받는 경우 현금은 지급하였으나 용역을 아직 제공받지 않았을 때 계상하는 자산계정이며, 선수수익은 현금은 수령하였으나 당기 중 발생하지 아니한 수익을 이연처리하는 부채계정이다.

예를 들어 A사가 B사에 1년치 임차료 ₩12,000을 선급하고 A사는 임차료, B사는 임대료로 처리하였으나 당기에 5개월에 해당하는 기간밖에 경과하지 않았다면, A사는 기말에 기간미경과분에 해당하는 ₩7,000을 선급임차료로 인식하고, B사는 동금액을 선수임대료로 인식할 것이다. 여기서 선급임차료가 선급비용, 선수임대료가 선수수익에 해당한다.

(5) 대여금과 차입금

대여금과 차입금은 금전소비대차계약에 따른 자금의 대여거래로 발생하는 채권과 채무를 말한다. 실물자산의 거래를 수반하지 않고 순수하게 현금을 대여하거나 차입하는 경우에는 대여금과 차입금 계정을 사용한다.

대여금과 차입금은 보고기간 말로부터 1년 이내에 만기가 도래하는 경우 단기대여금이나 단기차입금의 과목으로 하여 각각 유동자산과 유동부채로 분류하게 되는데 단기차입금은 당좌차월금액을 포함한다.

한편, 보고기간 말로부터 1년 이후에 만기일이 도래하는 경우에는 장기대여금 및 장기차입금의 과목으로 하여 각각 비유동자산과 비유동부채로 표시한다. 장기대여금과 장기차입금 중 시간이 경과하여 보고기간 말로부터 1년 이내에 만기일이 도래하는 경우에는 유동자산과 유동부채로 각각 분류를 변경한다.

(6) 예수금

예수금은 일반적 상거래 이외에서 발생한 일시적 제예수액을 의미한다. 예를 들어, 기업이 종업원에게 급여를 지급할 때 근로소득세, 국민연금 등을 급여지급액에서 미리 공제하였다가 추후에 세무서 등에 납부하는 경우나, 기업이 부가가치세 등을 소비자로부터 미리 징수하였다가 추후에 세무서에 납부하는 경우 등이 해당한다.

예를 들어, 회사가 상품을 판매하고 상품의 판매대가 ₩10,000과 그에 해당하는 부가가치세 ₩1,000을 수령하였다고 하면 다음과 같은 분개가 발생한다.

[상품의 판매]

(차) 현	금	11,000	(대) 매	출	10,000	
			부가가치세예수금	1,000		

[부가가치세의 납부]

(차) 부가가치세의 납부	1,000	(대) 현	금	1,000	

(7) 가지급금과 가수금

가지급금과 가수금은 현금을 지급하거나 수령하였으나 계정과목이나 금액이 확정되지 않은 경우 임시적으로 사용하는 계정으로, 불명확한 계정과목이기 때문에 재무상태표에 나타내어서는 안되며 정확한 계정과목을 확인하여 보고해야 한다.

① 가지급금의 사례: 회사가 대표자에게 ₩50,000을 선급한 후 이 내역이 추후에 교통비로 확인된 경우

[현금을 선급]

(차) 가 지 급 금 50,000   (대) 현   금 50,000

[증빙을 확인]

(차) 교   통   비 50,000   (대) 가 지 급 금 50,000

② 가수금의 사례: 영업사원이 내역을 알 수 없는 현금 ₩50,000을 회사로 입금한 후 이 내역이 추후에 매출채권의 회수로 확인된 경우

[현금을 수취]

(차) 현   금 50,000   (대) 가   수   금 50,000

[증빙을 확인]

(차) 가   수   금 50,000   (대) 매 출 채 권 50,000

01 요구불예금, 정기예금 및 정기적금은 기말 재무상태표에 현금및현금성자산으로 보고한다. ( )

02 선일자수표는 현금및현금성자산으로 분류하지 않는다. ( )

03 기일도래 공사채이자표, 배당금지급통지표, 공장·지점전도금, 우표, 수입인지, 당좌차월은 모두 현금및현금성자산으로 분류하는 계정이다. ( )

04 결산일 기준 3개월 이내에 만기가 도래하는 양도성예금증서는 현금및현금성자산으로 분류한다. ( )

05 상품을 판매하고 거래처로부터 만기가 3개월 이내인 어음을 수취하는 경우에 동어음은 현금및현금성자산으로 분류한다. ( )

06 미기입예금과 미결제수표는 은행측 잔액을 조정하는 사항들이다. ( )

07 과거에 대손처리한 매출채권을 회수하는 경우에는 현금과 대손충당금을 증가시키는 분개를 한다. ( )

01 × 요구불예금은 현금및현금성자산으로 분류하고, 정기예금과 정기적금은 금융상품으로 분류한다.
02 ○
03 × 우표와 수입인지는 소모품으로, 당좌차월은 단기차입금으로 분류한다.
04 × 취득일 기준 3개월 이내에 만기가 도래하는 양도성예금증서는 현금및현금성자산으로 분류한다.
05 × 상품을 판매하고 수취하는 받을어음은 언제나 매출채권으로 분류한다.
06 ○
07 ○

1 현금및현금성자산의 분류

01 한국채택국제회계기준에서 현금및현금성자산으로 분류하지 않는 것은?

2011년 관세직 9급

① 결산일 현재 만기가 3개월 이내인 특정현금과 예금
② 취득당시 만기가 3개월 이내인 상환우선주
③ 취득당시 3개월 이내의 환매조건인 환매채
④ 당좌예금

02 2010년 12월 31일 결산일 현재 ㈜대한이 보유하고 있는 자산 중 재무상태표에 계상할 현금및현금성자산은?

2011년 국가직 9급

• 통화	₩ 1,500
• 수입인지	100
• 만기가 도래한 국채이자표	300
• 송금환	400
• 배당금지급통지표	50
• 만기가 1개월 후인 타인발행 약속어음	200
• 2010년 12월 1일에 취득한 환매채(만기 2011. 1. 31)	500

① ₩ 1,500 ② ₩ 2,250
③ ₩ 2,750 ④ ₩ 2,950

---

01 ① 금융상품이 현금및현금성자산에 해당하는지 여부를 판단할 때는 결산일이 아니라 취득일이 기준이다.

02 ③ • 수입인지는 소모품으로 분류하고 약속어음은 매출채권으로 분류한다.
   • 통화(1,500) + 국채이자표(300) + 송금환(400) + 배당금지급통지표(50) + 환매채(500) = ₩ 2,750

03 다음은 2013년 12월 31일 현재 ㈜한국이 보유하고 있는 항목들이다. ㈜한국이 2013년 12월 31일의 재무상태표에 현금및현금성자산으로 표시할 금액은?

2014년 국가직 9급

• 지급기일이 도래한 공채이자표	₩5,000
• 당좌거래개설보증금	3,000
• 당좌차월	1,000
• 수입인지	4,000
• 선일자수표(2014년 3월 1일 이후 통용)	2,000
• 지폐와 동전 합계	50,000
• 2013년 12월 20일 취득한 만기 2014년 2월 20일인 양도성예금증서	2,000
• 2013년 10월 1일에 취득한 만기 2014년 3월 31일인 환매채	1,000

① ₩56,000   ② ₩57,000

③ ₩58,000   ④ ₩59,000

04 다음은 ㈜한국이 2013년 12월 31일 현재 보유하고 있는 자산의 일부이다. 2013년도 말 재무상태표에 보고되는 현금및현금성자산은 얼마인가?

2014년 서울시 9급

• 회사가 보유 중인 현금	₩20,000
• 소모품	22,000
• 매출채권	15,000
• 우편환	10,000
• 보통예금	35,000
• 선급임차료	12,000
• 자기앞수표	34,000
• 당좌개설보증금	30,000
• 양도성예금증서(2013년 11월 15일 취득, 취득시 잔여만기 2개월)	47,000
• 회사가 발행하였으나 은행에 지급 제시되지 않은 수표	46,000

① ₩99,000   ② ₩129,000

③ ₩146,000   ④ ₩176,000

⑤ ₩192,000

---

03 ② • 당좌거래개설보증금은 장기금융상품으로, 당좌차월은 단기차입금으로, 수입인지는 소모품으로, 선일자수표는 매출채권으로, 환매채는 단기금융상품으로 각각 분류한다.
　　• 공채이자표(5,000) + 지폐와 동전(50,000) + 양도성예금증서(2,000) = ₩57,000

04 ③ • '회사가 발행하였으나 은행에 지급 제시되지 않은 수표'는 ㈜한국이 보유한 수표가 아닌 ㈜한국이 발행하여 타인에게 지급한 것이다. 현재 회사가 소지한 것이 아니므로 ㈜한국의 현금및현금성자산에 해당하지 않는다.
　　• 현금(20,000) + 우편환(10,000) + 보통예금(35,000) + 34,000(자기앞수표) + 47,000(양도성예금증서) = ₩146,000

05 ㈜한국의 2018년 12월 31일 결산일 현재 다음의 현금 및 예금 등의 자료를 이용할 때, 2018년 재무상태표에 보고할 현금및현금성자산 금액은?

2019년 관세직 9급

• 현금	₩30,000
• 우편환증서	₩100,000
• 우표와 수입인지	₩20,000
• 은행발행 자기앞수표	₩20,000
• 보통예금(사용제한 없음)	₩10,000
• 정기적금(만기 2022년 1월 31일)	₩200,000
• 당좌차월	₩50,000
• 당좌개설보증금	₩80,000
• 환매조건부 채권	₩300,000
(2018년 12월 1일 취득, 만기 2019년 1월 31일)	

① ₩360,000

② ₩440,000

③ ₩460,000

④ ₩660,000

---

05 ③ 30,000(현금) + 100,000(우편환증서) + 20,000(자기앞수표) + 10,000(보통예금) + 300,000(환매조건부 채권) = ₩460,000

06 ㈜한국의 2011년 12월 31일 현재 당좌예금계정잔액은 ₩200,000이고, 은행의 잔액증명서 상 잔액은 ₩150,000으로 그 차이의 원인은 다음과 같다. 2011년 12월 31일 현재 재무상태표에 보고되어야 할 정확한 당좌예금 잔액은?

2011년 관세직 9급

> (1) 12월 31일 회사는 현금 ₩150,000을 당좌예입하였으나, 은행에서는 입금처리되지 않았다.
> (2) 12월 10일 발행된 수표 중 지급제시되지 않은 수표 ₩50,000이 있다.
> (3) 12월 30일 거래처인 ㈜충청이 ₩200,000을 ㈜한국의 당좌예금계좌에 입금하였으나, 회사에는 통보되지 않았다.
> (4) 12월 31일 은행은 차입금에 대한 이자 ₩50,000을 회사의 당좌예금계좌에서 차감하였지만 회사는 이에 대한 회계처리를 하지 않았다.
> (5) 12월 25일 외상매출금을 회수하여 당좌예입한 수표 ₩100,000을 ₩150,000으로 기록하였다.
> (6) 12월 27일 비품을 처분한 대가로 받은 수표 ₩50,000을 당좌예입하였으나 부도처리되었다.

① ₩150,000
② ₩200,000
③ ₩250,000
④ ₩300,000

---

06 ③

〈은행계정조정표〉

수정전 회사측 잔액	₩200,000	수정전 은행측 잔액	₩150,000
미착예금	200,000	미기입예금	150,000
이자비용	(50,000)	미결제수표	(50,000)
오류	(50,000)		
부도수표	(50,000)		
올바른 잔액	₩250,000		₩250,000

07 다음 자료를 토대로 계산한 ㈜한국의 정확한 당좌예금 잔액은? 2016년 국가직 9급

- ㈜한국의 조정 전 당좌예금 계정 잔액 ₩12,200
- 은행 예금잔액증명서 상 잔액 12,500
- ㈜한국에서 발행하였으나 은행에서 미인출된 수표 2,000
- ㈜한국에서 입금처리하였으나 은행에서 미기록된 예금 700
- ㈜한국에서 회계처리하지 않은 은행수수료 500
- 타회사가 부담할 수수료를 ㈜한국에 전가한 은행의 오류 200
- ㈜한국에서 회계처리하지 않은 이자비용 300

---

① ₩10,700
② ₩11,400
③ ₩13,400
④ ₩14,100

---

07 ②

〈은행계정조정표〉

수정전 회사측 잔액	₩ 12,200	수정전 은행측 잔액	₩ 12,500
은행수수료	(500)	미인출수표	(2,000)
이자비용	(300)	미기입예금	700
		오류	200
올바른 잔액	₩ 11,400		₩ 11,400

08 ㈜서울은 ㈜한국은행에 당좌예금계좌를 보유하고 있으며, 연말 결산 시 은행과의 잔액 일치 여부를 대조하고 있다. 12월 말 현재 은행측에 당좌예금 잔액을 확인해 본 결과 예금잔액증명서상 수정 전 잔액은 ₩40,000으로 밝혀졌다. ㈜서울이 다음과 같은 차이를 확인하였다면, ㈜서울의 수정 전 당좌예금잔액은 얼마인가?

2016년 서울시 9급

> (1) 거래처에서 은행에 직접 입금한 금액(은행이 ㈜서울에 통지하지 않았음): ₩400
> (2) 예금잔액에 대한 이자수익이 발생하였으나 은행은 ㈜서울에 통지하지 않았음: ₩100
> (3) ㈜서울이 거래처로부터 수령하여 은행에 입금한 수표 중 부도처리 된 것(㈜서울은 부도사실을 모르고 있었음): ₩500
> (4) 당좌거래에 대한 수수료가 발생하였으나 은행은 ㈜서울에 통지하지 않았음: ₩100
> (5) 은행이 기록하지 않은 예금: ₩5,000

① ₩40,000
② ₩41,100
③ ₩43,500
④ ₩45,100

09 다음은 ㈜서울의 은행계정 조정에 관한 자료이다. 다음 자료를 이용하여 조정 전 은행측 잔액을 계산하면 얼마인가? (단, 조정 전 ㈜서울의 잔액은 ₩1,060,000이다)

2016년 서울시 7급

> • 예금이자 ₩50,000이 ㈜서울의 장부에 반영되지 않았다.
> • 은행이 부도처리한 ₩240,000의 수표가 ㈜서울에게 통보되지 않았다.
> • ㈜서울에 통지되지 않은 거래처 매출채권 추심액은 ₩130,000이다.
> • ㈜서울이 입금한 ₩60,000이 은행에서 입금 처리되지 않았다.
> • ㈜서울이 거래처에 발행한 수표 중 ₩160,000이 인출되지 않았다.

① ₩1,000,000
② ₩1,060,000
③ ₩1,080,000
④ ₩1,100,000

---

08 ④

〈은행계정조정표〉

수정전 회사측 잔액	₩ 45,100	수정전 은행측 잔액	₩ 40,000
미통지입금	400	미기입예금	5,000
이자수익	100		
부도수표	(500)		
은행수수료	(100)		
올바른 잔액	₩ 45,000		₩ 45,000

09 ④

〈은행계정조정표〉

수정전 회사측 잔액	₩ 1,060,000	수정전 은행측 잔액	₩ 1,100,000
이자수익	50,000	미기입예금	60,000
부도수표	(240,000)	미인출수표	(160,000)
매출채권 회수	130,000		
올바른 잔액	₩ 1,000,000		₩ 1,000,000

10 ㈜대한의 2016년 말 현재 은행계정조정표와 관련된 자료는 다음과 같다. 은행 측은 기발행미인출수표가 누락되었음을 확인하였다. 기발행미인출수표 금액은?

2017년 지방직 9급

- 은행의 예금잔액증명서상 금액: ₩ 20,000
- ㈜대한의 장부상 금액: ₩ 17,000
- 은행의 예금잔액증명서에는 반영되어 있으나 ㈜대한의 장부에 반영되지 않은 금액
  - 예금이자: ₩ 1,000
  - 부도수표: ₩ 2,000
- 은행은 ㈜민국의 발행수표 ₩ 6,000을 ㈜대한의 발행 수표로 착각하여 ㈜대한의 당좌예금계좌에서 인출하여 지급하였다.

① ₩ 16,000

② ₩ 14,000

③ ₩ 12,000

④ ₩ 10,000

---

10 ④

〈은행계정조정표〉

수정전 회사측 잔액	₩ 17,000	수정전 은행측 잔액	₩ 20,000
예금이자	1,000	오류	6,000
부도수표	(2,000)	기발행미인출수표	(10,000)
올바른 잔액	₩ 16,000		₩ 16,000

3 어음의 할인

11 ㈜대한은 거래처에 상품을 외상으로 판매하고 액면금액 ₩5,000,000(만기가 120일이고 이자율은 6%)인 받을어음(이자부어음)을 수령하였다. ㈜대한이 발행일로부터 30일이 지난 후 주거래 은행에 연이자율 12%의 조건으로 할인받은 경우 은행으로부터 수취할 금액은? (단, 1년의 계산기간은 360일로 처리한다)

2012년 국가직 7급

① ₩4,800,000
② ₩4,947,000
③ ₩4,998,000
④ ₩5,048,000

12 ㈜한국은 2011년 3월 1일에 상품판매대금 ₩400,000을 만기 3개월의 어음(액면이자율 연 9%)으로 수령하였다. ㈜한국은 5월 1일에 대한은행에서 연 12% 이자율로 동 어음을 할인하였다. 이 받을어음의 할인이 금융자산 제거조건을 충족할 때, ㈜한국이 행할 회계처리는? (단, 이자는 월할 계산한다) 2013년 국가직 7급

① (차) 현   금   404,910   (대) 매 출 채 권   400,000
        금융자산처분손실   1,090   이 자 수 익   6,000
② (차) 현   금   404,800   (대) 매 출 채 권   400,000
        금융자산처분손실   1,200   이 자 수 익   6,000
③ (차) 현   금   406,000   (대) 매 출 채 권   400,000
        금융자산처분손실   3,000   이 자 수 익   4,000
④ (차) 현   금   402,000   (대) 매 출 채 권   400,000
        금융자산처분손실   2,000   이 자 수 익   4,000

---

11 ② 만기가액 $5,000,000 \times (1 + 6\% \times 120/360) =$ 5,100,000
       할인료 $5,100,000 \times 12\% \times 90/360 =$ (153,000)
       할인일의 현금수령액   ₩4,947,000

12 ① 만기가액 $400,000 \times (1 + 9\% \times 3/12) =$ 409,000
       할인료 $409,000 \times 12\% \times 1/12 =$ (4,090)
       할인일의 현금수령액   ₩404,910
       이자수익 $400,000 \times 9\% \times 2/12 =$ 6,000
       금융자산처분손실 $(400,000 + 6,000) - 404,910 =$ 1,090

13 ㈜서울은 외상매출의 결제대금으로 받은 60일 만기 액면가액 ₩10,000,000의 무이자부어음을 자금사정이 어려워 발행일로부터 30일이 지난 후인 10월 5일에 주거래은행에 연이자율 10%로 할인하여 현금으로 수령하고 다음과 같이 분개하였다. 이에 대한 설명으로 옳은 것은? 2015년 서울시 9급

(차) 현 금	9,917,809	(대) 받 을 어 음	10,000,000
매출채권처분손실	82,191		

① 어음할인을 양도거래로 보고 회계처리하였다.
② 이 거래는 회사의 주거래인 재화의 판매나 용역의 제공거래에 해당한다.
③ 은행에 받을어음을 맡기고 돈을 차입한 경우에 해당한다.
④ 결산 시에 결산조정분개가 필요한 거래이다.

14 ㈜한국은 20X1년 4월 1일에 고객에게 상품판매 대가로 이자부약속어음(만기 5개월, 이자율 연 5%, 액면가액 ₩72,000)을 수령하였다. 이 어음을 2개월간 보유한 후 자금사정으로 ₩72,030을 받고 할인하였다. 이 어음의 할인율과 어음처분손실은? (단, 이자는 월할 계산하며, 어음할인은 제거요건을 충족한다) 2018년 국가직 7급

	할인율	어음처분손실
①	8 %	₩ 570
②	8 %	₩ 1,470
③	12 %	₩ 570
④	12 %	₩ 1,470

---

13 ① 주어진 거래가 차입거래인 경우(제거요건을 충족시키지 못한 경우) 매출채권처분손실 대신 이자비용을 기록하고 받을어음을 제거하는 대신 차입금을 증가시킬 것이다.

14 ① • 만기가액: $72,000 \times (1 + 5\% \times \frac{5}{12}) = ₩73,500$

• 할인액: $73,500 \times 할인율 \times \frac{3}{12} = ₩1,470^*$, 할인율 = 8%

(*) $73,500 - 72,030 = 1,470$

(차) 현 금	72,030	(대) 받 을 어 음	72,000
어 음 처 분 손 실	570	이 자 수 익*	600

* $72,000 \times 5\% \times \frac{2}{12} = 600$

4 대손회계(매출채권 손상차손)

15 ㈜한국의 매출채권과 그에 대한 미래현금흐름 추정액은 다음과 같다. 충당금설정법을 사용할 경우, 기말에 인식하여야 하는 대손상각비는? (단, 할인효과가 중요하지 않은 단기매출채권이며, 기중 대손충당금의 변동은 없다)

2016년 지방직 9급

	기초	기말
매 출 채 권	₩26,000	₩30,000
추정 미래현금흐름	₩24,500	₩26,500

① ₩2,000
② ₩3,000
③ ₩4,000
④ ₩5,000

16 ㈜한국의 결산일 현재 매출채권은 ₩6,150,000이다. 매출채권의 손상과 관련된 자료가 다음과 같을 때, 회수가능한 매출채권 추정액은?

2010년 국가직 7급

(1) 기초매출채권 대손충당금 잔액	₩300,000
(2) 당기중 회수불능으로 대손처리한 매출채권	₩400,000
(3) 당기 매출채권의 손상차손	₩950,000

① ₩5,100,000
② ₩5,200,000
③ ₩5,300,000
④ ₩7,000,000

---

15 ① • 기초 대손충당금: 26,000 − 24,500 = ₩1,500
• 기말 대손충당금: 30,000 − 26,500 = ₩3,500
• 기말 대손상각비: 3,500 − 1,500 = ₩2,000

16 ③

	기초				기말
매출채권	불필요				6,150,000
대손충당금	300,000	(−)400,000	(+)950,000	=	850,000
					5,300,000

17 ㈜서울의 매출채권과 관련된 다음의 자료를 이용하여 2017년의 대손상각비를 구하면 얼마인가?

2017년 서울시 9급

> • 2017년 초의 매출채권 잔액은 ₩1,000,000이고, 대손충당금 잔액은 ₩40,000이다.
> • 2017년 4월에 회수불가능 매출채권 ₩30,000을 대손처리하였다.
> • 2016년에 대손처리하였던 매출채권 ₩15,000을 2017년 7월에 현금으로 회수하였다.
> • 2017년 말의 매출채권 잔액은 ₩900,000이며, 이 중에서 5%는 미래에 회수가 불가능한 것으로 추정된다.

① ₩0
② ₩15,000
③ ₩20,000
④ ₩35,000

18 ㈜한국의 2013년 초 매출채권은 ₩100,000이며 대손충당금은 ₩10,000이었다. 그리고 ㈜한국의 2013년도 상품매출은 ₩1,000,000이며 상품의 하자로 인한 매출에누리가 ₩20,000이었다. 또한 2013년 중 고객으로부터의 판매대금 회수금액은 ₩700,000이었으며, 대손확정액은 ₩5,000이었다. 2013년 말 매출채권 손상에 대해 평가를 한 결과 미래현금흐름의 현재가치가 ₩290,000으로 추정될 때, ㈜한국이 당기비용으로 인식할 대손상각비는?

2013년 국가직 7급

① ₩70,000
② ₩75,000
③ ₩80,000
④ ₩85,000

---

17 ③ • 결산전 대손충당금: 40,000 − 30,000 + 15,000 = ₩25,000
　　 • 대손상각비(대손충당금 추가 설정액): 900,000 × 5% − 25,000 = ₩20,000

18 ③

	기초					기말
매출채권	100,000	(+)980,000	(−)700,000	(−)5,000	=	375,000
대손충당금	10,000			(−)5,000		85,000
						290,000

　　 • 당기 대손상각비: 85,000 − 5,000(결산전 대손충당금) = ₩80,000

19 12월 결산법인인 서울㈜의 20X1년 1월 1일 외상매출금은 ₩1,100,000, 대손충당금은 ₩80,000이다. 20X1년 중 ₩3,000,000의 외상매출이 발생하였으며, 이 중 매출환입은 ₩100,000이다. 20X1년 중 외상매출금의 회수액은 ₩2,500,000이며, ₩100,000의 외상매출금이 회수불능으로 대손처리되었고, 대손처리한 외상매출금 중 ₩50,000이 회수되었다. 서울㈜ 회수불능채권에 대하여 대손충당금을 설정하고 있으며, 매출채권 비율기준에 따라 매출채권의 5%를 회수불능채권으로 추정할 경우 20X1년 대손상각비는 얼마인가?

① ₩25,000   ② ₩40,000
③ ₩55,000   ④ ₩70,000
⑤ ₩100,000

20 ㈜한국은 2016년 10월 1일 거래처의 파산으로 매출채권 ₩2,000을 회수할 수 없게 되었으며, 대손에 대한 회계처리는 충당금설정법을 적용하고 있다. 2015년과 2016년의 매출채권 관련 자료가 다음과 같을 때, 2016년 12월 31일 대손충당금 설정에 대한 분개로 옳은 것은? (단, 2015년 초 대손충당금 잔액은 없으며, 미래현금흐름 추정액의 명목금액과 현재가치의 차이는 중요하지 않다)

2016년 국가직 7급

	2015년 말	2016년 말
매 출 채 권	₩100,000	₩120,000
추정미래현금흐름	₩96,000	₩118,900

① (차) 대손상각비   ₩900   (대) 대 손 충 당 금   ₩900
② (차) 대손상각비   1,100   (대) 대 손 충 당 금   1,100
③ (차) 대손충당금   900   (대) 대손충당금환입   900
④ (차) 대손충당금   1,100   (대) 대손충당금환입   1,100

---

19 ②

	기초					기말
매출채권	1,100,000	(+)2,900,000	(−)2,500,000	(−)100,000		= 1,400,000
대손충당금	80,000			(−)100,000	(+)50,000	70,000

1,400,000 × 5%

- 당기 대손상각비: 70,000 − 30,000(결산전 대손충당금) = ₩40,000

20 ③
- 수정분개전 대손충당금 잔액: 4,000(기초) − 2,000(대손확정) = ₩2,000
- 기말 대손충당금: 120,000 − 118,900 = ₩1,100
- 대손충당금 설정(환입)액: 1,100 − 2,000 = ₩900(환입)

198 해커스공무원 학원·인강 gosi.Hackers.com

21 ㈜한국의 2017년도 수정전시산표는 다음과 같다.

현 금	₩100,000	단 기 차 입 금	₩500,000
매 출 채 권	₩500,000	손실충당금(대손충당금)	₩40,000
건 물	₩1,000,000	감 가 상 각 누 계 액	₩200,000
감 가 상 각 비	₩100,000	자 본 금	₩500,000
급 여	₩300,000	매 출	₩760,000
합 계	₩2,000,000	합 계	₩2,000,000

결산수정분개를 위한 자료가 다음과 같을 때, 당기순이익은? 2018년 관세직 9급

- 단기차입금에 대한 미지급 이자비용 ₩50,000이 있다.
- 매출채권 기말잔액의 10%를 기대신용손실액으로 추정한다.

① ₩200,000 ② ₩260,000
③ ₩300,000 ④ ₩360,000

22 ㈜한국은 고객에게 60일을 신용기간으로 외상매출을 하고 있으며, 연령분석법을 사용하여 기대신용손실을 산정하고 있다. 2017년 말 현재 ㈜한국은 매출채권의 기대신용손실을 산정하기 위해 다음과 같은 충당금 설정률표를 작성하였다. 2017년 말 매출채권에 대한 손실충당금(대손충당금) 대변잔액 ₩20,000이 있을 때, 결산 시 인식할 손상차손(대손상각비)은? 2018년 관세직 9급

구분	매출채권금액	기대신용손실률
신용기간 이내	₩1,000,000	1.0%
1~30일 연체	₩400,000	4.0%
31~60일 연체	₩200,000	20.0%
60일 초과 연체	₩100,000	30.0%

① ₩66,000 ② ₩76,000
③ ₩86,000 ④ ₩96,000

---

21 ③ • 당기 대손상각비: 500,000(매출채권잔액) × 10% − 40,000(대손충당금잔액) = ₩10,000
  • 760,000(매출) − 100,000(감가) − 300,000(급여) − 50,000(이자비용) − 10,000(대손비) = ₩300,000

22 ② • 기말대손예상액: (1,000,000 × 1%) + (400,000 × 4%) + (200,000 × 20%) + (100,000 × 30%) = ₩96,000
  • 대손상각비: 96,000 − 20,000 = ₩76,000

23 ㈜서울의 20X2년 초 매출채권과 대손충당금의 잔액은 각각 ₩400,000과 ₩4,000이었다. 20X2년 중 외상 매출액이 ₩1,000,000이고, 매출채권의 정상회수액이 ₩800,000이다. 20X2년 중 매출채권의 대손이 확정된 금액은 ₩3,000이다. ㈜서울이 20X2년 말에 회수가능한 매출채권 금액을 ₩590,000으로 추정할 경우, 20X2년에 인식할 대손상각비는?

2019년 서울시 9급

① ₩1,000   ② ₩2,000

③ ₩6,000   ④ ₩7,000

---

23 ③

	기초						기말
매출채권	400,000	(+)1,000,000	(−)800,000	(−)3,000		=	597,000
대손충당금	4,000			(−)3,000	(+)6,000(대손상각비)	=	7,000
	396,000						590,000

5 매출채권의 분석

✓ SOLUTION

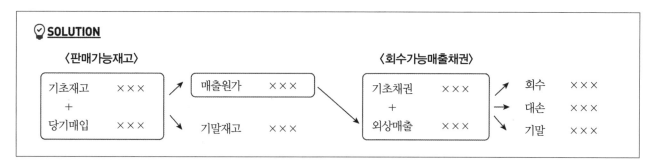

24 화재로 ㈜서울의 영업관련 중요서류가 소실되었다. 남은 자료로 다음의 내용을 추려낼 수 있었는데, 이를 근거로 화재 당시의 매출채권잔액 산출 시의 금액은 얼마인가?

2011년 서울시 9급

- 기초 매출채권잔액: ₩1,000
- 기초부터 화재발생일까지의 매출채권 회수금액: ₩4,600
- 기초부터 화재발생일까지의 상품매입액: ₩3,200
- 기초상품재고: ₩1,400
- 화재발생일 당시의 상품재고: ₩600

  (판매가는 원가에 25%의 마진을 가산하며 현금매출은 없다.)

① ₩600

② ₩800

③ ₩1,000

④ ₩1,200

⑤ ₩1,400

---

24 ⑤

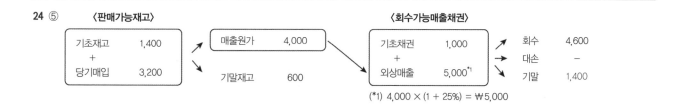

25 다음은 ㈜한국의 20X2년도 회계자료 일부이다. 20X2년도 매출액 가운데 현금매출이 차지하는 비율이 20%라면, 기말매출채권은 얼마인가? (단, 대손상각은 고려하지 않는다) 2012년 서울시 9급

• 기초 매출채권	₩800,000	• 당기에 회수한 매출채권	₩2,200,000
• 기초상품재고액	700,000	• 당기 상품매입액	2,300,000
• 기말상품재고액	900,000	• 매출총이익률	30%

① ₩600,000 ② ₩700,000

③ ₩800,000 ④ ₩900,000

⑤ ₩1,000,000

26 다음의 자료를 사용하여 계산된 기말매출채권은? (단, 기초 및 기말 대손충당금은 없다) 2012년 주택관리사

• 기초재고자산	₩66,000	• 매출채권회수액	₩156,000
• 기말재고자산	72,000	• 대손확정액	2,000
• 매입액	120,000	• 현금매출액	36,000
• 기초매출채권	48,000	• 매출총이익	50,000

① ₩18,000 ② ₩20,000

③ ₩114,000 ④ ₩128,000

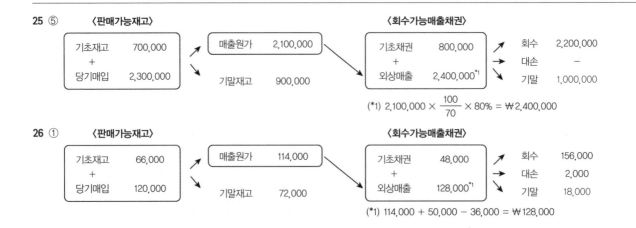

25 ⑤

〈판매가능재고〉

기초재고	700,000
+	
당기매입	2,300,000

→ 매출원가 2,100,000

↘ 기말재고 900,000

〈회수가능매출채권〉

기초채권	800,000
+	
외상매출	2,400,000[*1]

↗ 회수 2,200,000
→ 대손 −
↘ 기말 1,000,000

(*1) $2,100,000 \times \frac{100}{70} \times 80\% = ₩2,400,000$

26 ①

〈판매가능재고〉

기초재고	66,000
+	
당기매입	120,000

→ 매출원가 114,000

↘ 기말재고 72,000

〈회수가능매출채권〉

기초채권	48,000
+	
외상매출	128,000[*1]

↗ 회수 156,000
→ 대손 2,000
↘ 기말 18,000

(*1) 114,000 + 50,000 − 36,000 = ₩128,000

27 ㈜한국의 회계자료가 다음과 같을 때, 기말 재무상태표에 표시될 매출채권은? 2017년 지방직 9급(12월 추가)

• 당기현금매출액	₩ 500	• 기초매출채권	₩ 1,500
• 기초상품재고액	1,000	• 기말상품재고액	1,200
• 당기매출총이익	700	• 당기매출채권회수액	2,000
• 당기상품매입액	2,500		

① ₩ 1,500   ② ₩ 2,000
③ ₩ 2,500   ④ ₩ 3,000

---

27 ② • 매출원가: 1,000(기초상품) + 2,500(당기매입) − 1,200(기말상품) = ₩ 2,300
　　• 당기 외상매출액: (2,300 + 700) − 500(현금매출) = ₩ 2,500
　　• 기말 매출채권: 1,500(기초채권) + 2,500(당기외상매출) − 2,000(회수액) = ₩ 2,000

05 재고자산

1 재고자산의 기초

1. 용어의 정의

(1) 재고자산: 다음의 자산을 말함
    ① 통상적인 영업과정에서 판매를 위하여 보유 중인 자산
    ② 통상적인 영업과정에서 판매를 위하여 생산 중인 자산
    ③ 생산이나 용역제공에 사용될 원재료나 소모품

재고자산은 기업의 통상적인 영업활동과 관련하여 보유하고 있는 자산을 의미하므로 기업이 영위하는 영업활동의 종류에 따라 재고자산의 성격은 달라진다.

예를 들어, 일반적인 제조기업이나 상기업이 가지고 있는 토지나 건물은 유형자산에 해당하지만 부동산매매기업이 보유하는 토지나 건물은 재고자산에 해당한다. 또한 유가증권은 일반적으로 투자자산 등으로 분류되지만 금융회사의 경우에는 재고자산으로 분류된다. 이렇듯 재고자산은 기업이 영위하는 영업활동의 성격에 맞게 분류되어야 한다.

재고자산은 외부로부터 매입하여 재판매를 위해 보유하는 상품, 토지 및 기타 자산을 포함한다. 또한 재고자산은 완제품과 생산 중인 재공품을 포함하며, 생산에 투입될 원재료와 소모품을 포함한다. 용역제공기업의 재고자산에는 관련된 수익이 아직 인식되지 않은 용역원가가 포함된다.

(2) **순실현가능가치**
    통상적인 영업과정의 예상 판매가격에서 예상되는 추가 완성원가와 판매비용을 차감한 금액

(3) **공정가치**
    측정일에 시장참여자 사이의 정상거래에서 자산을 매도할 때 받거나 부채를 이전할 때 지급하게 될 가격

순실현가능가치는 통상적인 영업과정에서 재고자산의 판매를 통해 실현할 것으로 기대하는 순매각금액을 말한다. 공정가치는 측정일에 재고자산의 주된(또는 가장 유리한) 시장에서 시장참여자 사이에 일어날 수 있는 그 재고자산을 판매하는 정상거래의 가격을 반영한다. 전자는 기업특유가치이지만, 후자는 그러하지 아니하다. 재고자산의 순실현가능가치는 순공정가치와 일치하지 않을 수도 있다.

2. 재고자산의 취득원가

재고자산의 취득원가는 매입원가, 전환원가 및 재고자산을 현재의 장소에 현재의 상태로 이르게 하는 데 발생한 기타 원가 모두를 포함한다.

(1) 매입원가

재고자산의 매입원가는 매입가격에 수입관세와 제세금(과세당국으로부터 추후 환급받을 수 있는 금액은 제외), 매입운임, 하역료 그리고 완제품, 원재료 및 용역의 취득과정에 직접 관련된 기타 원가를 가산한 금액이다. 매입할인, 리베이트 및 기타 유사한 항목은 매입원가를 결정할 때 차감한다.

(2) 전환원가

재고자산의 전환원가는 직접노무원가 등 생산량과 직접 관련된 원가를 포함한다. 또한 원재료를 완제품으로 전환하는데 발생하는 고정 및 변동 제조간접원가의 체계적인 배부액을 포함한다.

🅂🅸 **선생님 TIP**

재고자산의 전환원가는 제조 기업에서 발생하는 원가로, 제조기업의 제조원가에 관해서는 원가관리회계에서 설명한다.

(3) 기타 원가

기타 원가는 재고자산을 현재의 장소에 현재의 상태로 이르게 하는 데 발생한 범위 내에서만 취득원가에 포함된다. 예를 들어 특정한 고객을 위한 비제조 간접원가 또는 제품 디자인 원가를 재고자산의 원가에 포함하는 것이 적절할 수도 있다.

재고자산의 취득원가에 포함할 수 없으며 발생기간의 비용으로 인식하여야 하는 원가의 예는 다음과 같다.
① 재료원가, 노무원가 및 기타 제조원가 중 비정상적으로 낭비된 부분
② 후속 생산단계에 투입하기 전에 보관이 필요한 경우 이외의 보관원가
③ 재고자산을 현재의 장소에 현재의 상태로 이르게 하는데 기여하지 않은 관리간접원가
④ 판매원가

재고자산을 후불조건으로 취득할 수도 있다. 계약이 실질적으로 금융요소를 포함하고 있다면, 해당 금융요소(예 정상신용조건의 매입가격과 실제 지급액 간의 차이)는 금융이 이루어지는 기간 동안 이자비용으로 인식한다.

🅂🅸 **선생님 TIP**

본문단은 현재가치평가에 대한 설명으로 이에 대한 내용은 07장 '사채와 충당부채'에서 설명한다.

(4) 용역제공기업의 재고자산 취득원가

용역제공기업이 재고자산을 가지고 있다면, 이를 제조원가로 측정한다. 이러한 원가는 주로 감독자를 포함한 용역제공에 직접 관여된 인력에 대한 노무원가 및 기타원가와 관련된 간접원가로 구성된다. 판매와 일반관리 인력과 관련된 노무원가 및 기타원가는 재고자산의 취득원가에 포함하지 않고 발생한 기간의 비용으로 인식한다. 일반적으로 용역제공기업이 가격을 산정할 때 고려하는 이윤이나 용역과 직접 관련이 없는 간접원가는 재고자산의 취득원가에 포함하지 아니한다.

(5) 생물자산에서 수확한 농림어업 수확물의 취득원가

생물자산에서 수확한 농림어업 수확물로 구성된 재고자산은 순공정가치로 측정하여 수확시점에 최초로 인식한다.

(6) 원가측정방법

표준원가법이나 소매재고법 등의 원가측정방법은 그러한 방법으로 평가한 결과가 실제 원가와 유사한 경우에 편의상 사용할 수 있다.

소매재고법은 이익률이 유사하고 품종변화가 심한 다품종 상품을 취급하는 유통업에서 실무적으로 다른 원가측정법을 사용할 수 없는 경우에 흔히 사용한다. 소매재고법에서 재고자산의 원가는 재고자산의 판매가격을 적절한 총이익률을 반영하여 환원하는 방법으로 결정한다.

선생님 TIP

표준원가에 대해서는 원가관리회계에서 설명한다.

2 기말재고자산의 평가

상품매매기업의 경우 기초재고자산에 당기 매입액을 합산하면 판매가능재고자산이 된다. 판매가능재고자산은 매출원가와 기말재고자산으로 나누어지는데 일반적으로 기말에 미판매된 기말재고자산을 파악해 판매가능재고와의 차이를 매출원가로 보고한다.

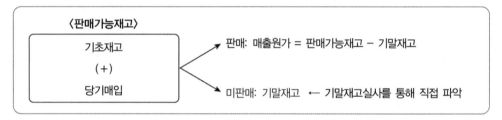

〈판매가능재고〉

기초재고
(+)
당기매입

판매: 매출원가 = 판매가능재고 − 기말재고

미판매: 기말재고 ← 기말재고실사를 통해 직접 파악

➕ 재고자산의 흐름

기말재고자산금액의 파악은 기말 재무상태표에 보고할 재고자산의 금액을 결정할 뿐만 아니라 직접적으로 매출원가에 영향을 미치며, 매출원가는 당기순이익의 계산과 관련되어 있다. 따라서 기말재고자산금액을 결정하는 것은 매우 중요한 절차인데, 기말재고자산금액은 재고자산의 수량을 파악하고 동 수량에 일정한 방법으로 결정된 단가를 곱하여 산정한다.

기말재고자산 = <u>기말상품수량</u> × <u>취득단가</u>
계속기록법, 실사법　개별법, 선입선출법, 후입선출법, 평균법

1. 기말재고수량에 포함할 항목

기말재고수량은 회사 창고에 보관된 실제 수량을 세어봄으로써 파악할 수 있다. 그러나 회사소유의 재고자산이 모두 회사 창고에 보관되어 있는 것은 아니며, 반대로 회사 창고에 보관되어 있는 재고자산이 모두 회사 소유의 것은 아니다.

따라서 회사 창고에 보관되어 있는 재고자산이라 하더라도 다른 회사 소유의 재고자산이라면 회사의 기말재고수량에서 제외하여야 하며, 회사 창고가 아닌 다른 장소에 보관되어 있는 재고 자산이라 하더라도 회사 소유의 재고자산이라면 회사의 기말재고수량에 포함하여야 한다.

또한, 특정 재고를 기말재고자산금액에 포함할 것인지의 여부는 관련된 수익인식 여부에 의해 결정된다. 해당 항목에 대한 수익이 인식되었다면 해당 재고가 판매된 것으로 보아 기말 재고수 량에서 제외하고, 수익이 인식되지 않았다면 기말 재고수량에 포함한다.

(1) 미착상품

미착상품이란 결산일 현재 운송 중에 있는 상품을 말한다. 상품을 수입하거나 수출하는 경우 에 판매자와 구매자가 체결한 거래의 조건을 무역조건이라고 하는데 무역조건은 F.O.B. 선 적지 인도조건(free on board shipping point)과 F.O.B. 도착지 인도조건(free on board destination)으로 구분된다.

선적지 인도조건이란 선적을 완료하게 되면 소유권이 이전되는 상황을 의미한다. 선적지 인도조건의 경우에는 선적하는 시점에 판매자는 매출을 인식하고 구매자는 매입을 인식한 다. 따라서 기말 현재 운송 중인 상품의 경우 선적이 완료된 것이므로 소유권은 판매자에서 구매자로 넘어가 있는 경우이다. 결과적으로 선적지 인도조건으로 거래하여 기말 현재 운송 중에 있는 상품은 구매자의 재고자산으로 파악하여야 한다.

도착지 인도조건이란 도착을 완료해야 소유권이 이전되는 상황을 의미한다. 도착지 인도조 건의 경우에는 도착하는 시점에 판매자는 매출을 인식하고 구매자는 매입을 인식한다. 따 라서 기말 현재 운송 중인 상품의 경우 도착이 완료되지 않았으므로 소유권은 판매자가 아 직 가지고 있는 경우이다. 결과적으로 도착지 인도조건으로 거래하여 기말 현재 운송 중에 있는 상품은 판매자의 재고자산으로 파악하여야 한다.

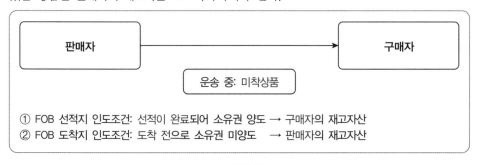

❶ 미착상품

(2) 적송품

적송품은 위탁판매에서 위탁자가 수탁자에게 판매를 위탁하기 위해 보낸 상품이다. 위탁판 매의 경우에는 수탁자가 물건을 판매하는 시점에 위탁자가 매출을 인식한다. 따라서 수탁자 가 아직 판매하지 못한 상품은 비록 수탁자의 창고에 보관되어 있더라도 위탁자의 기말재고에 포함해야 한다.

적송품은 어떠한 경우에도 수탁 자의 재고자산이 될 수는 없다.

(3) 시송품

시송품은 시용판매에서 회사가 고객에게 발송한 상품을 말한다. 시용판매의 경우에는 고객의 구매 의사표시가 있는 시점에 매출을 인식하므로 고객이 구매 의사표시를 한 상품은 판매자의 재고자산에 해당하지 아니한다. 반대로 고객의 구매 의사표시가 없는 상품은 아직 판매가 일어나기 전이므로 비록 판매자가 보관하고 있는 상품은 아니라 할지라도 판매자의 기말재고로 인식해야 한다.

(4) 저당상품

저당상품이란 회사가 금전 차입 등을 위해 담보로 제공한 상품이다. 저당상품은 담보로 제공한 것일 뿐 소유권이 이전된 것은 아니므로 회사가 보관하고 있는 경우가 아니더라도 회사의 기말재고로 인식해야 한다.

(5) 할부판매상품

재고자산을 구매자에게 인도하고 대금의 회수는 미래에 분할하여 회수하기로 한 경우, 판매기준을 적용하여 수익을 인식하므로, 대금의 회수 여부에 관계없이 상품의 판매시점에서 판매자의 재고자산에서 제외한다.

사례 ― 예제

아래의 각 상황에서 회사가 기말재고자산에 포함시켜야 하는지 여부를 결정하시오.

상황	기말재고
선적지 인도조건으로 외국으로부터 매입하고 있는 상품이 결산일 현재 운송 중에 있다.	포함
도착지 인도조건으로 외국으로부터 매입하고 있는 상품이 결산일 현재 운송 중에 있다.	불포함
선적지 인도조건으로 외국에 판매하고 있는 상품이 결산일 현재 운송 중에 있다.	불포함
도착지 인도조건으로 외국에 판매하고 있는 상품이 결산일 현재 운송 중에 있다.	포함
위탁판매를 위하여 수탁자에게 발송한 상품 ₩10,000 중 수탁자가 판매한 상품이 ₩7,000이다.	₩3,000 포함
시용판매를 위해 고객에게 발송한 상품 ₩10,000 중 결산일 현재 구매자가 구매 의사표시를 한 상품이 ₩7,000이다.	₩3,000 포함
거래처로부터 현금을 차입하고 담보로 제공한 상품이 현재 거래처의 창고에 보관되어 있다.	포함

2. 기말재고수량의 산정

기말 재고자산의 수량을 산정하는 방법에는 계속기록법과 실사법이 있다. 기말재고자산금액은 기말재고수량과 취득단가의 곱으로 결정되므로 수량을 산정하는 방법인 계속기록법 또는 실사법만으로 기말재고금액을 결정할 수는 없다. 따라서 계속기록법과 실사법은 단순히 수량을 산정하는 방법일 뿐 회계처리방법은 아니다.

계속기록법과 실사법은 각각의 장단점을 가지고 있는 방법이므로 실무에서는 두 방법을 같이 사용하는 것이 일반적이다.

선생님 TIP

3절 '재고자산 감모손실과 평가손실에서 설명할 재고자산 감모손실을 계산하기 위해서는 계속기록법과 실사법을 모두 사용하여야 한다.

(1) 계속기록법

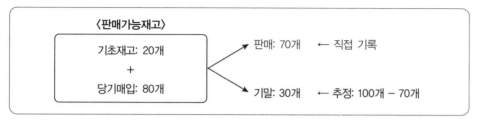

⊕ 계속기록법 예시

계속기록법은 재고자산이 판매될 때마다 실제로 판매된 재고자산 수량을 기록하는 방법이다. 따라서 계속기록법 하에서는 기중에 판매된 재고자산수량을 기록하고 판매가능재고와의 차이를 기말재고수량으로 추정하여 보고하게 된다.

그러나 기말의 실제 재고수량을 기준으로 재고자산 금액을 보고해야 하는 회계원칙의 입장에서 볼 때 계속기록법은 적절한 방법이라고 볼 수 없다. 따라서 일반적으로 실무에서는 실사법을 계속기록법과 함께 사용한다.

계속기록법은 기말재고자산의 수량을 파악하는 방법일 뿐 회계처리방법은 아니지만 시험에서 계속기록법으로 회계처리한다고 하는 것은 상품을 판매할 때 매출원가를 동시에 인식한다는 것을 의미한다.

(2) 실사법

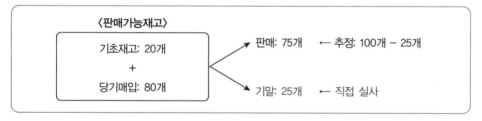

⊕ 실사법 예시

실사법은 결산일에 창고를 실사하여 기말재고수량을 직접 파악하는 방법이다. 따라서 실사법 하에서는 기말에 미판매된 재고자산수량을 파악하고 판매가능재고와의 차이를 판매된 수량으로 추정하여 보고하게 된다.

그러나 기말 현재 판매되지 않은 상품을 제외한 판매가능재고수량이 모두 정상적으로 판매되었다는 가정은 현실적이지 않다. 따라서 일반적으로 실무에서는 계속기록법을 실사법과 함께 사용한다.

실사법은 기말재고자산의 수량을 파악하는 방법일 뿐 회계처리방법은 아니지만 시험에서 실사법으로 회계처리한다고 하는 것은 매출원가를 기말에 인식한다는 것을 의미한다.

(3) 계속기록법과 실사법의 적용

실무에서는 계속기록법과 실사법의 장점을 모두 살리기 위해 일반적으로 두 가지 방법을 동시에 사용한다. 계속기록법과 실사법을 동시에 사용하면 비정상적으로 소멸된 재고자산, 예를 들어, 재고자산감모손실 등을 파악할 수 있다.

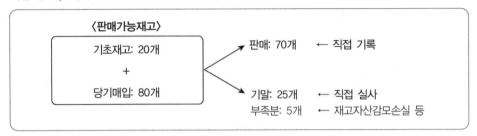

◐ 계속기록법과 실사법

◐ 계속기록법과 실사법의 분류

	수량파악방법으로서	회계처리방법으로서
계속기록법	실제 판매된 재고자산 수량을 파악	상품판매시 매출원가 동시 인식
실사법	미판매된 기말재고 수량을 파악	기말에 매출원가를 인식

3. 취득단가의 결정(원가흐름의 가정)

기말재고자산의 수량이 파악되면 동 수량에 취득단가를 곱하여 기말재고자산금액을 계산한다. 기말재고수량에 적용할 단가는 각 재고자산별로 일일이 확인하여 결정하는 것이 가장 합리적이지만 현실적으로 기말재고자산의 단가를 일일이 확인하는 것은 쉽지 않은 일이다.

기말재고수량에 적용할 단가를 각 재고자산별로 일일이 확인하여 결정하는 것을 개별법이라 하는데 대량의 재고자산을 취급하는 일반적인 상기업에서 사용하기에는 적합하지 않은 방법이다.

개별법 적용이 불가능할 경우, 재고자산의 원가가 일정한 흐름을 갖고 있다고 가정하여 취득단가를 계산하는데, 이를 원가흐름의 가정이라고 한다. 원가흐름의 가정은 취득단가를 산정할 때 적용할 가정에 불과하므로 재고자산의 물적 흐름과 일치할 필요가 없다. 원가흐름의 가정은 일단 선택하면 정당한 사유 없이 이를 변경할 수 없다.

개별법이 적용되지 않는 재고자산의 단위원가는 원가흐름 가정에 따라 선입선출법이나 가중평균법을 사용한다. 성격과 용도 면에서 유사한 재고자산에는 동일한 단위원가 결정방법을 적용하여야 하며, 성격이나 용도 면에서 차이가 있는 재고자산에는 서로 다른 단위원가 결정방법을 적용할 수 있다.

예를 들어, 동일한 재고자산이 동일한 기업 내에서 영업부문에 따라 서로 다른 용도로 사용되는 경우도 있다. 그러나 재고자산의 지역별 위치나 과세방식이 다르다는 이유만으로 동일한 재고자산에 다른 단위원가 결정방법을 적용하는 것이 정당화될 수는 없다.

(1) 개별법

개별법은 개별 재고자산별로 취득단가를 직접 결정하는 방법이다.

통상적으로 상호 교환될 수 없는 재고자산항목의 원가와 특정 프로젝트별로 생산되고 분리되는 재화 또는 용역의 원가는 개별법을 사용하여 결정한다.

개별법은 식별되는 재고자산별로 특정한 원가를 부과하는 방법이다. 이 방법은 외부 매입이나 자가제조를 불문하고, 특정 프로젝트를 위해 분리된 항목에 적절한 방법이다. 그러나 통상적으로 상호교환 가능한 대량의 재고자산 항목에 개별법을 적용하는 것은 적절하지 아니하다. 그러한 경우에는 기말 재고로 남아 있는 항목을 선택하는 방식을 이용하여 손익을 자의적으로 조정할 수도 있기 때문이다.

(2) 선입선출법

선입선출법(FIFO, first-in first-out method)은 먼저 매입 또는 생산된 재고자산이 먼저 판매되고 결과적으로 기말에 재고로 남아 있는 항목은 가장 최근에 매입 또는 생산된 항목이라고 가정하는 방법이다.

기업은 일반적으로 먼저 구입한 재고자산을 먼저 처분하려는 경향이 있으므로 선입선출법은 기업의 실제물량흐름과 가장 유사한 방법이라고 할 수 있다.

선입선출법은 원가흐름의 가정에 불과하므로 실제물량흐름과 반드시 일치할 필요는 없다. 특정 기업의 경우에는 실제물량흐름이 후입선출로 일어나는 경우가 있는데 이런 기업도 재고자산의 취득단가 결정방법으로 선입선출법을 선택하는 것이 허용된다. 실제물량흐름과의 일치 여부가 원가흐름가정을 채택하는 이유가 되는 것이 아니기 때문이다.

예를 들어, 모래, 석탄 등 야적하는 형태로 재고자산을 보관하는 회사들은 실제물량흐름이 후입선출로 일어날 것이다. 그렇지만 이런 회사들도 원가흐름의 가정으로 선입선출법을 적용할 수 있다.

선입선출법은 객관적인 방법으로 단가를 산정하므로 이익조작 가능성이 적고, 기말재고자산이 현행원가의 근사치를 반영한다는 점에서 좋은 방법이지만, 현행 수익에 과거 원가를 대응시키므로 수익비용대응원칙에 충실하지 못하다는 단점이 있다.

한편, 선입선출법의 경우에는 기업이 기말재고수량을 결정하는 방법으로 계속기록법과 실사법 중 어떤 방법을 사용하더라도 동일한 결과를 얻을 수 있다.

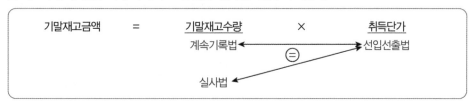

⊙ 선입선출법

(3) 후입선출법

후입선출법(LIFO, late-in, first-out method)은 가장 최근에 매입 또는 생산된 재고자산이 먼저 판매되고 결과적으로 기말에 재고로 남아 있는 항목은 과거에 매입 또는 생산된 항목이라고 가정하는 방법이다.

한국채택국제회계기준에서는 재고자산의 취득단가를 결정하는 방법으로 후입선출법을 인정하지 않고 있다.

후입선출법은 가장 최근의 취득단가를 매출원가로 대응시키기 때문에 물가상승기에 비교적 정확한 이익을 산출할 수 있고, 수익비용대응원칙에 충실하며, 물가상승기에 당기순이익이 적게 계상되어 세금납부를 이연할 수 있다는 장점이 있다. 그렇지만 기말 재고자산이 현행가치를 나타내지 못하고, 후입선출청산현상이 발생할 수 있으며, 원가흐름이 실제 물량흐름을 반영하지 못하다는 단점이 있어서 한국채택국제회계기준에서는 후입선출법을 인정하지 않는다.

한편, 후입선출법의 경우에는 기업이 기말재고수량을 결정하는 방법으로 계속기록법과 실사법 중 어떤 방법을 사용하는지에 따라 결과가 달라진다.

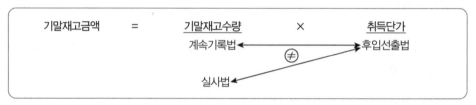

⊙ 후입선출법

(4) 가중평균법

가중평균법은 기초 재고자산과 회계기간 중에 매입 또는 생산된 재고자산의 원가를 가중평균하여 재고항목의 단위원가를 결정하는 방법이다. 이 경우 평균은 기업의 상황에 따라 주기적으로 계산하거나 매입 또는 생산할 때마다 계산할 수 있다.

가중평균법의 경우에는 기업이 기말재고수량을 결정하는 방법으로 계속기록법과 실사법 중 어떤 방법을 사용하는지에 따라 결과가 달라진다. 계속기록법으로 기말재고수량을 결정하는 경우를 이동평균법이라 하고, 실사법으로 기말재고수량을 결정하는 경우를 총평균법이라 한다.

이동평균법의 경우에는 재고자산의 판매시점마다 현재 보유하고 있는 재고자산의 평균 취득단가를 새롭게 계산하고, 총평균법에서는 기말에 한 회계기간의 전체 평균 취득단가를 계산한다.

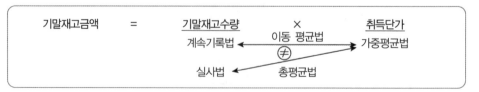

⊙ 가중평균법

사례 ― 예제

다음은 ㈜한국의 20X1년 1월 재고자산 거래내역이다. ㈜한국이 기말재고수량 결정방법으로 계속기록법과 실사법, 취득단가 결정방법으로 선입선출법, 후입선출법, 가중평균법을 적용하는 각각의 경우에 ㈜한국이 보고할 1월의 매출원가와 1월 말 재고자산금액을 구하시오.

일자	매입		매출	
	수량(개)	매입단가(₩)	수량(개)	판매단가(₩)
전기이월	100	20		
1월 8일	100	30		
1월 14일			150	50
1월 20일	100	40		
1월 28일			50	50
기말재고	100	?		

해설

① [계속기록법 + 선입선출법]: 계속기록법이므로 판매될 때마다 매출원가 계산
- 1월 14일 매출원가: 100개 × ₩ 20 + 50개 × ₩ 30 = ₩ 3,500
- 1월 28일 매출원가: 50개 × ₩ 30 = ₩ 1,500
- 1월의 매출원가: ₩ 3,500 + ₩ 1,500 = ₩ 5,000
- 1월 말 재고자산: 100개 × ₩ 40 = ₩ 9,000(판매가능재고) − ₩ 5,000(매출원가) = ₩ 4,000

② [실사법 + 선입선출법]: 실사법이므로 월말에 매출원가 계산
- 1월의 매출원가: 100개 × ₩ 20 + 100개 × ₩ 30 = ₩ 5,000
- 1월 말 재고자산: 100개 × ₩ 40 = ₩ 9,000(판매가능재고) − ₩ 5,000(매출원가) = ₩ 4,000

→ ①과 ②의 결과에서 보는 것처럼 선입선출법 하에서는 계속기록법과 실사법의 계산결과가 일치한다.

③ [계속기록법 + 후입선출법]: 계속기록법이므로 판매될 때마다 매출원가 계산
- 1월 14일 매출원가: 100개 × ₩ 30 + 50개 × ₩ 20 = ₩ 4,000
- 1월 28일 매출원가: 50개 × ₩ 40 = ₩ 2,000
- 1월의 매출원가: ₩ 4,000 + ₩ 2,000 = ₩ 6,000
- 1월 말 재고자산: 50개 × ₩ 20 + 50개 × ₩ 40 = ₩ 9,000(판매가능재고) − ₩ 6,000(매출원가) = ₩ 3,000

④ [실사법 + 후입선출법]: 실사법이므로 월말에 매출원가 계산
- 1월의 매출원가: 100개 × ₩ 40 + 100개 × ₩ 30 = ₩ 7,000
- 1월 말 재고자산: 100개 × ₩ 20 = ₩ 9,000(판매가능재고) − ₩ 7,000(매출원가) = ₩ 2,000

⑤ [계속기록법 + 가중평균법 = 이동평균법]: 계속기록법이므로 판매될 때마다 매출원가 계산
- 1월 14일 매출원가: 150개 × ₩ 25[*1] = ₩ 3,750

  (*1) $₩ 20 × \frac{1}{2} + ₩ 30 × \frac{1}{2}$ = ₩ 5,000 ÷ 200개 = ₩ 25

- 1월 28일 매출원가: 50개 × ₩ 35[*2] = ₩ 1,750

  (*2) $₩ 25 × \frac{5}{15} + ₩ 40 × \frac{10}{15}$ = ₩ 5,250 ÷ 150개 = ₩ 35

- 1월의 매출원가: ₩ 3,750 + ₩ 1,750 = ₩ 5,500
- 1월 말 재고자산: 100개 × ₩ 35 = ₩ 9,000(판매가능재고) − ₩ 5,500(매출원가) = ₩ 3,500

⑥ [실사법 + 가중평균법 = 총평균법]: 실사법이므로 월말에 매출원가 계산
- 1월의 매출원가: 200개 × ₩ 30[*1] = ₩ 6,000

  (*1) ₩ 20 × $\frac{1}{3}$ + ₩ 30 × $\frac{1}{3}$ + ₩ 40 × $\frac{1}{3}$ = ₩ 9,000 ÷ 300개 = ₩ 30

- 1월 말 재고자산: 100개 × ₩ 30 = ₩ 9,000(판매가능재고) − ₩ 6,000(매출원가) = ₩ 3,000

4. 재고자산 평가방법의 비교

후입선출법은 실사법과 함께 사용한 결과 값이다.

물가가 지속적으로 상승하고 기말재고수량이 기초재고수량보다 증가하는 경우 선입선출법, 후입선출법 및 가중평균법에 의한 기말재고자산금액과 매출원가의 크기는 일정한 상관관계를 갖는데 앞의 사례를 정리하면 아래와 같다.

	기말재고	매출원가
선입선출법	₩ 4,000	₩ 5,000
이동평균법	₩ 3,500	₩ 5,500
총평균법	₩ 3,000	₩ 6,000
후입선출법	₩ 2,000	₩ 7,000

위의 결과를 살펴보면 물가가 지속적으로 상승하는 경우 기말재고금액은 '선입선출법 〉 이동평균법 〉 총평균법 〉 후입선출법'의 순서임을 알 수 있다.

매출원가는 판매가능재고에서 기말재고금액을 차감한 잔액이므로 매출원가의 순서는 기말재고금액의 순서와 정확히 반대로 나타난다. 또한, 매출총이익(또는 당기순이익)의 순서는 매출원가의 순서와 반대로 나타날 것이다.

◆ 원가흐름가정에 따른 금액 비교

세전현금흐름은 회사의 당기 현금증감액을 나타낸 값으로 세전이익과 일치하지 않으며 원가흐름가정과 무관하다.

구분	크기 비교
기말재고금액	선입선출법 〉 이동평균법 〉 총평균법 〉 후입선출법
매출원가	선입선출법 〈 이동평균법 〈 총평균법 〈 후입선출법
매출총이익	선입선출법 〉 이동평균법 〉 총평균법 〉 후입선출법
세전현금흐름	선입선출법 = 이동평균법 = 총평균법 = 후입선출법
법인세	선입선출법 〉 이동평균법 〉 총평균법 〉 후입선출법
세후현금흐름	선입선출법 〈 이동평균법 〈 총평균법 〈 후입선출법

3 ｜ 재고자산 감모손실과 평가손실

1. 재고자산 감모손실

계속기록법으로 산정된 기말재고수량은 판매가능재고수량에서 판매된 수량을 차감한 값이다. 이는 장부상 기말재고수량이므로 실제 창고에 보관되어 있는 재고수량과는 다를 수 있다.

외부보고목적의 재무제표에는 실제수량에 근거한 금액을 재고자산으로 보고해야 하므로 회사는 실사법을 동시에 적용해 실제 존재하는 기말재고수량을 파악한다. 이때 실제 존재하는 기말재고수량이 계속기록법으로 파악한 장부상 수량에 미달할 수 있는데 이러한 수량 부족분을 재고자산감모손실이라 한다.

재고자산감모손실은 실제수량이 부족한 것이므로 재고자산에서 직접 차감하여 당기비용으로 처리한다. 재고자산감모손실은 수량부족분에 장부상 취득단가를 곱하여 계산할 수 있다.

(차) 재고자산감모손실 ×××   (대) 재 고 자 산 ×××

2. 재고자산 평가손실

자산의 장부금액은 판매나 사용으로부터 실현될 것으로 기대되는 금액을 초과할 수 없다. 따라서 재고자산의 순실현가능가치가 취득원가 이하로 하락하여 재고자산의 원가를 회수하기 어려운 경우에는 순실현가능가치로 감액하는데 이를 저가법이라고 한다.

저가법을 적용하면 재고자산은 취득원가와 순실현가능가치 중 낮은 금액으로 측정하게 된다.

다음의 경우에는 재고자산의 원가를 회수하기 어려울 수 있다.
① 물리적으로 손상된 경우
② 완전히 또는 부분적으로 진부화된 경우
③ 판매가격이 하락한 경우
④ 완성하거나 판매하는 데 필요한 원가가 상승한 경우

순실현가능가치를 추정할 때 재고자산의 보유 목적도 고려하여야 한다. 예를 들어, 확정판매계약 또는 용역계약을 이행하기 위하여 보유하는 재고자산의 순실현가능가치는 계약가격에 기초한다. 만일 보유하고 있는 재고자산의 수량이 확정판매계약의 이행에 필요한 수량을 초과하는 경우에는 그 초과 수량의 순실현가능가치는 일반 판매가격에 기초한다.

㈜한국의 20X1년 12월 31일 현재 재고자산(상품)에 대한 자료는 다음과 같다.

수량	장부상 단가	단위당 예상 판매가격	단위당 예상 판매비용
1,000단위	₩ 100	₩ 110	₩ 30

㈜한국이 20X1년 말 보유하고 있는 재고자산 중 200단위는 20X2년 1월 1일에 ㈜대한에게 단위당 ₩ 130에 판매하기로 확정계약되어 있다. ㈜한국이 20X1년도에 인식할 재고자산평가손실은 얼마인가?

해설

- 확정판매금액은 장부상 단가 이상이므로 평가손실을 적용하지 않고 나머지 수량에 대해서만 평가손실을 적용한다.
- (1,000단위 − 200단위) × (100 − 80) = ₩ 16,000

완성될 제품이 원가 이상으로 판매될 것으로 예상하는 경우에는 그 생산에 투입하기 위해 보유하는 원재료 및 기타 소모품을 감액하지 아니한다. 그러나 원재료 가격이 하락하여 제품의 원가가 순실현가능가치를 초과할 것으로 예상된다면 해당 원재료를 순실현가능가치로 감액한다. 이 경우 원재료의 현행대체원가는 순실현가능가치에 대한 최선의 이용가능한 측정치가 될 수 있다.

● 재고자산 종류별 평가손실 적용

재고자산 종류	순실현가능가치
상품, 제품, 재공품	예상판매금액 − 추가예상원가와 판매비용
원재료, 기타소모품	현행대체원가(제품 등이 저가법 적용 대상이 아닌 경우 감액하지 않음)

재고자산을 순실현가능가치로 감액하는 저가법은 항목별로 적용한다. 그러나 경우에 따라서는 서로 유사하거나 관련 있는 항목들을 통합하여 적용하는 것이 적절할 수 있다. 이러한 경우로는 재고자산 항목이 유사한 목적 또는 용도를 갖는 동일한 제품군과 관련되고, 동일한 지역에서 생산되어 판매되며, 실무적으로 동일한 제품군에 속하는 다른 항목과 구분하여 평가할 수 없는 경우를 들 수 있다.

그러나 예를 들어 완제품 또는 특정 영업부문에 속하는 모든 재고자산과 같은 분류에 기초하여 저가법을 적용하는 것은 적절하지 아니하다. 용역제공기업은 일반적으로 용역대가가 청구되는 용역별로 원가를 집계한다. 그러므로 그러한 각 용역은 별도의 항목으로 취급되어야 한다.

매 후속기간에 순실현가능가치를 재평가한다. 재고자산의 감액을 초래했던 상황이 해소되거나 경제상황의 변동으로 순실현가능가치가 상승한 명백한 증거가 있는 경우에는 최초의 장부금액을 초과하지 않는 범위 내에서 평가손실을 환입한다. 그 결과 새로운 장부금액은 취득원가와 수정된 순실현가능가치 중 작은 금액이 된다. 판매가격의 하락 때문에 순실현가능가치로 감액한 재고항목을 후속기간에 계속 보유하던 중 판매가격이 상승한 경우가 이에 해당한다.

재고자산의 판매 시, 관련된 수익을 인식하는 기간에 재고자산의 장부금액을 비용으로 인식한다. 재고자산을 순실현가능가치로 감액한 평가손실과 모든 감모손실은 감액이나 감모가 발생한 기간에 비용으로 인식한다. 순실현가능가치의 상승으로 인한 재고자산 평가손실의 환입은 환입이 발생한 기간의 비용으로 인식된 재고자산 금액의 차감액으로 인식한다.

재고자산평가손실 환입을 수익으로 보고하는 것이 아니다.

재고자산평가손실은 재고자산평가충당금의 과목으로 하여 재고자산의 차감계정으로 표시한다. 재고자산평가손실은 실제수량에 장부상 취득단가와 단위당 순실현가능가치의 차액을 곱한 금액으로 계산할 수 있다.

재고자산평가손실은 나중에 재고자산평가손실환입이 발생할 수 있으므로 재고자산을 직접 감액하지 않고 재고자산평가충당금으로 보고한다.

(차) 재고자산평가손실 ××× (대) 재고자산평가충당금 ×××

재고자산감모손실과 재고자산평가손실을 동시에 인식할 때는 재고자산감모손실을 먼저 인식한 후에 재고자산평가손실을 인식한다. 이유는 만약 재고자산평가손실을 먼저 인식하게 되면 실제 존재하지 않는 재고자산에 대해 평가손실을 인식하는 결과가 생길 수 있기 때문이다.

사례 — 예제

다음은 ㈜한국의 20X1년 재고자산 관련 자료이다. 주어진 자료를 이용하여 ㈜한국의 매출원가, 재고자산감모손실, 재고자산평가손실을 계산하시오.

- 판매가능재고(800개, 단가 ₩1,000)　　　₩800,000
- 장부상 기말상품재고액(200개, 단가 ₩1,000)　₩200,000
- 기말상품 실제재고수량(150개)
- 기말상품 개당 순실현가능가치　　　　₩800

해설

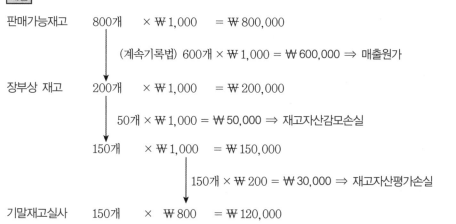

판매가능재고　800개　× ₩1,000　= ₩800,000

　　　(계속기록법) 600개 × ₩1,000 = ₩600,000 ⇒ 매출원가

장부상 재고　200개　× ₩1,000　= ₩200,000

　　　50개 × ₩1,000 = ₩50,000 ⇒ 재고자산감모손실

150개　× ₩1,000　= ₩150,000

　　　150개 × ₩200 = ₩30,000 ⇒ 재고자산평가손실

기말재고실사　150개　× ₩800　= ₩120,000

사례에서 재고자산감모손실과 재고자산평가손실을 인식하는 분개를 나타내면 아래와 같다.

(차) 재고자산감모손실 50,000　(대) 재 고 자 산 50,000
(차) 재고자산평가손실 30,000　(대) 재고자산평가충당금 30,000

재고자산감모손실과 재고자산평가손실은 기업의 선택에 따라 별도의 비용으로 보고하거나 매출원가로 합산하여 보고할 수 있는데, 매출원가로 합산하여 보고하는 경우의 분개는 아래와 같다.

| (차) 매 출 원 가 | 50,000 | (대) 재 고 자 산 | 50,000 |
| (차) 매 출 원 가 | 30,000 | (대) 재고자산평가충당금 | 30,000 |

4 재고자산의 추정

재고자산의 추정은 기말재고실사가 불필요하거나 불가능한 경우에 기말재고자산금액을 추정하여 결정하는 방법으로 매출총이익법과 소매재고법(매출가격환원법)이 있다.

1. 매출총이익법

기업은 일반적으로 판매가능재고에서 기말 재고실사를 통해 결정한 기말재고금액을 차감하여 매출원가를 결정한다. 그러나 만약 천재, 지변, 도난, 화재 등으로 기말 재고실사를 할 수 없다면 위와 같은 방법을 사용할 수 없다.

이런 경우에는 반대로 매출원가를 먼저 계산하여 기말재고금액을 추정할 수 있는데 이러한 방법을 매출총이익법이라고 한다.

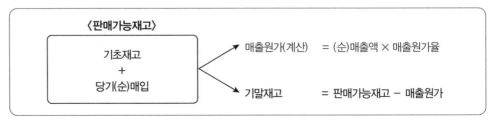

🔾 **매출총이익법**

매출총이익법 적용과 관련하여 다음 두 가지를 유의해야 한다.

(1) 당기총매입액과 총매출액이 아닌 당기순매입액과 순매출액을 사용한다. 즉, 총매입액과 총매출액에서 에누리, 할인, 환출입 등의 평가계정을 가감한다.

(2) 매출원가율을 적용할 때는 일반적으로 문제에서 매출원가율이 아닌 매출총이익률을 제시하는데 매출총이익률은 아래와 같은 두 가지 방법으로 제시한다.

　① 매출총이익률이 30%라고 제시: 매출원가율 $= 1 - 0.3 = 0.7$

　② 원가기준이익률이 30%라고 제시: 매출원가율 $= \dfrac{100}{130}$

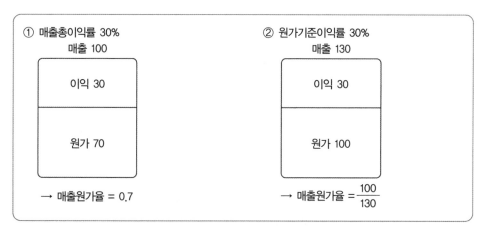

① 매출총이익률 30%
매출 100

이익 30

원가 70

→ 매출원가율 = 0.7

② 원가기준이익률 30%
매출 130

이익 30

원가 100

→ 매출원가율 = $\frac{100}{130}$

⬆ 매출총이익률과 매출원가율

사례 ― 예제

아래의 자료를 이용하여 재고자산 손실액을 계산하시오.

(1) ㈜한국은 20X1년 3월 1일 공장창고에 화재가 발생하여 재고자산의 일부가 소실되었으며, 손상된 재고자산의 가치는 ₩80,000으로 평가되었다.

(2) ㈜한국의 과거 3년 평균 매출총이익률은 40%이었으며 기초재고자산은 ₩100,000이었다.

(3) 3월 1일까지 총매출액은 ₩1,000,000이었으며 총매입액은 ₩700,000이었다.

(4) 3월 1일까지 매출환입이 ₩20,000 발생하였고, 매입에누리가 ₩50,000 발생하였다.

해설

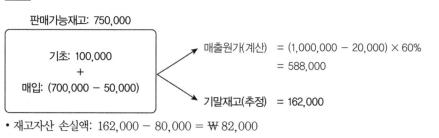

판매가능재고: 750,000

기초: 100,000
+
매입: (700,000 − 50,000)

매출원가(계산) = (1,000,000 − 20,000) × 60%
= 588,000

기말재고(추정) = 162,000

• 재고자산 손실액: 162,000 − 80,000 = ₩82,000

---

2. 소매재고법(매출가격환원법)

소매재고법은 판매가를 기준으로 평가한 기말재고금액에 원가율을 곱하여 기말재고자산의 원가를 결정하는 방법으로 매출가격환원법이라고도 한다. 소매재고법은 재고자산의 실제 취득원가를 조사하는 것이 아니므로 보편적으로 사용되지는 않으나 한국채택국제회계기준에서는 소매재고법으로 평가한 결과가 실제 원가와 유사한 경우에 편의 상 사용할 수 있다고 규정하고 있다.

소매재고법은 이익률이 유사하고 품종변화가 심한 다품종 상품을 취급하는 유통업에서 실무적으로 다른 원가측정법을 사용할 수 없는 경우에 흔히 사용한다.

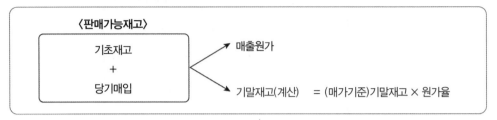

○ 소매재고법

소매재고법은 원가율 계산방법에 따라 다음과 같은 방법들이 있다.

유통업체에서는 수시로 판매가격의 인상과 인하를 반복한다. 따라서 문제에서 가격 인상액과 가격인하액이 별도로 주어지는 경우가 있는데, 가격인상액 및 가격인하액 자료가 주어지면 원가율 계산 시 매가에 반영한다.

① 평균원가소매재고법: 매출원가와 기말재고가 기초재고와 당기매입분의 평균치로 구성된다.

→ 원가율 $= \dfrac{기초재고(원가) + 당기매입(원가)}{기초재고(매가) + 당기매입(매가)}$

② 선입선출소매재고법: 기초재고는 먼저 판매되므로 기말재고는 당기매입분으로만 구성된다.

→ 원가율 $= \dfrac{당기매입(원가)}{당기매입(매가)}$

한국채택국제회계기준에서는 후입선출법을 인정하지 않으므로 후입선출소매재고법 역시 인정하지 않는다.

③ 후입선출소매재고법: 당기매입분은 먼저 판매되므로 기말재고는 기초재고로만 구성된다.

→ 원가율 $= \dfrac{기초재고(원가)}{기초재고(매가)}$

저가주의평균원가소매재고법의 경우에는 가격인상액 및 가격인하액이 제시된다.

④ 저가주의평균원가소매재고법(전통적소매재고법): 원가율을 낮추어 기말재고를 낮게 보고하는 방법이 저가주의소매재고법이다. 원가율을 낮추기 위해 분모에서 가격인상액은 반영하지만 가격인하액은 반영하지 않는다.

→ 원가율 $= \dfrac{기초재고(원가) + 당기매입(원가)}{기초재고(매가) + 당기매입(매가) + 가격인상액}$

사례 一 예제

다음은 ㈜한국의 재고자산과 관련된 자료이다. 평균원가소매재고법, 선입선출소매재고법, 후입선출소매재고법, 저가주의평균원가소매재고법에 의한 기말재고금액과 매출원가를 계산하시오(단, 저가주의평균원가소매재고법 계산 시에만 가격인상액과 가격인하액이 각각 ₩40,000씩 존재한다고 가정한다).

	원가	소매가
기초재고	₩120,000	₩200,000
매입	300,000	600,000
매출		600,000

해설

(1) 평균원가소매재고법

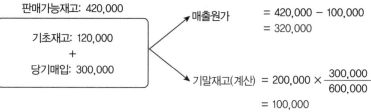

판매가능재고: 420,000

기초재고: 120,000
+
당기매입: 300,000

매출원가 $= 420,000 - 105,000$
$= 315,000$

기말재고(계산) $= 200,000^{*1} \times \dfrac{120,000 + 300,000}{200,000 + 600,000}$
$= 105,000$

(*1) $200,000 + 600,000 - 600,000 = 200,000$

(2) 선입선출소매재고법

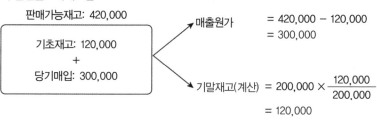

판매가능재고: 420,000

기초재고: 120,000
+
당기매입: 300,000

매출원가 $= 420,000 - 100,000$
$= 320,000$

기말재고(계산) $= 200,000 \times \dfrac{300,000}{600,000}$
$= 100,000$

(3) 후입선출소매재고법

판매가능재고: 420,000

기초재고: 120,000
+
당기매입: 300,000

매출원가 $= 420,000 - 120,000$
$= 300,000$

기말재고(계산) $= 200,000 \times \dfrac{120,000}{200,000}$
$= 120,000$

(4) 저가주의평균원가소매재고법(전통적소매재고법)

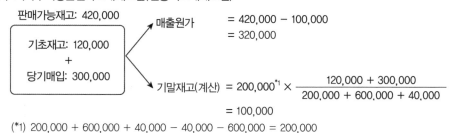

판매가능재고: 420,000

기초재고: 120,000
+
당기매입: 300,000

매출원가 $= 420,000 - 100,000$
$= 320,000$

기말재고(계산) $= 200,000^{*1} \times \dfrac{120,000 + 300,000}{200,000 + 600,000 + 40,000}$
$= 100,000$

(*1) $200,000 + 600,000 + 40,000 - 40,000 - 600,000 = 200,000$

01 재고자산의 매입원가는 매입가격에 수입관세, 제세금, 매입운임, 매입할인, 리베이트 등을 가산한 금액이다.

( )

02 표준원가법이나 소매재고법 등의 원가측정방법은 그러한 방법으로 평가한 결과가 실제 원가와 유사한 경우에 편의상 사용할 수 있다. ( )

03 선적지 인도조건으로 거래하여 기말현재 운송 중에 있는 상품은 구매자의 재고자산으로 보고한다. ( )

04 통상적으로 상호 교환될 수 없는 재고자산항목의 원가와 특정 프로젝트별로 생산되고 분리되는 재화 또는 용역의 원가는 개별법을 사용하여 결정한다. ( )

05 한국채택국제회계기준에서는 원가흐름의 가정으로 선입선출법, 후입선출법, 가중평균법을 인정한다. ( )

06 물가가 지속적으로 하락하는 경우에 선입선출법을 사용하면 기말재고금액을 높게 보고한다. ( )

07 재고자산감모손실과 재고자산평가손실은 재고자산에서 직접 차감하여 당기비용으로 인식한다. ( )

08 원재료의 평가손실을 계산할 때는 현행대체원가가 순실현가능가치에 대한 최선의 측정치가 될 수 있다. ( )

---

01 × 재고자산의 매입원가는 매입가격에 수입관세, 제세금, 매입운임 등을 가산하고 매입할인, 리베이트 등을 차감한 금액이다.
02 ○
03 ○
04 ○
05 × 한국채택국제회계기준에서는 재고자산의 취득단가를 결정하는 방법으로 후입선출법을 인정하지 않는다.
06 × 물가가 지속적으로 하락하는 경우에 선입선출법을 사용하면 기말재고금액을 낮게 보고한다.
07 × 재고자산감모손실은 재고자산에서 직접 차감하고 재고자산평가손실은 재고자산평가충당금을 설정한다.
08 ○

1 재고자산의 기초

01 다음 설명 중 옳지 않은 것은?

2015년 지방직 9급

① 회사 차량으로 상품을 배송하던 중 접촉사고가 발생하여 차량이 파손되고 그 손해금액이 파악된 경우 이는 회계상의 거래에 해당한다.

② 회사가 기말에 기간경과로 발생한 이자비용을 계상하기 위해 사용한 미지급비용계정은 영구계정에 해당한다.

③ 회사의 기초상품재고액이 기말상품재고액보다 큰 경우 회사의 당기상품매입액은 매출원가보다 크다.

④ 제조원가명세서는 한국채택국제회계기준에서 규정하고 있는 전체 재무제표에 포함되지 않는다.

02 ㈜한국의 2016년 재고자산 자료가 다음과 같을 때, ㈜한국의 2016년 매출액은?

2016년 국가직 9급

• 기초상품재고	₩ 2,000
• 당기매입액	10,000
• 기말상품재고	4,000
• 매출원가에 가산되는 이익률	10%

① ₩ 6,600
② ₩ 7,200
③ ₩ 8,000
④ ₩ 8,800

---

01 ③ '기초상품재고액 + 당기매입액 = 매출원가 + 기말상품재고액'이므로, 기초상품재고액이 기말상품재고액보다 클 경우, 당기매입액은 매출원가보다 작다.

02 ④ • 매출원가: 2,000(기초) + 10,000(매입) − 4,000(기말) = ₩8,000
• 매출액: 8,000 × (1 + 10%) = ₩8,800

03 아래는 ㈜서울과 ㈜한성의 매입 및 매출에 관련된 자료이다. ⑺와 ⑻의 금액은? (단, 재고감모손실 및 재고평가손실은 없다고 가정한다)

2018년 서울시 9급

구분	기초재고액	당기매입액	기말재고액	매출원가
㈜서울	₩100,000	₩240,000	⑺	₩280,000
㈜한성	⑻	₩220,000	₩180,000	₩280,000

	⑺	⑻
①	₩60,000	₩240,000
②	₩340,000	₩240,000
③	₩60,000	₩320,000
④	₩340,000	₩320,000

2 재고자산의 오류

> **⊘ SOLUTION**
>
> 기초재고 (+) 당기매입 = 매출원가 (+) 기말재고
>
> ⇨ 위 식에서 기초재고, 당기매입, 기말재고는 개별적으로 확인하는 항목으로 상호 간에 영향을 주지 않는다. 따라서 기초재고, 당기매입, 기말재고에 오류가 발생하면 모든 영향을 매출원가가 받게 된다.

04 기말재고자산 누락 시 나타나는 현상은?

2011년 서울시 9급

① 매출원가 과소 ② 매출총이익 과소
③ 당기순이익 과대 ④ 법인세부담 증가
⑤ 영업이익 과대

---

03 ① • ㈜서울의 재고자산: 100,000(기초) + 240,000(매입) = 280,000(판매) + 기말, 기말 = ₩60,000
  • ㈜한성의 재고자산: 기초 + 220,000(매입) = 280,000(판매) + 180,000(기말), 기말 = ₩240,000

04 ② 기초재고 (+) 당기매입 = 매출원가 (+) 기말재고
              과대   과소
  • 매출원가 과대 → 이익 과소 → 법인세 감소

05 12월 결산법인 ㈜서울은 2014년 기말재고자산을 ₩3,000 과대계상하였고, 2015년 기말재고자산을 ₩2,000 과소계상하였음을 2015년 말 장부마감 전에 발견하였다. 이러한 오류들을 수정하기 전의 2015년 당기순이익이 ₩10,000이라면, 오류수정 후 2015년 당기순이익은 얼마인가? (단, 법인세효과는 고려하지 않는다)

2016년 서울시 9급

① ₩5,000   ② ₩9,000

③ ₩11,000   ④ ₩15,000

06 ㈜대한은 ㈜민국에게 판매 위탁한 상품 중 기말 현재 판매되지 않은 상품(원가 ₩10,000)을 기말재고자산에 판매가(₩15,000)로 포함시켰다. 이로 인한 당기와 차기의 순이익에 미치는 영향으로 옳은 것은?

2016년 관세직 9급

① 당기에만 순이익이 과대계상된다.
② 당기에만 순이익이 과소계상된다.
③ 순이익이 당기에는 과대, 차기에는 과소계상된다.
④ 순이익이 당기에는 과소, 차기에는 과대계상된다.

---

05 ④

기초재고	(+)	당기매입	=	매출원가	(+)	기말재고
2015년	3,000 과대			5,000 과대		2,000 과소

• 수정 후 당기순이익: 10,000(수정전이익) + 5,000(매출원가 감소) = ₩15,000

06 ③

기초재고	(+)	당기매입	=	매출원가	(+)	기말재고

• 당기: 기말재고 과대 → 매출원가 과소 → 순이익 과대
• 차기: 기초재고 과대 → 매출원가 과대 → 순이익 과소

07 ㈜대한은 2016년에 처음 회계감사를 받았는데 기말상품재고에 대하여 다음과 같은 오류가 발견되었다. 각 연도별로 ㈜대한이 보고한 당기순이익이 다음과 같을 때, 2016년의 오류 수정 후 당기순이익은? (단, 법인세효과는 무시한다)

2016년 국가직 9급

연도	당기순이익	기말상품재고
2014년	₩ 15,000	₩ 2,000(과소평가)
2015년	₩ 20,000	₩ 3,000(과소평가)
2016년	₩ 25,000	₩ 2,000(과대평가)

① ₩ 25,000   ② ₩ 23,000

③ ₩ 22,000   ④ ₩ 20,000

08 ㈜한국의 외부감사인은 ㈜한국이 제시한 2017년도 포괄손익계산서에서 다음과 같은 오류가 있음을 발견하였다.

2018년 관세직 9급

• 임차료 과대계상액	₩ 900,000
• 이자수익 과소계상액	600,000
• 감가상각비 과소계상액	500,000
• 기말상품 과대계상액	300,000

오류를 수정한 후의 올바른 당기순이익은? (단, 오류 수정 전 당기순이익은 ₩ 10,000,000이다)

① ₩ 9,300,000   ② ₩ 9,500,000

③ ₩ 9,800,000   ④ ₩ 10,700,000

---

07 ④

	기초재고	(+)	당기매입	=	매출원가	(+)	기말재고
2016년	3,000 과소				3,000 과소		
					2,000 과소		2,000 과대

• 매출원가 5,000 과소 → 당기순이익 5,000 과대 → 정확한 당기순이익 ₩ 20,000
  (2014년 기말재고자산오류는 2016년의 이익에 영향을 미치지 않음)

08 ④ 10,000,000 + 900,000(임차료취소) + 600,000(이자수익인식) − 500,000(감가상각비인식) − 300,000(매출원가증가) = ₩ 10,700,000

3 기말재고자산에 포함할 항목

09 판매자의 기말 재고자산에 포함되지 않는 것은? 2017년 관세직 9급

① 고객이 구매의사를 표시하지 아니하고, 반환금액을 신뢰성 있게 추정할 수 없는 시용판매 상품

② 위탁판매를 하기 위하여 발송한 후, 수탁자가 창고에 보관 중인 적송품

③ 판매대금을 일정기간에 걸쳐 분할하여 회수하는 조건으로 판매 인도한 상품

④ 도착지 인도조건으로 선적되어 운송 중인 미착상품

10 다음은 2014년 12월 31일 현재 ㈜한국의 재고자산과 관련한 자료이다. 재무상태표에 표시되는 재고자산의 금액은? 2015년 관세직 9급

- 매입을 위해 운송 중인 상품 ₩250(FOB선적지기준 ₩150, FOB도착지기준 ₩100)
- 시송품 중 매입의사가 표시되지 않은 상품: 판매가 ₩260(원가에 대한 이익률 30%)
- 적송품 중 판매되지 않은 상품 ₩300
- 창고재고 ₩1,000(수탁상품 ₩100 포함)

① ₩1,550   ② ₩1,610

③ ₩1,710   ④ ₩1,750

---

09 ③ 할부판매의 경우 대금회수 여부와 관계없이 재고자산의 인도시점에 수익을 인식하므로 이미 인도가 이루어진 상품은 판매자의 기말재고에 포함하지 아니한다.

10 ① $150(선적지기준) + 260 \times \dfrac{100}{130}(시송품) + 300(적송품) + 900(창고재고) = ₩1,550$

11 ㈜한국은 재고자산의 수량결정방법으로 실지재고조사법을 사용하고 있다. 2011년 말 실지조사 결과 파악된 재고자산금액은 ₩120,000이었다. 다음의 추가자료를 결산에 반영할 경우 2011년 매출원가는?

2012년 국가직 7급

(1) 당기 판매가능 재고자산금액 ₩700,000
(2) 적송품 ₩40,000(이 중 ₩22,000에 대한 매출계산서가 2011년 12월 26일에 도착하였음)
(3) 미착상품 ₩15,000(FOB 선적지인도조건으로 2011년 12월 30일에 매입처리되었음)
(4) 시송품 ₩25,000(이 중 ₩12,000에 대해 고객이 매입의사를 표시하였음)
(5) 특별주문품 ₩40,000(생산이 완료되어 보관 중)

① ₩494,000
② ₩534,000
③ ₩574,000
④ ₩592,000

12 ㈜한국은 2017년 결산완료 직전 재고자산 실사로 다음 사항을 발견하였다.

- 외부 회사로부터 판매위탁을 받아 보관하고 있는 상품 ₩16,000을 기말재고자산에 포함시켰다.
- F.O.B. 도착지기준으로 12월 27일에 ₩25,000의 상품구매계약을 체결하였으나, 그 상품이 기말까지 도착하지 않아 기말재고자산에 포함하지 않았다.
- 외부 창고에 보관하고 있는 ㈜한국의 상품 ₩22,000을 기말재고자산에 포함하지 않았다.
- 기말재고자산의 매입운임 ₩10,000을 영업비용으로 처리하였다.
- 중복 실사로 인해 상품 ₩8,000이 기말재고자산에 두 번 포함되었다.

위의 사항이 ㈜한국의 2017년 매출총이익에 미치는 영향은? (단, 재고자산은 실지재고조사법을 적용한다)

2017년 관세직 9급

① 매출총이익 ₩8,000 증가
② 매출총이익 ₩33,000 증가
③ 매출총이익 ₩18,000 감소
④ 매출총이익 ₩24,000 감소

---

11 ③ • 특별주문품은 진행기준을 적용하여 수익을 인식하므로 생산이 완료된 경우 수익을 전액 인식하였다. 따라서 회사의 기말재고에 포함해서는 안 된다. 그러나 회사가 보관하고 있어 기말재고실사에 포함되었을 것이므로 별도로 기말재고실사액에서 차감하여야 한다.
　　• 정확한 기말재고금액: 실사액(120,000) + 적송품(18,000) + 미착상품(15,000) + 시송품(13,000) − 특별주문품(40,000) = ₩126,000
　　• 매출원가: 판매가능재고(700,000) − 기말재고(126,000) = ₩574,000

12 ① • 기말재고: (−)16,000 + 22,000 + 10,000 − 8,000 = ₩8,000(증가)
　　• 기말재고 ₩8,000 증가 → 매출원가 감소 → 매출총이익 증가

13 ㈜한국의 2013년 재고자산을 실사한 결과 다음과 같은 오류가 발견되었다. 이러한 오류가 2013년 매출원가에 미치는 영향은? (단, ㈜한국은 실지재고조사법을 사용하고 있다) 2014년 국가직 7급

> • ㈜한국이 시용판매를 위하여 거래처에 발송한 시송품 ₩1,300,000(판매가격)에 대하여 거래처의 매입의사가 있었으나, 상품의 원가가 ㈜한국의 재고자산에 포함되어 있다. 판매가격은 원가에 30% 이익을 가산하여 결정한다.
> • 2013년 중 ㈜한국은 선적지 인도기준으로 상품을 ₩1,000,000에 구입하고 운임 ₩100,000을 지급하였는데, 해당 상품이 선적은 되었으나 아직 도착하지 않아 재고자산 실사에 누락되었다.
> • 2013년 중 ㈜한국은 도착지 인도기준으로 상품을 ₩1,000,000에 구입하고, 판매자가 부담한 운임은 ₩100,000이다. 이 상품은 회사 창고에 입고되었으나, 기말재고자산 실사에 누락되었다.

① ₩1,100,000 과대계상
② ₩1,200,000 과대계상
③ ₩1,100,000 과소계상
④ ₩1,200,000 과소계상

---

4 **재고자산 원가흐름의 가정**

14 재고자산에 대한 설명으로 옳은 것은? 2017년 관세직 9급

① 기초재고자산 금액과 당기매입액이 일정할 때, 기말재고자산 금액이 과대계상될 경우 당기순이익은 과소계상된다.
② 선입선출법은 기말에 재고로 남아있는 항목은 가장 최근에 매입 또는 생산된 항목이라고 가정하는 방법이다.
③ 실지재고조사법을 적용하면 기록유지가 복잡하고 번거롭지만 특정시점의 재고자산 잔액과 그 시점까지 발생한 매출원가를 적시에 파악할 수 있는 장점이 있다.
④ 도착지 인도기준에 의해서 매입이 이루어질 경우, 발생하는 운임은 매입자의 취득원가에 산입하여야 한다.

---

13 ① • 시송품: 기말재고 ₩1,000,000 과대계상(원가: $1,300,000 \times \frac{100}{130} = 1,000,000$)
　　　• 선적지 인도기준 미착상품: 기말재고 ₩1,100,000 과소계상
　　　• 도착지 인도기준 상품: 기말재고 ₩1,000,000 과소계상
　　　• 기말재고: 1,000,000(과대) + 1,100,000(과소) + 1,000,000(과소) = ₩1,100,000(과소)

　　　기초재고　(+)　당기매입　=　[매출원가]　(+)　기말재고
　　　　　　　　　　　　　　　　　1,100,000 과대　　1,100,000 과소

14 ② ① 기초재고자산 금액과 당기매입액이 일정할 때, 기말재고자산 금액이 과대계상될 경우 매출원가가 과소계상되므로 당기순이익은 과대계상된다.
　　　③ 계속기록법을 적용하면 기록유지가 복잡하고 번거롭지만 특정시점의 재고자산 잔액과 그 시점까지 발생한 매출원가를 적시에 파악할 수 있는 장점이 있다.
　　　④ 구매자가 운임을 부담하는 경우는 매입운임으로 매입에 가산하고, 판매자가 운임을 부담하는 경우에는 매출운임으로 기간비용으로 인식한다.

15 재고자산의 회계처리에 대한 설명으로 옳지 않은 것은?

① 재고자산의 취득 시 구매자가 인수운임, 하역비, 운송기간 동안의 보험료 등을 지불하였다면, 이는 구매자의 재고자산의 취득원가에 포함된다.

② 위탁상품은 수탁기업의 판매시점에서 위탁기업이 수익으로 인식한다.

③ 재고자산의 매입단가가 지속적으로 하락하는 경우, 선입선출법을 적용하였을 경우의 매출총이익이 평균법을 적용하였을 경우의 매출총이익보다 더 높게 보고된다.

④ 재고자산의 매입단가가 지속적으로 상승하는 경우, 계속기록법 하에서 선입선출법을 사용할 경우와 실지재고조사법하에서 선입선출법을 사용할 경우의 매출원가는 동일하다.

16 다음은 2009년 4월 1일에 영업을 시작한 ㈜갑의 4월 상품매입과 매출자료이다. ㈜갑은 매출원가를 산정하기 위해 수량파악은 계속기록법, 원가흐름은 선입선출법을 적용한다. ㈜갑의 2009년 4월 30일의 재고상품금액과 4월의 매출총이익은? (단, 4월 말 현재 재고상품의 실사결과 재고수량은 400개이다)

일자	매입		매출	
	수량(개)	매입단가(₩)	수량(개)	판매단가(₩)
4월 1일	1,000	25		
4월 8일			900	40
4월 14일	600	30		
4월 20일			500	50
4월 28일	800	40		
4월 30일			600	65

	재고상품금액	매출총이익
①	₩ 16,000	₩ 43,000
②	10,000	35,000
③	16,000	41,000
④	10,000	36,000

---

15 ③ 재고자산의 매입단가가 지속적으로 하락하는 경우, 선입선출법을 적용하였을 경우의 매출총이익이 평균법을 적용하였을 경우의 매출총이익보다 더 낮게 보고된다.

16 ③ • 선입선출법이므로 4월 28일 매입분 400개가 기말재고로 남고 나머지가 매출원가가 된다.
• 기말재고: 400개 × ₩ 40 = ₩ 16,000
• 매출원가: (1,000개 × ₩ 25) + (600개 × ₩ 30) + (400개 × ₩ 40) = ₩ 59,000
• 매출액: (900개 × ₩ 40) + (500개 × ₩ 50) + (600개 × ₩ 65) = ₩ 100,000
• 매출총이익: 매출(100,000) − 매출원가(59,000) = ₩ 41,000

17 다음은 ㈜한국의 2013년 1월의 재고자산 입고 및 판매와 관련된 자료이다. 실지재고조사법을 사용하고 평균법을 적용할 경우 기말재고액과 매출원가는?

2013년 지방직 9급

일자	입고		판매량
	수량	단가	
1월 1일	1,000개	₩11	−
1월 5일	1,000	13	−
1월 10일	1,000	15	−
1월 15일	−	−	2,500개
1월 25일	1,000	17	−

	기말재고액	매출원가
①	₩21,000	₩31,500
②	21,000	35,000
③	24,500	31,500
④	24,500	35,000

18 ㈜서울의 2017년 중 상품매매 내역은 다음과 같고, 상품의 회계처리는 실지재고조사법에 따르고 있다. ㈜서울의 2017년 상품매출원가는 선입선출법과 평균법의 경우 각각 얼마인가?

2017년 서울시 7급

일자	거래	수량	1개당 매입단가	금액
2017년 초	−	50개	₩100	₩5,000
3월 1일	매입	100개	110	11,000
5월 1일	매출	60개	−	−
9월 1일	매입	50개	120	6,000
10월 1일	매출	90개	−	−

	선입선출법	평균법
①	₩15,000	₩15,500
②	₩15,500	₩15,000
③	₩16,000	₩16,500
④	₩16,500	₩16,000

---

17 ② • 총평균단가: $(11,000 + 13,000 + 15,000 + 17,000) \div 4,000$개 = ₩14
  • 매출원가: 2,500개 × ₩14 = ₩35,000
  • 기말재고: 1,500개 × ₩14 = ₩21,000

18 ③ • 선입선출법: 5,000 + 11,000 = ₩16,000
  • 평균법: 150개 × 110[*1] = ₩16,500
  (*1) 총평균단가: 22,000 ÷ 200개 = ₩110

19 다음은 ㈜한국의 2015년 1월의 상품매매에 관한 기록이다. 계속기록법에 의한 이동평균법으로 상품거래를 기록할 경우 2015년 1월의 매출총이익은? 2015년 지방직 9급

일자	내역	수량	매입단가	판매단가
1월 1일	전기이월	150개	₩100	
1월 15일	현금매입	50개	140	
1월 20일	현금매출	100개		₩150
1월 25일	현금매입	100개	150	
1월 28일	현금매출	100개		160

① ₩2,000 ② ₩4,000
③ ₩7,000 ④ ₩9,000

20 ㈜한국은 재고자산에 대해 가중평균법을 적용하고 있으며, 2016년 상품거래 내역은 다음과 같다. 상품거래와 관련하여 실지재고조사법과 계속기록법을 각각 적용할 경우, 2016년도 매출원가는? (단, 상품과 관련된 감모손실과 평가손실은 발생하지 않았다) 2016년 국가직 7급

일자	적요	수량	단가	금액
1/1	월초재고	100개	₩8	₩800
3/4	매입	300개	₩9	₩2,700
6/20	매출	(200개)	-	-
9/25	매입	100개	₩10	₩1,000
12/31	기말재고	300개	-	-

	실지재고조사법	계속기록법
①	₩1,800	₩1,700
②	1,750	1,700
③	1,700	1,750
④	1,800	1,750

---

19 ③ • 1월 20일의 평균단가: (100 × 150개 + 140 × 50개) ÷ 200개 = ₩110
• 1월 20일의 매출원가: ₩110 × 100개 = ₩11,000
• 1월 28일의 평균단가: (110 × 100개 + 150 × 100개) ÷ 200개 = ₩130
• 1월 28일의 매출원가: ₩130 × 100개 = ₩13,000
• 매출총이익: (100개 × 150 + 100개 × 160) − (11,000 + 13,000) = ₩7,000

20 ④ [실지재고조사법(총평균법)]
• 기말 평균매입단가: ₩9
• 매출원가: 200개 × 9 = ₩1,800
[계속기록법(이동평균법)]
• 6/20까지 평균매입단가: $8 \times \frac{1}{4} + 9 \times \frac{3}{4} = ₩8.75$
• 매출원가: 200개 × 8.75 = ₩1,750

21 ㈜경기의 6월 중 재고자산 거래가 다음과 같을 때 이에 대한 설명으로 옳지 않은 것은? 2012년 국가직 7급

일자	거래	수량	단가
6월 1일	월초재고	100개	₩10
6월 9일	매입	300개	15
6월 16일	매출	200개	25
6월 20일	매입	100개	20
6월 28일	매출	200개	30

① 회사가 총평균법을 사용할 경우 매출원가는 ₩6,000이다.

② 회사가 선입선출법을 사용할 경우 월말재고자산금액은 ₩2,000이다.

③ 총평균법을 사용할 경우보다 이동평균법을 사용할 경우에 순이익이 더 크다.

④ 계속기록법과 선입선출법을 사용할 경우보다 실지재고조사법과 선입선출법을 사용할 경우에 매출원가가 더 크다.

---

21 ④ ① 총평균법 하의 평균단가: (100개 × ₩10 + 300개 × ₩15 + 100개 × ₩20) ÷ 500개 = ₩15
　　　 매출원가: ₩15 × 400개 = ₩6,000
　　② 선입선출법하의 기말재고: 100개 × ₩20 = ₩2,000
　　③ 재고자산의 매입단가가 증가하고 재고수량이 증가할 경우, 당기순이익의 크기는 '선입선출법 〉 이동평균법 〉 총평균법 〉 후입선출법'이다.
　　④ 선입선출법은 계속기록법과 실지재고조사법 중 어떤 방법과 결합하든지 결과가 동일하다.

5 재고자산감모손실과 평가손실

22 ㈜한국은 제품생산에 투입될 취득원가 ₩200,000의 원재료와 제조원가 ₩240,000의 제품 재고를 보유하고 있다. 원재료의 현행대체원가가 ₩180,000이고 제품의 순실현가능가치가 ₩250,000일 때, 저가법에 의한 재고자산평가손실은?

2013년 국가직 7급

① ₩30,000   ② ₩20,000

③ ₩10,000   ④ ₩0

23 재고자산평가손실과 정상적 원인에 의한 재고감모손실은 매출원가로, 비정상적인 감모손실은 기타비용으로 보고하는 경우 다음 자료를 토대로 계산한 매출원가는?

2014년 국가직 9급

- 판매가능원가(= 기초재고원가 + 당기매입원가): ₩78,000
- 계속기록법에 의한 장부상 수량: 100개
- 실지재고조사에 의해 파악된 기말재고 수량: 90개
- 재고부족수량: 40%는 비정상적 원인, 나머지는 정상적 원인에 의해 발생됨
- 기말재고자산의 원가: ₩100
- 기말재고자산의 순실현가능가치: ₩90

① ₩69,500   ② ₩69,300

③ ₩68,400   ④ ₩68,600

---

22 ④ · 제품: 순실현가능가치가 취득원가 이상이므로 평가손실을 인식하지 않는다.
· 원재료: 제품이 평가손실을 인식하지 않으므로 원재료도 인식하지 않는다.

23 ① 판매가능재고   ₩78,000

               (계속기록법) ₩68,000 ⇒ 매출원가

장부상 재고   100개 × ₩100 = ₩10,000

                      ₩1,000 ⇒ 재고자산감모손실

            90개 × ₩100 = ₩9,000

                   ₩900 ⇒ 재고자산평가손실

기말재고실사 90개 × ₩90 = ₩8,100

· 매출원가: ₩68,000 + ₩1,000 × 60% + ₩900 = ₩69,500

24 다음은 ㈜한국의 상품과 관련된 자료이다. ㈜한국이 당기에 인식해야 할 총비용은? (단, 비정상적인 감모손실은 없다)

2012년 국가직 7급

• 기초상품재고액	₩100,000
• 당기상품매입액	700,000
• 장부상 기말상품재고액(220개, 단가 ₩1,100)	242,000
• 기말상품 실제재고수량(200개)	
• 기말상품 개당 순실현가능가치	1,000

① ₩558,000 ② ₩578,000
③ ₩580,000 ④ ₩600,000

25 ㈜서울의 2016년 기말상품재고원가는 ₩100,000, 순실현가능가치는 ₩95,000이다. 2017년 당기매입액은 ₩850,000이고, 기말재고자산 평가와 관련된 자료는 다음과 같다. ㈜서울은 재고자산감모손실을 제외한 금액을 매출원가로 인식할 때, 2017년 매출원가는 얼마인가? (단, 2016년 말 재고자산은 2017년도에 모두 판매되었다)

2017년 서울시 7급

장부수량	실지재고수량	취득원가	단위당 순실현가능가치
100개	95개	₩1,100	₩1,000

① ₩844,500 ② ₩849,500
③ ₩850,000 ④ ₩855,000

---

24 ④ • 판매가능재고: ₩100,000 + ₩700,000 = ₩800,000
  • 기말상품의 순실현가능가치: 200개 × ₩1,000 = ₩200,000
  • 당기에 인식할 총비용: ₩800,000 − ₩200,000 = ₩600,000
   (₩600,000을 매출원가, 재고자산감모손실, 재고자산평가손실로 구분할 수 있지만 문제에서는 단순히 당기비용만 묻고 있으므로 더 자세히 계산할 필요가 없음)

25 ① • 계속기록법에 의한 매출원가: 95,000(기초) + 850,000 − 100개 × 1,100(기말) = ₩835,000
  • 재고자산평가손실: 95개 × (1,100 − 1,000) = ₩9,500
  • 매출원가: 835,000 + 9,500 = ₩844,500

26 ㈜한국의 2016년 기초상품재고는 ₩50,000이고 당기매입원가는 ₩80,000이다. 2016년 말 기말상품재고는 ₩30,000이며, 순실현가능가치는 ₩23,000이다. 재고자산평가손실을 인식하기 전 재고자산평가충당금 잔액으로 ₩2,000이 있는 경우, 2016년 말에 인식할 재고자산평가손실은? 2016년 국가직 7급

① ₩3,000　　　　　　　　　　　② ₩5,000

③ ₩7,000　　　　　　　　　　　④ ₩9,000

27 ㈜한국의 20X1년 기말재고자산에 대한 자료가 다음과 같을 때, 20X1년 말에 인식할 재고자산평가손실은? (단, 기초재고는 없으며, 원재료 b를 이용하여 생산되는 제품 B는 향후에 원가 이상으로 판매될 것으로 예상된다) 2017년 지방직 9급(12월 추가)

품목(수량)	단위당 취득원가	단위당 판매가격	단위당 추정판매비
제품 A(10개)	₩10,000	₩9,500	₩500
원재료 b(100kg)	₩2,000	₩1,500	₩0

① ₩10,000　　　　　　　　　　② ₩50,000

③ ₩55,000　　　　　　　　　　④ ₩60,000

---

26 ② • 기말 재고자산평가충당금 누계액: 30,000 − 23,000 = ₩7,000
　　　• 당기말 재고자산평가충당금 적립액: 7,000 − 2,000(전기까지 적립액) = ₩5,000

27 ① 제품 B가 평가손실 인식 대상이 아니므로 원재료 b에 대해서도 평가손실을 인식하지 않는다.
　　　(10,000 − 9,000) × 10개 = ₩10,000

28 아래는 유통업을 하는 ㈜서울의 20X9년 결산일의 재고자산 자료이다. ㈜서울은 재고자산을 저가법으로 평가하고 있다. 20X9년 결산일에 ㈜서울이 인식해야 하는 것은?

2019년 서울시 9급

상품	재고수량	단위당 취득원가	단위당 추정판매가	단위당 추정판매비
가	40개	₩ 200	₩ 250	₩ 100
나	20개	₩ 400	₩ 500	₩ 100
다	10개	₩ 100	₩ 200	₩ 50

① 재고자산평가손실 ₩ 2,000
② 재고자산평가손실 ₩ 1,500
③ 회계처리 없음
④ 재고자산평가이익 ₩ 500

6 매출총이익법

29 ㈜한국에 당기 중 화재가 발생하여 재고자산과 일부의 회계자료가 소실되었다. 소실 후 남아있는 재고자산의 가액은 ₩ 1,500이었다. 복원한 회계자료를 통하여 기초재고가 ₩ 2,000, 기중 매입액은 ₩ 12,000, 기중 매출액은 ₩ 15,000임을 알 수 있었다. ㈜한국의 매출총이익률이 30%인 경우 화재로 소실된 재고자산 금액은?

2014년 지방직 9급

① ₩ 2,000
② ₩ 2,500
③ ₩ 3,000
④ ₩ 3,500

---

28 ① 재고자산평가손실: 40개(가) × (200 − 150) = ₩ 2,000

29 ① 판매가능재고: 14,000

기초: 2,000
+
매입: 12,000

매출원가(계산) = 15,000 × 70% = 10,500

기말재고(추정) = 3,500

• 재고자산 손실액: 3,500 − 1,500 = ₩ 2,000

30 재고자산과 관련된 자료가 다음과 같을 때, 화재로 소실된 상품의 추정원가는? 2014년 관세직 9급

- 2013년 4월 30일 화재가 발생하여 보유하고 있던 상품 중 ₩350,000(원가)만 남고 모두 소실되었다.
- 2013년 1월 1일 기초재고원가는 ₩440,000이다.
- 2013년 1월 1일부터 2013년 4월 29일까지의 매입액은 ₩900,000이다.
- 2013년 1월 1일부터 2013년 4월 29일까지의 매출액은 ₩1,000,000이다.
- 해당 상품의 매출원가 기준 매출총이익률(= 매출총이익 ÷ 매출원가)은 25%이다.

① ₩150,000   ② ₩190,000

③ ₩200,000   ④ ₩240,000

31 ㈜서울은 2015년 2월 1일 창고에 화재가 발생하여 재고자산의 대부분이 소실되었다. 실사 결과, 화재 후 남은 재고자산이 ₩100,000으로 평가되었다. 회사는 재고자산 수량파악을 위해 실지재고조사법을 사용하고 있으며 2015년 2월 1일까지 관련 장부기록을 통해 확인된 자료는 다음과 같다. 아래의 자료를 이용하여 계산한 화재로 인한 재고자산의 손실금액은 얼마인가? 2015년 서울시 9급

• 기초재고자산 재고액	₩400,000	• 당기매입액	₩1,600,000
• 매입환출 및 에누리액	200,000	• 매입할인액	100,000
• 당기매출액	2,150,000	• 매출환입 및 에누리액	150,000
• 매출할인액	200,000	• 매출총이익률	25%

① ₩100,000   ② ₩150,000

③ ₩200,000   ④ ₩250,000

---

30 ② 판매가능재고: 1,340,000

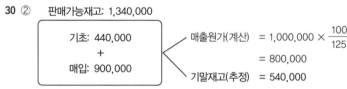

기초: 440,000 + 매입: 900,000

매출원가(계산) $= 1,000,000 \times \dfrac{100}{125}$
$= 800,000$

기말재고(추정) $= 540,000$

- 재고자산 손실액: 540,000 − 350,000 = ₩190,000

31 ④ • 판매가능재고: 400,000 + (1,600,000 − 200,000 − 100,000) = ₩1,700,000
- 매출원가: (2,150,000 − 150,000 − 200,000) × 75% = ₩1,350,000
- 기말재고 추정액: 1,700,000 − 1,350,000 = ₩350,000
- 재고자산 손실금액: 350,000 − 100,000 = ₩250,000

7 소매재고법

32 선입선출소매재고법을 적용하여 추정한 기말재고액은?

2013년 지방직 9급

	원가	판매가격
기초재고	₩30,000	₩40,000
당기매입	50,000	60,000
매출액		70,000

① ₩24,000   ② ₩25,000
③ ₩30,000   ④ ₩35,000

33 ㈜한국은 평균원가 소매재고법으로 재고자산을 평가하고 있으며, 모든 상품에 대하여 동일한 이익률을 적용하고 있다. 최근 도난 사건이 빈발하자, 재고관리 차원에서 재고조사를 실시한 결과 기말재고는 판매가격기준으로 ₩12,000이었다. 다음 자료를 이용할 때, 당기 도난 상품의 원가 추정액은?

2017년 지방직 9급(12월 추가)

구분	원가	판매가격
기초재고	₩4,000	₩5,000
당기매입	₩32,000	₩40,000
당기매출		₩30,000

① ₩2,400   ② ₩2,600
③ ₩2,800   ④ ₩3,000

---

32 ② • 선입선출소매재고법이므로 기초재고는 전부판매되었고 기말재고는 당기매입액으로만 구성되어 있다고 가정한다.

• 원가율: $50,000 \div 60,000 = \frac{5}{6}$

• 기말재고(매가): $40,000 + 60,000 - 70,000 = ₩30,000$

• 기말재고 추정액: $30,000 \times \frac{5}{6} = ₩25,000$

33 ① • 도난 상품 매가액: $(5,000 + 40,000 - 30,000) - 12,000 = ₩3,000$

• 도난 상품 원가액: $3,000 \times \frac{(4,000 + 32,000)}{(5,000 + 40,000)} = ₩2,400$

34 ㈜한국의 2017년도 재고자산과 관련된 자료는 다음과 같다. 선입선출법에 의한 소매재고법을 적용할 경우 기말재고자산 원가는?

2018년 관세직 9급

구분	원가	소매가
기초재고	₩48,000	₩80,000
당기매입	₩120,000	₩160,000
매출		₩150,000

① ₩54,000 ② ₩58,500
③ ₩63,000 ④ ₩67,500

35 ㈜서울은 재고자산평가방법으로 저가기준 선입선출 소매재고법을 사용하고 있다. 아래의 자료를 근거로 계산한 기말재고자산의 원가는?

2018년 서울시 7급

항목	원가	판매가
기초재고자산	₩800	₩1,000
당기매입	₩4,200	₩6,400
매입운임	₩900	
매출액		₩4,000
인상액		₩500
인상취소액		₩100
인하액		₩400
인하취소액		₩200

① ₩2,223 ② ₩2,290
③ ₩2,700 ④ ₩2,781

---

34 ④ • 판매가능재고: 48,000 + 120,000 = ₩168,000
 • 기말재고(매가): 80,000 + 160,000 − 150,000 = ₩90,000
 • 원가율: 120,000 ÷ 160,000 = 75%
 • 기말재고(원가): 90,000 × 75% = ₩67,500

35 ③ • 기말재고의 매가: 1,000 + 6,400 − 4,000 + 400(순인상) − 200(순인하) = ₩3,600
 • 원가율: 5,100 ÷ (6,400 + 400) = 75%
 • 기말재고의 원가: 3,600 × 75% = ₩2,700

36 ㈜한국은 원가기준 소매재고법을 사용하고 있으며, 원가흐름은 선입선출법을 가정하고 있다. 다음 자료를 근거로 한 기말 재고자산 원가는? 2018년 국가직 9급

구분	원가	판매가
기초재고	₩1,200	₩3,000
당기매입액	₩14,900	₩19,900
매출액		₩20,000
인상액		₩270
인상취소액		₩50
인하액		₩180
인하취소액		₩60
종업원할인		₩200

① ₩1,890
② ₩1,960
③ ₩2,086
④ ₩2,235

---

36 ③ • 판매가능재고: 1,200 + 14,900 = ₩16,100
• 기말재고(매가): 3,000 + 19,900 − 20,000 + 220(순인상) − 120(순인하) − 200(할인) = ₩2,800
• 원가율: 14,900 ÷ (19,900 + 220 − 120) = 74.5%
  (종업원할인은 정상적인 경로의 판매가 아니므로 원가율에 반영하지 않는다.)
• 기말재고(원가): 2,800 × 74.5% = ₩2,086

06 유형자산과 무형자산

1 유형자산의 취득

유형자산은 재화나 용역의 생산이나 제공, 타인에 대한 임대 또는 관리활동에 사용할 목적으로 보유하는 물리적 형태가 있는 자산으로서 한 회계기간을 초과하여 사용할 것이 예상되는 자산을 말한다. 유형자산의 대표적인 예로는 건물, 토지, 구축물, 기계장치, 선박, 차량운반구 등 기업이 사용하고 있는 자산과 취득 중에 있는 건설중인자산 등이 있다.

예비부품, 대기성장비 및 수선용구와 같은 항목은 유형자산의 정의를 충족하면 유형자산으로 분류하고 그렇지 않으면 재고자산으로 분류한다.

안전 또는 환경상의 이유로 취득하는 유형자산은 그 자체로는 직접적인 미래경제적효익을 얻을 수 없지만, 다른 자산에서 미래경제적효익을 얻기 위하여 필요할 수 있다. 이러한 유형자산은 당해 유형자산을 취득하지 않았을 경우보다 관련 자산으로부터 미래경제적효익을 더 많이 얻을 수 있게 해주기 때문에 자산으로 인식할 수 있다.

예를 들면, 화학제품 제조업체가 위험한 화학물질의 생산과 저장에 관한 환경규제요건을 충족하기 위하여 새로운 화학처리공정설비를 설치하는 경우가 있다. 이때 이러한 설비 없이는 화학제품을 제조 및 판매할 수 없기 때문에 관련증설원가를 자산으로 인식한다.

1. 유형자산의 취득원가

유형자산은 자산을 취득하기 위하여 자산의 취득시점이나 건설시점에서 지급한 현금 또는 현금성자산이나 제공한 기타 대가의 공정가치로 측정한다.

유형자산으로 인식되기 위해서는 다음의 인식기준을 모두 충족하여야 한다.

① 자산으로부터 발생하는 미래경제적효익이 기업에 유입될 가능성이 높다.
② 자산의 원가를 신뢰성 있게 측정할 수 있다.

유형자산의 원가는 다음과 같이 구성된다.

① 관세 및 환급불가능한 취득 관련 세금을 가산하고 매입할인과 리베이트 등을 차감한 구입가격
② 경영진이 의도하는 방식으로 자산을 가동하는 데 필요한 장소와 상태에 이르게 하는 데 직접 관련되는 원가
   ㉠ 유형자산의 매입 또는 건설과 직접적으로 관련되어 발생한 종업원급여
   ㉡ 설치장소 준비 원가

ⓒ 최초의 운송 및 취급 관련 원가

ⓔ 설치원가 및 조립원가

ⓜ 유형자산이 정상적으로 작동되는지 여부를 시험하는 과정에서 발생하는 원가. 단, 시험 과정에서 생산된 재화(예 장비의 시험과정에서 생산된 시제품)의 순매각금액은 당해 원가에서 차감한다.

ⓑ 전문가에게 지급하는 수수료

③ 자산을 해체, 제거하거나 부지를 복구하는 데 소요될 것으로 최초에 추정되는 원가

한편, 유형자산의 원가가 아닌 예는 다음과 같다.

① 새로운 시설을 개설하는 데 소요되는 원가

② 새로운 상품과 서비스를 소개하는 데 소요되는 원가(예 광고 및 판촉활동과 관련된 원가)

③ 새로운 지역에서 또는 새로운 고객층을 대상으로 영업을 하는 데 소요되는 원가(예 직원교육 훈련비)

④ 관리 및 기타 일반간접원가

유형자산이 경영진이 의도하는 방식으로 가동될 수 있는 장소와 상태에 이른 후에는 원가를 더 이상 인식하지 않는다. 따라서 유형자산을 사용하거나 이전하는 과정에서 발생하는 다음과 같은 원가는 당해 유형자산의 장부금액에 포함하여 인식하지 아니한다.

① 유형자산이 경영진이 의도하는 방식으로 가동될 수 있으나 아직 실제로 사용되지는 않고 있는 경우 또는 가동수준이 완전조업도 수준에 미치지 못하는 경우에 발생하는 원가

② 유형자산과 관련된 산출물에 대한 수요가 형성되는 과정에서 발생하는 가동손실과 같은 초기 가동손실

③ 기업의 영업 전부 또는 일부를 재배치하거나 재편성하는 과정에서 발생하는 원가

유형자산을 경영진이 의도하는 방식으로 가동하는 데 필요한 장소와 상태에 이르게 하기 위해 필요한 활동은 아니지만, 유형자산의 건설 또는 개발과 관련하여 영업활동이 이루어질 수 있다. 이러한 부수적인 영업활동은 건설이나 개발이 진행되는 동안 또는 그 이전단계에서 이루어질 수 있다.

예를 들어 건설이 시작되기 전에 건설용지를 주차장 용도로 사용함에 따라 수익이 획득될 수 있다. 부수적인 영업은 유형자산을 경영진이 의도하는 방식으로 가동하는 데 필요한 장소와 상태에 이르게 하기 위해 필요한 활동이 아니므로 그러한 수익과 관련 비용은 당기손익으로 인식하고 각각 수익과 비용항목으로 구분하여 표시한다.

유형자산의 취득원가에는 매입부대비용도 포함하는데, 매입부대비용에는 취득세, 등록세 등 취득과 관련한 세금과 중개수수료, 등기관련수수료 등의 지출이 포함된다. 유형자산과 관련된 세금이라도 재산세, 종합부동산세, 자동차세 등 보유와 관련된 세금은 취득원가에 포함되지 않는다.

❹ 자산취득과 관련한 세금

종류	특징	예시
취득과 관련된 세금	취득 시에만 납부	취득세, 등록세, 중개·등기수수료 등
보유와 관련된 세금	매년 납부	재산세, 종합부동산세, 자동차세 등

기계장치와 관련된 수리비는 지출시점이 중요하다. 기계장치가 사용가능한 상태가 되기 이전에 발생한 수리비는 취득원가에 포함하고, 사용가능한 상태가 된 이후에 지출한 수리비는 비용으로 인식한다. 중고 기계장치·새기계장치 동일하게 적용한다.

한편, 기계장치의 경우에는 당해 기계장치를 구입목적에 사용할 수 있을 때까지 발생한 설치장소 준비를 위한 지출, 설치비 및 정상적인 사용을 위한 시운전비 등이 포함된다. 중고 기계장치를 취득하는 경우에는 기계장치를 정상적으로 사용할 수 있게 하기 위하여 발생하는 수리비도 취득원가에 포함한다.

유형자산의 내용종료 시점에 자산을 해체·제거하거나 부지를 복구하는 데 소요될 것으로 최초에 추정되는 원가를 복구원가라 하는데 복구원가는 유형자산의 취득원가에 포함한다. 또한, 의도된 용도로 사용가능한 상태까지 상당한 기간을 필요로 하는 자산의 취득·건설 또는 제조와 직접 관련된 차입원가 역시 유형자산의 취득원가에 포함한다.

2. 후속원가

일상적인 수선·유지와 관련하여 발생하는 원가는 해당 유형자산의 장부금액에 포함하여 인식하지 아니한다. 이러한 원가는 발생시점에 당기손익으로 인식한다. 일상적인 수선·유지과정에서 발생하는 원가는 주로 노무비와 소모품비로 구성되며 사소한 부품원가가 포함될 수도 있다. 이러한 지출의 목적은 보통 유형자산의 '수선과 유지'로 설명된다.

발생시점에서 당기손익으로 인식하는 지출을 수익적지출이라 한다. 수익적지출은 주로 해당 자산으로부터 당초 예상되었던 성능 수준을 회복하거나 유지하기 위한 것이다.

일부 유형자산의 경우 주요 부품이나 구성요소의 정기적 교체가 필요할 수 있다. 예를 들면, 용광로의 경우 일정시간 사용 후에 내화벽돌의 교체가 필요할 수 있으며, 항공기의 경우에도 좌석과 취사실 등의 내부설비를 항공기 동체의 내용연수 동안 여러 번 교체할 필요가 있을 수 있다. 또한 유형자산이 취득된 후 반복적이지만 비교적 적은 빈도로 대체(예 건물 인테리어 벽 대체)되거나 비반복적으로 대체되는 경우도 있다. 유형자산의 일부를 대체할 때 발생하는 원가가 인식기준을 충족하는 경우에는 이를 해당 유형자산의 장부금액에 포함하여 인식한다. 대체되는 부분의 장부금액은 제거한다.

유형자산의 장부금액에 포함하여 인식하는 지출을 자본적 지출이라고 한다. 자본적지출로 분류되기 위해서는 일반적으로 다음 중 하나의 요건을 만족시켜야 한다.

① 유형자산의 경제적 내용연수를 증가시키는 경우
② 유형자산이 제공하는 서비스의 질을 증가시키는 경우
③ 유형자산이 제공하는 서비스의 양을 증가시키는 경우

항공기와 같은 유형자산을 계속적으로 가동하기 위해서는 당해 유형자산의 일부가 대체되는지 여부와 관계없이 결함에 대한 정기적인 종합검사가 필요할 수 있다. 정기적인 종합검사과정에서 발생하는 원가가 인식기준을 충족하는 경우에는 유형자산의 일부가 대체되는 것으로 보아 해당 유형자산의 장부금액에 포함하여 인식한다. 이 경우 직전에 이루어진 종합검사에서의 원가와 관련되어 남아 있는 장부금액(물리적 부분의 장부금액과는 구별됨)을 제거한다. 이러한 회계처리는 해당 유형자산을 매입하거나 건설할 때 종합검사와 관련된 원가를 분리하여 인식하였는지 여부와 관계가 없다.

2 취득형태별 취득원가

1. 토지의 취득

토지는 구입가격에 중개수수료, 취득세, 등록세 및 법률비용 등 취득부대원가를 가산한 금액을 원가로 한다. 토지를 취득하기 위해 지방정부로부터 국공채를 불가피하게 공정가치 이상으로 취득하는 경우에는 취득금액과 공정가치와의 차액을 토지의 원가에 가산한다.

사례 — 예제

㈜한국은 현금 ₩10,000을 지급하고 토지를 취득하였다. 토지취득과 관련하여 취득세로 ₩500, 등기수수료로 ₩500을 지급하였으며, 토지취득을 위해 해당 지방자치단체에서 발행한 공정가치 ₩1,000의 채권을 ₩1,200에 취득하였다. ㈜한국이 해당채권을 ① 만기까지 보유할 계획인 경우와 ② 즉시 할인하는 경우의 회계처리를 보이시오.

해설

① 만기까지 보유할 계획인 경우

(차)	토	지	10,000	(대)	현	금	10,000
	토	지	1,000		현	금	1,000
	만기보유금융자산		1,000		현	금	1,200
	토	지	200				

② 즉시 할인하는 경우

(차)	토	지	10,000	(대)	현	금	10,000
	토	지	1,000		현	금	1,000
	토	지	200		현	금	200

토지를 취득목적에 사용하기 위하여 발생한 구획정리비용 및 산업공단 입주 시의 하수종말처리장 분담금도 토지의 원가에 포함된다. 또한 내용연수가 영구적인 배수공사비용 및 조경공사비용과 국가나 지방자치단체가 유지관리하는 진입도로 포장공사비 및 상하수도 공사비는 토지의 원가에 포함한다. 만일 내용연수가 영구적이지 않거나 기업이 유지관리하는 경우에는 토지의 원가에 포함할 수 없으며 구축물 등의 과목으로 인식하고 감가상각한다.

(1) 토지와 건물의 일괄구입

① 토지와 건물을 모두 사용할 목적인 경우

토지와 건물을 모두 사용할 목적으로 취득한 경우, 토지와 건물의 원가는 일괄구입대가와 중개수수료 등 공통부대원가의 합계액을 개별자산의 공정가치를 기준으로 배분한 금액으로 한다. 취득부대원가 중 토지나 건물과 개별적으로 관련되어 발생하는 취득세 및 등록세는 공통부대원가가 아니므로 토지와 건물에 각각 개별적으로 배분한다.

토지와 건물 중 한 가지 자산의 공정가치만을 알 수 있는 경우에는 공정가치를 알 수 있는 자산에 당해 자산의 공정가치를 우선 배분하고, 잔액은 나머지 유형자산에 배분한다.

예를 들어, 토지와 건물을 ₩1,000에 일괄 구입하고 토지와 건물의 공정가치가 각각 ₩720, ₩480이라고 하자. 이런 경우 토지의 취득원가는 '₩1,000 × 720/1,200 = ₩600'이 되며, 건물의 취득원가는 '₩1,000 × 480/1,200 = ₩400'이 된다.

만일, 토지의 공정가치는 ₩720이지만 건물의 공정가치는 알 수 없다면, 토지의 취득원가는 공정가치인 ₩720이 되며, 건물의 공정가치는 잔액인 ₩280이 된다.

② 토지만 사용할 목적인 경우

토지만 사용할 목적으로 토지와 건물을 일괄 구입하는 경우, 모든 일괄구입대가를 토지의 취득원가로 처리한다.

이때, 기존 건물의 철거 시에 발생하는 철거비용은 토지의 취득원가에 가산하고, 건물 철거과정에서 발생하는 폐자재 처분수입은 토지의 취득원가에서 차감한다. 만일 건물 철거로 발생한 폐자재들을 처리하는 비용이 발생하는 경우에는 동 비용을 토지의 취득원가에 가산한다.

예를 들어, 토지만을 사용할 목적으로 토지와 건물을 ₩1,000에 일괄 구입하였고, 구입 당시 토지와 건물의 공정가치는 각각 ₩900, ₩200이었으며, 기존 건물의 철거비용으로 ₩100이 소요되었다고 가정해보자. 이 경우 일괄구입원가 ₩1,000과 철거비용 ₩100 모두 토지의 취득원가이므로 토지의 취득원가는 ₩1,100으로 계산된다. 만약 건물철거과정에서 발생한 부산물의 처분수입 ₩50이 발생되었다면 토지의 취득원가는 ₩1,050으로 한다.

(2) 건물의 건설

건물의 건설을 건설사업자에게 위탁하는 경우 건물의 원가는 건설계약금액에 부대원가를 가산한 금액으로 한다. 이때 부대원가에는 건축허가비용, 설계비용, 감리비용, 취득세 및 건물신축업무에 전적으로 종사한 직원들의 급여나 보험료 및 차입원가 등이 포함된다. 급여나 보험료 및 차입원가는 건설기간 중 발생한 금액만 원가로 처리하고, 건설이 완료된 이후에 발생한 금액은 당기비용을 처리한다.

건물이 계약상 약정된 일자보다 지연되어 준공되는 경우 건설사업자로부터 수령하는 지체상금은 건물의 원가에서 제외하며, 건물이 계약상 약정된 일자보다 조기에 준공되어 지급하는 장려금은 건물의 원가에 포함한다.

토지만 사용할 목적으로 토지와 건물을 일괄 구입하는 경우, 건물의 취득은 토지 취득을 위한 불가피한 지출이다. 즉, 토지의 매입부대비용과 같은 성격이다.

한편, 사용 중인 건물을 철거하고 건물을 신축하는 경우에는 기존 건물의 장부금액과 철거비용을 전액 당기비용으로 처리한다.

건물 등 유형자산을 기업이 직접 건설 또는 제조하는 경우를 자가건설이라 하는데 자가건설 중인 유형자산에서 발생한 지출은 건설중인자산의 과목으로 하여 유형자산으로 처리한다. 건설중인자산은 당해 유형자산의 취득이 완료되는 경우 해당 유형자산의 과목으로 대체한다.

[자가건설 중인 유형자산에 원가 투입]

(차) 건 설 중 인 자 산   ×××   (대) 현   금   ×××

[유형자산 취득의 완료]

(차) 건   물   ×××   (대) 건 설 중 인 자 산   ×××

토지와 건물을 취득하며 구건물을 철거하는 경우의 철거비용은 토지를 사용가능한 상태로 만드는 과정이므로 토지의 취득원가에 가산하고, 사용 중인 건물을 철거하는 경우의 철거비용은 토지와 관련된 지출이 아니므로 당기비용으로 처리한다.

건설중인자산은 사용 가능한 상태의 유형자산이 아니므로 감가상각을 하지 않는다.

2. 무상취득

증여 등 무상으로 취득한 유형자산은 공정가치를 취득원가로 한다. 이때 증여 등 무상으로 취득한 자산의 공정가치에 해당하는 금액은 자산수증이익의 과목으로 하여 당기이익으로 처리한다. 예를 들어 공정가치 ₩1,000의 토지를 대주주로부터 무상으로 증여받은 경우의 회계처리는 아래와 같다.

[유형자산의 무상취득]

(차) 토   지   1,000   (대) 자 산 수 증 이 익   1,000

3. 할부구입

유형자산의 대금지급이 일반적인 신용기간을 초과하여 이연되는 경우, 유형자산의 원가는 인식시점의 현금가격상당액으로 한다. 이때, 현금가격상당액과 실제 총지급액의 차액은 자본화대상이 되는 차입원가가 아닌 한 신용기간에 걸쳐 이자로 인식한다.

사례 — 예제

20X1년 초에 ㈜한국은 공정가치 ₩700인 토지를 매입하면서 5년 후에 ₩1,000을 지급하기로 하였다. 동 거래의 유효이자율은 10%이고, 5년, 10%의 현재가치계수가 0.7이라고 할 경우, ㈜한국이 20X1년에 수행할 회계처리를 나타내시오.

해설

• 토지의 취득원가: ₩700(20X1년 초의 현금가격상당액) = ₩1,000 × 0.7 = ₩700

[20X1년 초 – 토지 취득시]

(차) 토   지   700   (대) 장 기 미 지 급 금   1,000
　　　현 재 가 치 할 인 차 금   300

[20X1년 말 – 결산시]

(차) 이 자 비 용   70[*1]   (대) 현 재 가 치 할 인 차 금   70
(*1) ₩700 × 10% = ₩70

선생님 TIP

현재가치평가를 수행하면 매기말 유효이자율법에 의한 이자비용(수익)을 인식하여야 한다. 이에 대한 내용은 07장 '사채와 충당부채'에서 설명한다.

4. 교환에 의한 취득

교환으로 취득하는 유형자산의 원가는 다음 중 하나에 해당하는 경우를 제외하고는 공정가치로 측정한다.

① 교환거래에 상업적 실질이 결여된 경우
② 취득한 자산과 제공한 자산 모두의 공정가치를 신뢰성 있게 측정할 수 없는 경우

취득한 자산이나 제공한 자산의 공정가치를 신뢰성 있게 측정할 수 있다면, 취득한 자산의 공정가치가 더 명백한 경우를 제외하고는 취득한 자산의 원가를 제공한 자산의 공정가치로 측정한다.

취득한 자산을 공정가치로 측정하지 않는 경우에 제공한 자산의 장부금액으로 원가를 측정한다.

🔍 표로 미리보기 | 교환에 의한 취득

상황	취득원가	기존 자산의 처분손익
상업적 실질이 결여된 경우 : 장부금액법	제공한 자산의 장부금액 ± 현금수수액	인식하지 않음
상업적 실질이 있는 경우 : 공정가치법	제공한 자산의 공정가치 ± 현금수수액	인식 : 공정가치 − 장부금액

사례 — 예제

㈜한국은 장부금액이 ₩50,000인 토지를 새로운 토지와 교환하며 ₩10,000의 현금을 지급하였다. 이 교환거래에 상업적 실질이 있는 경우와 없는 경우로 나누어 각각 분개를 수행하시오(단, ㈜한국이 제공한 토지의 공정가치는 ₩70,000이다).

해설

[상업적 실질이 없는 경우]

(차) 토　　　　지(신)	60,000	(대) 토　　　　지(구)	50,000
		현　　　　금	10,000

[상업적 실질이 있는 경우]

(차) 토　　　　지(신)	80,000	(대) 토　　　　지(구)	50,000
		유형자산처분이익	20,000
		현　　　　금	10,000

5. 정부보조금

정부보조금이란 기업의 영업활동과 관련하여 과거나 미래에 일정한 조건을 충족하였거나 충족할 경우 기업에게 자원을 이전하는 형식의 정부지원을 말한다. 다만, 합리적으로 가치를 산정할 수 없는 정부지원과 기업의 정상적인 거래와 구분할 수 없는 정부와의 거래는 제외한다.

정부보조금은 아래와 같은 두 가지 방법 중 하나를 선택하여 표시한다.

정부보조금의 표시

구분	재무상태표에 표시	손익에 반영
이연수익법	이연수익(부채)으로 표시	자산의 내용연수에 걸쳐 수익으로 인식
자산차감법	자산의 장부금액을 결정할 때 차감하여 표시(자산의 차감적 평가계정)	자산의 내용연수에 걸쳐 감가상각비와 상계

감가상각대상자산의 정부보조금(또는 이연정부보조금수익)은 매년 체계적인 방법으로 일정액을 상각해야 하는데 당해 연도의 정부보조금 상각액은 다음과 같이 계산한다.

> 정부보조금 상각액 = 정부보조금 총액 × (정액법 또는 연수합계법에 의한) 상각률

◑ 감가상각방법이 정액법 · 연수합계법인 경우

> 정부보조금 상각액 = 정부보조금 총액 × (정부보조금 대상 자산의) $\dfrac{\text{당해연도 감가상각비}}{\text{감가상각 대상금액}}$

◑ 감가상각방법이 정률법 · 이중체감법인 경우

사례 — 예제

㈜한국은 20X1년 초에 건물을 ₩50,000에 취득하였고, 잔존가치 없이 10년 동안 정액법으로 상각할 예정이다. ㈜한국은 정부로부터 건물 취득과 관련하여 정부보조금 ₩30,000을 지원받았다. ㈜한국이 정부보조금을 ① 이연수익법으로 표시할 경우, ② 자산차감법으로 표시할 경우, 각각의 상황에서 20X1년 말에 수행할 분개와 20X1년 말의 부분재무상태표를 표시하시오.

해설

① 이연수익법

[건물의 구입]

(차) 건　　　　　물　　50,000　　(대) 현　　　　　금　　50,000

[정부보조금의 수령]

(차) 현　　　　　금　　30,000　　(대) 이연정부보조금수익　　30,000

[결산 – 감가상각]

(차) 감 가 상 각 비　　5,000　　　　감 가 상 각 누 계 액　　5,000
　　 이연정부보조금수익　3,000[*1]　　 정 부 보 조 금 수 익　　3,000

(*1) $30,000 \times \dfrac{5,000}{50,000} = ₩3,000$

부분재무상태표

㈜한국　　　　　　　20X1년 12월 31일 현재　　　　　　　(단위: 원)

유형자산		부채	
건물	₩ 50,000	이연정부보조금수익	₩ 27,000
감가상각누계액	(5,000)		
	₩ 45,000		

선생님 TIP

시험에서는 감가상각방법이 정액법 · 연수합계법인 경우를 주로 출제하고 있다.

선생님 TIP

감가상각방법이 정액법 · 연수합계법인 경우에도 정률법 · 이중체감법인 경우의 식을 사용할 수 있으나, 해당 식을 시험에서 적용하기가 불편하기 때문에 시험에서 적용하기 간편한 식을 제시하였다.

② 자산차감법

[건물의 구입]

| (차) 건 | 물 | 50,000 | (대) 현 | 금 | 50,000 |

[정부보조금의 수령]

| (차) 현 | 금 | 30,000 | (대) 정 부 보 조 금 | 30,000 |

[결산 − 감가상각]

| (차) 정 부 보 조 금 | 3,000[*1] | 감 가 상 각 누 계 액 | 5,000 |
| 감 가 상 각 비 | 2,000 | | |

(*1) $30,000 \times \dfrac{5,000}{50,000} = ₩3,000$

부분재무상태표

㈜한국	20X1년 12월 31일 현재	(단위: 원)
유형자산		
건물	₩50,000	
감가상각누계액	(5,000)	
정부보조금	(27,000)	
	₩18,000	

6. 복구원가

자산을 해체, 제거하거나 부지를 복구하는 데 소요될 것으로 최초에 추정되는 원가를 복구원가라 한다. 복구원가는 당해 자산을 취득하기 위해 불가피한 지출이므로 자산의 취득원가에 포함한다.

예를 들어, 건물의 내용연수 종료시점에 당해 건물을 철거하는 조건으로 해당 지자체로부터 승인을 얻어 건물을 취득하였다면, 내용연수 종료시점에 지출할 복구(철거)원가는 건물 취득을 위한 불가피한 지출이므로 건물의 취득원가에 포함해야 한다.

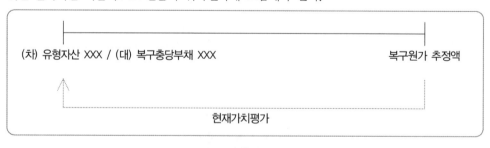

↻ **복구충당부채**

선생님 TIP

충당부채와 현재가치평가는 07장 '사채와 충당부채'에서 자세하게 설명한다.

사례 — 예제

㈜한국은 20X1년 초에 임시건물을 취득하고 현금 ₩50,000을 지출하였다. 임시건물은 5년 후 철거하는 조건으로 취득한 것으로 해체 및 복구비용 예상액은 ₩20,000으로 추정된다. ㈜한국이 동 거래에 적용할 유효이자율이 10%인 경우, ㈜한국의 20X1년 회계처리를 보이시오(단, 건물은 잔존가치 ₩0, 정액법으로 감가상각한다. 5년, 10%의 현재가치계수는 0.7로 가정한다).

해설

[20X1년 초 - 건물 취득시]

(차) 건 물	50,000	(대) 현 금	50,000
건 물	14,000	복 구 충 당 부 채	14,000[*1]

(*1) ₩20,000 × 0.7 = ₩14,000

[20X1년 말 - 결산시]

(차) 감 가 상 각 비	12,800[*1]	(대) 감 가 상 각 누 계 액	12,800
이 자 비 용	1,400[*2]	복 구 충 당 부 채	1,400

(*1) $₩64,000 × \dfrac{1}{5} = ₩12,800$

(*2) ₩14,000 × 10% = ₩1,400

7. 차입원가

적격자산의 취득, 건설 또는 생산과 직접 관련된 차입원가는 당해 자산 원가의 일부로 자본화하여야 한다. 기타 차입원가는 발생기간에 비용으로 인식하여야 한다.

차입원가를 자산의 원가로 인식하는 논리는 해당 자산을 취득하기 위해 부채 및 이자비용이 발생하였으니 이자비용 또한 자산을 취득하기 위한 부대비용에 해당한다는 것이다.

자본화할 차입원가는 다음 순서로 계산한다.

① 연평균지출액 계산

적격자산에 지출한 금액을 연평균으로 계산한다.

예를 들어, 회사가 ₩100을 지출했는데, 당해 지출을 1월 1일에 하였다면 연평균지출액은 '$₩100 × \dfrac{12}{12} = ₩100$'이 될 것이고, 7월 1일에 하였다면 연평균지출액은 '$₩100 × \dfrac{6}{12} = ₩50$'이 될 것이다.

② 특정차입금 이자비용 계산

연평균지출액을 구성하는 첫 번째 자금조달원은 특정차입금이다.

특정차입금은 적격자산의 취득, 건설 또는 생산과 직접 관련된 차입원가로 당해 적격자산과 관련된 지출이 발생하지 아니하였다면 부담하지 않았을 차입원가이다. 특정 적격자산을 취득하기 위한 목적으로 특정하여 자금을 차입하는 경우 당해 적격자산과 직접 관련된 차입원가는 쉽게 식별할 수 있다.

차입원가란 자금의 차입과 관련하여 발생하는 이자 및 기타 원가를 말한다.

특정차입금은 회계기간동안 그 차입금으로부터 실제 발생한 차입원가에서 당해 차입금의 일시적 운용에서 생긴 투자수익을 차감한 금액을 자본화가능차입원가로 결정한다.

③ 일반차입금 이자비용 계산

연평균지출액을 구성하는 두 번째 자금조달원은 일반차입금이다.

일반적인 목적으로 자금을 차입하고 이를 적격자산의 취득을 위해 사용하는 경우에 한하여 당해 자산 관련 지출액에 자본화이자율을 적용하는 방식으로 자본화가능차입원가를 결정한다. 자본화이자율은 회계기간동안 차입한 일반차입금으로부터 발생된 차입원가를 가중평균하여 산정한다. 회계기간동안 자본화한 차입원가는 당해 기간동안 실제 발생한 차입원가를 초과할 수 없다.

사례 ─ 예제

㈜한국은 본사 건물 신축공사와 관련하여 아래와 같은 공사원가를 지출하였다. 공사기간은 20X1년 1월 1일부터 20X2년 12월 31일이다. 20X1년도에 건설중인공사와 관련하여 자본화할 차입원가를 계산하시오.

(1) 공사원가지출액: 20X1년 1월 1일 ₩100,000, 20X1년 7월 1일 ₩80,000
(2) 20X1년 A사의 차입금 내역

차입금	종류	차입기간	금액	이자율
A	특정차입금	20X1.1.1 ~ 20X2.12.31	₩70,000	6%
B	일반차입금	20X0.1.1 ~ 20X1.12.31	₩50,000	8%
C	일반차입금	20X1.7.1 ~ 20X2.12.31	₩100,000	6%

해설

① 연평균지출액 계산

$$₩100,000 \times \frac{12}{12} = ₩100,000$$

$$₩80,000 \times \frac{6}{12} = ₩40,000$$

$$₩140,000$$

② 특정차입금 이자비용 계산

$$(A) \ ₩70,000 \times \frac{12}{12} \times 6\% = ₩4,200$$

③ 일반차입금 이자비용 계산

$$(₩140,000 - ₩70,000)^{*1} \times 7\%^{*2}$$
$$= ₩4,900^{*3}$$

⇨ 자본화할 총차입원가: ₩4,200 + ₩4,900 = ₩9,100

(*1) 연평균지출액 중 특정차입금을 초과하는 부분은 일반차입금으로 조달한 것으로 본다.

(*2) 연평균일반차입금: $₩50,000(B) \times \frac{12}{12} + ₩100,000(C) \times \frac{6}{12} = ₩100,000$

일반차입금 이자비용: $₩50,000(B) \times 8\% + ₩100,000(C) \times \frac{6}{12} \times 6\% = ₩7,000$

일반차입금 자본화이자율: ₩7,000 ÷ ₩100,000 = 7%

별해: $8\%(B) \times \frac{50,000}{100,000} + 6\%(C) \times \frac{50,000}{100,000} = 7\%$

(*3) 한도(실제 발생한 차입원가) ₩7,000을 넘지 않으므로 전액 자본화한다.

3 감가상각대상자산의 원가모형

유형자산과 관련하여 기말에 감가상각, 재평가, 손상회계를 순서대로 수행하여야 한다. 그러나 감가상각 대상이 아닌 유형자산이 있고, 회사의 선택에 따라 재평가를 수행하지 않을 수도 있으므로 회계처리는 다음과 같은 다양한 유형으로 나타날 수 있다.

여기서 재평가를 수행하지 않는 경우를 원가모형, 재평가를 수행하는 경우를 재평가모형이라 한다.

① 유형 I: 감가상각비대상자산의 원가모형

② 유형 II: 감가상각대상자산의 원가모형

③ 유형 III: 감가상각비대상자산의 재평가모형

④ 유형 IV: 감가상각대상자산의 재평가모형

1. 감가상각의 의의

기업실체가 사용할 목적으로 취득한 건물, 기계장치, 차량 등 유형자산은 시간이 경과함에 따라 그 가치가 감소하게 된다. 이러한 가치의 감소는 당해 유형자산의 가치를 감소시키므로 이를 적절하게 비용으로 처리해야 하는데 이를 감가상각(depreciation)이라고 한다.

그러나 현실적으로 유형자산의 가치감소분을 하나하나 찾아내는 것은 쉬운 일이 아니다. 예를 들어 회사에서 보유하고 있는 건물, 기계장치, 차량운반구 등의 가치감소분을 일일이 확인해서 장부에 반영한다는 것은 매우 어려운 일이다. 그리고 유형자산의 보유목적은 장기간 사용하는 데에 있고 단기간 내에 처분할 목적으로 보유하고 있는 것이 아니기 때문에 유형 자산의 가치감소분에 대한 정보가 꼭 필요하다고 할 수 없다.

따라서 재무회계에서는 유형자산의 가치를 재평가하여 가치감소분을 비용으로 처리하는 대신에 수익과 비용의 적정한 대응을 위해 합리적이고 체계적인 방법에 따라 취득원가를 각 회계기간에 배분하는 방법을 사용한다.

재무회계 관점에서 볼 때 감가상각은 자산의 평가과정이 아니라 유형자산의 취득원가를 체계적이고 합리적인 방법으로 배분하는 원가의 배분과정에 해당된다.

한편, 취득 과정에 있어 아직 사용하지 않는 건설중인자산은 감가상각대상자산이 아니다. 또한 토지, 나무 등 그 가치가 감소하지 않는 유형자산도 감가상각대상자산이 아니다.

감가상각은 유형자산의 평가과정이 아니다. 유형자산의 평가는 재평가모형에서 수행한다.

2. 감가상각의 결정요소

감가상각을 하기 위해서는 유형자산의 취득원가와 잔존가치, 유형자산의 사용기간인 내용연수, 감가상각방법의 네 가지 요소가 결정되어야 한다.

(1) 감가상각대상금액(감가상각기준액)

감가상각대상금액 = 유형자산의 취득원가 − 잔존가치

잔존가치란, 자산이 이미 오래되어 내용연수 종료시점에 도달하였다는 가정 하에 자산의 처분으로부터 현재 획득할 금액에서 추정 처분부대원가를 차감한 금액의 추정치이다. 실무적으로 잔존가치는 경미한 경우가 많으므로 감가상각대상금액을 계산할 때 중요하게 다루어지지 않는다.

잔존가치는 내용연수 종료시점에 자산의 처분을 통해 회수할 수 있는 금액이므로 해당 금액만큼은 감가상각을 해서는 안 된다. 따라서 감가상각대상금액은 해당 유형자산의 원가에서 잔존가치를 차감한 금액으로 결정된다. 결국 감가상각대상금액은 내용연수동안 유형자산의 취득원가 중 비용으로 대체해야 하는 금액이라고 할 수 있다.

(2) 내용연수

내용연수는 기업이 자산을 사용할 수 있을 것으로 예상하는 기간이나 자산에서 얻을 것으로 예상하는 생산량 또는 이와 비슷한 단위 수량을 말한다.

감가상각대상금액 및 내용연수에 따라 기업이 보고할 감가상각비는 다르게 계산된다. 따라서 기업은 이들 금액을 신뢰성 있게 추정하여야 하며, 매 회계연도 말에 잔존가치 및 내용연수를 재검토해야 한다. 그리고 이들 추정치에 변화가 생기면 회계추정의 변경으로 회계처리한다.

선생님 TIP

회계추정의 변경에 대해서는 11장 '재무회계의 기타 주제'에서 설명한다

유형자산의 미래경제적효익은 주로 사용함으로써 소비하는 것이 일반적이다. 그러나 자산을 사용하지 않더라도 기술적 또는 상업적 진부화와 마모 또는 손상 등의 다른 요인으로 인하여 자산에서 얻을 것으로 예상하였던 경제적효익이 감소될 수 있다. 따라서 자산의 내용연수를 결정할 때에는 다음의 요소를 모두 고려한다.

① 자산의 예상 생산능력이나 물리적 생산량을 토대로 한 자산의 예상사용수준

② 자산을 교대로 사용하는 빈도, 수선·유지계획과 운휴 중 유지보수 등과 같은 가동요소를 고려한 자산의 예상 물리적 마모나 손상

③ 생산방법의 변경, 또는 개선이나 해당 자산에서 생산되는 제품 및 용역에 대한 시장수요의 변화로 인한 기술적 또는 상업적 진부화. 자산을 사용하여 생산된 품목의 판매가격이 향후 하락할 것으로 예상된다면, 이는 그 자산이 기술적으로나 상업적으로 진부화될 것이 예상됨을 시사하며 결국 그 자산에 내재된 미래경제적효익의 감소를 나타내는 것일 수 있다.

④ 리스계약의 만료일 등 자산의 사용에 대한 법적 또는 이와 유사한 제한

(3) 감가상각방법

감가상각방법은 감가상각대상금액을 유형자산의 내용연수에 걸쳐 각 회계기간에 배분하는 방법을 말한다. 감가상각방법은 해당 자산에 내재되어 있는 미래경제적효익의 예상 소비형태를 가장 잘 반영하는 방법에 따라 선택하고, 예상 소비행태가 변하지 않는 한 매 회계기간에 일관성 있게 적용한다.

유형자산의 감가상각방법은 적어도 매 회계연도 말에 재검토한다. 자산에 내재된 미래경제적효익의 예상되는 소비형태가 유의적으로 달라졌다면, 달라진 소비형태를 반영하기 위하여 감가상각방법을 변경한다. 그러한 변경은 회계추정의 변경으로 회계처리한다.

감가상각방법에는 아래와 같은 방법들이 있다.

① **사용량 기준:** 생산량비례법, 사용시간비례법
② **사용시간 기준:** 균등상각법(정액법), 체감잔액법(연수합계법, 정률법, 이중체감법)

감가상각방법들 중 시험에서 주로 다루는 것은 사용시간을 기준으로 한 감가상각방법이다. 이에 해당하는 4가지 감가상각방법은 계산식에 따라 다음과 같은 두 가지로 분류된다.

⊕ 감가상각방법의 분류

계산식	감가상각방법
감가상각대상금액 × 상각률	정액법, 연수합계법
기초장부금액 × 상각률	정률법, 이중체감법

유형자산의 감가상각대상금액을 내용연수 동안 체계적으로 배부하기 위해 다양한 방법을 사용할 수 있다. 이러한 감가상각방법에는 정액법, 체감잔액법과 생산량비례법이 있다. 정액법은 잔존가치가 변동하지 않는다고 가정할 때 자산의 내용연수 동안 매 기간 일정액의 감가상각액을 계상하는 방법이다. 체감잔액법은 자산의 내용연수 동안 감가상각액이 매 기간 감소하는 방법이다. 생산량비례법은 자산의 예상조업도 또는 예상생산량에 기초하여 감가상각액을 계상하는 방법이다. 감가상각방법은 해당 자산에 내재되어 있는 미래경제적효익의 예상 소비형태를 가장 잘 반영하는 방법을 선택하고, 예상 소비형태가 달라지지 않는 한 매 회계기간에 일관성 있게 적용한다.

⎙ 선생님 TIP

감가상각방법은 기업이 임의로 선택하는 것이 아니라 미래 경제적 효익의 소비형태를 반영하여 선택하여야 한다. 따라서 감가상각방법의 선택은 회계추정에 해당한다. 05장 '재고자산'에서 설명한 재고자산 원가흐름의 가정은 기업이 임의로 선택하는 것이므로 재고자산 원가흐름의 가정은 회계정책에 해당한다.

한국채택국제회계기준에서는 감가상각방법으로 정액법, 체감잔액법, 생산량비례법을 제시하고 있다.

⎙ 선생님 TIP

감가상각방법에 따라 계산식이 다르다는 것은 매우 중요한 내용이므로 반드시 숙지해야 한다.

(4) 감가상각의 개시와 중지

유형자산의 감가상각은 자산이 사용가능한 때부터 시작한다. 즉, 경영진이 의도하는 방식으로 자산을 가동하는 데 필요한 장소와 상태에 이른 때부터 시작한다.

감가상각은 자산이 매각예정자산으로 분류되는(또는 매각예정으로 분류되는 처분자산집단에 포함되는) 날과 자산이 제거되는 날 중 이른 날에 중지한다. 따라서 유형자산이 운휴 중이거나 적극적인 사용상태가 아니어도, 감가상각이 완전히 이루어지기 전까지는 감가상각을 중단하지 않는다. 그러나 유형자산의 사용정도에 따라 감가상각을 하는 경우(예 생산량비례법)에는 생산활동이 이루어지지 않을 때 감가상각액을 인식하지 않을 수 있다.

유형자산의 공정가치가 장부금액을 초과하더라도 잔존가치가 장부금액을 초과하지 않는 한 감가상각액을 계속 인식한다. 유형자산을 수선하고 유지하는 활동을 하더라도 감가상각의 필요성이 부인되는 것은 아니다.

유형자산의 잔존가치는 해당 자산의 장부금액과 같거나 큰 금액으로 증가할 수도 있다. 이 경우에는 자산의 잔존가치가 장부금액보다 작은 금액으로 감소될 때까지는 유형자산의 감가상각액은 영(0)이 된다.

⊕ 유형자산의 감가상각

감가상각 방법	미래경제적 효익의 예상소비형태를 가장 잘 반영하는 방법 선택
감가상각 개시	사용가능한 때
감가상각 중지	매각예정으로 분류되는 날과 제거되는 날 중 이른 날
공정가치 〉 장부금액	감가상각액을 계속 인식
잔존가치 〈 장부금액	감가상각액은 영(0)

(5) 유형자산의 구분

유형자산을 구성하는 일부의 원가가 당해 유형자산의 전체원가에 비교하여 유의적이라면, 해당 유형자산을 감가상각할 때 그 부분은 별도로 구분하여 감가상각한다.

유형자산의 원가는 그 유형자산을 구성하고 있는 유의적인 부분에 배분하여 각 부분별로 감가상각한다. 예를 들면, 항공기를 소유하고 있는지 금융리스하고 있는지에 관계없이, 항공기 동체와 엔진을 별도로 구분하여 감가상각하는 것이 적절할 수 있다.

유형자산의 전체원가에 비교하여 해당 원가가 유의적이지 않은 부분도 별도로 분리하여 감가상각할 수 있다.

(6) 토지의 감가상각

토지와 건물을 동시에 취득하는 경우에도 이들은 분리가능한 자산이므로 별개의 자산으로 회계처리한다. 채석장이나 매립지 등을 제외하고는 토지는 내용연수가 무한하므로 감가상각하지 아니한다. 그러나 건물은 내용연수가 유한하므로 감가상각대상자산이다. 건물이 위치한 토지의 가치가 증가하더라도 건물의 감가상각대상금액에는 영향을 미치지 않는다.

토지의 원가에 해체, 제거 및 복구원가가 포함된 경우에는 그러한 원가를 관련 경제적효익이 유입되는 기간에 감가상각한다. 경우에 따라서는 토지의 내용연수가 한정될 수 있다. 이경우에는 관련 경제적효익이 유입되는 형태를 반영하는 방법으로 토지를 감가상각한다.

3. 감가상각비의 계산

(1) 생산량비례법과 사용시간비례법

생산량비례법은 당해 유형자산이 제공할 수 있는 생산량을 예측하고 당기 생산량의 비율만큼을 감가상각비로 인식하는 방법이다. 석탄 등을 채굴하는 광업은 보유 중인 유형자산을 석탄 등의 매장량이 고갈되는 시점까지 사용하므로 생산량비례법으로 감가상각하는 것이 합리적이다.

생산량비례법

$$감가상각비 = 감가상각대상금액 \times \frac{당기생산량}{총예정생산량}$$

그러나 생산량비례법은 당해 유형자산이 생산하는 제품이 동일하거나 동질적인 경우에만 적용할 수 있으며 당해 유형자산이 이질적인 여러 제품을 생산하는 경우에는 제품별로 단위당 생산시간이 다르므로 합리적인 방법이 될 수 없다.

이러한 경우에는 생산량 대신에 사용시간을 기준으로 감가상각비를 계산하는 사용시간비례법이 사용될 수 있다. 사용시간비례법은 당해 유형자산이 제공할 수 있는 총시간을 예측하고 당기 사용시간의 비율만큼을 감가상각비로 인식하는 방법이다.

사용시간비례법

$$감가상각비 = 감가상각대상금액 \times \frac{당기사용시간}{총예정사용시간}$$

사례 ― 예제

자료를 토대로 생산량비례법과 사용시간비례법을 이용한 20X1년의 감가상각비를 구하시오.

(1) ㈜한국은 20X1년 1월 1일, 취득원가 ₩100,000, 잔존가치 ₩10,000, 내용연수 4년의 기계장치를 취득하였다.
(2) 기계장치를 사용한 총생산예정량은 90,000개이고 20X1년에는 25,000개를 생산하였다.
(3) 기계장치의 총예정사용시간은 9,000시간이고 20X1년에는 2,000시간을 사용하였다.

해설

① 생산량비례법: $(₩100,000 - ₩10,000) \times \frac{25,000개}{90,000개} = ₩25,000$

② 사용시간비례법: $(₩100,000 - ₩10,000) \times \frac{2,000시간}{9,000시간} = ₩20,000$

(2) 정액법

정액법은 자산의 경제적 유용성이 내용연수동안 동일하다고 가정하고 각 회계연도에 동일한 금액의 감가상각비를 계산하는 방법이다.

> **정액법**
>
> $$상각률 = \frac{1}{추정내용연수}$$
>
> 감가상각비 = 감가상각대상금액 × 상각률

사례 ― 예제

㈜한국은 20X1년 1월 1일, 취득원가 ₩100,000, 잔존가치 ₩10,000, 내용연수 4년의 기계장치를 취득하였다. ㈜한국이 감가상각방법으로 정액법을 사용할 경우, 각 회계연도의 감가상각비를 구하시오.

해설

회계연도	감가상각비	기말 장부금액
20X1년	$₩90,000 \times \frac{1}{4} = ₩22,500$	$100,000 - 22,500 = ₩77,500$
20X2년	$₩90,000 \times \frac{1}{4} = ₩22,500$	$77,500 - 22,500 = ₩55,000$
20X3년	$₩90,000 \times \frac{1}{4} = ₩22,500$	$55,000 - 22,500 = ₩32,500$
20X4년	$₩90,000 \times \frac{1}{4} = ₩22,500$	$32,500 - 22,500 = ₩10,000$

(3) 연수합계법

내용연수가 n년이라고 할 때, 연수합계법에 의한 상각률은 아래와 같이 계산한다.

> $$연수합계법의\ 상각률 = \frac{특정연도초의\ 잔존내용연수}{1 + 2 + \cdots n(내용연수의\ 총합)}$$

예를 들어, 내용연수 4년의 기계장치를 취득하는 경우, 분모의 금액은 1부터 4까지를 모두 더한 10이고, 분자에는 첫째 연도에는 4, 둘째 연도에는 3, 셋째 연도에는 2, 마지막 연도에는 1이 기록되는 것이다. 따라서 각 연도별 상각률은 차례로 $\frac{4}{10}, \frac{3}{10}, \frac{2}{10}, \frac{1}{10}$이 된다.

연수합계법은 감가상각대상금액에 위와 같은 식으로 계산한 상각률을 곱하여 각 연도의 감가상각비를 계산한다.

> **연수합계법**
>
> 감가상각비 = 감가상각대상금액 × 상각률

㈜한국은 20X1년 1월 1일, 취득원가 ₩100,000, 잔존가치 ₩10,000, 내용연수 4년의 기계장치를 취득하였다. ㈜한국이 감가상각방법으로 연수합계법을 사용할 경우, 각 회계연도의 감가상각비를 구하시오.

해설 ········

회계연도	감가상각비	기말 장부금액
20X1년	$₩90,000 \times \dfrac{4}{10} = ₩36,000$	$100,000 - 36,000 = ₩64,000$
20X2년	$₩90,000 \times \dfrac{3}{10} = ₩27,000$	$64,000 - 27,000 = ₩37,000$
20X3년	$₩90,000 \times \dfrac{2}{10} = ₩18,000$	$37,000 - 18,000 = ₩19,000$
20X4년	$₩90,000 \times \dfrac{1}{10} = ₩9,000$	$19,000 - 9,000 = ₩10,000$

(4) 정률법

정률법은 기초장부금액에 일정한 상각률을 곱하여 감가상각비를 계산한다. 시간이 지날수록 유형자산의 기초장부금액이 감소할 것이므로 감가상각비 역시 매년 점차적으로 감소하게 된다.

내용연수가 n년이라고 할 때 정률법의 상각률은 다음과 같이 계산된다.

$$\text{정률법의 상각률} = 1 - \sqrt[n]{\frac{\text{잔존가치}}{\text{취득원가}}}$$

그러나 시험에서는 정률법의 상각률을 직접 제시할 것이므로 위의 식을 암기할 필요는 없다. 정률법에 의한 감가상각비는 아래와 같이 계산된다.

정률법

$$\text{감가상각비} = \text{기초장부금액} \times \text{상각률}$$

㈜한국은 20X1년 1월 1일, 취득원가 ₩100,000, 잔존가치 ₩10,000, 내용연수 4년의 기계장치를 취득하였다. ㈜한국이 감가상각방법으로 정률법을 사용할 경우, 각 회계연도의 감가상각비를 구하시오 (정률법 상각률은 44%이다).

해설 ········

회계연도	감가상각비	기말 장부금액
20X1년	$₩100,000 \times 44\% = ₩44,000$	$100,000 - 44,000 = ₩56,000$
20X2년	$₩56,000 \times 44\% = ₩24,640$	$56,000 - 24,640 = ₩31,360$
20X3년	$₩31,360 \times 44\% = ₩13,798$	$31,360 - 13,798 = ₩17,562$
20X4년	$₩17,562 \times 44\% = ₩7,562$	$17,562 - 7,562 = ₩10,000$

정률법은 기초장부금액에 상각률을 곱해서 감가상각비를 계산하므로, 감가상각비를 계산할 때 잔존가치를 고려하지 않는다.

※ 정률법을 적용할 경우에는 마지막 내용연수의 감가상각비를 ① '기초장부금액 × 상각률'로 계산하는 방법과 ② '(마지막 내용연수의)기초장부금액 − 잔존가치'로 계산하는 방법 중 어떤 것을 선택해도 좋다. 후자의 방법을 적용한 계산은 아래와 같다.

20X4년의 감가상각비(끝수조정): ₩ 17,562 − ₩ 10,000 = ₩ 7,562

(5) 이중체감법(정액법의 배법)

이중체감법은 기초장부금액에 일정한 상각률을 곱하여 감가상각비를 계산한다는 점에서 정률법과 동일하나 상각률을 정액법의 2배를 사용한다는 점에서 차이가 있다. 상각률을 정액법 상각률의 2배를 사용한다는 점 때문에 정액법의 배법이라고도 부른다.

이중체감법

$$상각률 = \frac{2}{추정내용연수}$$

$$감가상각비 = 기초장부금액 \times 상각률$$

사례 ― 예제

㈜한국은 20X1년 1월 1일, 취득원가 ₩ 100,000, 잔존가치 ₩ 10,000, 내용연수 4년의 기계장치를 취득하였다. ㈜한국이 감가상각방법으로 이중체감법을 사용할 경우, 각 회계연도의 감가상각비를 구하시오.

해설

회계연도	감가상각비	기말 장부금액
20X1년	₩ 100,000 × 50% = ₩ 50,000	100,000 − 50,000 = ₩ 50,000
20X2년	₩ 50,000 × 50% = ₩ 25,000	50,000 − 25,000 = ₩ 25,000
20X3년	₩ 25,000 × 50% = ₩ 12,500	25,000 − 12,500 = ₩ 12,500
20X4년	12,500 − 10,000 = ₩ 2,500	12,500 − 2,500 = ₩ 10,000

※ 이중체감법의 상각률은 정률법과는 달리 논리적인 근거를 가지고 계산한 값이 아니다. 따라서 마지막 내용연수의 감가상각비를 계산할 경우에는 반드시 '(마지막 내용연수의)기초장부금액 − 잔존가치'(끝수조정)를 적용해 계산하여야 한다.

4. 기중 취득자산의 감가상각

유형자산을 회계연도 중에 취득하는 경우, 1년치 감가상각비를 계상하는 것은 합리적이지 않다. 따라서 기중 취득자산의 경우에는 1년 중 사용기간에 해당하는 만큼만 감가상각을 하여야 하는데 특별한 언급이 없는 경우에는 월할상각이 타당한 것으로 간주하면 된다.

정확한 감가상각비 계산을 위해서는 일할상각을 해야 하지만 회계에서는 특별한 언급이 없는 한 월할상각하는 것을 원칙으로 한다.

㈜한국은 20X1년 9월 1일, 취득원가 ₩100,000, 잔존가치 ₩10,000, 내용연수 4년의 기계장치를 취득하였다. ㈜한국이 감가상각방법으로 정액법, 연수합계법, 정률법, 이중체감법을 각각 사용할 경우를 가정하여 20X1년과 20X2년의 감가상각비를 구하시오(정률법 상각률은 45%이다).

해설

(1) 정액법

회계연도	감가상각비	기말 장부금액
20X1년	$90,000 \times \dfrac{1}{4} \times \dfrac{4}{12} = ₩7,500$	$100,000 - 7,500 = ₩92,500$
20X2년	$90,000 \times \dfrac{1}{4} = ₩22,500$	$92,500 - 22,500 = ₩70,000$

(2) 연수합계법

회계연도	감가상각비	기말 장부금액
20X1년	$90,000 \times \dfrac{4}{10} \times \dfrac{4}{12} = ₩12,500$	$100,000 - 12,000 = ₩88,000$
20X2년	$90,000 \times (\dfrac{4}{10} \times \dfrac{8}{12} \times \dfrac{3}{10} \times \dfrac{4}{12})$ $= ₩33,000$	$88,000 - 33,000 = ₩55,000$

(3) 정률법

회계연도	감가상각비	기말 장부금액
20X1년	$100,000 \times 45\% \times \dfrac{4}{12} = ₩15,000$	$100,000 - 15,000 = ₩85,000$
20X2년	$85,000 \times 45\% = ₩38,250$	$85,000 - 38,250 = ₩46,750$

(4) 이중체감법

회계연도	감가상각비	기말 장부금액
20X1년	$100,000 \times 50\% \times \dfrac{4}{12} = ₩16,667$	$100,000 - 16,667 = ₩83,333$
20X2년	$83,333 \times 50\% = ₩41,667$	$83,333 - 41,667 = ₩41,666$

5. 감가상각비의 회계처리

유형자산의 감가상각비를 회계처리하는 방법에는 직접법과 간접법이 있다. 직접법은 감가상각비로 인식한 금액을 유형자산과 직접 상계한다.

[직접법]

(차) 감 가 상 각 비 ××× (대) 유 형 자 산 ×××

직접법에서는 재무상태표에 공시하는 유형자산이 항상 취득원가에서 회계연도말까지 인식한 감가상각비 총액을 차감한 금액으로 보고된다. 따라서 직접법은 유형자산의 취득원가를 알 수 없고 내용연수 동안 인식한 감가상각비 총액도 알 수 없다는 단점이 있으므로 기업회계기준에서는 인정되지 않는다.

한편, 간접법에서는 감가상각비로 인식한 금액을 유형자산에서 직접 차감하는 대신에 감가상 각누계액의 과목으로 처리한다. 감가상각누계액은 재무상태표에 유형자산의 차감계정으로 표시한다. 따라서 재무상태표에 표시되는 감가상각누계액은 취득일부터 특정 회계연도말까지 인식한 감가상각비의 누적액을 표시한다.

[간접법]

(차) 감 가 상 각 비   ×××   (대) 감가상각누계액   ×××

재무상태표

㈜한국	20X1년 12월 31일 현재	(단위: 원)
건물	×××	
감가상각누계액	(×××)	
	×××	

감가상각비를 간접법으로 인식하는 경우에는 유형자산의 취득원가를 별도로 파악할 수 있고 취득일로부터 인식한 감가상각비 총액을 알 수 있다는 장점이 있다. 따라서 기업회계기준에서 는 간접법만을 사용하도록 하고 있다.

한편, 각 기간의 감가상각액은 다른 자산의 장부금액에 포함되는 경우가 아니라면 당기손익으로 인식한다.

각 기간의 감가상각액은 일반적으로 당기손익으로 인식한다. 그러나 유형자산에 내재된 미래 경제적효익이 다른 자산을 생산하는 데 사용되는 경우도 있다. 이 경우 유형자산의 감가상각액은 해당 자산의 원가의 일부가 된다. 예를 들어 제조설비의 감가상각액은 재고자산의 가공원가로서 제조원가를 구성하고, 개발활동에 사용되는 유형자산의 감가상각액은 해당 무형자산의 원가에 포함될 수 있다.

6. 유형자산의 손상

원가모형에서는 최초 인식 후에 유형자산을 원가에서 감가상각누계액과 손상차손누계액을 차감한 금액을 장부금액으로 한다.

(1) 회수가능액의 추정

자산이 손상되었다는 것은 자산의 장부금액이 회수가능액을 초과하는 경우를 말한다. 기업은 매 보고기간 말마다 자산손상 징후가 있는지를 검토한다. 그러한 징후가 있다면 해당 자산의 회수가능액을 추정한다.

회수가능액은 자산의 순공정가치와 사용가치 중 더 많은 금액으로 사용가치와 순공정가치는 다음과 같이 정의된다.

재고자산 평가손실을 인식할 때는 순실현가능가치와 비교하고 유형자산 손상차손을 인식할 때는 회수가능액과 비교한다.

유형자산은 기본적으로 사용을 위해 보유하지만 처분도 가능한 자산이므로, 기업은 사용가치와 순공정가치 중 더 큰 대안을 고를 수 있다. 이런 이유로 유형자산의 회수가능액은 두 금액 중 큰 금액으로 결정되는 것이다.

① 사용가치: 자산에서 얻을 것으로 예상되는 미래현금흐름의 현재가치
② 순공정가치: 측정일에 시장참여자 사이의 정상거래에서 자산을 매도할 때 받거나 부채를 이전할 때 지급하게 될 가격(공정가치) − 처분부대원가
③ 회수가능액: Max [순공정가치, 사용가치]

회수가능액을 추정할 때에 항상 순공정가치와 사용가치 모두를 산정할 필요는 없다. 두 금액 중 하나가 자산의 장부금액을 초과한다면 자산이 손상되지 않았으므로 다른 금액을 추정할 필요가 없다.

(2) 손상차손의 회계처리

자산의 회수가능액이 장부금액에 못 미치는 경우에 자산의 장부금액을 회수가능액으로 감액한다. 해당 감소금액은 손상차손이다.

손상차손은 곧바로 당기손익으로 인식한다. 다만 자산이 재평가금액을 장부금액으로 하는 경우에는 재평가자산의 손상차손은 재평가감소액으로 처리한다.

원가모형에서는 유형자산을 재평가하지 않으므로 동 손상차손을 유형자산손상차손의 과목으로 하여 당기손익으로 처리한다. 손상차손으로 인식한 금액은 손상차손누계액의 과목으로 하여 당해 유형자산의 차감계정으로 표시한다.

선생님 TIP

재평가자산의 손상차손에 대해서는 4절 '감가상각비대상자산의 재평가모형에서 설명한다.

[유형자산의 손상]

(차) 유형자산손상차손   ×××   (대) 손상차손누계액   ×××

재무상태표

20X1년 12월 31일 현재

유형자산	×××	
감가상각누계액	(×××)	
손상차손누계액	(×××)	×××

사례 — 예제

㈜한국은 수술용기계(취득원가 ₩1,200,000이고 감가상각누계액은 ₩300,000)가 진부화되어 손상차손을 인식하려고 한다. 이 기계의 순공정가치는 ₩400,000이고 사용가치는 ₩500,000이다. ㈜한국이 자산의 손상과 관련하여 수행할 분개를 보이시오.

해설

- 회수가능액: MAX [400,000(순공정가치), 500,000(사용가치)] = ₩500,000
- 손상차손: 900,000(장부금액) − 500,000(회수가능액) = ₩400,000

[유형자산의 손상]

(차) 유형자산손상차손   400,000   (대) 손상차손누계액   400,000

재무상태표

수술용기계	1,200,000	
감가상각누계액	(300,000)	
손상차손누계액	(400,000)	500,000

(3) 손상차손의 환입

보고일마다 과거 기간에 인식한 손상차손이 더는 존재하지 않거나 감소되었을 수 있는 징후가 있는지를 검토한다. 징후가 있는 경우에는 해당 자산의 회수가능액을 추정한다.

과거 기간에 인식한 손상차손은 직전 손상차손을 인식한 이후 회수가능액을 산정하기 위해 사용한 추정치가 달라진 경우에만 환입한다. 손상차손이 환입되는 경우에는 자산의 장부금액을 회수가능액으로 증액한다. 이때 해당 증가 금액은 손상차손환입이다.

손상차손환입으로 증액된 장부금액은 과거에 손상차손을 인식하기 전 장부금액의 감가상각 또는 상각 후 남은 금액(상각후원가)을 초과할 수 없다.

증액된 자산의 장부금액이 과거에 손상차손을 인식하기 전 장부금액의 감가상각 또는 상각 후 남은 금액을 초과한다면, 그 초과액은 재평가에 해당한다. 원가모형에서는 자산의 재평가를 인정하지 않으므로 손상차손을 인식하지 않았을 경우의 상각후원가가 손상차손환입의 한도로 적용되는 것이다.

자산의 손상차손환입은 곧바로 당기손익으로 인식한다. 다만 재평가금액을 장부금액으로 하는 경우에는 재평가자산의 손상차손환입은 재평가증가액으로 처리한다.

선생님 TIP

재평가자산의 손상차손환입에 대해서는 4절 '감가상각비대상 자산의 재평가모형'에서 설명한다.

사례 ─ 예제

㈜한국은 20X1년 1월 1일에 기계장치를 ₩10,000에 취득하여 내용연수 10년, 잔존가치 없이 정액법으로 감가상각하고 있다. 20X2년 12월 31일, 이 기계장치의 회수가능액이 ₩5,000으로 추정되어 손상차손을 인식하였으며, 20X3년 12월 31일 회수가능액이 ₩8,000으로 회복되어 손상차손을 환입하였다. 손상과 관련된 회계처리를 하시오(단, ㈜한국은 유형자산에 대해서 원가모형을 적용한다).

해설

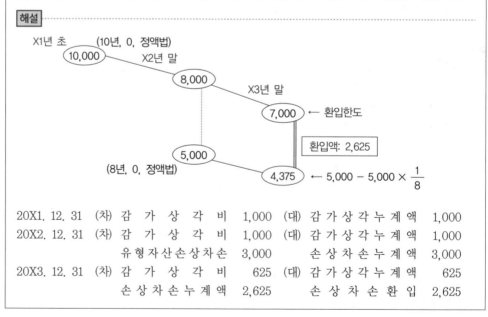

20X1. 12. 31	(차) 감 가 상 각 비	1,000	(대) 감 가 상 각 누 계 액	1,000
20X2. 12. 31	(차) 감 가 상 각 비	1,000	(대) 감 가 상 각 누 계 액	1,000
	유 형 자 산 손 상 차 손	3,000	손 상 차 손 누 계 액	3,000
20X3. 12. 31	(차) 감 가 상 각 비	625	(대) 감 가 상 각 누 계 액	625
	손 상 차 손 누 계 액	2,625	손 상 차 손 환 입	2,625

4 감가상각비대상자산의 재평가모형

1. 재평가모형의 적용

기업은 원가모형이나 재평가모형 중 하나를 회계정책으로 선택하여 유형자산 분류별로 동일하게 적용한다.

재평가모형에서는 최초 인식 후에 공정가치를 신뢰성 있게 측정할 수 있는 유형자산은 재평가일의 공정가치에서 이후의 감가상각누계액과 손상차손누계액을 차감한 재평가금액을 장부금액으로 한다. 재평가는 보고기간 말에 자산의 장부금액이 공정가치와 중요하게 차이가 나지 않도록 주기적으로 수행한다.

재평가의 빈도는 재평가되는 유형자산의 공정가치 변동에 따라 달라진다. 재평가된 자산의 공정가치가 장부금액과 중요하게 차이가 나는 경우에는 추가적인 재평가가 필요하다. 유의적이고 급격한 공정가치의 변동 때문에 매년 재평가가 필요한 유형자산이 있는 반면에 공정가치의 변동이 경미하여 빈번한 재평가가 필요하지 않은 유형자산도 있다. 즉, 매 3년이나 5년마다 재평가하는 것으로 충분한 유형자산도 있다.

특정 유형자산을 재평가할 때, 해당 자산이 포함되는 유형자산 분류 전체를 재평가한다. 유형자산별로 선택적 재평가를 하거나 서로 다른 기준일의 평가금액이 혼재된 재무보고를 하는 것을 방지하기 위하여 동일한 분류 내의 유형자산은 동시에 재평가한다. 그러나 재평가가 단기간에 수행되며 계속적으로 갱신된다면, 동일한 분류에 속하는 자산을 순차적으로 재평가할 수 있다.

2. 재평가손익의 처리

① 재평가이익(공정가치 〉 장부금액): 자산의 장부금액이 재평가로 인하여 증가된 경우에 그 증가액은 기타포괄손익으로 인식하고 재평가잉여금의 과목으로 자본에 가산한다. 그러나 동일한 자산에 대하여 이전에 당기손익으로 인식한 재평가감소액이 있다면 그 금액을 한도로 재평가증가액만큼 당기손익으로 인식한다.

② 재평가손실(공정가치 〈 장부금액): 자산의 장부금액이 재평가로 인하여 감소된 경우에 그 감소액은 당기손익으로 인식한다. 그러나 그 자산에 대한 재평가잉여금의 잔액이 있다면 그 금액을 한도로 재평가감소액을 기타포괄손익으로 인식한다. 재평가감소액을 기타포괄손익으로 인식하는 경우 재평가잉여금의 과목으로 자본에 누계한 금액을 감소시킨다.

어떤 유형자산 항목과 관련하여 자본에 계상된 재평가잉여금은 그 자산이 제거될 때 이익잉여금으로 직접 대체할 수 있다. 자산이 폐기되거나 처분될 때에 재평가잉여금 전부를 이익잉여금으로 대체하는 것이 그러한 경우에 해당될 수 있다.

> 재평가잉여금은 당기손익으로 재분류를 수행하지 않는 기타포괄손익항목이다.

감가상각대상자산은 자산의 사용에 따라 재평가잉여금의 일부를 매년 이익잉여금으로 대체할 수 있다. 임의규정이므로 반드시 대체하는 것은 아니다.

그러나 기업이 그 자산을 사용함에 따라 재평가잉여금의 일부를 대체할 수도 있다. 이러한 경우 재평가된 금액에 근거한 감가상각액과 최초원가에 근거한 감가상각액의 차이가 이익잉여금으로 대체되는 금액이 될 것이다. 재평가잉여금을 이익잉여금으로 대체하는 경우 그 금액은 당기손익으로 인식하지 않는다.

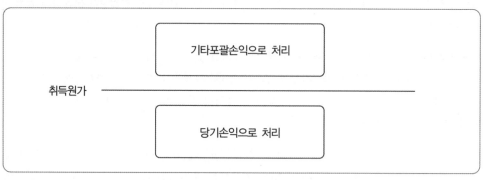

⊕ 감가상각비대상자산(토지)의 재평가

사례 ─ 예제

㈜한국은 20X1년 초에 직접 사용할 용도의 토지를 ₩10,000에 매입하였다. 이 토지의 20X1년 말과 20X2년 말의 공정가치가 각각 ₩12,000, ₩7,000인 경우, 토지와 관련한 회계처리를 수행하시오.

해설

20X1. 12. 31	(차) 토 지	2,000	(대) 재 평 가 잉 여 금	2,000
			(기 타 포 괄 손 익)	
20X2. 12. 31	(차) 재 평 가 잉 여 금	2,000	(대) 토 지	5,000
	(기 타 포 괄 손 익)			
	재 평 가 손 실	3,000		
	(당 기 손 익)			

사례 — 예제

㈜한국은 20X1년 초에 직접 사용할 용도의 토지를 ₩10,000에 매입하였다. 이 토지의 20X1년 말과 20X2년 말의 공정가치가 각각 ₩7,000, ₩12,000인 경우, 토지와 관련한 회계처리를 수행하시오.

해설

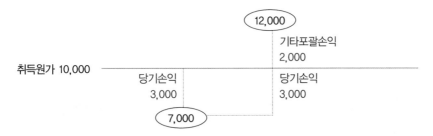

20X1. 12. 31 (차) 재 평 가 손 실	3,000	(대) 토		지	3,000
(당 기 손 익)					
20X2. 12. 31 (차) 토	지	5,000	(대) 재 평 가 이 익		3,000
			(당 기 손 익)		
			재 평 가 잉 여 금		2,000
			(기 타 포 괄 손 익)		

5 | 감가상각대상자산의 재평가모형

1. 재평가의 최초적용

유형자산을 재평가할 때, 그 자산의 장부금액을 재평가금액으로 조정한다. 재평가일에 그 자산을 다음 중 하나의 방법으로 회계처리한다.

① 자산 장부금액의 재평가와 일치하는 방식으로 자산의 총장부금액을 조정한다. 예를 들어, 총장부금액은 관측가능한 시장 자료를 기초로 수정하거나 장부금액의 변동에 비례하여 수정할 수 있다. 재평가일의 감가상각누계액은 손상차손누계액을 고려한 후 총장부금액과 장부금액의 차이와 같아지도록 조정한다.
② 자산의 총장부금액에서 감가상각누계액을 제거한다.

20X1년 말 현재 ㈜한국이 보유한 건물의 장부금액은 ₩8,000(취득원가 ₩10,000, 감가상각누계액 ₩2,000)이다. ㈜한국은 동 건물에 대해 최초로 재평가를 실시하였는데 재평가금액이 ₩12,000이 된 경우 아래의 각 방법에 의해 ㈜한국이 수행할 회계처리를 보이시오.

(1) 자산 장부금액의 재평가와 일치하는 방식으로 총장부금액과 감가상각누계액을 수정하는 방법
(2) 감가상각누계액을 제거하는 방법

해설

(1) 총장부금액과 감가상각누계액을 수정하는 방법

건 물	10,000	⇨ (50% 증가)	15,000
감가상각누계액	(2,000)	⇨ (50% 증가)	(3,000)
	8,000	⇨ (50% 증가)	12,000

20X1. 12. 31 (차) 건   물   5,000   (대) 감 가 상 각 누 계 액   1,000
                                                      재 평 가 잉 여 금   4,000

(2) 감가상각누계액을 제거하는 방법

건 물	10,000		12,000
감가상각누계액	(2,000)	⇨ (제거)	–
	8,000		12,000

20X1. 12. 31 (차) 건   물   2,000   (대) 재 평 가 잉 여 금   4,000
                   감 가 상 각 누 계 액   2,000

2. 재평가의 후속적용

① **재평가이익(공정가치 〉 장부금액):** 자산의 장부금액이 재평가로 인하여 증가된 경우에 그 증가액은 기타포괄손익으로 인식하고 재평가잉여금의 과목으로 자본에 가산한다. 그러나 동일한 자산에 대하여 이전에 당기손익으로 인식한 재평가감소액이 있다면 그 금액을 한도로 재평가증가액만큼 당기손익으로 인식한다.

② **재평가손실(공정가치 〈 장부금액):** 자산의 장부금액이 재평가로 인하여 감소된 경우에 그 감소액은 당기손익으로 인식한다. 그러나 그 자산에 대한 재평가잉여금의 잔액이 있다면 그 금액을 한도로 재평가감소액을 기타포괄손익으로 인식한다. 재평가감소액을 기타포괄손익으로 인식하는 경우 재평가잉여금의 과목으로 자본에 누계한 금액을 감소시킨다.

한편, 매 보고기간 말에 과거에 인식한 재평가잉여금의 일부를 이익잉여금으로 대체할 수도 있다. 이러한 경우 재평가된 금액에 근거한 감가상각액과 최초원가에 근거한 감가상각액의 차이가 이익잉여금으로 대체되는 금액이 될 것이다. 재평가잉여금의 일부를 매년 이익잉여금으로 대체하는 것은 기업의 선택에 따라 하지 않을 수도 있다.

㈜한국은 20X1년 1월 1일에 사무용비품(내용연수 5년, 잔존가치 ₩0, 정액법 상각)을 ₩30,000에 취득하여 사용하고 있다. ㈜한국은 매년 말 주기적으로 유형자산에 대해서 재평가를 수행하고 있다. 20X1년 말과 20X2년 말 사무용비품의 공정가치는 각각 ₩28,000과 ₩16,000이다. ㈜한국이 ① 사무용비품을 사용함에 따라 재평가잉여금의 일부를 이익잉여금으로 대체하는 경우, ② 대체하지 않는 경우 각각에 대해서 20X2년도 포괄손익계산서상 당기비용으로 인식할 재평가손실은 얼마인가?

선생님 TIP

공무원 회계학 시험에서는 주로 ②가 출제된다.

해설

① 재평가잉여금의 일부를 이익잉여금으로 대체하는 경우

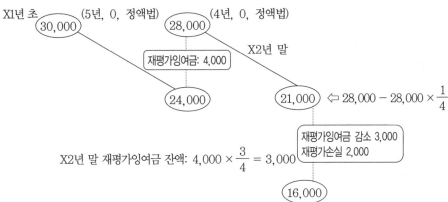

X2년 말 재평가잉여금 잔액: $4,000 \times \dfrac{3}{4} = 3,000$

- 20X2년 말 재평가손실 인식액: ₩2,000

② 재평가잉여금의 일부를 이익잉여금으로 대체하지 않는 경우

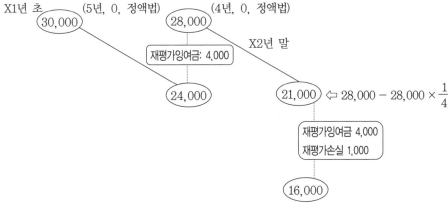

- 20X2년 말 재평가손실 인식액: ₩1,000

3. 감가상각대상자산의 재평가 후 손상

재평가자산의 손상차손은 해당 자산에서 생긴 재평가잉여금에 해당하는 금액까지는 기타포괄손익으로 인식한다. 기타포괄손익으로 인식하는 재평가자산의 손상차손은 그 자산의 재평가잉여금을 감액한다.

자산의 손상차손환입은 곧바로 당기손익으로 인식한다. 다만 재평가금액을 장부금액으로 하는 경우에는 재평가자산의 손상차손환입은 재평가증가액으로 처리한다.

재평가자산의 손상차손환입은 기타포괄손익으로 인식하고 그만큼 해당 자산의 재평가잉여금을 증액한다. 그러나 해당 재평가자산의 손상차손을 과거에 당기손익으로 인식한 부분까지는 그 손상차손환입도 당기손익으로 인식한다.

사례 ― 예제

㈜한국은 취득원가가 ₩10,000이고 내용연수는 10년이며 잔존가액이 ₩0인 기계장치를 20X1년 초에 취득하여 정액법으로 감가상각한다. 아래의 자료를 반영하여 20X3년 말에 ㈜한국이 인식할 재평가잉여금을 구하시오(단, ㈜한국은 재평가잉여금을 이익잉여금으로 대체하지 않는다).
- 20X1년 말에 재평가모형을 선택하고 이 기계장치를 ₩13,500으로 재평가하였다.
- 20X2년 말에 감가상각비를 인식한 후 회수가능액 ₩6,400을 기준으로 손상차손을 인식하였다.
- 20X3년 말에 감가상각비를 인식한 후 유형자산의 회수가능가액이 ₩7,000으로 회복되었다.

해설

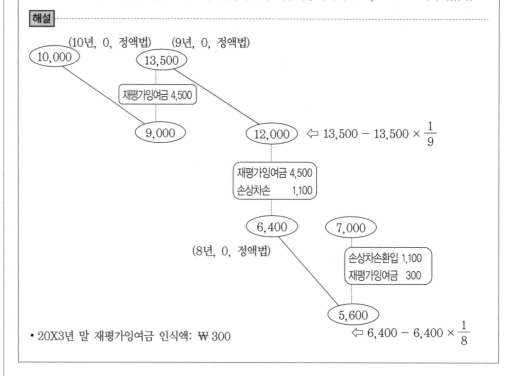

- 20X3년 말 재평가잉여금 인식액: ₩300

6 유형자산의 제거

유형자산의 장부금액은 다음과 같은 때에 제거한다.

① 처분하는 때
② 사용이나 처분을 통하여 미래경제적효익이 기대되지 않을 때

유형자산의 제거로 인하여 발생하는 손익은 자산을 제거할 때 당기손익으로 인식한다. 이익은 기타 수익으로 분류한다.

그러나 통상적인 활동과정에서 타인에게 임대할 목적으로 보유하던 유형자산을 판매하는 기업은, 유형자산의 임대가 중단되고 판매목적으로 보유하게 되는 시점에 이러한 자산의 장부금액을 재고자산으로 대체하여야 한다. 이러한 자산의 판매 대가는 기업회계기준서 제1018호 '수익'에 따라 수익으로 인식해야 한다.

유형자산의 제거로 인하여 발생하는 손익은 순매각금액과 장부금액의 차이로 결정한다.

유형자산의 처분대가는 최초에 공정가치로 인식한다. 유형자산에 대한 지급이 지연되면, 처분대가는 최초에 현금가격상당액으로 인식한다. 처분대가의 명목금액과 현금가격상당액의 차이는 처분으로 인하여 받을 금액에 유효이자율을 반영하여 이자수익으로 인식한다.

만일 회계연도 중에 유형자산을 처분하는 경우에는 기초부터 처분일까지의 감가상각비를 먼저 계산하여 처분일 현재의 장부금액을 계산한 후, 동 장부금액과 처분금액과의 차액을 유형자산 처분손익으로 인식한다.

사례 — 예제

㈜한국은 20X1년 1월 1일 취득원가 ₩10,000의 차량운반구를 취득하였다. 차량운반구의 내용연수는 5년, 잔존가치는 없고 정액법으로 감가상각한다. ㈜한국은 동 차량운반구를 20X2년 6월 30일, ₩8,000에 처분하였다. 차량운반구와 관련한 회계처리를 수행하시오.

해설

20X1. 1. 1	(차) 차 량 운 반 구	10,000	(대) 현 금	10,000
20X1. 12. 31	(차) 감 가 상 각 비	2,000	(대) 감 가 상 각 누 계 액	2,000
20X2. 6. 30	(차) 감 가 상 각 비	1,000	(대) 감 가 상 각 누 계 액	1,000
	감 가 상 각 누 계 액	3,000	차 량 운 반 구	10,000
	현 금	8,000	유 형 자 산 처 분 이 익	1,000

7 투자부동산

1. 투자부동산의 인식

투자부동산은 임대수익이나 시세차익 또는 두 가지 모두를 얻기 위하여 소유자나 금융리스의 이용자가 보유하고 있는 부동산(토지, 건물 또는 두 가지 모두)을 말한다. 투자부동산은 기업이 보유하고 있는 다른 자산과 거의 독립적으로 현금흐름을 창출한다. 이러한 특성에 의하여 투자부동산과 자가사용부동산이 구별된다. 다만, 다음의 목적으로 보유하는 부동산은 투자부동산에서 제외한다.

① 재화의 생산이나 용역의 제공 또는 관리목적에 사용
② 통상적인 영업과정에서의 판매

다음은 투자부동산의 예이다.

① 장기 시세차익을 얻기 위하여 보유하고 있는 토지. 통상적인 영업과정에서 단기간에 판매하기 위하여 보유하는 토지는 제외한다.
② 장래 사용목적을 결정하지 못한 채로 보유하고 있는 토지(만약 토지를 자가사용할지 또는 통상적인 영업과정에서 단기간에 판매할지를 결정하지 못한 경우 당해 토지는 시세차익을 얻기 위하여 보유하고 있는 것으로 본다).
③ 직접 소유(또는 금융리스를 통해 보유)하고 운용리스로 제공하고 있는 건물
④ 운용리스로 제공하기 위하여 보유하고 있는 미사용 건물
⑤ 미래에 투자부동산으로 사용하기 위하여 건설 또는 개발 중인 부동산

다음은 투자부동산이 아닌 항목의 예이다.

① 통상적인 영업과정에서 판매하기 위한 부동산이나 이를 위하여 건설 또는 개발 중인 부동산. 예를 들면 가까운 장래에 판매하거나 개발하여 판매하기 위한 목적으로만 취득한 부동산이 있다.
② 자가사용부동산. 미래에 자가사용하기 위한 부동산, 미래에 개발 후 자가사용할 부동산, 종업원이 사용하고 있는 부동산, 처분예정인 자가사용부동산을 포함한다.
③ 금융리스로 제공한 부동산

부동산 중 일부분은 임대수익이나 시세차익을 얻기 위하여 보유하고, 일부분은 재화의 생산이나 용역의 제공 또는 관리목적에 사용하기 위하여 보유할 수 있다. 부분별로 분리하여 매각(또는 금융리스로 제공)할 수 있으면 각 부분을 분리하여 회계처리한다. 부분별로 분리하여 매각할 수 없다면 재화나 용역의 생산이나 제공 또는 관리목적에 사용하기 위하여 보유하는 부분이 경미한 경우에만 당해 부동산을 투자부동산으로 분류한다.

투자부동산은 다음의 조건을 모두 충족할 때 자산으로 인식한다.

① 투자부동산에서 발생하는 미래경제적효익의 유입가능성이 높다.

② 투자부동산의 원가를 신뢰성 있게 측정할 수 있다.

운용리스에서 리스이용자가 보유하는 부동산에 대한 권리는, 해당 부동산이 투자부동산의 정의를 충족하고 리스이용자가 공정가치모형으로 평가하는 경우에만 투자부동산으로 분류하고 회계처리할 수 있다. 해당 부동산에 대한 권리를 투자부동산으로 인식할 것인지는 각 부동산별로 결정할 수 있다. 만약, 그러한 부동산에 대한 권리 중 어느 하나라도 투자부동산으로 인식한다면 투자부동산으로 분류된 모든 부동산에 대하여 공정가치모형을 적용하여야 한다.

2. 투자부동산의 측정

투자부동산은 최초 인식시점에 원가로 측정한다. 거래원가는 최초 측정에 포함된다.

리스계약으로 보유한 부동산에 대한 권리를 투자부동산으로 분류하는 경우, 당해 투자부동산의 최초 원가는 기업회계기준서 동 자산의 공정가치와 최소리스료의 현재가치 중 작은 금액으로 인식한다. 동시에 동일한 금액을 부채로 인식한다.

투자부동산에 대하여 다음의 예외규정을 제외하고, 공정가치모형과 원가모형 중 하나를 선택하여 모든 투자부동산에 적용한다.

① 다음 두 범주의 투자부동산은 각 범주별로 다음과 같이 평가한다.

    ㉠ 투자부동산을 포함한 특정 자산군의 공정가치와 연동하는 수익 또는 그 자산군에서 얻는 수익으로 상환하는 부채와 연계되어 있는 모든 투자부동산은 공정가치모형 또는 원가모형을 선택하여 평가한다.

    ㉡ ㉠에서 어떤 방법을 선택하였는지 상관없이 그 밖의 모든 투자부동산에 대해서는 공정가치모형 또는 원가모형을 선택하여 평가한다.

② 운용리스에서 리스이용자가 보유하는 부동산에 대한 권리를 투자부동산으로 분류하는 경우, 투자부동산에 대한 평가방법을 선택할 수 없으며 공정가치모형만 적용한다.

투자부동산에 대하여 공정가치모형을 선택한 경우에는 최초 인식 후 모든 투자부동산을 공정가치로 측정한다. 투자부동산의 공정가치 변동으로 발생하는 손익은 발생한 기간의 당기손익에 반영한다.

예외적인 경우에 처음으로 취득(또는 부동산의 사용목적 변경으로 처음으로 투자부동산으로 분류)한 투자부동산의 공정가치를 계속하여 신뢰성 있게 측정하기가 어려울 것이라는 명백한 증거가 있을 수 있다. 이런 경우는 비교할 수 있는 부동산의 시장이 활성화되어 있지 않고(예 최근 거래가 거의 없거나, 공시가격이 현행 가격이 아니거나, 관찰되는 거래가격이 매도자가 강제적으로 매도했음을 나타내는 경우) 신뢰성 있는 대체적 공정가치의 측정치(예 할인현금흐름 예측에 근거)를 사용할 수 없는 경우에만 발생한다. 이 경우 원가모형을 사용하여 그 투자부동산을 측정한다. 투자부동산의 잔존가치는 영(0)으로 가정하며, 해당 투자부동산은 처분할 때까지 원가모형을 적용한다.

예외적인 경우에 해당하여 하나의 투자부동산에 대하여 원가모형을 적용하더라도 그 밖의 모든 투자부동산에 대하여는 계속하여 공정가치모형을 적용한다.

투자부동산을 공정가치로 측정해 온 경우라면 비교할만한 시장의 거래가 줄어들고 시장가격 정보를 쉽게 얻을 수 없게 되더라도, 당해 부동산을 처분하거나 자가사용부동산으로 계정 대체하거나 통상적인 영업과정에서 판매하기 위하여 개발을 시작하기 전까지는 계속하여 공정가치로 측정한다.

투자부동산의 평가방법을 원가모형으로 선택한 경우에는 모든 투자부동산에 대하여 원가모형으로 측정하며, 투자부동산이 매각예정으로 분류되는 기준을 충족하는(또는 매각예정으로 분류되는 처분자산집단에 포함되는) 경우에는 제외한다.

🔍 표로 미리보기 | 투자부동산의 측정

분류	적용상황	기말평가	회계처리
공정가치모형	공정가치 측정 가능	공정가치평가	당기손익 인식
원가모형	공정가치 측정 불가	원가평가	유형자산과 동일

3. 투자부동산과 다른 계정과의 계정대체

부동산의 용도가 변경되는 경우에만 투자부동산으로(에서) 대체한다. 부동산이 투자부동산의 정의를 충족하게 되거나 충족하지 못하게 되고, 용도 변경의 증거가 있는 경우에, 부동산의 용도가 변경되는 것이다.

공정가치로 평가한 투자부동산을 자가사용부동산이나 재고자산으로 대체하는 경우, 후속적인 회계를 위한 간주원가는 사용목적 변경시점의 공정가치가 된다.

자가사용부동산을 공정가치로 평가하는 투자부동산으로 대체하는 경우, 사용목적 변경시점까지 유형자산 회계처리 규정을 적용한다. 사용목적 변경시점의 부동산의 장부금액과 공정가치의 차액은 재평가회계처리와 동일한 방법으로 회계처리한다.

재고자산을 공정가치로 평가하는 투자부동산으로 대체하는 경우, 재고자산의 장부금액과 대체시점의 공정가치 차액은 당기손익으로 인식한다.

사례 ― 예제

㈜한국은 20X1년 1월 1일에 임대목적으로 건물을 ₩10,000에 취득하고 투자부동산으로 분류하였다. 동 건물의 내용연수는 10년이며, 잔존가치는 없다. ㈜한국의 동 건물에 대해 ① 원가모형으로 회계처리하는 경우(이 경우 정액법으로 감가상각한다), ② 공정가치모형으로 회계처리하는 경우(이 경우 기말 공정가치는 ₩8,000이다) 각각의 상황에서 기말 회계처리를 보이시오.

해설
① 원가모형
  20X1. 12. 31 (차) 감 가 상 각 비   1,000   (대)   감 가 상 각 누 계 액   1,000
② 공정가치모형
  20X1. 12. 31 (차) 투자부동산평가손실   2,000   (대) 투 자 부 동 산   2,000

8 무형자산

1. 무형자산의 의의

무형자산은 물리적 실체는 없지만 식별할 수 있는 비화폐성 자산을 말한다.

기업은 경제적 자원을 사용하거나 부채를 부담하여 과학적·기술적 지식, 새로운 공정이나 시스템의 설계와 실행, 라이선스, 지적재산권, 시장에 대한 지식과 상표(브랜드명 및 출판표제 포함) 등의 무형자원을 취득, 개발, 유지하거나 개선한다. 이러한 예로 컴퓨터소프트웨어, 특허권, 저작권, 영화필름, 고객목록, 모기지관리용역권, 어업권, 수입할당량, 프랜차이즈, 고객이나 공급자와의 관계, 고객충성도, 시장점유율과 판매권 등이 있다.

그러나 위에서 열거된 모든 항목이 무형자산의 정의, 즉 ① 식별가능성, ② 자원에 대한 통제, ③ 미래경제적효익의 존재를 충족하는 것은 아니다. 해당 항목이 무형자산의 정의를 충족하지 않는다면 그것을 취득하거나 내부적으로 창출하기 위하여 발생한 지출은 발생시점에 비용으로 인식한다. 그러나 이러한 항목을 사업결합으로 취득하는 경우에는 취득일에 인식하는 영업권의 일부를 구성한다.

무형자산의 정의는 다음의 세 가지로 구성된다.

(1) 식별가능성

무형자산의 정의에서는 영업권과 구별하기 위하여 무형자산이 식별가능할 것을 요구한다. 사업결합으로 인식하는 영업권은 사업결합에서 획득하였지만 개별적으로 식별하여 별도로 인식하는 것이 불가능한 그 밖의 자산에서 발생하는 미래경제적효익을 나타내는 자산이다.

자산은 다음 중 하나에 해당하는 경우에 식별가능하다.
① 자산이 분리가능하다. 즉, 기업의 의도와는 무관하게 기업에서 분리하거나 분할할 수 있고, 개별적으로 또는 관련된 계약, 식별가능한 자산이나 부채와 함께 매각, 이전, 라이선스, 임대, 교환할 수 있다.
② 자산이 계약상 권리 또는 기타 법적 권리로부터 발생한다. 이 경우 그러한 권리가 이전가능한지 여부 또는 기업이나 기타 권리와 의무에서 분리가능한지 여부는 고려하지 아니한다.

(2) 통제

기초가 되는 자원에서 유입되는 미래경제적효익을 확보할 수 있고 그 효익에 대한 제3자의 접근을 제한할 수 있다면 기업이 자산을 통제하고 있는 것이다. 무형자산의 미래경제적효익에 대한 통제능력은 일반적으로 법원에서 강제할 수 있는 법적 권리에서 나오며, 법적 권리가 없는 경우에는 통제를 제시하기 어렵다. 그러나 다른 방법으로도 미래경제적효익을 통제할 수 있기 때문에 권리의 법적 집행가능성이 통제의 필요조건은 아니다.

선생님 TIP

무형자산의 회계처리는 대부분 유형자산과 동일하다. 따라서 본절에서는 유형자산과 차이가 나는 부분 위주로 설명하며, 설명되지 않은 사항은 유형자산 회계처리와 유사하다.

영업권은 식별불가능하다.

시장에 대한 지식과 기술적 지식에서도 미래경제적효익이 발생할 수 있다. 이러한 지식이 저작권, 계약상의 제약이나 법에 의한 종업원의 기밀유지의무 등과 같은 법적 권리에 의하여 보호된다면, 기업은 그러한 지식에서 얻을 수 있는 미래경제적효익을 통제하고 있는 것이다.

기업은 숙련된 종업원으로 구성된 팀을 보유할 수 있고, 교육훈련을 통하여 습득된 미래경제적효익을 가져다 줄 수 있는 종업원의 기술 향상을 식별할 수 있다. 기업은 또한 그러한 숙련된 기술을 계속하여 이용할 수 있을 것으로 기대할 수 있다. 그러나 기업은 숙련된 종업원이나 교육훈련으로부터 발생하는 미래경제적효익에 대해서는 일반적으로 무형자산의 정의를 충족하기에는 충분한 통제를 가지고 있지 않다. 이와 유사한 이유로 특정 경영능력이나 기술적 재능도 그것을 사용하여 미래경제적효익을 확보하는 것이 법적 권리에 의하여 보호되지 않거나 무형자산 정의의 기타 요건을 충족하지 않는다면 일반적으로 무형자산의 정의를 충족할 수 없다.

(3) 미래경제적효익

무형자산의 미래경제적효익은 제품의 매출, 용역수익, 원가절감 또는 자산의 사용에 따른 기타 효익의 형태로 발생할 수 있다. 예를 들면, 제조과정에서 지적재산을 사용하면 미래 수익을 증가시키기보다는 미래 제조원가를 감소시킬 수 있다.

2. 인식과 측정

어떤 항목을 무형자산으로 인식하기 위해서는 당해 항목이 무형자산의 정의와 인식기준을 모두 충족한다는 사실을 기업이 제시해야 한다.

무형자산의 인식기준은 다음과 같다.

① 자산에서 발생하는 미래경제적효익이 기업에 유입될 가능성이 높다.
② 자산의 원가를 신뢰성 있게 측정할 수 있다.

미래경제적효익이 기업에 유입될 가능성은 무형자산의 내용연수 동안의 경제적 상황에 대한 경영자의 최선의 추정치를 반영하는 합리적이고 객관적인 가정에 근거하여 평가하여야 한다.

무형자산을 최초로 인식할 때에는 원가로 측정한다.

3. 사업결합으로 인한 취득

사업결합으로 취득하는 무형자산의 취득원가는 취득일 공정가치로 한다. 사업결합으로 취득하는 무형자산은 무형자산의 인식기준을 항상 충족하는 것으로 본다.

사업결합 전에 그 자산을 피취득자가 인식하였는지 여부에 관계없이, 취득자는 취득일에 피취득자의 무형자산을 영업권과 분리하여 인식한다. 이것은 피취득자가 진행하고 있는 연구·개발 프로젝트가 무형자산의 정의를 충족한다면 취득자가 영업권과 분리하여 별도의 자산으로 인식하는 것을 의미한다.

피취득자가 진행하고 있는 연구·개발 프로젝트는 다음의 조건을 모두 충족할 경우 무형자산의 정의를 충족한다.
① 자산의 정의를 충족한다.
② 식별가능하다. 즉, 분리가 능하거나 계약상 또는 기타 법적 권리에서 발생한다.

4. 내부적으로 창출한 무형자산

(1) 연구와 개발

연구와 개발의 정의는 다음과 같다.

① 연구: 새로운 과학적, 기술적 지식이나 이해를 얻기 위해 수행하는 독창적이고 계획적인 탐구활동
② 개발: 상업적인 생산이나 사용 전에 연구결과나 관련 지식을 새롭거나 현저히 개량된 재료, 장치, 제품, 공정, 시스템이나 용역의 생산을 위한 계획이나 설계에 적용하는 활동

내부적으로 창출한 무형자산이 인식기준을 충족하는지를 평가하기 위하여 무형자산의 창출과정을 연구단계와 개발단계로 구분한다. 무형자산을 창출하기 위한 내부 프로젝트를 연구단계와 개발단계로 구분할 수 없는 경우에는 그 프로젝트에서 발생한 지출은 모두 연구단계에서 발생한 것으로 본다.

연구단계에서 발생하는 지출은 무형자산을 인식하지 않는다. 연구단계에 대한 지출은 발생시점에 비용으로 인식한다. 내부 프로젝트의 연구단계에서는 미래경제적효익을 창출할 무형자산이 존재한다는 것을 제시할 수 없기 때문에, 내부 프로젝트의 연구단계에서 발생한 지출은 발생시점에 비용으로 인식한다.

연구활동의 예는 다음과 같다.

① 새로운 지식을 얻고자 하는 활동
② 연구결과나 기타 지식을 탐색, 평가, 최종선택, 응용하는 활동
③ 재료, 장치, 제품, 공정, 시스템이나 용역에 대한 여러 가지 대체안을 탐색하는 활동
④ 새롭거나 개선된 재료, 장치, 제품, 공정, 시스템이나 용역에 대한 여러 가지 대체안을 제안, 설계, 평가, 최종선택하는 활동

개발단계는 연구단계보다 훨씬 더 진전되어 있는 상태이기 때문에 어떤 경우에는 내부 프로젝트의 개발단계에서는 무형자산을 식별할 수 있으며, 그 무형자산이 미래경제적효익을 창출할 것임을 제시할 수 있다.

개발단계에서 발생한 지출은 자산인식요건을 모두 충족하는 경우에만 개발비의 과목으로 하여 무형자산으로 인식하고, 그 외의 경우에는 발생한 기간의 비용으로 처리한다.

개발활동의 예는 다음과 같다.

① 생산이나 사용 전의 시제품과 모형을 설계, 제작, 시험하는 활동
② 새로운 기술과 관련된 공구, 지그, 주형, 금형 등을 설계하는 활동
③ 상업적 생산목적으로 실현가능한 경제적 규모가 아닌 시험공장을 설계, 건설, 가동하는 활동
④ 신규 또는 개선된 재료, 장치, 제품, 공정, 시스템이나 용역에 대하여 최종적으로 선정된 안을 설계, 제작, 시험하는 활동

내부적으로 창출한 브랜드, 제호, 출판표제, 고객 목록과 이와 실질이 유사한 항목은 무형자산으로 인식하지 아니한다. 내부적으로 창출한 브랜드, 제호, 출판표제, 고객 목록과 이와 실질이 유사한 항목은 사업을 전체적으로 개발하는 데 발생한 원가와 구별할 수 없으므로 무형자산으로 인식하지 아니한다.

무형자산의 특성상 대부분의 취득이나 완성 후의 지출은 무형자산의 정의와 인식기준을 충족하기보다는 기존 무형자산이 갖는 기대 미래경제적효익을 유지하는 것이 대부분이다. 또한 취득이나 완성 후의 지출을 사업 전체가 아닌 특정 무형자산에 직접 귀속시키기 어려운 경우가 많다. 그러므로 후속지출이 자산의 장부금액으로 인식되는 경우는 매우 드물다.

브랜드, 제호, 출판표제, 고객목록, 그리고 이와 실질이 유사한 항목(외부에서 취득하였는지 또는 내부적으로 창출하였는지에 관계없이)에 대한 취득이나 완성 후의 지출은 발생시점에 항상 당기손익으로 인식한다. 왜냐하면 그러한 지출은 사업을 전체적으로 개발하기 위한 지출과 구분할 수 없기 때문이다.

(2) 내부적으로 창출한 무형자산의 원가

내부적으로 창출한 무형자산의 원가는 무형자산의 인식요건을 충족한 시점 이후에 발생한 금액만 무형자산으로 인식하고, 최초에 비용으로 인식한 무형항목에 대한 지출은 그 이후에 무형자산의 원가로 인식할 수 없다.

내부적으로 창출한 무형자산의 원가는 그 자산의 창출, 제조 및 경영자가 의도하는 방식으로 운영될 수 있게 준비하는 데 필요한 직접 관련된 모든 원가를 포함한다.

직접 관련된 원가에는 다음과 같은 것이 있다.

① 무형자산의 창출에 사용되었거나 소비된 재료원가, 용역원가 등
② 무형자산의 창출을 위하여 발생한 종업원 급여
③ 법적 권리를 등록하기 위한 수수료
④ 무형자산의 창출에 사용된 특허권과 라이선스의 상각비
⑤ 내부적으로 창출한 무형자산의 원가를 구성하는 차입원가

다음 항목은 내부적으로 창출한 무형자산의 원가에 포함하지 아니한다.

① 판매비, 관리비 및 기타 일반경비 지출
② 자산이 계획된 성과를 달성하기 전에 발생한 명백한 비효율로 인한 손실과 초기 영업손실
③ 자산을 운용하는 직원의 교육훈련과 관련된 지출

5. 무형자산의 상각

🔍 표로 미리보기 | 유형자산의 감가상각과 무형자산의 상각

구분	유형자산	무형자산
(감가)상각방법	경제적효익의 소비형태에 따라 선택	경제적효익의 소비형태에 따라 선택. 단, 결정할 수 없는 경우 정액법
잔존가치	추정	원칙적으로 영(0). 단, 예외 있음
내용연수	경제적 내용연수 추정	경제적 내용연수와 법적 내용연수 중 짧은 기간. 단, 비한정 가능
(감가)상각 개시	사용가능한 때	사용가능한 때
(감가)상각 중지	매각예정으로 분류되는 날과 제거되는 날 중 이른 날	매각예정으로 분류되는 날과 제거되는 날 중 이른 날
공정가치 > 장부금액	감가상각액을 계속 인식	상각액을 계속 인식
잔존가치 > 장부금액	감가상각액은 영(0)	상각액은 영(0)

(1) 상각대상금액

내용연수가 유한한 자산의 상각대상금액은 잔존가치를 차감하여 결정한다.

내용연수가 유한한 무형자산의 잔존가치는 다음 중 하나에 해당하는 경우를 제외하고는 영(0)으로 본다.

① 내용연수 종료 시점에 제3자가 자산을 구입하기로 한 약정이 있다.
② 무형자산의 활성시장이 있고 다음을 모두 충족한다.
  ㉠ 잔존가치를 그 활성시장에 기초하여 결정할 수 있다.
  ㉡ 그러한 활성시장이 내용연수 종료 시점에 존재할 가능성이 높다.

잔존가치는 적어도 매 회계연도 말에는 검토한다. 잔존가치의 변동은 회계추정의 변경으로 처리한다.

무형자산의 잔존가치는 해당 자산의 장부금액과 같거나 큰 금액으로 증가할 수도 있다. 이 경우에는 자산의 잔존가치가 이후에 장부금액보다 작은 금액으로 감소될 때까지는 무형자산의 상각액은 영(0)이 된다.

(2) 내용연수

무형자산의 내용연수는 경제적 요인과 법적 요인의 영향을 받는다. 경제적 요인은 자산의 미래경제적효익이 획득되는 기간을 결정하고, 법적 요인은 기업이 그 효익에 대한 접근을 통제할 수 있는 기간을 제한한다. 내용연수는 이러한 요인에 의해 결정된 기간 중 짧은 기간으로 한다.

계약상 권리 또는 기타 법적 권리로부터 발생하는 무형자산의 내용연수는 그러한 계약상 권리 또는 기타 법적 권리의 기간을 초과할 수는 없지만, 자산의 예상사용기간에 따라 더 짧을 수는 있다. 만약 계약상 또는 기타 법적 권리가 갱신가능한 한정된 기간 동안 부여된다면,

📖 선생님 TIP

무형자산의 재평가는 유형자산과 동일하다. 따라서 무형자산 재평가에 대해 별도로 설명하지 않는다.

무형자산에서는 감가상각이라는 용어를 쓰지 않고 상각이라는 용어를 쓴다.

무형자산의 내용연수는 경제적 내용연수와 법적 내용연수 중 짧은 기간을 선택한다.

유의적인 원가 없이 기업에 의해 갱신될 것이 명백한 경우에만 그 갱신기간을 무형자산의 내용연수에 포함한다.

관련된 모든 요소의 분석에 근거하여, 그 자산이 순현금유입을 창출할 것으로 기대되는 기간에 대하여 예측가능한 제한이 없을 경우, 무형자산의 내용연수가 비한정인 것으로 본다. 무형자산의 내용연수가 비한정이라는 것이 무한을 의미하지는 않는다.

무형자산의 회계처리는 내용연수에 따라 다르다. 내용연수가 유한한 무형자산은 상각하고, 내용연수가 비한정인 무형자산은 상각하지 아니한다.

무형자산의 내용연수는 매우 길 수도 있고 경우에 따라서는 비한정일 수도 있다. 내용연수의 불확실성으로 인하여 무형자산의 내용연수를 신중하게 추정하는 것은 정당하지만, 비현실적으로 짧은 내용연수를 선택하는 것은 정당화되지 않는다.

(3) 상각방법

내용연수가 유한한 무형자산의 상각대상금액은 내용연수 동안 체계적인 방법으로 배분하여야 한다. 상각은 자산을 사용할 수 있는 때부터 시작한다. 즉, 자산이 경영자가 의도하는 방식으로 운영할 수 있는 장소와 상태에 이르렀을 때부터 시작한다. 상각은 자산이 매각예정으로 분류되는(또는 매각예정으로 분류되는 처분자산집단에 포함되는) 날과 자산이 재무상태표에서 제거되는 날 중 이른 날에 중지한다.

무형자산의 상각방법은 자산의 경제적 효익이 소비될 것으로 예상되는 형태를 반영한 방법이어야 한다. 다만, 그 형태를 신뢰성 있게 결정할 수 없는 경우에는 정액법을 사용한다.

무형자산의 상각대상금액을 내용연수 동안 체계적으로 배분하기 위해 다양한 방법을 사용할 수 있다. 이러한 상각방법에는 정액법, 체감잔액법과 생산량비례법이 있다. 상각방법은 자산이 갖는 예상 미래경제적효익의 예상되는 소비형태에 기초하여 선택하고, 미래경제적효익의 예상되는 소비형태가 달라지지 않는다면 매 회계기간에 일관성 있게 적용한다.

각 회계기간의 상각액은 다른 자산의 장부금액에 포함하도록 허용하거나 요구하는 경우를 제외하고는 당기손익으로 인식한다.

무형자산의 상각액은 일반적으로 당기손익으로 인식한다. 그러나 자산이 갖는 미래경제적효익이 다른 자산의 생산에 소모되는 경우, 그 자산의 상각액은 다른 자산의 원가를 구성하여 장부금액에 포함한다. 예를 들면, 제조과정에서 사용된 무형자산의 상각은 재고자산의 장부금액에 포함한다.

내용연수가 유한한 무형자산의 상각기간과 상각방법은 적어도 매 회계연도 말에 검토한다. 자산의 예상 내용연수가 과거의 추정치와 다르다면 상각기간을 이에 따라 변경한다. 자산이 갖는 미래경제적효익의 예상소비형태가 변동된다면, 변동된 소비형태를 반영하기 위하여 상각방법을 변경한다. 그러한 변경은 회계추정의 변경으로 회계처리한다.

(4) 내용연수가 비한정인 경우

내용연수가 비한정인 무형자산은 자산손상 징후가 있는지에 관계없이 회수가능액과 장부금액을 비교하여 일 년에 한 번은 손상검사를 한다.

다음의 각 경우에 회수가능액과 장부금액을 비교하여 내용연수가 비한정인 무형자산의 손상검사를 수행하여야 한다.

① 매년
② 무형자산의 손상을 시사하는 징후가 있을 때

상각하지 않는 무형자산에 대하여 사건과 상황이 그 자산의 내용연수가 비한정이라는 평가를 계속하여 정당화하는지를 매 회계기간에 검토한다. 사건과 상황이 그러한 평가를 정당화하지 않는 경우에 비한정 내용연수를 유한 내용연수로 변경하는 것은 회계추정의 변경으로 회계처리한다.

비한정 내용연수를 유한 내용연수로 재평가하는 것은 그 자산의 손상을 시사하는 하나의 징후가 된다. 따라서 회수가능액과 장부금액을 비교하여 그 자산에 대한 손상검사를 하고, 회수가능액을 초과하는 장부금액을 손상차손으로 인식한다.

6. 영업권

영업권은 기업과 별도로 분리하여 거래할 수 없는 식별불가능한 자산이다. 영업권은 기업 내부적으로 창출된 영업권인 자기창설영업권과 기업실체 외부에서 유상으로 취득한 외부구입 영업권으로 구분된다.
내부적으로 창출한 영업권은 자산으로 인식하지 아니한다.

미래경제적효익을 창출하기 위하여 발생한 지출 중에는 이 기준서의 인식기준을 충족하는 무형자산을 창출하지 않는 경우가 있다. 그러한 지출은 대부분 내부적으로 창출한 영업권에 기여한다. 내부적으로 창출한 영업권은 원가를 신뢰성 있게 측정할 수 없고 기업이 통제하고 있는 식별가능한 자원이 아니기 때문에(즉, 분리가능하지 않고 계약상 또는 기타 법적 권리로부터 발생하지 않기 때문에) 자산으로 인식하지 아니한다.

외부구입 영업권은 합병, 영업양수, 전세권 취득 등 기업실체 외부에서 유상으로 취득하는 경우에 발생한다. 외부구입 영업권은 합병대가가 합병 등으로 취득하는 식별 가능한 순자산 공정가치를 초과하는 금액으로 측정되며 객관적인 측정이 가능하기 때문에 무형자산으로 인식한다.

영업권을 측정하는 대표적인 방법은 초과수익력법과 종합평가계정법이 있다.

(1) 초과수익력법

초과수익력법에서는 기업이 정상이익을 초과하여 이익을 얻을 수 있는 능력으로 영업권을 정의한다. 이때, 기업이 정상이익을 초과하여 얻는 이익을 초과이익이라고 하는데 초과이익은 기업의 미래예상이익에서 정상이익을 차감하여 계산할 수 있다.

📋 선생님 TIP

초과수익력법은 공무원 회계학에서는 중요하지 않다.

정상이익은 기업이 자산이 속한 업종에서 평균적으로 획득할 수 있는 이익을 말한다. 정상이익은 기업이 투자한 순자산 공정가치에 업종 평균이익률인 정상이익률을 곱한 금액으로 계산된다.

> 초과이익 = 미래예상이익 − 정상이익
> 정상이익 = 순자산공정가치 × 정상이익률(업종평균이익률)

영업권은 초과이익이 일정 기간 동안 지속적으로 발생한다고 가정하고, 일정기간 동안 발생하는 초과이익의 현재가치로 계산된다. 한편, 화폐의 시간가치를 고려하지 않고 초과이익이 지속되는 기간의 수를 단순히 곱하여 영업권을 계산하는 방법도 있는데, 이를 연매법이라고 한다.

(2) 종합평가계정법

종합평가계정법은 합병대가에서 식별가능한 순자산의 공정가치를 차감한 금액을 영업권으로 측정한다.

> 영업권 = 합병대가 − 순자산공정가치

영업권은 내용연수가 비한정인 것으로 보고 상각하지 않는다.

다만, 사업결합으로 취득한 영업권은 자산손상 징후가 있는지에 관계없이 회수가능액과 장부금액을 비교하여 일 년에 한 번은 손상검사를 한다. 그리고 손상징후가 있을 때마다 손상검사를 추가로 수행한다.

영업권에 인식한 손상차손은 후속 기간에 환입하지 아니한다. 영업권의 손상차손을 인식하고 난 다음 후속 기간에 증가된 회수가능액은 사업결합으로 취득한 영업권의 손상차손환입액이 아니라 아마도 내부에서 창출된 영업권 증가액일 것이므로 이를 자산으로 인식하여서는 안 된다.

영업권의 손상차손환입은 자기창설영업권과 동일한 성격이므로 이를 인정하지 않는다.

사례 — 예제

㈜한국은 ㈜민국을 합병하고 합병대가로 ₩20,000의 현금을 지급하였다. 합병 시점의 ㈜민국의 재무상태표상 자산총액은 ₩15,0000이고 부채총액은 ₩9,0000이다. ㈜민국의 재무상태표상 장부가치는 토지를 제외하고는 공정가치와 같다. 토지는 장부상 ₩5,000으로 기록되어 있으나, 공정가치는 합병 시점에 ₩10,000인 것으로 평가되었다. 이 합병으로 ㈜한국이 영업권으로 계상하여야 할 금액을 계산하시오.

해설
- ㈜민국의 순자산 공정가치: (15,000 + 5,000) − 9,000 = ₩11,000
- 영업권: 20,000 − 11,000 = ₩9,000

(차) 자 산	20,000	(대) 부 채	9,000
영 업 권	9,000	현 금	20,000

01 새로운 시설을 개설하는 데 소요되는 원가, 유형자산과 관련된 산출물에 대한 수요가 형성되는 과정에서 발생하는 가동손실과 같은 초기 가동손실은 유형자산의 원가에 가산하지 않는다. ( )

02 유형자산 취득과 관련한 취득세, 등기수수료, 재산세는 원가에 가산한다. ( )

03 토지를 취득하기 위해 지방정부로부터 국공채를 불가피하게 공정가치 이상으로 취득하는 경우에는 국공채의 취득금액을 토지의 원가에 가산한다. ( )

04 토지만 사용할 목적으로 토지와 건물을 일괄 구입하는 경우, 모든 일괄구입대가를 토지의 취득원가로 처리한다. ( )

05 자산에 내재된 미래경제적효익의 예상되는 소비형태가 유의적으로 달라졌다면, 달라진 소비형태를 반영하기 위하여 감가상각방법을 변경하고, 그러한 변경은 회계정책의 변경으로 회계처리한다. ( )

06 유형자산의 공정가치가 장부금액을 초과하는 경우, 감가상각을 중지한다. ( )

07 유형자산의 회수가능액은 사용가치와 순실현가능가치 중 큰 금액으로 결정한다. ( )

08 유형자산의 최초 재평가에 따른 평가손익은 기타포괄손익으로 처리한다. ( )

09 투자부동산에 공정가치모형을 적용하는 경우, 매 보고기간 말 감가상각 후 평가손익을 인식한다. ( )

10 무형자산이 식별가능하기 위해서는 자산이 분리가능하고, 자산이 계약상 권리 또는 법적 권리로부터 발생하여야 한다. ( )

---

01 ○
02 × 재산세는 유형자산의 원가에 포함하지 않는다.
03 × 토지를 취득하기 위해 지방정부로부터 국공채를 불가피하게 공정가치 이상으로 취득하는 경우에는 취득금액과 공정가치와의 차액을 토지의 원가에 가산한다.
04 ○
05 × 감가상각방법의 변경은 회계추정의 변경으로 회계처리한다.
06 × 유형자산의 공정가치가 장부금액을 초과하더라도 잔존가치가 장부금액을 초과하지 않는 한 감가상각액을 계속 인식한다.
07 × 유형자산의 회수가능액은 사용가치와 순공정가치 중 큰 금액으로 결정한다.
08 × 유형자산의 최초 재평가에 따른 평가이익은 기타포괄손익으로 처리하고, 평가손실은 당기손익으로 처리한다.
09 × 투자부동산에 공정가치모형을 적용하는 경우에는 감가상각을 하지 않는다.
10 × 무형자산이 식별가능하기 위해서는 자산이 분리가능하거나, 자산이 계약상 권리 또는 법적 권리로부터 발생하여야 한다.

11 무형자산을 창출하기 위한 내부 프로젝트를 연구단계와 개발단계로 구분할 수 없는 경우에는 그 프로젝트에서 발생한 지출은 모두 연구단계에서 발생한 것으로 본다. ( )

12 개발단계에서 발생한 지출은 자산으로 인식한다. ( )

13 신규 또는 개선된 재료, 장치, 제품, 공정, 시스템이나 용역에 대하여 최종적으로 선정된 안을 설계, 제작, 시험하는 활동은 연구단계에 해당한다. ( )

14 내부적으로 창출한 브랜드, 제호, 출판표제, 고객 목록과 이와 실질이 유사한 항목은 무형자산으로 인식하지 아니한다. ( )

15 내부적으로 창출한 무형자산의 원가는 무형자산의 인식요건을 충족한 시점 이후에 발생한 금액만 무형자산으로 인식하고, 최초에 비용으로 인식한 무형항목에 대한 지출은 그 이후에 무형자산의 원가로 인식할 수 없다. ( )

16 무형자산의 내용연수는 경제적 내용연수와 법적 내용연수 중 더 명확한 기간을 선택한다. ( )

17 내용연수가 유한한 무형자산은 상각하고, 내용연수가 비한정인 무형자산은 상각하지 아니한다. ( )

18 내부적으로 창출한 영업권은 자산으로 인식하지 아니한다. ( )

19 영업권의 내용연수는 경제적 내용연수와 법적 내용연수 중 짧은 기간을 선택한다. ( )

20 영업권에 인식한 손상차손은 후속 기간에 환입하지 아니한다. ( )

---

11 ○
12 × 개발단계에서 발생한 지출은 자산인식요건을 모두 충족하는 경우에만 개발비의 과목으로 하여 무형자산으로 인식하고, 그 외의 경우에는 발생한 기간의 비용으로 처리한다.
13 × 신규 또는 개선된 재료, 장치, 제품, 공정, 시스템이나 용역에 대하여 최종적으로 선정된 안을 설계, 제작, 시험하는 활동은 개발단계에 해당한다.
14 ○
15 ○
16 × 무형자산의 내용연수는 경제적 내용연수와 법적 내용연수 중 짧은 기간을 선택한다.
17 ○
18 ○
19 × 영업권은 내용연수가 비한정인 것으로 보고 상각하지 않는다.
20 ○

1 유형자산의 취득

01 유형자산에 해당하는 것은?   2011년 국가직 7급

① 주택시장의 침체로 인하여 건설회사가 소유하고 있는 미분양 상태의 아파트
② 남해안에서 양식 중인 5년된 양식장의 참치
③ 해양천연가스를 발굴하기 위하여 설치한 대형 해양탐사구조물
④ 시세가 상승할 것으로 예측하여 취득하였으나 아직 사용목적을 결정하지 못한 대도시 외곽의 토지

02 유형자산 취득원가를 인식할 때 경영진이 의도하는 방식으로 자산을 가동하기 위해 필요한 장소와 상태에 이르게 하는 데 직접 관련되는 원가의 예로 옳지 않은 것은?   2013년 국가직 7급

① 설치장소 준비 원가
② 최초의 운송 및 취급 관련 원가
③ 새로운 시설을 개설하는 데 소요되는 원가
④ 전문가에게 지급하는 수수료

---

01 ③ 건설회사가 소유하는 아파트와 생물자산은 재고자산으로 분류하고, 시세가 상승할 것으로 예측하여 취득한 토지는 투자부동산으로 분류한다. 해양탐사구조물은 구축물로 유형자산으로 분류한다.

02 ③ 경영진이 의도한 방식으로 자산을 가동하는 데 필요한 장소와 상태에 이르게 하는 데 직접 관련되는 원가는 다음과 같다.
　㉠ 유형자산의 매입 또는 건설과 직접적으로 관련되어 발생한 종업원급여
　㉡ 설치장소 준비 원가
　㉢ 최초의 운송 및 취급 관련 원가
　㉣ 설치원가 및 조립원가
　㉤ 유형자산이 정상적으로 작동되는지 여부를 시험하는 과정에서 발생하는 원가
　㉥ 전문가에게 지급하는 수수료

03 유형자산의 인식, 측정 및 평가에 대한 설명으로 옳지 않은 것은?
2011년 국가직 7급

① 유형자산에 대한 후속원가 중 유형자산이 제공하는 미래 경제적 효익이 증대되면 자산으로 인식한다.

② 석유화학공장에서 환경규제요건을 충족하기 위해 새로운 화학처리공정 설비를 설치하였을 경우 이를 관련증설원가로 보아 자산으로 인식한다.

③ 장기후불조건으로 구입하였을 경우 현금거래가격보다 높지만 실제 구입하여 발생된 것이므로 실제 총지급액을 원가로 보아 자산으로 인식한다.

④ 자산의 장부금액이 재평가로 인해 증가될 경우 증가액을 기타포괄손익으로 인식하고 재평가잉여금과목으로 자본에 가산한다.

04 ㈜대한은 다음 자료와 같이 기계장치를 취득하였다. 기계장치의 취득원가는?
2011년 국가직 9급

• 기계장치 구입대금	₩ 20,000	• 운반비	₩ 1,000
• 설치비	3,000	• 시운전비	2,000
• 구입 후 수선비	2,000		

① ₩ 21,000

② ₩ 25,000

③ ₩ 26,000

④ ₩ 28,000

05 유형자산의 취득원가에 대한 설명으로 옳지 않은 것은?
2016년 국가직 9급

① 지상 건물이 있는 토지를 일괄취득하여 구 건물을 계속 사용할 경우 일괄구입가격을 토지와 건물의 공정가액에 따라 배분한다.

② 토지의 취득 시 중개수수료, 취득세, 등록세와 같은 소유권 이전비용은 토지의 취득원가에 포함한다.

③ 기계장치를 취득하여 기계장치를 의도한 용도로 사용하기 적합한 상태로 만들기 위해서 지출한 시운전비는 기계장치의 취득원가에 포함한다.

④ 건물 신축을 목적으로 건물이 있는 토지를 일괄취득한 경우, 구 건물의 철거비용은 신축 건물의 취득원가에 가산한다.

---

03 ③ 유형자산의 대금지급이 일반적인 신용기간을 초과하여 이연되는 경우, 유형자산의 원가는 인식시점의 현금가격상당액으로 한다. 이때, 현금가격상당액과 실제 총지급액의 차액은 자본화대상이 되는 차입원가가 아닌 한 신용기간에 걸쳐 이자로 인식한다.

04 ③ • 구입 후 수선비는 유형자산을 사용가능한 상태로 만드는 데 필요한 원가가 아니므로 취득원가에 가산하지 않는다.
　　　• 취득원가: 20,000 + 1,000 + 3,000 + 2,000 = ₩26,000

05 ④ 건물 신축을 목적으로 건물이 있는 토지를 일괄취득한 경우, 구 건물의 철거비용은 토지의 취득원가에 가산한다.

06 다음 자료의 토지 취득원가는?

2017년 관세직 9급

- 토지구입비 ₩500,000, 취득세 ₩20,000을 지급하였다.
- 토지구입을 위한 조사비용 ₩15,000, 감정평가 비용 ₩20,000을 지급하였다.
- 토지 정지작업 중에 발견된 폐기물을 몰래 투기하여 범칙금 ₩5,000을 지급하였다.

① ₩500,000   ② ₩530,000

③ ₩555,000   ④ ₩560,000

07 ㈜한국은 20X1년 초 ₩720,000에 구축물을 취득(내용연수 5년, 잔존가치 ₩20,000, 정액법 상각)하였으며, 내용연수 종료 시점에 이를 해체하여 원상복구해야 할 의무가 있다. 20X1년 초 복구비용의 현재가치는 ₩124,180으로 추정되며 이는 충당부채의 요건을 충족한다. 복구비용의 현재가치 계산에 적용한 할인율이 10%일 때 옳지 않은 것은? (단, 소수점 발생 시 소수점 아래 첫째자리에서 반올림한다)

2018년 국가직 9급

① 20X1년 초 구축물의 취득원가는 ₩844,180이다.
② 20X1년 말 복구충당부채전입액(또는 이자비용)은 ₩12,418이다.
③ 20X1년 말 복구충당부채는 ₩136,598이다.
④ 20X1년 말 인식할 비용 총액은 ₩156,418이다.

---

06 ③   500,000 + 20,000 + 15,000 + 20,000 = ₩555,000

07 ④   • 구축물의 취득원가: 720,000 + 124,180 = ₩844,180
- 20X1년 말 회계처리

(차) 이 자 비 용	12,418[*1]	(대) 복 구 충 당 부 채	12,418[*1]
감 가 상 각 비	164,836[*2]	감 가 상 각 누 계 액	164,836[*2]

    (*1) 124,180 × 10% = 12,418

    (*2) $(844,180 - 20,000) \times \frac{1}{5} = 164,836$

- 비용총액: 12,418(이자비용) + 164,836(감가상각비) = ₩177,254

08 ㈜한국은 당국의 허가를 받아서 자연보호구역 내의 소유토지에 주차장을 설치하였다. 이때 당국의 주차장 설치 허가조건은 3년 후 주차장을 철거하고 토지를 원상복구하는 것이다. 주차장은 2017년 1월 1일 ₩5,000,000에 설치가 완료되어 사용하기 시작하였으며, 동일자에 3년 후 복구비용으로 지출될 것으로 예상되는 금액은 ₩1,000,000으로 추정되었다. 이런 복구의무는 충당부채에 해당한다. 주차장(구축물)은 원가모형을 적용하며, 내용연수 3년, 잔존가치 ₩0, 정액법으로 감가상각한다. 2017년도 주차장(구축물)의 감가상각비는? (단, 복구공사 소요액의 현재가치 계산에 적용할 유효이자율은 연 10%이며, 3년 후 ₩1의 현재가치는 0.7513이다)

2018년 관세직 9급

① ₩1,917,100   ② ₩1,932,100

③ ₩1,992,230   ④ ₩2,000,000

2 교환에 의한 취득

09 ㈜민국은 취득원가 ₩500,000, 감가상각누계액 ₩300,000인 기계장치를 보유하고 있다. ㈜민국은 해당 기계장치를 제공함과 동시에 현금 ₩50,000을 수취하고 새로운 기계장치와 교환하였다. ㈜민국이 보유하고 있던 기계장치의 공정가치가 ₩300,000으로 추정될 때, 교환에 의한 회계처리로 옳지 않은 것은?

2014년 지방직 9급

① 상업적 실질이 있는 경우 새로운 기계장치의 취득원가는 ₩250,000으로 인식한다.
② 상업적 실질이 있는 경우 제공한 기계장치의 처분이익은 ₩50,000으로 인식한다.
③ 상업적 실질이 결여된 경우 새로운 기계장치의 취득원가는 ₩150,000으로 인식한다.
④ 상업적 실질이 결여된 경우 제공한 기계장치의 처분손익은 인식하지 않는다.

---

08 ① • 구축물의 취득원가: 5,000,000 + 1,000,000 × 0.7513 = ₩5,751,300

　　　• 2017년 감가상각비: $5,751,300 \times \frac{1}{3}$ = ₩1,917,100

09 ② 〈상업적 실질이 있는 경우〉

(차) 감 가 상 각 누 계 액	300,000	(대) 기 계 장 치 (구)	500,000
현　　　　　　금	50,000	유 형 자 산 처 분 이 익	100,000
기 계 장 치 (신)	250,000		

〈상업적 실질이 결여된 경우〉

(차) 감 가 상 각 누 계 액	300,000	(대) 기 계 장 치 (구)	500,000
현　　　　　　금	50,000		
기 계 장 치 (신)	150,000		

10 2014년 1월 1일 ㈜한국은 당사의 기계장치 X를 ㈜민국의 기계장치 Y와 교환하고, ㈜한국은 ㈜민국으로부터 현금 ₩100,000을 수령하였다. 각 회사의 기계장치의 장부가액과 공정가치에 대한 정보는 다음과 같다.

구분	기계장치 X	기계장치 Y
장부가액	₩400,000	₩300,000
공정가치	700,000	600,000

기계장치 X와 기계장치 Y의 교환거래가 상업적 실질이 있는 경우와 상업적 실질이 없는 경우 각각에 대하여 ㈜한국이 교환으로 취득한 기계장치 Y의 취득원가를 계산하면? 2015년 국가직 9급

	상업적 실질이 있는 경우	상업적 실질이 없는 경우
①	₩300,000	₩600,000
②	500,000	200,000
③	600,000	300,000
④	700,000	400,000

11 ㈜대한은 2016년 7월 1일 기계장치를 ㈜민국의 기계장치와 교환하면서 현금 ₩500,000을 추가로 지급하였다. 교환시점에서 두 기계장치의 공정가치는 명확하였으며, 기계장치에 대한 장부금액과 공정가치는 다음과 같다. ㈜대한이 교환시점에서 인식할 기계장치의 취득원가는? (단, 이 교환거래는 상업적 실질이 있다) 2016년 국가직 7급

구분	대한	㈜민국
장부금액	₩2,000,000	₩5,000,000
공정가치	₩2,700,000	₩3,100,000

① ₩2,500,000   ② ₩3,100,000
③ ₩3,200,000   ④ ₩3,600,000

---

10 ③ • 상업적 실질이 있는 경우: 700,000(X의 공정가치) − 100,000 = ₩600,000
    • 상업적 실질이 없는 경우: 400,000(X의 장부가액) − 100,000 = ₩300,000

11 ③ 2,700,000 + 500,000 = ₩3,200,000

12 ㈜대한은 20X1년 1월 1일 컴퓨터 A를 취득하였다(취득원가 ₩2,100,000, 잔존가치 ₩100,000, 내용연수 5년, 정액법 상각). 20X3년 1월 1일 ㈜대한은 사용하고 있는 컴퓨터 A를 ㈜민국의 신형 컴퓨터 B와 교환하면서 현금 ₩1,500,000을 추가로 지급하였다. 교환 당시 컴퓨터 A의 공정가치는 ₩1,325,450이며, 이 교환은 상업적 실질이 있다. ㈜대한이 인식할 유형자산처분손익은? 2018년 지방직 9급

① 처분손실 ₩25,450   ② 처분이익 ₩25,450   ③ 처분손실 ₩65,450   ④ 처분이익 ₩65,450

13 ㈜대한은 2012년 1월 1일에 사용 중인 승용차(취득원가 ₩60,000, 감가상각누계액 ₩20,000)를 공정가치가 ₩75,000인 운반용 트럭과 교환하고 현금 ₩30,000을 지급하였다. 이 거래가 상업적 실질이 있을 때, ㈜대한이 인식할 유형자산처분손익은? 2013년 국가직 7급

① ₩5,000 처분이익   ② ₩5,000 처분손실   ③ ₩10,000 처분이익   ④ ₩10,000 처분손실

3 정부보조금과 차입원가

14 ㈜한국은 20X1년 10월 1일 ₩100,000의 정부보조금을 받아 ₩1,000,000의 설비자산을 취득(내용연수 5년, 잔존가치 ₩0, 정액법 상각)하였다. 정부보조금은 설비자산을 6개월 이상 사용한다면 정부에 상환할 의무가 없다. 20X3년 4월 1일 동 자산을 ₩620,000에 처분한다면 이때 처분손익은? (단, 원가모형을 적용하며 손상차손은 없는 것으로 가정한다) 2018년 국가직 9급

① 처분손실 ₩10,000   ② 처분이익 ₩10,000   ③ 처분손실 ₩80,000   ④ 처분이익 ₩80,000

---

12 ② • 20X3년 초 장부금액: $2,100,000 - 2,000,000 \times \frac{2}{5} = ₩1,300,000$

　　• 처분손익: $1,325,450 - 1,300,000 = ₩25,450$(이익)

13 ① • 유형자산처분손익은 승용차의 공정가치와 장부금액의 차액이다.

　　• ₩75,000에 해당하는 트럭을 현금 ₩30,000과 승용차를 주고 교환하였으므로 승용차의 공정가치가 ₩45,000임을 알 수 있다.

　　• 공정가치(45,000) − 장부금액(40,000) = ₩5,000(처분이익)

14 ① • 20X3년 4월 1일 순장부금액: $900,000 - 900,000 \times \frac{1}{5} \times 1.5년 = ₩630,000$

　　• 처분손익: $620,000 - 630,000 = (-)₩10,000$(손실)

15 ㈜한국은 2011년 7월 1일에 기계설비(내용연수 5년, 잔존가치 ₩2,000)를 ₩20,000에 취득하면서, '산업시설 및 기계 등의 설치 및 구입'으로 사용목적이 제한된 상환의무가 없는 정부보조금 ₩7,000을 받았다. 2013년 12월 31일 당해 기계설비의 장부금액(순액)은? (단, ㈜한국은 당해 기계설비에 대하여 정액법을 사용하여 월할 기준으로 감가상각하며, 정부보조금은 관련된 유형자산의 차감계정으로 표시하는 회계정책을 적용하고 있다) 2014년 국가직 7급

① ₩7,500　　　　② ₩8,600　　　　③ ₩11,000　　　　④ ₩13,000

16 ㈜서울은 20X1년 7월 1일 기계장치를 ₩120,000에 취득(내용연수 4년, 잔존가치 ₩20,000, 연수합계법 상각)하면서 정부로부터 자산관련보조금 ₩40,000을 수령하였다. ㈜서울이 수령한 보조금을 기계장치의 장부금액에서 차감하는 방법으로 표시한다면 20X1년 말 재무상태표에 표시될 기계장치의 장부금액은? (단, 기계장치는 원가법을 적용하고, 손상차손은 없으며, 감가상각비는 월할 계산한다) 2018년 서울시 7급

① ₩68,000　　　　　　　② ₩88,000
③ ₩92,000　　　　　　　④ ₩100,000

---

15 ①

	2011.7.1	2013.12.31
기계설비	20,000	
정부보조금	(7,000)	

(5년, 잔존가치: 2,000, 정액법) → $13,000 - 11,000 \times \frac{1}{5} \times 2.5년 = 7,500$

16 ①　• 순장부금액 80,000(120,000 − 40,000)을 내용연수 4년, 잔존가치 ₩20,000, 연수합계법 상각

　　• 순장부금액: $80,000 - 60,000 \times \frac{4}{10} \times \frac{6}{12} = ₩68,000$

17 ㈜번영은 본사건물로 사용하기 위해 건물 A의 소유주와 2010년 초 매매계약 체결과 함께 계약금 ₩200,000 을 지급하고, 2010년 말 취득완료하였다. ㈜번영은 기업회계기준에 따라 자산취득 관련 금융비용을 자본 화한다. 다음 자료를 이용하여 건물 A의 취득원가를 구하면?

2010년 지방직 9급

• 건물주에게 지급한 총매입대금	₩1,000,000
• 취득 및 등록세	100,000
• 건물 A의 당기분 재산세	50,000
• ㈜번영의 건물 A 취득관련 평균지출액	500,000
• ㈜번영의 총차입금	1,000,000
• ㈜번영의 건물 A 취득관련 특정차입금	200,000
(2010년 초 차입, 이자율 15%, 2012년 일시상환조건)	
• ㈜번영의 일반차입금 자본화이자율	10%
• ㈜번영의 2010년에 발생한 일반차입금 이자비용	50,000

① ₩1,110,000　　　　　　　　② ₩1,130,000

③ ₩1,150,000　　　　　　　　④ ₩1,160,000

---

17 ④ • 계약금은 총매입대금에 포함되어 있으므로 별도로 반영하지 않고, 재산세는 취득원가에 포함하지 않는다.

① 연평균지출액 계산	② 특정차입금 이자비용 계산
₩500,000	$₩200,000 \times \dfrac{12}{12} \times 15\% = ₩30,000$
	③ 일반차입금 이자비용 계산
	$(₩500,000 - ₩200,000) \times 10\% = ₩30,000^{*1}$

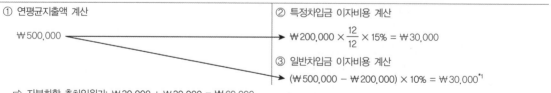

⇨ 자본화할 총차입원가: ₩30,000 + ₩30,000 = ₩60,000

(*1) 한도(실제 발생한 차입원가) ₩50,000을 넘지 않으므로 전액 자본화한다.

• 건물 취득원가 = 1,000,000(매입가) + 100,000(취등록세) + 60,000(차입원가) = ₩1,160,000

18 ㈜대한은 20X1년 1월 1일에 자가사용 목적으로 공장을 착공하여 20X2년 9월 30일 완공하였다. 공사 관련 지출과 차입금에 대한 자료는 다음과 같다. ㈜대한이 20X1년에 자본화할 차입원가는? (단, 차입금의 일시적 운용수익은 없으며, 기간은 월할 계산한다)

2018년 국가직 7급

〈공사 관련 지출〉

일자	금액
20X1. 1. 1.	₩3,000
20X1. 10. 1.	₩2,000

〈차입금 내역〉

구분	금액	이자율(연)	기간
특정차입금	₩1,000	4%	20X0. 12. 1. ~ 20X3. 12. 31.
일반차입금A	₩1,000	5%	20X1. 1. 1. ~ 20X2. 11. 30.
일반차입금B	₩2,000	8%	20X0. 7. 1. ~ 20X3. 6. 30.

① ₩40
② ₩175
③ ₩215
④ ₩280

---

18 ③ 1. 연평균지출액: $3,000 + 2,000 \times \dfrac{3}{12} = ₩3,500$

  2. 특정차입금 지출액: ₩1,000

  3. 일반차입금 지출액: $3,500 - 1,000 = ₩2,500^*$
    * 한도(실제 연평균 일반차입금): 1,000(A) + 2,000(B) = 3,000 → 한도를 초과하지 않음

  4. 일반차입금 이자율: $5\% \times \dfrac{1}{3} + 8\% \times \dfrac{2}{3} = 7\%$

  5. 자본화할 차입원가: $1,000 \times 4\% + 2,500 \times 7\% = ₩215$

19 ㈜한국은 20X1년 7월 1일부터 공장건물 신축공사를 시작하여 20X2년 4월 30일에 완공하였다. ㈜한국이 공장건물의 차입원가를 자본화하는 경우 20X1년도 포괄손익계산서상 당기손익으로 인식할 이자비용은? (단, 이자비용은 월할 계산한다)

[공사대금 지출]

20X1. 7. 1.	/	20X1. 10. 1.
₩50,000		₩40,000

[차입금 현황]

구분	금액	차입일	상환(예정)일	연이자율
특정차입금	₩50,000	20X1. 7. 1.	20X2. 4. 30.	8%
일반차입금	₩25,000	20X1. 1. 1.	20X2. 6. 30.	10%

① ₩1,000

② ₩1,500

③ ₩2,000

④ ₩2,500

---

19 ② • 연평균지출액: $50,000 \times \dfrac{6}{12} + 40,000 \times \dfrac{3}{12} = ₩35,000$

• 특정차입금 사용액: $50,000 \times \dfrac{6}{12} = ₩25,000$

• 일반차입금 사용액: $35,000 - 25,000 = ₩10,000$

• 당기 일반차입금 ₩25,000 중 ₩10,000은 유형자산 취득에 사용한 부분이므로, 나머지 ₩15,000에 대한 이자만 당기비용으로 인식한다.

• 당기비용으로 인식할 이자비용: $15,000 \times 10\% = ₩1,500$

294 해커스공무원 학원·인강 gosi.Hackers.com

4 감가상각(1)

⊘ SOLUTION

감가상각(1)은 감가상각요소가 내용연수 동안 바뀌지 않는 문제 유형이다. 따라서 아래의 식을 이용해 문제를 해결한다. 여기서 정률법 과 이중체감법은 기초장부금액을 기준으로 하므로 **잔존가치를 고려해서는 안 된다**는 점에 유의하자.

✚ 감가상각방법의 분류

계산식	감가상각방법
감가상각대상금액 × 상각률	정액법, 연수합계법
기초장부금액 × 상각률	정률법, 이중체감법

20 유형자산의 감가상각에 대한 설명 중 옳지 않은 것은?   2017년 국가직 9급(4월 시행)

① 유형자산의 기말 공정가치 변동을 반영하기 위해 감가상각한다.
② 감가상각방법은 자산의 미래경제적효익이 소비될 것으로 예상되는 형태를 반영한다.
③ 각 기간의 감가상각액은 다른 자산의 장부금액에 포함되는 경우가 아니라면 당기손익으로 인식한다.
④ 잔존가치, 내용연수, 감가상각방법은 적어도 매 회계연도 말에 재검토한다.

21 자산의 회계처리에 대한 내용으로 옳지 않은 것은?   2017년 국가직 7급

① 1년 이내에 소멸되는 소모품은 유동자산이다.
② 자동차 회사가 제조한 자동차를 운송하기 위하여 보유하는 차량은 유형자산이고 감가상각을 한다.
③ 커피숍에서 판매를 위해 전시한 커피잔은 재고자산이다.
④ 자체 사용목적으로 건설 중인 건물은 비유동자산이고 감가상각을 한다.

---

20 ① 감가상각은 유형자산을 재평가하는 과정이 아니므로 공정가치 변동과는 무관하다.

21 ④ 건설 중인 자산은 감가상각을 하지 않는다.

22 자산의 감가상각 및 상각에 대한 설명으로 옳지 않은 것은?
2019년 관세직 9급

① 유형자산을 구성하는 일부의 원가가 당해 유형자산의 전체원가에 비교하여 유의적이라면, 해당 유형자산을 감가 상각할 때 그 부분은 별도로 구분하여 감가상각한다.

② 내용연수가 유한한 무형자산의 상각기간과 상각방법은 적어도 매 회계연도 말에 검토한다.

③ 내용연수가 비한정적인 무형자산에 대해 상각비를 인식하지 않는다.

④ 정액법을 적용하여 상각하던 기계장치가 유휴상태가 되면 감가상각비를 인식하지 않는다.

23 ㈜한국은 2015년 7월 1일 토지와 건물을 ₩2,000,000에 일괄취득하였으며, 취득 당시 토지의 공정가치는 ₩1,000,000, 건물의 공정가치는 ₩1,500,000이었다. 건물의 경우 원가모형을 적용하며, 연수합계법(내용연수 3년, 잔존가치 ₩0)으로 상각한다. 건물에 대해 2016년에 인식할 감가상각비는? (단, 감가상각비는 월할상각한다)
2017년 국가직 9급(4월 시행)

① ₩750,000

② ₩625,000

③ ₩600,000

④ ₩500,000

24 ㈜한국은 2015년 4월 1일 기계장치를 ₩80,000에 취득하였다. 이 기계장치는 내용연수가 5년이고 잔존가치가 ₩5,000이며, 연수합계법에 의해 월할로 감가상각한다. ㈜한국이 이 기계장치를 2016년 10월 1일 ₩43,000에 처분한 경우 기계장치 처분손익은? (단, ㈜한국은 원가모형을 적용한다)
2016년 국가직 9급

① 처분손실 ₩2,000

② 처분이익 ₩2,000

③ 처분손실 ₩3,000

④ 처분이익 ₩3,000

---

22 ④ 감가상각은 자산이 매각예정자산으로 분류되는(또는 매각예정으로 분류되는 처분자산집단에 포함되는) 날과 자산이 제거되는 날 중 이른 날에 중지한다. 따라서 유형자산이 운휴 중이거나 적극적인 사용상태가 아니어도, 감가상각이 완전히 이루어지기 전까지는 감가상각을 중단하지 않는다.

23 ④ • 건물의 취득원가: $2,000,000 \times \dfrac{15}{25} = ₩1,200,000$

• 2016년 감가상각비: $1,200,000 \times (\dfrac{3}{6} \times \dfrac{6}{12} + \dfrac{2}{6} \times \dfrac{6}{12}) = ₩500,000$

24 ① • 2016년 10월 1일 장부금액: $80,000 - 75,000 \times (\dfrac{5}{15} + \dfrac{4}{15} \times \dfrac{6}{12}) = ₩45,000$

• 처분손익: $43,000 - 45,000 = (-)₩2,000(손실)$

25 12월 결산법인 ㈜서울은 2015년 10월 1일에 건물과 기계를 ₩90,000에 일괄 구입하였다. 구입 당시 건물과 기계의 공정가치는 각각 ₩80,000과 ₩20,000이다. 기계의 내용연수는 10년, 잔존가치는 ₩1,000이다. 2015년 기계의 감가상각비는 얼마인가? (단, 기계에 대해 원가모형을 적용하고, 정액법으로 감가상각하며, 기중 취득한 자산은 월할 계산한다)

2016년 서울시 9급

① ₩425
② ₩450
③ ₩472
④ ₩500

26 ㈜한국은 20X1년 10월 1일에 기계장치를 ₩1,200,000(내용연수 4년, 잔존가치 ₩200,000)에 취득하고 연수합계법을 적용하여 감가상각하고 있다. 20X2년 말 포괄손익계산서와 재무상태표에 보고할 감가상각비와 감가상각누계액은? (단, 감가상각비는 월할 계산한다)

2018년 국가직 9급

① 감가상각비 ₩375,000	감가상각누계액 ₩475,000
② 감가상각비 ₩375,000	감가상각누계액 ₩570,000
③ 감가상각비 ₩450,000	감가상각누계액 ₩475,000
④ 감가상각비 ₩450,000	감가상각누계액 ₩570,000

---

25 ① • 기계의 취득원가: $90,000 \times \dfrac{2}{10} = ₩18,000$

• 2015년 기계의 감가상각비: $(18,000 - 1,000) \times \dfrac{1}{10} \times \dfrac{3}{12} = ₩425$

26 ① • 20X2년 감가상각비: $1,000,000 \times \left(\dfrac{4}{10} \times \dfrac{9}{12} + \dfrac{3}{10} \times \dfrac{3}{12}\right) = ₩375,000$

• 20X2년 말 감가상각누계액: $1,000,000 \times \left(\dfrac{4}{10} + \dfrac{3}{10} \times \dfrac{3}{12}\right) = ₩475,000$

27 ㈜한국은 2016년 5월 1일 기계장치를 ₩4,000,000에 취득하였다. 추정잔존가치는 취득원가의 10%, 내용연수는 3년, 감가상각방법은 연수합계법이며 감가상각비는 월할로 계산한다. ㈜한국이 이 기계장치를 2017년 8월 31일 ₩2,000,000에 처분할 경우 처분 시점의 감가상각누계액과 처분손익은? (단, 원가모형을 적용하며 손상차손은 없다고 가정한다)

2018년 관세직 9급

① 감가상각누계액 ₩1,000,000, 처분손실 ₩1,000,000
② 감가상각누계액 ₩1,800,000, 처분손실 ₩200,000
③ 감가상각누계액 ₩2,200,000, 처분이익 ₩200,000
④ 감가상각누계액 ₩2,600,000, 처분이익 ₩600,000

28 다음은 ㈜한국의 기계장치 장부금액 자료이다.

구분	2014년 기말	2015년 기말
기계장치	₩11,000,000	₩12,500,000
감가상각누계액	(₩4,000,000)	(₩4,500,000)

㈜한국은 2015년 초에 장부금액 ₩1,500,000(취득원가 ₩2,500,000, 감가상각누계액 ₩1,000,000)인 기계장치를 ₩400,000에 처분하였다. 2015년에 취득한 기계장치의 취득원가와 2015년에 인식한 감가상각비는? (단, 기계장치에 대해 원가모형을 적용한다)

2016년 지방직 9급

	취득원가	감가상각비		취득원가	감가상각비
①	₩3,000,000	₩500,000	②	₩3,000,000	₩1,500,000
③	₩4,000,000	₩1,500,000	④	₩4,000,000	₩2,000,000

---

27 ③ • 2017년 8월 31일 감가상각누계액: $3,600,000 \times (\frac{3}{6} + \frac{2}{6} \times \frac{4}{12}) = ₩2,200,000$

• 처분손익: $2,000,000 - (4,000,000 - 2,200,000) = ₩200,000(이익)$

28 ③ • 기계장치 취득원가: 기초(11,000,000) + 취득(X) − 처분(2,500,000) = 기말(12,500,000)
취득(X) = ₩4,000,000

• 감가상각누계액: 기초(4,000,000) + 감가상각비(X) − 처분(1,000,000) = 기말(4,500,000)
감가상각비(X) = ₩1,500,000

29 ㈜서울은 20X1년 초에 기계장치에 대한 수선비 ₩30,000을 기계장치에 대한 자본적지출로 처리하면서, 잔존내용연수 5년, 잔존가액 ₩0, 정액법으로 감가상각하는 오류를 범하였다. 또한 20X1년 초에 취득한 비품 ₩20,000을 자산으로 인식하지 않고 당기소모품비로 처리했는데, 동 비품은 잔존내용연수 4년, 잔존가액 ₩0, 정액법으로 감가상각했어야 옳았다. 다음 중 두 오류의 수정이 20X2년 순이익에 미치는 영향으로 옳은 것은? (단, 이러한 오류는 중대하며 20X2년도 장부는 마감되지 않은 상태이다) 2017년 서울시 9급

① ₩1,000 증가   ② ₩1,000 감소
③ ₩11,000 증가   ④ ₩11,000 감소

---

5 감가상각(2)

> **⊘ SOLUTION**
>
> 감가상각(2)는 감가상각요소가 내용연수 중에 바뀌는 문제 유형이다. 그림을 그려서 접근하는 것이 실수를 줄일 수 있으므로 풀이와 같이 그림을 이용하자.

---

30 다음은 ㈜한국의 기계장치와 관련된 자료이다. 2013년도 감가상각비는? 2013년 지방직 9급

> ㈜한국은 2011년 1월 1일에 기계장치를 ₩100,000(내용연수 4년, 잔존가액 ₩20,000)에 취득하여 정액법으로 상각하였다. 2013년 1월 1일에 이 기계에 부속장치를 설치하기 위하여 ₩40,000을 추가 지출하였으며, 이로 인하여 기계의 잔존내용연수가 2년 증가하였고 2013년도부터 연수합계법을 적용하기로 하였다(단, 감가상각방법 변경은 전진법으로 회계처리한다).

① ₩20,000   ② ₩24,000
③ ₩28,000   ④ ₩32,000

---

29 ① • 회사가 인식한 20X2년 비용: ₩6,000(기계장치 감가상각)
     • 정확한 20X2년 비용: ₩5,000(비품 감가상각)
     • 당기 비용을 1,000만큼 감소시켜야 하므로 이익은 ₩1,000만큼 증가한다.

30 ④   11년 초   (4년, 20,000, 정액법)   (4년, 20,000, 연수)
      (100,000) ——————————— (100,000)
                    13년 초
                    (60,000) ⇐ $100,000 - 80,000 \times \frac{2}{4}$

     2013년 감가상각비: $(100,000 - 20,000) \times \frac{4}{10} = ₩32,000$

31 ㈜한국은 2007년 초에 비품을 ₩3,200,000에 구입하였으며, 동 비품의 감가상각 관련 자료는 다음과 같다. 회계변경이 ㈜한국의 재무제표에 미치는 영향으로 옳은 것은?

2012년 국가직 7급

> • 내용연수: 4년
> • 잔존가치: ₩200,000
> • 감가상각방법: 정액법
> • 해당비품을 2년간 사용한 후 2009년 초에 다음과 같이 회계변경하였다.
> • 잔존내용연수: 3년
> • 잔존가치: ₩50,000
> • 감가상각방법: 연수합계법

① 2009년도 재무제표에서 전기이월이익잉여금은 ₩300,000이 감소한다.
② 2010년도 감가상각비는 ₩850,000이다.
③ 2009년도 감가상각비는 ₩550,000이다.
④ 2009년도 감가상각비는 ₩825,000이다.

---

31 ④

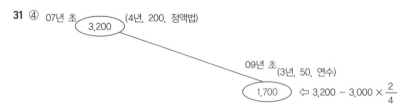

• 2009년 감가상각비: $(1,700,000 - 50,000) \times \dfrac{3}{6} = $ ₩825,000

• 2010년 감가상각비: $(1,700,000 - 50,000) \times \dfrac{2}{6} = $ ₩550,000

• ① 감가상각방법의 변경은 회계정책의 변경이 아니므로 전기이월이익잉여금을 수정하지 않는다.

32 ㈜구봉은 20X1년 1월 1일에 생산용 기계 1대를 ₩100,000에 구입하였다. 이 기계의 내용연수는 4년, 잔존가액은 ₩20,000으로 추정되었으며 정액법에 의해 감가상각하고 있었다. ㈜구봉은 20X3년도 초에 동 기계의 성능을 현저히 개선하여 사용할 수 있게 하는 대규모의 수선을 시행하여 ₩16,000을 지출하였다. 동 수선으로 내용연수는 2년이 연장되었으나 잔존가치는 변동이 없을 것으로 추정된다. 이 기계와 관련하여 20X3년도에 인식될 감가상각비는?

2018년 지방직 9급

① ₩28,000 ② ₩24,000

③ ₩20,000 ④ ₩14,000

33 ㈜한국은 2010년 1월 1일 건물을 ₩1,000,000에 구입하여 2015년 12월 31일까지 정액법(내용연수는 10년, 잔존가치 ₩100,000)으로 감가상각하였다. 2016년 1월 1일 동 건물에 대해 감가상각 방법을 정액법에서 연수합계법으로 변경하였으며, 잔존가치는 ₩40,000으로 재추정하였고 향후 5년을 더 사용할 수 있을 것으로 예상하였다. 2016년 말에 인식해야 할 동 건물의 감가상각비는? (단, 유형자산에 대해 원가모형을 적용한다)

2016년 국가직 7급

① ₩84,000 ② ₩90,000

③ ₩96,000 ④ ₩140,000

---

32 ④ • 20X3년 초 장부금액: $100,000 - 80,000 \times \frac{2}{4} = ₩60,000$

• 20X3년 감가상각비: $(76,000 - 20,000) \times \frac{1}{4} = ₩14,000$

33 ④ • 2015년 말 장부금액: $1,000,000 - 900,000 \times \frac{6}{10} = ₩460,000$

• 2016년 감가상각비: $(460,000 - 40,000) \times \frac{5}{15} = ₩140,000$

34 ㈜한국은 20X1년 1월 1일 기계장치를 ₩1,550에 취득하고 연수합계법(잔존가치 ₩50, 내용연수 5년)으로 감가상각하였다. 20X3년 1월 1일 현재 동 기계장치의 감가상각방법을 정액법으로 변경하고, 잔존내용연수를 20X7년 말까지인 5년으로 변경하였다. 잔존가치의 변동이 없다고 할 경우 ㈜한국이 20X3년 포괄손익계산서에 인식할 감가상각비와 재무상태표에 인식할 감가상각누계액은?

2017년 지방직 9급(12월 추가)

	감가상각비	감가상각누계액
①	₩100	₩900
②	₩120	₩1,020
③	₩100	₩1,100
④	₩120	₩1,120

35 ㈜한국은 20X1년 1월 1일 기계장치를 ₩100,000에 취득하여 원가모형(잔존가치 ₩10,000, 내용연수 6년, 정액법 월할 상각)으로 평가하고 있다. 20X2년 1월 1일 ㈜한국은 기계장치의 생산능력증대를 위해 ₩5,000을 지출하였고, 이러한 지출로 인해 기계장치의 잔존내용연수와 잔존가치 변동은 없다. ㈜한국이 20X3년 4월 1일 기계장치를 ₩65,000에 처분하였다면, 동 기계장치와 관련하여 인식할 기계장치처분손익은?

2017년 지방직 9급(12월 추가)

① 기계장치처분이익 ₩1,250
② 기계장치처분손실 ₩1,250
③ 기계장치처분손실 ₩5,000
④ 기계장치처분손실 ₩9,000

---

34 ② • X3년 초 장부금액: $1,550 - 1,500 \times \dfrac{(5+4)}{15} = ₩650$

• X3년 감가상각비: $600 \times \dfrac{1}{5} = ₩120$

• X3년 말 감가상각누계액: $1,500 \times \dfrac{(5+4)}{15} + 120 = ₩1,020$

35 ③ • X2년 초 장부금액: $100,000 - 90,000 \times \dfrac{1}{6} = ₩85,000$

• X3년 4월 초 장부금액: $90,000 - 80,000 \times (\dfrac{1}{5} + \dfrac{1}{5} \times \dfrac{3}{12}) = ₩70,000$

• 처분손익: $65,000 - 70,000 = (-)₩5,000(손실)$

302 해커스공무원 학원·인강 gosi.Hackers.com

6 손상회계

36 ㈜한국은 2015년 초에 취득원가 ₩850,000의 기계장치를 구입하고, 원가모형을 적용하였다. 내용연수는 4년(잔존가액 ₩50,000)이며, 감가상각은 정액법에 의한다. 2016년 말에 처음으로 손상징후가 있었으며, 기계장치의 순공정가치와 사용가치는 각각 ₩300,000과 ₩350,000이었다. 2016년 말에 인식해야 할 손상차손은?

2016년 지방직 9급

① ₩0
② ₩50,000
③ ₩100,000
④ ₩150,000

37 ㈜한국은 2015년 1월 1일에 기계장치를 ₩200,000에 취득하고 원가모형을 적용하였다(내용연수 5년, 잔존가치 ₩0, 정액법 상각). 2015년 말 기계장치의 순공정가치와 사용가치는 각각 ₩120,000, ₩100,000이었다. 2016년 7월 1일에 ₩90,000의 현금을 받고 처분하였다. ㈜한국이 인식할 유형자산처분손익은? (단, 감가상각비는 월할 상각한다)

2017년 국가직 9급(4월 시행)

① 처분이익 ₩50,000
② 처분이익 ₩30,000
③ 처분손실 ₩15,000
④ 처분손실 ₩12,000

---

36 ③ • 2016년 말 장부금액: $850,000 - 800,000 \times \frac{2}{4} = ₩450,000$

• 2016년 말 손상차손: 450,000 − 350,000(회수가능액) = ₩100,000

37 ③ • 2015년 말 장부금액: 120,000(순공정가치와 사용가치 중 큰 금액인 120,000이 회수가능액이므로, 동금액으로 장부금액을 감액함)

• 2016년 7월 1일 장부금액: $120,000 - 120,000 \times \frac{1}{4} \times \frac{6}{12} = ₩105,000$

• 처분손익: 90,000 − 105,000 = (−)₩15,000(손실)

38 다음은 20X1년 12월 31일 현재 기계(취득 20X1년 1월 1일, 내용연수 10년, 잔존가치 없음, 정액법 상각) 관련 부분재무상태표이다. 20X2년 12월 31일의 기계의 회수가능액이 ₩420억인 경우에 다음 중 옳지 않은 것은? (단, 언급된 기계는 원가모형을 적용하여 회계처리한다고 가정한다)

2015년 서울시 9급

기계	₩500억
감가상각누계액	(₩50억)
손상차손누계액	(₩90억)
	₩360억

① 20X2년 말의 기계 장부금액은 ₩420억이다.
② 20X2년의 감가상각비는 ₩40억이다.
③ 20X2년 말 현재 손상차손을 인식하지 않았다고 가정했을 경우, 기계의 장부금액은 ₩400억이다.
④ 20X2년에는 손상차손 환입으로 ₩80억을 계상해야 한다.

---

38 ①
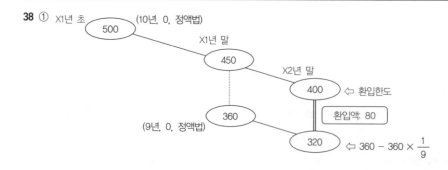

39 ㈜대한은 20X1년 1월 1일 기계를 ₩1,500,000(잔존가치 ₩0, 내용연수 5년)에 구입하여 연수합계법으로 감가상각하기로 하였다. ㈜대한은 20X1년 12월 31일 해당기계의 손상징후가 있어 손상검사를 실시한 결과, 순공정가치는 ₩600,000, 사용가치는 ₩500,000으로 추정되었다. 한편, 20X2년 12월 31일 회수가능액은 ₩700,000으로 회복되었다. ㈜대한은 원가모형을 적용하고 있다. 20X2년 12월 31일 결산일 현재 인식해야 할 기계와 관련한 손상차손환입은 얼마인가?　　　2012년 서울시 9급

① ₩200,000　　　　　　　　　　② ₩240,000

③ ₩300,000　　　　　　　　　　④ ₩340,000

⑤ ₩400,000

40 ㈜한국은 2014년 초에 기계장치(잔존가치 ₩0, 내용연수 5년, 정액법 상각)를 ₩5,000에 취득하고, 원가모형을 사용하여 측정하고 있다. 2014년 말에 손상징후가 있어 손상검사를 실시한 결과, 기계장치의 순공정가치는 ₩2,500, 사용가치는 ₩2,800으로 판명되었다. 이후 2015년 말에 손상이 회복되어 기계장치의 회수가능액이 ₩4,000이 된 경우 기계장치의 장부금액은?　　　2015년 지방직 9급

① ₩2,100　　　　　　　　　　② ₩3,000

③ ₩3,300　　　　　　　　　　④ ₩4,000

---

39 ②

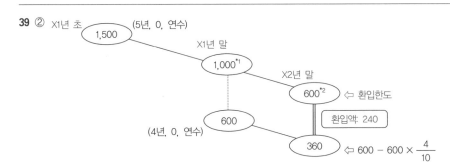

(*1) $1,500 - 1,500 \times \dfrac{5}{15} = 1,000$

(*2) $1,000 - 1,500 \times \dfrac{4}{15} = 600$

40 ②
- 2015년 말 장부금액: $2,800 - 2,800 \times \dfrac{1}{4} = ₩2,100$

- 2015년 말 손상차손환입 한도액: $5,000 - 5,000 \times \dfrac{2}{5} = ₩3,000$

- ₩3,000까지 손상차손을 환입하므로 2015년 말 장부금액은 ₩3,000이 된다.

41 원가모형을 적용하는 ㈜서울은 20X1년 1월 1일에 건물을 ₩10,000,000에 취득(정액법 상각, 내용연수 10년, 잔존 가치 없음)하여 사용하고 있다. 20X4년 12월 31일 동 건물에 손상이 발생하였으며, 이때 건물의 순공정가치와 사용가치는 각각 ₩3,000,000과 ₩3,600,000이었다. 반면 20X5년 12월 31일에는 동 건물의 순공정가치와 사용가치가 각각 ₩4,800,000과 ₩5,500,000으로 회복되어 손상차손환입이 발생하였다. ㈜서울이 20X5년도에 인식할 손상차손환입액은? 　2018년 서울시 7급

① ₩1,800,000　　　　　　　　② ₩2,000,000

③ ₩2,300,000　　　　　　　　④ ₩2,500,000

42 ㈜한국은 20X1년 초 기계를 ₩480,000(내용연수 5년, 잔존가치 ₩0, 정액법 상각)에 구입하고 원가모형을 채택하였다. 20X2년 말 그 기계에 손상징후가 있었으며, 이때 기계의 순공정가치는 ₩180,000, 사용가치는 ₩186,000으로 추정되었다. 20X3년 말 회수가능액이 ₩195,000으로 회복되었다면 옳지 않은 것은? 　2018년 국가직 9급

① 20X2년 말 손상차손 인식 전 장부금액은 ₩288,000이다.

② 20X2년 말 손상차손으로 인식할 금액은 ₩102,000이다.

③ 20X3년 말 감가상각비로 인식할 금액은 ₩62,000이다.

④ 20X3년 말 손상차손환입액으로 인식할 금액은 ₩71,000이다.

---

41 ② • 상각후원가 계산: 20X4년 말 ₩6,000,000, 20X5년 말 ₩5,000,000

• 20X4년 말 손상이 발생하였으므로 장부금액을 ₩3,600,000으로 인식

• 20X5년 말 손상환입 전 장부금액: $3,600,000 \times \dfrac{5}{6} = ₩3,000,000$

• 20X5년 말 손상차손 환입액: 5,000,000(상각후원가) − 3,000,000 = ₩2,000,000

42 ④ • 20X2년 말 상각후원가: $480,000 - 480,000 \times \dfrac{2}{5} = ₩288,000$

• 20X2년 말 손상차손: 288,000 − 186,000 = ₩102,000

• 20X3년 말 상각후원가: $480,000 - 480,000 \times \dfrac{3}{5} = ₩192,000$

• 20X3년 감가상각비: $186,000 \times \dfrac{1}{3} = ₩62,000$

• 20X3년 손상차손환입: 192,000 − (186,000 − 62,000) = ₩68,000

7 재평가모형

43 ㈜한국은 2014년 초 취득원가 ₩50,000의 토지를 매입하였으며, 재평가모형을 적용하고 있다. 해당 토지의 2014년 말 공정가치는 ₩45,000으로 추정되어 ₩5,000의 당기손실을 인식하였다. 2015년 말 토지의 공정가치는 ₩52,000으로 추정된다. ㈜한국의 2015년 말 토지에 대한 회계처리로 옳은 것은?

2015년 국가직 7급

① (차) 토　　지　　7,000　　(대) 재 평 가 이 익　　5,000
　　　　　　　　　　　　　　　　　재평가잉여금　　2,000
② (차) 토　　지　　7,000　　(대) 재 평 가 이 익　　7,000
③ (차) 토　　지　　7,000　　(대) 재 평 가 이 익　　2,000
　　　　　　　　　　　　　　　　　재평가잉여금　　5,000
④ (차) 토　　지　　7,000　　(대) 재평가잉여금　　7,000

44 ㈜대한은 2011년 초에 토지를 ₩10,000에 구입하였다. ㈜대한은 이 토지에 대해 재평가모형을 적용하고 있으며, 2011년 말에 ₩14,000, 2012년 말에 ₩8,000으로 각각 재평가되었다. 2012년 말에 시행한 토지의 재평가가 2012년도 당기순이익에 미치는 영향은?

2013년 국가직 7급

① 영향 없음
② ₩2,000 감소
③ ₩4,000 감소
④ ₩6,000 감소

---

43 ① 전기에 인식한 재평가손실 ₩5,000만큼은 재평가이익(당기손익)으로 인식하고 초과하는 ₩2,000만큼은 재평가잉여금(기타포괄손익)으로 인식한다.

44 ②

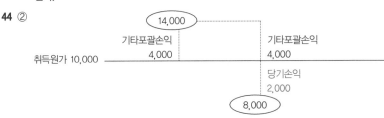

45 ㈜한국은 보유하고 있는 토지에 대하여 2009년부터 매년 말 재평가모형을 적용하여 평가하고 있다. 다음은 ㈜한국이 보유하고 있는 토지의 장부가액과 공정가치에 대한 자료이다. 2012년 말 현재 ㈜한국의 토지와 관련된 기타포괄손익누계액은?

2012년 관세직 9급

연도	장부가액	공정가치
2009	₩ 28,000	₩ 30,000
2010	30,000	27,000
2011	27,000	35,000
2012	35,000	31,000

① ₩ 2,000   ② ₩ 3,000

③ ₩ 4,000   ④ ₩ 5,000

46 ㈜서울은 토지를 취득한 후 재평가모형에 의하여 토지에 대한 회계처리를 한다. 토지의 취득원가와 각 회기 말 토지의 공정가치는 아래와 같다. 토지의 재평가와 관련하여 ㈜서울이 20X3년에 인식할 당기손실과 총포괄손실은? (단, 법인세 효과는 고려하지 않는다)

2018년 서울시 7급

구분	취득원가	20X1년 말 공정가치	20X2년 말 공정가치	20X3년 말 공정가치
토지	₩ 2,500	₩ 3,000	₩ 2,700	₩ 2,300

① 당기손실 ₩ 400 총포괄손실 ₩ 0

② 당기손실 ₩ 300 총포괄손실 ₩ 100

③ 당기손실 ₩ 300 총포괄손실 ₩ 400

④ 당기손실 ₩ 200 총포괄손실 ₩ 400

---

45 ② 2012년 말의 재평가잉여금 잔액: 31,000 − 28,000 = ₩ 3,000

46 ④ • 기타포괄손실: 2,700 − 2,500 = ₩ 200
   • 당기손실: 2,500 − 2,300 = ₩ 200
   • 총포괄손실: 200 + 200 = ₩ 400

47 토지에 대해 재평가모형을 적용하고 있는 ㈜서울은 20X1년 초 영업에 사용할 목적으로 토지를 ₩500,000 에 구입하였다. 20X1년 말 토지의 공정가치는 ₩600,000이었으며, 20X2년 말의 공정가치는 ₩550,000 이었다. 특히 20X2년 말에는 토지의 순공정가치와 사용가치가 각각 ₩450,000과 ₩430,000으로 토지 에 손상이 발생하였다고 판단하였다. 이 토지와 관련하여 ㈜서울이 20X2년도에 손상차손(당기손익)으로 인식할 금액은?

2018년 서울시 9급

① ₩50,000　　　　　② ₩100,000　　　　　③ ₩150,000　　　　　④ ₩200,000

48 ㈜한국은 기계장치를 2016년 1월 1일 ₩100,000에 취득하여 정액법(내용연수 3년, 잔존가치 ₩10,000) 으로 감가상각하였다. 2016년 말 기계장치의 공정가치가 ₩90,000인 경우 재평가모형 적용시 인식할 재 평가잉여금은?

2017년 지방직 9급(6월 시행)

① ₩10,000　　　　　② ₩20,000　　　　　③ ₩30,000　　　　　④ ₩40,000

49 ㈜한국은 2015년 1월 1일 기계장치를 ₩1,000,000에 취득하여 정액법(내용연수 5년, 잔존가치 ₩0)으로 감가상각하고 있다. 동 기계장치에 대하여 감가상각누계액을 전액 제거하는 방법으로 재평가모형을 적용 하고 있으며, 공정가치는 다음과 같다. 2016년 말 기계장치의 회수가능액이 ₩420,000인 경우, 2016년 말 포괄손익계산서에 인식할 당기비용은? (단, 2016년 말 기계장치에 대해 손상차손을 인식해야 할 객관 적인 증거가 있다)

2016년 국가직 7급

	2015년 말	2016년 말
공정가치	₩920,000	₩580,000

① ₩150,000　　　　　② ₩280,000　　　　　③ ₩330,000　　　　　④ ₩380,000

---

47 ① • 회수가능액(순공정가치와 사용가치 중 큰 금액): ₩450,000
　　　• 당기비용: 500,000 − 450,000 = ₩50,000

48 ② • 2016년 말 상각후원가: $100,000 - 90,000 \times \frac{1}{3} = ₩70,000$

　　　• 2016년 말 재평가잉여금: 90,000 − 70,000 = ₩20,000

49 ④ • 2015년 말 재평가잉여금: $920,000 - 1,000,000 \times \frac{4}{5} = ₩120,000$

　　　• 2016년 말 재평가 전 장부금액: $920,000 - 920,000 \times \frac{1}{4} = ₩690,000$

　　　• 2016년 말 재평가 및 손상: 690,000 − 420,000 = ₩270,000
　　　　(전기 말 재평가잉여금 ₩120,000을 상각하고, ₩150,000을 손상차손으로 인식)

　　　• 2016년 당기비용: $920,000 \times \frac{1}{4}$(감가상각비) + 150,000(손상차손) = ₩380,000

50 ㈜서울은 2017년 1월 1일에 무형자산인 특허권을 ₩5,000,000에 취득하여 사용하기 시작하였다. 특허권의 잔존가치는 없으며, 내용연수는 5년, 정액법을 사용하여 상각하기로 하였다. 또한 특허권에 대한 활성시장이 존재하여 ㈜서울은 매 회계연도 말에 공정가치로 재평가하기로 하였다. 단, 재평가잉여금의 일부를 이익잉여금으로 대체하는 회계처리는 하지 않기로 하였다. 각 연도별 공정가치는 아래와 같을 때, 이 특허권과 관련하여 ㈜서울의 2018년 포괄손익계산서에 보고될 당기손익과 재무상태표에 보고될 재평가잉여금은?

2018년 서울시 9급

2017.12.31.	2018.12.31.
₩3,600,000	₩3,100,000

① 손실: ₩600,000   재평가잉여금: ₩0
② 손실: ₩500,000   재평가잉여금: ₩0
③ 손실: ₩900,000   재평가잉여금: ₩400,000
④ 이익: ₩300,000   재평가잉여금: ₩300,000

---

50 ② 1. 2017년 말 회계처리
- 상각후원가: $5,000,000 - 5,000,000 \times \dfrac{1}{5} = ₩4,000,000$
- 재평가: $3,600,000 - 4,000,000 = (-)₩400,000$(재평가손실)
2. 2018년 말 회계처리
- 상각후원가: $3,600,000 - 3,600,000 \times \dfrac{1}{4} = ₩2,700,000$
- 재평가: $3,100,000 - 2,700,000 = ₩400,000$(전기 재평가손실 환입)
3. 2018년 당기손익에 미친 영향: 900,000(상각비) − 400,000(재평가손실 환입) = ₩500,000(손실)

8 투자부동산

51 ㈜한국은 2013년 1월 1일에 투자 목적으로 건물을 ₩10,000(내용연수 10년, 잔존가치 ₩0, 정액법 상각)에 취득하였다. 회사는 투자부동산을 공정가치모형으로 평가하고 있으며, 2013년 결산일과 2014년 결산일의 동 건물의 공정가치는 각각 ₩8,000과 ₩9,500이다. 이 경우 2013년과 2014년의 포괄손익계산서에 미치는 영향은?

2015년 국가직 9급

	2013년		2014년	
①	감 가 상 각 비	₩1,000	감 가 상 각 비	₩1,000
②	투자부동산평가손실	₩2,000	투자부동산평가이익	₩1,500
③	투자부동산평가손실	₩2,000	투자부동산평가손실	₩500
④	투자부동산평가손실	₩1,000	투자부동산평가이익	₩500

52 ㈜서울은 2016년 초에 ₩100,000에 3층 건물을 취득하여 임대목적으로 사용하기 시작하였다. 건물의 내용연수는 10년이며, ㈜서울은 보유하는 모든 건물에 대해서 잔존가치 없이 정액법으로 감가상각한다. ㈜서울이 2016년 초에 취득한 임대목적 건물에 대해 공정가치모형을 적용할 경우 2016년에 건물에 대해서 인식할 총비용은 얼마인가? (단, 2016년 말 현재 건물의 공정가치는 ₩94,000이다)

2016년 서울시 7급

① ₩0

③ ₩6,000

② ₩4,000

④ ₩10,000

---

51 ② • 투자부동산은 원가모형 또는 공정가치모형으로 회계처리한다.
     • 원가모형: 일반유형자산과 동일하게 매기 말 감가상각비를 인식한다.
     • 공정가치모형: 감가상각비는 인식하지 않고 매기 말 공정가치평가를 한다. 공정가치평가에 따른 손익은 당기손익으로 인식한다.
     • 주어진 문제는 공정가치모형이므로 2013년에 평가손실 ₩2,000, 2014년에 평가이익 ₩1,500을 각각 인식한다.

52 ③ 투자부동산 평가손실: 100,000 − 94,000 = ₩6,000

53 자산에 대한 설명으로 옳지 않은 것은?

2015년 지방직 9급

① 유형자산의 감가상각방법은 적어도 매 회계연도 말에 재검토하고, 이를 변경할 경우 회계추정의 변경으로 보아 전진법으로 회계처리한다.

② 유형자산에 대해 재평가모형을 적용하는 경우 최초 재평가로 인한 장부금액의 증가액은 당기손익이 아닌 기타포괄손익으로 회계처리한다.

③ 연구개발과 관련하여 연구단계에서 발생한 지출은 당기비용으로 회계처리하고, 개발단계에서 발생한 지출은 무형자산의 인식기준을 모두 충족할 경우 무형자산으로 인식하고 그 외에는 당기비용으로 회계처리한다.

④ 투자부동산에 대해 공정가치모형을 적용하는 경우 감가상각비와 공정가치변동으로 발생하는 손익은 모두 당기손익으로 회계처리한다.

54 ㈜서울은 2017년 1월 1일에 취득한 건물(취득원가 ₩1,000,000, 잔존가치 ₩0, 내용연수 20년)을 투자부동산으로 분류하였다. 동 건물에 대하여 원가모형을 적용할 경우와 공정가치모형을 적용할 경우 2017년도 법인세비용차감전순이익에 미치는 영향의 차이(감가상각비와 평가손익 포함)를 올바르게 설명한 것은? (단, 2017년 말 동 건물의 공정가치는 ₩930,000이며 감가상각방법은 정액법이다)

2017년 서울시 7급

① 원가모형 적용 시 법인세비용차감전순이익이 ₩20,000 더 많다.

② 원가모형 적용 시 법인세비용차감전순이익이 ₩30,000 더 많다.

③ 공정가치모형 적용 시 법인세비용차감전순이익이 ₩10,000 더 많다.

④ 공정가치모형 적용 시 법인세비용차감전순이익이 ₩30,000 더 많다.

55 ㈜한국이 2018년 1월 초 건물을 취득하여 투자부동산으로 분류하였을 때, 다음 자료의 거래가 ㈜한국의 2018년 당기손익에 미치는 영향은? (단, 투자부동산에 대하여 공정가치모형을 적용하며, 감가상각비는 정액법으로 월할 계산한다)

2019년 관세직 9급

- 건물(내용연수 5년, 잔존가치 ₩0) 취득가액은 ₩2,000,000이며, 이와 별도로 취득세 ₩100,000을 납부하였다.
- 2018년 6월 말 건물의 리모델링을 위해 ₩1,000,000을 지출하였으며, 이로 인해 건물의 내용연수가 2년 증가하였다.
- 2018년 12월 말 건물의 공정가치는 ₩4,000,000이다.

① ₩900,000

② ₩1,000,000

③ ₩1,900,000

④ ₩2,000,000

---

53 ④ 투자부동산에 대해 공정가치모형을 적용하는 경우 기말 평가손익은 당기손익으로 처리하고 감가상각은 수행하지 않는다.

54 ① • 원가모형(감가상각비): 1,000,000 ÷ 20 = ₩50,000(비용)
   • 공정가치모형(평가손실): 1,000,000 − 930,000 = ₩70,000(비용)

55 ① 4,000,000 − (2,000,000 + 100,000 + 1,000,000) = ₩900,000

9 무형자산

56 무형자산에 관한 다음의 내용 중 옳지 않은 것은?   2012년 서울시 9급

① 무형자산의 합리적 상각방법을 정할 수 없는 경우에는 정액법을 사용한다.

② 외부에서 구입한 무형자산은 자산으로 처리한다.

③ 내부에서 창출한 영업권은 자산으로 인식하지 아니한다.

④ 특정 의장이나 로고 등을 일정기간 독점적으로 사용할 수 있는 권리도 무형자산에 속한다.

⑤ 계약상 권리로부터 발생하는 무형자산의 내용연수는 예외적으로 계약상 권리기간을 초과할 수 있다.

57 재무상태표에 표시되는 무형자산에 대한 설명으로 옳지 않은 것은?   2012년 국가직 7급

① 영업권을 제외한 무형자산은 식별가능성을 충족하여야 한다.

② 연구단계에서 발생한 지출은 무형자산으로 인식할 수 없다.

③ 무형자산의 상각기간은 20년을 초과할 수 없다.

④ 영업권에서 발생한 손상차손은 추후 회복할 수 없다.

58 무형자산의 인식에 대한 설명으로 옳은 것은?   2015년 국가직 9급

① 내부 프로젝트의 연구 단계에 대한 지출은 자산의 요건을 충족하는지를 합리적으로 판단하여 무형자산으로 인식할 수 있다.

② 개발 단계에서 발생한 지출은 모두 무형자산으로 인식한다.

③ 사업결합으로 취득하는 무형자산의 취득원가는 취득일의 공정가치로 인식하고, 내부적으로 창출한 영업권은 무형자산으로 인식하지 아니한다.

④ 내부적으로 창출한 브랜드, 출판표제, 고객목록과 이와 실질이 유사한 항목은 무형자산으로 인식한다.

---

56 ⑤ 계약상 권리 또는 기타 법적 권리로부터 발생하는 무형자산의 내용연수는 그러한 계약상 권리 또는 기타 법적 권리의 기간을 초과할 수 없다.

57 ③ 무형자산은 경제적 혹은 법적 내용연수 중 짧은 기간을 내용연수로 선택하고 그 기간에 특별한 제한을 두지는 않는다.

58 ③ ① 내부 프로젝트의 연구 단계에 대한 지출은 비용으로 인식한다.

② 개발단계에서 발생한 지출은 자산인식요건을 모두 충족하는 경우에만 개발비의 과목으로 하여 무형자산으로 인식하고, 그 외의 경우에는 발생한 기간의 비용으로 인식한다.

④ 내부적으로 창출한 브랜드, 출판표제, 고객목록과 이와 실질이 유사한 항목은 무형자산으로 인식하지 아니한다.

59 재무상태표 작성 시 무형자산으로 분류표시되는 항목에 대한 설명으로 옳지 않은 것은? 2014년 관세직 9급

① 내부적으로 창출한 영업권은 무형자산으로 인식하지 않는다.

② 무형자산을 상각하는 경우 상각방법은 자산의 경제적 효익이 소비되는 방법을 반영하여 정액법, 체감잔액법, 생산량비례법 등을 선택하여 적용할 수 있다.

③ 숙련된 종업원은 미래 경제적 효익에 대한 충분한 통제능력을 갖고 있지 않으므로 무형자산의 정의를 충족시키지 못하여 재무상태표에 표시하지 않는다.

④ 영업권을 제외한 모든 무형자산은 보유기간 동안 상각하여 비용 또는 기타자산의 원가로 인식한다.

60 다음은 ㈜한국이 2015년 12월 31일에 지출한 연구 및 개발활동 내역이다. ㈜한국이 2015년에 비용으로 인식할 총금액은? (단, 개발활동으로 분류되는 항목에 대해서는 지출금액의 50%가 자산인식요건을 충족했다고 가정한다) 2015년 국가직 7급

- 새로운 지식을 얻고자 하는 활동: ₩ 100,000
- 생산이나 사용 전의 시제품과 모형을 제작하는 활동: ₩ 250,000
- 상업적 생산 목적으로 실현가능한 경제적 규모가 아닌 시험공장을 건설하는 활동: ₩ 150,000
- 연구결과나 기타 지식을 탐색, 평가, 응용하는 활동: ₩ 300,000
- 재료, 장치, 제품, 공정, 시스템이나 용역에 대한 여러 가지 대체안을 탐색하는 활동: ₩ 50,000

① ₩ 450,000
② ₩ 550,000
③ ₩ 650,000
④ ₩ 700,000

---

59 ④ 관련된 모든 요소의 분석에 근거하여 그 자산이 순현금유입을 창출할 것으로 기대되는 기간에 대하여 예측 가능한 제한이 없을 경우 무형자산의 내용연수는 비한정인 것으로 본다. 내용연수가 비한정인 경우에는 상각하지 아니하고 정기적인 손상평가를 하여야 한다.

60 ③ • 연구비: 100,000 + 300,000 + 50,000 = ₩ 450,000
　　• 개발비: 250,000 + 150,000 = ₩ 400,000
　　• 비용으로 인식할 금액: 450,000 + 400,000 × 50% = ₩ 650,000

61 다음은 ㈜서울의 2015년도 연구 및 개발활동 지출내역이다. ㈜서울의 2015년 말 재무제표에서 당기비용으로 인식될 금액은 얼마인가? (단, 개발단계에 포함되는 활동은 식별가능성과 통제가능성 및 미래경제적 효익의 제공가능성이 확인되는 것으로 가정한다)

2016년 서울시 9급

• 새로운 과학적 기술적 지식을 얻고자 탐구하는 활동	₩500,000
• 생산이나 사용 전의 시제품과 모형을 제작하는 활동	₩550,000
• 상업적 생산 목적으로 실현 가능한 경제적 규모가 아닌 시험 공장을 설계하는 활동	₩600,000
• 연구결과나 기타지식을 이용하여 신기술 개발가능성을 연구하는 활동	₩450,000

① ₩950,000
② ₩1,050,000
③ ₩1,150,000
④ ₩1,100,000

62 ㈜서울은 ㈜인천을 합병하기 위하여 총 ₩4,500,000을 현금으로 지급하였다. 합병일 현재 ㈜인천의 재무상태표상 자산총액은 ₩30,000,000(공정가치: ₩35,000,000)이며, 부채총액은 ₩28,000,000(공정가치: ₩32,000,000)이었다. ㈜서울은 ㈜인천과의 합병거래에서 영업권을 얼마로 계상하여야 하는가?

2015년 서울시 9급

① ₩1,000,000
② ₩1,500,000
③ ₩2,000,000
④ ₩2,500,000

---

61 ① 500,000 + 450,000 = ₩950,000

62 ② 4,500,000 − (35,000,000 − 32,000,000) = ₩1,500,000

63 ㈜한국은 내용연수가 유한한 무형자산에 대하여 정액법(내용연수 5년, 잔존가치 ₩0)으로 상각하여 비용 처리한다. ㈜한국의 2016년 무형자산 관련 자료가 다음과 같을 때, 2016년에 인식할 무형자산상각비는? (단, 2016년 이전에 인식한 무형자산은 없으며, 무형자산상각비는 월할 상각한다) 2017년 관세직 9급

- 1월 1일: 새로운 제품의 홍보를 위해 ₩10,000을 지출하였다.
- 4월 1일: 회계법인에 의뢰하여 평가한 '내부적으로 창출한 영업권'의 가치는 ₩200,000이었다.
- 7월 1일: 라이선스를 취득하기 위하여 ₩5,000을 지출하였다.

① ₩500   ② ₩2,500
③ ₩30,500   ④ ₩32,000

64 2015년 초에 ㈜서울은 ㈜한양에게 보통주 50주(주당 액면 금액 ₩5,000, 주당 공정가치 ₩7,000)를 교부하고 ㈜한양을 흡수합병하였다. 합병 직전에 ㈜한양의 식별가능한 순자산 장부금액과 공정가치가 다음과 같을 때 합병 시 ㈜서울이 인식할 영업권 또는 염가매수차익은 얼마인가? 2016년 서울시 7급

합병 직전 ㈜한양의 재무상태표

	장부금액	공정가치		장부금액	공정가치
재 고 자 산	₩200,000	₩250,000	비유동부채	₩100,000	₩100,000
비유동자산	₩300,000	₩300,000	자 본 금	₩350,000	
			이익잉여금	₩50,000	
합계	₩500,000		합계	₩500,000	

① 영업권 ₩150,000   ② 영업권 ₩100,000
③ 염가매수차익 ₩150,000   ④ 염가매수차익 ₩100,000

---

63 ① • 홍보비와 내부적으로 창출한 영업권은 무형자산으로 인식하지 않는다.

- 무형자산(라이선스)상각비: $5,000 \times \frac{1}{5} \times \frac{6}{12} = ₩500$

64 ④ 50주 × 7,000(합병대가) − 450,000(순자산공정가치) = (−)₩100,000(염가매수차익)

65 무형자산의 회계처리에 대한 설명으로 옳지 않은 것은?

2017년 지방직 9급(12월 추가)

① 무형자산의 회계정책으로 원가모형이나 재평가모형을 선택할 수 있으며, 재평가모형을 적용하는 경우 공정가치는 활성시장을 기초로 하여 결정한다.

② 내부적으로 창출한 영업권은 원가를 신뢰성 있게 측정할 수 없고 기업이 통제하고 있는 식별가능한 자원이 아니기 때문에 자산으로 인식하지 아니한다.

③ 내부 프로젝트의 연구단계에서는 미래경제적효익을 창출할 무형자산이 존재한다는 것을 제시할 수 있기 때문에, 내부 프로젝트의 연구단계에서 발생한 지출은 무형자산으로 인식할 수 있다.

④ 내용연수가 유한한 무형자산의 상각은 자산을 사용할 수 있는 때부터 시작하며, 상각대상금액은 내용연수 동안 체계적인 방법으로 배분하여야 한다.

66 무형자산에 대한 설명으로 옳은 것은?

2018년 지방직 9급

① 무형자산은 유형자산과 달리 재평가모형을 사용할 수 없다.

② 라이선스는 특정 기술이나 지식을 일정지역 내에서 이용하기로 한 권리를 말하며, 취득원가로 인식하고 일정기간 동안 상각한다.

③ 내부적으로 창출한 상호, 상표와 같은 브랜드 네임은 그 경제적 가치를 측정하여 재무제표에 자산으로 기록하여 상각한다.

④ 영업권은 내용연수가 비한정이므로 상각하지 않는다.

---

65 ③ 내부 프로젝트의 연구단계에서는 미래경제적효익을 창출할 무형자산이 존재한다는 것을 제시할 수 없는 것이 일반적이므로 내부 프로젝트의 연구단계에서 발생한 지출은 비용으로 인식한다.

66 ④ ① 무형자산에도 재평가모형을 사용할 수 있다.
② 라이선스의 내용연수가 비한정이라면 상각하지 않는다.
③ 내부적으로 창출한 브랜드, 제호, 출판표제, 고객목록 등은 자산으로 인식하지 않는다.

67 다음 중 개별 자산의 손상 회계에 대한 설명으로 옳지 않은 것은?　　　　　　　　　2017년 서울시 9급

① 보고기간 말마다 자산손상 징후가 있는지를 검토하고, 그러한 징후가 있다면 해당 자산의 회수가능액을 추정한다.

② 자산의 회수가능액이 장부금액에 못 미치는 경우에 자산의 장부금액을 회수가능액으로 감액하고 손상차손을 인식한다.

③ 내용연수가 한정되어 있는 무형자산은 자산손상 징후가 있는지에 관계없이 일 년에 한 번은 손상검사를 한다.

④ 재평가모형에 따라 재평가금액을 장부금액으로 하는 경우에는 재평가자산의 손상차손은 재평가감소액으로 처리한다.

68 ㈜한국은 20X1년 1월 1일 ㈜민국의 지분 100 %를 취득하여 흡수합병하면서, 주당 공정가치 ₩ 10,000, 액면금액 ₩ 5,000의 ㈜한국 주식 100주를 발행하여 이전대가로 ㈜민국의 주주에게 지급하였다. 취득일 현재 ㈜민국의 식별가능한 자산과 부채의 장부금액과 공정가치가 다음과 같을 때, ㈜한국이 인식할 영업권은?

2017년 지방직 9급(12월 추가)

재무상태표

㈜민국					20X1. 1. 1. 현재
	장부금액	공정가치		장부금액	공정가치
현　　　　　금	₩ 100,000	₩ 100,000	단 기 차 입 금	₩ 50,000	₩ 50,000
재 고 자 산	₩ 100,000	₩ 150,000	자　　본　　금	₩ 130,000	
			(주당 ₩ 5,000)		
비 유 동 자 산	₩ 100,000	₩ 200,000	이 익 잉 여 금	₩ 120,000	

① ₩ 0　　　　　　　　　　　　　　　　　② ₩ 100,000

③ ₩ 250,000　　　　　　　　　　　　　　④ ₩ 600,000

---

67 ③ 내용연수가 비한정인 무형자산은 자산손상 징후가 있는지에 관계없이 일 년에 한 번은 손상검사를 한다.

68 ④ 10,000 × 100주 − (100,000 + 150,000 + 200,000 − 50,000) = ₩ 600,000

69 무형자산에 대한 설명으로 옳지 않은 것은?
2018년 관세직 9급

① 무형자산으로 정의되기 위해서는 식별가능성, 자원에 대한 통제 및 미래 경제적 효익의 존재라는 조건을 모두 충족하여야 한다.

② 무형자산에는 특허권, 상표권, 저작권 등이 있다.

③ 사업결합으로 취득한 식별가능 무형자산의 취득원가는 취득일의 공정가치로 평가한다.

④ 비한정내용연수를 가지는 것으로 분류되었던 무형자산이 이후에 유한한 내용연수를 가지는 것으로 변경된 경우에도 상각을 하지 않는다.

70 ㈜한국은 차세대 통신기술 연구개발을 위해 다음과 같이 지출하였다.

구분	2016년	2017년
연구단계	₩100,000	₩100,000
개발단계	−	₩600,000

2017년 개발단계 지출액 ₩600,000은 무형자산 인식기준을 충족하였으며, 동년 7월 1일에 개발이 완료되어 사용하기 시작하였다. 동 무형자산은 원가모형을 적용하며, 정액법(내용연수 10년, 잔존가치 ₩0)으로 상각한다. 회수가능액이 2017년 말 ₩500,000이라고 할 때, 결산 시 인식할 손상차손은? (단, 상각비는 월할 계산한다)
2018년 관세직 9급

① ₩40,000

② ₩70,000

③ ₩100,000

④ ₩260,000

---

69 ④ 비한정내용연수를 가지는 것으로 분류되었던 무형자산이 이후에 유한한 내용연수를 가지는 것으로 변경된 경우에는 변경된 시점부터 해당 무형자산을 상각한다.

70 ② • 2017년 말 상각후원가: $600,000 - 600,000 \times \frac{1}{10} \times \frac{6}{12} = ₩570,000$

• 2017년 말 손상차손: $570,000 - 500,000 = ₩70,000$

07 사채와 충당부채

1 │ 현재가치평가 – 장기성 채권 · 채무

1. 장기성 채권 · 채무

기업이 상품을 판매하며 대금을 현재시점이 아닌 미래의 특정 시점에 수취하는 경우가 있다. 이런 경우에는 대금지급약정이 실질적으로 자금대여거래에 해당한다. 즉, 판매자 입장에서는 다음의 두 가지 거래가 발생하는 것이다.

① 상품의 판매   ⇨ 매출의 인식
② 자금의 대여(대금회수의 지연) ⇨ 이자수익의 인식

예를 들어, 20X1년 1월 1일 ㈜한국이 ㈜서울에 상품을 처분하고 대금은 3년 뒤에 ₩10,000을 수령하기로 했다고 가정하자. ㈜한국 입장에서 판매시점에 대금을 수취하는 것이 아닌 미래의 특정시점에 대금을 수취하게 되므로 ㈜한국은 상품판매에 대한 대가뿐만 아니라 3년 동안 대금의 수취가 지연된 것에 대한(실질적으로 자금대여거래에 해당) 이자도 수취하는 것이 합리적일 것이다.

㈜한국이 수취하는 ₩10,000 중 상품판매의 대가에 해당하는 부분이 ₩7,000, 이자에 해당하는 부분이 ₩3,000이라면 ㈜한국은 아래와 같이 수익을 인식한다.

⊕ 미래의 특정시점에 대금을 수취하는 경우

2. 현재가치의 계산

앞서 살펴본 상황과 같이 미래에 수취할 금액에서 상품판매에 해당하는 부분(원금)과 이자에 해당하는 부분이 명확하게 구분되어 주어진다면 별도의 현재가치평가는 필요하지 않다. 그러나 대부분의 거래에서 두 가지 요소가 구분되어 제시되지 않으므로 직접 이 두 가지 요소를 구분해야 하는데 이를 현재가치평가라고 한다. 즉, 현재가치평가는 미래에 수취 또는 지급할 금액에서 원금과 이자를 분리 계산하는 과정을 의미한다.

선생님 TIP

01장 4절 '회계의 순환과정에서 발생주의에 따르면 이자수익은 시간의 경과에 따라 인식한다고 설명하였다.

원금과 이자를 분리하는 과정은 매우 단순한데 아래의 과정을 통해 살펴보자.

(1) 이자의 인식

㈜한국이 ㈜서울로부터 이자율 10%, 1년 만기로 ₩10,000을 차입했다면, 1년 후 상환할 금액은 아래와 같이 계산된다.

• ㈜한국의 1년 후 상환금액: ₩10,000 × (1 + 10%) = ₩11,000

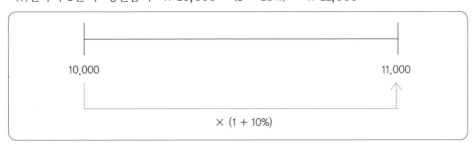

⊙ 이자의 인식

위 식은 1년 후에 이자를 포함하여 상환할 금액을 계산한 것으로, 이자를 인식하는 과정이다. 즉, 현재의 원금에 1년 동안 이자를 포함해서, 1년 후에 지급 또는 수취해야 할 미래금액을 계산한 것이다.

현재가치평가란 위의 계산, 즉 이자의 인식과 정확히 반대되는 계산이다. 현재가치평가는 미래금액(원금과 이자를 포함)을 원금과 이자로 분리하는 과정이기 때문이다.

(2) 현재가치평가

이자를 인식하는 것과 현재가치평가는 정확히 반대의 과정이므로 현재가치 평가는 이자를 인식하는 과정을 역으로 생각하면 된다. 위의 식에서 (1 + 이자율)을 곱해서 이자를 인식하였으므로 현재가치평가는 (1 + 이자율)을 나누는 방법으로 계산하면 된다.

사례 ─ 예제

㈜한국은 ㈜서울에 상품을 판매하고 대금은 1년 후에 ₩11,000을 수령하기로 하였다. 이 거래에 적용될 유효이자율이 10%라고 할 때, ㈜한국이 인식할 매출과 이자수익은 각각 얼마인지 계산하시오.

해설

• 매출: ₩11,000 ÷ (1 + 10%) = ₩10,000
• 이자수익: ₩11,000 − ₩10,000 = ₩1,000

[매출과 이자수익]

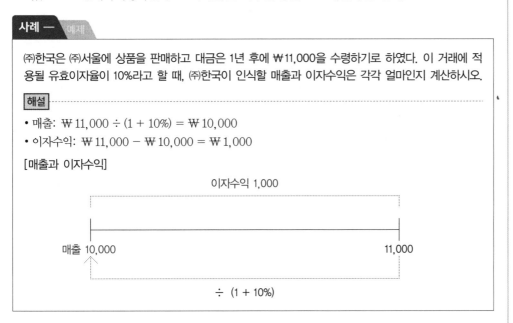

(3) 복리계산

앞의 사례에서는 1기간의 현재가치평가에 대해 살펴보았는데 이번에는 2기간 이상인 경우를 살펴보자.

예를 들어, ㈜한국이 ㈜서울로부터 ₩10,000의 금액을 이자율 10%로 2년간 차입했다고 할 경우, 2년 후에 상환할 금액은 얼마인가?
이 질문에 대해서는 단리로 계산하는 방법과 복리로 계산하는 방법이 있다.

① 단리계산
- 1차년도 말에 상환할 금액: ₩10,000 + ₩1,000(10,000 × 10%) = ₩11,000
- 2차년도 말에 상환할 금액: ₩11,000 + ₩1,000(10,000 × 10%) = ₩12,000

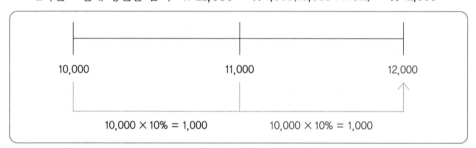

↥ 이자의 인식

② 복리계산
- 1차년도 말에 상환할 금액: ₩10,000 + ₩1,000(10,000 × 10%) = ₩11,000
- 2차년도 말에 상환할 금액: ₩11,000 + ₩1,100(11,000 × 10%) = ₩12,100

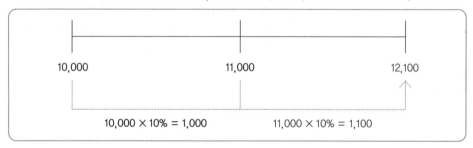

↥ 이자의 인식

단리계산과 복리계산의 차이는 이자에 대한 이자를 인식할 것인가의 여부에 있다. 즉, 1차년도와 2차년도 모두 동일하게 ₩1,000의 이자를 인식하는 것이 단리계산인데 이는 논리적으로 잘못된 계산이다. 왜냐하면 위의 사례에서 2차년도에는 1차년도의 미수이자를 포함해서 실질적으로 ₩11,000을 대여한 것과 실질이 같기 때문이다.

따라서 2차년도에는 ₩1,100(11,000 × 10%)의 이자를 인식하는 것이 올바른 계산인데, 이를 복리계산이라 한다. 복리계산을 이용해서 좀 더 간편하게 2년 후 상환할 금액을 계산하면 다음와 같다.

• 2차년도 말에 상환할 금액: ₩10,000 × (1 + 10%) × (1 + 10%) = ₩10,000 × (1 + 10%)^2 = ₩12,100

이자의 인식을 복리로 계산하는 것이 맞다면 현재가치평가를 할 때에도 마찬가지로 복리계산을 이용해야 한다. 아래의 사례를 이용해서 복리계산을 이용한 현재가치평가를 해보자.

사례 ━ 예제

㈜한국은 ㈜서울에 상품을 판매하고 대금은 2년 후에 ₩12,100을 수령하기로 하였다. 이 거래에 적용될 유효이자율이 10%라고 할 때, ㈜한국이 인식할 매출과 이자수익은 각각 얼마인지 계산하시오.

해설

• 매출: ₩12,100 ÷ (1 + 10%)^2 = ₩10,000
• 이자수익: ₩12,100 − ₩10,000 = ₩2,100

[매출과 이자수익]

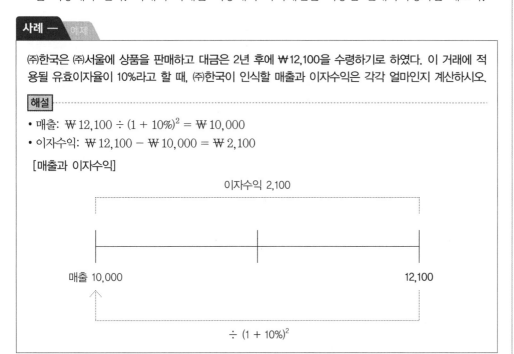

(4) 유효이자율법

앞의 사례에서 ㈜한국은 상품을 판매하는 시점에 매출 ₩10,000을 인식하고, 2년간 이자수익 ₩2,100을 인식하는 회계처리를 한다. 그런데 여기서 ㈜한국이 ₩2,100의 이자수익을 2년간 어떤 식으로 인식해야 하는지의 문제가 발생한다. 즉, ₩2,100의 이자수익을 각 회계기간에 어떻게 배분할지를 결정해야 하는데, 이자수익을 인식하는 방법에는 정액법과 유효이자율법이 있다.

> 이자비용과 이자수익을 인식하는 방법은 동일하다. 이자비용을 인식하는 방법에도 정액법과 유효이자율법이 있다.

① 정액법

정액법은 이자수익을 매년 균등하게 인식하는 방법이다. 앞의 사례에서 이자수익을 정액법으로 인식한다면 다음과 같은 결과가 나온다.

• 매년 이자수익: ₩2,100 ÷ 2년 = ₩1,050

정액법에서는 매년 ₩1,050을 이자수익으로 인식하므로 채권금액이 다음과 같이 변동하게 된다.

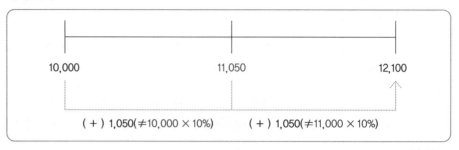

⊙ 정액법

그러나 앞서 이자수익을 인식할 때는 복리계산을 해야 한다고 설명하였는데, 위의 계산은 복리계산을 이용한 결과와 일치하지 않는다. 즉, 정액법을 이용해 이자수익을 인식하는 것은 논리적으로 잘못된 계산이다.

채권금액은 회계연도가 지날수록 증가한다. 왜냐하면 1년간의 미수이자가 채권금액에 포함되기 때문이다. 채권금액이 증가한다면 이에 대응해서 이자비용도 매년 증가해야 한다. 그런데 정액법은 이런 점을 간과하고 매년 균등하게 이자비용을 계산하고 있다. 이런 점에서 정액법은 논리적으로 잘못된 방법이며 기업회계기준에서는 이자수익 또는 이자비용의 인식방법으로 정액법을 인정하지 않는다.

📚 선생님 TIP

앞서 복리계산에서는 1차년도의 채권금액은 ₩10,000이고, 2차년도의 채권금액은 1차년도의 미수이자가 포함된 ₩11,000이라고 설명하였다. 즉, 채권금액은 매년 증가하고 있다.

② 유효이자율법
유효이자율법은 전기 말 채권금액에 유효이자율을 곱하여 이자수익을 인식하는 방법으로 논리적으로 정확하게 이자수익을 계산한다.

- 1차년도 말 이자수익: ₩10,000 × 10% = ₩1,000
- 2차년도 말 이자수익: ₩11,000 × 10% = ₩1,100

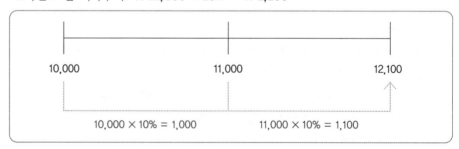

⊙ 유효이자율법

유효이자율법을 이용해 이자수익을 인식하면 앞서 설명한 복리계산과 정확하게 동일한 결과를 얻을 수 있다. 따라서 기업회계기준에서는 이자수익 및 이자비용의 인식방법으로 유효이자율법만을 인정한다. 유효이자율법 하에서 이자수익 및 이자비용은 언제나 다음과 같은 식으로 계산된다.

이자수익은 기업이 기말 현재 대여한 금액에 이자율을 곱하여 수취하는 것이다. 유효이자율법은 이러한 논리를 식으로 표현한 것이다.

> 당기의 이자수익(비용) = 전기 말 채권(채무)금액 × 유효이자율

사례 — 예제

㈜한국은 20X1년 1월 1일 토지를 취득하며 대금은 3년 후에 ₩10,000을 지급하기로 하였다. 동 거래의 유효이자율이 10%일 경우, 정액법과 유효이자율법을 이용해 ㈜한국이 20X3년 말까지 수행할 회계처리를 보이시오.

해설

① 정액법
- 미지급금의 현재가치: $₩10,000 \div (1 + 10\%)^3 = ₩7,513$
- 3년간 이자비용: $₩10,000 - ₩7,513 = ₩2,487$
- 매년 이자비용: $₩2,487 \div 3년 = ₩829$

정액법에 의한 미지급금

날짜	실질이자(10%)	미지급금 증가액	장부금액
20X1. 1. 1			₩7,513
20X1. 12. 31	₩829	₩829	8,342
20X2. 12. 31	829	829	9,171
20X3. 12. 31	829	829	10,000
	₩2,487	₩2,487	

20X1. 1. 1	(차) 토　　　　지	7,513	(대) 장기미지급금	7,513
20X1. 12. 31	(차) 이 자 비 용	829	(대) 장기미지급금	829
20X2. 12. 31	(차) 이 자 비 용	829	(대) 장기미지급금	829
20X3. 12. 31	(차) 이 자 비 용	829	(대) 장기미지급금	829
	장기미지급금	10,000	현　　　　금	10,000

② 유효이자율법
- 미지급금의 현재가치: $₩10,000 \div (1 + 10\%)^3 = ₩7,513$
- 3년간 이자비용: $₩10,000 - ₩7,513 = ₩2,487$

유효이자율법에 의한 미지급금

날짜	실질이자(10%)	미지급금 증가액	장부금액
20X1. 1. 1			₩7,513
20X1. 12. 31	₩751	₩751	8,264
20X2. 12. 31	826	826	9,090
20X3. 12. 31	910	910	10,000
	₩2,487	₩2,487	

20X1. 1. 1	(차) 토　　　　지	7,513	(대) 장기미지급금	7,513
20X1. 12. 31	(차) 이 자 비 용	751	(대) 장기미지급금	751
20X2. 12. 31	(차) 이 자 비 용	826	(대) 장기미지급금	826
20X3. 12. 31	(차) 이 자 비 용	910	(대) 장기미지급금	910
	장기미지급금	10,000	현　　　　금	10,000

선생님 TIP

본사례의 회계처리 시 장기미지급금을 액면금액으로 표시하고 현재가치할인차금계정을 설정할 수도 있다. 그러나 본 교재에서는 이해의 편의를 위해 장기미지급금의 순액으로 회계처리하였다.

2 사채

사채는 발행자가 약정에 따라 일정기간 동안 표시이자를 지급하고, 만기일에는 원금을 상환하기로 한 채무상품을 말한다. 사채의 권면에는 액면금액, 표시(액면)이자율, 이자지급일, 상환일 및 상환방법 등이 기재되어 있으며, 사채발행회사는 사채의 권면에 기재되어 있는 조건에 따라 사채 취득자에게 이자 및 원금을 지급한다.

사채의 발행금액은 사채의 미래현금흐름을 유효이자율로 할인한 현재가치로 결정된다.

1. 이자율의 종류

사채와 관련한 이자율에는 세 가지 종류가 있다.

① 표시(액면)이자율: 사채 발행자가 투자자에게 결산기마다 지급하기로 약속한 이자로 투자자는 결산기마다 액면이자만큼을 현금으로 수령한다.
② 시장이자율: 사채 발행자가 사채 발행 시 투자자에게 실제 부담해야 하는 이자로 시장에서 거래 당사자들 사이에서 결정되는 이자율이다.
③ 유효이자율: 사채의 발행금액과 사채 미래현금흐름의 현재가치를 일치시키는 이자율로 해당 거래에 유효한 이자율이다. 사채 발행회사는 시장에서 투자자들이 요구하는 이자율을 부담해야 사채를 발행할 수 있으므로 사채발행비가 없는 일반적인 경우에는 시장이자율과 유효이자율이 일치한다.
그러나 사채를 발행하는 경우에 증권회사의 인수수수료, 사채권인쇄비 등 사채 발행과 관련한 부대비용이 발생할 수 있는데 이를 사채발행비라 한다. 사채발행비가 존재하는 경우 사채 발행회사는 사채발행비만큼 차감한 금액을 조달하게 되므로 실제 사채 발행회사가 부담하는 이자율은 다소 높아진다. 즉, 사채 발행회사는 투자자에 대한 시장이자율뿐만 아니라 사채발행비까지 부담하게 되므로 거래에 적용할 유효이자율이 시장이자율보다 높아지게 되는 것이다.

2. 현재가치계수

현재가치평가는 미래현금흐름을 (1 + 유효이자율)로 나누어 계산을 한다. 그러나 나누기 계산은 번거롭기 때문에 일반적으로는 문제에서는 현재가치계수를 제시하고, 시험에서 현재가치평가를 할 때에는 주어진 현재가치계수를 이용하면 된다.

다음의 사례를 통해 현재가치계수에 대해 살펴보자.

사례 ― 예제

㈜한국은 액면금액 ₩10,000, 액면이자율 5%인 2년 만기 사채를 20X1년 1월 1일에 발행하였다. 동 사채의 유효이자율은 10%이고, 이자율 10%의 현재가치 계수는 1기간 0.91, 2기간 0.83이며, 이자율 10% · 2기간 연금의 현재가치계수는 1.74이다.

해설

· ㈜한국이 발행한 사채는 아래와 같은 현금흐름을 갖는다.

[사채의 현금흐름]

발행   표시이자 500   표시이자 500
액면금액 10,000

· 사채의 발행금액은 사채의 현금흐름을 유효이자율로 할인한 값이므로 다음과 같이 계산된다.

· 사채발행금액: $500 \times \dfrac{1}{(1 + 10\%)} + 500 \times \dfrac{1}{(1 + 10\%)^2} + 10,000 \times \dfrac{1}{(1 + 10\%)^2} = ₩9,170$

사채 발행금액은 위와 같다. 그러나 위의 계산과정에서 (1 + 이자율)로 나누는 계산을 하고 있는데, 일반적으로 나누기는 계산이 번거롭기 때문에 문제에서는 현재가치계수를 제시한다. 현재가치계수는 다음과 같은 계산의 결과 값이다.

· 1기간 · 10% 현재가치계수: 10%의 이자율로 1기간을 할인한 값 $= \dfrac{1}{(1 + 10\%)} = 0.91$

· 2기간 · 10% 현재가치계수: 10%의 이자율로 2기간을 할인한 값 $= \dfrac{1}{(1 + 10\%)^2} = 0.83$

현재가치계수를 이용해 사채의 발행금액을 계산하면 다음과 같다.

· 사채발행금액: $500 \times 0.91 + 500 \times 0.83 + 10,000 \times 0.83 = ₩9,170$

위 식에서 액면이자는 매년 같은 금액을 지불하는데, 이렇게 매년 같은 금액이 유출(유입)되는 경우를 연금이라 한다. 연금의 성격인 액면이자의 경우에만 현재가치평가를 하면 다음과 같이 계산된다.

· 액면이자의 현재가치: $500 \times 0.91 + 500 \times 0.83 = 500 \times \underline{(0.91 + 0.83)} = ₩870$
                                          2기간 · 10% 연금현재가치계수

· 2기간 · 10% 연금현재가치계수: 2기간까지의 현재가치계수 합계 = 0.91 + 0.83 = 1.74

연금의 현재가치계수는 매기간의 현재가치계수를 더한 값으로, 액면이자와 같은 연금의 경우에는 연금의 현재가치계수를 이용하면 더욱 간편하게 현재가치계산을 할 수 있다.

· 사채발행금액: $500 \times 1.74 + 10,000 \times 0.83 = ₩9,170$

3. 사채 발행의 형태

시장에서 요구하는 시장이자율만큼 사채 발행기업이 지불하지 않는다면 투자자들은 동 사채를 매입하지 않을 것이고 따라서 사채의 발행금액은 하락할 것이다.

시장이자율은 사채의 투자자들이 발행 회사에 요구하는 이자율로 사채 발행자는 시장이자율을 부담해야만 사채 발행이 가능하다. 그렇지만 기업들은 일반적으로 기업에서 현금이 유출되는 것을 꺼려하므로 기업들이 매기간 말 지급하는 액면(표시)이자율은 시장이자율보다 낮은 것이 일반적이다.

이렇게 시장이자율에 비해 액면이자율이 낮다면, 다시 말해서 시장에서 요구하는 이자만큼을 사채 발행기업이 지불하지 않는다면 사채는 액면금액보다 낮은 금액에 발행될 수밖에 없는데 이를 사채의 할인발행이라고 한다.

시장에서 요구하는 시장이자율보다 더 많은 액면이자를 지급한다면 투자자들은 동 사채를 적극적으로 매입하려 할 것이고 따라서 사채의 발행금액은 상승할 것이다.

반대로 시장이자율보다 더 높은 액면이자를 지급한다면 기업은 사채의 액면금액보다 더 높은 금액에 사채를 발행할 수 있는데 이를 사채의 할증발행이라고 한다. 시장이자율과 액면이자율이 일치한다면 사채는 액면금액대로 발행되는데 이를 사채의 액면발행이라고 한다.

일반적으로 시장이자율과 유효이자율은 동일하므로 시장이자율 대신 유효이자율을 적용하여도 사채발행형태는 동일하다.

⊕ **사채발행형태**

구분	이자율	발행금액과 액면금액
액면발행	액면이자율 = 시장이자율	발행금액 = 액면금액
할인발행	액면이자율 〈 시장이자율	발행금액 〈 액면금액
할증발행	액면이자율 〉 시장이자율	발행금액 〉 액면금액

4. 사채의 액면발행

유효이자율과 표시이자율이 같은 경우 사채는 액면발행된다.

사례 — 예제

㈜한국은 20X1년 1월 1일 만기 3년, 액면금액 ₩10,000의 사채를 발행하였다. 사채의 표시이자율은 8%로 이자는 매년 12월 31일에 지급한다. 사채의 발행일 현재 유효이자율은 8%로, 8% · 3기간의 현재가치계수는 0.7938이며, 연금의 현재가치계수는 2.5775이다.

해설

• 사채발행금액: $800 \times 2.5775 + 10,000 \times 0.7938 = ₩10,000$

20X1. 1. 1 (차) 현	금	10,000	(대) 사	채	10,000
20X1. 12. 31 (차) 이 자 비 용		800	(대) 현	금	800
20X2. 12. 31 (차) 이 자 비 용		800	(대) 현	금	800
20X3. 12. 31 (차) 이 자 비 용		800	(대) 현	금	800
사	채	10,000	현	금	10,000

5. 사채의 할인발행

유효이자율보다 표시이자율이 낮은 경우 사채는 할인발행된다.

사례 ─ 예제

> ㈜한국은 20X1년 1월 1일 만기 3년, 액면금액 ₩10,000의 사채를 발행하였다. 사채의 표시이자율은 8%로 이자는 매년 12월 31일에 지급한다. 사채의 발행일 현재 유효이자율은 10%로, 10% · 3기간의 현재가치계수는 0.7513이며, 연금의 현재가치계수는 2.4868이다.
>
> **해설**
> - 사채발행금액: $800 \times 2.4868 + 10,000 \times 0.7513 = ₩9,502$
> - 사채의 총이자비용: $(800 \times 3년 + 10,000) - 9,502 = ₩2,898$
>
> **[사채의 할인발행]**

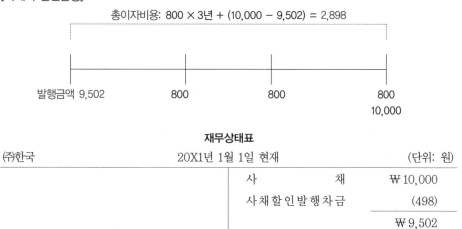

재무상태표

㈜한국   20X1년 1월 1일 현재   (단위: 원)

사　　　　채	₩10,000
사 채 할 인 발 행 차 금	(498)
	₩9,502

사례에서 발행자는 액면 ₩10,000의 사채를 발행하였는데 실제 발행금액은 ₩9,502에 불과하므로 차액인 ₩498만큼 싸게 발행한 것과 마찬가지다. ₩498은 발행 시에 사채할인발행차금의 과목으로 사채의 차감적 평가계정으로 공시한다.

그런데 회사는 왜 사채를 사채할인발행차금 ₩498만큼 싸게 발행한 것인가? 사채할인발행차금의 본질은 사채의 발행자가 투자자에게 시장이자율을 보장해주기 위해서 사채의 발행금액을 액면금액 이하로 할인해 준 금액이다. 쉽게 말해, 액면이자율(8%)만큼을 지급해서는 시장에서 요구하는 이자율(10%)을 보전해줄 수 없으므로 추가로 지급하는 이자에 해당한다.

사채할인발행차금은 이자비용의 성격을 갖고 있으므로 사채상환기간에 걸쳐 적절한 방법으로 상각하여 이자비용에 가산한다. 결과적으로 사채발행자가 사채발행으로 인해 상환기간 동안 인식해야 할 총이자비용은 표시이자 지급액과 사채할인발행차금의 합과 같다.

> **사채의 총이자비용** = 상환기간 동안의 표시이자 지급액 + 사채할인발행차금

회사는 사채발행일에 투자자로부터 ₩9,502를 빌렸으나, 상환 시에는 액면금액 ₩10,000을 상환하게 된다. 추가로 상환하는 ₩498이 사채할인발행차금에 해당하는데, 이 ₩498은 투자자에게 10%의 이자수익을 보장해주기 위해 추가로 지급하는 이자이므로 이자비용의 성격을 갖는다.

한편 사채 발행회사는 만기 시 사채 투자자에게 액면금액만큼을 상환한다. 따라서 만기 시 사채의 장부금액은 언제나 액면금액과 동일한 금액이 되어야 한다. 사채의 장부금액이 액면금액과 동일한 금액이 되기 위해서는 사채할인발행차금 잔액이 0이어야 하므로, 사채발행 시에 인식했던 사채할인발행차금 ₩498은 만기까지의 기간 동안 0으로 상각되어야 한다.

기업회계기준에서는 유효이자율법만 인정한다.

사채할인발행차금을 0으로 상각할 때는 앞서 배운 이자의 인식방법인 유효이자율법과 정액법을 이용할 수 있다.

(1) 유효이자율법

실질이자는 회사가 당기에 실제 부담해야 하는 이자로 회사가 인식할 이자비용을 의미한다.

사채할인발행차금상각표(유효이자율법)

날짜	실질이자(10%)	표시이자(8%)	차금상각액	장부금액
20X1. 1. 1				₩9,502
20X1. 12. 31	₩950	₩800	₩150	9,652
20X2. 12. 31	965	800	165	9,817
20X3. 12. 31	983	800	183	10,000
	₩2,898	₩2,400	₩498	

선생님 TIP

공무원 회계학에서는 사채의 장부금액(상각후원가)을 구하는 것이 중요하다.

사채할인발행차금상각표는 다음과 같은 논리로 작성된다.

① 20X1. 12. 31: 사채발행회사는 사채의 발행금액 ₩9,502에서 시장에서 요구하는 이자율인 10%를 곱한 값인 ₩950을 이자로 지급해야 하나 표시이자인 ₩800만 지급한다. 미지급한 ₩152은 나중에 지급해야 하므로 사채의 장부금액에 가산한다.

② 20X2. 12. 31: 사채의 전기 말 장부금액이 ₩9,652이 되었으므로 사채발행회사는 시장에서 요구하는 이자인 ₩965을 이자로 지급해야 하나 표시이자인 ₩800만 지급한다. 미지급한 ₩165은 나중에 지급해야 하므로 사채의 장부금액에 가산한다.

③ 20X3. 12. 31: 사채의 전기 말 장부금액이 ₩9,817이 되었으므로 사채발행회사는 시장에서 요구하는 이자인 ₩983을 이자로 지급해야 하나 표시이자인 ₩800만 지급한다. 미지급한 ₩183은 나중에 지급해야 하므로 사채의 장부금액에 가산한다.

④ 사채의 만기일에는 사채의 장부금액이 ₩10,000으로 액면금액과 정확히 일치하게 되고 사채발행회사는 만기일에 현금 ₩10,000을 지급하고 사채를 상환한다.

사채할인발행차금상각표에서는 다음과 같은 사실들이 확인된다.

① 실질이자는 사채 상환기간 동안 발행자가 부담해야 할 총 이자로 표시이자와 사채할인발행차금 상각액의 합계와 일치한다. 따라서 '사채의 총이자비용 = 상환기간 동안의 표시이자 지급액 + 사채할인발행차금'의 식이 성립함을 알 수 있다.

② 사채를 할인발행한 경우 기간이 경과하면서 사채의 장부금액이 증가하고 이에 비례해서 이자비용도 증가한다. 또한 이자비용은 언제나 다음과 같은 식으로 계산된다.

> **당기의 이자비용** = 전기 말 사채의 장부금액 × 유효이자율

③ 사채할인발행차금 상각액은 매년 증가한다. 사채할인발행차금 상각액이 증가할 때 일정한 규칙이 있는데, 사채할인발행차금 상각액은 매년 유효이자율만큼 증가한다. 즉, 당기의 사채할인발행차금상각액은 아래와 같이 계산할 수 있다.

> 당기의 사채할인발행차금 상각액
> = 전기의 사채할인발행차금 상각액 × (1 + 유효이자율)

유효이자율법에 의한 분개는 아래와 같다.

20X1. 1. 1	(차) 현 금	9,502	(대) 사	채	10,000
	사채할인발행차금	498			
20X1. 12. 31	(차) 이 자 비 용	950	(대) 현	금	800
			사채할인발행차금	150
20X2. 12. 31	(차) 이 자 비 용	965	(대) 현	금	800
			사채할인발행차금	165
20X3. 12. 31	(차) 이 자 비 용	983	(대) 현	금	800
			사채할인발행차금	183
	사 채	10,000	현	금	10,000

(2) 정액법

사채할인발행차금상각표(정액법)

날짜	실질이자(10%)	표시이자(8%)	차금상각액	장부금액
20X1. 1. 1				₩ 9,502
20X1. 12. 31	₩ 966	₩ 800	₩ 166	9,668
20X2. 12. 31	966	800	166	9,834
20X3. 12. 31	966	800	166	10,000
	₩ 2,898	₩ 2,400	₩ 498	

정액법은 사채할인발행차금을 매년 균등하게 상각하는 방법이다. 사례에서 사채할인발행차금이 총 ₩ 498이므로 매년 ₩ 166(498 ÷ 3)을 상각한다. 이자비용 역시 매년 균등하게 인식하므로 3년간 총 이자비용 ₩ 2,898을 매년 ₩ 966(2,898 ÷ 3)씩 나누어 인식한다. 정액법에 의한 분개는 아래와 같다.

20X1. 1. 1	(차) 현 금	9,502	(대) 사	채	10,000
	사채할인발행차금	498			
20X1. 12. 31	(차) 이 자 비 용	966	(대) 현	금	800
			사채할인발행차금	166
20X2. 12. 31	(차) 이 자 비 용	966	(대) 현	금	800
			사채할인발행차금	166
20X3. 12. 31	(차) 이 자 비 용	966	(대) 현	금	800
			사채할인발행차금	166
	사 채	10,000	현	금	10,000

6. 사채의 할증발행

유효이자율보다 표시이자율이 높은 경우 사채는 할증발행된다.

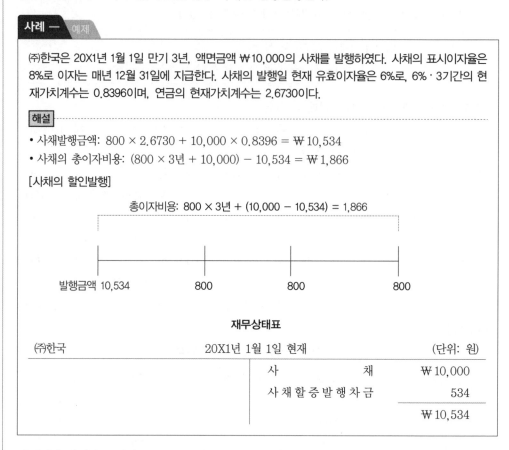

사례 — 예제

㈜한국은 20X1년 1월 1일 만기 3년, 액면금액 ₩10,000의 사채를 발행하였다. 사채의 표시이자율은 8%로 이자는 매년 12월 31일에 지급한다. 사채의 발행일 현재 유효이자율은 6%로, 6%·3기간의 현재가치계수는 0.8396이며, 연금의 현재가치계수는 2.6730이다.

해설 ....

- 사채발행금액: $800 \times 2.6730 + 10,000 \times 0.8396 = ₩10,534$
- 사채의 총이자비용: $(800 \times 3년 + 10,000) - 10,534 = ₩1,866$

[사채의 할인발행]

총이자비용: $800 \times 3년 + (10,000 - 10,534) = 1,866$

발행금액 10,534   800   800   800

재무상태표

㈜한국	20X1년 1월 1일 현재	(단위: 원)
	사 채	₩10,000
	사 채 할 증 발 행 차 금	534
		₩10,534

사례에서 발행자는 액면 ₩10,000의 사채를 발행하였는데 실제 발행금액은 ₩10,534이므로 차액인 ₩534만큼 비싸게 발행한 것과 마찬가지다. ₩534은 발행 시에 사채할증발행차금의 과목으로 사채의 부가적 평가계정으로 공시한다.

그런데 회사는 왜 사채를 사채할증발행차금 ₩534만큼 비싸게 발행한 것인가? 사채할증발행차금의 본질은 표시이자를 시장이자보다 많이 지급함에 따른 대가를 투자자들로부터 미리 수령한 금액이다. 쉽게 말해, 사채발행자가 시장이자율(6%)보다 더 많은 이자(8%)를 매기간 지급함으로 투자자들이 동 차액에 해당하는 이자를 미리 사채발행자에게 지급한 것이다.

사채할증발행차금은 이자수익의 성격을 갖고 있으므로 사채상환기간에 걸쳐 적절한 방법으로 상각하여 이자비용에서 차감한다. 결과적으로 사채발행자가 사채발행으로 인해 상환기간 동안 인식해야 할 총이자비용은 표시이자 지급액과 사채할증발행차금의 차액과 같다.

> **사채의 총이자비용** = 상환기간 동안의 표시이자 지급액 − 사채할증발행차금

한편 사채 발행회사는 만기 시 사채 투자자에게 액면금액만큼을 상환한다. 따라서 만기 시 사채의 장부금액은 언제나 액면금액과 동일한 금액이 되어야 한다. 사채의 장부금액이 액면금액

회사는 사채발행일에 투자자로부터 ₩10,534를 빌렸으나, 상환 시에는 액면금액 ₩10,000을 상환하게 된다. 미상환하는 ₩534이 사채할증발행차금에 해당하는데, 이 ₩534은 투자자로부터 차입하였으나 상환하지 않는 금액으로 이자수익의 성격을 갖는다.

과 동일한 금액이 되기 위해서는 사채할증발행차금 잔액이 0이어야 하므로, 사채발행 시에 인식했던 사채할증발행차금 ₩534은 만기까지의 기간 동안 0으로 상각되어야 한다.

사채할증발행차금을 0으로 상각할 때는 앞서 배운 이자의 인식방법인 유효이자율법과 정액법을 이용할 수 있다.

기업회계기준에서는 유효이자율법만 인정한다.

(1) 유효이자율법

사채할증발행차금상각표(유효이자율법)

날짜	실질이자(6%)	표시이자(8%)	차금상각액	장부금액
20X1. 1. 1				₩10,534
20X1. 12. 31	₩632	₩800	₩168	10,366
20X2. 12. 31	622	800	178	10,188
20X3. 12. 31	612	800	188	10,000
	₩1,866	₩2,400	₩534	

실질이자는 회사가 당기에 실제 부담해야 하는 이자로 회사가 인식할 이자비용을 의미한다.

사채할증발행차금상각표는 다음과 같은 논리로 작성된다.

① 20X1. 12. 31: 사채발행회사는 사채의 발행금액 ₩10,534에서 시장에서 요구하는 이자율인 6%를 곱한 값인 ₩632을 이자로 지급해야 하나 표시이자인 ₩800을 지급한다. 추가로 지급한 ₩168은 사채 일부를 미리 상환한 것으로 보고 사채의 장부금액에서 차감한다.

② 20X2. 12. 31: 사채의 전기 말 장부금액이 ₩10,366이 되었으므로 사채발행회사는 시장에서 요구하는 이자인 ₩622을 이자로 지급해야 하나 표시이자인 ₩800을 지급한다. 추가로 지급한 ₩178은 사채 일부를 미리 상환한 것으로 보고 사채의 장부금액에서 차감한다.

③ 20X3. 12. 31: 사채의 전기 말 장부금액이 ₩10,188이 되었으므로 사채발행회사는 시장에서 요구하는 이자인 ₩612을 이자로 지급해야 하나 표시이자인 ₩800을 지급한다. 추가로 지급한 ₩188은 사채 일부를 미리 상환한 것으로 보고 사채의 장부금액에서 차감한다.

④ 사채의 만기일에는 사채의 장부금액이 ₩10,000으로 액면금액과 정확히 일치하게 되고 사채발행회사는 만기일에 현금 ₩10,000을 지급하고 사채를 상환한다.

사채할증발행차금상각표에서는 다음과 같은 사실들이 확인된다.

① 실질이자는 사채 상환기간 동안 발행자가 부담해야 할 총이자로 표시이자와 사채할증발행차금 상각액의 차액과 일치한다. 따라서 '사채의 총이자비용 = 상환기간 동안의 표시이자 지급액 − 사채할증발행차금'의 식이 성립함을 알 수 있다.

② 사채를 할증발행한 경우 기간이 경과하면서 사채의 장부금액이 감소하고 이에 비례해서 이자비용도 감소한다. 또한 이자비용은 언제나 다음과 같은 식으로 계산된다.

> 당기의 이자비용 = 전기 말 사채의 장부금액 × 유효이자율

선생님 TIP

공무원 회계학에서는 사채의 장부금액(상각후원가)을 구하는 것이 중요하다.

③ 사채할증발행차금 상각액은 매년 증가한다. 사채할증발행차금 상각액이 증가할 때 일정한 규칙이 있는데, 사채할증발행차금 상각액은 매년 유효이자율만큼 증가한다. 즉, 당기의 사채할증발행차금상각액은 아래와 같이 계산할 수 있다.

> 당기의 사채할증발행차금 상각액
> = 전기의 사채할증발행차금 상각액 × (1 + 유효이자율)

유효이자율법에 의한 분개는 아래와 같다.

20X1. 1. 1 (차)	현	금	10,534	(대)	사	채	10,000
					사채할증발행차금		534
20X1. 12. 31 (차)	이 자 비 용		632	(대)	현	금	800
	사채할증발행차금		168				
20X2. 12. 31 (차)	이 자 비 용		622	(대)	현	금	800
	사채할증발행차금		178				
20X3. 12. 31 (차)	이 자 비 용		612	(대)	현	금	800
	사채할증발행차금		188				
	사	채	10,000		현	금	10,000

(2) 정액법

사채할증발행차금상각표(정액법)

날짜	실질이자(6%)	표시이자(8%)	차금상각액	장부금액
20X1. 1. 1				₩ 10,534
20X1. 12. 31	₩ 622	₩ 800	₩ 178	10,356
20X2. 12. 31	622	800	178	10,178
20X3. 12. 31	622	800	178	10,000
	₩ 1,866	₩ 2,400	₩ 534	

정액법은 사채할증발행차금을 매년 균등하게 상각하는 방법이다. 사례에서 사채할증발행차금이 총 ₩ 534이므로 매년 ₩ 178(534 ÷ 3)을 상각한다. 이자비용 역시 매년 균등하게 인식하므로 3년간 총 이자비용 ₩ 1,866을 매년 ₩ 622(1,866 ÷ 3)씩 나누어 인식한다.

정액법에 의한 분개는 다음과 같다.

20X1. 1. 1 (차)	현	금	10,534	(대)	사	채	10,000
					사채할증발행차금		534
20X1. 12. 31 (차)	이 자 비 용		622	(대)	현	금	800
	사채할증발행차금		178				

20X2. 12. 31 (차)	이 자 비 용	622	(대)	현	금	800
	사채할증발행차금	178				
20X3. 12. 31 (차)	이 자 비 용	622	(대)	현	금	800
	사채할증발행차금	178				
	사 채	10,000		현	금	10,000

7. 사채발행방법의 비교

사채의 발행형태에 따라 사채의 장부금액, 이자비용, 사채발행차금 상각액은 아래와 같이 변화한다.

[사채의 할인발행]

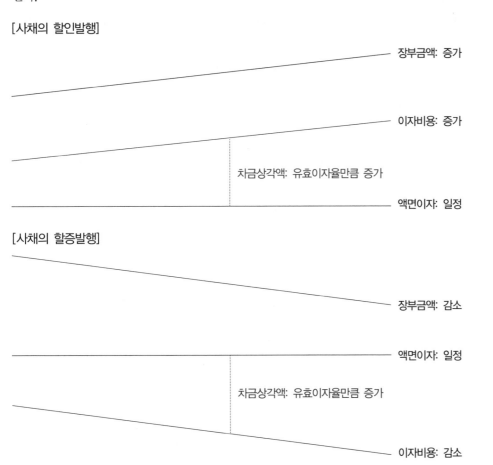

액면이자보다 이자비용이 높은 경우 사채는 할인발행된다.

[사채의 할증발행]

[사채발행방법의 비교]

구분	할인발행		할증발행	
	유효이자율법	정액법	유효이자율법	정액법
사채의 장부금액	증가	증가	감소	감소
이자비용	증가	일정	감소	일정
액면이자	일정	일정	일정	일정
사채발행차금상각액	증가	일정	증가	일정

3 사채와 관련된 기타주제

1. 사채의 중도상환

사채발행회사가 사채를 만기일 이전에 상환하는 경우에는 사채의 상환금액과 사채의 장부금액이 일치하지 않으므로 사채상환손익이 발생한다. 사채상환손익은 사채의 상환금액과 장부금액의 차액으로 계산된다.

(1) 이자지급일의 중도상환

사례 — 예제

아래에 주어진 ㈜한국의 사채관련 자료를 이용하여 (1)과 (2)의 상황에서 ㈜한국이 인식할 사채상환손익을 구하시오.

- ㈜한국의 20X1년 1월 1일 현재 사채의 장부금액은 ₩9,500이다.
- 사채의 발생 당시 유효이자율은 10%이고, 사채의 액면금액은 ₩10,000, 표시이자율은 8%이며, 이자지급일은 매년 12월 31일이다.
- ㈜한국은 위의 사채를 20X1년 12월 31일, ₩10,000에 취득한 후 즉시 소각하였다.

(1) ㈜한국이 사채와 액면이자를 포함하여 ₩10,000에 상환한 경우
(2) ㈜한국이 액면이자는 별도로 지급하고 사채만 ₩10,000에 상환한 경우

해설

(1) ㈜한국이 사채와 액면이자를 포함하여 ₩10,000에 상환한 경우

사채가 할인발행된 경우, 사채의 장부금액은 매년 증가한다. 따라서 20X1년 12월 31일에 ㈜한국이 상환해야 할 금액은 다음의 3가지로 구성된다.

① 20X1년 초 사채의 장부금액: ₩9,500

② 20X1년 말까지 사채장부금액 증가액(= 사채할인발행차금 상각액)
  - 사채발행차금 상각액은 언제나 실질이자와 액면이자의 차액으로 계산한다.
  - $9,500 \times 10\% - 10,000 \times 8\% = ₩150$

③ 20X1년의 액면이자 지급액: $10,000 \times 8\% = ₩800$

따라서 ㈜한국이 20X1년 말에 상환해야 할 금액은 아래와 같이 계산된다.

  - ㈜한국이 상환해야 할 금액: $9,500(①) + 150(②) + 800(③) = ₩10,450$

[㈜한국이 상환해야 할 금액]

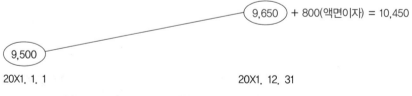

위의 식에서 ② 사채할인발행차금 상각액과 ③ 액면이자 지급액의 합은 실질이자와 같다. 따라서 ㈜한국이 20X1년 말에 상환해야 할 금액은 아래와 같이 간단하게 계산할 수 있다.

사채발행차금 상각액
= 실질이자 − 액면이자

- ㈜한국이 상환해야 할 금액: 9,500(①) + <u>150(②) + 800(③)</u>

$$= 실질이자 = 9,500 \times 10\%$$

$$= 9,500 + 9,500 \times 10\% = ₩\,10,450$$

㈜한국이 상환해야 할 금액은 ₩10,450이지만, ㈜한국은 실제 ₩10,000을 상환하였으므로 ₩450만큼 싸게 상환하여 상환이익이 발생한다.

- 사채상환손익: $10,450 - 10,000 = ₩450(이익)$

(2) ㈜한국이 액면이자는 별도로 지급하고 사채만 ₩10,000에 상환한 경우

㈜한국이 액면이자는 별도로 상환하였으므로 20X1년 12월 31일에 ㈜한국이 상환해야 할 금액은 다음의 2가지로 구성된다.

① 20X1년 초 사채의 장부금액: ₩9,500

② 20X1년 말까지 사채장부금액 증가액(= 사채할인발행차금 상각액)
- 사채발행차금 상각액은 언제나 실질이자와 액면이자의 차액으로 계산한다.
- $9,500 \times 10\% - 10,000 \times 8\% = ₩150$

- ㈜한국이 상환해야 할 금액: $9,500(①) + 150(②) = ₩9,650$

[㈜한국이 상환해야 할 금액]

20X1. 1. 1   20X1. 12. 31

- 사채상환손익: $9,650 - 10,000 = ₩350(손실)$

선생님 TIP

사례에서 ㈜한국의 사채 상환일이 20X1년 12월 31일이 아닌 20X2년 1월 1일이라고 한다면, ㈜한국은 액면이자를 제외하고 사채만 상환한 것으로 본다.

(2) 이자지급일 사이의 중도상환

사례 ― 예제

아래에 주어진 ㈜한국의 사채관련 자료를 이용하여 (1)과 (2)의 상황에서 ㈜한국이 인식할 사채상환손익을 구하시오.

- ㈜한국의 20X1년 1월 1일 현재 사채의 장부금액은 ₩9,500이다.
- 사채의 발생 당시 유효이자율은 10%이고, 사채의 액면금액은 ₩10,000, 표시이자율은 8%이며, 이자지급일은 매년 12월 31일이다.
- ㈜한국은 위의 사채를 20X1년 7월 1일, ₩9,600에 취득한 후 즉시 소각하였다.

(1) ㈜한국이 사채와 액면이자를 포함하여 ₩9,600에 상환한 경우
(2) ㈜한국이 액면이자는 별도로 지급하고 사채만 ₩9,600에 상환한 경우

해설

(1) ㈜한국이 사채와 액면이자를 포함하여 ₩9,600에 상환한 경우

사채가 할인발행된 경우, 사채의 장부금액은 매년 증가한다. 따라서 20X1년 7월 1일에 ㈜한국이 상환해야 할 금액은 다음의 3가지로 구성된다.

① 20X1년 초 사채의 장부금액: ₩9,500

② 20X1년 7월 1일까지 사채장부금액 증가액(= 사채할인발행차금 상각액)
  - 사채발행차금 상각액은 언제나 실질이자와 액면이자의 차액으로 계산한다.

  $- (9,500 \times 10\% - 10,000 \times 8\%) \times \dfrac{6}{12} = \text{₩}75$

③ 20X1년 7월 1일까지 액면이자 지급액: $10,000 \times 8\% \times \dfrac{6}{12} = \text{₩}400$

  • ㈜한국이 상환해야 할 금액:

  $$9,500 + \underbrace{75 + 400}_{= \text{실질이자}} = 9,500 + 9,500 \times 10\% \times \dfrac{6}{12} = \text{₩}9,975$$

[㈜한국이 상환해야 할 금액]

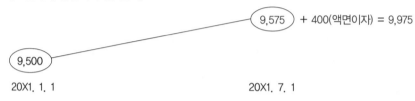

9,575 + 400(액면이자) = 9,975

9,500

20X1. 1. 1   20X1. 7. 1

  • 사채상환손익: $9,975 - 9,600 = \text{₩}375$(이익)

(2) ㈜한국이 액면이자는 별도로 지급하고 사채만 ₩9,600에 상환한 경우
  ㈜한국이 액면이자는 별도로 상환하였으므로 20X1년 7월 1일에 ㈜한국이 상환해야 할 금액은 다음의 2가지로 구성된다.
  ① 20X1년 초 사채의 장부금액: ₩9,500
  ② 20X1년 7월 1일까지 사채장부금액 증가액(= 사채할인발행차금 상각액)
    - 사채발행차금 상각액은 언제나 실질이자와 액면이자의 차액으로 계산한다.

    $- (9,500 \times 10\% - 10,000 \times 8\%) \times \dfrac{6}{12} = \text{₩}75$

  • ㈜한국이 상환해야 할 금액: $9,500 + 75 = \text{₩}9,575$

[㈜한국이 상환해야 할 금액]

9,575

9,500

20X1. 1. 1   20X1. 7. 1

  • 사채상환손익: $9,575 - 9,600 = \text{₩}25$(손실)

2. 이자지급을 연단위로 하지 않는 경우

문제에서는 주로 1년에 한 번, 대부분 기말에 이자를 지급하는 사례를 다룬다. 그러나 이자를 1년에 두 번 이상, 예를 들어 6월 30일과 12월 31일에 지급하는 경우에는 어떻게 할 것인가?

사채의 발행금액은 언제나 미래 현금흐름의 현재가치이므로 이런 경우에는 6개월 후의 현금흐름을 평가할 수 있는 6개월의 현재가치계수가 주어져야 한다. 그러나 현재가치계수는 언제나 1기간 단위로 주어지고, 6개월의 현재가치계수는 주어지지 않는다.

이런 경우에는 6개월을 1기간으로 간주하고 문제를 해결한다. 예를 들어 액면이자율 8%, 유효이자율이 10%이고, 만기가 3년인 사채가 있는데, 이자를 6월 30일과 12월 31일로 나누어 지급한다고 하자. 이런 경우에는 6개월을 1기간으로 보고, 사채의 액면이자율 4%, 유효이자율 5%, 만기 6기간인 사채라 간주하고 문제를 해결한다.

사례 ─ 예제

아래의 자료를 이용하여 ㈜한국이 발행한 사채와 관련한 사채발행차금상각표를 작성하고 20X1년에 ㈜한국이 수행할 분개를 보이시오.

- ㈜한국은 20X1년 1월 1일, 액면금액 ₩10,000의 사채를 발행하였다. 사채의 표시이자율은 연 8%로 매년 6월 30일과 12월 31일로 나누어 이자를 지급한다.
- ㈜한국이 발행한 사채의 만기는 3년이며, 발행일 현재 유효이자율은 연 10%이다.
- 5% · 6기간의 현재가치계수는 0.7462, 연금의 현재가치계수는 5.0757이다.

해설

- 사채발행금액: 400 × 5.0757 + 10,000 × 0.7462 = ₩9,492

사채할인발행차금상각표(유효이자율법)

날짜	실질이자(5%)	표시이자(4%)	차금상각액	장부금액
20X1. 1. 1				₩9,492
20X1. 6. 30	₩475	₩400	₩75	9,567
20X1. 12. 31	478	400	78	9,645
20X2. 6. 30	482	400	82	9,727
20X2. 12. 31	486	400	86	9,813
20X3. 6. 30	491	400	91	9,904
20X3. 12. 31	496	400	96	10,000
	₩2,908	₩2,400	₩508	

20X1. 1. 1	(차) 현 금	9,492	(대) 사 채	10,000
	사채할인발행차금	508		
20X1. 6. 30	(차) 이 자 비 용	475	(대) 현 금	400
			사채할인발행차금	75
20X1. 12. 31	(차) 이 자 비 용	478	(대) 현 금	400
			사채할인발행차금	78

---

3. 이자지급일과 보고기간 말이 다른 경우

회계는 현금주의가 아닌 발생주의에 의해 이자비용을 인식하므로 보고기간 말(12월 31일)에 액면이자를 지급하지 않는다고 해도 당기의 이자비용을 인식하는 회계처리를 수행해야 한다. 다만 액면이자를 지급하는 것은 아니므로 당기에 해당하는 액면이자를 미지급이자로 계상한다.

예를 들어, ㈜한국의 보고기간 말은 12월 31일이고 사채의 이자지급일은 매년 6월 30일이라고 할 경우, ㈜한국은 12월 31일에 액면이자를 지급하는 것은 아니지만 당기분에 해당하는 6개월의 이자비용을 인식하는 회계처리를 해야 한다.

[보고기간 말과 이자지급일이 다른 경우]

X1. 7. 1 사채발행   X1. 12. 31 결산일   X2. 6. 30 이자지급일

6개월분 이자비용 인식   6개월분 이자비용 인식

사례 ― 예제

㈜한국은 20X1년 7월 1일 만기 3년, 액면금액 ₩10,000의 사채를 발행하였다. 사채의 표시이자율은 8%로 매년 6월 30일에 지급한다. 사채의 발행일 현재 유효이자율은 10%로, 10%·3기간의 현재가치계수는 0.7513이며, 연금의 현재가치계수는 2.4868이다. ㈜한국의 결산일은 12월 31일이다. ㈜한국이 동 사채와 관련하여 20X1년과 20X2년에 수행할 회계처리를 보이시오.

해설

• 사채발행금액: $800 \times 2.4868 + 10,000 \times 0.7513 = ₩9,502$

사채할인발행차금상각표(유효이자율법)

날짜	실질이자(10%)	표시이자(8%)	차금상각액	장부금액
20X1. 7. 1				₩9,502
20X2. 6. 30	₩950	₩800	₩150	9,652
20X3. 6. 30	965	800	165	9,817
20X4. 6. 30	983	800	183	10,000
	₩2,898	₩2,400	₩498	

20X1. 7. 1	(차) 현 금	9,502	(대) 사 채	10,000
	사채할인발행차금	498		
20X1. 12. 31	(차) 이 자 비 용	475[*1]	(대) 미 지 급 이 자	400[*2]
			사채할인발행차금	75[*3]

(*1) 950(1차년도 이자비용) $\times \dfrac{6}{12} = ₩475$ (*2) 800(1차년도 액면이자) $\times \dfrac{6}{12} = ₩400$

(*3) 150(1차년도 차금상각액) $\times \dfrac{6}{12} = ₩75$

20X2. 6. 30	(차) 미 지 급 이 자	400	(대) 현 금	800
	이 자 비 용	475[*1]	사채할인발행차금	75[*2]

(*1) 950(1차년도 이자비용) $\times \dfrac{6}{12} = ₩475$ (*2) 150(1차년도 차금상각액) $\times \dfrac{6}{12} = ₩75$

20X2. 12. 31	(차) 이 자 비 용	483[*1]	(대) 미 지 급 이 자	400[*2]
			사채할인발행차금	83[*3]

(*1) 965(2차년도 이자비용) $\times \dfrac{6}{12} = ₩483$ (*2) 800(2차년도 액면이자) $\times \dfrac{6}{12} = ₩400$

(*3) 165(2차년도 차금상각액) $\times \dfrac{6}{12} = ₩83$

4 충당부채

1. 충당부채의 기초

충당부채는 지출하는 시기 또는 금액이 불확실한 부채를 말한다.

충당부채는 결제에 필요한 미래 지출의 시기 또는 금액에 불확실성이 있다는 점에서 매입채무
와 미지급비용과 같은 그 밖의 부채와 구별된다.

① 매입채무는 공급받은 재화나 제공받은 용역에 대하여, 청구서를 받았거나 공급자와 공식적
   으로 합의한 경우에 지급하여야 하는 부채이다.
② 미지급비용은 공급받은 재화나 제공받은 용역에 대하여, 아직 그 대가를 지급하지 않았거나
   청구서를 받지 않았거나 공급자와 공식적으로 합의하지 않은 경우에 지급하여야 하는 부채
   (미지급유급휴가비용처럼 종업원에게 지급할 의무가 있는 금액 포함)이다. 미지급비용도 지
   급하는 시기나 금액의 추정이 필요한 경우가 있지만 일반적으로 충당부채보다는 불확실성
   이 훨씬 작다.

충당부채는 다음의 요건을 모두 충족하는 경우에 인식한다.

① 과거사건의 결과로 현재의무(법적의무나 의제의무)가 존재한다.
② 해당 의무를 이행하기 위하여 경제적 효익이 있는 자원을 유출할 가능성이 높다.
③ 해당 의무를 이행하기 위하여 필요한 금액을 신뢰성 있게 추정할 수 있다.

인식기준을 충족하지 못하여 부채로 인식하지 않는 경우에는 우발부채라는 용어를 사용한다.

우발부채는 다음 중 하나에 해당하는 의무이다.

① 과거사건으로 생겼으나, 기업이 전적으로 통제할 수는 없는 하나 이상의 불확실한 미래 사
   건의 발생 여부로만 그 존재 유무를 확인할 수 있는 잠재적 의무
② 과거사건으로 생겼으나, 다음 ㉠이나 ㉡의 경우에 해당하여 인식하지 않는 현재의무
   ㉠ 해당 의무를 이행하기 위하여 경제적 효익이 있는 자원을 유출할 가능성이 높지 않은 경우
   ㉡ 해당 의무의 이행에 필요한 금액을 신뢰성 있게 측정할 수 없는 경우

충당부채와 우발부채는 다음과 같이 구별된다.

> 우발부채는 충당부채의 요건
> 세 가지 중 하나 이상을 충족
> 하지 못하는 의무이다.

① 충당부채는 현재의무이고 이를 이행하기 위하여 경제적 효익이 있는 자원을 유출할 가능성
   이 높고 해당 금액을 신뢰성 있게 추정할 수 있으므로 부채로 인식한다.
② 우발부채는 다음의 ㉠ 또는 ㉡의 이유로 부채로 인식하지 아니한다.
   ㉠ 기업이 경제적 효익이 있는 자원을 유출할 현재의무를 가지고 있는지가 아직 확인되지
      않은 잠재적 의무이다.
   ㉡ 현재의무이지만 이를 이행하기 위하여 경제적 효익이 있는 자원을 유출할 가능성이 높
      지 않거나 해당 금액을 신뢰성 있게 추정할 수 없으므로 이 기준서의 인식기준을 충족하
      지 못한다.

🔍 표로 미리보기 | 충당부채와 우발부채

구분	신뢰성 있게 추정가능	추정 불가능
자원유출가능성 높음(50% 초과)	충당부채로 인식	우발부채로 주석공시
자원유출가능성 높지 않음	우발부채로 주석공시	우발부채로 주석공시
자원유출가능성 아주 낮음(희박)	공시하지 않음	공시하지 않음

(1) 현재의무

현재의무는 의무발생사건에 의해 발생한 법적의무와 의제의무를 포함한다.

① 법적의무: 다음 중 하나에서 생기는 의무
  ㉠ 명시적 또는 암묵적 조건에 따른 계약
  ㉡ 법률
  ㉢ 그 밖의 법적 효력

② 의제의무: 다음 조건을 모두 충족하는 기업의 행위에 따라 생기는 의무
  ㉠ 과거의 실무관행, 발표된 경영방침, 구체적이고 유효한 약속 등으로 기업이 특정 책임을 부담할 것이라고 상대방에게 표명함
  ㉡ 위 ㉠의 결과로 기업이 해당 책임을 이행할 것이라는 정당한 기대를 상대방이 갖도록 함

드물지만 현재의무가 있는지 분명하지 않은 경우가 있다. 이 경우에는 사용할 수 있는 증거를 모두 고려하여 보고기간 말에 현재의무가 존재할 가능성이 존재하지 않을 가능성보다 높으면(more likely than not) 과거사건이 현재의무를 생기게 한 것으로 본다.

드물지만 진행 중인 소송과 같이 어떤 사건이 실제로 일어났는지 또는 해당 사건으로 현재의무가 생겼는지 분명하지 않은 경우가 있다. 이러한 경우에는 사용할 수 있는 증거(예 전문가의 의견)를 모두 고려하여 보고기간 말에 현재의무가 존재하는지를 판단한다. 이때 보고기간후사건이 제공하는 추가 증거도 고려한다. 고려한 증거를 바탕으로 다음과 같이 처리한다.

① 보고기간 말에 현재의무가 존재할 가능성이 존재하지 않을 가능성보다 높고 인식기준을 충족하는 경우에는 충당부채를 인식한다.
② 보고기간 말에 현재의무가 존재하지 않을 가능성이 높더라도 경제적 효익이 있는 자원을 유출할 가능성이 희박하지(remote) 않다면 우발부채를 공시한다.

미래 영업에서 생길 원가는 현재의무가 아니므로 부채의 요건을 만족시키지 못한다.

재무제표는 미래 시점의 예상 재무상태가 아니라 보고기간 말의 재무상태를 표시하는 것이므로, 미래 영업에서 생길 원가는 충당부채로 인식하지 아니한다. 보고기간 말에 존재하는 부채만을 재무상태표에 인식한다.

기업의 미래 행위(미래 사업행위)와 관계없이 존재하는 과거사건에서 생긴 의무만을 충당부채로 인식한다. 예를 들면 불법적인 환경오염으로 인한 범칙금이나 환경정화비용은 기업의 미래 행위에 관계없이 해당 의무의 이행에 경제적 효익이 있는 자원의 유출을 불러온다. 이와 마찬가지로 유류보관시설이나 원자력 발전소 때문에 이미 일어난 피해에 대하여 기업은 복구할 의무가 있는 범위에서 유류보관시설이나 원자력 발전소의 사후처리원가와 관련된 충당부채를 인식한다.

반면에 상업적 압력이나 법률 규정 때문에 공장에 특정 정화장치를 설치하는 지출을 계획하고 있거나 그런 지출이 필요한 경우에는 공장 운영방식을 바꾸는 등의 미래 행위로 미래의 지출을 회피할 수 있으므로 미래에 지출을 해야 할 현재의무는 없으며 충당부채도 인식하지 아니한다.

의무에는 언제나 해당 의무의 이행 대상이 되는 상대방이 존재한다. 그러나 상대방이 누구인지 반드시 알아야 하는 것은 아니며 경우에 따라서는 일반 대중일 수도 있다. 의무에는 반드시 상대방에 대한 확약이 포함되므로, 경영진이나 이사회의 결정이 보고기간 말이 되기 전에 충분히 구체적인 방법으로 전달되어 기업이 자신의 책임을 이행할 것이라는 정당한 기대를 상대방에게 갖도록 해야만 해당 결정이 의제의무를 생기게 하는 것으로 본다.

어떤 사건은 발생 당시에는 현재의무를 생기게 하지 않지만 나중에 의무를 생기게 할 수 있다. 법률이 제정·개정되면서 의무가 생기거나 기업의 행위(예 충분할 정도로 구체적인 공표)에 따라 나중에 의제의무가 생기는 경우가 있기 때문이다. 예를 들어, 일어난 환경오염에 대하여 지금 당장 정화해야 하는 의무가 없는 경우에도 나중에 새로운 법률에서 그러한 환경오염을 정화하도록 요구하거나 기업이 그러한 정화의무를 의제의무로서 공개적으로 수용한다면, 해당 법률의 제정·개정 시점이나 기업의 공개적인 수용 시점에 그 환경오염을 일으킨 것은 의무발생사건이 된다.

입법 예고된 법률의 세부 사항이 아직 확정되지 않은 경우에는 해당 법안대로 제정될 것이 거의 확실한(virtually certain) 때에만 의무가 생긴 것으로 본다.

(2) 경제적 효익이 있는 자원의 유출 가능성

부채로 인식하기 위해서는 현재의무가 존재하여야 할 뿐만 아니라 해당 의무를 이행하기 위하여 경제적 효익이 있는 자원의 유출 가능성이 높아야 한다. 특정 사건이 일어날 가능성이 일어나지 않을 가능성보다 높은 경우(more likely than not to occur)에 자원의 유출이나 그 밖의 사건이 일어날 가능성이 높다(probable)고 본다.

현재의무의 존재 가능성이 높지 않은 경우에는 우발부채를 공시한다. 다만 해당 의무를 이행하기 위하여 경제적 효익이 있는 자원을 유출할 가능성이 희박한 경우에는 공시하지 아니한다.

제품보증이나 이와 비슷한 계약 등 비슷한 의무가 다수 있는 경우에 의무 이행에 필요한 자원의 유출 가능성은 해당 의무 전체를 고려하여 판단한다. 비록 개별 항목에서 의무 이행에 필요한 자원의 유출 가능성이 높지 않더라도 전체적인 의무 이행에 필요한 자원의 유출 가능성이 높을 경우(그 밖의 인식기준이 충족된다면)에는 충당부채를 인식한다.

(3) 의무의 신뢰성 있는 추정

추정치의 사용은 재무제표 작성에 반드시 필요하며 재무제표의 신뢰성을 떨어뜨리지 않는다. 이는 충당부채의 경우에 더욱 그렇다. 충당부채의 특성상 재무상태표의 다른 항목보다 불확실성이 더 크기 때문이다.

극히 드문 경우로 신뢰성 있는 금액의 추정을 할 수 없는 때에는 부채로 인식하지 않고 우발부채로 공시한다.

충당부채로 인식하는 금액은 현재의무를 보고기간 말에 이행하기 위하여 필요한 지출에 대한 최선의 추정치이어야 한다. 현재의무를 이행하기 위하여 필요한 지출에 대한 최선의 추정치는 보고기간 말에 의무를 이행하거나 제삼자에게 이전하는 경우에 합리적으로 지급하여야 하는 금액이다.

보고기간 말마다 충당부채의 잔액을 검토하고, 보고기간 말 현재 최선의 추정치를 반영하여 조정한다. 의무를 이행하기 위하여 경제적 효익이 있는 자원을 유출할 가능성이 높지 않게 된 경우에는 관련 충당부채를 환입한다.

화폐의 시간가치 영향이 중요한 경우에 충당부채는 의무를 이행하기 위하여 예상되는 지출액의 현재가치로 평가한다.

2. 우발부채

우발부채는 재무제표에 인식하지 아니한다. 의무를 이행하기 위하여 경제적 효익이 있는 자원을 유출할 가능성이 희박하지 않다면 우발부채를 공시한다.

제삼자와 연대하여 의무를 지는 경우에는 이행할 전체 의무 중 제삼자가 이행할 것으로 예상되는 부분을 우발부채로 처리한다.

우발부채는 처음에 예상하지 못한 상황에 따라 변할 수 있으므로, 경제적 효익이 있는 자원의 유출 가능성이 높아졌는지를 판단하기 위하여 우발부채를 지속적으로 평가한다. 과거에 우발부채로 처리하였더라도 미래 경제적 효익의 유출 가능성이 높아진 경우에는 그러한 가능성의 변화가 생긴 기간의 재무제표에 충당부채로 인식한다(신뢰성 있게 추정할 수 없는 극히 드문 경우는 제외).

3. 우발자산

우발자산은 과거사건으로 생겼으나, 기업이 전적으로 통제할 수는 없는 하나 이상의 불확실한 미래 사건의 발생 여부로만 그 존재 유무를 확인할 수 있는 잠재적 자산이다.

우발자산은 재무제표에 인식하지 아니한다.

일반적으로 우발자산은 사전에 계획하지 않았거나 다른 예상하지 못한 사건으로 생기며, 그 사건은 경제적 효익의 유입 가능성을 불러온다. 기업이 제기하였으나 그 결과가 불확실한 소송을 예로 들 수 있다.

미래에 전혀 실현되지 않을 수도 있는 수익을 인식하는 결과를 가져올 수 있기 때문에 우발자산은 재무제표에 인식하지 아니한다. 그러나 수익의 실현이 거의 확실하다면 관련 자산은 우발자산이 아니므로 해당 자산을 재무제표에 인식하는 것이 타당하다.

우발자산은 경제적 효익의 유입 가능성이 높은 경우에 다음과 같이 공시한다.

→ 경제적 효익의 유입 가능성이 높은 우발자산에 대해서는 보고기간 말에 우발자산의 특성에 대해 간결하게 설명을 공시하고 실무적으로 적용할 수 있는 경우에는 재무적 영향의 추정 금액을 공시한다.

관련 상황의 변화가 적절하게 재무제표에 반영될 수 있도록 우발자산을 지속적으로 평가한다. 상황 변화로 경제적 효익의 유입이 거의 확실하게 되는 경우에는 그러한 상황변화가 일어난 기간의 재무제표에 그 자산과 관련 이익을 인식한다. 경제적 효익의 유입 가능성이 높아진 경우에는 우발자산을 공시한다.

4. 충당부채 관련 기타사항

(1) 미래사건

현재의무를 이행하기 위하여 필요한 지출 금액에 영향을 미치는 미래 사건이 일어날 것이라는 충분하고 객관적인 증거가 있는 경우에는 그 미래 사건을 고려하여 충당부채 금액을 추정한다.

예를 들면, 내용연수 종료 후에 부담하여야 하는 오염 지역의 정화원가는 미래의 기술변화에 따라 감소할 수 있다. 이 경우에 부채 인식금액은 정화시점에 이용할 수 있는 기술에 대하여 사용할 수 있는 모든 증거를 고려하여 자격이 있는 독립된 전문가의 합리적인 예측을 반영한다. 그러나 충분하고 객관적인 증거로 뒷받침되지 않는다면 정화와 관련하여 완전히 새로운 기술 개발을 예상해서는 안 된다.

새로운 법률의 제정이 거의 확실하다는 충분하고 객관적인 증거가 존재할 때 해당 법률의 영향을 고려하여 충당부채를 측정한다. 그러나 일반적으로 새로운 법률이 제정되기 전까지는 충분하고 객관적인 증거가 존재하지 않는다.

(2) 예상되는 자산 처분

예상되는 자산 처분이익은 충당부채를 측정하는 데 고려하지 아니한다.

예상되는 자산 처분이 충당부채를 생기게 한 사건과 밀접하게 관련되었더라도 예상되는 자산 처분이익은 충당부채를 측정하는 데 고려하지 아니한다. 예상되는 자산 처분이익은 해당 자산의 처분이 실현되는 시점에 인식한다.

(3) 변제

충당부채를 결제하기 위하여 필요한 지출액의 일부나 전부를 제삼자가 변제할 것으로 예상되는 경우에는 기업이 의무를 이행한다면 변제를 받을 것이 거의 확실하게 되는 때에만 변제금액을 별도의 자산으로 인식하고 회계처리한다. 다만, 자산으로 인식하는 금액은 관련 충당부채 금액을 초과할 수 없다.

충당부채와 관련하여 포괄손익계산서에 인식한 비용은 제삼자의 변제와 관련하여 인식한 금액과 상계하여 표시할 수 있다.

어떤 의무를 제삼자와 연대하여 부담하는 경우에 이행하여야 하는 전체 의무 중에서 제삼자가 이행할 것으로 예상되는 정도까지만 우발부채로 처리한다.

(4) 충당부채의 사용

충당부채는 최초 인식과 관련 있는 지출에만 사용한다.

본래의 충당부채와 관련된 지출에만 그 충당부채를 사용한다. 당초에 다른 목적으로 인식된 충당부채를 그 목적이 아닌 지출에 사용하면 서로 다른 두 사건의 영향이 적절하게 표시되지 않는다.

(5) 미래의 예상 영업손실

미래의 예상 영업손실은 충당부채로 인식하지 아니한다.

미래의 예상 영업손실은 부채의 정의에 부합하지 않을 뿐만 아니라 충당부채의 인식기준도 충족하지 못한다. 그러나 미래에 영업손실이 예상되는 경우에는 영업과 관련된 자산이 손상되었을 가능성이 있으므로 손상검사를 수행한다.

(6) 손실부담계약

손실부담계약이란 계약상 의무의 이행에 필요한 회피 불가능 원가가 그 계약에서 받을 것으로 예상되는 경제적 효익을 초과하는 계약을 말한다.

계약상 의무의 이행에 필요한 회피 불가능 원가는 다음의 ①과 ② 중에서 적은 금액으로 측정한다.

① 계약을 이행하기 위하여 필요한 원가
② 계약을 이행하지 못하였을 때 지급하여야 할 보상금이나 위약금

손실부담계약을 체결하고 있는 경우에는 관련된 현재의무를 충당부채로 인식하고 측정한다.

(7) 공시

극히 드문 경우이지만 기업회계기준에서 요구하는 사항을 공시하는 것이 해당 충당부채, 우발부채, 우발자산과 관련하여 진행 중인 상대방과의 분쟁에 현저하게 불리한 영향을 미칠 것으로 예상되는 경우에는 그에 관한 공시를 생략할 수 있다. 다만 해당 분쟁의 전반적인 특성과 공시를 생략한 사실 및 사유는 공시하여야 한다.

5. 제품보증충당부채

제조자는 제품을 판매하는 시점에 구매자에게 제품보증을 약속한다. 예를 들어, 판매한 날부터 3년 이내에 제조상 결함이 명백한 경우에 제조자는 판매 계약 조건에 따라 수선이나 교체를 해준다.

다음과 같은 이유로 판매자는 제품보증충당부채를 인식한다.

① 과거 의무발생사건의 결과로 생기는 현재의무: 의무발생사건은 제품보증을 포함한 제품의 판매이며, 이는 법적의무를 생기게 한다.

② 해당 의무 이행에 따른 경제적 효익이 있는 자원의 유출: 제품보증을 전체적으로 볼 때 자원 유출 가능성이 높다.

③ 결론: 충당부채는 보고기간 말이 되기 전에 판매된 제품의 보증을 이행하는 원가의 최선의 추정치로 인식한다.

사례 ─ 예제

(1) ㈜한국은 자사의 제품을 판매하면서 판매 후 1년간 발생하는 하자에 대해서 무상으로 수리해주기로 하였다.

(2) ㈜한국은 무상보증비용 예상액을 매출액의 10%로 추정하였으며 각 회계연도의 매출액과 실제 제품보증 발생액은 다음과 같다.

	20X1년	20X2년
매출액	₩ 100,000	₩ 150,000
제품보증비 발생액		
20X1년도분	4,000	4,000
20X2년도분	–	5,000

㈜한국이 제품보증비와 관련하여 수행할 20X1년과 20X2년의 회계처리를 보이시오.

해설

20X1년 판매시	(차) 현 금	100,000	(대) 매 출	100,000
20X1년 보증시	(차) 제 품 보 증 비	4,000	(대) 현 금	4,000
20X1년 결산시	(차) 제 품 보 증 비	6,000	(대) 제품보증충당부채	6,000

※ 100,000 × 10% − 4,000 = ₩ 6,000

20X2년 판매시	(차) 현 금	150,000	(대) 매 출	150,000
20X2년 보증시	(차) 제품보증충당부채	6,000	(대) 현 금	9,000
	제 품 보 증 비	3,000		
20X2년 결산시	(차) 제 품 보 증 비	10,000	(대) 제품보증충당부채	10,000

※ 150,000 × 10% − 5,000 = ₩ 10,000

6. 경품충당부채

판매촉진을 위하여 판매하는 상품에 대하여 경품권을 증정하는 경우, 미래에 지급할 경품의 원가를 미리 부채로 인식해야 하는데 이를 경품충당부채라 한다. 경품제공은 상품의 판매라는 과거사건의 결과로 발생하는 현재의 의무로 자원의 유출 가능성이 높고 금액을 신뢰성 있게 추정할 수 있으므로 충당부채로 인식한다.

사례 — 예제

(1) ㈜한국은 자사의 상품을 판매하면서 판매하는 상품 1개당 1매의 경품권을 증정하고 있다.

(2) 경품권 10매에 대하여 경품 1개를 지급하는 조건이며 경품 1개의 원가는 ₩1,000이다.

(3) ㈜한국은 과거의 자료를 토대로 회수율을 50%로 예측하였으며 당기에 판매한 상품은 총 1,000개, 개당판매가격은 ₩5,000이다.

(4) 당기에 총 200매의 경품권이 회수되어 해당하는 경품을 고객에게 증정하였다.

A사가 경품비용과 관련하여 수행할 회계처리를 보이시오.

해설

| 판매시 | (차) 현 금 | 5,000,000 | (대) 매 출 | 5,000,000 |

| 경품증정시 | (차) 경 품 비 용 | 20,000 | (대) 경 품 | 20,000 |

※ 200매 ÷ 10매 × 1,000 = ₩20,000

| 결산시 | (차) 경 품 비 용 | 30,000 | (대) 경 품 충 당 부 채 | 30,000 |

※ (500매 − 200매) ÷ 10매 × 1,000 = ₩30,000

01 유효이자율보다 표시이자율이 낮은 경우 사채는 할인발행되고, 유효이자율보다 표시이자율이 높은 경우 사채는 할증발행된다. ( )

02 사채를 할인발행하는 경우 사채할인발행차금 상각액은 매기 증가하고, 사채를 할증발행하는 경우 사채할증발행차금 상각액은 매기 감소한다. ( )

03 사채를 할증발행하는 경우 액면이자 지급액은 언제나 이자비용보다 크다. ( )

04 충당부채는 지출하는 시기 또는 금액이 불확실한 부채를 말한다. ( )

05 충당부채의 요건 중 하나 이상을 만족하지 못한 경우를 우발부채라 하고 우발부채는 재무상태표에 부채로 보고하거나 주석으로 공시한다. ( )

06 유출가능성이 희박하더라도 우발부채는 주석으로 공시한다. ( )

07 충당부채는 현재가치평가를 하지 아니한다. ( )

08 우발자산은 재무제표에 인식하지 아니한다. ( )

09 충당부채와 관련하여 포괄손익계산서에 인식한 비용은 제삼자의 변제와 관련하여 인식한 금액과 상계하여 표시할 수 있다. ( )

01 ○
02 × 사채의 할인발행과 할증발행의 경우 모두 차금상각액은 매기 증가한다.
03 ○
04 ○
05 × 우발부채는 주석으로 공시한다.
06 × 자원의 유출가능성이 희박한 우발부채는 공시하지 않는다.
07 × 화폐의 시간가치 영향이 중요한 경우에 충당부채는 의무를 이행하기 위하여 예상되는 지출액의 현재가치로 평가한다.
08 ○
09 ○

1 사채의 장부금액 계산

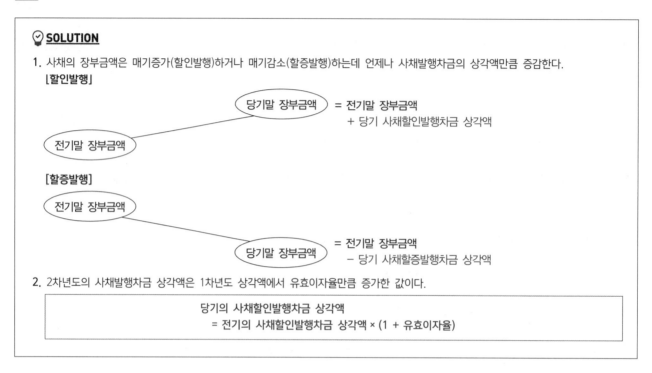

⊘ SOLUTION

1. 사채의 장부금액은 매기증가(할인발행)하거나 매기감소(할증발행)하는데 언제나 사채발행차금의 상각액만큼 증감한다.

   [할인발행]

   당기말 장부금액 = 전기말 장부금액
   + 당기 사채할인발행차금 상각액

   전기말 장부금액

   [할증발행]

   전기말 장부금액

   당기말 장부금액 = 전기말 장부금액
   − 당기 사채할증발행차금 상각액

2. 2차년도의 사채발행차금 상각액은 1차년도 상각액에서 유효이자율만큼 증가한 값이다.

   > 당기의 사채할인발행차금 상각액
   > = 전기의 사채할인발행차금 상각액 × (1 + 유효이자율)

01 ㈜한국은 2013년 1월 1일 자금조달을 위해 액면가액 ₩10,000, 표시이자율 6%, 만기 3년, 매년 말 이자 지급 조건의 사채를 발행하였다. 사채를 발행할 당시 시장이자율이 12%였다면, 2014년도에 인식할 사채 관련 이자비용은? (단, 사채발행 시, 사채의 현재가치는 아래의 현재가치표를 이용하여 계산하고, 계산과 정에서 현가계수 외의 소수점 이하는 소수 첫째 자리에서 반올림한다)

2015년 관세직 9급

기간	6%		12%	
	단일금액	연금	단일금액	연금
3년	0.84	2.67	0.71	2.40

① ₩696   ② ₩1,025

③ ₩1,076   ④ ₩1,198

02 ㈜한국은 2011년 1월 1일에 액면금액이 ₩100,000, 만기가 3년, 이자지급일이 매년 12월 31일인 사채를 ₩92,269에 할인 발행하였다. 이 사채의 2012년 1월 1일 장부금액이 ₩94,651일 때, 액면이자율은? (유효이자율은 연 8%이고, 문제풀이 과정 중에 계산되는 모든 금액은 소수점 이하 반올림한다) 2013년 국가직 7급

① 4% ② 5%

③ 6% ④ 7%

03 ㈜한라는 2008년 1월 1일에 표시이자율 8%, 액면금액 ₩100,000인 3년 만기 사채를 ₩95,030에 발행하였다. 이자는 매년 12월 31일에 지급되며, 발생이자와 관련된 회계처리는 유효이자율법에 따르고 있다. 유효이자율이 10%일 때, 2009년 12월 31일 이 사채의 장부금액은? 2010년 국가직 9급

① ₩85,527 ② ₩93,527

③ ₩96,533 ④ ₩98,186

---

01 ③ • 사채의 발행금액: 10,000 × 0.71 + 600 × 2.4 = ₩8,540
  • 2013년 차금상각액: 8,540 × 12% − 600 = ₩425

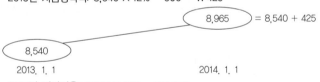

  • 2014년 이자비용: 8,965 × 12% = ₩1,076

02 ②

  • 2011년 이자비용: 92,269 × 8% = ₩7,382
  • 2011년 사채할인발행차금 상각액: 94,651 − 92,269 = ₩2,382
  • 2011년 액면이자: 7,382 − 2,382 = ₩5,000
  • 2011년 액면이자율: 5,000 ÷ 100,000 = 5%

03 ④ • 2008년 차금상각액: 95,030 × 10% − 8,000 = ₩1,503
  • 2009년 말 장부금액: 95,030 + 1,503 + 1,503 × 1.1 = ₩98,186
  [별해] 사채의 장부금액은 언제나 미래현금흐름의 현재가치이다. 2009년 말에는 2010년의 현금흐름이 유일한 미래현금흐름이므로 이 금액을 현재가치로 평가하면 2009년 말 사채의 장부금액이 된다.
    • 100,000 × (1 + 8%)(2010년 현금흐름) ÷ (1 + 10%) = ₩98,182(단수차이 존재)

04 ㈜한국은 2016년 1월 1일 액면금액 ₩1,000,000, 만기 3년의 사채를 유효이자율 연 10%를 적용하여 ₩925,390에 발행하였다. 2016년 12월 31일 장부금액이 ₩947,929이라면 이 사채의 표시 이자율은?

2017년 국가직 9급(4월 시행)

① 7%

② 8%

③ 9%

④ 10%

05 ㈜한국은 20X1년 1월 1일 액면금액 ₩100,000, 만기 3년의 사채를 ₩92,410에 발행하였다. 사채의 연간 액면이자는 매년 말 지급되며 20X1년 12월 31일 사채의 장부금액은 ₩94,730이다. 사채의 연간 액면이자율을 추정한 것으로 가장 가까운 것은? (단, 사채발행 시 유효이자율은 9%이다)

2018년 국가직 9급

① 5%

② 6%

③ 7%

④ 8%

06 ㈜한국은 원가모형을 적용하던 기계장치를 20X1년 1월 1일에 매각하고 처분대금은 2년 후 일시불로 ₩100,000을 받기로 하였다. 매각 당시 기계장치의 취득원가는 ₩100,000, 감가상각누계액은 ₩80,000이다. 기계장치 처분대금의 명목금액과 현재가치의 차이는 중요하며, 본 거래에 적용할 유효이자율은 6%이다. 본 거래가 20X1년 ㈜한국의 당기순이익에 미치는 영향은? (단, 2기간 6% 단일금액 ₩1의 현재가치 계수는 0.89이며, 법인세효과는 고려하지 않는다)

2017년 관세직 9급

① ₩5,660 증가

② ₩69,000 증가

③ ₩74,340 증가

④ ₩80,000 증가

---

04 ① • 2016년 말 차금상각액: 947,929 − 925,390 = ₩22,539
　　　• 925,390 × 10%(실질이자) − 표시이자 = 22,539(차금상각액), 표시이자 = 70,000(이자율 7%)

05 ② • 20X1년 차금상각액: 94,730 − 92,410 = ₩2,320
　　　• 92,410 × 9%(실질이자) − 액면이자 = 2,320, 액면이자 = 6,000
　　　• 액면이자율 = 6%

06 ③ • 장기미수금의 현재가치: 100,000 × 0.89 = ₩89,000
　　　• 기계장치 처분이익: 89,000 − 20,000 = ₩69,000
　　　• 장기미수금의 기말 이자수익: 89,000 × 6% = ₩5,340
　　　• 당기순이익: 69,000 + 5,340 = ₩74,340(증가)

352 해커스공무원 학원·인강 gosi.Hackers.com

07 ㈜한국은 20X1년 1월 1일에 액면금액 ₩120,000, 만기 2년, 이자지급일이 매년 12월 31일인 사채를 발행하였다. ㈜한국의 회계담당자는 다음과 같은 유효이자율법에 의한 상각표를 작성하였다. ㈜한국의 동 사채에 대한 설명으로 옳은 것은?

2019년 국가직 9급

날짜	이자지급	유효이자	상각액	장부금액
20X1. 1. 1.				₩115,890
20X1. 12. 31.	₩10,800	₩12,748	₩1,948	₩117,838
20X2. 12. 31.	₩10,800	₩12,962	₩2,162	₩120,000

① 사채의 표시이자율은 연 8%이다.
② 20X1년 말 사채할인발행차금 상각액은 ₩2,162이다.
③ 20X2년 말 사채관련 유효이자비용은 ₩12,962이다.
④ 사채의 유효이자율은 연 12%이다.

2 사채의 총이자비용 계산

> ### ⊘ SOLUTION
>
> 사채의 총이자비용은 아래와 같이 계산된다.
>
> **[할인발행]**
>   **사채의 총이자비용** = 상환기간 동안의 표시이자 지급액 + 사채할인발행차금
>
> **[할증발행]**
>   **사채의 총이자비용** = 상환기간 동안의 표시이자 지급액 − 사채할증발행차금

08 ㈜한국은 2015년 1월 1일에 액면금액 ₩100,000의 사채(표시이자율 연 10%, 이자지급일 매년 12월 31일, 만기 2년)를 ₩96,620에 발행하였다. 발행사채의 유효이자율이 연 12%인 경우, 이 사채로 인하여 ㈜한국이 만기까지 부담해야 할 총이자비용은?

2015년 국가직 7급

① ₩20,000   ② ₩23,380
③ ₩25,380   ④ ₩27,380

---

07 ③ ① 사채의 표시이자율은 연 9%이다(10,800 ÷ 120,000).
     ② 20X1년 말 사채할인발행차금 상각액은 ₩1,948이다.
     ④ 사채의 유효이자율은 연 11%이다(12,748 ÷ 115,890).

08 ② 100,000 × 10% × 2년 + (100,000 − 96,620) = ₩23,380

09 ㈜한국은 2017년 4월 1일 사채(표시이자율 10%, 만기 3년, 액면금액 ₩100,000)를 ₩95,200에 발행하였다. 한편, 사채의 발행과 관련된 사채발행비 ₩2,000이 발생하였다. ㈜한국이 사채발행으로 만기까지 인식해야 할 이자비용 총액은?

2017년 지방직 9급

① ₩30,000
② ₩34,800
③ ₩35,200
④ ₩36,800

3 사채발행의 형태

10 사채발행차금을 유효이자율법에 따라 상각할 때 설명으로 옳지 않은 것은? (단, 이자율은 0보다 크다)

2016년 국가직 9급

① 할증발행 시 상각액은 매기 감소한다.
② 할인발행 시 이자비용은 매기 증가한다.
③ 할인발행 시 상각액은 매기 증가한다.
④ 할증발행 시 이자비용은 매기 감소한다.

11 사채의 발행에 관한 설명으로 옳지 않은 것은?

2015년 관세직 9급

① 할인발행은 유효이자율이 표시이자율보다 큰 경우이다.
② 할증발행의 경우 발행연도의 현금지급이자는 사채이자비용보다 크다.
③ 할인발행의 경우 만기가 가까워질수록 사채의 이자비용이 감소한다.
④ 할증발행과 할인발행은 사채의 만기금액이 동일하다.

---

09 ④ 10,000 × 3년 + (100,000 − 93,200) = ₩36,800

10 ① 할인발행 및 할증발행 모두 상각액은 매기 증가한다.

11 ③ 할인발행의 경우 만기가 가까워질수록 사채의 이자비용이 증가한다.

12 ㈜갑은 2001년도 초에 3년 만기, 액면가 ₩1,000,000인 사채를 발행하였다. 액면이자율은 6%이고, 발행 당시 유효이자율은 5%이며, 이자는 매년 말에 지급하기로 하였다. ㈜갑이 사채발행차금을 매 회계연도말에 유효이자율법으로 상각할 경우, 옳지 않은 것은? (단, 회계기간은 1월 1일부터 12월 31일까지이다)

2010년 관세직 9급

① ㈜갑의 2001년 초 사채의 발행가액은 2003년도 말 사채의 상환가액보다 크다.
② ㈜갑의 2002년도 말 사채의 장부가액은 2001년도 말 사채의 장부가액보다 작다.
③ ㈜갑의 2002년도 사채이자비용은 2001년도 사채이자비용보다 작다.
④ ㈜갑의 2002년도 사채이자비용은 2002년도 현금이자지급액보다 크다.

13 ㈜한국은 20X1년 1월 1일 액면가액 ₩1,000,000(표시이자율 연 10%, 이자지급일 매년 말 후급, 만기일 20X3년 12월 31일)의 사채를 발행하였으며 발행 당시 유효이자율은 연 12%였다. 이 사채를 20X2년 1월 1일에 ₩1,000,000에 상환하였다. 상환 당시의 분개는?

2011년 국가직 7급

	차변		대변	
①	사　　　채	×××	현　　　금	×××
	사 채 상 환 손 실	×××	사채할증발행차금	×××
②	사　　　채	×××	현　　　금	×××
	사채할증발행차금	×××	사 채 상 환 이 익	×××
③	사　　　채	×××	현　　　금	×××
	사 채 상 환 손 실	×××	사채할인발행차금	×××
④	사　　　채	×××	현　　　금	×××
	사채할인발행차금	×××	사 채 상 환 이 익	×××

---

12 ④ 문제의 사례는 액면이자율이 유효이자율보다 크므로 할증발행의 경우이다.
　　① 할증발액의 경우 발행금액이 만기 상환금액(액면금액)보다 크다.
　　② 할증발행의 경우 사채의 장부금액은 매년 감소한다.
　　③ 할증발행의 경우 이자비용은 매년 감소한다.
　　④ 할증발행의 경우 실질이자보다 액면이자가 더 크다.

13 ③ 발행 당시 유효이자율이 표시이자율보다 높았으므로 사채는 할인발행되었을 것이다. 할인발행의 경우 사채의 장부금액은 만기 이전에는 액면금액보다 낮은 금액이므로 이 사채를 액면금액에 상환하면 사채상환손실이 발생한다.

14 사채의 발행 및 발행 후 회계처리에 대한 설명으로 옳지 않은 것은? 2014년 국가직 7급

① 상각후원가로 측정하는 사채의 경우 사채발행비가 발생한다면 액면발행, 할인발행, 할증발행 등 모든 상황에서 유효이자율은 사채발행비가 발생하지 않는 경우보다 높다.

② 사채를 할증발행한 경우 사채이자비용은 현금이자지급액에 사채할증발행차금 상각액을 가산하여 인식한다.

③ 사채의 할증발행 시 유효이자율법에 의해 상각하는 경우 기간 경과에 따라 매기 인식하는 할증발행차금의 상각액은 증가한다.

④ 사채의 할인발행 시 유효이자율법에 의해 상각하는 경우 기간 경과에 따라 매기 인식하는 할인발행차금의 상각액은 증가한다.

4 사채의 중도상환

> ⊘ **SOLUTION**
>
> 사채만 상환하는 경우와 액면이자를 포함하여 상환하는 경우로 구분하여 해결한다.
> ① **사채만 상환하는 경우:** 상환대상금액 = 사채의 기초장부금액 ± 상환일까지의 차금상각액
> ② **액면이자를 포함하여 상환하는 경우:** 상환대상금액 = 사채의 기초장부금액 + 상환일까지의 실질이자

15 ㈜한국은 2014년 1월 1일 액면금액 ₩10,000인 사채(3년 만기, 표시이자율 5%)를 할인발행하였다. 2015년 1월 1일 동 사채의 장부금액은 ₩9,600이고, 2015년도에 발생한 이자비용은 ₩600이다. ㈜한국이 2016년 1월 1일 해당 사채를 ₩9,800에 조기상환하였다면, 이에 대한 분개로 옳은 것은? 2016년 국가직 7급

	차변		대변	
①	사 채	₩10,000	현 금	₩9,800
			사 채 상 환 이 익	₩200
②	사 채	₩10,000	현 금	₩9,800
	사 채 상 환 손 실	₩100	사채할인발행차금	₩300
③	사 채	₩10,000	현 금	₩9,800
	사 채 상 환 손 실	₩700	사채할인발행차금	₩900
④	사 채	₩10,000	현 금	₩9,800
	사 채 상 환 손 실	₩800	사채할인발행차금	₩1,000

---

14 ② 사채할증발행차금은 이자수익의 성격이므로 현금이자지급액에서 사채할증발행차금을 차감하여 이자비용을 계산한다.

15 ② • 2015년 말 사채의 장부금액: 9,600 + {600(실질이자) − 500(액면이자)} = ₩9,700
　　 • 사채상환손익: 9,700 − 9,800 = (−)₩100(상환손실)

16 ㈜한국은 액면 ₩1,000,000의 사채를 2015년 초에 ₩950,260으로 발행하였다. 발행 당시 사채의 유효이자율은 10%, 표시이자율은 8%, 이자는 매년 말 후급, 만기일은 2017년 말이다. ㈜한국이 해당 사채 전액을 2016년 초에 ₩960,000의 현금을 지급하고 상환할 경우 사채상환이익(손실)은? 2015년 지방직 9급

① ₩5,286 손실　　　　　　　　　　② ₩5,286 이익

③ ₩6,436 손실　　　　　　　　　　④ ₩6,436 이익

17 ㈜한국은 2007년 1월 1일 3년 만기, 액면 ₩1,000의 사채를 발행하였다. 이 사채의 액면이자율은 5%, 유효이자율은 10% 그리고 이자지급일은 매년 12월 31일이다. ㈜한국이 2009년 7월 1일, 경과이자를 포함하여 현금 ₩950을 지급하고 이 사채를 조기상환할 때, 사채상환손익은? (단, 2008년 12월 31일 현재 사채할인발행차금의 미상각잔액은 ₩40으로 가정한다) 2010년 국가직 7급

① ₩58 손실　　　　　　　　　　② ₩58 이익

③ ₩68 손실　　　　　　　　　　④ ₩68 이익

18 ㈜한국은 2012년 12월 31일 장부금액 ₩91,322(액면금액 ₩100,000, 액면이자율 5%, 이자지급일 매년 12월 31일 후급, 만기 2014년 12월 31일)인 사채를 2013년 12월 31일 현금이자를 포함하여 총 ₩101,000에 상환하였다. ㈜한국이 사채상환과 관련하여 인식할 손익은? (단, 발행 당시 사채의 유효이자율은 10%이고, 금액은 소수점 첫째자리에서 반올림한다) 2014년 관세직 9급

① 사채상환손실 ₩546　　　　　　② 사채상환손실 ₩684

③ 사채상환손실 ₩726　　　　　　④ 사채상환이익 ₩684

---

16 ② • 2016년 초에 상환하므로 사채만 상환하는 경우에 해당한다.
 • 2015년 말 차금상각액: 950,260 × 10% − 80,000 = ₩15,026
 • 2015년 말 장부금액: 950,260 + 15,026 = ₩965,286
 • 2016년 초 상환손익: 965,286 − 960,000 = ₩5,286(이익)

17 ② • 상환대상금액: 960 + 960 × 10% × 6/12 = ₩1,008
 • 사채상환손익: 1,008 − 950 = ₩58(이익)

18 ① • 상환대상금액: 91,322 + 91,322 × 10% = ₩100,454
 • 사채상환손익: 100,454 − 101,000 = ₩546(손실)

19 ㈜서울은 액면금액이 ₩100,000, 표시이자율이 연 10%(1년에 1회 이자지급)인 사채를 이자지급일에 현금 ₩113,000을 지급하고 조기상환하였다. 이때 사채상환손실이 ₩8,000이었다면, 상환시점의 사채할인발행차금은?

2018년 서울시 7급

① ₩8,000   ② ₩5,000

③ ₩3,000   ④ ₩2,000

---

5   충당부채의 의의

20 충당부채, 우발부채, 우발자산에 대한 설명으로 옳지 않은 것은?

2017년 지방직 9급

① 우발자산은 경제적 효익의 유입가능성이 높지 않은 경우에 주석으로 공시한다.

② 의무를 이행하기 위하여 경제적 효익이 있는 자원을 유출할 가능성이 높지 않은 경우 우발부채를 주석으로 공시한다.

③ 우발부채와 우발자산은 재무제표에 인식하지 아니한다.

④ 현재의무를 이행하기 위하여 해당 금액을 신뢰성 있게 추정할 수 있고 경제적 효익이 있는 자원을 유출할 가능성이 높은 경우 충당부채로 인식한다.

21 충당부채와 우발부채에 대한 설명으로 옳지 않은 것은?

2016년 지방직 9급

① 충당부채는 지출의 시기 또는 금액이 불확실한 부채이다.

② 충당부채와 우발부채 모두 재무상태표에 인식하지 않고 주석으로 공시한다.

③ 충당부채로 인식하기 위해서는 현재 의무가 존재하여야 할 뿐만 아니라 당해 의무를 이행하기 위한 경제적 효익이 내재된 자원의 유출가능성이 높아야 한다.

④ 현재 의무를 이행하기 위한 자원의 유출가능성은 높지 않으나 신뢰성 있는 금액의 추정이 불가능한 경우에는 우발부채로 공시한다.

---

19 ② • 사채상환액: 113,000 − 10,000(액면이자지급) = ₩103,000

　　　• 상환일의 사채장부금액: 103,000 − 8,000(상환손실) = ₩95,000 → 사채할인발행차금: ₩5,000

20 ① 경제적 효익의 유입가능성이 높은 우발자산에 대해서는 보고기간 말에 우발자산의 특성에 대해 간결하게 설명을 공시하고, 실무적으로 적용할 수 있는 경우에는 재무적 영향의 추정 금액을 공시한다.

21 ② 충당부채는 재무상태표에 부채로 인식하고 우발부채는 주석으로 공시한다.

22 2015년에 제품의 결함으로 인하여 피해를 입었다고 주장하는 고객이 ㈜한국을 상대로 손해배상청구소송을 제기하였다. 법률전문가는 2015년 재무제표가 승인되는 시점까지는 회사의 책임이 밝혀지지 않을 가능성이 높다고 조언하였다. 그러나 2016년 말 현재 ㈜한국에 소송이 불리하게 진행 중이며, 법률전문가는 ㈜한국이 배상금을 지급하게 될 가능성이 높다고 조언하였다. ㈜한국의 충당부채 또는 우발부채 인식과 관련된 설명으로 옳지 않은 것은? 2016년 관세직 9급

① 충당부채는 현재의 의무가 존재하고, 경제적 효익을 갖는 자원이 유출될 가능성이 높으며, 당해 금액을 신뢰성 있게 추정할 수 있을 경우에 인식한다.

② 2015년의 경우 현재의 의무가 없고, 배상금을 지급할 가능성이 아주 낮다고 하더라도 우발부채로 공시할 의무는 있다.

③ 2016년 말에는 현재 의무가 존재하고 배상금에 대한 지급 가능성이 높으므로, 배상금을 신뢰성 있게 추정할 수 있다면 충당부채를 인식해야 한다.

④ 만약 2016년 말에 배상금을 신뢰성 있게 추정할 수 없다면 이를 충당부채로 인식하지 않고 우발부채로 공시한다.

23 충당부채에 대한 설명으로 옳지 않은 것은? 2017년 국가직 9급(4월 시행)

① 충당부채를 인식하기 위해서는 과거사건의 결과로 현재 의무가 존재하여야 한다.

② 충당부채를 인식하기 위한 현재의 의무는 법적의무로서 의제의무는 제외된다.

③ 충당부채의 인식요건 중 경제적효익이 있는 자원의 유출가능성이 높다는 것은 발생할 가능성이 발생하지 않을 가능성보다 더 높다는 것을 의미한다.

④ 충당부채를 인식하기 위해서는 과거 사건으로 인한 의무가 기업의 미래행위와 독립적이어야 한다.

---

22 ② 자원의 유출 가능성, 즉 배상금을 지급할 가능성이 아주 낮은 경우에는 우발부채로 공시하지 아니한다.

23 ② 충당부채를 인식하기 위한 현재의무에는 법적의무와 의제의무가 모두 포함된다.

24 다음 중 충당부채에 대한 설명으로 옳지 않은 것은?

2016년 서울시 7급

① 예상되는 자산처분이 충당부채를 발생시킨 사건과 밀접하게 관련되었다면 그 자산의 예상처분이익은 충당부채에서 차감한다.

② 충당부채로 인식하는 금액은 현재의무를 보고기간 말에 이행하기 위하여 소요되는 지출에 대한 최선의 추정치이어야 한다.

③ 불법적인 환경오염으로 인한 환경정화비용의 경우에는 기업의 미래행위에 관계없이 그 의무의 이행에 경제적 효익을 갖는 자원의 유출이 수반되므로 충당부채로 인식한다.

④ 화폐의 시간가치가 중요한 경우, 충당부채는 의무를 이행하기 위해 예상되는 지출액의 현재가치로 평가한다. 현재가치 평가 시 적용할 할인율은 부채의 특유위험과 화폐의 시간가치에 대한 현행시장의 평가를 반영한 세전 이자율이다.

25 TV를 제조하여 판매하는 ㈜한국은 보증기간 내에 제조상 결함이 발견된 경우, 제품을 수선하거나 새 제품으로 교환해주는 제품보증정책을 취하고 있다. 이에 대한 회계처리 방법으로 옳지 않은 것은?

2015년 국가직 7급

① 경제적효익을 갖는 자원의 유출가능성이 높고 금액을 신뢰성 있게 추정할 수 있는 경우, 충당부채로 인식한다.

② 경제적효익을 갖는 자원의 유출가능성이 높으나 금액을 신뢰성 있게 추정할 수 없는 경우, 충당부채로 인식한다.

③ 경제적효익을 갖는 자원의 유출가능성이 높지 않으나 아주 낮지도 않은 경우, 우발부채로 공시한다.

④ 경제적효익을 갖는 자원의 유출가능성이 아주 낮은 경우, 공시하지 아니한다.

---

24 ① 예상되는 자산처분이익은 충당부채를 측정하는 데 고려하지 아니한다.

25 ② 경제적효익을 갖는 자원의 유출가능성이 높으나 금액을 신뢰성 있게 추정할 수 없는 경우, 우발부채로 주석 공시한다.

6 충당부채의 계산

26 ㈜한국은 20X1년에 새로 출시된 건강음료의 판매를 촉진하기 위하여 제품 상자당 1장의 쿠폰을 인쇄하여 판매하고 있다. 고객은 쿠폰 10장과 원가 ₩2,500인 운동기구를 교환할 수 있으며 회사는 쿠폰의 회수율이 40%일 것으로 추정하고 있다. 20X1년 동안 회사가 판매한 건강음료는 총 4,200상자이고, 교환이 청구된 쿠폰 수는 1,080장이다. ㈜한국이 20X1년 결산 시 계상하여야 할 경품충당부채는? 2011년 국가직 7급

① ₩ 0
② ₩ 130,000
③ ₩ 140,000
④ ₩ 150,000

27 ㈜서울은 20X1년에 영업을 개시하여 20X1년 5월 1일 제품을 ₩100,000에 판매하였다. 이 제품은 1년 동안 제품의 하자를 보증하며, 동종업계의 과거의 경험에 의하면 제품보증기간 중에 매출액의 10%에 해당하는 제품보증비용이 발생할 것으로 추정된다. 20X1년에 실제로 제품보증비용으로 ₩7,000이 지출되었다. 결산일 현재 재무상태표에 계상할 제품보증충당부채는 얼마인가? 2015년 서울시 9급

① ₩ 0
② ₩ 3,000
③ ₩ 7,000
④ ₩ 10,000

---

26 ④ • 당기 인식할 경품비용 총액: 4,200상자 × 40% ÷ 10장 × 2,500 = ₩420,000
　　 • 당기 인식한 경품비용: 1,080장 ÷ 10장 × 2,500 = ₩270,000
　　 • 경품충당부채 계상액: 420,000 − 270,000 = ₩150,000

27 ② 100,000 × 10% − 7,000 = ₩3,000

08 자본

1 자본의 기초

선생님 TIP

한국채택국제회계기준에서는 자본과 관련한 구체적인 회계처리를 규정하지 않는다. 따라서 08장 '자본'에서 설명하는 자본에 관한 내용은 주로 일반기업회계기준과 상법 등에서 규정하는 내용이다.

1. 자본의 의의

자본은 기업이 소유하고 있는 경제적 자원 중 주주에게 귀속되는 지분으로 주주지분 또는 잔여지분이라고도 한다. 자본은 별도로 측정될 수 없으며, 자산과 부채를 측정한 결과 그 차액으로만 계산된다.

자본과 관련한 거래는 크게 자본거래와 손익거래로 나눌 수 있다.

① 자본거래: 현재 또는 잠재적인 주주와의 거래
② 손익거래: 자본거래 이외의 모든 거래

(1) 자본거래

자본거래는 현재 또는 잠재적 주주와의 거래로 자본거래는 당기손익에 반영되어서는 안 되며, 자본거래의 결과로 발생한 이익과 손실은 거래별로 서로 상계한 이후의 잔액만을 표시한다. 자본거래의 결과로 증가한 자본은 주주들에게 배당할 수 없으며, 자본전입이나 결손보전 이외의 목적에는 사용할 수 없다.

(2) 손익거래

손익거래의 결과는 원칙적으로 모두 당기손익에 포함되어야 한다. 그러나 손익거래의 결과임에도 미실현손익 등에 해당하여 당기손익에 포함시키기 어려운 경우에는 포괄손익계산서의 기타포괄손익으로 하여 총포괄이익에 포함시킨다.

당기순이익의 누적액은 재무상태표에 이익잉여금으로 보고한다. 그러나 회사에 순이익의 누적액이 아닌 순손실의 누적액이 존재한다면 결손금으로 표시한다.

기타포괄손익은 총포괄손익에 포함된 후, 재무상태표에 기타포괄손익누계액으로 마감되며, 후속적으로 당기손익으로 재분류되거나 다른 자본항목으로 대체될 수 있다.

2. 자본의 분류

🔍 표로 미리보기 | 자본의 분류

납입자본	자본금	보통주 자본금, 우선주 자본금
	자본잉여금	주식발행초과금, 감자차익, 자기주식처분이익, 전환권대가, 신주인수권대가 등
	자본조정	주식할인발행차금, 감자차손, 자기주식처분손실, 자기주식, 미교부주식배당금, 신주청약증거금 등
이익잉여금		• **법정적립금**: 이익준비금 • **임의적립금**: 사업확장적립금, 감채적립금, 시설적립금, 결손보전적립금, 배당평균적립금, 별도적립금 등 • 미처분이익잉여금(미처리결손금)
기타자본 구성요소	기타포괄 손익누계액	• **재분류조정 미해당**: 재평가잉여금의 변동, 확정급여제도의 재측정요소, 기타포괄손익 – 공정가치 측정 항목으로 지정한 지분상품에 대한 투자에서 발생한 손익 등 • **재분류조정 해당**: 해외사업장의 재무제표 환산으로 인한 손익, 현금흐름위험회피에서 위험회피수단의 평가손익 중 효과적인 부분, 기타포괄손익 – 공정가치로 측정하는 금융자산(채무상품)에서 발생한 손익 등

기타포괄손익을 포괄손익계산서에 공시할 때는 재분류조정 대상이 되는지에 따라 구분하여 공시하지만 재무상태표에 기타포괄손익누계액으로 공시할 때는 이를 구분하지 않는다.

(1) 자본금

회사가 발행하는 주식 1주의 금액이 정관에 정해져 있는 주식을 액면주식이라 하고, 1주의 금액이 정해져 있지 않은 주식을 무액면주식이라 한다. 자본금은 회사가 액면주식을 발행하는 경우와 무액면주식을 발행하는 경우에 각각 다르게 결정된다.

① **액면주식의 자본금**: 실제로 발행된 주식의 액면총액. 즉, 발행주식수 × 액면금액
② **무액면주식의 자본금**: 주식 발행가액 중 1/2 이상의 금액으로 이사회 또는 주주총회에서 결정

한편, 기업이 보통주와 우선주를 모두 발행한 경우 자본금은 보통주자본금과 우선주자본금으로 구분하여 공시한다.

우리나라 상법은 회사의 정관에 규정이 있는 경우 무액면주식의 발행을 허용하고 있다.

① **보통주**: 기본적인 소유권을 나타내는 주식으로 배당이나 청산 시 잔여재산분배에 대해 우선주에 비해 후순위 권리를 갖지만, 의결권이 부여된 주식이다.
② **우선주**: 배당과 잔여재산분배 등 특정 사항에 관해서 보통주에 비하여 우선적인 권리가 부여된 주식을 말한다.
  ㉠ **누적적우선주**: 특정 연도에 배당가능이익이 부족하여 배당금을 지급받지 못한 경우에 다음 연도에 이를 소급하여 받을 수 있는 권리가 부여된 우선주이다.
  ㉡ **참가적우선주**: 사전에 정해진 배당률을 우선적으로 수령한 후, 보통주가 우선주 배당률을 초과해서 배당을 받을 때, 동 초과분에 대해서 이익배당에 참여할 권리를 보통주와 동일하게 가진 우선주이다.

ⓒ **상환우선주**: 정해진 시점에 약정된 금액으로 회사가 상환할 수 있는 권리를 갖는 우선주이다. 그런데 상환권리를 회사가 갖는 것이 아니라, 상환요구권을 주주에게 부여한 상환우선주도 있는데, 이는 법적 형식은 자본이지만 회사가 주주의 청구에 따라 우선주를 상환해야 할 의무를 부담하므로 한국채택국제회계기준에서는 이를 금융부채로 분류한다.

ⓓ **전환우선주**: 보통주로 전환할 수 있는 권리가 부여된 우선주이다.

사례 ─ 예제

다음은 20X1년 12월 31일 ㈜한국의 자본계정에 관한 정보이다. 보통주 1주당 배당액은?

- 자본금내역
보통주	₩10,000,000
우선주A(배당율 5%, 비누적적, 비참가적)	₩5,000,000
우선주B(배당율 5%, 누적적, 완전참가적)	₩5,000,000
- 모든 주식은 개업 시 발행하였으며 발행한 모든 주식의 주당 액면금액은 ₩5,000이다.
- 우선주에 대한 1년분 배당이 연체되었다.
- 정관에 의하여 이사회는 ₩1,550,000의 현금배당을 결의하였다.

해설

- 우선주A의 배당액: ₩5,000,000 × 5% = ₩250,000
  (우선주A는 비누적적, 비참가적이므로 ₩250,000으로 배당이 종결된다.)
- 우선주B의 배당액: ₩5,000,000 × 5% × 2회 = ₩500,000
  (우선주B는 누적적이므로 전기미지급액도 포함해서 지급하고, 완전참가적이므로 보통주에 5% 이상의 배당이 지급되면 우선주B도 초과분에 대해 참여할 권리가 있다.)
- 보통주 배당액: ₩10,000,000 × 5% = ₩500,000
- 잔여배당액: ₩1,550,000 − ₩250,000 − ₩500,000 − ₩500,000 = ₩300,000
  (잔여배당액은 보통주와 우선주B에 지급한다.)
- 잔여배당액 중 보통주 귀속분: $₩300,000 × \dfrac{10,000,000}{(10,000,000 + 5,000,000)} = ₩200,000$
- 보통주 총 배당수령액: ₩500,000 + ₩200,000 = ₩700,000
- 보통주 발행주식수: ₩10,000,000 ÷ ₩5,000 = 2,000주
- 보통주 1주당 배당금: ₩700,000 ÷ 2,000주 = ₩350

---

(2) 자본잉여금

자본거래에서 발생한 잉여금으로 주주의 납입에 의해 형성된 잉여금이다. 배당의 재원으로 사용할 수 없으며 자본전입이나 결손보전의 목적으로만 사용할 수 있다.

(3) 자본조정

자본거래를 통해 발생한 것으로서 자본에 가감되어야 하지만 자본금, 자본잉여금, 이익잉여금으로 명확하게 구분되지 않은 항목이다. 주로 자본에서 차감되는 항목들과 최종 납입된 자본으로 볼 수 없는 항목들로 구성된다.

(4) 이익잉여금

손익거래의 결과는 손익계산서에 일반적으로 당기순이익으로 보고되며, 동 금액은 다시 이익잉여금으로 대체된다. 결국 이익잉여금은 배당 등으로 사외로 유출된 금액을 제외한 당기순이익의 누적액이라 할 수 있다.

(5) 기타포괄손익누계액

손익거래의 결과로 발생한 포괄손익항목 중 미실현손익의 성격으로 당기손익계산에 포함되지 않는 항목을 포괄손익계산서에 기타포괄손익으로 표시하며 이를 재무상태표에 마감하여 표시한 것을 기타포괄손익누계액이라고 한다.

2 납입자본

자본거래는 현재 또는 잠재적 주주와의 거래를 말하며, 자본거래의 결과에서 발생하는 손익은 당기순이익이나 포괄이익의 계산에 포함되어서는 안 된다. 자본거래와 손익거래는 그 성격이 상이하므로 재무상태표에 구분하여 표시하며 자본거래의 결과를 되도록 이익잉여금의 처분으로 상각하지 않은 것이 바람직하다.

자본거래의 결과로 발생한 손익은 서로 상계하여 잔액만을 표시하며, 상계한 이후의 금액이 이익인 경우에는 자본에 가산하여 표시하지만, 손실인 경우에는 자본에서 차감하여 표시한다. 그리고 손실은 일반적으로 이익잉여금의 처분으로 상각된다.

> 상계한 이후의 금액이 이익인 경우에는 자본잉여금, 손실인 경우에는 자본조정으로 분류한다.

1. 유상증자

유상증자는 현금 등 자산을 납입받고 그 대가로 주식을 발행하는 경우이다. 유상증자는 자본금과 자산의 증가가 동시에 일어나므로 실질적 증자에 해당한다.

> 실질적 증자란, 자본금이 증가하며 자산이 증가하는 경우이다. 반면, 자산의 증가 없이 자본금이 증가하는 경우가 있는데 이를 형식적 증자라 한다.

(1) 액면주식의 발행

회사가 액면주식을 발행할 경우에는 주당 발행금액이 액면금액과 동일한지의 여부에 따라 아래의 세 가지 상황으로 나누어진다.

① **액면발행**: 주식의 발행금액 = 주식의 액면금액

(차) 현   금   ×××   (대) 자   본   금   ×××

② **할증발행**: 주식의 발행금액 > 주식의 액면금액

(차) 현   금   ×××   (대) 자   본   금   ×××
                              주 식 발 행 초 과 금   ×××

③ 할인발행: 주식의 발행금액 < 주식의 액면금액

(차) 현	금	×××	(대) 자	본	금	×××
주식할인발행차금		×××				

주식의 발행금액이 액면금액을 초과하는 경우 동 초과액은 주식발행초과금의 과목으로 하여 자본잉여금으로 분류하고, 미달하는 경우 동 미달액은 주식할인발행차금의 과목으로 하여 자본조정으로 분류한다.

주식발행초과금과 주식할인발행차금은 발생순서에 관계없이 서로 상계한다. 기말에 주식할인발행차금의 잔액이 존재하면 자본조정에 부(−)의 금액으로 표시하고 추후 이익잉여금의 처분으로 상각한다.

(2) 무액면주식의 발행

회사가 무액면주식을 발행한 경우에는 이사회 또는 주주총회에서 신주발행가액의 1/2 이상을 자본금으로 결정한다. 예를 들어, 주식의 총발행가액이 ₩1,000이라면 ₩500이상을 자본금으로 결정해야 한다. 이때, 이사회에서 자본금을 ₩700으로 결정하기로 했다면 주식발행초과금은 차액인 ₩300으로 결정된다. 무액면주식을 발행하는 경우에 주식할인발행차금은 인식될 수 없다.

(3) 현물출자

현물출자란 주식을 발행하면서 주주로부터 현금 이외의 다른 자산을 수취하는 유상증자를 말한다. 현물출자 방식으로 유상증자를 할 경우, 현금을 수취하는 경우와 다르게 금액을 평가하는 문제가 존재한다.

예를 들어, 주주로부터 토지를 수취하면서 주식을 발행한다면, 출자받은 토지와 발행하는 주식을 얼마의 금액으로 평가할지가 명확하지 않다. 이 경우, 한국채택국제회계기준에서는 제공받는 재화의 공정가치로 자본의 증가를 측정하되, 제공받는 자산의 공정가치를 신뢰성 있게 측정할 수 없다면 발행하는 주식의 공정가치로 자본의 증가를 측정하도록 되어 있다.

현물출자자산의 가치를 잘못 평가하는 경우 회사의 자산과 자본이 과대평가되거나 과소평가되는데, 과대평가되는 경우를 혼수주식, 과소평가되는 경우를 비밀적립금이라 한다.

따라서 토지를 수취하며 주식을 발행하는 경우, 토지의 공정가치로 토지의 취득원가를 인식하고, 발행하는 주식의 액면금액과의 차이를 주식발행초과금으로 인식한다. 그러나 토지의 공정가치를 신뢰성 있게 측정할 수 없다면, 발행하는 주식의 공정가치로 토지의 취득원가를 인식하고, 발행하는 주식의 공정가치와 액면금액의 차이를 주식발행초과금으로 인식한다.

(4) 신주발행비

유상증자를 실시하는 경우에는 신주발행수수료, 주권인쇄비 등 신주발행을 위한 직접비용들이 발생하는데 이를 신주발행비라고 한다. 신주발행비는 자본거래에 해당하므로 동 금액을 당기손익에 반영해서는 안 되고, 주식발행초과금을 상각하거나 주식할인발행차금으로 계상한다.

(5) 신주청약증거금

회사가 신주를 발행할 때, 주주가 되고자 하는 자로부터 신주청약을 받으면서 일정액의 증거금을 납입받는데, 이때 회사입장에서 수령한 증거금을 신주청약증거금이라고 한다. 신주청약증거금은 납입받은 시점에 자본조정으로 분류한 후, 추후에 주식이 발행될 때 주식의 발행금액으로 대체한다.

사례 — 예제

㈜한국의 보통주 주당 액면금액은 ₩1,000이다. 아래의 각 상황에서 ㈜한국이 수행해야 할 회계처리를 보이시오.

(1) ㈜한국은 1월 1일 보통주 10주를 주당 ₩800에 발행하였다.

(2) ㈜한국은 2월 1일 보통주 10주를 주당 ₩1,500에 발행하였다. 동시에 증권사에 발행수수료로 ₩700을 지급하였다.

(3) ㈜한국은 3월 1일 일반인들을 상대로 20주를 발행하기로 하고 신주청약을 실시하였다. 발행금액은 주당 ₩1,300으로 결정되었으며, 동일 청약증거금 10%가 납입되었다.

(4) 4월 1일 신주 20주의 잔금이 납입완료되었고, 주식이 정상적으로 발행되었다.

(5) ㈜한국은 5월 1일 보통주 10주를 발행하고 총 ₩17,000을 수령하는 유상증자를 실시하였다. 단, 동 주식은 무액면주식으로 ㈜한국은 이사회에서 ₩12,000을 자본금으로 결정하였다.

(6) ㈜한국은 6월 1일 보통주 20주를 발행하면서 토지를 수령하였다. 6월 1일 현재 토지의 공정가치는 ₩30,000이다.

(7) ㈜한국은 7월 1일 보통주 20주를 발행하면서 건물을 수령하였다. 7월 1일 현재 건물의 공정가치는 신뢰성 있게 추정할 수 없으나 발행주식의 공정가치는 주당 ₩1,300이다.

해설

[1. 1]	(차) 현 금	8,000	(대) 자 본 금	10,000
	주식할인발행차금	2,000		
[2. 1]	(차) 현 금	15,000	(대) 자 본 금	10,000
			주식할인발행차금	2,000
			주 식 발 행 초 과 금	3,000
	주 식 발 행 초 과 금	700	현 금	700
[3. 1]	(차) 현 금	2,600	(대) 신 주 청 약 증 거 금	2,600
[4. 1]	(차) 현 금	23,400	(대) 자 본 금	20,000
	신 주 청 약 증 거 금	2,600	주 식 발 행 초 과 금	6,000
[5. 1]	(차) 현 금	17,000	(대) 자 본 금	12,000
			주 식 발 행 초 과 금	5,000
[6. 1]	(차) 토 지	30,000	(대) 자 본 금	20,000
			주 식 발 행 초 과 금	10,000
[7. 1]	(차) 건 물	26,000	(대) 자 본 금	20,000
			주 식 발 행 초 과 금	6,000

2. 무상증자

무상증자는 자본 항목 간의 대체에 불과하다.

무상증자는 자본잉여금이나 이익잉여금 중 법정적립금과 같이 배당이 불가능한 이익잉여금을 자본전입하는 것을 말한다. 무상증자를 하게 되면 자본잉여금이나 법정적립금이 감소하겠지만 자본금이 증가하게 되므로 회사 입장에서 자본의 총계는 변하지 않는다. 또한 회사에 납입되는 자산이 없으므로 자산의 총계도 변하지 않는다. 이런 점에서 무상증자를 형식적 증자라고 한다.

다만 무상증자를 하게 되면 자본의 구성내역이 변하게 된다. 따라서 자본의 구성내역이 변하는 부분을 적절하게 회계처리한다.

한편, 무상증자로 주식을 수령하는 주주입장에서 기업의 순자산에 변동이 없는데 주식수의 증가로 주주의 부만 증가한다는 것은 논리적으로 합당하지 않다. 따라서 무상증자로 주식을 수령할 경우 증가하는 주식수에 비례해서 1주당 가치를 감소시켜 주식의 전체가치가 변동하지 않게 한다. 결과적으로 무상증자로 인해 주주의 부에 변동이 없으므로 주주입장에서 무상증자를 받을 경우 아무런 회계처리를 하지 않는다.

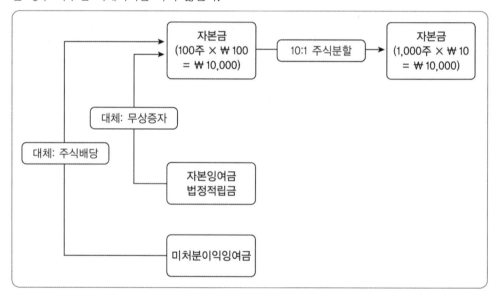

◆ **무상증자 · 주식배당 · 주식분할**

주주입장에서는 무상증자, 주식배당, 주식분할의 경우 모두 회사로부터 추가로 주식을 교부받지만 기업의 순자산에 변동이 없으므로 주주가 보유한 주식의 전체가치 또한 변동하지 않아야 한다. 따라서 세 가지 경우 모두에 증가하는 주식수에 비례해서 1주당 가치를 감소시켜 주식의 전체가치가 변동하지 않게 한다.

아래의 각 상황에서 ㈜한국이 수행할 회계처리를 보이시오.

(1) ㈜한국은 1월 1일 주식발행초과금 ₩8,000을 재원으로 주식을 발행하여 기존주주들에게 교부
하였다.

(2) ㈜한국은 2월 1일 이익준비금 ₩15,000을 재원으로 주식을 발행하여 기존주주들에게 교부하
였다.

(3) ㈜한국은 ㈜서울의 주식을 총 200주 보유하고 있는데, 3월 1일 현재 동 주식의 주당 공정가치
는 ₩150으로 장부금액과 일치한다. ㈜서울은 3월 1일자로 무상증자를 실시하였고 ㈜한국은
100주를 추가로 교부받았다.

해설

[1. 1]	(차) 주식발행초과금	8,000	(대) 자본금	8,000
[2. 1]	(차) 이익준비금	15,000	(대) 자본금	15,000
[3. 1]			– 분개 없음 –	

다만, 무상증자 전 ㈜한국이 보유한 ㈜서울 주식의 전체가치가 무상증자 후에도 변하지 않아야 하므
로 ㈜서울 주식의 1주당 가치를 감액한다.

(전) 200주 × ₩150 = ₩30,000 → (후) 300주 × ₩100[*1] = ₩30,000

(*1) 30,000 ÷ 300주 = ₩100

3. 유상감자

유상감자는 기업이 발행한 주식을 유상으로 취득하여 소각하는 것을 말한다. 유상감자를 실시
하게 되면 기업에서 현금 등 자산이 유출되고 동시에 자본 총액이 감소하게 된다. 유상감자는
자산의 감소를 수반하므로 실질적 감자에 해당한다.

유상감자 시 주식의 액면금액보다 낮은 금액으로 매입하여 소각하였다면 동 차액을 감자차익의
과목으로 하여 자본잉여금으로 분류한다. 반대로 액면금액보다 높은 금액으로 매입하여 소각하
였다면 동 차액을 감자차손의 과목으로 하여 자본조정으로 분류한다.

이론적인 입장에서 볼 때 유상감자로 인한 손익은 주식의 최초발행금액과 유상감자 대가와의
차액으로 볼 수 있지만, 이렇게 되면 유상감자 시 주식발행초과금이 감소하게 된다. 상법상 주
식발행초과금은 자본전입이나 결손보전 이외의 목적으로는 사용할 수 없으므로 유상감자로 주
식발행초과금을 감소시키게 되면 상법을 위반하는 문제가 발생한다. 한국채택국제회계기준에
서는 감자차손익의 계산방법에 대한 구체적인 규정이 없지만 일반기업회계기준에서는 이런 문
제점을 감안하여 감자차손익 계산 시 주식의 액면금액과 유상감자 대가와의 차액으로 계산한
다고 규정하고 있다.

감자차익과 감자차손은 서로 상계하여 표시하고 감자차손의 잔액이 있을 경우에는 이익잉여금
의 처분으로 상각한다.

4. 무상감자

무상감자는 주주들에게 대가를 지급하지 아니하고 주식을 소각하거나 주당 액면금액을 감액시키는 것을 말한다. 무상감자는 일반적으로 결손금 보전 등의 목적으로 실시하는데 무상감자의 결과 자본금은 감소하지만 결손금이 감소하여 자본 총액은 변하지 않는다. 무상감자는 자산의 감소를 수반하지 않으므로 형식적 감자에 해당한다.

결손금을 보전한 후 잔액은 감자차익으로 처리하고, 감자의 대가로 유출된 자산이 없으므로 감자차손은 발생할 수 없다.

사례 ―

아래의 각 상황에서 ㈜한국이 수행할 회계처리를 보이시오.
(1) 1월 1일 ㈜한국은 이월결손금 잔액 ₩10,000을 보전하기 위해 무상감자를 결의하였다. 감자대상 주식 수는 120주이고, A사의 주당 액면금액은 ₩100이다.
(2) 2월 1일 ㈜한국은 유통 중인 보통주식 100주를 주당 ₩110에 취득하여 즉시 소각하였다.
(3) 3월 1일 ㈜한국은 유통 중인 보통주식 100주를 주당 ₩80에 취득하여 즉시 소각하였다.

해설

[1. 1]	(차) 자 본 금	12,000	(대) 이 월 결 손 금	10,000
			감 자 차 익	2,000
[2. 1]	(차) 자 본 금	10,000	(대) 현 금	11,000
	감 자 차 익	1,000		
[3. 1]	(차) 자 본 금	10,000	(대) 현 금	8,000
			감 자 차 익	2,000

5. 자기주식

자기주식은 소각하거나 추후에 재발행할 목적으로 취득한 자기회사가 발행한 주식을 말한다. 상장기업의 경우 주가가 과도하게 하락할 때 자사의 주가를 방어하기 위해 자기주식을 취득하는 경우가 있다.

이론적으로 자기주식의 표시방법에는 자산으로 표시하는 것과 자본에 부(−)의 금액으로 표시하는 방법이 있는데, 기업회계기준에서는 자본에 부(−)의 방법으로 표시하는 것을 인정하고 있다. 따라서 자기주식은 자본조정으로 분류하여 자본의 차감항목으로 표시한다.

자기주식을 자산으로 인정하지 않는 이유는 자기주식은 주주로서의 기본적인 권리가 제한되며, 자기주식을 자산으로 인정할 경우 회사가 스스로 자신의 소유주가 되는 문제가 발생하기 때문이다. 따라서 기업회계기준에서는 자기주식을 회사가 스스로 거두어들인 미발행주식으로 보고 자본에서 차감표시하도록 하고 있다.

자기주식은 추후에 매각하거나 소각할 수 있는데, 자기주식을 소각하면 유상감자에 해당한다. 자기주식을 매각하는 경우에는 최초 자기주식의 취득금액과 처분금액의 차이만큼 자기주식처분손익이 발생한다.

처분금액이 장부금액을 초과하면 동 초과액은 자기주식처분이익의 과목으로 하여 자본잉여금으로 분류하고, 처분금액이 장부금액에 미달하는 경우 동 미달액은 자기주식처분손실의 과목으로 하여 자본조정으로 분류한다.

한편, 자기주식을 무상으로 증여받은 경우 별도의 회계처리를 하지 않는다. 따라서 무상으로 수증받은 자기주식의 취득원가는 0이다. 이유는 자기주식은 자산이 아니므로 자기주식을 무상으로 증여받아도 회사의 자산과 부채가 변하지 않기 때문에 자산과 부채의 차액으로 측정하는 자본의 크기도 변하지 않는 것이다.

자기주식처분이익과 자기주식처분손실은 서로 상계하여 표시하고 부(−)의 항목으로 표시된 자기주식처분손실의 잔액은 이익잉여금의 처분으로 상각한다.

> 자기주식을 무상으로 증여받은 경우 자기주식 전체 금액에는 변화가 없지만 주식수는 기존보다 증가할 것이므로 자기주식의 주당 장부금액은 감소하게 된다.

사례 — 예제

아래의 각 상황에서 ㈜한국이 수행할 회계처리를 보이시오.
(1) 1월 1일 ㈜한국은 주당 액면금액이 ₩50인 자사 주식 100주를 주당 ₩100에 취득하였다.
(2) 2월 1일 ㈜한국은 자기주식 30주를 주당 ₩120에 처분하였다.
(3) 3월 1일 ㈜한국은 자기주식 30주를 주당 ₩70에 처분하였다.
(4) 4월 1일 ㈜한국은 자기주식 30주를 소각하였다.

해설

[1. 1]	(차) 자 기 주 식	10,000	(대) 현 금	10,000
[2. 1]	(차) 현 금	3,600	(대) 자 기 주 식	3,000
			자기주식처분이익	600
[3. 1]	(차) 현 금	2,100	(대) 자 기 주 식	3,000
	자기주식처분이익	600		
	자기주식처분손실	300		
[4. 1]	(차) 자 본 금	1,500	(대) 자 기 주 식	3,000
	감 자 차 손	1,500		

> 자기주식을 소각하는 경우 회사의 자본총액은 변하지 않는다. 자본은 자산과 부채의 차액으로 계산되는데 자기주식을 소각하더라도 자산과 부채의 증감이 없으므로 자본의 크기도 변하지 않는 것이다.

6. 자본잉여금의 감소

자본잉여금은 자본거래의 결과이므로 배당의 재원으로 사용할 수 없다. 자본잉여금은 자본전입 및 결손보전에만 사용할 수 있다.

① **자본전입**: 자본잉여금의 자본전입이란 무상증자를 의미한다.
② **결손보전**: 회사에 누적이익이 있는 경우 이익잉여금, 누적손실이 있는 경우 결손금으로 표시하는데 결손보전이란 미처리결손금을 보전하는 것을 말한다. 즉, 자본잉여금의 잔액은 미처리결손금과 상계할 수 있다.

7. 주식분할과 주식병합

주식분할은 하나의 주식을 여러 개의 주식으로 나누는 것을, 주식병합은 여러 개의 주식을 하나의 주식으로 합하는 것을 말한다.

예를 들어, 액면금액 ₩ 1,000인 주식을 액면금액 ₩ 100인 10주로 나누는 것을 주식분할이라하고, 액면금액 ₩ 1,000인 10주를 액면금액 ₩ 10,000인 1주로 합하는 것을 주식병합이라한다.

주식분할과 주식병합은 기업 입장에서 자산·부채의 변동이 없을 뿐만 아니라 자본의 구성내역도 변하지 않으므로 회계처리의 대상이 아니다. 다만 주식의 액면금액이 변동하기 때문에 그 내역만을 비망기록하면 된다.

주식분할은 기존 주주들에게 추가로 주식을 분배해준다는 점에서 무상증자나 주식배당과 비슷하지만, 무상증자와 주식배당은 자본의 구성내역이 변하는 반면에 주식분할은 자본의 구성내역이 변하지 않는다는 점에서 차이가 있다.

3 이익잉여금

손익거래는 기업의 자본을 증감시키는 거래 중 주주와의 거래를 제외한 모든 거래를 말한다. 손익거래의 결과는 손익계산서에 일반적으로 당기순이익으로 보고되며, 동 금액은 다시 이익잉여금으로 대체된다. 결국 이익잉여금은 배당 등으로 사외로 유출된 금액을 제외한 당기순이익의 누적액이라 할 수 있다.

이익잉여금은 회사가 영업활동 등을 통해 벌어들인 이익이므로 기본적으로 주주에게 배당가능한 잉여금이지만 회사가 모든 이익을 배당하게 되면 투자를 위한 재원이 부족하게 되며, 채권자 보호가 정상적으로 이루어지지 않을 수 있다. 따라서 법령에서 이익의 일부를 강제로 유보하도록 요구하고 있는데 이를 법정적립금이라 한다.

법정적립금은 배당이 불가능한 이익잉여금이며 법에서 허용하는 용도로만 사용할 수 있는데, 법정적립금은 자본전입과 결손보전의 목적으로만 사용할 수 있다.

자본잉여금과 법정적립금은 원천이 다른 잉여금이지만 자본전입과 결손보전 용도로만 사용할 수 있다는 점에서는 동일하다.

한편, 법정적립금과는 별개로 기업이 자발적으로 이익의 일부를 유보하기도 하는데 이를 임의적립금이라 한다. 임의적립금은 기업이 임의로 적립한 것이므로 처분하기 이전의 상태로 다시 이입되어 배당의 재원으로 사용할 수 있다.

이익잉여금 중 법정적립금이나 임의적립금으로 분류되지 않은 것을 미처분이익잉여금이라 한다.

1. 이익잉여금의 구분

(1) 법정적립금

법정적립금은 배당의 재원으로 사용할 수 없으며 자본전입이나 결손보전의 목적으로만 사용할 수 있다.

법정적립금의 대표적인 형태에는 상법에서 규정한 이익준비금이 있다. 이익준비금은 매결산기에 이익배당액의 10% 이상을 자본금의 50%에 달할 때까지 적립한다. 이익배당액에는 연차배당과 중간배당을 모두 포함하되 주식배당은 제외한다. 상법에서 규정하는 이익준비금의 기준은 적립할 최저한도이다. 따라서 이익준비금을 기준보다 많이 적립하는 것은 허용된다.

주식배당은 기업의 자본을 외부로 유출시키지 않으므로 이익준비금을 적립하지 않는다.

(2) 임의적립금

임의적립금은 정관이나 주주총회 결의에 의하여 기업이 스스로 유보한 잉여금이다. 따라서 적립목적이나 금액 등을 기업이 재량적으로 결정할 수 있다.

기업이 임의적립금을 적립한다고 해서 반드시 당해 목적에 사용해야 하는 것은 아니다. 그럼에도 불구하고 기업들은 주주들의 배당압력을 회피할 수단으로 임의적립금을 이용하거나, 추후에 특정부분에 사용하기 위해서 지금은 배당재원이 있음에도 불구하고 배당할 수 없다는 사실을 알려주는 신호로 임의적립금을 이용한다.

임의적립금은 아래와 같은 것들이 있다.

① 적극적 적립금(기업의 순자산을 증가시킬 목적으로 설정하는 적립금): 시설확장적립금, 감채적립금, 시설적립금 등
② 소극적 적립금(미래에 기업의 순자산이 감소할 것에 대비하여 설정하는 적립금): 배당평균적립금, 결손보전적립금 등

임의적립금은 기업이 임의로 적립한 것이므로 처분하기 이전의 상태로 다시 이입되어 배당의 재원으로 사용할 수 있다.

(3) 미처분이익잉여금

전기이월미처분이익잉여금에 당기순이익(손실) 등을 가감한 금액을 미처분이익잉여금이라 한다. 미처분이익잉여금은 배당의 형태로 주주들에게 분배되거나 법정적립금, 임의적립금 등으로 적립된다. 이를 이익잉여금의 처분이라고 한다.

그러나 이익잉여금을 처분할 수 있는 권한은 주주에게 있으므로 이익잉여금의 처분을 확정하기 위해서는 상법에 따라 주주총회의 승인을 거쳐야 한다. 당기 회계연도에 대한 주주총회는 다음 연도에 개최되므로 재무상태표 작성일에는 이익잉여금의 처분내역을 확정할 수 없다. 따라서 당기말 재무상태표에는 이익잉여금을 처분하기 전 금액으로 표시한다.

2. 배당

배당은 기업이 경영활동의 결과로 획득한 이익을 주주들에게 분배하는 것으로 대표적인 형태에는 현금배당과 주식배당이 있다.

배당과 관련해서는 배당기준일, 배당선언일, 배당지급일에 대한 이해가 필요하다.

① 배당기준일: 배당을 받을 권리가 있는 주주들이 확정되는 날. 연차배당의 경우 12월 31일
② 배당선언일: 배당을 지급하도록 주주총회에서 결의한 날
③ 배당지급일: 선언된 배당을 실제 지급하는 날

⬆ 배당기준일 · 선언일 · 지급일

(1) 현금배당

현금배당은 현금으로 배당금을 지급하는 것으로 현금배당을 포함한 이익잉여금의 처분은 주주총회의 승인을 거쳐야 장부에 반영할 수 있다. 따라서 결산일(배당기준일)에는 아무런 회계처리도 하지 않는다. 그리고 기말 재무상태표에 반영된 미처분이익잉여금은 당기 배당에 대한 내역을 차감하지 않은 금액이다.

사례 — 예제

아래의 각 상황에서 ㈜한국이 수행할 회계처리를 보이시오.
(1) ㈜한국은 20X1년도 결산절차를 수행하면서 주주들에게 현금배당으로 ₩10,000을 지급하기로 예정하고 있다.
(2) ㈜한국은 20X2년 3월 15일, 20X1회계연도 정기주주총회에서 현금배당 ₩10,000을 지급하기로 결의하였다.
(3) 4월 1일 ㈜한국은 배당금 전액을 현금으로 지급하였다.

해설 ··

20X1. 12. 31   − 분개 없음 −

• 배당기준일은 단순히 배당을 지급받을 대상을 주주명부를 통해 확정시키는 날로 별도의 회계처리를 하지 않는다.

20X2. 3. 15 (차) 이 익 잉 여 금   10,000   (대) 미 지 급 배 당 금   10,000

• 배당선언일은 주주총회에서 배당을 지급하도록 결의한 날이므로 동일자로 이익잉여금을 감소시키고 미지급배당금(부채)을 인식한다.

20X2. 4. 1 (차) 미 지 급 배 당 금   10,000   (대) 현   금   10,000

• 배당지급일은 실제 배당금을 지급한 날로 미지급배당금과 현금을 상계한다.

---

(2) 주식배당

주식배당이란 회사가 현금으로 배당을 지급하는 대신 주식을 발행하여 배당을 지급하는 것을 말한다. 즉, 주식배당은 배당 가능한 이익잉여금을 재원으로 하여 발행한 주식을 주주들에게 배당하는 것이다.

상법에 따르면 주식배당은 배당가능이익이 있고, 주주총회 결의에 의하며, 발행가액은 주식의 액면금액으로 하고, 이익배당총액의 1/2을 초과하지 않아야 한다고 규정하고 있다.

주식배당의 결과 이익잉여금의 감소가 일어나지만 자본금의 증가가 동시에 일어나므로 회사의 자본 총액은 변하지 않는다. 다만 자본의 구성 내역이 변동할 뿐이다. 이런 점에서 주식배당은 무상증자와 그 효과가 동일하다.

사례 一 예제

아래의 각 상황에서 ㈜한국이 수행할 회계처리를 보이시오.

(1) ㈜한국은 20X1년도 결산절차를 수행하면서 주주들에게 주식배당을 지급하기로 예정하고 있다. 주식배당으로 인하여 보통주 100주가 발행되며 ㈜한국 주식의 액면금액은 주당 ₩100이다.

(2) ㈜한국은 20X2년 3월 15일, 20X1회계연도 정기주주총회에서 주식배당을 예정대로 지급하기로 결의하였다.

(3) 4월 1일 ㈜한국은 주식을 발행하여 교부하였다.

해설

20X1. 12. 31   – 분개 없음 –
→ 배당기준일은 단순히 배당을 지급받을 대상을 주주명부를 통해 확정시키는 날로 별도의 회계처리를 하지 않는다.

20X2. 3. 15 (차) 이 익 잉 여 금   10,000   (대) 미교부주식배당금   10,000
→ 배당선언일은 주주총회에서 배당을 지급하도록 결의한 날이므로 동일자로 이익잉여금을 감소시키고 미교부주식배당금(자본조정)을 인식한다.

20X2. 4. 1 (차) 미교부주식배당금   10,000   (대) 자   본   금   10,000
→ 배당지급일에는 미교부주식배당금을 자본금으로 대체한다.

---

(3) 중간배당

연 1회의 결산기를 정한 회사는 회사의 정관에 정한 경우 영업연도 중 1회에 한하여 이사회의 결의로 배당을 할 수 있는데 이러한 배당을 중간배당이라고 한다. 중간배당은 연차배당과 달리 주주총회에서 결의하지 않고 이사회 결의로 배당 여부를 결정할 수 있다. 또한 연차배당은 보통 회계연도 말일을 배당기준일로 하는 반면 중간배당은 정관에 정한 날을 배당기준일로 한다. 통상적으로 반기결산일이 배당기준일이다. 그리고 중간배당은 현금배당만 가능하다.

한편, 중간배당도 이익배당이므로 이익준비금을 적립해야 한다. 따라서 주주총회에서 이익준비금으로 적립할 금액은 중간배당액과 연차배당액의 합계액을 기준으로 계산한다.

미교부주식배당금은 최종 납입된 자본으로 볼 수 없는 항목이므로 자본조정으로 분류한다.

3. 이익잉여금의 처분

(1) 이익잉여금처분계산서

한국채택국제회계기준에서는 이익잉여금처분계산서를 재무제표에 포함하지 않으나 상법에서는 이의 작성을 요구하고 있으므로 이익잉여금처분계산서를 주석에 기재한다.

	전기이월미처분이익잉여금	(또는 전기이월미처리결손금)
(±)	회계변경의 누적효과	회계정책의 변경으로 인한 효과를 소급해서 반영
(±)	전기오류수정손익	과거 손익계산과정에서 발견한 오류를 소급해서 반영
(−)	중간배당액	
(±)	당기순이익(손실)	
=	당기말 미처분이익잉여금	(또는 당기말 미처리결손금)
	당기말 미처분이익잉여금	
(+)	임의적립금 이입액	배당목적이 달성된 적립금 등을 이입
	처분가능한 이익잉여금	
(−)	이익잉여금 처분액	배당, 사내유보, 부(−)의 자본항목 보전 등
=	차기이월 미처분이익잉여금	

위 식에서 이익잉여금 처분에 관해 자세하게 표시하면 아래와 같다.

적립금의 적립(사내유보)	이익준비금, 기타법정적립금, 임의적립금의 적립
부(−)의 자본항목 보전	주식할인발행차금, 감자차손, 자기주식처분손실 등의 보전
배당	현금배당, 주식배당 등

(2) 결손금의 처리

결손금의 처리란 미처리결손금을 이익잉여금(법정적립금과 임의적립금) 또는 자본잉여금과 상계하여 장부에서 제거하는 것을 말하며, 결손보전이라고도 한다. 결손금을 자본금과 상계할 수도 있는데 이는 무상감자에 해당한다.

미처리결손금 중 얼마를 처리해야 하는지는 기업이 결정할 문제이다. 미처리결손금을 전액 보전할 수도 있고, 일부만 보전할 수도 있으며, 전혀 보전하지 않고 차기로 이월할 수도 있다. 미처리결손금을 처리할 때 사용할 수 있는 잉여금은 자본잉여금, 법정적립금, 임의적립금이 있는데 상법에서는 이 중 임의적립금과 우선 상계하도록 규정하고 있다.

4 자본변동표

자본변동표는 자본의 크기와 그 변동에 관한 정보를 제공하는 재무보고서로서, 자본을 구성하고 있는 납입자본, 이익잉여금 및 기타자본구성요소의 변동에 관한 포괄적인 정보를 제공한다.

자본변동표

㈜한국	20X1년 1월 1일부터 12월 31일까지			(단위: 원)
구분	**납입자본**	**이익잉여금**	**기타자본구성요소**	**총계**
20X1년 1월 1일 잔액	×××	×××	×××	×××
연차배당		(×××)		(×××)
기타이익잉여금 처분액	×××	(×××)		−
중간배당		(×××)		(×××)
유상증자	×××			×××
자기주식 취득	(×××)			(×××)
총포괄이익		×××	×××	×××
20X1년 12월 31일 잔액	×××	×××	×××	×××

01 자본잉여금은 배당의 재원으로 사용할 수 없으며 자본전입이나 결손보전의 목적으로만 사용할 수 있으나 법정적립금은 배당의 재원으로 사용할 수 있다. ( )

02 신주를 발행하며 주권인쇄비, 기타수수료 등 신주발행비가 발생한 경우에는 당기의 비용으로 인식한다. ( )

03 무상증자는 회사의 자본 총액을 변동시키지 않는다. ( )

04 자기주식은 자산으로 인식하지 않고 자본에 부(−)의 방법으로 표시한다. ( )

05 주식분할 및 주식병합은 회사가 발행한 주식수에 변화가 있으므로 자본을 증가 또는 감소시키는 회계처리를 수행한다. ( )

06 이익준비금은 매 결산기에 주식배당을 포함한 이익배당액의 10% 이상을 자본금의 50%에 달할 때까지 적립한다. ( )

07 중대한 영향력을 행사하지 않는 주주로서 현금배당과 주식배당을 받은 경우 각각 수익으로 인식한다. ( )

08 자본변동표는 자본의 크기와 그 변동에 관한 정보를 제공하는 재무보고서로서, 자본을 구성하고 있는 납입자본, 이익잉여금의 변동에 관한 정보를 제공하지만 기타포괄손익에 관한 정보는 제공하지 않는다. ( )

---

01 × 자본잉여금과 법정적립금은 배당의 재원으로 사용할 수 없으며 자본전입이나 결손보전의 목적으로만 사용할 수 있다.
02 × 신주발행비는 주식발행초과금을 감소시키거나 주식할인발행차금을 증가시킨다.
03 ○
04 ○
05 × 주식분할 및 주식병합은 회사의 자본총액 및 자본의 구성내역이 변하지 않으므로 회계처리대상이 아니다.
06 × 주식배당은 이익준비금 적립 대상에 해당하지 않는다.
07 × 주식배당은 주주의 순자산을 증가시키지 않으므로 수익으로 인식하지 않는다.
08 × 자본변동표는 납입자본, 이익잉여금, 기타자본구성요소(기타포괄손익누계액)의 변동에 관한 정보를 제공한다.

1 자본의 분류

01 포괄손익계산서에서 당기순손익과 총포괄손익 간에 차이를 발생시키는 항목은? 2018년 관세직 9급

① 확정급여제도 재측정요소   ② 감자차손

③ 자기주식처분이익   ④ 사채상환손실

02 ㈜한국은 2012년 1월 1일에 영업을 시작하여 2012년 12월 31일 다음과 같은 재무정보를 보고하였다. 재무제표의 설명으로 옳지 않은 것은? 2013년 국가직 9급

• 현금	₩ 500,000	• 자본금	₩ 200,000
• 사무용가구	1,000,000	• 재고자산	350,000
• 매출	3,000,000	• 미지급금	200,000
• 잡비	50,000	• 매출원가	2,000,000
• 매입채무	600,000	• 감가상각비	100,000

① 재무상태표에 보고된 총자산은 ₩ 1,850,000이다.

② 재무상태표에 보고된 총부채는 ₩ 800,000이다.

③ 손익계산서에 보고된 당기순이익은 ₩ 800,000이다.

④ 재무상태표에 보고된 총자본은 ₩ 1,050,000이다.

---

01 ① 기타포괄손익을 묻고 있다.
    ①은 기타포괄손익, ②는 자본조정, ③은 자본잉여금, ④는 당기비용에 해당한다.

02 ③ ① 총자산: 현금(500,000) + 사무용가구(1,000,000) + 재고자산(350,000) = ₩ 1,850,000
    ② 총부채: 미지급금(200,000) + 매입채무(600,000) = ₩ 800,000
    ③ 당기순이익: 매출(3,000,000) − 잡비(50,000) − 매출원가(2,000,000) − 감가상각비(100,000) = ₩ 850,000
    ④ 총자본: 총자산(1,850,000) − 총부채(800,000) = ₩ 1,050,000

03 다음은 ㈜한국의 기말 현재 각 계정과목에 대한 잔액이다. 괄호 안에 들어갈 금액은? 2013년 관세직 9급

• 현금	₩180	• 단기대여금	₩120
• 매출채권	267	• 대손충당금	2
• 상품	85	• 건물	400
• 매입채무	80	• 사채	100
• 자본금	( )	• 이익잉여금	250

① ₩380
③ ₩870

② ₩620
④ ₩1,050

---

2 배당금 지급액 계산

04 보통주 10,000주(액면금액 ₩5,000)를 발행하여 2006년 기업을 시작한 ㈜한국은 2011년 1월 1일 누적적 · 비참가적 우선주 1,000주(액면금액 ₩5,000, 액면금액의 10% 배당)을 발행하였다. ㈜한국은 2011년과 2012년 손실로 인하여 배당을 하지 못하였으나 2013년 당기순이익을 기록하면서 보통주와 우선주에 대하여 총액 ₩2,500,000의 현금배당을 결의하였다. 보통주와 우선주에 대한 배당금액은? 2014년 지방직 9급

	보통주	우선주
①	₩500,000	₩2,000,000
②	₩1,000,000	₩1,500,000
③	₩1,500,000	₩1,000,000
④	₩2,000,000	₩500,000

---

03 ② • 기말자산: 현금(180) + 단기대여금(120) + 매출채권(267) − 대손충당금(2) + 상품(85) + 건물(400) = ₩1,050
  • 기말부채와 자본: 매입채무(80) + 사채(100) + 자본금(X) + 이익잉여금(250) = ₩1,050
   자본금(X) = ₩620

04 ② • 우선주 배당금: ₩5,000 × 1,000주 × 10% × 3년 = ₩1,500,000
  • 비참가적 우선주이므로 남은 배당금을 전액 보통주에 지급한다.
  • 보통주 배당금: ₩2,500,000 − ₩1,500,000 = ₩1,000,000

05 다음은 2011년 12월 31일 ㈜한국의 자본계정에 관한 정보이다. 보통주 1주당 배당액은? 2013년 국가직 9급

> - 자본금내역
> | | |
> |---|---|
> | 보통주 | ₩10,000,000 |
> | 우선주A(배당율 5%, 비누적적, 비참가적) | ₩5,000,000 |
> | 우선주B(배당율 5%, 누적적, 완전참가적) | ₩5,000,000 |
> - 모든 주식은 개업 시 발행하였으며 발행한 모든 주식의 주당 액면금액은 ₩5,000이다.
> - 우선주에 대한 1년분 배당이 연체되었다.
> - 정관에 의하여 이사회는 ₩1,550,000의 현금배당을 결의하였다.

① ₩400

② ₩350

③ ₩300

④ ₩250

---

05 ② • 우선주A의 배당액: ₩5,000,000 × 5% = ₩250,000
  (우선주A는 비누적적, 비참가적이므로 ₩250,000으로 배당이 종결된다.)
 • 우선주B의 배당액: ₩5,000,000 × 5% × 2회 = ₩500,000
  (우선주B는 누적적이므로 전기미지급액도 포함해서 지급하고, 완전참가적이므로 보통주에 5% 이상의 배당이 지급되면 우선주B도 초과분에 대해 참여할 권리가 있다.)
 • 보통주 배당액: ₩10,000,000 × 5% = ₩500,000
 • 잔여배당액: ₩1,550,000 − ₩250,000 − ₩500,000 − ₩500,000 = ₩300,000
  (잔여배당액은 보통주와 우선주B에 지급한다.)
 • 잔여배당액 중 보통주 귀속분: ₩300,000 × $\dfrac{10,000,000}{(10,000,000 + 5,000,000)}$ = ₩200,000
 • 보통주 총배당수령액: ₩500,000 + ₩200,000 = ₩700,000
 • 보통주 발행주식수: ₩10,000,000 ÷ ₩5,000 = 2,000주
 • 보통주 1주당 배당금: ₩700,000 ÷ 2,000주 = ₩350

06 ㈜한국은 20X1년 1월 1일 영업을 시작하였으며, 20X2년 말 현재 자본금 계정은 다음과 같다.

• 보통주(주당액면가액 ₩5,000, 발행주식수 80주)	₩400,000
• 우선주A(배당률 10%, 비누적적·비참가적; 주당액면가액 ₩5,000, 발행주식수 40주)	₩200,000
• 우선주B(배당률 5%, 누적적·완전참가적; 주당액면가액 ₩5,000, 발행주식수 80주)	₩400,000

모든 주식은 영업개시와 동시에 발행하였으며, 그 이후 아직 배당을 한 적이 없다. 20X3년 초 ₩100,000
의 배당을 선언하였다면 배당금 배분과 관련하여 옳은 것은?   2018년 국가직 9급

① 보통주 소유주에게 배당금 ₩20,000 지급
② 보통주 소유주에게 배당금 우선 지급 후 우선주A 소유주에게 배당금 지급
③ 우선주A 소유주에게 배당금 ₩30,000 지급
④ 우선주B 소유주에게 배당금 ₩50,000 지급

3 납입자본

07 자본의 변동을 가져오는 거래는? (단, 제시된 거래 이외의 거래는 고려하지 않는다)   2018년 국가직 9급

① 기계장치를 외상으로 구입하였다.
② 자기주식을 현금으로 구입하였다.
③ 미래에 제공할 용역의 대가를 미리 현금으로 받았다.
④ 외상으로 판매한 대금이 전액 회수되었다.

---

06 ④ • 우선주A 배당금: 200,000 × 10% = ₩20,000
　　• 우선주B 배당금(추가전): 400,000 × 5% × 2년 = ₩40,000
　　• 보통주 배당금(추가전): 400,000 × 5% = ₩20,000
　　• 잔여배당금 20,000(100,000 − 80,000)을 우선주B와 보통주에 1:1로 분배
　　• 우선주B 배당금(최종): 40,000 + 10,000 = ₩50,000
　　• 보통주 배당금(최종): 20,000 + 10,000 = ₩30,000

07 ② 자기주식은 자본의 차감항목으로 자본조정으로 분류한다.

08 자본에 관한 설명으로 옳은 것만을 모두 고른 것은?

> ㄱ. 주식분할을 실시하면 자본 총액은 변동하지 않고 자본금은 증가한다.
> ㄴ. 주식배당을 실시하면 자본 총액은 변동하지 않고 자본금은 증가한다.
> ㄷ. 유상증자를 실시하면 자본 총액은 변동하지 않고 자본금은 증가한다.
> ㄹ. 무상증자를 실시하면 자본 총액은 변동하지 않고 자본금은 증가한다.

① ㄱ, ㄴ   ② ㄱ, ㄷ
③ ㄴ, ㄹ   ④ ㄷ, ㄹ

09 ㈜한국은 액면가액 ₩5,000인 보통주 100주를 주당 ₩15,000에 발행하였다. 발행대금은 전액 당좌예금에 입금하였으며, 주식인쇄 등 주식발행과 직접 관련된 비용 ₩20,000을 현금으로 지급하였다. 유상증자 이전에 주식할인발행차금 미상각잔액 ₩400,000이 존재할 때 동 유상증자 후 주식발행초과금의 잔액은?

① ₩100,000   ② ₩500,000
③ ₩580,000   ④ ₩980,000

10 ㈜한국은 액면가액 ₩5,000인 주식 10,000주를 주당 ₩5,000에 발행하였다. ㈜한국은 유통주식수의 과다로 인한 주가관리 차원에서 20X1년에 1,000주를 매입소각하기로 주주총회에서 결의하였다. ㈜한국은 두 번에 걸쳐 유통주식을 매입하여 소각하였는데 20X1년 6월 1일 주당 ₩4,000에 500주를 매입한 후 소각했고, 20X1년 9월 1일에 주당 ₩7,000에 500주를 매입한 후 소각했다고 한다면 20X1년 9월 1일의 감자차손 잔액은?

① 감자차익 ₩500,000   ② 감자차손 ₩1,000,000
③ 감자차손 ₩500,000   ④ 감자차익 ₩1,000,000

---

08 ③ ㄱ. 주식분할을 실시하면 자본금이 변하지 않는다.
ㄷ. 유상증자를 실시하면 자본금이 증가한다.

09 ③ 주식발행초과금: (15,000 − 5,000) × 100주 − 20,000 − 400,000 = ₩580,000

10 ③ • 6월 1일의 감자차익: (₩5,000 − ₩4,000) × 500주 = ₩500,000
• 9월 1일의 감자차손: (₩7,000 − ₩5,000) × 500주 = ₩1,000,000
• 감자차익과 감자차손은 서로 상계하므로 감자차손 잔액은 ₩500,000이다.

11 다음 각 항목이 재무상태의 자본금, 이익잉여금 및 자본총계에 미치는 영향으로 옳지 않은 것은?

2011년 국가직 9급

	항목	자본금	이익잉여금	자본총계
①	무상증자	증가	증가	증가
②	주식배당	증가	감소	불변
③	주식분할	불변	불변	불변
④	유상증자	증가	불변	증가

12 ㈜서울은 재작년에 액면 100원의 주식을 주당 ₩120에 발행하여 이를 작년 5월에 100주를 주당 ₩160에 구입하였다. 이 100주를 올 6월에 주당 ₩180에 처분하였다. 자기주식의 처분이 ㈜서울의 올해 재무상태에 미치는 영향은?

2011년 서울시 9급

① 자본잉여금 증가 ₩2,000
② 자본잉여금 증가 ₩6,000, 이익잉여금 감소 ₩4,000
③ 이익잉여금 증가 ₩2,000
④ 이익잉여금 증가 ₩6,000, 자본잉여금 감소 ₩4,000
⑤ 이익잉여금 증가 ₩2,000, 자본잉여금 감소 ₩4,000

13 다음 중 자본의 구성항목은 변동이 없고, 주당 액면금액의 변동만 발생하는 자본거래는? 2015년 국가직 7급

① 유상증자 ② 주식분할
③ 무상증자 ④ 주식배당

---

11 ① 무상증자는 자본잉여금 또는 법정적립금을 재원으로 주식을 발행하는 것으로 무상증자의 결과 자본금이 증가하고 자본잉여금(또는 이익잉여금)은 감소하므로 자본총계는 변하지 않는다.

12 ① 처분일의 분개를 나타내면 아래와 같다.
(차) 현   금 18,000 (대) 자 기 주 식 16,000
                  자기주식처분이익   2,000
위 분개의 결과, 자본조정(자기주식) 16,000 증가, 자본잉여금(자기주식처분이익) 2,000 증가, 자본총액 18,000 증가, 이익잉여금 불변이다.

13 ② 주식분할은 주당 액면금액의 감소가 발생한다.

14 주식회사의 자본을 실질적으로 증가시키는 거래는? 2015년 관세직 9급

① 임의적립금을 적립하다. ② 이익준비금을 재원으로 무상증자를 실시하다.

③ 주식배당을 실시하다. ④ 주주로부터 자산을 무상으로 기부받다.

15 ㈜한국의 2016년 자본 관련 거래가 다음과 같을 때, 2016년에 증가한 주식발행초과금은? (단, 기초 주식할인발행차금은 없다고 가정한다) 2017년 국가직 9급(4월 시행)

- 3월 2일: 보통주 100주(주당 액면금액 ₩500)를 주당 ₩700에 발행하였다.
- 5월 10일: 우선주 200주(주당 액면금액 ₩500)를 주당 ₩600에 발행하였다.
- 9월 25일: 보통주 50주(주당 액면금액 ₩500)를 발행 하면서 그 대가로 건물을 취득하였다. 취득 당시 보통주 주당 공정 가치는 ₩1,000이었다.

① ₩20,000 ② ₩40,000

③ ₩45,000 ④ ₩65,000

16 ㈜한국은 2016년 초 보통주 200주(주당 액면금액 ₩5,000, 주당 발행금액 ₩6,000)를 발행하였으며, 주식 발행과 관련된 직접원가 ₩80,000과 간접원가 ₩10,000이 발생하였다. ㈜한국의 주식 발행에 대한 설명으로 옳은 것은? (단, 기초 주식할인발행차금은 없다고 가정한다) 2017년 국가직 9급(4월 시행)

① 자본의 증가는 ₩1,200,000이다.

② 자본잉여금의 증가는 ₩120,000이다.

③ 주식발행초과금의 증가는 ₩110,000이다.

④ 주식발행과 관련된 직·간접원가 ₩90,000은 비용으로 인식한다.

---

14 ④ 주주로부터 자산을 무상으로 기부받는 경우 자산과 자본(자산수증이익)이 증가한다.

15 ④ • 3월 2일 주식발행초과금: 100주 × (700 − 500) = ₩20,000
- 5월 10일 주식발행초과금: 200주 × (600 − 500) = ₩20,000
- 9월 25일 주식발행초과금: 50주 × (1,000 − 500) = ₩25,000
- 주식발행초과금 합계: 20,000 + 20,000 + 25,000 = ₩65,000

16 ②

(차) 현 금	1,200,000	(대) 자 본 금	1,000,000
		주식발행초과금	200,000
주식발행초과금	80,000	현금(직접원가)	80,000
당 기 비 용	10,000	현금(간접원가)	10,000

- 위 분개의 결과 주식발행초과금(자본잉여금)은 ₩120,000 증가한다.

17 ㈜한국은 20X1년 3월 7일 자기주식 500주를 매입하고 20X1년 7월 7일 이 중 100주를 소각하였다. 그리고 20X1년 8월 31일 자기주식 200주를 ㈜서울에 매도하였다. ㈜한국의 20X1년 자기주식거래가 ㈜한국의 유통주식수에 미치는 영향은?

2017년 국가직 7급

① 500주 감소
② 300주 감소
③ 200주 감소
④ 변화 없다.

18 ㈜한국은 자기주식에 대하여 원가법을 적용하고 있다. 기중에 자기주식 20주를 외상으로 ₩40,000에 취득하였고 이 중 10주를 현금 ₩30,000에 처분하였다. 이 주식거래로 인한 결과로 옳지 않은 것은? (단, 기초 자기주식처분손익은 없다고 가정한다)

2017년 지방직 9급

① 자산은 ₩30,000 증가한다.
② 자본은 ₩20,000 감소한다.
③ 부채는 ₩40,000 증가한다.
④ 자본잉여금은 ₩10,000 증가한다.

---

17 ② (−)500주 + 200주 = (−)300주

18 ②

(차)	자기주식(자본조정)	40,000	(대)	미 지 급 금	40,000
	현 금	30,000		자기주식(자본조정)	20,000
				자기주식처분이익	10,000
				(자 본 잉 여 금)	

• 위 분개의 결과 자본은 ₩10,000 감소한다.

19 다음은 당기 중에 발생한 ㈜서울의 자기주식 관련 거래이다. 12월 31일에 ㈜서울이 인식해야 할 감자차손과 자기주식처분손실은 각각 얼마인가?

2016년 서울시 7급

- 3월 1일: ㈜서울이 발행한 보통주(주당 액면금액 ₩2,000) 중 100주를 주당 ₩5,000에 취득하였다.
- 6월 1일: 자기주식 중 30주를 주당 ₩7,000에 매각하였다.
- 8월 1일: 자기주식 중 30주를 주당 ₩2,000에 매각하였다.
- 12월 1일: 자기주식 중 나머지 40주를 소각하였다.

	감자차손	자기주식처분손실		감자차손	자기주식처분손실
①	₩120,000	₩30,000	②	₩150,000	₩30,000
③	₩160,000	₩20,000	④	₩160,000	₩40,000

20 다음은 ㈜한국의 2015년 12월 31일 자본 내역이다.

자본	
자본금(액면금액 @₩500)	₩3,000,000
주식발행초과금	1,500,000
이익준비금	2,000,000
미처분이익잉여금	5,500,000
합계	₩12,000,000

㈜한국은 주권상장법인이며, 2016년 2월 주주총회에서 2,000주의 주식배당과 이익준비금을 재원으로 한 2,000주의 무상증자를 실시하기로 하였다. 주식배당과 무상증자를 실시하여 주식을 교부하였다면, ㈜한국의 자본금은?

2016년 지방직 9급

① ₩3,000,000
② ₩4,000,000
③ ₩5,000,000
④ ₩6,000,000

---

19 ① • 감자차손익은 액면금액과 취득금액의 차액으로 결정한다.
    • 감자차손: (5,000 − 2,000) × 40주 = ₩120,000
    • 자기주식처분손실: (5,000 − 7,000) × 30주 + (5,000 − 2,000) × 30주 = ₩30,000

20 ③ 3,000,000(기초) + @500 × 4,000주 = ₩5,000,000

4 이익잉여금

21 주당 액면가액이 ₩500인 보통주 500,000주를 발행하고 있고, 이익잉여금 잔액이 ₩100,000,000인 ㈜한국은 20X1년 2월에 5%의 주식배당과 주당 ₩15의 현금배당을 선언하였다. 이러한 배당선언이 회사의 자본에 미치는 영향으로 옳지 않은 것은?

2011년 국가직 7급

① 이익잉여금 ₩20,000,000이 배당의 재원으로 사용되었다.
② 현금배당액은 ₩7,500,000이 될 예정이다.
③ 주식배당액은 ₩7,500,000이 될 예정이다.
④ 배당선언으로 부채 ₩7,500,000이 증가한다.

22 자본에 관한 다음 설명으로 옳은 것을 모두 고르면?

2014년 국가직 9급

> ㄱ. 이익잉여금은 당기순이익의 발생으로 증가하고 다른 요인으로는 증가하지 않는다.
> ㄴ. 주식배당을 실시하면 자본금은 증가하지만 이익잉여금은 감소한다.
> ㄷ. 무상증자를 실시하면 발행주식수는 증가하지만 자본총액은 변동하지 않는다.
> ㄹ. 주식분할을 실시하면 발행주식수는 증가하지만 이익잉여금과 자본금은 변동하지 않는다.

① ㄱ, ㄴ, ㄷ   ② ㄱ, ㄴ, ㄹ
③ ㄱ, ㄷ, ㄹ   ④ ㄴ, ㄷ, ㄹ

---

21 ③ • 주식배당액: ₩500 × 500,000주 × 5% = ₩12,500,000
　　　　• 현금배당액: ₩15 × 500,000주 = ₩7,500,000
　　　　• 이익잉여금 ₩20,000,000이 감소하고 자본조정 ₩12,500,000, 부채 ₩7,500,000이 증가한다.

22 ④ ㄱ. 이익잉여금은 당기순이익 외에 회계정책변경의 누적효과 등 여러가지 요인에 의해 증가할 수 있다.

23 다음의 자료에 의하면 차기이월 미처분이익잉여금은 얼마인가?

2012년 서울시 9급

• 전기이월 미처분이익잉여금	₩ 100,000
• 당기순이익	30,000
• 현금배당	10,000
• 주식배당	10,000
• 이익준비금 적립액	20,000
• 임의적립금 이입액	20,000

① ₩ 90,000 ② ₩ 100,000

③ ₩ 110,000 ④ ₩ 120,000

⑤ ₩ 130,000

24 ㈜서울의 전기이월미처분이익잉여금은 ₩ 350,000이다. 2017년도에 ㈜서울은 임의적립금을 ₩ 50,000, 기타법정적립금을 ₩ 60,000 적립할 예정이다. 이익준비금 적립을 제외한 배당가능이익이 ₩ 330,000이라면 2017년도 당기순이익과 배당 최대금액은 얼마인가? (단, ㈜서울의 이익준비금은 자본금의 1/2에 미달되며 법정 최소금액을 이익준비금으로 적립한다)

2017년 서울시 7급

	당기순이익	배당 최대금액
①	₩ 90,000	₩ 300,000
②	₩ 90,000	₩ 330,000
③	₩ 130,000	₩ 300,000
④	₩ 130,000	₩ 330,000

---

23 ③ • 전기이월(100,000) + 당기순이익(30,000) − 현금배당(10,000) − 주식배당(10,000) − 이익준비금 적립(20,000) + 임의적립금 이입(20,000) = ₩ 110,000

24 ① • 350,000(전기이월) + 당기순이익 − 50,000(임의적립금) − 60,000(기타법정적립금) = ₩ 330,000, 당기순이익 = ₩ 90,000
   • 배당최대금액 + 배당최대금액 × 10%(이익준비금) = ₩ 330,000, 배당최대금액 = ₩ 300,000

25 20X1년 자본과 관련한 다음 정보를 이용할 때, 20X1년 말 재무상태표에 표시될 이익잉여금은?

2019년 지방직 9급

- 20X1년 기초 이익잉여금 ₩ 200
- 2월 25일: 주주총회에서 현금 ₩ 100 배당 결의와 함께 이익준비금 ₩ 10과 배당평균적립금 ₩ 20 적립 결의
- 6월 30일: 전기 이전부터 보유하던 장부금액 ₩ 30의 자기주식을 ₩ 32에 매각
- 20X1년 당기순이익 ₩ 250

① ₩ 320   ② ₩ 350
③ ₩ 352   ④ ₩ 450

---

25 ② • 법정적립금 및 임의적립금의 적립은 이익잉여금 총액을 변동시키지 않고, 자기주식의 처분은 이익잉여금과 무관한다.
   • 200 − 100 + 250 = ₩ 350

5 자본의 증감

> ### ⓥSOLUTION
>
> 1. 자본의 증감 계산문제에서는 자료에 자산과 부채가 주어지더라도 언제나 기초자본과 기말자본을 이용해 해결한다.
>   - **기초자본 + 유상증자 · 당기순이익 등 − 현금배당 등 = 기말자본**
> 2. 무상증자, 주식배당, 주식분할(병합) 등은 자본 총계에 변화를 가져오지 않는다.
> 3. 당기순이익, 총포괄이익, 기타포괄손익 중 어떤 것을 구해야 하는지를 구분한다.
>   - **당기순이익 ± 기타포괄손익 = 총포괄손익**
> 4. 자본총액은 직접 측정하는 것이 아니라 자산과 부채의 차액으로 계산한다. 따라서 자산과 부채의 증감액을 이용해 자본의 증감액을 구하여 빠르게 해결할 수 있는 문제도 있다.
>   (그러나 부채와 자본이 동시에 변하는 상황은 많지 않으므로 주로 자산의 증감액을 구하면 동 금액이 자본의 증감액이다.)
>   - **자산의 증감액 = 자본의 증감액**

26 다음에서 제시되는 A ~ C의 세 가지 거래는 독립적인 거래이다. 빈칸에 들어가야 하는 ⑺ − ⑷ − ⒟의 금액을 올바르게 나열한 것은?

2016년 서울시 9급

거래	기초자산	기초부채	기말부채	기말자본	총수익	총비용	현금배당금
A	⑺	₩ 9,000	₩ 24,000	₩ 27,000	₩ 27,000	₩ 30,000	₩ 6,000
B	₩ 30,000	₩ 18,000	₩ 20,000	⑷	₩ 20,000	₩ 14,000	₩ 6,000
C	₩ 30,000	₩ 22,500	₩ 13,500	₩ 10,500	⒟	₩ 12,000	₩ 6,000

	⑺	⑷	⒟
①	₩ 27,000	₩ 12,000	₩ 21,000
②	₩ 27,000	₩ 24,000	₩ 16,500
③	₩ 45,000	₩ 12,000	₩ 21,000
④	₩ 45,000	₩ 24,000	₩ 28,500

---

26 ③ • 거래A: 기초자본 − 3,000(당기순손실) − 6,000(배당) = ₩27,000(기말자본), 기초자본 = ₩36,000
　　　거래A 기초자산: 9,000(기초부채) + 36,000(기초자본) = ₩45,000
　　• 거래B 기말자본: 12,000(기초자본) + 6,000(당기순이익) − 6,000(배당) = ₩12,000
　　• 거래C: 7,500(기초자본) + (총수익 − 12,000) − 6,000(배당) = ₩10,500(기말자본), 총수익 = ₩21,000

27 ㈜한국은 20X1년 1월 1일 영업을 시작하였다. 20X1년 12월 31일 총자산과 총부채는 각각 ₩350,000과 ₩200,000이었으며, 20X1년도의 총포괄이익은 ₩125,000이었다. 그리고 20X1년 중에 배당금 ₩5,000을 현금으로 지급하였다. ㈜한국의 20X1년 1월 1일 시점의 순자산 장부금액은? 2017년 국가직 7급

① ₩5,000   ② ₩30,000

③ ₩50,000   ④ ₩150,000

28 다음 거래로 인한 당기총자본의 증가 금액은 얼마인가? 2017년 서울시 9급

- 주식 100주를 주당 ₩10,000에 현금 발행하였다.
- 자기주식 10주를 주당 ₩9,000에 현금 취득하였다.
- 위 자기주식 가운데 5주를 주당 ₩10,000에 현금 재발행하고 나머지는 전부 소각하였다.
- 주식발행초과금 ₩100,000을 자본금으로 전입하고 주식을 발행하였다.

① ₩910,000   ② ₩960,000

③ ₩1,010,000   ④ ₩1,060,000

29 ㈜서울의 2018년 초와 2018년 말의 총자산은 각각 ₩150,000과 ₩270,000이며, 2018년 초와 2018년 말의 총부채는 각각 ₩80,000과 ₩120,000이다. ㈜서울은 2018년 중 ₩50,000의 유상증자를 실시하고 현금배당 ₩10,000과 주식배당 ₩7,000을 실시하였다. ㈜서울의 2018년 기타포괄손익이 ₩10,000인 경우 2018년 포괄손익계산서의 당기순이익은? 2018년 서울시 9급

① ₩30,000   ② ₩37,000

③ ₩40,000   ④ ₩47,000

---

27 ② X(기초순자산) + 125,000(총포괄이익) − 5,000(현금배당) = ₩150,000(기말순자산), X = ₩30,000

28 ② 100주 × 10,000 − 10주 × 9,000 + 5주 × 10,000 = ₩960,000

29 ① 70,000(기초자본) + 50,000(유상증자) − 10,000(현금배당) + 10,000(기타) + 당기순이익 = ₩150,000(기말자본)
　　당기순이익 = ₩30,000

30 ㈜한국은 2012년 1월 1일에 현금 ₩1,000,000을 출자하여 설립되었다. 2012년 12월 31일 재무상태표에 자산과 부채가 다음과 같이 보고되었을 때, 기타 관련 사항을 반영한 2012년 당기순이익은?

2013년 지방직 9급

〈자산과 부채 항목〉

• 현금과 예금	₩500,000	• 기타포괄손익 – 공정가치측정금융자산	₩700,000
• 매입채무	300,000	• 매출채권	500,000
• 미수금	200,000	• 선수수익	50,000
• 미지급금	100,000	• 차입금	200,000

〈기타 관련사항〉
• 기말에 자본 ₩100,000을 유상감자하였으며 현금 ₩50,000을 배당으로 지급
• 당기에 보유 중인 기타포괄손익 – 공정가치측정금융자산에서 ₩70,000의 평가손실 발생

① ₩470,000   ② ₩500,000
③ ₩540,000   ④ ₩570,000

31 다음 자료에 의하여 당기총포괄이익을 계산하면? (단, 법인세는 무시한다)

2015년 관세직 9급

〈재무상태표〉

	기초	기말
자산	₩15,000	₩25,000
부채	7,000	10,000

〈기중변동내역〉
• 유상증자: ₩3,000
• 현금배당: ₩500
• 기타포괄손익 – 공정가치측정금융자산평가이익: ₩1,500

① ₩1,500   ② ₩3,000
③ ₩4,500   ④ ₩6,000

---

30 ① • 기말자본: 자산(500,000 + 700,000 + 500,000 + 200,000) − 부채(300,000 + 50,000 + 100,000 + 200,000) = ₩1,250,000
• 기말자본(1,250,000) = 기초자본(1,000,000) − 유상감자(100,000) − 현금배당(50,000) + 총포괄손익(X), 총포괄손익(X) = ₩400,000
• 총포괄손익(400,000) = 당기순이익(X) − '기타포괄손익 – 공정가치측정금융자산평가손실'(70,000)
당기순이익(X) = ₩470,000

31 ③ • 기초자본(8,000) + 유상증자(3,000) − 현금배당(500) + 총포괄이익(X) = 기말자본(15,000)
• 총포괄이익(X) = ₩4,500

32 다음 자료를 기초로 기말자산 금액을 구하면 얼마인가?

2015년 서울시 9급

• 기초자산	₩3,000	• 기초부채	₩1,800
• 기말부채	1,900	• 기말자본	?
• 총수익	2,000	• 총비용	1,700
• 주식배당	50	• 현금배당	50

〈감자의 회계처리〉

(차) 자　　　본　　　금　　50　　(대) 현　　　　　　금　　30
　　　　　　　　　　　　　　　　　감　　자　　차　　익　　20

① ₩3,200　　　　　　　　　　② ₩3,270
③ ₩3,300　　　　　　　　　　④ ₩3,320

33 ㈜서울의 2016년 초 자본은 ₩600,000이다. 2016년의 다음 자료에 따른 2016년 말의 자본은 얼마인가? (단, 법인세효과는 고려하지 않는다)

2016년 서울시 9급

- • 2016년 당기순이익은 ₩20,000이다.
- • 액면금액 ₩500인 주식 40주를 주당 ₩1,000에 발행하였는데, 신주발행비로 ₩2,000을 지출하였다.
- • 자기주식 3주를 주당 ₩3,000에 취득하였고, 그 이후 1주를 주당 ₩1,000에 처분하였다.
- • 이익처분으로 현금배당 ₩3,000, 주식배당 ₩2,000을 실시하였으며, ₩2,000을 이익준비금(법정적립금)으로 적립하였다.

① ₩645,000　　　　　　　　　② ₩647,000
③ ₩649,000　　　　　　　　　④ ₩655,000

---

32 ④ • 기초자본(1,200) + 당기순이익(300) − 현금배당(50) − 유상감자(30) = 기말자본(1,420)
　　　• 기말자산 = 1,900(기말부채) + 1,420(기말자본) = ₩3,320

33 ② • 600,000(기초자본) + 20,000(당기순이익) + 38,000(유상증자) − 9,000(자기주식취득) + 1,000(자기주식처분) − 3,000(현금배당)
　　　　= ₩647,000(기말자본)
　　　• 자본은 직접 측정하는 것이 아니라 언제나 자산 및 부채의 증감 결과로 변화한다.
　　　• 유상증자 시 현금유입 38,000 → 자본 38,000 증가
　　　• 자기주식 처분 시 현금유입 1,000 → 자본 1,000 증가
　　　• 주식배당과 이익준비금 적립은 자본 내에서의 대체이므로 자본 총액이 변하지 않는다.

34 다음의 장부마감 전 자료를 토대로 계산한 기말 자본은? (단, 수익과 비용에는 기타포괄손익 항목이 포함되어 있지 않다)

2016년 관세직 9급

• 수익 합계	₩ 2,000,000	• 비용 합계	₩ 1,000,000
• 자본금	₩ 1,000,000	• 주식발행초과금	₩ 500,000
• 이익잉여금	₩ 500,000	• 자기주식	₩ 100,000
• 감자차익	₩ 100,000	• 재평가잉여금	₩ 200,000

① ₩ 3,500,000 ② ₩ 3,300,000

③ ₩ 3,200,000 ④ ₩ 3,000,000

35 ㈜한국의 자본은 납입자본, 이익잉여금 및 기타자본요소로 구성되어 있으며 2015년 기초와 기말의 자산과 부채 총계는 다음과 같다.

구분	2015년 초	2015년 말
자산 총계	₩ 100,000	₩ 200,000
부채 총계	70,000	130,000

㈜한국은 2015년 중 유상증자 ₩ 10,000을 실시하고 이익처분으로 현금배당 ₩ 5,000, 주식배당 ₩ 8,000을 실시하였으며 ₩ 1,000을 이익준비금(법정적립금)으로 적립하였다. 2015년에 다른 거래는 없었다고 가정할 때, ㈜한국의 2015년도 포괄손익계산서상 당기순이익은?

2015년 지방직 9급

① ₩ 35,000 ② ₩ 40,000

③ ₩ 43,000 ④ ₩ 44,000

---

34 ③ 기말자본: 1,000,000(당기순이익) + 1,000,000 + 500,000 + 500,000 − 100,000 + 100,000 + 200,000 = ₩ 3,200,000

35 ① 30,000(기초자본) + 10,000(유상증자) − 5,000(현금배당) + 당기순이익 = ₩ 70,000(기말자본)
당기순이익 = ₩ 35,000

36 12월 결산법인인 ㈜한국의 2015년 초 기초 재무상태표상의 자산총계는 ₩300,000, 부채총계는 ₩100,000 이었고, 자본항목 중 기타포괄손익누계액은 없었다. 2015년 결산마감분개 직전 재무상태표상의 자산총계는 ₩350,000, 부채총계는 ₩120,000이었고, 포괄손익계산서상의 기타포괄이익이 ₩1,000이었다. 2015년 결산마감분개 직전까지 본 문제에 기술된 사항을 제외한 자본항목의 변동은 없었고 2015회계연도 중 현금 배당금 지급액이 ₩3,000이었다면, ㈜한국의 2015회계연도 당기순이익은? 2015년 국가직 7급

① ₩26,000   ② ₩29,000

③ ₩32,000   ④ ₩33,000

37 ㈜한국의 20X1년 재무상태 및 영업성과와 관련한 자료가 다음과 같을 때 기말부채는? 2018년 국가직 9급

• 기초자산	₩500	• 총수익	₩200
• 기초부채	₩400	• 총비용	₩120
• 기말자산	₩700	• 유상증자	₩20
• 기말부채	₩ ?	• 주주에 대한 현금배당	₩50

① ₩500   ② ₩520

③ ₩550   ④ ₩570

---

36 ③ 200,000(기초자본) + 1,000(기타포괄손익) − 3,000(현금배당) + 당기순이익 = ₩230,000(기말자본)
     당기순이익 = ₩32,000

37 ③ • 기말자본: 100(기초) + 80(당기순이익) + 20(유상증자) − 50(현금배당) = ₩150
        • 기말부채: 700(기말자산) − 150(기말자본) = ₩550

38 ㈜한국의 2017년 이익잉여금 기초 잔액은 ₩50,000이었으며, 2017년 중 다음의 거래가 있었다.

- 원가 ₩1,000의 컴퓨터 1대를 ₩5,000에 판매하였으며, 판매대금 중 ₩1,500은 현금으로 수취하였고 잔액은 외상으로 하였다.
- 건물에 대한 감가상각비 ₩200, 기계에 대한 감가상각비 ₩100을 인식하였다.
- 장기차입금에 대한 당기 이자비용 ₩400을 현금 지급하였다.
- 배당결의를 하고 배당금 ₩300을 현금 지급하였다.

㈜한국의 2017년도 당기순이익과 2017년 말 이익잉여금은 각각 얼마인가?

2018년 관세직 9급

	당기순이익	이익잉여금
①	₩3,000	₩53,000
②	₩3,000	₩53,300
③	₩3,300	₩53,000
④	₩3,300	₩53,300

39 ㈜한국의 당기 포괄손익계산서에 보고할 당기순이익은?

2019년 관세직 9급

- 기초자본은 자본금과 이익잉여금으로만 구성되어 있다.
- 기말자산은 기초자산에 비해 ₩500,000 증가하였고, 기말부채는 기초부채에 비해 ₩200,000 증가하였다.
- 당기 중 유상증자 ₩100,000이 있었다.
- 당기 중 기타포괄손익 – 공정가치 측정 금융자산의 평가손실 ₩10,000을 인식하였다.
- 당기 중 재평가모형을 적용하는 유형자산의 재평가이익 ₩20,000을 인식하였다(단, 전기 재평가손실은 없다).

① ₩180,000
② ₩190,000
③ ₩200,000
④ ₩300,000

---

38 ③ • 당기순이익: 4,000(매출총이익) − 300(감가) − 400(이자) = ₩3,300
  • 이익잉여금: 50,000(기초) + 3,300(당기순이익) − 300(현금배당) = ₩53,000

39 ② 당기 자본증가액: 100,000(유상증자) − 10,000(평가손실) + 20,000(평가이익) + 당기순이익 = ₩300,000(증가)
  당기순이익 = ₩190,000

09 금융자산(2)-지분상품과채무상품

1 금융상품의 기초

1. 금융상품의 의의

(1) 금융상품의 정의

기업회계기준서 제1032호 '금융상품: 표시'에서는 금융상품을 다음과 같이 정의한다.

① **금융상품**: 거래당사자 어느 한쪽에게는 금융자산이 생기게 하고 거래상대방에게 금융부채나 지분상품이 생기게 하는 모든 계약

② **금융자산**: 다음 중 하나에 해당하는 자산

ㄱ 현금

ㄴ 다른 기업의 지분상품

ㄷ 다음 중 어느 하나에 해당하는 계약상 권리

ⓐ 거래상대방에게서 현금 등 금융자산을 수취할 계약상 권리

ⓑ 잠재적으로 유리한 조건으로 거래상대방과 금융자산이나 금융부채를 교환하기로 한 계약상 권리

ㄹ 기업 자신의 지분상품으로 결제하거나 결제할 수 있는 다음 중 하나의 계약

ⓐ 수취할 자기지분상품의 수량이 변동 가능한 비파생상품

ⓑ 확정 수량의 자기지분상품을 확정 금액의 현금 등 금융자산과 교환하여 결제하는 방법 외의 방법으로 결제하거나 결제할 수 있는 파생상품

③ **금융부채**: 다음 중 하나에 해당하는 부채

ㄱ 다음 중 어느 하나에 해당하는 계약상 의무

ⓐ 거래상대방에게 현금 등 금융자산을 인도하기로 한 계약상 의무

ⓑ 잠재적으로 불리한 조건으로 거래상대방과 금융자산이나 금융부채를 교환하기로 한 계약상 의무

ㄴ 자기지분상품으로 결제하거나 결제할 수 있는 다음 중 하나의 계약

ⓐ 인도할 자기지분상품의 수량이 변동 가능한 비파생상품

ⓑ 확정 수량의 자기지분상품을 확정 금액의 현금 등 금융자산과 교환하여 결제하는 방법외의 방법으로 결제하거나 결제할 수 있는 파생상품

④ **지분상품**: 기업의 자산에서 모든 부채를 차감한 후의 잔여지분을 나타내는 모든 계약

(2) 금융상품의 특징

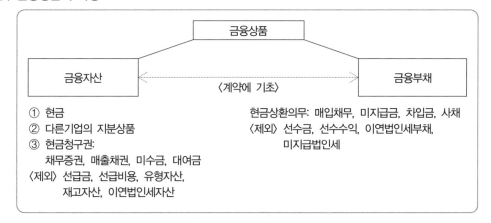

⊕ 금융자산과 금융부채

현금, 다른 기업이 발행한 지분상품, 거래상대방에게서 현금 등을 수취할 권리인 현금청구권 등이 금융자산에 해당한다. 여기서 현금청구권에 해당하는 것은 다른 기업이 발행한 채무증권, 매출채권, 미수금, 대여금 등이 있다.

반면에, 선급금, 선급비용과 같은 자산은 거래상대방으로부터 현금이 아닌 재화나 용역을 제공받을 것이므로 금융자산에 해당하지 않는다. 또한, 토지, 건물, 상품 등 비화폐성 실물자산 역시 금융자산에 해당하지 않는다.

금융자산과는 반대로 현금 및 금융자산을 제공해야 할 의무를 금융부채라고 한다. 따라서 매입채무, 미지급금, 차입금, 사채 등은 금융부채에 해당한다. 반면에, 선수금, 선수수익 등은 재화나 용역을 인도해야 할 의무이므로 금융부채에 해당하지 않는다.

금융자산 및 금융부채에 해당하기 위해서는 계약당사자 간에 현금을 주고받는 계약에 기초하여야 한다. 따라서 이연법인세자산·부채, 미지급법인세 등은 계약에 기초한 것이 아니므로 금융자산 및 금융부채에 해당하지 않는다.

(3) 금융상품의 분류

금융자산은 후속적으로 상각후원가, 기타포괄손익 – 공정가치, 당기손익 – 공정가치로 측정되도록 분류한다.

① 다음 두 가지 조건을 모두 충족한다면 금융자산을 상각후원가로 측정한다.

    ⊙ 계약 상 현금흐름을 수취하기 위해 보유하는 것이 목적인 사업모형 하에서 금융자산을 보유한다.

    ⓒ 금융자산의 계약 조건에 따라 특정일에 원금과 원금잔액에 대한 이자 지급(이하 '원리금 지급')만으로 구성되어 있는 현금흐름이 발생한다.

② 다음 두 가지 조건을 모두 충족한다면 금융자산을 기타포괄손익 – 공정가치로 측정한다.

    ⊙ 계약 상 현금흐름의 수취와 금융자산의 매도 둘 다를 통해 목적을 이루는 사업모형 하에서 금융자산을 보유한다.

재무회계

2020 해커스공무원 회계학

📋 선생님 TIP

09장에서는 금융상품 중 지분상품과 채무상품에 대해 설명한다.

ⓒ 금융자산의 계약 조건에 따라 특정일에 원리금 지급만으로 구성되어 있는 현금흐름이 발생한다.

③ 금융자산은 상각후원가로 측정하거나 기타포괄손익 – 공정가치로 측정하는 경우가 아니라면, 당기손익 – 공정가치로 측정한다. 그러나 당기손익 – 공정가치로 측정되는 '지분상품에 대한 특정 투자'에 대하여는 후속적인 공정가치 변동을 기타포괄손익으로 표시하도록 최초 인식시점에 선택할 수도 있다. 다만 한번 선택하면 이를 취소할 수 없다.

④ 서로 다른 기준에 따라 자산이나 부채를 측정하거나 그에 따른 손익을 인식하는 경우에 측정이나 인식의 불일치(회계불일치)가 발생할 수 있다. 금융자산을 당기손익 – 공정가치 측정 항목으로 지정한다면 이와 같은 불일치를 제거하거나 유의적으로 줄이는 경우에는 최초 인식시점에 해당 금융자산을 당기손익 – 공정가치 측정 항목으로 지정할 수 있다. 다만 한번 지정하면 이를 취소할 수 없다.

ⓞ 금융자산의 분류

구분	채무상품	지분상품
상각후원가 측정 (상각후원가측정금융자산)	계약상 현금흐름을 수취하기 위해 보유	–
기타포괄손익 – 공정가치 측정 (기타포괄손익인식금융자산)	계약상 현금흐름 수취와 매도 두 가지 모두 목적	최초 인식시점에 선택 가능 (단기매매항목 제외, 추후 취소 불가)
당기손익 – 공정가치 측정 (당기손익인식금융자산)	최초 인식시점에 선택 가능 (추후 취소 불가)	원칙

2. 금융상품의 최초 인식

금융자산의 정형화된 거래에서는 일반적으로 매매일로부터 3거래일째 되는 날 결제가 일어난다.

① 금융자산이나 금융부채는 금융상품의 계약당사자가 되는 때에만 재무상태표에 인식한다. 금융자산의 정형화된 매입이나 매도는 매매일 또는 결제일에 인식하거나 제거한다.

② 금융자산이나 금융부채는 최초 인식시 공정가치로 측정한다. 다만, 최초 인식시점에 매출채권이 유의적인 금융요소를 포함하지 않는 경우에는 거래가격으로 측정한다. 최초 인식시점의 공정가치는 일반적으로 제공한 대가의 공정가치인 거래가격이지만 거래가격과 다르다면 최초 인식시점에 차이를 당기손익으로 인식한다.

③ 당기손익 – 공정가치 측정 금융자산(부채)가 아닌 경우에 해당 금융자산의 취득이나 해당 금융부채의 발행과 직접 관련되는 거래원가는 공정가치에 가감한다. 당기손익 – 공정가치 측정 금융자산(부채)과 직접 관련되는 거래원가는 당기손익으로 인식한다.

3. 금융자산의 손상

금융자산은 상각후원가 측정 금융자산과 기타포괄손익 – 공정가치 측정 금융자산(기타포괄손익 – 공정가치 측정 지분상품 제외)의 경우에만 손상차손을 인식한다. 기업회계기준서 제1109호

'금융상품'에서는 신용이 손상되지 않은 경우에도 기대신용손실을 추정하여 인식하는 기대손실모형을 이용하여 손상차손을 계산한다.

● 금융자산의 손상차손

구분	채무상품	지분상품
상각후원가 측정 (상각후원가측정금융자산)	손상차손 인식: 기대손실모형	–
기타포괄손익 – 공정가치 측정 (기타포괄손익인식금융자산)	손상차손 인식: 기대손실모형	손상차손 없음
당기손익 – 공정가치 측정 (당기손익인식금융자산)	손상차손 없음	손상차손 없음

2 당기손익 – 공정가치 측정 금융자산

당기손익 – 공정가치 측정 금융자산의 회계처리는 기타의 금융자산과 비교하여 아래와 같은 특징을 갖는다.

🔍 표로 미리보기 | 당기손익 – 공정가치 측정 금융자산 회계처리의 특징

구분	당기손익인식금융자산	비고
기말 평가손익	당기손익	기타포괄손익인식금융자산: 기타포괄손익
거래원가	당기비용	기타 금융자산: 취득원가에 가산
유효이자율법(채무상품)	적용하지 않음	기타 채무상품: 유효이자율법 적용

한국채택국제회계기준에서는 당기손익인식금융자산으로 분류한 채무상품에 대해 유효이자율법을 적용해야 하는지에 대해 명시적인 언급이 없지만, 유효이자율법을 적용한 결과와 표시이자만 이자수익으로 인식한 후 평가손익을 당기손익으로 인식한 결과에 차이가 거의 없으므로 실무에서는 편의상 유효이자율법을 적용하지 않는다.

1. 지분상품

● 지분상품의 회계처리

취득	취득원가	공정가치로 측정
	거래원가	당기비용 인식
보유	현금배당 수취	수익 인식[*1]
	주식배당 수취	회계처리 없음(주당 장부금액 감액)
	기말평가	당기손익 인식: 당기말공정가치 – 전기말공정가치 (당기 취득 시): 당기말공정가치 – 취득원가
처분	처 분	처분손익: 처분대가 – 전기말공정가치 (당기 취득 시): 처분대가 – 취득원가

(*1) [배당선언일]   (차) 미 수 배 당 금 ×××   (대) 배 당 수 익 ×××
　　　[배당금수령일] (차) 현   금 ×××   (대) 미 수 배 당 금 ×××

㈜한국이 각 일자에 수행할 회계처리를 보이시오.

(1) ㈜한국은 20X1년 7월 1일 ㈜서울 주식 200주를 주당 ₩1,000에 단기매매목적으로 취득하였다. ㈜한국은 동 일자에 거래원가 ₩20,000을 현금으로 지급하였다.
(2) 20X1년 12월 31일 ㈜서울 주식의 공정가치는 주당 ₩1,100이다.
(3) 20X2년 3월 15일 ㈜한국은 ㈜서울로부터 배당금 ₩10,000을 수취하였다.
(4) 20X2년 6월 1일 ㈜한국은 ㈜서울 주식 전부를 주당 ₩1,200에 매각하였다.

해설

20X1. 7. 1 (차) 당기손익인식금융자산	200,000	(대) 현 금	200,000
지 급 수 수 료	20,000	현 금	20,000
20X1. 12. 31 (차) 당기손익인식금융자산	20,000	(대) 당기손익인식금융자산평가이익	20,000
		(당 기 수 익)	
20X2. 3. 15 (차) 현 금	10,000	(대) 배 당 수 익	10,000
20X2. 6. 1 (차) 현 금	240,000	(대) 당기손익인식금융자산	220,000
		당기손익인식금융자산처분이익	20,000

2. 채무상품

● 채무상품의 회계처리

취득	취득원가	공정가치로 측정(미수이자 별도로 인식)
	거래원가	당기비용 인식
보유	현금이자 수취	보유기간에 해당하는 금액만 이자수익으로 인식[*1]
	기말평가	• 당기손익 인식: 당기말공정가치 − 전기말공정가치 (당기 취득 시): 당기말공정가치 − 취득원가 • 결산일까지 발생한 경과이자 인식[*2]
처분	처분	처분손익: 처분대가 − 전기말공정가치 (당기 취득 시): 처분대가 − 취득원가

(*1) [이자수령 시] (차) 현 금	×××	(대) 미 수 이 자	×××
		이 자 수 익	×××
(*2) [결산 시] (차) 미 수 이 자	×××	(대) 이 자 수 익	×××

㈜한국이 각 일자에 수행할 회계처리를 보이시오.

(1) ㈜한국은 20X1년 4월 1일 ㈜서울이 발행한 사채를 ₩31,000에 취득하여 단기매매금융자산으로 분류하였다. 동 사채의 구입가격에는 직전 이자지급일부터 취득일까지의 경과이자 ₩1,000이 포함되어 있으며 이자지급일은 매년 9월 30일이다.
(2) 20X1년 9월 30일 ㈜서울로부터 사채에 대한 표시이자 ₩2,000을 수령하였다.
(3) 20X1년 12월 31일 ㈜한국은 동 사채 전부를 ₩31,000에 매각하였다. ₩31,000에는 경과이자에 대한 대가 ₩500이 포함되어 있다.

해설

20X1. 4. 1 (차)	단기매매금융자산	30,000	(대)	현			금	30,000
	미 수 이 자	1,000		현			금	1,000
20X1. 9. 30 (차)	현	금	2,000	(대)	미	수	이	자	1,000
					이	자	수	익	1,000
20X1. 12. 31 (차)	현	금	500	(대)	이	자	수	익	500
	현	금	30,500		단 기 매 매 금 융 자 산	30,000
					단기매매금융자산처분이익	500

3 기타포괄손익 – 공정가치 측정 지분상품

기타포괄손익 – 공정가치 측정 지분상품의 회계처리 특징은 아래와 같다.

① 지분상품에 대한 모든 투자는 공정가치로 측정하고, 당기손익 – 공정가치 측정 금융자산으로 분류하여야 한다.

② 다만, 단기매매항목이 아니고 사업결합의 조건부대가가 아닌 경우 최초 인식시점에 기타포괄손익 – 공정가치 측정 금융자산으로 분류할 수 있다.

③ 기타포괄손익 – 공정가치 측정 금융자산으로 분류한 경우 추후 이를 취소할 수 없다.

④ 지분상품에 대한 투자는 손상차손을 인식하지 않으며, 항상 공정가치로 측정한다.

⑤ 기타포괄손익 – 공정가치 측정 지분상품은 보고기간 말의 공정가치로 측정하여 재무상태표에 보고하며, 공정가치와 장부금액의 차액은 금융자산평가손익의 과목으로 하여 기타포괄손익으로 인식한다.

⑥ 기타포괄손익으로 인식한 금융자산평가손익의 누계액은 재무상태표의 자본항목으로 표시하며, 후속적으로 당기손익으로 이전되지 않는다. 다만, 자본 내에서 누적손익을 이전할 수는 있다.

⑦ 기타포괄손익 – 공정가치 측정 지분상품을 처분하는 경우 처분 시의 공정가치(처분금액)으로 먼저 평가하고 동 평가손익은 기타포괄손익으로 처리한다. 기타포괄손익 항목에 표시된 금융자산평가손익누계액은 다른 자본계정으로 대체할 수는 있으나 당기손익으로 재순환할 수는 없다. 따라서 처분손익을 인식하지 않는다.

➍ 기타포괄손익 – 공정가치 측정 금융자산(지분상품) 회계처리

취득	취득원가	공정가치로 측정
	거래원가	취득원가에 가산
보유	현금배당 수취	수익 인식
	주식배당 수취	회계처리 없음(주당 장부금액 감액)
	기말평가	(I/S) 기타포괄손익: 당기말공정가치 – 전기말공정가치 　　　(당기 취득 시): 당기말공정가치 – 취득원가 (B/S) 기타포괄손익누계액: 당기말공정가치 – 취득원가
처분	처분	처분손익 인식하지 않음

㈜한국이 각 일자에 수행할 회계처리를 보이시오.

(1) ㈜한국은 20X1년 1월 1일 ㈜서울 주식을 ₩10,000에 취득하고 기타포괄손익 – 공정가치 측정 금융자산으로 분류하였다.
(2) ㈜서울 주식의 20X1년 말과 20X2년 말의 공정가치는 각각 ₩9,000과 ₩10,500이다.
(3) 20X3년 1월 1일 ㈜한국은 ㈜서울 주식을 ₩11,000에 처분하였다.

해설

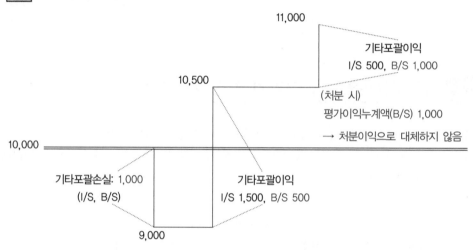

20X1. 1. 1	(차) 기타포괄손익인식금융자산	10,000	(대) 현 금	10,000
20X1. 12. 31	(차) 금융자산평가손실(기타)	1,000	(대) 기타포괄손익인식금융자산	1,000

재무상태표

20X1년 12월 31일 현재

비유동자산		기타포괄손익누계액	
기타포괄손익인식금융자산	9,000	금융자산평가손실	(1,000)
		공정가치(9,000) – 취득원가(10,000)	

20X2. 12. 31	(차) 기타포괄손익인식금융자산	1,500	(대) 금융자산평가손실(기타)	1,000
			금융자산평가이익(기타)	500

재무상태표

20X2년 12월 31일 현재

비유동자산		기타포괄손익누계액	
기타포괄손익인식금융자산	10,500	금융자산평가이익	500
		공정가치(10,500) – 취득원가(10,000)	

20X3. 1. 1	(차) 기타포괄손익인식금융자산	500	(대) 금융자산평가이익(기타)	500
	현 금	11,000	기타포괄손익인식금융자산	11,000

재무상태표

20X3년 1월 1일 현재(처분전)

비유동자산		기타포괄손익누계액	
기타포괄손익인식금융자산	11,000	금융자산평가이익	1,000
자산			공정가치(11,000) − 취득원가(10,000)

4 투자채무상품

투자채무상품은 국공채나 회사채에 투자한 경우를 말하며, 보유목적에 따라 상각후원가 측정 금융자산, 기타포괄손익 − 공정가치 측정 금융자산, 당기손익 − 공정가치 측정 금융자산으로 분류한다. 당기손익 − 공정가치 측정 금융자산으로 분류하는 경우는 제2절에서 설명하였으므로 여기에서는 상각후원가 측정 금융자산 및 기타포괄손익 − 공정가치 측정 금융자산으로 분류하는 경우를 설명한다.

상각후원가 측정 금융자산으로 분류하는 채무상품은 계약상 현금흐름을 수취하기 위해 보유하는 것이 목적인 사업모형 하에서 금융자산을 보유한다. 상각후원가 측정 금융자산은 시세차익을 획득할 목적으로 취득하지 않으므로 보고기간말의 공정가치로 평가할 필요가 없다. 따라서 상각후원가 측정 금융자산은 상각후원가로 평가하는데, 상각후원가란 취득원가에 할인 또는 할증차금을 유효이자율법으로 상각하여 가감한 금액을 말한다. 쉽게 말해서 유효이자율법을 이용해 계산한 채권의 장부금액을 뜻한다.

이에 반해 기타포괄손익 − 공정가치 측정 금융자산으로 분류하는 채무상품은 계약상 현금흐름의 수취와 금융자산의 매도 둘 다를 통해 목적을 이루는 사업모형 하에서 금융자산을 보유하므로 보고기간말의 공정가치로 평가한다. 다만, 기타포괄손익 − 공정가치 측정 금융자산인 경우에도 할인 또는 할증차금을 유효이자율법으로 상각하여 이자수익으로 인식하고 동 금액을 취득원가에 가감한 후 공정가치로 평가한다.

● 투자채무상품의 회계처리

구분	상각후원가 측정 금융자산	기타포괄손익 − 공정가치 측정 금융자산
평가방법	원가법	공정가치법
이자수익의 인식	유효이자율법 적용	유효이자율법 적용
평가손익의 처리	공정가치평가 없음	기타포괄손익
평가손익 누계액	공정가치평가 없음	공정가치 − 상각후원가
처분손익	처분대가 − 상각후원가	처분대가 − 상각후원가

상각후원가 측정 금융자산으로 분류하는 경우와 기타포괄 손익 − 공정가치 측정 금융자산으로 분류하는 경우의 처분손익은 동일한 금액이 계산된다.

1. 상각후원가 측정 금융자산

상각후원가 측정 금융자산은 시세차익을 목적으로 하지 않으므로 공정가치평가를 하지 않고 상각후원가로 평가한다. 상각후원가로 평가하는 것을 원가법이라 하는데 원가법은 단순히 사채 발행자의 회계처리를 반대로 하면 된다. 다만 사채에서는 할인 또는 할증차금을 별도로 구분하였지만 상각후원가 측정 금융자산은 할인 또는 할증발행차금을 액면금액과 상계하여 순액으로 처리한다.

● 채무상품의 회계처리: 원가법

취득	취득원가	공정가치로 측정
	거래원가	취득원가에 가산
보유	이자수익	유효이자율법으로 인식
	기말평가	회계처리 없음
처분	처분	처분손익: 처분대가 − 상각후원가

사례 — 예제

㈜한국이 각 일자에 수행할 회계처리를 보이시오.

(1) ㈜한국은 20X1년 1월 1일 ㈜서울이 발행한 액면금액 ₩10,000의 사채를 ₩9,502에 취득하고 상각후원가 측정 금융자산으로 분류하였다.

(2) ㈜서울이 발행한 사채의 만기는 3년이고, 취득일 현재의 유효이자율은 10%, 표시이자율은 8%이며 이자지급일은 매년 12월 31일이다.

(3) ㈜한국은 20X3년 1월 1일 ㈜서울의 사채를 ₩9,900에 처분하였다.

해설

상각후원가 측정 금융자산할인차금상각표(유효이자율법)

날짜	실질이자(10%)	표시이자(8%)	차금상각액	장부금액
20X1. 1. 1				₩9,502
20X1. 12. 31	₩950	₩800	₩150	9,652
20X2. 12. 31	965	800	165	9,817
20X3. 12. 31	983	800	183	10,000
	₩2,898	₩2,400	₩498	

20X1. 1. 1	(차) 상각후원가 측정 금융자산	9,502	(대) 현 금	9,502
20X1. 12. 31	(차) 현 금	800	(대) 이 자 수 익	950
	상각후원가 측정 금융자산	150		
20X2. 12. 31	(차) 현 금	800	(대) 이 자 수 익	965
	상각후원가 측정 금융자산	165		
20X3. 1. 1	(차) 현 금	9,900	(대) 상각후원가 측정 금융자산	9,817
			상각후원가 측정 금융자산처분이익	83

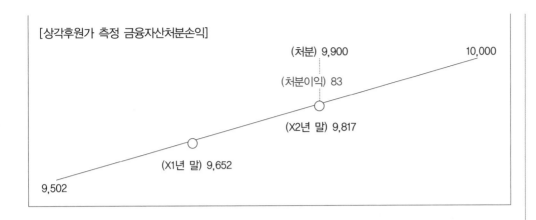

[상각후원가 측정 금융자산처분손익]

(처분) 9,900   10,000

(처분이익) 83

(X2년 말) 9,817

(X1년 말) 9,652

9,502

2. 기타포괄손익 – 공정가치 측정 금융자산

기타포괄손익 – 공정가치 측정 금융자산으로 분류된 채무상품은 공정가치를 재무상태표 가액으로 한다. 채무상품의 공정가치와 상각후원가의 차액은 기타포괄손익 – 공정가치 측정 금융자산 평가손익의 과목으로 하여 기타포괄손익으로 분류한다. 기타포괄손익으로 분류된 기타포괄손익 – 공정가치 측정 금융자산 평가손익은 누적액을 재무상태표의 자본 중 기타포괄손익누계액으로 구분하여 표시한다.

기타포괄손익 – 공정가치 측정 금융자산을 처분하는 경우 기타포괄손익 – 공정가치 측정 금융자산 처분손익이 발생하고, 기타포괄손익 – 공정가치 측정 금융자산 처분손익은 당기손익에 반영한다. 기타포괄손익 – 공정가치 측정 금융자산을 처분하는 경우에는 처분일의 공정가치, 즉 처분금액으로 평가를 먼저 하여 기타포괄손익 – 공정가치 측정 금융자산 평가손익을 인식하고, 추후에 처분에 관한 회계처리를 하여야 한다.

따라서 처분에 관한 회계처리를 할 때는 처분대가와 기타포괄손익 – 공정가치 측정 금융자산을 상계하고, 기타포괄손익 – 공정가치 측정 금융자산 평가손익 누계액을 기타포괄손익 – 공정가치 측정 금융자산 처분손익으로 대체한다. 기타포괄손익 – 공정가치 측정 금융자산 처분손익은 기타포괄손익 – 공정가치 측정 금융자산 평가손익 누계액을 단순히 대체한 것이므로 두 금액은 항상 동일한 값으로 계산된다.

> 기타포괄손익 – 공정가치 측정 금융자산의 처분손익은 상각후원가 측정 금융자산으로 분류한 경우와 다르지 않다.

⊕ 채무상품의 회계처리: 공정가치법

취득	취득원가	공정가치로 측정
	거래원가	취득원가에 가산
보유	이자수익	유효이자율법으로 인식
	기말평가	(B/S) 기타포괄손익누계액: 당기말공정가치 – 상각후원가
처분	처분	처분손익: 처분대가 – 상각후원가

㈜한국이 각 일자에 수행할 회계처리를 보이시오.

(1) ㈜한국은 20X1년 1월 1일 ㈜서울이 발행한 액면금액 ₩10,000의 사채를 ₩9,502에 취득하고 기타포괄손익−공정가치 측정 금융자산으로 분류하였다.

(2) ㈜서울이 발행한 사채의 만기는 3년이고, 취득일 현재의 유효이자율은 10%, 표시이자율은 8% 이며 이자지급일은 매년 12월 31일이다.

(3) ㈜서울이 발행한 사채의 20X1년 말과 20X2년 말의 공정가치는 각각, ₩9,600, ₩9,850이다.

(4) ㈜한국은 20X3년 1월 1일 ㈜서울의 사채를 ₩9,900에 처분하였다.

해설

기타포괄손익−공정가치 측정 금융자산할인차금상각표(유효이자율법)

날짜	실질이자(10%)	표시이자(8%)	차금상각액	장부금액
20X1. 1. 1				₩9,502
20X1. 12. 31	₩950	₩800	₩150	9,652
20X2. 12. 31	965	800	165	9,817
20X3. 12. 31	983	800	183	10,000
	₩2,898	₩2,400	₩498	

[기타포괄손익−공정가치 측정 금융자산평가손익]

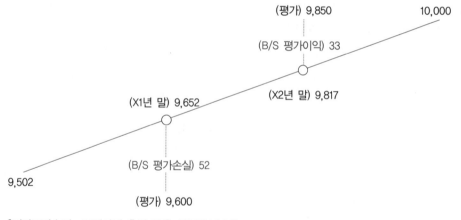

[기타포괄손익−공정가치 측정 금융자산처분손익]

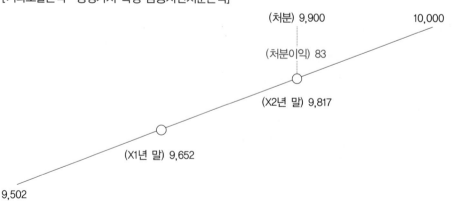

| 20X1. 1. 1 (차) | 기타포괄손익 – 공정 가치 측정 금융자산 | 9,502 | (대) | 현 금 | 9,502 |

20X1. 12. 31 (차)	현 금	800	(대)	이 자 수 익	950
	기타포괄손익 – 공정 가치 측정 금융자산	150			
	기타포괄손익 – 공정가치 측정 금융자산평가손실	52		기타포괄손익 – 공정 가치 측정 금융자산	52

※ 공정가치평가: 9,600 − 9,652 = ₩ 52(평가손실)

재무상태표
20X1년 12월 31일 현재

비유동자산		기타포괄손익누계액	
기 타 포 괄 손 익 – 공 정 가치 측정 금융자산	9,600	기 타 포 괄 손 익 – 공 정 가 치 측 정 금 융 자 산 평 가 손 실	(52)
		공정가치(9,600) − 상각후원가(9,652)	

20X2. 12. 31 (차)	현 금	800	(대)	이 자 수 익	965
	기타포괄손익 – 공정 가치 측정 금융자산	165			
	기타포괄손익 – 공정 가치 측정 금융자산	85		기타포괄손익 – 공정가치 측정 금융자산평가손실	52
				기타포괄손익 – 공정가치 측정 금융자산평가이익	33

※ 공정가치평가: 9,850 − (9,600 + 165) = ₩ 85(평가이익)

재무상태표
20X2년 12월 31일 현재

비유동자산		기타포괄손익누계액	
기 타 포 괄 손 익 – 공 정 가치 측정 금융자산	9,850	기 타 포 괄 손 익 – 공 정 가 치 측 정 금 융 자 산 평 가 이 익	33
		공정가치(9,850) − 상각후원가(9,817)	

20X3. 1. 1 (차)	기타포괄손익 – 공정 가치 측정 금융자산	50	(대)	기타포괄손익 – 공정가치 측정 금융자산평가이익	50
	현 금	9,900		기타포괄손익 – 공정 가치 측정 금융자산	9,900
	기타포괄손익 – 공정가치 측정 금융자산평가이익	83		기타포괄손익 – 공정가치 측정 금융자산처분이익	83

※ 공정가치평가: 9,900 − 9,850 = ₩ 50(평가이익)

재무상태표
20X3년 1월 1일 현재(처분전)

비유동자산		기타포괄손익누계액	
기 타 포 괄 손 익 – 공 정 가치 측정 금융자산	9,900	기 타 포 괄 손 익 – 공 정 가 치 측 정 금 융 자 산 평 가 이 익	83
		공정가치(9,900) − 상각후원가(9,817)	
		⇩	
		처분이익으로 대체	

5 관계기업투자

1. 관계기업투자의 분류

관계기업이란 투자자가 영향력을 보유하는 피투자기업을 말한다.

기업은 단순히 시세차익을 목적으로 하지 않고 다른 기업에 중대한 영향력 등을 행사할 목적으로 지분을 취득할 수도 있는데 이런 경우에는 관계기업투자로 분류한다.

관계기업투자는 단순한 시세차익을 목적으로 하지 않으므로 기말에 공정가치에 의한 평가를 하지 않고 지분법에 의한 회계처리를 한다. 지분법이란 투자자산을 최초에 원가로 인식하고, 취득시점 이후 발생한 피투자자의 순자산 변동액 중 투자자의 몫을 해당 투자자산에 가감하여 보고하는 회계처리방법이다. 투자자의 당기순손익에는 피투자자의 당기순손익 중 투자자의 몫에 해당하는 금액을 포함하고, 투자자의 기타포괄손익에는 피투자자의 기타포괄손익 중 투자자의 몫에 해당하는 금액을 포함한다.

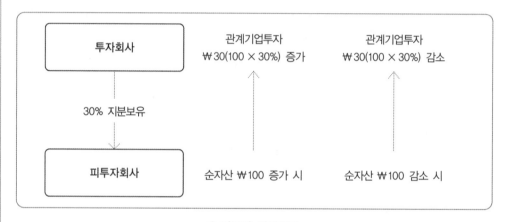

⬆ 지분법 회계처리

유의적인 영향력을 보유하고 있는지의 여부는 다음과 같이 판단한다.

(1) 기업이 직접 또는 간접(예 종속기업을 통하여)으로 피투자자에 대한 의결권의 20% 이상을 소유하고 있다면 유의적인 영향력을 보유하는 것으로 본다. 다만 유의적인 영향력이 없다는 사실을 명백하게 제시할 수 있는 경우는 그러하지 아니하다. 반대로 기업이 직접 또는 간접(예 종속기업을 통하여)으로 피투자자에 대한 의결권의 20% 미만을 소유하고 있다면 유의적인 영향력이 없는 것으로 본다. 다만 유의적인 영향력을 보유하고 있다는 사실을 명백하게 제시할 수 있는 경우는 그러하지 아니하다. 다른 투자자가 해당 피투자자의 주식을 상당한 부분 또는 과반수 이상을 소유하고 있다고 하여도 기업이 피투자자에 대하여 유의적인 영향력을 보유하고 있다는 것을 반드시 배제하는 것은 아니다.

(2) 기업이 다음 중 하나 이상에 해당하는 경우 일반적으로 유의적인 영향력을 보유한다는 것이 입증된다.
  ① 피투자자의 이사회나 이에 준하는 의사결정기구에 참여
  ② 배당이나 다른 분배에 관한 의사결정에 참여하는 것을 포함하여 정책결정과정에 참여
  ③ 기업과 피투자자 사이의 중요한 거래
  ④ 경영진의 상호 교류
  ⑤ 필수적 기술정보의 제공

2. 지분법 회계처리

사례 — 예제

㈜한국이 각 일자에 수행할 회계처리를 보이시오.
(1) 20X1년 1월 1일 ㈜한국은 ㈜서울의 보통주 30%를 ₩20,000 현금으로 매입하여 중대한 영향력을 행사할 수 있게 되었다.
(2) 주식 취득일 현재 ㈜서울의 순자산가액은 ₩50,000으로 장부가치와 공정가치가 일치하였다.
(3) 20X1년 8월 1일 ㈜서울은 현금배당금 ₩5,000을 결의하였으며, 즉시 현금으로 지급하였다. 이 중 ㈜한국에 지급되는 금액은 ₩1,500이다.
(4) 20X1년 12월 31일 ㈜서울은 당기순이익 ₩10,000과 기타포괄손익-공정가치 측정 금융자산 평가이익 ₩2,000을 보고하였다.

해설

[20X1. 1. 1 - 주식의 취득]
(차) 관 계 기 업 투 자   20,000   (대) 현   금   20,000

※ 영업권: 20,000 - 50,000 × 30% = ₩5,000
   영업권계정은 별도로 인식하지 않고, 관계기업투자계정에 포함하여 인식한다.

[20X1. 8. 1 - 현금배당의 수령]
(차) 현   금   1,500   (대) 관 계 기 업 투 자   1,500

※ 현금배당을 지급하면 피투자회사의 순자산가액이 감소하므로 투자회사의 지분가치도 비례해서 감액한다.

[20X1. 12. 31 - 당기순이익과 기타포괄이익의 보고]
(차) 관 계 기 업 투 자   3,000   (대) 지 분 법 이 익   3,000
    관 계 기 업 투 자   600   지 분 법 기 타 포 괄 이 익   600

※ 당기순이익 및 기타포괄이익을 보고하면 피투자회사의 순자산가액이 증가하므로 투자회사의 지분가치도 비례해서 증액한다. 이때, 당기순이익에 해당하는 부분은 투자회사도 당기손익으로 보고(지분법이익)하고 기타포괄이익에 해당하는 부분은 투자회사도 기타포괄손익(지분법기타포괄손익)으로 보고한다.

OX 문제

01 선급금, 상품, 이연법인세자산, 대여금 등은 금융자산에 해당하지 않는다. ( )

02 금융자산이나 금융부채는 금융상품의 계약당사자가 되는 때에만 재무상태표에 인식한다. ( )

03 금융자산이나 금융부채는 최초인식 시 원가로 측정한다. ( )

04 금융자산의 취득과 직접 관련되는 거래원가는 최초인식하는 공정가치에 가산하여 측정하지만 상각후원가 측정 금융자산으로 분류되는 경우에는 당기비용으로 처리한다. ( )

05 당기손익인식금융자산의 기말 평가손익은 당기손익으로 보고하고, 기타포괄손익 – 공정가치 측정 금융자산의 경우에는 평가이익은 기타포괄손익으로, 평가손실은 당기손익으로 보고한다. ( )

06 기타포괄손익 – 공정가치 측정 지분상품에 대해서는 손상을 인식하지 않는다. ( )

07 중대한 영향력을 행사할 수 없는 경우, 주주로서 현금배당 및 주식배당을 수취하는 때 수익으로 인식한다. ( )

08 지분법 회계처리의 경우, 피투자회사가 당기순이익을 보고하면 지분법이익을 인식하고, 피투자회사가 당기순손실을 보고하거나 현금배당을 지급하면 지분법손실을 인식한다. ( )

---

01 × 대여금은 금융자산에 해당한다.
02 ○
03 × 금융자산이나 금융부채는 최초인식 시 공정가치로 측정한다.
04 × 금융자산의 취득과 직접 관련되는 거래원가는 최초인식하는 공정가치에 가산하여 측정하지만 당기손익인식금융자산으로 분류되는 경우에는 당기비용으로 처리한다.
05 × 당기손익인식금융자산의 기말 평가손익은 당기손익으로 보고하고, 기타포괄손익 – 공정가치 측정 금융자산의 기말 평가손익은 기타포괄손익으로 보고한다.
06 ○
07 × 주식배당은 수익을 인식하지 않는다.
08 × 피투자회사가 현금배당을 지급하는 경우 관계기업투자의 장부금액을 감액하지만 지분법손실을 인식하지는 않는다.

1 금융상품의 분류와 측정

01 다음의 보기 중 금융상품으로만 묶인 것은?

2013년 관세직 9급

ㄱ. 선급비용	ㄴ. 투자사채
ㄷ. 매출채권	ㄹ. 대여금
ㅁ. 이연법인세자산	

① ㄱ, ㄴ, ㄷ   ② ㄱ, ㄹ, ㅁ
③ ㄴ, ㄷ, ㄹ   ④ ㄷ, ㄹ, ㅁ

02 금융부채에 해당하지 않는 것을 아래에서 모두 고른 것은?

2018년 서울시 9급

ㄱ. 미지급금	ㄴ. 사채
ㄷ. 미지급법인세	ㄹ. 차입금
ㅁ. 선수금	ㅂ. 매입채무

① ㄱ, ㄴ   ② ㄴ, ㄹ
③ ㄷ, ㅁ   ④ ㄹ, ㅂ

---

01 ③ ㄱ. 선급비용은 거래상대방으로부터 현금이 아닌 재화나 용역을 제공받을 것이므로 금융자산에 해당하지 않는다.
　　　 ㅁ. 이연법인세자산은 계약에 기초하지 않으므로 금융자산에 해당하지 않는다.

02 ③ 미지급법인세(ㄷ)는 계약에 기초한 거래가 아니고, 선수금(ㅁ)은 현금결제의무가 아니므로 금융부채에 해당하지 않는다.

03 금융상품의 인식과 측정에 대한 설명으로 옳지 않은 것은? 2012년 국가직 7급 수정

① 금융자산은 최초 인식 시에 공정가치로 측정한다.

② 금융자산의 정형화된 매입이나 매도는 매매일 또는 결제일에 인식하거나 제거한다.

③ 최초인식시점의 공정가치와 제공한 대가가 다른 경우에는 최초인식시점에 그 차이를 당기손익으로 인식한다.

④ 금융자산은 상각후원가 측정 금융자산의 경우에만 손상차손을 인식한다.

2 투자지분상품

> **SOLUTION**
>
> ① 당기손익인식금융자산의 처분손익: 처분대가 − 전기말공정가치
> ② 기타포괄손익 − 공정가치 측정 금융자산의 평가손익 누계액(B/S): 공정가치 − 취득원가

04 ㈜한국은 20X1년 중에 ㈜서울의 주식 10%를 장기투자목적으로 1주당 ₩13,000에 총 10주를 취득하였다. ㈜서울의 1주당 공정가치가 20X1년 말 ₩15,000이고, 20X2년 말 현재 ₩12,000이라면 20X2년 말 현재 재무상태표상 표시될 기타포괄손익 − 공정가치 측정 금융자산평가손익은 얼마인가? 2015년 서울시 9급

① 기타포괄손익 − 공정가치 측정 금융자산평가손실 ₩10,000

② 기타포괄손익 − 공정가치 측정 금융자산평가이익 ₩10,000

③ 기타포괄손익 − 공정가치 측정 금융자산평가손실 ₩30,000

④ 기타포괄손익 − 공정가치 측정 금융자산평가이익 ₩30,000

---

03 ④ 금융자산은 상각후원가 측정 금융자산과 기타포괄손익 − 공정가치 측정 금융자산(채무상품)의 경우에만 손상차손을 인식한다.

04 ① 12,000 − 13,000 = ₩1,000(손실)

414 해커스공무원 학원·인강 gosi.Hackers.com

05 ㈜대한은 2016년 초에 ㈜민국의 주식 10주를 ₩300,000(@₩30,000)에 취득하고 수수료 ₩20,000을 별도로 지급하였으며, 동 주식을 당기손익인식금융자산으로 분류하였다. 2016년 말 동 주식의 공정가치가 주당 ₩34,000일 때, ㈜대한이 동 주식에 대하여 인식해야 할 평가이익은? 2016년 지방직 9급

① ₩10,000   ② ₩20,000

③ ₩30,000   ④ ₩40,000

06 ㈜한국은 2016년 중 장기보유 목적으로 A주식을 매입하여 기타포괄손익 – 공정가치 측정 금융자산으로 분류하고, 단기시세차익 목적으로 B주식을 매입하였다. ㈜한국은 2016년 말 A주식과 B주식을 보유하고 있으며, 두 주식에 대한 취득원가와 공정가치는 다음과 같다. 2016년 말 재무제표에 미치는 영향으로 옳지 않은 것은? (단, 취득한 주식은 발행기업에 유의한 영향을 미치지 않는다) 2016년 국가직 7급 수정

종목	취득원가	2016년 말 공정가치
A주식	₩100,000	₩90,000
B주식	₩60,000	₩70,000

① 당기순이익이 ₩10,000 증가한다.
② 기타포괄손익이 ₩10,000 감소한다.
③ 이익잉여금은 변하지 않는다.
④ 총포괄손익은 변하지 않는다.

---

05 ④ 34,000 × 10주 − 300,000 = ₩40,000

06 ③ ③ 당기손익인식금융자산(B주식) 평가이익으로 당기순이익과 이익잉여금이 ₩10,000만큼 증가한다.
　　④ 당기손익인식금융자산 평가이익으로 당기순이익이 ₩10,000 증가, 기타포괄손익 – 공정가치 측정 금융자산평가손실로 기타포괄손익이 ₩10,000 감소하므로, 총포괄이익은 변하지 않는다.

07 ㈜서울은 12월 결산법인이다. ㈜서울은 2015년 4월 1일 ㈜한국의 주식 20주를 주당 ₩5,000에 취득하였다. 2015년 12월 31일 ㈜한국 주식 1주당 공정가액은 ₩6,000이다. 2016년 1월 1일 ㈜서울은 보유 중인 ㈜한국 주식의 절반인 10주를 1주당 ₩7,000에 처분하였다. 2016년 ㈜한국 주식의 처분에 따른 금융자산 처분손익에 대하여 ㈜서울이 ㈜한국 주식을 당기손익인식금융자산으로 분류한 경우와 기타포괄손익 - 공정가치 측정 금융자산으로 분류한 경우, 각각의 처분이익으로 가장 옳은 것은? 2016년 서울시 9급 수정

	당기손익인식금융자산	기타포괄손익 - 공정가치 측정 금융자산
①	₩10,000	₩20,000
②	₩10,000	₩　　　0
③	₩20,000	₩20,000
④	₩20,000	₩　　　0

08 ㈜한국은 2015년 중 단기시세차익을 목적으로 ㈜대한과 ㈜민국의 주식을 다음과 같이 매입하였다. 취득 시 총매입금액의 1%인 ₩8,200을 거래수수료로 지급하였다. 주식의 주당 취득원가와 결산일인 2015년 12월 31일 현재 주식의 주당 공정가치가 다음과 같을 경우, 주식평가에 대한 회계처리로 옳은 것은? 2015년 국가직 7급

구분	보유수량	주당 취득원가	주당 공정가치
㈜대한	100주	₩8,000	₩10,000
㈜민국	10주	₩2,000	₩3,000

	(차)			(대)	
①	단기매매금융자산	201,800	단기매매금융자산평가이익	201,800
②	단기매매금융자산	210,000	단기매매금융자산평가이익	210,000
③	매도가능금융자산	201,800	매도가능금융자산평가이익	201,800
④	매도가능금융자산	210,000	매도가능금융자산평가이익	210,000

---

07 ② • 당기손익인식금융자산(처분이익): (7,000 − 6,000) × 10주 = ₩10,000
　　• 기타포괄손익 − 공정가치 측정 금융자산(처분이익): 없음

08 ② • 단기매매금융자산의 거래수수료는 당기비용으로 인식하고 취득원가에 가산하지 아니한다.
　　• 2015년 말 단기매매금융자산평가이익: 100주 × (10,000−8,000) + 10주 × (3,000 − 2,000) = ₩210,000

09 12월 결산법인인 서울㈜는 20X1년 1월 1일 단기투자목적으로 A사의 주식 500주를 주당 ₩1,000에 취득하였고 매입수수료 ₩10,000을 지출하였다. 20X1년 12월 31일 A사의 주식을 보유 중이며, A사의 1주당 공정가치는 ₩2,000이다. 20X2년 1월 3일 A사의 주식 전량을 ₩880,000에 처분하고 현금으로 수취하였다. A사 주식과 관련된 회계처리에 대한 설명으로 올바른 것은? 2014년 서울시 9급

① 20X1년 당기손익인식금융자산의 취득금액은 ₩510,000이다.
② 20X1년 당기손익인식금융자산의 평가이익은 ₩490,000이다.
③ 20X1년 당기손익인식금융자산의 평가차익은 없다.
④ 20X2년 당기손익인식금융자산의 처분손실은 ₩120,000이다.
⑤ 20X2년 당기손익인식금융자산의 처분손실은 ₩130,000이다.

10 2016년 초에 설립된 ㈜한국의 손익 자료가 다음과 같을 때, 2016년도의 당기순이익은? (단, 손상차손은 없다고 가정한다) 2017년 관세직 9급

• 매출	₩2,000,000
• 당기손익인식금융자산평가손실	₩200,000
• 매출원가	₩500,000
• 기타포괄손익 – 공정가치 측정 금융자산평가손실	₩100,000
• 유형자산 감가상각비	₩100,000
• 유형자산 재평가잉여금	₩200,000
• 임대수익	₩100,000
• 이자비용	₩100,000

① ₩1,000,000　　　　　　　　② ₩1,100,000
③ ₩1,200,000　　　　　　　　④ ₩1,300,000

---

09 ④ ① 20X1년 당기손익인식금융자산 취득금액: ₩500,000(매입수수료는 당기비용 처리)
　　② 20X1년 당기손익인식금융자산 평가이익: 2,000 × 500주 − 500,000 = ₩500,000 이익
　　④, ⑤ 20X2년 당기손익인식금융자산 처분손실: 880,000 − 1,000,000 = ₩120,000 손실

10 ③ • 기타포괄손익 – 공정가치 측정 금융자산평가손실과 재평가잉여금은 기타포괄손익항목이므로 당기순이익에 반영하지 않는다.
　　• 2,000,000 − 500,000 − 100,000 + 100,000 − 200,000 − 100,000 = ₩1,200,000

11 ㈜한국의 단기매매금융자산 거래가 다음과 같은 경우, 2015년의 법인세비용차감전순손익에 미치는 영향은? (단, 단가산정은 평균법에 의한다)

2015년 지방직 9급

- 2014년에 A사 주식 100주(액면금액 주당 ₩5,000)를 ₩500,000에 취득하였으며, 2014년 말 공정가치는 ₩550,000 이다.
- 2015년 2월에 A사는 현금배당 10%(액면기준)와 주식배당 10%를 동시에 실시하였으며, ㈜한국은 A사로부터 배당금과 주식을 모두 수취하였다.
- 2015년 10월에 보유 중이던 A사 주식 중 55주를 주당 ₩6,000에 처분하였다.
- 2015년 말 A사 주식의 주당 공정가치는 ₩7,000이다.

① ₩160,000 증가　　　　　　　② ₩185,000 증가
③ ₩205,000 증가　　　　　　　④ ₩215,000 증가

12 ㈜서울은 20X1년 중에 지분상품을 ₩101,000의 현금을 지급하고 취득하였다. 취득 시 지급한 현금에는 ₩1,000의 취득관련 거래원가가 포함되어 있으며, ㈜서울은 지분상품을 기타포괄손익－공정가치 측정 금융자산으로 분류하는 것을 선택하였다. ㈜서울은 20X2년 2월 초에 지분상품 전부를 처분하였다. ㈜서울이 20X1년도 재무 제표와 20X2년도 재무제표에 상기 지분상품과 관련 하여 인식할 기타포괄손익의 변동은? (단, 20X1년 말과 20X2년 2월 초 지분상품의 공정가치는 각각 ₩120,000과 ₩125,000이며, 처분 시 거래원가는 고려하지 않는다)

2019년 서울시 9급

	20×1년	20×2년
① 기타포괄이익:	₩19,000 증가	변동 없음
② 기타포괄이익:	₩19,000 증가	₩5,000 증가
③ 기타포괄이익:	₩20,000 증가	변동 없음
④ 기타포괄이익:	₩20,000 증가	₩5,000 증가

---

11 ④ • 2015년 초 장부금액: 100주 × 5,500 = ₩550,000
　　 • 2015년 2월 현금배당수익: 100주 × 500 = ₩50,000
　　 • 2015년 2월 주식배당 후 장부금액: 110주 × 5,000 = ₩550,000
　　　 (주식배당 후 ㈜한국의 계좌평가액에 변동이 없어야 하므로 주식수 증가에 비례하여 주당평가액의 감소가 일어난다.)
　　 • 2015년 10월 처분이익: 55주 × (6,000 − 5,000) = ₩55,000
　　 • 2015년 말 평가이익: 55주 × (7,000 − 5,000) = ₩110,000
　　 • 순이익의 증가: 50,000(현금배당) + 55,000(처분이익) + 110,000(평가이익) = ₩215,000

12 ② • 20X1년: 120,000 − 101,000 = ₩19,000(평가이익:기타포괄이익)
　　 • 20X2년: 125,000 − 120,000 = ₩5,000(평가이익:기타포괄이익)

3 투자채무상품

⊘ **SOLUTION**

① 상각후원가 측정 금융자산의 처분손익: 처분대가 – 상각후원가
② 기타포괄손익 – 공정가치 측정 금융자산의 처분손익: 처분대가 – 상각후원가
③ 기타포괄손익 – 공정가치 측정 금융자산의 평가손익 누계액(B/S): 공정가치 – 상각후원가

13 ㈜서울은 2016년 초에 발행된 ㈜한양의 사채(액면금액 ₩1,000,000)를 ₩946,800에 취득하여 기타포괄손익－공정가치 측정 금융자산으로 분류하였다. 2016년 말 사채의 공정가치가 ₩960,000일 때, ㈜서울이 인식할 기타포괄손익－공정가치 측정 금융자산평가손익은 얼마인가? (단, 사채의 표시이자율은 연 4%로 매년 말에 지급되는 조건이며, 유효이자율은 연 6%이다) 2016년 서울시 7급

① 평가이익 ₩13,200
② 평가이익 ₩16,808
③ 평가손실 ₩3,608
④ 평가손실 ₩5,808

14 ㈜한국은 20X1년 초 타사발행 사채A(액면금액 ₩500,000, 액면이자율 연 8%, 유효이자율 연 10%, 이자 매년 말 후급)를 ₩460,000에 취득하고, 이를 '기타포괄손익 － 공정가치측정금융자산'으로 분류하였다. 사채A의 20X1년 기말 공정가치는 ₩520,000이며, 20X2년 초 사채A의 50%를 ₩290,000에 처분하였다. 사채A와 관련하여 ㈜한국이 인식할 20X1년 평가이익과, 20X2년 처분이익은? 2018년 국가직 7급

① 평가이익 ₩54,000, 처분이익 ₩30,000
② 평가이익 ₩54,000, 처분이익 ₩57,000
③ 평가이익 ₩60,000, 처분이익 ₩30,000
④ 평가이익 ₩60,000, 처분이익 ₩57,000

---

13 ③ • 2016년 말 차금상각액: 946,800 × 6% － 40,000 = ₩16,808
   • 기타포괄손익－공정가치 측정 금융자산평가손익: 960,000 － (946,800＋16,808) = (－)₩3,608(평가손실)

14 ② • 20X1년 말 상각후원가: 460,000 + (460,000 × 10% － 500,000 × 8%) = ₩466,000
   • 20X1년 말 평가손익: 520,000 － 466,000 = ₩54,000(이익)
   • 20X2년 초 처분손익: 290,000 － 466,000 × 50% = ₩57,000(이익)

15 ㈜대한은 2011년 1월 1일 액면금액이 ₩1,000,000(액면이자율은 10%이고 유효이자율이 12%이며 매년 말 이자지급)이고 만기가 3년인 시장성 있는 사채를 투자목적으로 취득하였다. 2011년 12월 31일 이 사채의 공정가치는 ₩970,000이었고 2012년 1월 1일 ₩974,000에 처분하였다. 취득 시 기타포괄손익−공정가치 측정 금융자산으로 분류할 경우 이에 대한 회계처리로 옳지 않은 것은? (단, 현재가치 이자요소는 다음 표를 이용한다)

2012년 국가직 7급

〈현재가치 이자요소〉

기간	이자율(10%)	이자율(12%)
1년	0.91	0.89
2년	0.83	0.80
3년	0.75	0.71
합계	2.49	2.40

① 취득시점에서의 공정가치는 ₩950,000이다.

② 2011년 12월 31일에 인식하여야 할 총이자수익은 ₩114,000이다.

③ 2011년 12월 31일 공정가치평가 전 장부금액은 ₩964,000이다.

④ 2012년 1월 1일 처분 시 기타포괄손익−공정가치 측정 금융자산처분이익은 ₩4,000이다.

---

15 ④ • 취득원가: 1,000,000 × 0.71 + 1,000,000 × 10% × 2.40 = ₩950,000
　　　• 2011년 이자수익: 950,000 × 12% = ₩114,000
　　　• 2011년 차금상각액: 114,000 − 1,000,000 × 10% = ₩14,000
　　　• 2011년 상각후원가: 950,000 + 14,000 = ₩964,000
　　　• 기타포괄손익−공정가치 측정 금융자산 처분이익: 974,000 − 964,000 = ₩10,000

16 ㈜한국은 2016년 1월 1일 A주식 100주를 주당 ₩10,000에 취득하여 기타포괄손익-공정가치 측정 금융자산으로 분류하였으며, 2016년 4월 1일 3년 만기 B회사채(2016년 1월 1일 액면발행, 액면가액 ₩1,000,000, 표시이자율 연 4%, 매년 말 이자지급)를 ₩1,010,000에 취득하여 상각후원가 측정 금융자산으로 분류하였다. 2016년 말 A주식의 공정가치는 주당 ₩9,500이고, B회사채의 공정가치는 ₩1,050,000이다. ㈜한국의 A주식과 B회사채 보유가 2016년도 당기손익 및 기타포괄손익에 미치는 영향은?

2017년 국가직 9급(4월 시행)

① 당기손익 ₩40,000 감소, 기타포괄손익 ₩30,000 증가
② 당기손익 ₩40,000 증가, 기타포괄손익 ₩50,000 감소
③ 당기손익 ₩30,000 증가, 기타포괄손익 불변
④ 당기손익 ₩30,000 증가, 기타포괄손익 ₩50,000 감소

17 ㈜한국은 20X1년 1월 1일에 액면금액 ₩1,000,000(액면이자율 연 8%, 유효이자율 연 10%, 이자지급일 매년 12월 31일, 만기 3년)의 사채를 ₩950,258에 발행하였다. ㈜민국은 이 사채를 발행과 동시에 전액 매입하여 상각후원가 측정 금융자산으로 분류하였다. 다음 설명 중 옳지 않은 것은? (단, 거래비용은 없고 유효이자율법을 적용하며, 소수점 발생 시 소수점 아래 첫째 자리에서 반올림한다)

2019년 관세직 9급

① ㈜한국의 20X1년 12월 31일 재무상태표상 사채할인발행차금 잔액은 ₩34,716이다.
② ㈜민국이 20X2년 1월 1일에 현금 ₩970,000에 동 사채 전부를 처분할 경우 금융자산 처분이익 ₩19,742을 인식한다.
③ ㈜민국은 20X1년 12월 31일 인식할 이자수익 중 ₩15,026을 상각후원가 측정 금융자산으로 인식한다.
④ ㈜한국이 20X1년 12월 31일 인식할 이자비용은 ₩95,026이다.

---

16 ④ • 기타포괄손익-공정가치 측정 금융자산의 기말평가: 9,500 × 100주 − 10,000 × 100주 = 50,000(평가손실) → 기타포괄손익 ₩50,000 감소
• 상각후원가 측정 금융자산의 이자수익: $1,000,000 × 4\% × \frac{9}{12} = 30,000$ → 당기손익 ₩30,000 증가
(상각후원가 측정 금융자산을 1,010,000에 취득한 이유는 1월 초~3월 말의 미수이자 10,000을 같이 구입하였기 때문이다. 따라서 만기보유금융자산의 취득원가는 1,000,000이다.)

17 ② • X1년 말 이자비용(수익)(④): 950,258 × 10% = ₩95,026
• X1년 말 차금상각액: 950,258 × 10%(③) = 95,026 − 80,000 = ₩15,026
• X1년 말 상각후원가: 950,258 + 15,026 = ₩965,284
• X1년 말 사채할인발행차금(①): 1,000,000 − 965,284 = ₩34,716
• X2년 초 금융자산처분이익: 970,000 − 965,284 = ₩4,716

4 관계기업투자

18 금융자산 및 기업 간 투자에 대한 설명으로 옳은 것은? 2015년 국가직 9급 수정

① 관계기업투자주식을 보유한 기업이 피투자회사로부터 배당금을 받는 경우 관계기업투자주식의 장부가액은 증가한다.

② 타회사가 발행한 채무증권의 취득금액이 해당 기업의 보통주 가격의 20% 이상이 되는 경우, 해당 기업의 경영에 유의적인 영향력을 미칠 수 있기에 관계기업투자로 분류한다.

③ 금융기관이 가지고 있는 당기손익인식금융자산은 기말에 공정가치평가손익을 포괄손익계산서에서 기타포괄손익으로 표시한다.

④ 금융자산의 계약 조건에 따라 원리금 지급만으로 구성되어 있는 현금흐름이 발생하며, 계약상 현금흐름을 수취하기 위해 보유하는 것이 목적인 사업모형 하에서 금융자산을 보유하는 경우 상각후원가 측정 금융자산으로 분류한다.

19 ㈜서울은 12월 결산법인이다. ㈜서울은 2016년 1월 1일 ㈜한국의 유통보통주식 10,000주 가운데 30%에 해당하는 주식을 주당 ₩1,000에 취득함으로써 ㈜한국에 유의적인 영향력을 행사하게 되었다. 2016년 9월 1일 ㈜한국은 ₩200,000의 현금배당을 선언하고 지급하였다. 2016년 12월 31일 ㈜한국은 2016년 당기순이익으로 ₩1,000,000을 보고하였다. 2016년 12월 31일 ㈜서울이 보유하고 있는 ㈜한국 주식과 관련하여 재무제표에 보고해야 할 관계기업투자주식과 지분법손익은 얼마인가? (단, ㈜서울이 2016년 1월 1일에 ㈜한국의 주식 취득 시 투자제거 차액은 없다고 가정한다) 2016년 서울시 9급

	관계기업투자주식	지분법손익
①	₩ 3,240,000	₩ 300,000
②	₩ 3,240,000	₩ 240,000
③	₩ 3,300,000	₩ 300,000
④	₩ 3,300,000	₩ 240,000

---

18 ④ ① 관계기업투자주식을 보유한 기업이 피투자회사로부터 배당금을 받는 경우 관계기업투자주식의 장부가액은 감소한다.
　② 타회사가 발행한 의결권 있는 주식의 20% 이상을 취득한 경우, 해당 기업의 경영에 유의적인 영향력을 미칠 수 있기에 관계기업투자로 분류한다.
　③ 당기손익인식금융자산은 기말에 공정가치평가손익을 포괄손익계산서에서 당기손익으로 표시한다.

19 ① • 관계기업투자주식: 3,000주 × 1,000 − 200,000 × 30% + 1,000,000 × 30% = ₩3,240,000
　• 지분법손익: 1,000,000 × 30% = ₩300,000(이익)

20 ㈜한국은 20X1년 1월 1일 장기투자 목적으로 ㈜서울의 발행주식 중 25%를 취득하였고, 이 주식에 지분법을 적용하고 있다. 취득 시점에 ㈜서울의 순자산장부금액에 대한 ㈜한국의 지분금액은 취득 당시 매입가격과 일치하였다. ㈜서울은 20X1년 당기순이익으로 ₩12,000을 보고하였고 동일 회계연도에 ₩6,000의 현금을 배당하였다. ㈜한국의 20X1년 회계연도 말 재무상태표에 표시된 ㈜서울에 대한 투자주식 금액이 ₩50,000이라면, ㈜한국의 20X1년 1월 1일 ㈜서울 주식의 취득원가는? (단, 두 기업 간 내부거래는 없었다)

2017년 국가직 7급

① ₩48,500
② ₩50,000
③ ₩51,500
④ ₩53,000

21 ㈜한국은 2016년 4월 1일에 ㈜대한의 의결권 있는 주식 25%를 ₩1,000,000에 취득하였다. 취득 당시 ㈜대한의 자산과 부채의 공정가치는 각각 ₩15,000,000, ₩12,000,000이다. ㈜대한은 2016년 당기순이익으로 ₩600,000을 보고하였으며 2017년 3월 1일에 ₩200,000의 현금배당을 지급하였다. 2017년 9월 1일에 ㈜한국은 ㈜대한의 주식 전부를 ₩930,000에 처분하였다. 위의 관계기업투자에 대한 설명으로 옳은 것은?

2018년 지방직 9급

① ㈜대한의 순자산 공정가치는 ₩3,000,000이므로 ㈜한국은 ㈜대한의 주식 취득 시 ₩250,000의 영업권을 별도로 기록한다.
② ㈜대한의 2016년 당기순이익은 ㈜한국의 관계기업투자 장부금액을 ₩150,000만큼 증가시킨다.
③ ㈜대한의 현금배당은 ㈜한국의 당기순이익을 ₩50,000만큼 증가시킨다.
④ ㈜한국의 관계기업투자 처분손실은 ₩70,000이다.

---

20 ① 취득원가(X) + 12,000 × 25% − 6,000 × 25% = 50,000, X = ₩48,500

21 ② • 영업권은 별도로 인식하지 않고 관계기업투자주식에 포함하여 인식한다.
    • ㈜대한의 당기순이익 보고 시: 600,000 × 25% = ₩150,000
      (차) 관계기업투자주식   150,000   (대) 지 분 법 이 익   150,000
    • ㈜대한의 배당 지급 시: 200,000 × 25% = ₩50,000
      (차) 현   금   50,000   (대) 관계기업투자주식   50,000
    • 처분손익: 930,000 − (1,000,000 + 150,000 − 50,000) = (−)₩170,000(손실)

10 현금흐름표

1 현금흐름표의 기초

1. 의의

재무제표이용자는 기업이 현금및현금성자산을 어떻게 창출하고 사용하는지에 대하여 관심이 있다. 기업은 주요 수익창출활동이 서로 다르더라도 본질적으로 동일한 이유에서 현금을 필요로 한다. 기업은 영업활동을 수행하고, 채무를 상환하며, 투자자에게 투자수익을 분배하기 위하여 현금이 필요하다. 따라서 기업회계기준에서는 모든 기업이 현금흐름표를 작성·공시할 것을 요구한다.

재무제표이용자는 경제적 의사결정을 하기 위하여 현금및현금성자산의 창출능력 및 현금흐름의 시기와 확실성을 평가해야 한다. 기업의 현금흐름정보는 재무제표이용자에게 현금및현금성자산의 창출능력과 현금흐름의 사용 용도를 평가하는 데 유용한 기초를 제공한다.

현금흐름표는 다른 재무제표와 같이 사용되는 경우 순자산의 변화, 재무구조(유동성과 지급능력 포함), 그리고 변화하는 상황과 기회에 적응하기 위하여 현금흐름의 금액과 시기를 조절하는 능력을 평가하는 데 유용한 정보를 제공한다. 또한 현금흐름정보는 동일한 거래와 사건에 대하여 서로 다른 회계처리를 적용함에 따라 발생하는 영향을 제거하기 때문에 영업성과에 대한 기업 간의 비교가능성을 제고한다.

2. 현금흐름표의 표시

현금흐름표는 회계기간 동안 발생한 현금흐름을 영업활동, 투자활동 및 재무활동으로 분류하여 보고한다.

현금및현금성자산의 사용을 수반하지 않는 투자활동과 재무활동 거래는 현금흐름표에서 제외한다(다만 이러한 거래 중 중요한 거래는 주석으로 공시한다).

비현금거래의 예를 들면 다음과 같다.

① 자산 취득시 직접 관련된 부채를 인수하거나 금융리스를 통하여 자산을 취득하는 경우
② 주식 발행을 통한 기업의 인수
③ 채무의 지분전환

현금및현금성자산을 구성하는 항목 간 이동은 영업활동, 투자활동 및 재무활동의 일부가 아닌 현금관리의 일부이므로 이러한 항목 간의 변동은 현금흐름에서 제외한다. 현금관리는 잉여현금을 현금성자산에 투자하는 것을 포함한다.

10장 '현금흐름표'에서 언급되는 현금흐름이란 현금및현금성자산의 유입과 유출을 말한다.

현금흐름표는 단순히 기업이 1년 동안 벌어들인 현금에 대한 명세를 나타내는 재무제표이다. 기업이 어떤 회계처리 방법을 적용하느냐에 따라서 기업이 보고하는 순이익의 크기는 달라지지만 현금유출입은 회계처리 방법에 영향을 받지 않는다.

예를 들어, 3년 후에 대금을 지급하기로 하고 토지를 취득하는 경우, 현금및현금성자산의 유출입이 없으므로 해당 거래를 현금흐름표에 표시하지 않는다.

예를 들어, 보유한 현금을 당좌예금 계좌에 입금하는 경우 현금및현금성자산 내에서의 이동일 뿐 현금및현금성자산의 크기에 변화를 가져오는 것이 아니므로 해당 거래를 현금흐름표에 표시하지 않는다.

[현금흐름표의 양식]

현금흐름표

㈜한국	20X1년 1월 1일부터 12월 31일까지	(단위: 원)
영업활동 현금흐름		×××
직접법 또는 간접법 중 선택		
투자활동 현금흐름		×××
투자활동으로 인한 현금유입액	×××	
투자활동으로 인한 현금유출액	(×××)	
재무활동 현금흐름		×××
재무활동으로 인한 현금유입액	×××	
재무활동으로 인한 현금유출액	(×××)	
현금및현금성자산의 증감		×××
기초 현금및현금성자산		×××
기말 현금및현금성자산		×××

3. 활동의 구분

현금흐름표는 회계기간 동안 발생한 현금흐름을 영업활동, 투자활동 및 재무활동으로 분류하여 보고한다.

(1) 영업활동

영업활동은 기업의 주요 수익창출활동으로 투자활동이나 재무활동이 아닌 기타의 활동을 포함한다.

영업활동 현금흐름은 주로 기업의 주요 수익창출활동에서 발생한다. 따라서 영업활동 현금흐름은 일반적으로 당기순손익의 결정에 영향을 미치는 거래나 그 밖의 사건의 결과로 발생한다.

영업활동 현금흐름의 예는 다음과 같다.

① 재화의 판매와 용역 제공에 따른 현금유입

② 로열티, 수수료, 중개료 및 기타수익에 따른 현금유입

③ 재화와 용역의 구입에 따른 현금유출

④ 종업원과 관련하여 직·간접으로 발생하는 현금유출

⑤ 보험회사의 경우 수입보험료, 보험금, 연금 및 기타 급부금과 관련된 현금유입과 현금유출

⑥ 법인세의 납부 또는 환급. 다만, 재무활동과 투자활동에 명백히 관련되는 것은 제외한다.

⑦ 단기매매목적으로 보유하는 계약에서 발생하는 현금유입과 현금유출

설비 매각과 같은 일부 거래에서도 인식된 당기순손익의 결정에 포함되는 처분손익이 발생할 수 있다. 그러나 그러한 거래와 관련된 현금흐름은 투자활동 현금흐름이다.

기업은 단기매매목적으로 유가증권이나 대출채권을 보유할 수 있으며, 이때 유가증권이나 대출채권은 판매를 목적으로 취득한 재고자산과 유사하다. 따라서 단기매매목적으로 보유하는 유가증권의 취득과 판매에 따른 현금흐름은 영업활동으로 분류한다. 마찬가지로 금융회사의 현금 선지급이나 대출채권은 주요 수익창출활동과 관련되어 있으므로 일반적으로 영업활동으로 분류한다.

은행 차입은 일반적으로 재무활동으로 간주된다. 그러나 금융회사의 요구에 따라 즉시 상환하여야 하는 당좌차월은 기업의 현금관리의 일부를 구성한다. 이때 당좌차월은 현금및현금성자산의 구성요소에 포함된다. 그러한 은행거래약정이 있는 경우 은행잔고는 예금과 차월 사이에서 자주 변동하는 특성이 있다.

하나의 거래에는 서로 다른 활동으로 분류되는 현금흐름이 포함될 수 있다. 예를 들어 이자와 차입금을 함께 상환하는 경우, 이자지급은 영업활동으로 분류될 수 있고 원금상환은 재무활동으로 분류된다.

(2) 투자활동

투자활동은 장기성 자산 및 현금성자산에 속하지 않는 기타 투자자산의 취득과 처분에 관련된 활동을 말한다. 투자활동 현금흐름은 미래수익과 미래현금흐름을 창출할 자원의 확보를 위하여 지출된 정도를 나타내기 때문에 현금흐름을 별도로 구분 공시하는 것이 중요하다.

재무상태표에 자산으로 인식되는 지출만이 투자활동으로 분류하기에 적합하다.
투자활동 현금흐름의 예는 다음과 같다.

① 유형자산, 무형자산 및 기타 장기성 자산의 취득에 따른 현금유출. 이 경우 현금유출에는 자본화된 개발원가와 자가건설 유형자산에 관련된 지출이 포함된다.
② 유형자산, 무형자산 및 기타 장기성 자산의 처분에 따른 현금유입
③ 다른 기업의 지분상품이나 채무상품 및 조인트벤처 투자지분의 취득에 따른 현금유출 (현금성자산으로 간주되는 상품이나 단기매매목적으로 보유하는 상품의 취득에 따른 유출액은 제외)
④ 다른 기업의 지분상품이나 채무상품 및 조인트벤처 투자지분의 처분에 따른 현금유입 (현금성자산으로 간주되는 상품이나 단기매매목적으로 보유하는 상품의 취득에 따른 유출액은 제외)
⑤ 제3자에 대한 선급금 및 대여금(금융회사의 현금 선지급과 대출채권은 제외)
⑥ 제3자에 대한 선급금 및 대여금의 회수에 따른 현금유입(금융회사의 현금 선지급과 대출채권은 제외)
⑦ 선물계약, 선도계약, 옵션계약 및 스왑계약에 따른 현금유출. 단기매매목적으로 계약을 보유하거나 현금유출이 재무활동으로 분류되는 경우는 제외한다.
⑧ 선물계약, 선도계약, 옵션계약 및 스왑계약에 따른 현금유입. 단기매매목적으로 계약을 보유하거나 현금유입이 재무활동으로 분류되는 경우는 제외한다.

파생상품계약에서 식별가능한 거래에 대하여 위험회피회계를 적용하는 경우, 그 계약과 관련된 현금흐름은 위험회피대상 거래의 현금흐름과 동일하게 분류한다.

(3) 재무활동

재무활동은 기업의 납입자본과 차입금의 크기 및 구성내용에 변동을 가져오는 활동을 말한다. 재무활동 현금흐름은 미래현금흐름에 대한 자본 제공자의 청구권을 예측하는 데 유용하기 때문에 현금흐름을 별도로 구분 공시하는 것이 중요하다.

재무활동 현금흐름의 예는 다음과 같다.

① 주식이나 기타 지분상품의 발행에 따른 현금유입
② 주식의 취득이나 상환에 따른 소유주에 대한 현금유출
③ 담보·무담보부사채 및 어음의 발행과 기타 장·단기차입에 따른 현금유입
④ 차입금의 상환에 따른 현금유출
⑤ 리스이용자의 금융리스부채 상환에 따른 현금유출

(4) 이자·배당·법인세

이자와 배당금의 수취 및 지급에 따른 현금흐름은 각각 별도로 공시한다. 각 현금흐름은 매 기간 일관성 있게 영업활동, 투자활동 또는 재무활동으로 분류한다.

회계기간 동안 지급한 이자금액(차입원가)은 당기손익의 비용항목으로 인식하는지 또는 자본화하는지에 관계없이 현금흐름표에 총지급액을 공시한다.

[이자비용을 지급하는 경우]

(차) 이자비용 또는 자산　　　100　　(대) 현　　　　금　　　100

↑

현금흐름표에는 '현금유출 100' 공시(비용 또는 자산과 무관)

금융회사의 경우 이자지급, 이자수입 및 배당금수입은 일반적으로 영업활동 현금흐름으로 분류한다. 그러나 다른 업종의 경우 이러한 현금흐름의 분류방법에 대하여 합의가 이루어지지 않았다.

이자지급, 이자수입 및 배당금수입은 당기순손익의 결정에 영향을 미치므로 영업활동 현금흐름으로 분류할 수 있다. 대체적인 방법으로 이자지급, 이자수입 및 배당금수입은 재무자원을 획득하는 원가나 투자자산에 대한 수익이므로 각각 재무활동 현금흐름과 투자활동 현금흐름으로 분류할 수도 있다.

배당금의 지급은 재무자원을 획득하는 원가이므로 재무활동 현금흐름으로 분류할 수 있다. 대체적인 방법으로, 재무제표이용자가 영업활동 현금흐름에서 배당금을 지급할 수 있는 기업의 능력을 판단하는 데 도움을 주기 위하여 영업활동 현금흐름의 구성요소로 분류할 수도 있다.

법인세로 인한 현금흐름은 별도로 공시하며, 재무활동과 투자활동에 명백히 관련되지 않는 한 영업활동 현금흐름으로 분류한다.

예를 들어, 금융기관에 지급한 이자비용을 자산으로 인식하는지 혹은 비용으로 인식하는지는 발생주의 회계의 문제이다. 현금흐름표에는 단순히 금융기관에 현금으로 지급한 총금액만 현금유출로 표시한다.

[이자 · 배당 · 법인세]

구분	영업활동	투자활동	재무활동	비고
이자 · 배당의 지급	○	–	○	선택
이자 · 배당의 수취	○	○	–	선택
법인세의 지급	○	○	○	원칙적으로 영업활동

[활동의 구분]

재무상태표

현금및현금성자산			부채		영업활동
영업활동	자산				재무활동
투자활동			자본		재무활동

[계정과목과 활동의 분류]

계정과목	영업활동	투자활동	재무활동	비고
매출채권(선수금)	○			
선급비용	○			
재고자산	○			
단기매매금융자산	○			
미수이자 · 미수배당금	○	○		선택 가능
비유동자산		○		
대여금 · 미수금		○		
매입채무(선급금)	○			
미지급비용 · 선수수익	○			
충당부채	○			
당좌차월			○	요구 즉시 상환의 경우 현금
유상증자 등 자본거래			○	
장 · 단기차입금			○	
미지급이자	○		○	선택 가능
배당금의 지급	○		○	선택 가능
법인세의 지급	○	○	○	영업활동으로 분류가 원칙

2 영업활동 현금흐름

영업활동 현금흐름은 다음 중 하나의 방법으로 보고한다.

① 직접법: 총현금유입과 총현금유출을 주요 항목별로 구분하여 표시하는 방법
② 간접법: 당기순손익에 현금을 수반하지 않는 거래, 과거 또는 미래의 영업활동 현금유입이나 현금유출의 이연 또는 발생, 투자활동 현금흐름이나 재무활동 현금흐름과 관련된 손익항목의 영향을 조정하여 표시하는 방법

영업활동 현금흐름을 보고하는 경우에는 직접법을 사용할 것을 권장한다. 직접법을 적용하여 표시한 현금흐름은 간접법에 의한 현금흐름에서는 파악할 수 없는 정보를 제공하며, 미래현금흐름을 추정하는 데 보다 유용한 정보를 제공한다. 다만 어느 방법을 사용하여 영업활동 현금흐름을 표시하더라도 그 결과는 동일할 것이다.

1. 직접법

영업활동 현금흐름을 직접법으로 작성하는 경우 현금유입의 발생원천과 현금유출의 용도를 항목별로 구분하여 나타내므로 회계정보이용자들에게 더욱 유용한 정보를 제공할 수 있다는 장점이 있지만 작성절차가 매우 복잡하다는 단점이 있다.

[직접법에 의한 영업활동 현금흐름]

현금흐름표

㈜한국	20X1년 1월 1일부터 12월 31일까지	(단위: 원)
영업활동 현금흐름		
고객으로부터 유입된 현금	×××	
공급자에 대한 현금 유출	(×××)	
종업원에 대한 현금유출	(×××)	
기타영업비 현금유출	(×××)	
영업에서 창출된 현금	×××	
이자및배당에 의한 현금흐름	×××	
법인세의 납부	(×××)	
영업활동 순현금흐름		×××

(1) 고객으로부터 유입된 현금

직접법에서는 주요 항목별로 구분하여 현금유출입을 구하게 되는데 현금유출입을 구하는 방법에는 매우 다양한 것들이 있다. 그 중 빠르고 간단하여 수험 목적으로 가장 적합한 방법은 분개를 이용한 방법이다.

분개를 할 때 주의할 점은 손익계산서 계정은 주어진 금액을 그대로 분개하지만, 재무상태표 계정은 기초잔액이 존재하므로 기초잔액과 기말잔액의 증분으로 분개를 해야 한다는 점이다.

분개를 이용한 방법의 논리는 대차평균의 원리다. 회계에서는 어떠한 경우라도 차변과 대변의 합계가 일치해야 한다. 따라서 관련 계정을 모두 적절히 분개하였는데 차변과 대변의 합계가 일치하지 않는다면, 일치하지 않는 금액에 우리가 찾고자 하는 계정과목을 대입해서 대차평균을 맞추어야 한다. 분개를 이용한 방법은 매우 간단하고 다양한 사례에 응용하기 쉬운 방법이므로 시험에서는 분개를 이용한 방법으로 현금흐름을 구하도록 하자.

사례 — 예제

아래의 자료를 이용하여 고객으로부터 유입된 현금을 계산하시오.

(1) 매출액: ₩800,000
(2) 대손상각비: ₩4,000
(3) 매출채권의 기초잔액: ₩70,000, 매출채권의 기말잔액: ₩80,000
(4) 대손충당금의 기초잔액: ₩7,000, 대손충당금의 기말잔액: ₩8,000

해설

• 거래를 추적하여 현금흐름을 구하는 방법
  ① 회수가능매출채권: 70,000(기초) + 800,000(당기) = ₩870,000
  ② 대손처리전 대손충당금 잔액: 7,000(기초) + 4,000(대손상각비) = ₩11,000
  ③ 대손처리한 매출채권: 11,000 − 8,000 = ₩3,000
  ④ 매출채권 현금회수액: 870,000 − 3,000 − 80,000 = ₩787,000

• 분개를 이용하여 현금흐름을 구하는 방법

(차)	대 손 상 각 비	4,000	(대)	매 출 액	800,000
	매 출 채 권	10,000		대 손 충 당 금	1,000
	현 금	787,000			

※ 관련계정을 모두 분개하였는데 차변과 대변이 맞지 않는다면 그 금액에 우리가 찾고자 하는 계정(현금)을 대입한다.

(2) 공급자에 대한 현금유출

사례 — 예제

아래의 자료를 이용하여 공급자에 대한 현금유출액을 계산하시오.

(1) 매출원가: ₩600,000
(2) 재고자산감모손실: ₩10,000
(3) 재고자산의 기초잔액: ₩60,000, 재고자산의 기말잔액: ₩41,000
(4) 매입채무의 기초잔액: ₩50,000, 매입채무의 기말잔액: ₩70,000

해설

(차)	매 출 원 가	600,000	(대)	재 고 자 산	19,000
	재고자산감모손실	10,000		매 입 채 무	20,000
				현 금	571,000

2. 분개법의 응용

(1) 발생주의로의 수정

문제에서 현금흐름 자료를 제시하고 발생주의 손익을 묻는 경우가 있다. 이 경우에도 마찬가지로 주어진 계정을 모두 분개하고, 일치하지 않는 금액에 우리가 찾고자 하는 계정과목을 대입한다.

사례 一 예제

아래의 자료를 이용하여 발생주의에 의한 매출액과 매출원가를 계산하시오.

(1) 매출과 관련된 자료

① 고객으로부터 유입된 현금: ₩500,000

② 대손상각비: ₩20,000

③ 매출과 관련된 재무상태표 계정들의 기초 및 기말잔액

계정과목	기초잔액	기말잔액
매출채권(순액)	₩50,000	₩80,000
선수금	30,000	70,000

(2) 매출원가와 관련된 자료

① 공급자에 대한 현금유출액: ₩300,000

② 재고자산감모손실: ₩30,000

③ 매출원가와 관련된 재무상태표 계정들의 기초 및 기말잔액

계정과목	기초잔액	기말잔액
재고자산	₩20,000	₩60,000
매입채무	70,000	20,000

해설

(1) 매출액

(차) 현 금	500,000	(대) 선 수 금	40,000
대 손 상 각 비	20,000	매 출	510,000
매 출 채 권	30,000		

(2) 매출원가

(차) 재고자산감모손실	30,000	(대) 현 금	300,000
재 고 자 산	40,000		
매 입 채 무	50,000		
매 출 원 가	180,000		

사례 — 예제

㈜한국이 발생기준에 따라 회계처리한 결과 기초와 기말의 계정잔액은 다음과 같다. ㈜한국의 현금기준에 의한 당기순이익이 ₩50,000일 경우, 발생주의에 의한 당기순이익을 구하시오.

계정과목	기초	기말
매출채권	₩36,500	₩43,500
재고자산	27,000	21,000
매입채무	45,000	54,000

해설

• 주어진 재무상태표 계정을 모두 분개한 후에 일치하지 않은 금액이 손익계산서 계정들의 순액(당기순이익)이다.

(차) 현   금   50,000   (대) 재 고 자 산   6,000
    매 출 채 권   7,000   매 입 채 무   9,000
                                   발 생 주 의 이 익   42,000

(2) 기타 사례

문제에서 제시된 자료를 적절하게 수정하여 분개에 반영해야 하는 경우가 있다. 아래에서는 이에 해당하는 대표적인 사례 두 가지를 살펴보자.

사례 — 예제

㈜한국은 내부보고목적으로 현금주의에 의하여 재무제표를 작성하고 외부보고 시 이를 발생주의로 수정하여 공시한다. 20X1년도 ㈜한국의 현금주의 순이익은 ₩200,000이고 감가상각비가 ₩50,000이라고 할 때, 다음 자료를 이용하여 발생주의 순이익을 구하시오.

계정과목	기초	기말
매출채권	₩400,000	₩350,000
재고자산	100,000	150,000
매입채무	60,000	80,000
미지급비용	30,000	60,000
선수금	70,000	90,000
미수수익	100,000	50,000

해설

• 재무상태표 계정을 모두 분개한 후에 일치하지 않은 금액이 손익계산서 계정들의 순액(당기순이익)이다. 여기서 감가상각비는 손익계산서 계정이므로 분개에 반영하지 않지만 감가상각비의 대응 계정인 감가상각누계액이 재무상태표 계정에 해당하므로 감가상각누계액을 분개에 반영한다.

(차) 현   금   200,000   (대) 감 가 상 각 누 계 액   50,000
    재 고 자 산   50,000   매 출 채 권   50,000
                                    매 입 채 무   20,000
                                    미 지 급 비 용   30,000
                                    선   수   금   20,000
                                    미 수 수 익   50,000
                                    발 생 주 의 이 익   30,000

사례 — 예제

다음은 ㈜한국의 20X1년도 재무상태표와 포괄손익계산서의 일부자료이다. ㈜한국이 당기에 상품매입대금으로 지급한 현금액을 구하시오.

- 기초상품재고액   ₩ 30,000   • 기말상품재고액   ₩ 45,000
- 매입채무 기초잔액   18,000   • 매입채무 기말잔액   15,000
- 매출액   250,000   • 매출총이익률   40%

해설

- 자료에 제시된 매출액은 상품매입대금 지급과는 관계없는 자료이다. 상품매입대금의 지급은 매출액이 아닌 매출원가와 관련되어 있다. 따라서 매출액을 매출원가로 전환하여 분개에 반영한다.
- 매출원가 = 250,000×(1 − 40%) = ₩150,000

  (차) 상   품   15,000   (대) 현   금   168,000
       매 입 채 무   3,000
       매 출 원 가   150,000

3. 간접법

간접법은 영업활동 현금흐름을 주요 항목별로 구분하여 표시하지 않고 전체를 하나로 묶어서 계산한다. 구체적으로는 법인세비용차감전순이익(당기순이익)에서 2단계 절차를 거쳐 영업활동 현금흐름으로 전환하게 되는데 세부적인 절차는 아래와 같다.

[간접법의 계산과정]

법인세비용차감전순이익(당기순이익) ·············· (영업/투자/재무활동, 발생주의)

  1단계: 투자/재무활동 관련 손익 제거

  • 당기순이익에는 영업/투자/재무활동이 모두 포함되어 있으므로 투자/재무활동 관련 손익을 제거하여 영업활동 손익만 남김

  • 투자/재무활동 관련 비용은 (+)로, 투자/재무활동 관련 수익은 (−)로 제거

  • 순이익에 포함되어 있는 계정만 제거하는 것이므로 매도가능금융자산평가이익, 자기주식처분이익과 같이 순이익에 포함되어 있지 않은 계정은 제거 대상이 아님

영업활동관련 순이익 ························· (영업활동, 발생주의)

  2단계: 영업활동 관련 재무상태표 계정 조정(현금주의로의 조정)

  • 2단계에서는 발생주의를 현금주의로 전환해야 하는데 분개법을 이용하여 조정

  • 투자/재무활동은 이미 1단계에서 제거되었으므로 2단계에서 고려 대상이 아니며, 손익계산서 계정은 순이익에 반영되어 있으므로 추가로 분개하지 않음

  • 따라서 영업활동과 관련한 재무상태표 계정만 분개를 통해 현금흐름에 반영

  • 영업활동관련 자산증가 · 부채감소는 현금의 감소, 자산감소 · 부채증가는 현금의 증가로 반영

영업활동현금흐름 ······························ (영업활동, 현금주의)

[간접법의 예시: 이자·배당·법인세를 영업활동으로 분류한 경우]

간접법에 의한 영업활동 현금흐름

법인세비용차감전순이익	×××
가감:	
이자비용	×××
이자수익과 배당수익	(×××)
투자활동관련비용	×××
투자활동관련수익	(×××)
재무활동관련비용	×××
재무활동관련수익	(×××)
	×××
영업활동 관련 자산의 증가	(×××)
영업활동 관련 자산의 감소	×××
영업활동 관련 부채의 증가	×××
영업활동 관련 부채의 감소	(×××)
영업에서 창출된 현금	×××
이자및배당에 의한 현금흐름	×××
법인세의 납부	(×××)
영업활동 순현금흐름	×××

사례 ― 예제

아래의 자료를 이용하여 ㈜한국의 영업활동 현금흐름을 간접법으로 계산하시오.

(1) ㈜한국은 20X1년도 법인세비용차감전순이익으로 ₩30,000을 보고하였으며, 손익계산서에서 발췌한 자료는 다음과 같다.

감가상각비	₩70,000
사채상환손실	4,000
매도가능금융자산처분이익	19,000
유형자산처분이익	12,000

(2) ㈜한국의 재무상태표에서 발췌한 자료는 다음과 같다.

	20X1년 초	20X1년 말
매출채권	₩60,000	₩40,000
재고자산	12,000	8,000
매입채무	36,000	20,000
미지급급여	14,000	10,000

해설

간접법에 의한 영업활동 현금흐름

법인세비용차감전순이익	₩30,000
가감:	
1단계: 투자/재무활동 손익 제거	
감가상각비	70,000
사채상환손실	4,000
매도가능금융자산처분이익	(19,000)
유형자산처분이익	(12,000)
2단계: 영업활동 재무상태표 계정 조정	
매출채권의 감소	20,000
재고자산의 감소	4,000
매입채무의 감소	(16,000)
미지급급여의 감소	(4,000)
영업활동 현금흐름	₩77,000

아래의 자료를 이용하여 영업활동 현금흐름을 간접법으로 계산하시오.

• 당기순이익	₩ 500
• 재고자산의 증가	1,000
• 매출채권의 감소	800
• 단기매매증권평가손실	900
• 유형자산처분이익	600
• 차량운반구의 취득	2,500
• 미지급비용의 증가	700
• 감가상각비	200
• 자기주식처분이익	1,100
• 매입채무의 감소	500
• 단기차입금의 증가	3,000

해설

• 차량운반구는 투자활동, 단기차입금은 재무활동 관련 재무상태표 계정이므로 2단계 조정사항에 해당하지 않는다.

• 자기주식처분이익은 당기순이익에 포함되어 있지 않으므로 1단계 조정사항에 해당하지 않는다.

• 단기매매증권평가손실은 아래와 같은 분개를 통해 인식했을 것이다.

(차) 단기매매증권평가손실　　900　　　(대) 단 기 매 매 증 권　　900

위 분개에서 단기매매증권평가손실은 영업활동 관련 손익이므로 1단계 조정사항에 해당하지 않는다. 다만, 단기매매증권은 영업활동관련 재무상태표 계정이므로 2단계 조정사항에 해당하는데 자료에 단기매매증권에 관한 내용이 제시되어 있지 않으므로 '단기매매증권의 감소 ₩ 900'을 자료로 만들어 2단계 조정사항에 반영한다.

간접법에 의한 영업활동 현금흐름

당기순이익	₩ 500
가감:	
1단계: 투자/재무활동 손익 제거	
• 유형자산처분이익	(600)
• 감가상각비	200
2단계: 영업활동 재무상태표 계정 조정	
• 재고자산의 증가	(1,000)
• 매출채권의 감소	800
• 단기매매증권의 감소	900
• 미지급비용의 증가	700
• 매입채무의 감소	(500)
영업활동 현금흐름	₩ 1,000

3 투자활동과 재무활동

1. 투자활동 현금흐름

투자활동과 재무활동에서 발생하는 총현금유입과 총현금유출은 주요 항목별로 구분하여 총액으로 표시한다.

문제에서 총현금유입과 총현금유출 중 하나의 자료는 제시할 것이므로 분개법을 이용해 투자활동관련 순현금흐름을 구한 후에 주어진 자료를 역산하면 총현금유입과 총현금유출을 모두 구할 수 있다.

사례 — 예제

기계장치로 인한 총현금유입과 총현금유출을 계산하시오.

(1) ㈜한국의 기계장치와 관련된 자료는 아래와 같다.

유형자산처분이익	₩ 22,000
감가상각비	50,000
기계장치 당기취득액	88,000

(2) ㈜한국의 기계장치와 관련된 재무상태표 계정의 기초 및 기말잔액은 아래와 같다.

	기초잔액	기말잔액
기계장치	₩ 250,000	₩ 280,000
감가상각누계액	(130,000)	(150,000)

해설 ┄┄┄┄┄┄┄┄┄┄┄┄┄┄┄┄┄┄┄┄┄┄┄┄┄┄┄┄┄┄┄

(차) 감 가 상 각 비	50,000	(대) 유형자산처분이익	22,000
기 계 장 치	30,000	감 가 상 각 누 계 액	20,000
		현금(순현금흐름)	38,000

투자활동으로 인한 총현금유입(역산함)	₩ 50,000
투자활동으로 인한 총현금유출(자료 1)	(88,000)
	(₩ 38,000)

2. 재무활동 현금흐름

투자활동과 재무활동에서 발생하는 총현금유입과 총현금유출은 주요 항목별로 구분하여 총액으로 표시한다.

문제에서 총현금유입과 총현금유출 중 하나의 자료는 제시할 것이므로 분개법을 이용해 재무활동관련 순현금흐름을 구한 후에 주어진 자료를 역산하면 총현금유입과 총현금유출을 모두 구할 수 있다.

사례 ― 예제

사채로 인한 총현금유입과 총현금유출을 계산하시오.

(1) ㈜한국의 사채와 관련된 자료는 아래와 같다.

사채상환이익	₩ 20,000
이자비용(사채할인발행차금상각액)	5,000
사채의 상환가액	80,000

(2) A사의 사채와 관련된 재무상태표 계정의 기초 및 기말잔액은 아래와 같다.

	기초잔액	기말잔액
사채	₩ 200,000	₩ 400,000
사채할인발행차금	(12,000)	(15,000)

해설

(차)	이 자 비 용	5,000	(대)	사 채 상 환 이 익	20,000
	사채할인발행차금	3,000		사 채	200,000
	현금(순현금흐름)	212,000			

재무활동으로 인한 총현금유입(역산함)	₩ 292,000
재무활동으로 인한 총현금유출(자료 1)	(80,000)
	₩ 212,000

01 현금흐름표는 회계기간 동안 발생한 현금흐름을 영업활동, 투자활동 및 재무활동으로 분류하여 보고한다.
( )

02 영업활동 · 투자활동 · 재무활동 현금흐름은 각각 직접법과 간접법 중 하나의 방법을 선택하여 작성한다. ( )

03 단기매매증권의 취득과 처분 관련 활동은 투자활동현금흐름에 해당한다. ( )

04 기업의 납입자본과 차입금의 크기 및 구성내용에 변동을 가져오는 활동은 투자활동이다. ( )

05 금융회사의 경우 이자지급, 이자수입 및 배당금수입은 일반적으로 영업활동 현금흐름으로 분류한다. ( )

06 이자 · 배당의 지급은 투자활동 또는 영업활동으로 분류하고, 이자 · 배당의 수령은 재무활동 또는 영업활동으로 분류한다.
( )

07 법인세로 인한 현금흐름은 별도로 공시하며, 재무활동과 투자활동에 명백히 관련되지 않는 한 영업활동 현금흐름으로 분류한다.
( )

08 한국채택국제회계기준에서는 영업활동 현금흐름을 보고하는 경우에는 직접법을 사용할 것을 권장한다. ( )

---

01 ○
02 × 영업활동현금흐름만 직접법과 간접법 중 하나의 방법을 선택하여 작성한다.
03 × 단기매매증권의 취득과 처분 관련 활동은 영업활동현금흐름에 해당한다.
04 × 기업의 납입자본과 차입금의 크기 및 구성내용에 변동을 가져오는 활동은 재무활동이다.
05 ○
06 × 이자 · 배당의 지급은 재무활동 또는 영업활동으로 분류하고, 이자 · 배당의 수령은 투자활동 또는 영업활동으로 분류한다.
07 ○
08 ○

1 현금흐름표의 작성과 활동의 구분

01 현금흐름표상 재무활동 현금흐름이 발생할 수 없는 거래는?   2017년 관세직 9급

① 차입금의 상환   ② 유상증자
③ 사채의 발행   ④ 주식배당

02 이자와 배당의 현금흐름표 표시에 대한 설명으로 옳지 않은 것은?   2015년 국가직 9급

① 금융기관이 아닌 경우 배당금 지급은 재무활동현금흐름으로 분류할 수 있다.
② 금융기관이 지급이자를 비용으로 인식하는 경우에는 영업활동현금흐름으로 분류하고, 지급이자를 자본화하는 경우에는 주석으로 공시한다.
③ 금융기관이 아닌 경우 이자수입은 당기순손익의 결정에 영향을 미치므로 영업활동 현금흐름으로 분류할 수 있다.
④ 금융기관의 경우 배당금수입은 일반적으로 영업활동으로 인한 현금흐름으로 분류한다.

03 영업활동 현금흐름과 관련된 항목을 모두 고르면?   2013년 지방직 9급

ㄱ. 단기매매금융자산의 처분	ㄴ. 기계장치의 구입
ㄷ. 유상증자	ㄹ. 토지의 처분
ㅁ. 사채의 발행	ㅂ. 로열티 수익

① ㄱ, ㄴ   ② ㄱ, ㅂ
③ ㄴ, ㄹ   ④ ㄷ, ㅁ

---

01 ④ 주식배당은 현금유출입이 발생하지 않는 거래로 현금흐름표에 표시하지 않는다.

02 ② 회계기간 동안 지급한 이자금액(차입원가)은 당기손익의 비용항목으로 인식하는지 또는 자본화하는지에 관계없이 현금흐름표에 총지급액을 공시한다.

03 ② • 영업활동: ㄱ, ㅂ
       • 투자활동: ㄴ, ㄹ
       • 재무활동: ㄷ, ㅁ

04 ㈜서울의 자료가 다음과 같을 때 재무활동으로 인한 현금유입액은?　　　　　2010년 서울시 9급

• 사채의 발행	₩1,000,000
• 기계장치의 구입	1,300,000
• 피투자회사 주식의 처분	300,000
• 종업원에 대한 대여금	700,000
• 선수금의 수령	200,000
• 보통주의 발행	800,000
• 기계장치의 처분	100,000

① ₩1,800,000　　　　　　　　　② ₩2,400,000

③ ₩1,350,000　　　　　　　　　④ ₩2,600,000

⑤ ₩2,000,000

05 영업활동 현금흐름의 예로 옳지 않은 것은?　　　　　2019년 지방직 9급

① 단기매매목적으로 보유하는 계약에서 발생하는 현금유입과 현금유출

② 종업원과 관련하여 직·간접으로 발생하는 현금유출

③ 로열티, 수수료, 중개료 및 기타수익에 따른 현금유입

④ 리스이용자의 리스부채 상환에 따른 현금유출

06 다음 중 현금흐름표에서 영업활동 현금흐름에 해당하는 것은?　　　　　2019년 서울시 9급

① 제3자에 대한 선급금 및 대여금의 회수에 따른 현금 유입

② 단기매매목적으로 보유하는 계약에서 발생하는 현금 유입

③ 유형자산 및 무형자산의 취득에 따른 현금유출

④ 자기주식의 취득에 따른 현금유출

---

04 ①　• 영업활동: 선수금의 수령
　　　• 투자활동: 기계장치의 구입, 피투자회사 주식의 처분, 종업원에 대한 대여금, 기계장치의 처분
　　　• 재무활동: 사채의 발행, 보통주의 발행
　　　　→ ₩1,000,000(유입) + ₩800,000(유입) = ₩1,800,000(유입)

05 ④　리스이용자의 리스부채 상환에 따른 현금유출은 재무활동 현금흐름에 해당한다.

06 ②　①, ③ 투자활동에 해당한다.
　　　④ 재무활동에 해당한다.

2 직접법

07 다음의 자료를 이용하여 계산한 ㈜한국의 당기 외상매출금액은? (단, ㈜한국의 매출은 전액 외상매출이다)

2012년 국가직 9급

	기초가액	기말가액
매출채권	₩ 493,000	₩ 490,540
대손충당금	24,650	24,530
손익계산서상 대손상각비 계상액		23,400
매출로부터의 현금유입액		450,000

① ₩ 447,540   ② ₩ 397,540

③ ₩ 471,060   ④ ₩ 421,060

08 다음의 자료를 이용하여 20X3년의 현금흐름표를 직접법에 의하여 작성할 경우 공급자에 대한 현금유출액은?

2014년 지방직 9급

- 20X3년 보고기간 동안 매출원가는 ₩ 50,000이다.
- 20X3년 재고자산 및 매입채무 관련 자료

계정과목	20X3년 1월 1일	20X3년 12월 31일
재고자산	₩ 5,000	₩ 7,000
매입채무	2,000	3,000

① ₩ 49,000   ② ₩ 50,000

③ ₩ 51,000   ④ ₩ 52,000

---

07 ③ (차) 대 손 충 당 금   120   (대) 매 출 채 권   2,460
　　　　 대 손 상 각 비 23,400   　 매   출 471,060
　　　　 현　　　　　금 450,000

08 ③ (차) 매 출 원 가 50,000   (대) 매 입 채 무   1,000
　　　　 재 고 자 산   2,000   　 현   금   51,000

09 ㈜한국의 20X1년 기초(1/1)의 선수금과 매출채권 잔액은 각각 ₩20억, ₩25억이고, 기말(12/31)의 선수금과 매출채권 잔액은 각각 ₩50억과 ₩40억이다. 또한 20X1년 거래처로부터의 현금수입액이 ₩160억이라면 20X1년의 매출액은 얼마인가?
2015년 서울시 9급

① ₩110억   ② ₩125억
③ ₩130억   ④ ₩145억

10 ㈜한국의 현금주의에 의한 당기매출액은 ₩10,000이다. 기초매출채권 잔액이 ₩5,000이고, 기말매출채권잔액이 ₩3,000인 경우, ㈜한국의 발생주의에 의한 당기매출액은?
2015년 지방직 9급

① ₩5,000   ② ₩8,000
③ ₩10,000   ④ ₩12,000

11 ㈜한국의 2015년 기초와 기말 재무상태표에는 선급보험료가 각각 ₩24,000과 ₩30,000이 계상되어 있다. 포괄손익계산서에 보험료가 ₩80,000으로 계상되어 있다고 할 경우, 2015년에 현금으로 지급한 보험료는?
2015년 국가직 7급

① ₩56,000   ② ₩74,000
③ ₩80,000   ④ ₩86,000

---

09 ④	(차) 현 금	160억	(대) 선 수 금	30억
	매 출 채 권	15억	매 출	145억
10 ②	(차) 현 금	10,000	(대) 매 출 채 권	2,000
			매 출	8,000
11 ④	(차) 선 급 보 험 료	6,000	(대) 현 금	86,000
	보 험 료	80,000		

12 당기 매출액은 ₩300,000이고 대손상각비는 ₩20,000이다. 매출채권과 대손충당금의 기초 및 기말 자료가 다음과 같을 때, 고객으로부터 유입된 현금은? (단, 매출은 모두 외상매출로만 이루어진다.)

2016년 지방직 9급

	기초	기말
매출채권	₩300,000	₩500,000
대손충당금	₩20,000	₩20,000

① ₩80,000

② ₩100,000

③ ₩200,000

④ ₩280,000

13 ㈜서울의 2015년도 포괄손익계산서에 임차료비용과 이자비용은 각각 ₩300,000과 ₩450,000으로 보고되었다. 그리고 이러한 비용과 관련된 재무상태표 계정의 기말잔액은 다음과 같다. ㈜서울이 2015년도에 현금으로 지출한 임차료와 이자비용 금액으로 옳은 것은?

2016년 서울시 9급

	2014년 말	2015년 말
선급임차료	₩0	₩75,000
미지급이자	₩200,000	₩0

	임차료비용	이자비용		임차료비용	이자비용
①	₩225,000	₩250,000	②	₩225,000	₩650,000
③	₩375,000	₩250,000	④	₩375,000	₩650,000

---

12 ① (차) 대 손 상 각 비　20,000　(대) 매　　　　출　300,000
　　　　매 출 채 권　200,000
　　　　현　　　　금　80,000

13 ④ (차) 임　　차　　료　300,000　(대) 현　　　금　375,000
　　　　선 급 임 차 료　75,000
　　　　이 자 비 용　450,000
　　　　　　　　　　　　　　　　현　　　금　650,000
　　　　미 지 급 이 자　200,000

14 ㈜한국의 2017년 중 거래가 다음과 같을 때 옳은 것은?

2018년 관세직 9급

- ㈜한국은 2017년 중 용역을 제공하기로 하고 현금 ₩120,000을 받았다. 2017년 선수용역수익계정의 기초잔액은 ₩30,000 이고, 기말잔액은 ₩40,000일 때 2017년도에 인식한 용역수익은?
- ㈜한국은 2017년 중 건물임차료로 현금 ₩70,000을 미리 지급하였다. 2017년 선급임차료계정의 기초잔액은 ₩10,000 이고, 기말잔액은 ₩30,000일 때 2017년도에 인식한 임차료는?

	용역수익	임차료
①	₩110,000	₩50,000
②	₩110,000	₩70,000
③	₩120,000	₩50,000
④	₩120,000	₩70,000

15 도소매기업인 ㈜한국의 2016년 1월 1일부터 12월 31일까지 영업활동과 관련된 자료가 다음과 같을 때, 2016년 매출원가는? (단, 모든 매입거래는 외상 매입거래이다)

2017년 국가직 9급(4월 시행)

- 기초매입채무   ₩43,000
- 기말매입채무   ₩41,000
- 매입채무 현금상환   ₩643,000
- 기초재고자산   ₩30,000
- 기말재고자산   ₩27,000

① ₩642,000
② ₩644,000
③ ₩646,000
④ ₩647,000

---

14 ① (차) 현　　　　　　　　　금　　120,000　　(대) 선　수　용　역　　10,000
　　　　　　　　　　　　　　　　　　　　　　　　　용　역　수　익　110,000
　　　　(차) 선　급　임　차　료　　20,000　　(대) 현　　　　　　　금　　70,000
　　　　　　　임　　차　　료　　50,000

15 ② (차) 매　입　채　무　　2,000　　(대) 현　　　　　금　　643,000
　　　　　　　매　출　원　가　644,000　　　　　재　고　자　산　　3,000

16 ㈜한국의 2013년도 손익계산서에는 이자비용이 ₩2,000 계상되어 있고, 현금흐름표에는 현금이자지출액이 ₩1,500 계상되어 있다. ㈜한국이 자본화한 이자비용은 없으며 2013년 12월 31일의 선급이자비용은 2012년 12월 31일에 비해 ₩200만큼 감소하였다. 2012년 12월 31일의 재무상태표에 미지급이자비용이 ₩300인 경우 2013년 12월 31일의 재무상태표에 표시되는 미지급이자비용은?

2014년 국가직 9급

① ₩1,000　　　　　　　　　② ₩800

③ ₩600　　　　　　　　　　④ ₩300

17 경비용역을 제공하는 ㈜공무는 20X5년에 경비용역수익과 관련하여 현금 ₩1,000,000을 수령하였다. 경비용역 제공과 관련한 계정 잔액이 다음과 같을 때, ㈜공무의 20X5년 포괄손익계산서상 경비용역수익은? (단, 경비용역수익과 관련된 다른 거래는 없다)

2018년 지방직 9급

구분	20X5년 1월 1일	20X5년 12월 31일
미수용역수익	₩700,000	₩800,000
선수용역수익	₩500,000	₩400,000

① ₩800,000　　　　　　　　② ₩1,000,000

③ ₩1,100,000　　　　　　　④ ₩1,200,000

---

16 ③ (차) 이 자 비 용　　　2,000　　(대) 현　　　　　금　　1,500
　　　　　　　　　　　　　　　　　　　　　선 급 이 자　　　200
　　　　　　　　　　　　　　　　　　　　　미 지 급 이 자　　300
　　• 기말미지급이자: 기초 미지급이자(300) + 미지급이자 증가액(300) = ₩600

17 ④ (차) 현　　　　　금　1,000,000　　(대) 용 역 수 익　1,200,000
　　　　미 수 용 역 수 익　　100,000
　　　　선 수 용 역 수 익　　100,000

18 ㈜한국의 20X1년도 미수이자와 선수임대료의 기초잔액과 기말잔액은 다음과 같다. 당기 중 현금으로 수령한 이자는 ₩7,000이고 임대료로 인식한 수익은 ₩10,000이다. ㈜한국의 이자수익과 임대수익에 대한 설명으로 옳지 않은 것은?

2017년 국가직 7급

구분	기초잔액	기말잔액
미수이자	₩2,000	₩3,200
선수임대료	₩4,000	₩3,500

① 수익으로 인식된 이자수익은 ₩8,200이다.
② 현금으로 수령한 임대료는 ₩9,500이다.
③ 이자와 임대료로 인한 수익 증가액은 ₩17,700이다.
④ 이자와 임대료로 인한 현금 증가액은 ₩16,500이다.

19 다음은 ㈜한국의 2016년 거래 자료이다. 2016년 말 재무상태표 상 매입채무 잔액은? (단, 매입거래는 모두 외상거래이다)

2016년 관세직 9급

• 기초매입채무	₩8,000	• 기말상품재고	₩11,000
• 당기 중 매입채무 현금지급액	₩35,000	• 당기매출액	₩50,000
• 기초상품재고	₩12,000	• 매출총이익	₩10,000

① ₩12,000
② ₩13,000
③ ₩14,000
④ ₩15,000

---

18 ③ (차) 현　　　　　　　금　　7,000　(대) 이　자　수　익　　8,200
　　　　　미　수　이　자　　1,200
　　　(차) 선　수　임　대　료　　　500　(대) 임　　대　　료　　10,000
　　　　　현　　　　　　　금　　9,500
　　• 수익증가액: 8,200 + 10,000 = ₩18,200

19 ① (차) 매　출　원　가　　40,000　(대) 현　　　　　　　금　　35,000
　　　　　　　　　　　　　　　　　　　　상　　　　　　　품　　1,000
　　　　　　　　　　　　　　　　　　　　매　입　채　무　　4,000
　　• 기말매입채무: 8,000(기초) + 4,000(증가) = ₩12,000

20 ㈜한국은 다음과 같이 1개월 동안의 경영성과에 대해 현금기준 포괄손익계산서를 작성하였다. 발생기준 포괄손익계산서로 작성할 경우 당기순이익은? (단, 법인세는 무시한다)

2015년 관세직 9급

- 현금기준 포괄손익계산서(3월 1일 ~ 3월 31일)
  - 매출관련 현금수입   ₩ 1,820,000
  - 급료 및 일반관리비 관련 현금지출   1,220,000
  - 당기순이익   600,000
- 3월 1일과 3월 31일의 매출채권, 매입채무, 미지급비용, 선급비용 내역

	3월 1일	3월 31일
매출채권	₩ 35,000	₩ 43,000
매입채무	48,000	54,000
미지급비용	42,000	35,000
선급비용	21,000	26,000

① ₩ 590,000   ② ₩ 600,000

③ ₩ 610,000   ④ ₩ 614,000

21 ㈜한국이 발생기준에 따라 회계처리한 결과 2015년 기초와 기말의 계정잔액은 다음과 같다. 2015년 ㈜한국의 현금기준에 의한 당기순이익이 ₩ 50,000일 경우, 2015년 발생주의에 의한 당기순이익은 얼마인가?

2015년 서울시 9급

구분	2015년 초	2015년 말
매출채권	₩ 36,500	₩ 43,500
재고자산	27,000	21,000
매입채무	45,000	54,000

① ₩ 40,000   ② ₩ 42,000

③ ₩ 58,000   ④ ₩ 60,000

---

20 ④ (차) 현　　　　　금　600,000　(대) 매 입 채 무　6,000
　　　　매 출 채 권　8,000　　　　발생주의 순이익　614,000
　　　　미 지 급 비 용　7,000
　　　　선 급 비 용　5,000

21 ② (차) 현　　　　　금　50,000　(대) 재 고 자 산　6,000
　　　　매 출 채 권　7,000　　　　매 입 채 무　9,000
　　　　　　　　　　　　　　　발 생 주 의 이 익　42,000

22 ㈜한국은 내부보고 목적으로 현금기준에 따라 순이익을 산출한 후 이를 발생기준으로 수정하여 외부에 공시하고 있다. ㈜한국의 현금기준 순이익이 ₩55,000일 경우, 다음 자료를 토대로 계산한 발생기준 순이익은? (단, 법인세효과는 무시한다)

2016년 국가직 9급

〈재무상태표〉

구분	기초금액	기말금액
매출채권	₩15,000	₩20,000
매입채무	25,000	32,000
미수수익	10,000	8,000

〈포괄손익계산서〉
감가상각비: ₩3,000

① ₩48,000   ② ₩54,000
③ ₩56,000   ④ ₩59,000

23 ㈜대한은 2010년도 포괄손익계산서 상 기계장치와 관련하여 감가상각비 ₩35,000, 처분손실 ₩10,000을 보고하였다. 2010년도 중 취득한 기계장치가 ₩155,000인 경우, 다음 자료를 이용하여 기계장치를 처분하고 수수한 현금액을 계산하면? (단, 기계장치 처분은 전액 현금으로 이루어지며, 법인세비용은 없는 것으로 가정한다)

2011년 지방직 9급

	2010년 1월 1일	2010년 12월 31일
기계장치	₩100,000	₩200,000
감가상각누계액	(20,000)	(40,000)

① ₩10,000   ② ₩20,000
③ ₩30,000   ④ ₩40,000

---

22 ① (차) 현   금   55,000   (대) 매 입 채 무   7,000
　　　　 매 출 채 권   5,000   　　 미 수 수 익   2,000
　　　　　　　　　　　　　　　　　　 감가상각누계액   3,000
　　　　　　　　　　　　　　　　　　 발 생 주 의 이 익   48,000

23 ③ (차) 감 가 상 각 비   35,000   (대) 감가상각누계액   20,000
　　　　 처 분 손 실   10,000   　　 현   금   125,000
　　　　 기 계 장 치   100,000

투자활동으로 인한 총현금유입(역산함)   ₩30,000
투자활동으로 인한 총현금유출(자료)   (155,000)
　　　　　　　　　　　　　　　　　　(₩125,000)

24 ㈜한국은 취득원가 ₩70,000의 토지를 2017년 중 현금 ₩100,000을 받고 처분하였다. 또한 2017년 중 새로운 토지를 ₩90,000에 구입하면서 구입대금 중 ₩30,000은 현금으로 지급하고 나머지 ₩60,000은 미지급금으로 계상하였다. ㈜한국의 2017년 현금흐름표 상 투자활동 순현금흐름은? 2018년 관세직 9급

① ₩10,000

② ₩40,000

③ ₩70,000

④ ₩100,000

25 ㈜한국은 2016년 중 취득원가 ₩20,000인 토지를 ₩30,000에 처분하고 대금은 1년 후에 받기로 했으며, 장부금액 ₩60,000(취득원가 ₩100,000, 감가상각누계액 ₩40,000)인 건물을 현금 ₩70,000에 처분하였다. ㈜한국의 2016년 현금흐름표 상 투자활동으로 인한 현금유입액은? 2016년 국가직 9급

① ₩60,000

② ₩70,000

③ ₩80,000

④ ₩100,000

---

24 ③ 100,000(현금유입) − 30,000(현금유출) = ₩70,000

25 ② 토지처분대가는 미수금으로 인식하므로 당기 현금유입을 가져오지 않으며, 건물처분대가 70,000은 당기 현금유입을 가져온다. 따라서 당기의 투자활동으로 인한 현금유입액은 ₩70,000이다.

26 ㈜한국의 2016년 토지와 단기차입금 자료가 다음과 같을 때, 2016년의 투자 및 재무현금흐름에 대한 설명으로 옳은 것은? (단, 모든 거래는 현금거래이다) 2017년 국가직 9급(4월 시행)

	기초	기말
토지(유형자산)	₩150,000	₩250,000
단기차입금	₩100,000	₩180,000

〈추가자료〉
• 토지는 취득원가로 기록하며, 2016년에 손상차손은 없었다.
• 2016년 중에 토지(장부금액 ₩50,000)를 ₩75,000에 매각하였다.
• 2016년 중에 단기차입금 ₩100,000을 차입하였다.

① 토지 취득으로 인한 현금유출은 ₩100,000이다.
② 토지의 취득과 매각으로 인한 투자활동순현금유출은 ₩75,000이다.
③ 단기차입금 상환으로 인한 현금유출은 ₩80,000이다.
④ 단기차입금의 상환 및 차입으로 인한 재무활동순현금유입은 ₩100,000이다.

27 다음은 ㈜서울의 2016년도 비교재무상태표의 일부이다. 한편, ㈜서울은 2016년 중에 취득원가 ₩80,000이고 85%를 감가상각한 기계장치를 ₩12,000에 매각하였다. ㈜서울이 2016년도 영업활동현금흐름을 간접법으로 측정할 때 법인 세차감전순이익에 가산할 감가상각비는 얼마인가? 2016년 서울시 7급

	2016년 1월 1일	2016월 12월 31일
유형자산	₩215,000	₩350,000
감가상각누계액	₩50,000	₩40,000

① ₩58,000
② ₩68,000
③ ₩70,000
④ ₩78,000

---

26 ② • 토지: 150,000(기초) − 50,000(처분) + 150,000(취득) = ₩250,000(기말)
　　• 투자활동으로 인한 현금유입: ₩75,000(토지 처분대금)
　　　투자활동으로 인한 현금유출: ₩150,000(토지 구입대금)
　　• 단기차입금: 100,000(기초) + 100,000(차입) − 20,000(상환) = ₩180,000
　　• 재무활동으로 인한 현금유입: ₩100,000(단기차입금 차입)
　　　재무활동으로 인한 현금유출: ₩20,000(단기차입금 상환)

27 ① 감가상각누계액: 50,000(기초) − 80,000 × 85%(처분) + 감가상각비 = 40,000(기말), 감가상각비 = ₩58,000

28 다음은 ㈜한국의 유형자산 및 감가상각누계액의 기초잔액, 기말잔액 및 당기 변동과 관련된 자료이다. ㈜한국은 당기 중 취득원가 ₩40,000(감가상각누계액 ₩20,000)의 유형자산을 ₩15,000에 처분하였다. 모든 유형자산의 취득 및 처분거래는 현금거래라고 가정할 때, 유형자산과 관련한 투자활동 순현금흐름은? (단, ㈜한국은 유형자산에 대해 원가모형을 적용한다)

2015년 국가직 7급

과목	기초	기말
유형자산	₩100,000	₩140,000
감가상각누계액	(30,000)	(25,000)

① ₩9,000 순유출　　　　　　　　　② ₩20,000 순유입
③ ₩60,000 순유입　　　　　　　　　④ ₩65,000 순유출

3 간접법

29 ㈜대한의 2011회계연도 현금흐름표에 표시될 영업활동현금흐름은? (단, 2011회계연도 ㈜대한의 당기순이익은 ₩300,000이었다)

2011년 국가직 9급

- 감가상각비　　　　　　　　　　₩20,000
- 유상증자　　　　　　　　　　　100,000
- 유형자산처분이익　　　　　　　30,000
- 매입채무의 증가　　　　　　　　40,000
- 사채의 상환　　　　　　　　　　50,000
- 매출채권의 증가　　　　　　　　60,000

① ₩220,000　　　② ₩270,000　　　③ ₩320,000　　　④ ₩370,000

---

28 ④
- 유형자산: 기초(100,000) − 처분(40,000) + 구입 = 기말(140,000), 구입 = ₩80,000

투자활동으로 인한 총현금유입(처분액 − 자료)	15,000
투자활동으로 인한 총현금유출(구입액)	(80,000)
	(65,000)

29 ②
- 유상증자와 사채는 재무활동 관련 재무상태표 계정이므로 2단계 조정사항에 해당하지 않는다.

[간접법에 의한 영업활동 현금흐름]

당기순이익	₩300,000
가감:	
1단계: 투자/재무활동 손익 제거	
• 감가상각비	20,000
• 유형자산처분이익	(30,000)
2단계: 영업활동 재무상태표 계정 조정	
• 매입채무의 증가	40,000
• 매출채권의 증가	(60,000)
영업활동 현금흐름	₩270,000

30 다음은 ㈜한국의 비교재무상태표와 2015년도의 포괄손익계산서 항목들이다. 이 자료들을 바탕으로 ㈜한국의 2015년 영업활동으로 인한 현금흐름액을 구하면 얼마인가?

2015년 서울시 9급

- 비교재무상태표

	2014년 말	2015년 말
매 출 채 권	₩ 540,000	₩ 650,000
선급보험료	70,000	35,000
매 입 채 무	430,000	550,000
장기차입금	880,000	920,000

- 2015년도 포괄손익계산서 항목
  - 당기순이익   ₩ 200,000
  - 건물처분손실   ₩ 150,000
  - 감가상각비   ₩ 450,000
  - 기계장치처분이익   ₩ 60,000

① ₩ 695,000
② ₩ 785,000
③ ₩ 800,000
④ ₩ 825,000

---

30 ② [간접법에 의한 영업활동 현금흐름]

당기순이익	₩ 200,000
가감:	
• 건물처분손실	150,000
• 감가상각비	450,000
• 기계장치처분이익	(60,000)
• 매출채권의 증가	(110,000)
• 선급보험료의 감소	35,000
• 매입채무의 증가	120,000
영업활동 현금흐름	₩ 785,000

31 20X6년 초에 컴퓨터 매매업을 시작한 ㈜한국에 대한 회계정보이다. 영업활동으로부터 조달된 현금액은?

2018년 지방직 9급

- 포괄손익계산서(20X6년 1월 1일부터 12월 31일까지)

매출액	₩ 700,000
매출원가	₩ 400,000
매출총이익	₩ 300,000
이자비용	₩ 150,000
감가상각비	₩ 35,000
당기순이익	₩ 115,000

- 현금을 제외한 유동자산과 유동부채의 20X6년 기말잔액

매출채권	₩ 20,000
재고자산	₩ 12,000
매입채무	₩ 15,000

① ₩ 103,000

② ₩ 133,000

③ ₩ 152,000

④ ₩ 173,000

---

31 ② [간접법에 의한 영업활동 현금흐름]

당기순이익	₩ 115,000
가감:	
1단계: 투자/재무활동 손익 제거	
• 감가상각비	35,000
2단계: 영업활동 재무상태표 계정 조정	
• 매출채권의 증가	(20,000)
• 재고자산의 증가	(12,000)
• 매입채무의 증가	15,000
영업활동 현금흐름	₩ 133,000

32 ㈜서울이 보고한 2018년도의 당기순이익은 ₩300,000이다. 아래의 자료는 당기 현금흐름표 작성에 필요한 자료이다. ㈜서울의 2018년도 영업활동 현금흐름은?

2018년 서울시 9급

항목	금액	항목	금액
금융자산처분이익	₩30,000	감가상각비	₩40,000
매출채권 순증가	₩20,000	매입채무 증가	₩30,000
유형자산처분이익	₩50,000	유형자산손상차손	₩10,000
매출채권손상차손	₩15,500	기계장치 취득	₩50,000

① ₩220,000
② ₩260,000
③ ₩270,000
④ ₩280,000

32 ④ [간접법에 의한 영업활동 현금흐름]

당기순이익	₩300,000
가감:	
1단계: 투자/재무활동 손익 제거	
• 금융자산처분이익	(30,000)
• 감가상각비	40,000
• 유형자산처분이익	(50,000)
• 유형자산손상차손	10,000
2단계: 영업활동 재무상태표 계정 조정	
• 매출채권의 증가	(20,000)
• 매입채무의 증가	30,000
영업활동 현금흐름	₩280,000

33 ㈜한국의 2016년도 재무제표 자료는 다음과 같다. 2016년도 영업활동현금흐름이 ₩1,000,000인 경우 당기순이익은?

2017년 지방직 9급

• 대손상각비	₩30,000
• 매출채권(장부금액)증가액	₩80,000
• 감가상각비	₩100,000
• 재고자산평가손실	₩20,000
• 건물처분이익	₩200,000
• 재고자산(장부금액)감소액	₩50,000

① ₩1,130,000   ② ₩1,100,000
③ ₩1,080,000   ④ ₩870,000

---

33 ① [간접법에 의한 영업활동 현금흐름]

당기순이익	₩1,130,000
가감:	
1단계: 투자/재무활동 손익 제거	
• 감가상각비	100,000
• 건물처분이익	(200,000)
2단계: 영업활동 재무상태표 계정 조정	
• 매출채권의 증가	(80,000)
• 재고자산의 감소	50,000
영업활동 현금흐름	₩1,000,000

34 ㈜한국의 20X1년도 당기순이익은 ₩90,000이고 영업활동 현금흐름은 ₩40,000이다. 간접법에 따라 영업활동 현금흐름을 구할 때, 다음 자료에 추가로 필요한 조정 사항은?

2017년 국가직 7급

- 매출채권 ₩45,000 증가
- 매입채무 ₩10,000 증가
- 선급비용 ₩15,000 감소
- 선수수익 ₩12,000 감소
- 감가상각비 ₩18,000 발생

① 미수임대료수익 ₩36,000 감소
② 미지급급여 ₩36,000 감소
③ 미수임대료수익 ₩100,000 증가
④ 미지급급여 ₩100,000 증가

---

34 ② [간접법에 의한 영업활동 현금흐름]

당기순이익	₩90,000
가감:	
1단계: 투자/재무활동 손익 제거	
• 감가상각비	18,000
2단계: 영업활동 재무상태표 계정 조정	
• 매출채권의 증가	(45,000)
• 매입채무의 증가	10,000
• 선급비용의 감소	15,000
• 선수수익의 감소	(12,000)
• ???	(36,000)
영업활동 현금흐름	₩40,000

• 위 빈칸에 가능한 사항은 미지급급여 ₩36,000 감소이다.

11 재무회계의 기타주제

1 법인세회계

1. 당기법인세의 계산

법인세는 법인기업이 회계기간 중 창출한 이익에 대해 국가에 납부하는 세금을 말한다. 법인세는 한국채택국제회계기준에 따라 산출된 이익인 회계이익을 기준으로 계산되는 것이 아니라 과세당국이 제정한 법규인 법인세법에 따라 산출된 이익인 과세소득을 기준으로 계산된다.

당기법인세는 회계기간의 과세소득을 기준으로 납부하는 것이므로, 당기법인세를 계산하기 위해서는 과세소득을 구해야 하는데 과세소득은 회계이익에 세무조정 사항을 반영하여 결정한다.

> 당기법인세(미지급법인세) = $\underline{(회계이익 \pm 세무조정)}$ × 법인세율
> 과세소득

회계이익과 과세소득의 정의는 다음과 같다.
① 회계이익: 법인세비용 차감 전 회계기간의 손익
② 과세소득: 과세당국이 제정한 법규에 따라 납부할 법인세를 산출하는 대상이 되는 회계기간의 이익

2. 이연법인세자산 · 부채

(1) 일시적차이와 영구적차이

세무조정 사항은 일시적차이와 영구적차이로 구분된다.

일시적차이는 특정 항목이 수익(비용)인지 여부에 대한 기업회계와 법인세법상 인식의 차이는 없으나, 당해 항목이 수익(비용)으로 인식되는 회계기간이 서로 다른 경우를 말한다. 일시적차이에 해당하는 세무조정 사항은 미래 회계연도에 반대되는 세무조정을 유발한다. 예를 들어, 당기에 과세소득을 증가시키는 세무조정을 하였다면 미래 회계연도에 과세소득을 감소시키는 반대의 세무조정을 가져온다.

일시적차이에 해당하는 세무조정 사항들은 미래의 과세소득을 증감시켜 법인세 납부액에 변화를 가져오므로 자산 · 부채의 요건을 만족시킨다. 따라서 일시적차이에 해당하는 세무조정 사항에 대해서는 자산 · 부채를 인식하여야 하는데 이 때 사용하는 계정과목이 이연법인세자산 · 이연법인세부채이다.

일시적차이는 다음의 두 가지로 구분된다.

① 가산할 일시적차이: 미래 회계기간의 과세소득 결정시 가산할 금액이 되는 일시적차이
  → 미래의 과세소득과 법인세 납부액을 증가시키므로 이연법인세부채 인식

② 차감할 일시적차이: 미래 회계기간의 과세소득 결정시 차감할 금액이 되는 일시적차이
  → 미래의 과세소득과 법인세 납부액을 감소시키므로 이연법인세자산 인식

결과적으로 이연법인세부채란 가산할 일시적차이와 관련하여 미래 회계기간에 납부할 법인세 금액을 의미하고, 이연법인세자산이란 차감할 일시적차이와 관련하여 미래 회계기간에 회수 될 수 있는 법인세 금액을 의미한다.

한편, 영구적차이는 당기의 과세소득에는 영향을 미치나 미래의 과세소득에는 영향을 미치지 않는다. 즉, 영구적차이는 미래에 반대되는 세무조정을 유발하지 않으므로 미래의 과세소득과 법인세 납부액에 영향을 미치지 않는다.

영구적차이의 대표적인 예로는 접대비한도초과액, 벌과금 등이 있다.

따라서 영구적차이는 자산·부채의 요건을 만족시키지 않으므로 영구적차이에 대해서는 이연법인세자산·부채를 인식하지 않는다.

⊕ 일시적차이와 영구적차이

구분		특징	인식
일시적차이	가산할 일시적차이	당기과세소득 감소 → 미래과세소득 증가	이연법인세부채
	차감할 일시적차이	당기과세소득 증가 → 미래과세소득 감소	이연법인세자산
영구적차이		미래과세소득에 영향 없음	인식하지 않음

(2) 이연법인세자산·부채의 계산

① 이연법인세자산의 인식

차감할 일시적차이는 미래 회계기간에 과세소득에서 차감되는 형태로 소멸된다. 그러나 법인세납부액이 감소되는 형태의 경제적효익은 공제가 상쇄될 수 있는 충분한 과세소득을 획득할 수 있는 경우에만 기업에 유입될 것이다. 따라서 차감할 일시적차이가 사용될 수 있는 과세소득의 발생가능성이 높은 경우에만 이연법인세자산을 인식한다.

예를 들어, 차감할 일시적차이가 ₩100이라면 기업의 회계이익이 ₩100 이상이 될 때만 차감할 일시적차이가 모두 실현될 것이다. 만약, 기업의 회계이익이 ₩100에 미달할 것으로 예상된다면 차감할 일시적차이 ₩100 전부가 실현될 수는 없으므로 제한된 범위 내에서 이연법인세자산을 인식하여야 한다.

매 보고기간 말에 인식되지 않은 이연법인세자산에 대하여 재검토한다. 이연법인세자산의 장부금액은 매 보고기간 말에 검토한다. 이연법인세자산의 일부 또는 전부에 대한 혜택이 사용되기에 충분한 과세소득이 발생할 가능성이 더 이상 높지 않다면 이연법인세자산의 장부금액을 감액시킨다. 감액된 금액은 사용되기에 충분한 과세소득이 발생할 가능성이 높아지면 그 범위 내에서 환입한다.

② 세율의 적용

당기 및 과거기간의 당기법인세부채(미지급법인세)는 보고기간 말까지 제정되었거나 실질적으로 제정된 세율을 사용하여, 과세당국에 납부할 것으로 예상되는 금액으로 측정한다.

당기법인세(미지급법인세)는 당기세율을 적용하여 계산하고, 이연법인세자산·부채는 미래세율을 적용하여 계산한다.

이연법인세 자산과 부채는 보고기간 말까지 제정되었거나 실질적으로 제정된 세율에 근거하여 당해 자산이 실현되거나 부채가 결제될 회계기간에 적용될 것으로 기대되는 세율을 사용하여 측정한다. 과세대상수익의 수준에 따라 적용되는 세율이 다른 경우에는 일시적차이가 소멸될 것으로 예상되는 기간의 과세소득에 적용될 것으로 기대되는 평균세율을 사용하여 이연법인세 자산과 부채를 측정한다.

③ 현재가치평가

이연법인세 자산과 부채는 할인하지 아니한다.

이연법인세 자산과 부채를 신뢰성 있게 현재가치로 할인하기 위해서는 각 일시적차이의 소멸시점을 상세히 추정하여야 한다. 많은 경우 소멸시점을 실무적으로 추정할 수 없거나 추정이 매우 복잡하다. 따라서 이연법인세 자산과 부채를 할인하도록 하는 것은 적절하지 않다. 또한 할인을 강요하지 않지만 허용한다면 기업 간 이연법인세 자산과 부채의 비교가능성이 저해될 것이다. 따라서 한국채택국제회계기준에서는 이연법인세자산과 부채를 할인하지 않도록 하였다.

④ 상계

다음의 조건을 모두 충족하는 경우에만 이연법인세자산과 이연법인세부채를 상계한다.
㉠ 기업이 당기법인세자산과 당기법인세부채를 상계할 수 있는 법적으로 집행가능한 권리를 가지고 있다.
㉡ 이연법인세자산과 이연법인세부채가 다음의 각 경우에 동일한 과세당국에 의해서 부과되는 법인세와 관련되어 있다.
  ⓐ 과세대상기업이 동일한 경우
  ⓑ 과세대상기업은 다르지만 당기법인세 부채와 자산을 순액으로 결제할 의도가 있거나, 유의적인 금액의 이연법인세부채가 결제되거나 이연법인세자산이 회수될 미래의 각 회계기간마다 자산을 실현하는 동시에 부채를 결제할 의도가 있는 경우

3. 법인세비용의 인식

🔍 **표로 미리보기 | 법인세비용의 계산절차**

절차	계산식	비고
[1단계] 당기법인세 (미지급법인세) 계산	$\dfrac{\text{(회계이익 ± 세무조정)}}{\text{과세소득}} \times$ 당기세율	
[2단계] 이연법인세자산 · 부채 계산	이연법인세부채 = 가산할 일시적차이 × 미래 적용될 세율 이연법인세자산 = 차감할 일시적차이 × 미래 적용될 세율	영구적 차이는 계산 대상이 아님

[3단계] 법인세비용 계산	(차) 법 인 세 비 용 XXX (대) 미지급법인세 XXX
	                              이연법인세부채 XXX
	또는
	(차) 법 인 세 비 용 XXX (대) 미지급법인세 XXX
	     이연법인세자산 XXX
		기초 이연법인세자산 · 부채가 존재하는 경우에는 증분으로 분개

사례 ― 예제

㈜한국은 20X1년 중에 설립된 회사로 20X1년 결산시점에 가산할 일시적차이가 ₩30,000 발생하였다. 가산할 일시적차이 ₩30,000은 20X2년부터 ₩10,000씩 3년 동안 소멸될 예정이다. ㈜한국의 20X1년도 회계이익은 ₩50,000, 20X2년도 회계이익은 ₩40,000이고 영구적차이는 발생하지 않았다. ㈜한국의 20X1년 법인세율은 20%이고, 20X2년은 30%, 20X3년 이후에는 40%로 예상된다. ㈜한국이 20X1년과 20X2년에 법인세비용과 관련하여 수행할 회계처리를 보이시오.

해설
(1) 20X1년
　① 당기법인세 계산: $(50,000 - 30,000) \times 20\% = ₩4,000$
　② 이연법인세자산 · 부채 계산

회계연도	20X2년	20X3년	20X4년
소멸될 일시적차이	₩10,000	₩10,000	₩10,000
적용세율	30%	40%	40%
법인세 증가액	₩3,000	₩4,000	₩4,000
이연법인세부채	₩11,000		

　③ 법인세비용
　(차) 법 인 세 비 용　15,000　　(대) 미 지 급 법 인 세　　4,000
　　　　　　　　　　　　　　　　　　　이 연 법 인 세 부 채　11,000

(2) 20X2년
　① 당기법인세 계산: $(40,000 + 10,000) \times 30\% = ₩15,000$
　② 이연법인세자산 · 부채 계산

회계연도	20X3년	20X4년
소멸될 일시적차이	₩10,000	₩10,000
적용세율	40%	40%
법인세 증가액	₩4,000	₩4,000
이연법인세부채	₩8,000	

　③ 법인세비용
　(차) 법 인 세 비 용　12,000　　(대) 미 지 급 법 인 세　15,000
　　　이 연 법 인 세 부 채[*1]　3,000
　(*1) 기초 이연법인세부채 ₩11,000, 기말 이연법인세부채 ₩8,000이므로 ₩3,000을 감소시킨다.

2 회계변경과 오류수정

1. 회계정책의 변경

(1) 회계정책의 의의

회계정책이란 기업이 재무제표를 작성·표시하기 위하여 적용하는 구체적인 원칙, 근거, 관습, 규칙 및 관행을 말한다.

기업은 다음 중 하나의 경우에 회계정책을 변경할 수 있다.

① 한국채택국제회계기준에서 회계정책의 변경을 요구하는 경우
② 회계정책의 변경을 반영한 재무제표가 거래, 기타 사건 또는 상황이 재무상태, 재무성과 또는 현금흐름에 미치는 영향에 대하여 신뢰성 있고 더 목적적합한 정보를 제공하는 경우

재무제표이용자는 기업의 재무상태, 재무성과 및 현금흐름의 추이를 알기 위하여 기간별 재무제표를 비교할 수 있어야 한다. 그러므로 회계정책의 변경이 위에서 제시한 기준 중 어느 하나를 충족하는 경우가 아니라면, 동일 기간 내에 그리고 기간 간에 동일한 회계정책을 적용하여야 한다.

아래의 예는 회계정책의 변경에 해당한다.

① 재고자산 원가흐름의 가정 변경(예 선입선출법에서 이동평균법으로 변경)
② 유형자산과 무형자산의 측정기준 변경(예 원가모형에서 재평가모형으로 변경)

다음의 경우는 회계정책의 변경에 해당하지 아니한다.

① 과거에 발생한 거래와 실질이 다른 거래, 기타 사건 또는 상황에 대하여 다른 회계정책을 적용하는 경우
② 과거에 발생하지 않았거나 발생하였어도 중요하지 않았던 거래, 기타 사건 또는 상황에 대하여 새로운 회계정책을 적용하는 경우

거래, 기타 사건 또는 상황에 대하여 구체적으로 적용할 수 있는 한국채택국제회계기준이 없는 경우, 경영진은 판단에 따라 회계정책을 개발 및 적용하여 회계정보를 작성할 수 있으며, 한국채택국제회계기준에서 특정 범주별로 서로 다른 회계정책을 적용하도록 규정하거나 허용하는 경우를 제외하고는 유사한 거래, 기타 사건 및 상황에는 동일한 회계정책을 선택하여 일관성 있게 적용한다. 만약 한국채택국제회계기준에서 범주별로 서로 다른 회계정책을 적용하도록 규정하거나 허용하는 경우, 각 범주에 대하여 선택한 회계정책을 일관성 있게 적용한다.

소급적용이란 새로운 회계정책을 처음부터 적용한 것처럼 거래, 기타 사건 및 상황에 적용하는 것을 말한다.

(2) 회계정책의 소급적용

회계정책의 변경은 다음과 같이 회계처리한다.

① 경과규정이 있는 한국채택국제회계기준을 최초 적용하는 경우에 발생하는 회계정책의 변경은 해당 경과규정에 따라 회계처리한다.

② 경과규정이 없는 한국채택국제회계기준을 최초 적용하는 경우에 발생하는 회계정책의 변경이나 자발적인 회계정책의 변경은 소급적용한다.

회계정책의 변경을 소급적용하는 경우, 비교표시되는 가장 이른 과거기간의 영향 받는 자본의 각 구성요소의 기초 금액과 비교 공시되는 각 과거기간의 기타 대응금액을 새로운 회계정책이 처음부터 적용된 것처럼 조정한다.

다만, 유형자산과 무형자산에 대하여 재평가하는 회계정책을 최초로 적용하는 경우에는 회계정책을 소급적용하지 아니한다.

(3) 소급적용의 한계

회계정책의 변경은 특정기간에 미치는 영향이나 누적효과를 실무적으로 결정할 수 없는 경우를 제외하고는 소급적용한다.

비교표시되는 하나 이상의 과거기간의 비교정보에 대해 특정기간에 미치는 회계정책 변경의 영향을 실무적으로 결정할 수 없는 경우, 실무적으로 소급적용할 수 있는 가장 이른 회계기간의 자산 및 부채의 기초장부금액에 새로운 회계정책을 적용하고, 그에 따라 변동하는 자본 구성요소의 기초금액을 조정한다. 실무적으로 적용할 수 있는 가장 이른 회계기간은 당기일 수도 있다.

당기 기초시점에 과거기간 전체에 대한 새로운 회계정책 적용의 누적효과를 실무적으로 결정할 수 없는 경우, 실무적으로 적용할 수 있는 가장 이른 날부터 새로운 회계정책을 전진적용하여 비교정보를 재작성한다.

사례 — 예제

㈜한국은 20X2년 중 보유 중인 토지를 원가모형에서 재평가모형으로 측정기준을 변경하기로 하였다. ㈜한국은 재평가모형을 최초로 적용하는 것이 아니다. ㈜한국이 보유 중인 토지의 취득원가는 ₩10,000이며, 20X1년 말의 공정가치는 ₩8,000, 20X2년 말의 공정가치는 ₩13,000이다. ㈜한국이 토지와 관련하여 20X2년에 수행해야 할 회계처리를 보이시오.

해설

20X2. 1. 1 (차) 이 월 이 익 잉 여 금	2,000	(대) 토 지	2,000
20X2. 12. 31 (차) 토 지	5,000	(대) 재평가이익(당기손익)	2,000
		재 평 가 잉 여 금	3,000

2. 회계추정의 변경

(1) 회계추정의 의의

회계추정의 변경은 자산과 부채의 현재 상태를 평가하거나 자산과 부채와 관련된 예상되는 미래효익과 의무를 평가한 결과에 따라 자산이나 부채의 장부금액 또는 기간별 자산의 소비액을 조정하는 것이다. 회계추정의 변경은 새로운 정보의 획득, 새로운 상황의 전개 등에 따라 지금까지 사용해오던 회계적 추정치를 바꾸는 것이며, 따라서 이는 오류수정에 해당하지 아니한다.

사업활동에 내재된 불확실성으로 인하여 재무제표의 많은 항목이 정확히 측정될 수 없고 추정될 수밖에 없다. 추정은 최근의 이용가능하고 신뢰성 있는 정보에 기초한 판단을 수반한다. 추정이 필요할 수 있는 항목의 예는 다음과 같다.

① 대손(대손충당금)
② 재고자산 진부화(재고자산평가손실)
③ 금융자산이나 금융부채의 공정가치
④ 감가상각자산의 내용연수 또는 감가상각자산에 내재된 미래경제적효익의 기대소비행태 (감가상각방법)
⑤ 품질보증의무(품질보증충당부채)

합리적 추정을 사용하는 것은 재무제표 작성의 필수적인 과정이며 재무제표의 신뢰성을 손상시키지 않는다.

추정의 근거가 되었던 상황의 변화, 새로운 정보의 획득, 추가적인 경험의 축적이 있는 경우 추정의 수정이 필요할 수 있다. 성격상 추정의 수정은 과거기간과 연관되지 않으며 오류수정으로 보지 아니한다.

측정기준의 변경은 회계추정의 변경이 아니라 회계정책의 변경에 해당한다. 회계정책의 변경과 회계추정의 변경을 구분하는 것이 어려운 경우에는 이를 회계추정의 변경으로 본다.

(2) 전진적용

회계추정의 변경효과는 다음의 회계기간의 당기손익에 포함하여 전진적으로 인식한다.

① 변경이 발생한 기간에만 영향을 미치는 경우에는 변경이 발생한 기간
② 변경이 발생한 기간과 미래기간에 모두 영향을 미치는 경우에는 변경이 발생한 기간과 미래 기간

회계정책 변경과 회계추정 변경효과 인식의 전진적용은 각각 다음을 말한다.

① **회계정책 변경의 전진적용**: 새로운 회계정책을 변경일 이후에 발생하는 거래, 기타 사건 및 상황에 적용하는 것
② **회계추정 변경효과 인식의 전진적용**: 회계추정의 변경효과를 당기 및 그 후의 회계기간에 인식하는 것

회계추정의 변경이 자산 및 부채의 장부금액을 변경하거나 자본의 구성요소에 관련되는 경우, 회계추정을 변경한 기간에 관련 자산, 부채 또는 자본 구성요소의 장부금액을 조정하여 회계추정의 변경효과를 인식한다.

당기에 영향을 미치거나 미래기간에 영향을 미칠 것으로 예상되는 회계추정의 변경에 대하여 변경내용과 변경효과의 금액을 공시한다. 다만 미래기간에 미치는 영향을 실무적으로 추정할 수 없는 경우에는 공시하지 아니할 수 있다. 미래기간에 미치는 영향을 실무적으로 추정할 수 없기 때문에 공시하지 아니한 경우에는 그 사실을 공시한다.

㈜한국은 20X1년 1월 1일, 내용연수 4년, 잔존가치는 없는 기계장치를 ₩10,000에 취득하여 연수합계법으로 감가상각하였다. ㈜한국은 20X3년 중 기계장치의 감가상각방법을 정액법으로 변경하고 기초 현재 잔존내용연수를 3년으로 추정하였다. ㈜한국이 기계장치와 관련하여 20X3년에 수행해야 할 회계처리를 보이시오.

해설

• 20X3년 초 장부금액: $10,000 - 10,000 \times (\frac{4}{10} + \frac{3}{10}) = ₩3,000$

• 20X3년 감가상각비: $3,000 \times \frac{1}{3} = ₩1,000$

20X3. 1. 1		분개 없음	
20X3. 12. 31	(차) 감 가 상 각 비 1,000	(대) 감가상각누계액	1,000

3. 오류수정

(1) 중요한 전기오류의 수정

오류는 재무제표 구성요소의 인식, 측정, 표시 또는 공시와 관련하여 발생할 수 있다. 기업의 재무상태, 재무성과 또는 현금흐름을 특정한 의도대로 표시하기 위하여 중요하거나 중요하지 않은 오류를 포함하여 작성된 재무제표는 한국채택국제회계기준에 따라 작성되었다고 할 수 없다.

당기 중에 발견한 당기의 잠재적 오류는 재무제표의 발행승인일 전에 수정한다. 그러나 중요한 오류를 후속기간에 발견하는 경우, 이러한 전기오류는 해당 후속기간의 재무제표에 비교표시된 재무정보를 재작성하여 수정한다.

중요한 전기오류가 발견된 이후 최초로 발행을 승인하는 재무제표에 다음의 방법으로 전기오류를 소급하여 수정한다.

① 오류가 발생한 과거기간의 재무제표가 비교표시되는 경우에는 그 재무정보를 재작성한다.
② 오류가 비교표시되는 가장 이른 과거기간 이전에 발생한 경우에는 비교표시되는 가장 이른 과거기간의 자산, 부채 및 자본의 기초금액을 재작성한다.

(2) 소급재작성의 한계

전기오류는 특정기간에 미치는 오류의 영향이나 오류의 누적효과를 실무적으로 결정할 수 없는 경우를 제외하고는 소급재작성에 의하여 수정한다.

비교표시되는 하나 이상의 과거기간의 비교정보에 대해 특정 기간에 미치는 오류의 영향을 실무적으로 결정할 수 없는 경우, 실무적으로 소급재작성할 수 있는 가장 이른 회계기간의 자산, 부채 및 자본의 기초금액을 재작성한다(실무적으로 소급재작성할 수 있는 가장 이른 회계기간은 당기일 수도 있음).

당기 기초시점에 과거기간 전체에 대한 오류의 누적효과를 실무적으로 결정할 수 없는 경우, 실무적으로 적용할 수 있는 가장 이른 날부터 전진적으로 오류를 수정하여 비교정보를 재작성한다.

소급재작성이란 전기오류가 처음부터 발생하지 않은 것처럼 재무제표 구성요소의 인식, 측정 및 공시를 수정하는 것을 말한다.

⊕ [중요한 전기오류의 수정 절차: 소급법]

절차	수정내용	적용
[1단계]	자산·부채의 수정	과소계상한 자산·부채 인식 또는 과대계상한 자산·부채 제거
[2단계]	당기손익의 수정	당기손익의 오류는 당기에 직접 수정
[3단계]	당기 이전 손익의 수정 → 이익잉여금으로 반영	당기 이전 손익의 오류는 이익잉여금으로 반영 또는 1/2단계의 분개 결과 차/대변에 일치하지 않는 금액을 이익잉여금으로 분개

사례 ─ 예제

㈜한국은 20X3년도의 결산과정 중에 20X1년 1월 1일 취득한 기계장치의 취득원가를 전액 수선유지비로 처리한 것을 발견하였다. 기계장치의 취득원가는 ₩10,000, 내용연수는 5년이고, 잔존가치는 없으며 ㈜한국은 기계장치를 정액법으로 감가상각한다. ㈜한국이 오류와 관련해서 20X3년에 수행할 분개를 보이시오.

해설

[오류수정 분개]

20X3년	(차) 기 계 장 치	10,000	(대) 감 가 상 각 누 계 액	6,000
	[1단계]		[1단계]	
	감 가 상 각 비	2,000	이 익 잉 여 금	6,000
	[2단계]		[3단계]	

• 참고

[회사측 분개]

20X1년	(차) 수 선 유 지 비	10,000	(대) 현　　　　금	10,000

[올바른 분개]

20X1년	(차) 기 계 장 치	10,000	(대) 현　　　　금	10,000
	감 가 상 각 비	2,000	감 가 상 각 누 계 액	2,000
20X2년	(차) 감 가 상 각 비	2,000	(대) 감 가 상 각 누 계 액	2,000
20X3년	(차) 감 가 상 각 비	2,000	(대) 감 가 상 각 누 계 액	2,000

3 재무비율분석

1. 유동성 비율

(1) 유동비율

유동자산을 유동부채로 나눈 값으로 비율이 높을수록 유동성이 높다.

$$유동비율 = \frac{유동자산}{유동부채}$$

(2) 당좌비율

당좌자산을 유동부채로 나눈 값으로 비율이 높을수록 유동성이 높다.

$$당좌비율 = \frac{당좌자산(유동자산 - 재고자산)}{유동부채}$$

2. 안정성 비율

(1) 부채비율

부채를 자기자본으로 나눈 값으로 비율이 낮을수록 안정성이 높다.

$$부채비율 = \frac{부채}{자기자본}$$

$$부채구성비율 = \frac{부채}{총자산}$$

$$자기자본비율 = \frac{자기자본}{총자산}$$

(2) 이자보상비율

이자전세전당기순이익을 이자비용으로 나눈 비율로 비율이 높을수록 안전성이 높다. 이자전세전당기순이익은 법인세비용차감전순이익에 이자비용을 가산한 금액이다.

$$이자보상비율 = \frac{이자전세전당기순이익}{이자비용}$$

(3) 고정장기적합율

고정장기적합율은 비유동자산의 취득에 사용된 자금 중 어느 정도를 장기성 자금으로 조달하였는지를 나타내는 비율이다. 비율이 낮을수록 비유동자산의 취득에 장기성 자금을 많이 사용했다는 의미이므로 안전성이 높아진다. 마찬가지로 고정비율이 낮을수록 비유동자산의 취득에 자기자본을 많이 사용했다는 의미이므로 안전성이 높아진다.

$$고정장기적합율 = \frac{비유동자산}{자기자본 + 비유동부채}$$

$$고정비율 = \frac{비유동자산}{자기자본}$$

3. 수익성 비율

(1) 총자본순이익률

당기순이익을 평균총자본으로 나눈 값으로, 비율이 높을수록 수익성이 높다. 평균총자본은 기초총자본과 기말총자본의 합을 2로 나눈 값이다.

$$총자본순이익률 = \frac{당기순이익}{평균총자산}$$

(2) 자기자본순이익률

당기순이익을 평균자기자본으로 나눈 값으로, 비율이 높을수록 수익성이 높다. 평균자기자본은 기초자기자본과 기말자기자본의 합을 2로 나눈 값이다.

$$자기자본순이익률 = \frac{당기순이익}{평균자기자본}$$

(3) 매출액순이익률

당기순이익을 매출액으로 나눈 값으로, 비율이 높을수록 수익성이 높다.

$$매출액순이익률 = \frac{당기순이익}{매출액}$$

$$매출총이익률 = \frac{매출총이익}{매출액}$$

4. 활동성 비율

(1) 총자산회전율

자산 ₩1이 실현시킨 매출액 값으로, 이 비율이 높을수록 효율성이 높다. 평균총자산은 기초자산과 기말자산의 합을 2로 나눈 값이다.

$$총자산회전율 = \frac{매출액}{평균총자산}$$

$$자기자본회전율 = \frac{매출액}{평균자기자본}$$

(2) 매출채권회전율

매출채권에 대한 투자효율성을 나타내는 비율로, 비율이 높을수록 효율성이 높다. 평균매출채권은 기초매출채권과 기말매출채권의 합을 2로 나눈 값이다. 매출채권평균회수기간은 판매로부터 판매대금이 회수되는 평균기간을 말한다.

$$\text{매출채권회전율} = \frac{\text{매출액(신용매출액)}}{\text{평균매출채권}}$$

$$\text{매출채권평균회수기간} = \frac{365일}{\text{매출채권회전율}}$$

(3) 재고자산회전율

매출원가를 평균재고자산으로 나눈 값으로, 비율이 높을수록 효율성이 높다. 평균재고자산은 기초재고자산과 기말재고자산의 합을 2로 나눈 값이다. 재고자산평균회전기간은 재고자산을 매입한 날로부터 판매되는 날까지의 평균기간을 말한다.

$$\text{재고자산회전율} = \frac{\text{매출원가}}{\text{평균재고자산}}$$

$$\text{재고자산평균회전기간} = \frac{365일}{\text{재고자산회전율}}$$

5. 성장성 비율

(1) 총자산증가율

$$\text{총자산증가율} = \frac{\text{당기말 총자산} - \text{전기말 총자산}}{\text{전기말총자산}}$$

(2) 매출액증가율

$$\text{매출액증가율} = \frac{\text{당기매출액} - \text{전기매출액}}{\text{전기매출액}}$$

(3) 순이익증가율

$$\text{순이익증가율} = \frac{\text{당기순이익} - \text{전기순이익}}{\text{전기순이익}}$$

6. 보통주식 평가비율

(1) 주당순이익(EPS; Earnings Per Share)

$$\text{주당순이익} = \frac{\text{보통주당기순이익}}{\text{가중평균유통보통주식수}}$$

- 보통주당기순이익 = 당기순이익 − 우선주배당액
- 가중평균유통보통주식수 = 기초보통주식수 (+) 무상증자, 주식배당, 주식분할: 기초로 소급
  　　　　　　　　　　　　　　　　 (+) 유상증자: 납입일로부터 가중평균
  　　　　　　　　　　　　　　　　 (−) 주식병합: 기초로 소급
  　　　　　　　　　　　　　　　　 (−) 자기주식: 취득기간 동안 가중평균

주당순이익(희석주당순이익 포함)은 손익계산서에 공시한다.

(2) 주가수익비율(PER; price earning ratio)

$$주가수익비율 = \frac{주당공정가치(시가)}{주당순이익}$$

(3) 주가장부금액비율(PBR; price book value ratio)

$$주가장부금액비율 = \frac{주당공정가치(시가)}{주당순자산장부금액}$$

(4) 배당성향

$$배당성향 = \frac{배당총액}{당기순이익} = \frac{주당배당액}{주당순이익}$$

(5) 배당수익률

$$배당수익률 = \frac{주당배당액}{주당공정가치(시가)}$$

사례 ― 예제

아래 자료를 이용하여 주당순이익을 계산하시오(단, 회계기간은 1월 1일부터 12월 31일까지이고 월할계산을 원칙으로 한다).

• 당기순이익	₩ 100,000
• 우선주배당액	10,000
• 기초보통주식수	1,000주
• 무상증자(2월 1일)	200주
• 유상증자(7월 1일)	600주
• 자기주식 취득(11월 1일)	300주

해설

① 보통주순이익: $100,000 - 10,000 = ₩90,000$

② 가중평균보통주식수

• 1월 1일 − 6월 30일까지	$1,200주^{*1} \times \frac{6}{12}$	= 600주
• 7월 1일 − 10월 31일까지	$1,800주 \times \frac{4}{12}$	= 600주
• 11월 1일 − 12월 31일까지	$1,500주 \times \frac{2}{12}$	= 250주
• 가중평균보통주식수		1,450주

(*1) 무상증자는 기초로 소급하여 반영한다.

③ 주당순이익(EPS) = $90,000 \div 1,450주 = ₩62$

4 중간재무보고

중간재무보고는 1회계기간을 몇 개의 기간으로 나누어 하는 재무보고를 말한다. 중간기간은 1 회계기간보다 짧은 회계기간을 말하며, 3개월 단위의 중간기간을 분기, 6개월 단위의 중간기간을 반기라고 한다.

연차재무보고서 및 중간재무보고서가 한국채택국제회계기준에 따라 작성되었는지는 개별적으로 평가한다. 중간재무보고를 하지 않았거나 이 기준서를 준수하지 아니한 중간재무보고를 하였더라도 연차재무제표는 한국채택국제회계기준에 따라 작성될 수 있다.

적시성과 재무제표 작성 비용의 관점에서 또한 이미 보고된 정보와의 중복을 방지하기 위하여 중간재무보고서에는 연차재무제표에 비하여 적은 정보를 공시할 수 있다. 이 기준서에서 중간재무보고서의 최소 내용은 요약재무제표와 선별적 주석을 포함하는 것으로 본다.

중간재무보고서는 직전의 전체 연차재무제표를 갱신하는 정보를 제공하기 위하여 작성한 것으로 본다. 따라서 중간재무보고서는 새로운 활동, 사건과 환경에 중점을 두며 이미 보고된 정보를 반복하지 않는다.

중간재무보고서에 요약재무제표와 선별적 주석이 아닌 기업회계기준서 제1001호에 따른 전체 재무제표를 포함할 수 있다. 또한 요약재무제표에 이 기준서에서 규정하는 최소한의 항목 및 선별적 주석보다 더 자세한 내용을 포함할 수 있다.

중간재무보고서는 최소한 다음의 구성요소를 포함하여야 한다.

① 요약재무상태표
② 요약된 하나 또는 그 이상의 포괄손익계산서
③ 요약자본변동표
④ 요약현금흐름표
⑤ 선별적 주석

기본주당이익과 희석주당이익은 기업이 주당이익 공시대상 기업에 해당하는 경우에 중간기간의 당기순손익의 구성요소를 표시하는 재무제표에 표시한다.

직전 연차재무보고서를 연결기준으로 작성하였다면 중간재무보고서도 연결기준으로 작성해야 한다.

중간재무보고서에는 직전 연차보고기간말 후 발생한 재무상태와 경영성과의 변동을 이해하는 데 유의적인 거래나 사건에 대한 설명을 포함한다. 이러한 사건과 거래에 관하여 공시된 정보는 직전 연차재무보고서에 표시된 관련 정보를 갱신한다.

중간재무보고서의 이용자는 해당 기업의 직전 연차재무보고서도 이용할 수 있을 것이다. 따라서 직전 연차재무보고서에 이미 보고된 정보에 대한 갱신사항이 상대적으로 경미하다면 중간재무보고서에 주석으로 보고할 필요는 없다.

이 기준서에 따라 중간재무보고서를 작성한 경우, 그 사실을 공시하여야 한다. 중간재무보고서가 한국채택국제회계기준의 요구사항을 모두 충족한 경우가 아니라면 한국채택국제회계기준을 준수하여 작성되었다고 기재하여서는 아니 된다.

중간재무보고서는 다음 기간에 대한 중간재무제표(요약 또는 전체)를 포함하여야 한다.

① **요약재무상태표**: 당해 중간보고기간 말과 직전 연차보고기간 말을 비교하는 형식으로 작성
② **다음 중 하나로 표시되는 요약포괄손익계산서**: 당해 중간기간과 당해 회계연도 누적기간을 직전 회계연도의 동일기간과 비교하는 형식으로 작성
　㉠ 단일 요약포괄손익계산서
　㉡ 별개의 요약손익계산서와 요약포괄손익계산서
③ **요약자본변동표**: 당해 회계연도 누적기간을 직전 회계연도의 동일기간과 비교하는 형식으로 작성
④ **요약현금흐름표**: 당해 회계연도 누적기간을 직전 회계연도의 동일기간과 비교하는 형식으로 작성
⑤ 선별적 주석

⊕ 중간재무제표의 표시

구분	전기	당기
재무상태표	20X0년 12월 31일 현재	20X1년 6월 30일 현재
포괄손익계산서	20X0년 4월 1일 – 20X0년 6월 30일	20X1년 4월 1일 – 20X1년 6월 30일
	20X0년 1월 1일 – 20X0년 6월 30일	20X1년 1월 1일 – 20X1년 6월 30일
자본변동표와 현금흐름표	20X0년 1월 1일 – 20X0년 6월 30일	20X1년 1월 1일 – 20X1년 6월 30일

중간재무보고서를 작성할 때 인식, 측정, 분류 및 공시와 관련된 중요성의 판단은 해당 중간기간의 재무자료에 근거하여 이루어져야 한다. 중요성을 평가하는 과정에서 중간기간의 측정은 연차재무자료의 측정에 비하여 추정에 의존하는 정도가 크다는 점을 고려하여야 한다.

중간재무제표는 연차재무제표에 적용하는 회계정책과 동일한 회계정책을 적용하여 작성한다. 다만, 직전 연차보고기간말 후에 회계정책을 변경하여 그 후의 연차재무제표에 반영하는 경우에는 변경된 회계정책을 적용한다. 그러나 연차재무제표의 결과가 보고빈도(연차보고, 반기보고, 분기보고)에 따라 달라지지 않아야 한다. 이러한 목적을 달성하기 위하여 중간재무보고를 위한 측정은 당해 회계연도 누적기간을 기준으로 하여야 한다.

01 가산할 일시적차이와 관련하여 미래 회계기간에 납부할 법인세 금액은 이연법인세자산으로 인식한다. ( )

02 영구적차이에 대해서는 이연법인세자산·부채를 인식하지 않는다. ( )

03 이연법인세 자산과 부채는 보고기간 말까지 제정되었거나 실질적으로 제정된 세율에 근거하여 당해 자산이 실현되거나 부채가 결제될 회계기간에 적용될 것으로 기대되는 세율을 사용하여 측정한다. ( )

04 과거에 발생하지 않았거나 발생하였어도 중요하지 않았던 거래, 기타 사건 또는 상황에 대하여 새로운 회계정책을 적용하는 경우 회계정책의 변경에 해당한다. ( )

05 유형자산과 무형자산에 대하여 재평가하는 회계정책을 최초로 적용하는 경우에는 회계정책을 소급적용하지 아니한다. ( )

06 감가상각자산에 내재된 미래경제적효익의 기대소비행태가 변경되는 것은 회계정책의 변경에 해당한다. ( )

07 회계정책의 변경과 회계추정의 변경을 구분하는 것이 어려운 경우에는 이를 회계추정의 변경으로 본다. ( )

08 중요한 오류를 후속기간에 발견하는 경우, 이러한 전기오류는 당기 이후의 기간에 전진적으로 반영하여 수정한다. ( )

---

01 × 가산할 일시적차이와 관련하여 미래 회계기간에 납부할 법인세 금액은 이연법인세부채로 인식한다.
02 ○
03 ○
04 × 과거에 발생하지 않았거나 발생하였어도 중요하지 않았던 거래, 기타 사건 또는 상황에 대하여 새로운 회계정책을 적용하는 경우 회계정책의 변경에 해당하지 않는다.
05 ○
06 × 감가상각자산에 내재된 미래경제적효익의 기대소비행태가 변경되는 것은 회계추정의 변경에 해당한다.
07 ○
08 × 중요한 오류를 후속기간에 발견하는 경우, 이러한 전기오류는 해당 후속기간의 재무제표에 비교표시된 재무정보를 재작성하여 수정한다.

1 법인세회계

01 현행 회계기준(서) 상 이연법인세에 대한 설명 중 가장 옳은 것은?   2010년 서울시 9급

① 당해연도의 법인세율과 차기 이후부터 입법화된 세율이 서로 상이한 경우 이연법인세자산과 이연법인세부채의 인식은 차기 이후부터 입법화된 세율의 평균세율을 적용하여 측정한다.

② 동일한 유동 및 비유동 구분 내의 이연법인세자산과 이연법인세부채가 동일한 과세당국과 관련된 경우에는 각각 상계하여 표시한다.

③ 이연법인세자산과 이연법인세부채는 보고기말 현재의 세율을 적용하여 측정한다.

④ 법인세비용은 이연법인세 변동액을 가감하기 전 법인세부담액을 말한다.

⑤ 회계이익은 기업회계기준에 의하여 산출되는 당기순이익을 말한다.

02 다음 자료에서 ㈜서울이 2015년에 계상해야 할 법인세비용과 이연법인세자산 또는 이연법인세부채는 각각 얼마인가? (단, ㈜서울은 제조업을 영위하는 기업으로 법인세율은 10% 단일세율로 미래에도 일정하고, 지방소득세는 없는 것으로 가정한다)   2015년 서울시 9급

> ㈜서울은 2015년 3월 5일에 설립되었으며, 정관상 회계기간은 1월 1일부터 12월 31일까지이다. 2015년 법인세비용차감전 순이익은 ₩10,000,000이다. 여기에는 당기손익인식금융자산으로 분류한 상장주식평가이익 ₩100,000이 포함되어 있으며, 그 외 세무조정사항은 없다.

	법인세비용	이연법인세자산	이연법인세부채
①	₩990,000	₩10,000	–
②	990,000	–	₩10,000
③	1,000,000	10,000	–
④	1,000,000	–	10,000

---

01 ① ② 이연법인세자산과 이연법인세부채는 기업이 당기법인세자산과 당기법인세부채를 상계할 수 있는 법적으로 집행가능한 권리를 가지고 있고 과세당국과 과세대상기업이 동일한 경우 서로 상계한 잔액을 표시한다.
③ 이연법인세자산과 이연법인세부채는 자산이 실현되거나 부채가 결제될 회계기간에 적용될 것으로 기대되는 세율을 적용하여 측정한다.
④ 법인세비용은 미지급법인세에 이연법인세 변동액을 가감하여 계산한다.
⑤ 회계이익은 한국채택국제회계기준에 의하여 산출되는 법인세비용 차감 전 회계기간의 손익을 의미한다.

02 ④ • 1단계 미지급법인세: (10,000,000 − 100,000) × 10% = ₩990,000
• 2단계 이연법인세부채: 100,000 × 10% = ₩10,000
• 3단계 법인세비용

(차) 법 인 세 비 용	1,000,000	(대) 미 지 급 법 인 세	990,000
		이연법인세부채	10,000

03 ㈜서울의 2016년도 법인세 관련 자료가 아래의 표와 같을 때 전기이월 일시적차이가 없다면 ㈜서울의 2016년도 법인세 비용은 얼마인가? (단, 가산할 일시적차이는 2018년에 소멸될 예정이며, 기타의 차이는 일시적차이가 아니다. 2016년도 과세소득에 적용할 법인세율은 25%이나, 세법이 개정되어 2017년부터 적용할 세율은 20%이다)

2016년 서울시 7급

• 법인세비용차감전순이익	₩10,000
• 가산할 일시적차이	(2,000)
• 기타의 차이	1,000
• 과세소득	₩9,000

① ₩2,650 ② ₩2,450
③ ₩2,250 ④ ₩1,024

04 2016년 초에 설립된 12월 결산법인 ㈜서울의 2016년 법인세비용차감전순이익은 ₩50,000이다. 2016년의 세무조정사항은 다음과 같으며, 차감할 일시적차이가 사용될 수 있는 과세소득의 발생가능성은 높다. ㈜서울의 2016년 법인세비용은 얼마인가? (단, 당기의 평균세율은 20%이며, 차기 이후의 법인세 관련 세율의 변동은 없을 것으로 예상된다)

2016년 서울시 9급

• 접대비 한도초과액 손금불산입	₩1,000
• 미수이자 익금불산입	₩3,000
• 감가상각비 한도초과액 손금불산입	₩7,000

① ₩10,000 ② ₩10,200
③ ₩11,000 ④ ₩11,800

---

03 ① • 1단계 미지급법인세: 9,000 × 25% = ₩2,250
　　• 2단계 이연법인세: 2,000 × 20% = ₩400(부채)
　　• 3단계 법인세비용

(차) 법 인 세 비 용	2,650	(대) 미 지 급 법 인 세	2,250
		이 연 법 인 세 부 채	400

04 ② • 1단계 미지급법인세: (50,000 + 1,000 − 3,000 + 7,000) × 20% = ₩11,000
　　• 2단계 이연법인세부채: 3,000 × 20% = ₩600
　　　　　　　이연법인세자산: 7,000 × 20% = ₩1,400
　　• 3단계 법인세비용

(차) 이 연 법 인 세 자 산	1,400	(대) 미 지 급 법 인 세	11,000
법 인 세 비 용	10,200	이 연 법 인 세 부 채	600

05 ㈜한국의 2016년 법인세비용차감전순이익은 ₩500,000이다. 세무조정 결과, ₩100,000의 차감할 일시적차이와 ₩150,000의 가산할 일시적차이가 발생하였다. 차감할 일시적차이는 모두 2017년에 소멸되고, 가산할 일시적차이는 2018년 이후에 소멸될 것으로 예상된다. 법인세율은 2016년에 30%이고, 개정된 세법에 따라 2017년에 25%, 2018년 이후에는 20%가 적용된다. 2016년 말 회계처리로 옳은 것은? (단, 이연법인세자산은 미래 과세소득의 발생가능성이 높다)

2016년 국가직 7급

	차변		대변	
①	법 인 세 비 용	140,000	미 지 급 법 인 세	135,000
	이연법인세자산	25,000	이연법인세부채	30,000
②	법 인 세 비 용	130,000	미 지 급 법 인 세	135,000
	이연법인세자산	30,000	이연법인세부채	25,000
③	법 인 세 비 용	170,000	미 지 급 법 인 세	165,000
	이연법인세자산	25,000	이연법인세부채	30,000
④	법 인 세 비 용	160,000	미 지 급 법 인 세	165,000
	이연법인세자산	30,000	이연법인세부채	25,000

---

05 ① • 1단계 미지급법인세: (500,000 + 100,000 − 150,000) × 30% = ₩135,000
    • 2단계 이연법인세자산: 100,000 × 25% = ₩25,000
           이연법인세부채: 150,000 × 20% = ₩30,000
    • 3단계 법인세비용
    (차) 이 연 법 인 세 자 산   25,000   (대) 미 지 급 법 인 세   135,000
         법 인 세 비 용   140,000   이 연 법 인 세 부 채   30,000

2 회계변경과 오류수정

06 다음 회계변경 중 그 성격이 다른 하나는?

① 감가상각방법을 정액법에서 정률법으로 변경
② 금융자산에 대한 대손가능성 추정의 변경
③ 재고자산의 단가결정방법을 선입선출법에서 평균법으로 변경
④ 재고자산의 진부화에 대한 판단 변경

07 회계변경을 회계정책의 변경과 회계추정의 변경으로 분류할 때, 그 분류가 다른 것은?

① 감가상각자산의 감가상각방법을 정률법에서 정액법으로 변경
② 감가상각자산의 내용연수를 10년에서 15년으로 변경
③ 감가상각자산의 잔존가치를 취득원가의 10%에서 5%로 변경
④ 감가상각자산의 측정모형을 원가모형에서 재평가모형으로 변경

08 회계정책이나 회계추정의 변경과 관련된 설명으로 옳지 않은 것은?

① 측정기준의 변경은 회계추정의 변경이 아니라 회계정책의 변경에 해당한다.
② 유형자산에 대한 감가상각방법의 변경은 회계추정의 변경으로 간주한다.
③ '일반적으로 인정되는 회계원칙'이 아닌 회계정책에서 '일반적으로 인정되는 회계원칙'의 회계정책으로의 변경은 오류수정이다.
④ 소급법은 재무제표의 신뢰성은 유지되지만 비교가능성이 상실된다.

---

06 ③ ①, ②, ④ 회계추정의 변경에 해당한다.
   ③ 회계정책의 변경에 해당한다.

07 ④ 측정기준의 변경은 회계정책 변경에 해당한다.

08 ④ 소급법은 그 효과를 과거 재무제표에 소급해서 반영하는 것으로 비교가능성은 유지할 수 있지만 과거 재무제표에 수정을 가하므로 신뢰성이 결여된다.

09 기업회계기준서 제1008호 '회계정책, 회계추정의 변경 및 오류'에 대한 설명으로 옳은 것은?

2015년 국가직 7급

① 회계정책의 변경은 특정기간에 미치는 영향이나 누적효과를 실무적으로 결정할 수 없는 경우를 제외하고는 소급 적용한다.
② 과거에 발생하지 않았거나 발생하였어도 중요하지 않았던 거래, 기타 사건 또는 상황에 대하여 새로운 회계정책을 적용하는 경우는 회계정책의 변경에 해당된다.
③ 유형자산이나 무형자산에 대하여 재평가하는 회계정책을 최초로 적용하는 경우의 회계정책 변경은 소급법을 적용한다.
④ 회계정책의 변경과 회계추정의 변경을 구분하기가 어려운 경우에는 이를 회계정책의 변경으로 본다.

10 회계정책의 변경에 해당하지 않는 것은?

2017년 국가직 7급

① 유형자산 감가상각방법을 정액법에서 정률법으로 변경
② 투자부동산 평가방법을 원가모형에서 공정가치모형으로 변경
③ 재고자산 측정방법을 선입선출법에서 평균법으로 변경
④ 영업권에 대해 정액법 상각에서 손상모형으로 변경

---

09 ① ② 과거에 발생하지 않았거나 발생하였어도 중요하지 않았던 거래, 기타 사건 또는 상황에 대하여 새로운 회계정책을 적용하는 경우는 회계정책의 변경에 해당하지 아니한다.
　　③ 유형자산이나 무형자산에 대하여 재평가하는 회계정책을 최초로 적용하는 경우의 회계정책 변경은 소급법을 적용하지 아니한다.
　　④ 회계정책의 변경과 회계추정의 변경을 구분하기가 어려운 경우에는 이를 회계추정의 변경으로 본다.
10 ① 감가상각방법의 변경은 회계추정의 변경에 해당한다.

11 결산과정에서 아래의 수정사항을 반영하기 전 법인세비용차감전순이익이 ₩100,000인 경우, 수정사항을 반영한 후의 법인세비용차감전순이익은? (단, 수정전시산표 상 재평가잉여금과 기타포괄손익 - 공정가치 측정 금융자산평가이익의 잔액은 없다)

2015년 지방직 9급

- 선급보험료 ₩30,000 중 1/3의 기간이 경과하였다.
- 대여금에 대한 이자발생액은 ₩20,000이다.
- 미지급급여 ₩4,000이 누락되었다.
- 자산재평가손실 ₩50,000이 누락되었다.
- 기타포괄손익 - 공정가치 측정 금융자산평가이익 ₩16,000이 누락되었다.
- 자기주식처분이익 ₩30,000이 누락되었다.

① ₩56,000   ② ₩72,000
③ ₩102,000   ④ ₩106,000

12 ㈜한국의 2016년 회계오류 수정 전 법인세비용차감전순이익은 ₩300,000이다. 회계오류가 다음과 같을 때, 회계오류 수정 후 2016년도 법인세비용차감전순이익은?

2016년 국가직 7급

회계오류 사항	2015년	2016년
기말재고자산 오류	₩8,000 과소계상	₩4,000 과대계상
선급비용을당기비용으로 처리	₩3,000	₩2,000

① ₩287,000   ② ₩288,000
③ ₩289,000   ④ ₩290,000

---

11 ① • 100,000 - 10,000(보험료) + 20,000(이자수익) - 4,000(급여) - 50,000(재평가손실) = ₩56,000
　　 • 기타포괄손익 - 공정가치 측정 금융자산평가이익은 기타포괄손익, 자기주식처분이익은 자본잉여금이므로 당기손익에 영향을 미치지 않는다.

12 ①　　기초재고　(+)　당기매입　=　매출원가　(+)　기말재고
　　　　　8,000 과소　　　　　　　　　　12,000 과소　　　4,000 과대
　　 • 2016년의 비용(선급비용)을 2015년의 비용으로 처리 ₩3,000: 2016년 이익 ₩3,000 과대
　　 • 2017년의 비용(선급비용)을 2016년의 비용으로 처리 ₩2,000: 2016년 이익 ₩2,000 과소
　　 • 300,000 - 12,000(매출원가 과소) - 3,000 + 2,000 = ₩287,000

13 다음은 ㈜한국이 20X1년도 재무제표 작성 시 누락한 거래들이다. 이를 반영할 경우 20X1년도에 증가하는 당기순이익은?

2018년 국가직 9급

• 토지 최초 재평가로 인한 기말 평가이익	₩30,000
• 사업결합과정에서 발생한 염가매수차익	₩15,000
• 공정가치모형 적용 투자부동산의 기말 평가이익	₩14,000
• 주식 취득 시 발생한 거래원가(단, 주식은 당기손익 – 공정가치 측정 금융자산으로 분류)	₩10,000

① ₩5,000
② ₩19,000
③ ₩29,000
④ ₩49,000

14 12월 말 결산법인인 ㈜한국은 당기와 전기금액을 비교표시하는 형태로 재무제표를 작성하고 있다. ㈜한국은 2011년 급여 ₩20,000에 대한 회계처리를 누락하고, 2011년도 결산이 마무리된 후인 2012년 6월 30일에 급여를 지급하여 비용으로 계상하였다. ㈜한국이 2012년 11월 1일에 이러한 오류를 발견하였다면, 전기오류수정을 위한 회계처리로 옳은 것은?

2012년 국가직 9급

①	(차) 급	여	20,000	(대) 현	금	20,000
②	(차) 이 익 잉 여 금		20,000	(대) 급	여	20,000
③	(차) 급	여	20,000	(대) 이 익 잉 여 금		20,000
④	(차) 미 지 급 급 여		20,000	(대) 급	여	20,000

---

13 ② • 토지의 재평가잉여금은 기타포괄손익에 해당한다.
　　　 • 15,000 + 14,000 – 10,000 = ₩19,000

14 ② [오류수정 분개]

2012년	(차) 이 익 잉 여 금		20,000	(대) 급　여	20,000
	[3단계]			[2단계]	

15 다음은 ㈜한국의 비품과 관련된 내용이다. 오류수정분개로 옳은 것은?

2013년 국가직 9급

> ㈜한국은 2011년 1월 1일 비품에 대해 수선비 ₩10,000을 비용으로 회계처리했어야 하나, 이를 비품의 장부가액에 가산하여 정액법으로 상각하였다. 2011년 1월 1일 수선비 지출 시 비품의 잔여 내용연수는 5년이고 잔존가치는 없다. 2013년 재무제표 마감 전 수선비 지출에 대한 오류가 발견되었다(단, 법인세 효과는 무시하며 해당 비품의 최초 취득원가는 ₩500,000이다).

	(차)		(대)	
①	이 익 잉 여 금	10,000	비 품	10,000
	감가상각누계액	6,000	감 가 상 각 비	6,000
②	이 익 잉 여 금	10,000	비 품	10,000
	감가상각누계액	2,000	감 가 상 각 비	2,000
③	이 익 잉 여 금	4,000	비 품	10,000
	감가상각누계액	6,000		
④	이 익 잉 여 금	6,000	비 품	10,000
	감가상각누계액	6,000	감 가 상 각 비	2,000

3 재무비율분석

16 ㈜한국은 20X1년 1월 1일 토지를 ₩100,000에 구입하였고 이 토지에 재평가모형을 적용한다. 20X1년 12월 31일 이 토지를 재평가한 결과 공정가치는 ₩90,000이다. 이 재평가회계처리에 영향을 받지 않는 재무비율은?

2017년 국가직 7급

① 부채대자본비율   ② 매출액순이익률
③ 총자산회전율   ④ 당좌비율

---

15 ④ [오류수정 분개]

2013년	(차) 감가상각누계액	6,000	(대) 비 품	10,000
	[1단계]		[1단계]	
	이 익 잉 여 금	6,000	감 가 상 각 비	2,000
	[3단계]		[2단계]	

16 ④ 토지(비유동자산)의 감소와 토지재평가손실(당기비용)의 변동은 당좌비율에 영향을 주지 않는다.

17 기말재고자산은 개별법, 평균법 및 선입선출법 등의 방법으로 평가한다. 이와 같은 재고자산의 평가방법에 의하여 영향을 받지 않는 것은?

2015년 관세직 9급

① 부채비율　　　　　　　　　　② 당좌비율

③ 이자보상비율　　　　　　　　④ 주가이익비율

18 ㈜한국의 2013년도 자료가 다음과 같을 때, ㈜한국의 2013년도 자기자본순이익률(ROE = 당기순이익 ÷ 자기자본)은? (단, 기타포괄손익은 없다고 가정한다)

2014년 관세직 9급

- 자산총액: ₩2,000억(배당으로 인해 기초와 기말 금액이 동일함)
- 매출액순이익률: 10%
- 총자산회전율: 0.5
- 부채비율(= 부채 ÷ 자기자본): 300%

① 5%　　　　　　　　　　　　② 10%

③ 15%　　　　　　　　　　　　④ 20%

19 다음 자료를 토대로 계산한 ㈜한국의 당기순이익은?

2016년 국가직 9급

• 평균총자산액	₩3,000
• 부채비율(= 부채/자본)	200%
• 매출액순이익률	20%
• 총자산회전율(평균총자산 기준)	0.5회

① ₩100　　　　　　　　　　　② ₩200

③ ₩300　　　　　　　　　　　④ ₩400

---

17 ② 재고자산의 평가방법에 따라 기말재고자산 금액이 영향을 받고 그 결과로 매출원가가 영향을 받는다. 따라서 보기에서 기말재고자산과 매출원가(당기순이익)에 영향을 받지 않는 항목을 고르면 된다. 당좌비율은 '당좌자산/유동부채'로 계산되므로 기말재고 및 매출원가와 무관하다.

18 ④ • 2,000(자산총액) × 0.5(총자산회전율) = ₩1,000(매출액)
- 1,000(매출액) × 10%(매출액순이익률) = ₩100(당기순이익)
- X(자기자본) + 3X(부채) = 2,000(자산총액), 자기자본(X) = ₩500
- 자기자본순이익률: 100(당기순이익) ÷ 500(자기자본) = 20%

19 ③ • 총자산회전율이 0.5회이므로 매출: 3,000 × 0.5회 = ₩1,500
- 매출액순이익률이 20%이므로 당기순이익: 1,500 × 20% = ₩300

20 유동비율이 300%, 당좌비율이 150%인 기업이 상품을 ₩2,000,000에 구입하고 대금 중 ₩1,000,000은
받을어음을 배서양도하고 나머지 금액에 대해서는 약속어음을 발행하여 지급하였다. 유동비율과 당좌비율
에 미치는 영향으로 맞게 짝지어진 것은?

2015년 서울시 9급

	유동비율	당좌비율			유동비율	당좌비율
①	변화 없음	변화 없음		②	변화 없음	감소함
③	감소함	감소함		④	증가함	감소함

21 유동비율이 150%일 때, 유동비율을 감소시키는 거래는?

2015년 국가직 9급

① 매출채권의 현금회수
② 상품의 외상매입
③ 매입채무의 현금지급
④ 장기대여금의 현금회수

22 ㈜한국의 현재 유동비율은 130%, 당좌비율은 80%이다. 매입채무를 현금으로 상환하였을 때 유동비율과
당좌비율에 각각 미치는 영향은?

2015년 지방직 9급

	유동비율	당좌비율			유동비율	당좌비율
①	감소	영향 없음		②	증가	영향 없음
③	감소	증가		④	증가	감소

---

20 ③ (차) 재 고 자 산 2,000,000 (대) 매 출 채 권 1,000,000
매 입 채 무 1,000,000

• 유동비율: 유동자산과 유동부채가 각각 ₩1,000,000씩 증가하는데, 현재 유동비율이 300%이므로, 유동자산과 유동부채가 동일한 금액만큼 증
가하면 유동비율은 감소할 것이다.
• 당좌비율: 당좌자산(매출채권)이 감소하고 유동부채(매입채무)가 증가하므로 당좌비율은 감소할 것이다.

21 ② ① 매출채권의 현금회수: 유동자산과 유동부채가 불변이므로 유동비율도 불변이다.
② 상품의 외상매입: 유동자산과 유동부채가 동시에 증가하므로 유동비율은 감소한다.
③ 매입채무의 현금지급: 유동자산과 유동부채가 동시에 감소하므로 유동비율은 증가한다.
④ 장기대여금의 현금회수: 유동자산이 증가하므로 유동비율은 증가한다.

22 ④ 보기의 거래 결과, 유동자산, 당좌자산, 유동부채 모두 감소한다. 유동비율은 현재 100%를 초과하므로 유동비율은 증가하고, 당좌비율은 현재
100%에 미달하므로 당좌비율은 감소한다.

23 ㈜한국은 상품을 ₩500에 구입하면서 대금 중 ₩250은 현금으로 지급하고 나머지는 3개월 이내에 갚기로 하였다. 이 거래 직전의 유동비율과 당좌비율이 각각 200%, 100%라고 할 때, 이 거래가 유동비율과 당좌비율에 미치는 영향으로 옳은 것은?

2017년 관세직 9급

	유동비율	당좌비율			유동비율	당좌비율
①	감소	감소		②	변동 없음	감소
③	감소	변동 없음		④	변동 없음	변동 없음

24 ㈜한국의 현재 유동비율은 130%, 당좌비율은 80%이다. 매입채무를 현금으로 상환하였을 때, 유동비율과 당좌비율에 각각 미치는 영향은?

2013년 국가직 7급

	유동비율	당좌비율			유동비율	당좌비율
①	감소	영향 없음		②	증가	변동 없음
③	감소	증가		④	증가	감소

25 ㈜한국의 현재 유동비율과 부채비율은 각각 200%와 100%이다. ㈜한국이 2년 후 만기가 도래하는 장기차입금을 현금으로 조기 상환한 경우 유동비율과 부채비율에 미치는 영향은?

2018년 관세직 9급

	유동비율	당좌비율			유동비율	당좌비율
①	증가	증가		②	감소	감소
③	증가	감소		④	감소	증가

---

23 ① • 유동자산과 유동부채가 각각 250씩 증가하므로 유동비율은 감소한다.
  • 당좌자산(현금)이 250 감소하고, 유동부채는 250 증가하므로 당좌비율은 감소한다.

24 ④ 분모와 분자에서 같은 금액이 감소할 때, 1보다 큰 분수는 분수값이 증가하고, 1보다 작은 분수는 분수값이 감소한다. 따라서 유동자산(당좌자산)과 유동부채에서 같은 값이 감소하면 유동비율은 증가하고, 당좌비율은 감소할 것이다.

25 ② • 장기차입금을 현금으로 상환하면 부채(비유동부채)와 자산(유동자산)이 같은 금액만큼 감소한다.
  • 유동비율(유동자산/유동부채): 유동자산의 감소로 유동비율은 감소한다.
  • 부채비율(부채/자본): 부채의 감소로 부채비율은 감소한다.

26 다음은 ㈜한국의 2015년 12월 31일 재무상태표이다.

재무상태표

㈜한국		2015년 12월 31일 현재		(단위: 원)
현 금	₩2,000	매 입 채 무	?	
매 출 채 권	?	단 기 차 입 금	₩2,000	
재 고 자 산	?	사 채	10,000	
유 형 자 산	20,000	자 본 금	?	
		이 익 잉 여 금	5,000	
자산 합계	₩50,000	부채와 자본 합계	₩50,000	

2015년 12월 31일 현재 유동비율이 300%일 때, 자본금은?   2016년 지방직 9급

① ₩15,000   ② ₩20,000
③ ₩23,000   ④ ₩25,000

27 기초매출채권 잔액이 ₩800이고, 기말매출채권 잔액은 ₩1,200이다. 매출채권 평균회수기간이 36.5일이라면 당기 매출액은? (단, 1년은 365일이라고 가정한다)   2015년 국가직 7급

① ₩8,000   ② ₩10,000
③ ₩12,000   ④ ₩14,000

---

26 ④ • 유동자산: 50,000(자산합계) − 20,000(유형자산) = ₩30,000
　　　• 유동비율이 300%이므로 유동부채 = ₩10,000
　　　• X(매입채무) + 2,000(단기차입금) = 10,000(유동부채), X = ₩8,000
　　　• 8,000(매입채무) + 2,000(단기차입금) + 10,000(사채) + 자본금 + 5,000(이익잉여금) = 50,000, 자본금 = ₩25,000

27 ② • 36.5일(매출채권회수기간) = 365일 ÷ 매출채권회전율, 매출채권회전율 = 10회
　　　• 1,000(평균매출채권) × 10회 = ₩10,000

28 ㈜한국의 매출채권회전율은 8회이고 재고자산회전율은 10회이다. 다음 자료를 이용한 ㈜한국의 매출총이익은? (단, 재고자산회전율은 매출원가를 기준으로 한다)

2018년 지방직 9급

과목	기초	기말
매출채권	₩ 10,000	₩ 20,000
재고자산	₩ 8,000	₩ 12,000

① ₩ 20,000

② ₩ 16,000

③ ₩ 13,000

④ ₩ 12,000

29 ㈜대한의 기초재고자산과 기말재고자산은 각각 ₩ 400, 유동부채는 ₩ 500, 매출총이익은 ₩ 6,000, 유동비율은 200%, 매출총이익률은 60%인 경우 재고자산회전율과 당좌비율은? (단, 재고자산회전율은 매출원가를 기준으로 한다)

2018년 국가직 7급

	재고자산회전율(회)	당좌비율(%)
①	10	60
②	10	120
③	25	60
④	25	120

---

28 ① • 매출: 15,000(평균매출채권) × 8회 = ₩ 120,000
 • 매출원가: 10,000(평균재고자산) × 10회 = ₩ 100,000
 • 매출총이익: 120,000 − 100,000 = ₩ 20,000

29 ② 1. 재고자산회전율
 • 매출총이익률이 60%이므로, 매출원가율은 40%
 • 매출원가: 6,000(매출총이익) × $\frac{40}{60}$ = ₩ 4,000
 • 재고자산회전율: 4,000(매출원가) ÷ 400(평균재고) = 10회
 2. 당좌비율
 • 유동자산: 500(유동부채) × 00%(유동비율) = ₩ 1,000
 • 당좌자산: 1,000(유동자산) − 400(재고자산) = ₩ 600
 • 당좌비율: 600 ÷ 500 = 120%

30 ㈜서울의 현재 당좌비율은 100%이고 매출채권회전율은 10회이다. 아래의 거래를 모두 반영할 경우 당좌비율과 매출채권회전율의 변동으로 가장 옳은 것은?

2018년 서울시 7급

> • 은행차입금에 대한 이자비용 ₩1,000,000을 현금으로 지급하였다.
> • 재고자산 ₩2,000,000을 현금으로 구입하였다.
> • 매출채권 ₩4,000,000을 현금으로 회수하였다.

	당좌비율	매출채권회전율
①	증가	증가
②	증가	감소
③	감소	증가
④	감소	감소

31 2015년 ㈜서울의 보통주 발행주식수 변동상황은 다음과 같다. 2015년 ㈜서울의 당기순이익이 ₩2,070,000이라면 기본주당순이익은 얼마인가? (단, 가중평균유통보통주식수 계산은 월할로 하며, 기본주당순이익은 소수점 첫째자리에서 반올림하여 계산한다)

2016년 서울시 7급

일자	변동내용	발행주식수
2015년 1월 1일	기초	1,500주
2015년 7월 1일	무상증자	400주
2015년 10월 1일	유상증자	400주
2015년 12월 31일	기말	2,300주

① ₩900

② ₩1,035

③ ₩1,150

④ ₩1,250

---

30 ③ 1. 당좌비율 = 당좌자산 ÷ 유동부채
　　• 당좌자산: (−)1,000,000 − 2,000,000 = (−)₩3,000,000 → 당좌비율 감소
　　2. 매출채권회전율 = 매출액 ÷ 매출채권
　　• 매출채권: (−)₩4,000,000 → 매출채권회전율 증가

31 ② • $1,900주 \times \dfrac{9}{12} + 2,300주 \times \dfrac{3}{12} = 2,000주$
　　• 2,070,000 ÷ 2,000주 = ₩1,035

32 ㈜한국의 최고재무책임자(CFO)인 홍길동 전무가 2014년 12월 31일 결산 후 추가성과급을 받을 수 있는 경우는? (단, 법인세는 무시한다)

2015년 관세직 9급

- 홍길동 전무는 2014년 12월 31일 결산 후 ㈜한국의 주당순이익이 ₩500 이상이면 추가성과급을 받는 조건의 근로계약이 체결되어 있다.
- ㈜한국의 2014년 12월 31일 장부 마감 전 당기순이익은 ₩6,000,000이다.
- 비참가적우선주에 대한 우선주배당금은 ₩240,000이다.
- ㈜한국의 보통주 관련 자료는 다음과 같다.
  - 2014년 1월 1일: 10,000주
  - 2014년 7월 1일(납입기일): 유상증자 5,000주
  - 2014년 10월 1일: 자기주식 2,000주 취득

① 주당순이익이 ₩500 이상이므로 아무런 행동을 취하지 않는다.
② 재고자산의 평가방법을 변경하여 기말재고자산 잔액을 ₩200,000 증가시킨다.
③ 유형자산의 내용연수를 변경하여 당해연도 감가상각액을 ₩230,000 감소시킨다.
④ 장부가액이 ₩500,000인 유형자산을 현금 ₩750,000을 받고 장부마감 전 매각처분한다.

33 ㈜서울의 2015년 보통주의 변동내역은 아래와 같다. 4월 1일 실시한 보통주식의 유상증자는 주주우선 배정방식에 따른 것으로, 공정가치 미만으로 실시되었다. 유상증자 직전 주당 공정가치는 ₩80이며 유상증자 시 주당 실제 발행 금액은 ₩40이다. 이때 2015년도 ㈜서울의 가중평균유통보통주식수는 몇 주인가? (단, 모든 계산은 월 단위 계산을 기준으로 하며, 이론적 권리락 주당공정가치 및 조정비율 계산 시 소수점 둘째 자리 이하는 버린다)

2016년 서울시 9급

구분	보통 주식 수
기초	9,000
4월 1일 유상증자	2,000
기말	11,000

① 10,125주 ② 10,325주
③ 10,525주 ④ 10,725주

---

32 ④ • 2014년 가중평균유통보통주식수: 10,000주 $\times \frac{6}{12}$ + 15,000주 $\times \frac{3}{12}$ + 13,000주 $\times \frac{3}{12}$ = 12,000주
- 2014년 주당순이익이 ₩500이 되기 위한 보통주순이익: 12,000주 × 500 = ₩6,000,000
- 현재보통주순이익(6,000,000 − 240,000 = 5,760,000)보다 ₩240,000만큼 순이익 증가가 필요하다.
- ④번 보기의 경우 순이익이 ₩250,000(750,000 − 500,000)만큼 증가하므로 요구사항을 충족시킨다.

33 ④ • 유상증자로 인한 현금수령액: 2,000주 × 40 = ₩80,000
- 공정가치로 발행 시 발행주식수: 80,000 ÷ 80 = 1,000주
- 무상증자 비율: 1,000주 ÷ (9,000주 + 1,000주) = 10%
- 가중평균유통보통주식수: 9,000주 × (1 + 10%) $\times \frac{3}{12}$ + 11,000주 $\times \frac{9}{12}$ = 10,725주

34 신설법인인 ㈜한국의 당기순이익은 ₩805,000이며, 보통주 1주당 ₩200의 현금배당을 실시하였다. 유통 보통주식수는 1,000주(주당 액면금액 ₩500), 우선주식수는 500주(주당 액면금액 ₩100, 배당률 10 %) 이다. 보통주의 주당 시가를 ₩4,000이라 할 때 옳은 것은? (단, 적립금은 고려하지 않는다)

2018년 국가직 9급

① 보통주의 기본주당순이익은 ₩805이다.
② 보통주의 주가수익비율은 20%이다.
③ 보통주의 배당수익률은 5%이다.
④ 배당성향은 20%이다.

35 다음 ㈜국제의 회계정보에 대한 설명으로 옳은 것은? (단, 당기 중 유통주식수의 변화는 없었다)

2018년 지방직 9급

당기매출액	₩1,500,000
당기순이익	₩200,000
총자산순이익률	20%
발행주식수	50,000주
자기주식수	10,000주

① 주당순이익은 ₩5이다.
② 유통주식수는 50,000주이다.
③ 평균총자산은 ₩3,000,000이다.
④ 총자산회전율은 3회이다.

---

34 ③ ① 기본주당순이익: (805,000 − 500주×100×10%) ÷ 1,000주 = ₩800
② 주가수익비율: 4,000(시가) ÷ 800(주당순이익) = 5%
③ 배당수익률: 200(주당배당금) ÷ 4,000(주가) = 5%
④ 배당성향: 200(주당배당금) ÷ 800(주당순이익) = 25%

35 ① ① 주당순이익: 200,000 ÷ 40,000주 = ₩5
② 유통주식수: 40,000주
③ 평균총자산: 200,000 ÷ 평균총자산 = 20%, 평균총자산 = ₩1,000,000
④ 총자산회전율: 1,500,000 ÷ 1,000,000 = 1.5회

원가관리회계

03 ▶ 종합원가계산과 결합원가계산

원가회계	관리회계
• 제조기업의 회계처리: 재공품계정	• 관리회계(1): 단기의사결정

제품원가
계산방법
— 개별원가계산
— 종합원가계산

• 관리회계(2): 통제 및 성과평가

전부원가계산	변동원가계산

① 완성품환산량: 수량 × (원가투입의)완성도

② 선입선출법과 평균법의 비교

   ⊙ 선입선출법: $\dfrac{\text{당기 제조원가}}{\text{당기 완성품환산량}}$ = (순수한 당기의)단위원가

   ⓒ 평균법: $\dfrac{(\text{기초 + 당기}) \text{ 제조원가}}{(\text{기초 + 당기}) \text{ 완성품환산량}}$ = (가중평균)단위원가

③ 공손품: 정상공손수량의 계산

④ 결합원가계산

   ⊙ 물량기준법

   ⓒ 분리점에서의 판매가치법

   ⓒ 순실현가치법

   ⓔ 균등이익률법

⑤ 결합제품의 추가가공 여부 결정

04 변동원가계산과 CVP분석

원가회계	관리회계
• 제조기업의 회계처리: 재공품계정	• 관리회계(1): 단기의사결정
제품원가 계산방법 ─ 개별원가계산 / 종합원가계산	• 관리회계(2): 통제 및 성과평가

전부원가계산	변동원가계산

① 전부원가계산
  ㉠ 전부원가계산 손익계산서
  ㉡ 전부원가계산의 이익함수
② 변동원가계산
  ㉠ 변동원가계산 손익계산서
  ㉡ 변동원가계산의 이익함수
③ 전부원가계산과 변동원가계산의 이익차이 조정
④ 원가추정 – 고저점법
⑤ CVP분석
  ㉠ 기본적인 CVP분석
  ㉡ 안전한계와 영업레버리지
  ㉢ CVP분석의 응용: 복수제품 및 비선형함수하의 CVP분석
⑥ 관련원가분석
  ㉠ 특별주문
  ㉡ 제한된 자원의 사용

05 ▶ 표준원가

원가회계	관리회계
• 제조기업의 회계처리: 재공품계정 제품원가 계산방법 ─ 개별원가계산 　　　　　　 └ 종합원가계산	• 관리회계(1): 단기의사결정 • 관리회계(2): 통제 및 성과평가
전부원가계산	변동원가계산

① 변동제조원가 차이분석
　㉠ 직접재료원가 차이분석
　㉡ 직접노무원가 차이분석
　㉢ 변동제조간접원가 차이분석
② 고정제조간접원가 차이분석

01 제조기업의 회계처리

1 원가관리회계의 개념

회계는 다양한 영역으로 구성되어 있다. 우리가 흔히 말하는 회계는 대부분의 경우 재무회계를 의미하는데 원가회계 및 관리회계는 재무회계와 다루는 영역이 다르다. 그러므로 원가관리회계에 접근할 때는 재무회계를 공부할 때와는 다른 시각이 필요하다.

1. 회계의 분류

🔍 **표로 미리보기 | 회계의 분류**

구분	재무회계	관리회계	원가회계	세무회계
목적	외부재무보고	내부보고	제품원가계산	세무보고
정보 이용자	외부정보이용자 (주주/채권자 등)	경영자 등 내부정보이용자	외부 및 내부정보이용자	과세관청
작성원칙	기업회계기준 (일반적으로 인정된 회계원칙)	특정되지 않음	기업회계기준 등	세법규정
보고의 형태	재무제표	일정한 형식이 없음	재무제표 등	세무조정계산서 등

(1) 관리회계의 특징

① 관리회계는 경영자 등 내부정보이용자들의 적절한 판단과 의사결정에 유용한 정보를 제공하는 것을 목적으로 한다. 반면, 재무회계는 주로 외부정보이용자들을 위한 정보를 제공하는 것을 목적으로 한다.

② 관리회계는 기업 외부로 나가는 정보를 만드는 것을 목적으로 하지 않으므로 기업회계기준의 영향을 받지 않는다. 따라서 관리회계는 제공하는 정보의 형태와 내용 등에 제약이 없다.

(2) 원가회계의 특징

① 원가회계는 제조기업이 생산하는 제품의 원가를 계산하는 데 일차적인 목적을 두는 회계이다.

② 원가회계는 제품의 원가뿐만 아니라 서비스기업이 제공하는 서비스의 원가, 기업의 각 부문별 원가, 기업이 실행하는 프로세스의 원가 등 다양한 범주와 형태의 원가를 계산한다. 또한 기업 경영과 관리에 필요한 원가정보를 제공하는 것도 원가회계의 목표이다.

상기업에서 취급하는 상품의 원가는 매입 시 지급한 대가가 원가에 해당하지만 제조기업은 직접 제품을 생산하므로 매입원가가 존재하지 않는다. 따라서 제조기업이 생산하는 제품의 원가는 기업이 일정한 논리에 의해 직접 계산해야 한다.

③ 제조기업이 생산하는 제품의 원가를 계산해서 재무제표의 재고자산 및 매출원가를 구한다면 이는 재무회계를 위한 정보를 제공하는 것이다. 반면 기업 경영과 관리에 필요한 원가 정보를 구한다면 이는 관리회계를 위한 정보를 제공하는 것이다. 따라서 원가회계는 재무회계뿐만 아니라 관리회계를 위한 회계정보를 생산하는 데도 그 목적이 있다.

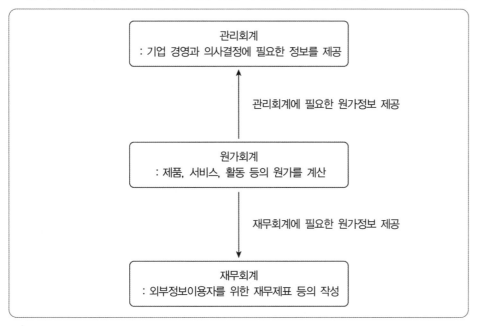

원가회계와 관리회계는 기업 회계기준이 아닌 원가정보의 생산과 그 정보를 기업 경영에 이용하는 과정을 학습하게 된다. 따라서 원가관리회계를 공부할 때는 단순한 암기가 아닌 계산과정과 근거 등을 체계적으로 이해하는 것이 중요하다.

⊕ 원가회계와 관리회계의 역할

2. 원가회계의 개요

(1) 개별원가계산과 종합원가계산

구분	개별원가계산(02장)	종합원가계산(03장)
생산형태	고가의 재고를 주문생산하는 기업	동종 제품을 대량생산하는 기업
원가집계	개별 작업별로 원가집계	제조공정별로 원가집계
원가계산 서류	작업원가표	제조원가보고서

제품원가계산은 각 기업의 생산형태 또는 원가집계방법에 따라 개별원가계산과 종합원가계산으로 나눌 수 있다.

개별원가계산은 주로 조선업, 항공기업, 기계공업 등과 같이 고객의 주문에 따라 작업의 내용이 달라지는 제품을 생산하는 기업에서 사용하는 원가계산방법이며, 제조원가를 개별 작업별로 구분하여 집계한다. 반면에 종합원가계산은 정유업, 화학공업 등과 같이 동종 제품을 연속적으로 대량생산하는 기업에서 사용하는 원가계산방법이며, 제조원가를 제조공정별로 구분하여 집계한다.

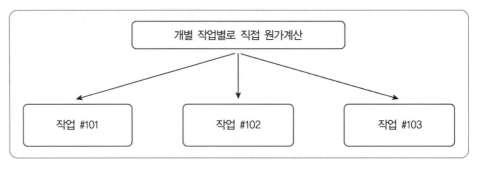

⬆ 개별원가계산

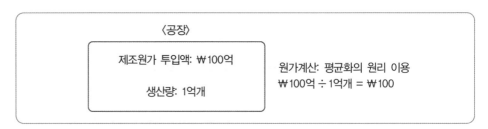

⬆ 종합원가계산

(2) **실제원가계산과 정상원가계산 및 표준원가계산**

구분	실제원가계산	정상원가계산(02장)	표준원가계산(05장)
직접재료원가	실제원가	실제원가	표준원가
직접노무원가	실제원가	실제원가	표준원가
제조간접원가	실제원가	예정배부액	표준원가

기업은 제품원가계산을 할 때 기말에 집계된 실제원가를 이용할 수도 있고, 기초에 설정된 표준원가(예정배부율)를 이용할 수도 있다. 이 둘을 어떻게 결합하는지에 따라 위 표와 같은 원가계산방법들이 있다.

📖 선생님 TIP

초변동원가계산은 공무원 회계학 시험 범위에는 포함되지 않는다.

(3) **전부원가계산과 변동원가계산 및 초변동원가계산**

구분	전부원가계산(04장)	변동원가계산(04장)	초변동원가계산(04장)
직접재료원가	제품원가	제품원가	제품원가
직접노무원가			기간비용
변동제조간접원가			
고정제조간접원가		기간비용	

기업에서 발생한 제조원가는 직접재료원가, 직접노무원가, 변동제조간접원가, 고정제조간접원가로 나눌 수 있다. 이 중 어떤 범위까지를 제품원가에 포함하느냐에 따라 위 표와 같은 원가계산방법들이 있다.

(4) 원가계산방법들의 결합

기업이 제품원가를 계산하기 위해서는 앞에서 열거한 방법들을 결합해서 사용해야 하는데, 아래와 같은 다양한 결합이 가능하다.

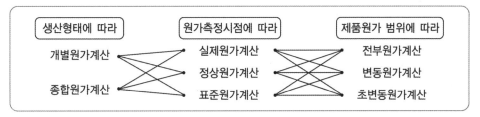

3. 관리회계의 개요

🔍 표로 미리보기 | 관리회계

구분	관리회계	
	관리회계 파트 I	관리회계 파트 II
목적	다양한 상황에서의 의사결정	통제 및 성과평가
내용	CVP분석, 관련원가분석 등	표준원가 차이분석
교재	04장	05장

관리회계는 기업 내부 경영자를 위해 기업 경영에 도움이 되는 회계정보를 생산하는 것을 목적으로 하는 회계로 크게 의사결정 분야와 통제 및 성과평가 분야로 나눌 수 있다.

기업의 경영자는 경영활동을 수행하는 과정에서 다양한 종류의 선택에 직면하게 되는데 이러한 의사결정에 필요한 정보를 관리회계가 제공한다. 04장 '변동원가계산과 CVP분석'에서 원가- 조업도 - 이익분석(CVP분석), 관련원가분석 등 다양한 의사결정 기법을 살펴보게 될 것이다.

통제란 기업이 수립한 계획을 관리자가 제대로 수행하고 있는지를 평가(성과평가)하고 적절한 조치를 취하도록 하는 것을 말한다. 05장 '표준원가'에서 표준원가 차이분석을 이용한 통제 기법을 살펴보게 될 것이다.

4. 상기업과 제조기업의 비교

재무회계는 주로 상기업을 대상으로 하지만 원가관리회계는 제조기업을 대상으로 한다. 상기업은 단순히 상품을 구입하여 판매함으로써 수익을 창출하는 데 비하여 제조기업은 기업 내부에서 제조활동을 수행하여 생산한 제품을 판매하여 수익을 창출한다. 제조기업은 제조활동으로 인해 상기업보다 원가계산절차가 복잡하며 이는 원가회계에서 학습하게 될 주요 내용이다.

재무상태표(상기업)		재무상태표(제조기업)	
재고자산		재고자산	
상품	×××	제품	×××
		재공품	×××
		원재료	×××

상기업은 단순히 상품을 구입하여 판매하므로 재고자산으로 상품을 보유하게 된다. 반면에 제조기업은 원재료를 구입한 후 이를 가공하여 제품을 생산한다. 이 과정에서 생산 중(아직 미완성)인 재고자산이 존재하게 되는데 이를 재공품이라고 부른다. 결국 제조기업은 재고자산으로 원재료, 재공품, 제품을 보유하게 된다.

2 원가의 분류

> **원가**
> 특정 목적을 달성하기 위하여 정상적인 상태에서 소비된 재화나 용역과 같은 경제적 자원을 화폐 단위로 측정한 것

원가는 제품의 생산, 서비스의 제공 등 특정 목적을 위해서 지출되어야 하며, 정상적으로 소비되어야 한다. 화재로 인한 손실 등 비정상적으로 소비된 부분은 원가가 아닌 손실이다.

간혹 원가와 비용이 같은 개념이라고 잘못 이해하는 경우가 있는데 원가는 비용보다 큰 개념이다. 즉, 경제적 자원의 소비가 일어나면 이 금액이 비용으로 인식될 수도 있고 다른 자산으로 인식될 수도 있는데 원가는 이 두 가지를 모두 포함하는 개념이다.

[원가의 개념]
• 재해손실 발생: 손실 → 원가에 포함되지 않음

(차) 재 해 손 실 ×××　(대) 자　　　산　×××

• 광고비를 지출: 비용 → 원가에 포함

(차) 광　고　비 ×××　(대) 자　　　산　×××

• 건물을 취득: 자산 → 원가에 포함(취득원가)

(차) 건　　　물 ×××　(대) 자　　　산　×××

원가의 분류와 관련하여 가장 큰 특징은 원가는 어떤 목적을 위해 집계하느냐에 따라 그 분류가 달라진다는 점이다. 이를 '상이한 목적에는 상이한 원가'라고 표현한다.

대표적인 원가의 분류에는 아래와 같은 것들이 있다.

1. 직접원가와 간접원가

Q **표로 미리보기** | 직접원가와 간접원가	
추적가능성에 따른 분류	**내용**
직접원가	원가대상에 추적 가능한 원가
간접원가	원가대상에 추적 불가능한 원가

(1) 직접원가

직접원가란 특정 원가대상에서 개별적으로 소비한 원가로서 특정 원가대상에 직접 추적할 수 있는 원가를 말한다. 원가대상은 제품 또는 서비스, 프로젝트, 활동, 부문이나 제조공정 등과 같이 원가를 집계하는 대상으로, 원가계산대상 또는 원가집계대상이라고도 표현한다.

직접원가는 원가대상에 직접 추적할 수 있으므로 원가계산에 정확하게 반영할 수 있다. 따라서 직접원가로 분류되는 원가가 많아질수록 원가계산의 정확성은 높아진다.

(2) 간접원가

간접원가란 여러 원가대상에서 소비한 원가로서 특정 원가대상에 추적할 수 없는 원가, 추적할 수 있더라도 추적하는 것이 비경제적이어서 추적하지 않는 원가를 말한다.

간접원가는 특정 원가대상에 직접 추적할 수 없으므로 간접원가를 발생시키거나 간접원가의 변동을 유발하는 요인을 배부기준으로 선정하여 특정 원가대상에 배분한다.

간접원가는 인과관계가 높은 배부기준을 사용할수록 원가계산의 정확성이 높아진다.

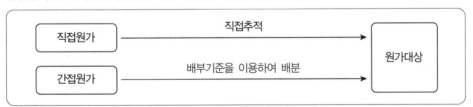

◯ 직접원가와 간접원가

📱 선생님 TIP

공무원 회계학 시험에서는 직접원가의 추적보다 간접원가의 배분이 더 중요하다.

2. 제조원가와 비제조원가

Q 표로 미리보기 | 제조원가와 비제조원가

원가의 기능에 따른 분류	내용
제조원가	생산시설에서 발생한 제조활동과 관련한 원가
비제조원가	생산시설 외에서 발생한 제조활동과 관련되지 않은 원가

(1) 제조원가

제조원가는 생산시설에서 발생한 제조활동과 관련된 원가를 말한다. 제조원가는 직접재료원가, 직접노무원가, 제조간접원가로 구분하는데 이를 제조원가 3요소라고 한다(제조원가 3요소는 상황에 따라 재료원가, 노무원가, 제조경비로 분류하기도 한다).

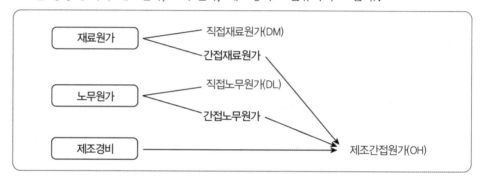

● 제조원가 3요소

① 직접재료원가(DM; Direct Material Cost)

제품을 생산하기 위해서는 여러 종류의 원재료를 투입하여야 하는데 이 중에서 자동차에 투입되는 철판과 엔진, 가구에 투입되는 목재 등과 같이 제품의 주요 부분을 차지하면서 특정 제품에 직접 추적할 수 있는 원재료를 직접재료라고 한다. 따라서 자동차에 투입된 철판과 엔진의 원가, 가구에 투입된 목재의 원가도 특정 자동차나 특정 가구에 직접 추적할 수 있는데 이러한 재료원가를 직접재료원가라고 부른다.

반면에 자동차의 용접에 사용되는 용접재료, 가구에 투입되는 접착제 등과 같이 제조과정에 투입된 원재료 중에서 제품생산에 필요하기는 하나, 어떤 제품을 생산하는데 투입되었는지 추적이 불가능한 것, 추적이 가능하더라도 비용이 많이 발생되어 추적하는 것이 비경제적인 것들이 있는데 이러한 원재료를 간접재료라고 한다. 제품생산에 투입된 간접재료의 원가를 간접재료원가라고 하며 이는 제조간접원가에 포함된다.

② 직접노무원가(DL; Direct Labor Cost)

제품을 생산하는 과정에서 투입된 노동력에 대한 대가가 노무원가다. 이 중에서 제품을 생산하는 작업자에게 지급되는 노무원가와 같이 특정 제품에 직접 추적할 수 있는 노무원가를 직접노무원가라고 한다.

반면에 생산감독자, 수선부직원, 재료취급자 등에게 지급되는 노무원가 등과 같이 제품을 생산하는 데 필요하기는 하지만, 어떤 제품을 생산하는 데 투입되었는지 추적이 불가능한 것, 추적이 가능하더라도 비용이 많이 발생되어 추적하는 것이 비경제적인 것들이 있는데 이를 간접노무원가라고 하며 이는 제조간접원가에 포함된다.

③ 제조간접원가(OH; Manufacturing Overhead Cost)

제품의 생산에 투입되는 원가 중 직접재료원가, 직접노무원가 이외의 모든 제조원가를 제조간접원가라고 한다. 제조간접원가는 앞에서 설명한 간접재료원가, 간접노무원가와 공장토지와 건물의 재산세, 생산시설의 보험료, 수선유지비, 동력비, 감가상각비 등 제조활동에 소요되는 원가가 포함되는데, 제조간접원가 중 간접재료원가, 간접노무원가 이외의 원가를 제조경비라고 부른다.

> 제조간접원가는 발생행태에 따라 추가로 변동제조간접원가(VOH; Variable Manufacturing Overhead Cost)와 고정제조간접원가(FOH; Fixed Manufacturing Overhead Cost)로 구분한다.

주의할 점은 제조간접원가는 제조원가의 일부이므로 제조활동과 관련되어 생산시설에서 발생하는 원가가 아니라면 제조간접원가에도 포함될 수 없다는 점이다. 예를 들어 생산시설의 보험료, 수선유지비 등은 제조간접원가에 해당하지만, 본사 건물의 보험료, 수선유지비 등은 제조간접원가에 해당하지 않는다.

제조원가 중에서 직접재료원가와 직접노무원가의 합을 기초원가 또는 기본원가라고 하며, 직접노무원가와 제조간접원가의 합을 가공원가 또는 전환원가라고 한다. 이는 제품생산에 있어서 직접재료와 직접노무가 가장 기본적인 요소이며 직접노무원가와 제조간접원가는 원재료를 최종제품으로 가공 또는 전환하는 데 소요되는 원가이기 때문이다.

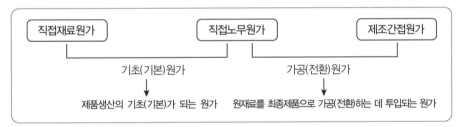

⊕ 기초(기본)원가와 가공(전환)원가

(2) 비제조원가

비제조원가란 기업의 제조활동과 관계없이 발생되는 원가를 말하며, 광고비, 선적비, 판매수수료, 판매직원의 급여 등과 같은 판매비와 경영자의 급여, 일반사무비용, 사무용 시설의 보험료와 감가상각비 등과 같은 관리비가 비제조원가에 해당한다.

비제조원가는 생산시설에서 발생하는 원가가 아니므로 제조간접원가로 분류할 수 없다.

3. 제품원가와 기간비용

🔍 표로 미리보기 | 제품원가와 기간비용

재고가능성(자산화 여부)에 따른 분류	내용
제품원가	제품원가계산에 반영해야 하는 재고가능원가
기간비용	발생된 기간에 비용으로 처리되는 재고불능원가

(1) 제품원가

제품원가란 제품원가계산에 반영해야 하는 원가로서 재고자산에 할당되는 모든 원가를 말하며, 재고자산의 원가를 구성하므로 재고가능원가라고도 한다. 제품원가는 재고자산으로 계상된 후 제품이 판매될 때 매출원가로 대체되어 비용·처리된다.

기업회계기준에서는 직접재료원가, 직접노무원가, 제조간접원가를 제품원가에 포함한다고 규정한다. 따라서 모든 제조원가가 제품원가에 포함되는데 이를 전부원가계산이라 한다. 전부원가계산 하에서는 '제조원가 = 제품원가'의 관계가 성립하지만 다른 원가계산방법을 사용하는 경우 제조원가와 제품원가가 일치하지 않을 수 있다.

흔히 제품원가와 제조원가가 같은 개념이라고 착각하는 경우가 있으나 제품원가는 제조원가 중에서 제품원가계산에 포함되는 원가만을 의미한다.

구분	전부원가계산	변동원가계산	초변동원가계산
직접재료원가	제품원가	제품원가	제품원가
직접노무원가	제품원가	제품원가	기간비용
변동제조간접원가	제품원가	제품원가	기간비용
고정제조간접원가	제품원가	기간비용	기간비용

제조원가이지만 제품원가에 포함되지 않음

⬆ 제조원가와 제품원가

(2) 기간비용

기간비용은 제품생산과 관련 없이 발생되기 때문에 항상 발생된 기간에 비용으로 처리되는 원가를 말하며, 재고자산의 원가를 구성하지 못하므로 재고불능원가라고도 한다. 기간비용은 발생된 기간에만 수익의 창출에 기여하고 차기 이후에는 더 이상 수익의 창출에 기여하지 못하기 때문에 발생된 기간에 비용으로 처리한다. 매출원가를 제외하고 손익계산서에 기록되는 비용이 기간비용이다.

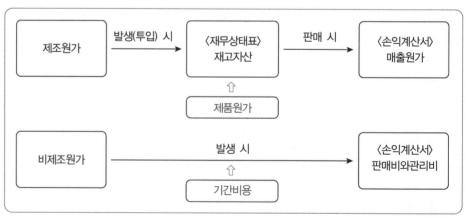

⬆ 제품원가와 기간비용(전부원가계산을 가정)

㈜한국은 당기에 제품 100개를 생산하였으며 이 중 60개를 당기에 판매하였다. 당기에 발생된 노무원가 중 판매직원의 급여가 ₩100,000이고 생산직근로자의 급여가 ₩200,000일 경우, 당기 손익계산서에 비용으로 계상될 금액과 재무상태표에 재고자산으로 계상될 금액을 계산하시오.

해설

- 비용으로 계상될 금액: $100,000(판매직) + 200,000(생산직) \times \dfrac{60개}{100개} = ₩220,000$

- 재고자산으로 계상될 금액: $200,000(생산직) \times \dfrac{40개}{100개} = ₩80,000$

4. 변동원가와 고정원가

표로 미리보기 | 변동원가와 고정원가

원가행태에 따른 분류	내용
변동원가	조업도의 증가에 따라 총원가가 증가
고정원가	조업도의 증가와 관계없이 총원가가 일정

일정기간 관련범위 내에서 조업도의 변동에 따라 총원가가 일정한 모습으로 변동할 때 그 모습을 원가행태라고 하며, 원가행태에 따라 원가를 변동원가와 고정원가로 분류할 수 있다.

원가행태에 따라 원가를 분류하기 위해서는 먼저 일정한 기간이 전제되어야 하는데 그 이유는 기간이 장기가 되면 임차료와 같은 고정원가도 임차계약 해지 등으로 변동원가가 될 수 있기 때문이다. 기간을 장기로 늘리게 되면 거의 모든 원가가 변동원가가 된다.

일정한 원가행태가 성립하는 범위를 관련범위라 하는데 관련범위를 벗어나면 분석한 원가행태가 성립하지 않게 된다. 예를 들어, 임차료, 감가상각비와 같은 고정원가도 일정한 생산량 범위를 벗어나면 추가적인 임차나 설비투자로 인해 증가하게 될 것이다. 따라서 일정한 원가행태는 관련범위 내에서만 성립하게 된다.

(1) 변동원가

변동원가란 관련범위 내에서 조업도의 변동에 정비례하여 총원가가 변동하는 원가를 말한다. 예를 들어 자동차의 생산을 두 배로 늘리면 투입되는 엔진이나 타이어의 원가가 두 배로 증가하는 형태의 원가이다. 대부분의 직접재료원가, 직접노무원가와 제조간접원가 중 일부(변동제조간접원가)가 여기에 해당한다.

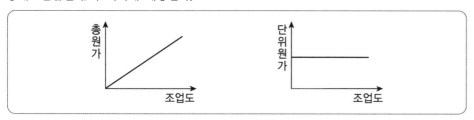

● 변동원가

(2) 고정원가

고정원가란 관련범위 내에서 조업도의 변동에 관계없이 총원가가 일정한 원가를 말한다. 예를 들어 임차료의 경우 기업의 생산량 및 판매량에 관계없이 매월 일정한 금액을 지불해야 하는데 이렇게 총원가가 조업도의 변동에 아무런 영향을 받지 않는 원가를 고정원가라고 한다. 제조간접원가 중 일부(고정제조간접원가)가 여기에 해당한다.

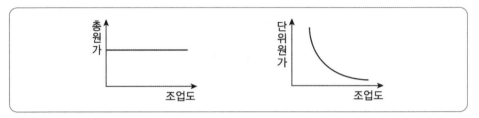

⊙ 고정원가

⊙ 총원가와 단위원가

구분	총원가	단위원가
변동원가	조업도 증가에 따라 증가	일정
고정원가	일정	조업도 증가에 따라 감소

(3) 준변동원가와 준고정원가

준변동원가란 조업도와 관계없이 발생하는 고정원가와 조업도의 변동에 비례하여 발생하는 변동원가로 구성된 원가를 말한다. 준변동원가의 예로 전화요금을 들 수 있는데 전화요금은 전화를 사용하지 않아도 발생하는 기본요금(고정원가)과 전화사용량에 비례하는 요금(변동원가)으로 구성된다.

준고정원가(계단원가)란 일정한 조업도 범위 내에서는 총원가가 일정하지만, 조업도가 그 범위를 벗어나면 총원가가 일정액만큼 증가 또는 감소하는 원가를 말한다.

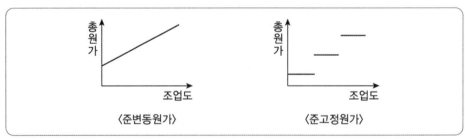

⊙ 준변동원가와 준고정원가

5. 관련원가와 비관련원가

🔍 **표로 미리보기 |** 관련원가와 비관련원가

의사결정 반영 여부에 따른 분류	내용
관련원가	의사결정에 반영하는 원가
비관련원가	의사결정에 반영하지 않는 원가

관련원가란 특정 의사결정과 관련이 있는 원가로, 고려되는 대안들 간에 차이가 나는 미래현금지출원가를 말한다. 비관련원가란 특정 의사결정과 관련이 없는 원가로, 이미 발생된 과거의 원가 (역사적원가, 기발생원가, 매몰원가)와 대안들 간에 차이가 없는 미래현금지출원가가 비관련원가에 해당된다.

⊙ **관련원가와 비관련원가**

원가		
미래원가		과거에 발생된 원가 (기발생원가, 매몰원가)
각 대안 간에 차이가 있는 원가	각 대안 간에 차이가 없는 원가	
관련원가	비관련원가	

(1) 매몰원가(Sunk Cost)

매몰원가란 과거 의사결정의 결과로 이미 발생된 원가(역사적원가, 기발생원가)로, 현재나 미래의 의사결정에는 영향을 미치지 못하는 원가를 말한다. 매몰원가는 의사결정시점 이전에 발생이 확정된 원가로 어떤 대안을 선택하든지 변경시킬 수 없으므로 그 금액이 아무리 크더라도 비관련원가가 된다.

사례 — 예제

㈜한국은 ₩80,000의 원가를 투입하여 제품 X를 생산하였다. 제품 X는 현재 시점에서 ₩200,000에 판매하거나 추가가공원가 ₩100,000을 투입해서 ₩350,000에 판매할 수 있다. ㈜한국이 제품 X를 어떤 형태로 판매하는 것이 얼마나 유리한지 계산하고 동 의사결정과 관련한 매몰원가를 구하시오.

해설

• 현재 시점에서 판매할 경우의 이익: ₩200,000
• 추가가공 후 판매할 경우의 이익: ₩350,000 − ₩100,000 = ₩250,000
• 추가가공 후 판매하는 것이 ₩50,000 유리하다.
• 매몰원가: 제품 X의 생산원가 ₩80,000

(2) 기회비용(Opportunity Cost)

기회비용은 특정 대안을 선택하기 위하여 포기해야 하는 효익(순현금유입액) 중 가장 큰 금액이다. 예를 들어, 기업이 생산설비를 현재 용도에 사용하면 영업이익 ₩100,000이 예상되고, A 기업에 임대하면 임대료 ₩50,000, B 기업에 임대하면 임대료 ₩150,000이 예상된다고 하자. 이때 회사가 생산설비를 현재 용도에 사용하는 것으로 결정하였다면, A 기업에서 받을 수 있는 임대료와 B 기업에서 받을 수 있는 임대료를 포기하는 것인데, B 기업으로부터 받을 수 있는 임대료가 더 큰 값이므로 기회비용은 ₩150,000이 된다.

기회비용은 회계장부에 기록되는 비용은 아니지만 의사결정을 할 때는 반드시 고려되어야 한다.

6. 통제가능원가와 통제불능원가

🔍 표로 미리보기 | 통제가능원가와 통제불능원가

통제가능 여부에 따른 분류	내용
통제가능원가	특정 관리자가 통제할 수 있는 원가로 성과평가에 반영
통제불능원가	특정 관리자가 통제할 수 없는 원가로 성과평가에 반영하지 않음

통제가능성이란 특정 관리자가 특정원가를 관리할 수 있는 권한을 가지고 있는지 여부를 말하며, 통제가능하다는 것은 특정 관리자가 원가발생액을 통제할 수 있는 권한을 가지고 있다는 것을 의미한다.

통제가능원가란 특정 관리자가 원가의 발생에 영향을 미칠 수 있는 원가를 말한다. 특정 관리자는 통제가능원가의 발생에 대하여 책임이 있으므로 특정 관리자에 대하여 성과평가를 할 때 통제가능원가를 반영하여야 한다.

통제불능원가란 특정 관리자가 원가의 발생에 영향을 미칠 수 없는 원가를 말한다. 통제불능원가는 특정 관리자가 통제할 수 없으므로 특정 관리자에 대하여 성과평가를 할 때 배제되어야 한다.

7. 소멸원가와 미소멸원가

🔍 표로 미리보기 | 소멸원가와 미소멸원가

소멸 여부에 따른 분류	내용
미소멸원가	수익창출에 기여하고 소멸되기 전의 원가로 자산으로 계상
소멸원가	소멸된 원가로 비용 또는 손실로 인식

미소멸원가란 미래 경제적 효익을 창출할 것으로 기대되는 원가로 재무상태표에 자산으로 계상된다.

소멸원가란 미래 경제적 효익을 더 이상 창출할 수 없는 원가를 말하며, 수익창출에 기여했는지에 따라 비용과 손실로 구분된다. 비용은 수익창출에 기여한 원가를 말하며, 손실은 수익창출에 기여하지 못하고 소멸된 원가를 말한다.

3 제조기업의 원가흐름

외부에서 구입한 상품을 제조활동을 거치지 않고 그대로 외부에 판매하여 이익을 창출하는 상기업과는 달리 제조기업은 원재료, 노동력, 생산설비 및 기타 용역 등 생산요소를 외부에서 구입한 후, 이를 투입하여 제품을 생산하고 생산의 결과물인 제품을 판매하여 이익을 창출한다.

따라서 제조기업에는 상기업에는 없는 제조활동이 존재하며 제조활동을 수행하는 과정에서 발생되는 제조원가의 회계처리 문제가 대두되는데 이것이 원가회계에서 다룰 주요 주제이다. 제조원가의 회계처리를 수행할 때 가장 중요한 계정이 재공품계정인데 3절 '제조기업의 원가흐름'에서는 재공품 계정에 대해 자세히 살펴보겠다.

제조원가란 제품을 생산하는 제조활동에서 발생되는 모든 원가를 의미하며, 직접재료원가, 직접노무원가, 제조간접원가로 구성된다. 제조활동에 투입된 제조원가는 재공품계정에 집계되며, 제품이 완성되면 완성된 제품의 제조원가(당기제품제조원가)는 제품계정으로 대체된다. 그리고 제품이 판매되면 판매된 제품의 원가(매출원가)는 다시 매출원가계정으로 대체된다. 이를 T – 계정을 이용해 나타내면 아래와 같다.

원재료				
기초	××	직접재료	××	
매입	××	간접재료	××	
		기말	××	
	××		××	

노무원가			
발생	××	직접노무	××
		간접노무	××

제조간접원가			
간접재료	××	배부	××
간접노무	××		
제조경비	××		

재공품			
기초	××	당기제품제조원가	××
직접재료원가	××		
직접노무원가	××		
제조간접원가	××	기말	××
	××		××

제품			
기초	××	매출원가	××
당기제품제조원가	××	기말	××
	××		××

1. 직접재료원가

제품을 생산하기 위하여 투입된 원재료의 원가를 재료원가라고 하며, 재료원가는 특정 제품에 직접 추적할 수 있는가에 따라 직접재료원가와 간접재료원가로 나뉜다.

재료원가는 재무상태표 계정인 원재료 계정에서 발생한다. 원재료를 구입한 경우에는 매입액을 원재료 계정 차변에 기입하고, 원재료를 사용한 경우에는 원재료 계정의 대변에 원재료사용액(재료원가)을 기입함과 동시에 직접재료원가는 재공품계정으로, 간접재료원가는 제조간접원가 계정으로 대체한다.

사례 — 예재

㈜한국의 기초원재료재고액은 ₩10,000이며, 당기 중 원재료매입액은 ₩90,000이다(이 중 ₩50,000은 외상매입). 당기 중 원재료사용액은 ₩80,000이며, 이 중 ₩20,000은 간접재료원가였다.

해설

위의 사례를 T-계정을 이용해 나타내면 아래와 같다.

원재료				재공품		
기초	10,000	직접재료	60,000 →	직접재료	60,000	
		간접재료	20,000			
매입	90,000	기말	20,000	제조간접원가		
	100,000		100,000	간접재료	20,000	

2. 직접노무원가

제품을 생산하기 위하여 투입된 노동력의 원가를 노무원가라고 하며, 노무원가는 특정 제품에 직접 추적할 수 있는지에 따라 직접노무원가와 간접노무원가로 나뉜다.

기중에 노무원가가 발생되면 노무원가계정의 차변에 기입하고, 동 금액을 노무원가 대변에 기입함과 동시에 직접노무원가는 재공품계정으로, 간접노무원가는 제조간접원가계정으로 대체한다.

사례 — 예재

㈜한국은 당기 중 노무원가를 ₩60,000 지급하였으며, 당기 말 현재 미지급노무원가가 ₩30,000이 있다(당기 초 미지급노무원가는 없었음). 한편, 당기에 발생된 노무원가 중 특정 제품에 직접 추적할 수 있는 노무원가는 ₩70,000이다.

해설

위의 사례를 T-계정을 이용해 나타내면 아래와 같다.

직접노무원가 발생액: 60,000(현금지급액) + 30,000(미지급액) = ₩90,000

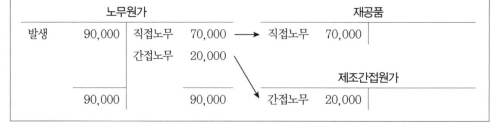

노무원가				재공품		
발생	90,000	직접노무	70,000 →	직접노무	70,000	
		간접노무	20,000			
				제조간접원가		
	90,000		90,000	간접노무	20,000	

3. 제조간접원가

직접재료원가, 직접노무원가 이외에 제품제조에 소비된 원가를 제조간접원가라고 하며, 제조간접원가에는 간접재료원가, 간접노무원가 및 제조경비가 포함된다. 제조간접원가는 제조과정에서 발생하는 원가이므로 판매비 및 관리비와 반드시 구분되어야 한다.

제조간접원가가 발생하면 기중이나 기말에 각 해당계정에 기록하는데 제조간접원가는 다양한 항목들로 구성되어 있으므로 기말에 제조간접원가계정에 일괄집계한 후 재공품계정에 배부한다.

사례 ─ 예제

㈜한국의 간접재료원가와 간접노무원가는 각각 ₩20,000이다. ㈜한국의 당기 감가상각비는 ₩100,000인데, 이 중 공장에서 발생한 부분이 ₩40,000이고 나머지는 본사에서 발생한 원가이다. 또한 당기 중 공장에서 발생한 수선유지비가 ₩10,000이고, 판매부서에서 발생한 수선유지비가 ₩30,000이다.

해설

위의 사례를 T-계정을 이용해 나타내면 아래와 같다.

제조간접원가				재공품		
간접재료	20,000	배부		제조간접원가	90,000	
간접노무	20,000	(재공품)	90,000			
감가상각	40,000					
수선유지	10,000					
	90,000		90,000			

> 해당 원가가 공장에서 발생하였다면 제조간접원가, 공장 외에서 발생하였다면 판매관리비에 해당된다.

---

4. 재공품계정

재공품계정은 제조원가의 회계처리에 있어 가장 중요한 계정으로 재공품계정의 차변에는 기초재공품원가와 당기에 발생된 직접재료원가, 직접노무원가, 제조간접원가가 기입된다. 이때, 당기에 발생된 직접재료원가, 직접노무원가, 제조간접원가의 합을 당기총제조원가라고 한다.

한편, 당기에 제품이 완성되면 당기에 완성된 제품의 원가가 재공품계정 대변에서 제품계정 차변으로 대체되는데, 이를 당기제품제조원가라고 한다. 이상의 내용을 T-계정을 이용해 나타내면 아래와 같다.

재공품			
기초재공품	×××	당기제품제조원가	×××
당기총제조원가			
직접재료원가	×××		
직접노무원가	×××		
제조간접원가	×××	기 말 재 공 품	×××

- **당기총제조원가**: 당기 제조과정에 투입된 원가로 재공품계정 차변에 가산
  (= 당기투입원가 = 당기발생원가)
- **당기제품제조원가**: 투입된 원가 중 당기에 완성시켜 제품으로 대체한 원가

결과적으로 재공품계정 차변에는 당기에 투입(발생)된 원가를 기록하고(당기총제조원가), 재공품계정 대변에는 그 중 완성된 원가(당기제품제조원가)와 미완성된 원가(기말재공품원가)를 구분하여 기록하게 된다.

사례 ─ 예제

㈜한국에서 당기에 투입한 직접재료원가는 ₩60,000, 직접노무원가는 ₩70,000, 제조간접원가는 ₩90,000이다. 또한 ㈜한국의 기초재공품은 ₩20,000, 기말재공품은 ₩30,000이다.

해설

위의 사례를 T-계정을 이용해 나타내면 아래와 같다.

재공품					제품		
기초	20,000	당기제품	210,000 ⟶	당기제품	210,000		
직접재료	60,000	제조원가		제조원가			
직접노무	70,000						
제조간접	90,000	기말	30,000				
	240,000		240,000				

5. 제품계정

제품계정은 완성된 제품의 원가를 관리하는 계정이다. 제품이 완성되면 당기제품제조원가를 재공품계정의 대변에서 제품계정의 차변으로 대체하고, 제품이 판매되면 매출원가를 제품계정의 대변에서 매출원가계정의 차변으로 대체한다.

여기서 제품계정의 차변합계, 즉 기초제품원가와 당기제품제조원가의 합을 판매가능재고라 부른다.

사례 — 예제

㈜한국에서 당기 중 완성한 제품의 원가는 ₩210,000이고, ㈜한국의 기초 및 기말제품재고액은 각각 ₩60,000, ₩40,000이다.

해설

위의 사례를 T-계정을 이용해 나타내면 아래와 같다.

제품				매출원가	
기초	60,000	매출원가	230,000 →	230,000	
당기제품 제조원가	210,000	기말	40,000		
	270,000		270,000		

사례 — 예제

㈜한국의 20X1년 회계자료를 이용하여 당기제품제조원가와 매출원가를 구하시오.

	20X1년 1월 1일	20X1년 12월 31일
원재료	₩ 100,000	₩ 200,000
재공품	250,000	100,000
제품	300,000	350,000
원재료매입액	₩ 600,000	
노무원가	500,000(간접노무원가 ₩ 200,000)	
공장 감가상각비	150,000	
본사 전력비	220,000	

해설

위의 사례를 재공품계정에 표시하면 다음과 같다.
- 직접재료원가: 100,000 + 600,000 − 200,000 = ₩ 500,000
- 직접노무원가: 500,000 − 200,000 = ₩ 300,000
- 제조간접원가: 200,000 + 150,000 = ₩ 350,000

재공품			
기초재공품	250,000	당기제품제조원가	1,300,000
당기총제조원가			
직접재료원가	500,000		
직접노무원가	300,000		
제조간접원가	350,000	기 말 재 공 품	100,000

제품			
기초제품	300,000	매 출 원 가	1,250,000
당기제품제조원가	1,300,000	기 말 제 품	350,000

4 원가배분

원가는 추적가능성에 따라 직접원가와 간접원가로 나눌 수 있는데, 직접원가는 특정 원가대상에 직접 추적할 수 있으나, 간접원가는 특정 원가대상에 직접 추적할 수 없으므로 합리적인 배분기준을 선택하여 원가대상에 배분하는 과정이 필요하다.

직접원가는 특정 원가대상에서 발생된 원가를 쉽게 알 수 있으므로 원가추적은 비교적 용이하나, 간접원가는 여러 원가대상을 위해 공통적으로 발생되므로 원가배분은 원가추적보다 복잡할 수밖에 없다.

1. 원가배분기준

본질적으로 원가배분은 임의적이라는 한계가 있으나 정확한 원가계산을 위해 원가배분을 피할 수 없다면 아래와 같은 기준을 이용해 원가를 배분할 수 있다.

(1) 인과관계기준

원가의 발생이라는 결과를 유발한 원인에 따라, 즉 인과관계에 의하여 원가를 배분하는 것으로 가장 합리적인 원가배분기준이다.

예 전력비를 전력사용량을 기준으로 각 원가대상에 배분한다.

(2) 수혜기준

원가대상이 제공받은 경제적 효익의 크기에 비례하여 원가를 원가대상에 배분하는 기준이다.

예 회사 전체 이미지 광고를 통해 여러 제품의 매출이 증가한 경우, 광고 전과 광고 후의 각 제품별 매출 증가액을 기준으로 광고비를 각 제품에 배분한다.

(3) 부담능력기준

원가를 부담할 수 있는 능력에 비례하여 원가를 원가대상에 배분하는 기준이다.

예 대표이사 급여를 영업이익을 기준으로 각 사업부에 배분한다.

(4) 공정성과 공평성기준

여러 원가대상에 공정하고 공평하게 원가배분을 해야 한다는 기준이다. 이 기준은 원가배분을 위한 기준이라기보다는 원가배분을 통해 달성하고자 하는 목표를 나타내는 것이라고 할 수 있다.

2. 보조부문의 원가배분

제조기업에서는 여러 가지 제조과정을 통하여 제품을 완성하는데, 제조기업은 관리의 편의를 위하여 제조과정을 특성에 따라 구분하여 관리하고 이를 부문이라고 한다. 제조부문(production department)은 직접 제품을 생산하는 활동을 수행하는 부문이고, 보조부문(service department)은 직접 제품은 생산하지 않고 제조부문이나 다른 보조부문에 용역을 제공한다. 보조부문의 예로는 전력부문, 식당부문 등이 있다.

제조부문은 직접 제품생산활동을 수행하기 때문에 제품과의 관련성을 찾을 수 있어 제조부문의 제조간접원가를 제품에 배부하는 것은 크게 어려움이 없다. 그러나 보조부문은 직접 제품생산활동을 수행하는 것이 아니라 제조부문의 제품생산에 필요한 용역을 제공함으로써 간접적으로 제품생산에 기여하므로 보조부문의 제조간접원가는 제품과의 관련성을 찾기 어렵다. 따라서 좀더 정확한 제품원가계산을 위해서는 보조부문의 제조간접원가를 제조부문에 배분한 후 다시 제품에 배부하는 과정을 거쳐야 한다.

보조부문은 제품생산에 직접 관여하지 않으므로 제품에 추적할 수 있는 직접원가는 존재하지 않으며 보조부문에서 발생하는 원가는 전액 제조간접원가이다.

제조간접원가를 배부할 때 일반적으로 사용하는 배부기준은 직접노무원가, 직접노무시간 등이다. 제조부문은 직접 제품생산활동을 수행하므로 직접노무원가 또는 직접노무시간을 쉽게 파악할 수 있지만 보조부문은 직접 제품생산활동을 수행하지 않으므로 직접노무원가 또는 직접노무시간이 존재하지 않는다. 따라서 보조부문의 제조간접원가를 제품으로 직접 배부하는 것은 불가능하다.

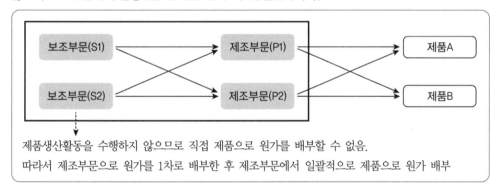

제품생산활동을 수행하지 않으므로 직접 제품으로 원가를 배부할 수 없음.
따라서 제조부문으로 원가를 1차로 배분한 후 제조부문에서 일괄적으로 제품으로 원가 배부

⊕ 보조부문의 원가배분

3. 보조부문원가의 배분방법

보조부문이 하나만 존재하거나 보조부문이 여러 개 존재하더라도 다른 보조부문에는 용역을 제공하지 않고 제조부문에만 용역을 제공한다면 보조부문원가를 제조부문에 배분하는 과정은 복잡하지 않다.

그러나 보조부문 상호 간에 서로 용역을 주고받는 것이 일반적인데 이와 같은 상황에서는 보조부문원가를 배분하는 과정이 복잡해진다. 이때에는 보조부문 상호 간에 용역수수관계를 어느정도 인식할 것인지를 먼저 결정해야하는데, 보조부문 상호 간의 용역수수관계 인식정도에 따라 직접배분법, 단계배분법, 상호배분법으로 나눌 수 있다. 단, 어느 방법에 의하든 배분 전이나 배분 후의 제조간접원가 총액은 항상 일치해야 한다.

㈜한국은 두 개의 보조부문 S1, S2와 두 개의 제조부문 P1, P2를 운영하고 있다. 당기 부문 상호 간의 용역수수관계와 부문별 원가는 아래와 같다.

구분	S1	S2	P1	P2
부문별 원가	₩ 40,000	₩ 30,000	₩ 20,000	₩ 10,000
보조부문의 각 부문별 서비스 제공비율				
S1	–	50%	20%	30%
S2	40%	–	30%	30%

이 사례를 직접배분법, 단계배분법, 상호배분법을 적용하면 다음과 같다.

(1) 직접배분법

직접배분법은 보조부문 상호 간에 용역수수관계를 전혀 인식하지 않고 보조부문원가를 배분하는 방법이다. 따라서 보조부문원가를 다른 보조부문에는 전혀 배분하지 않고 제조부문에만 배분한다.

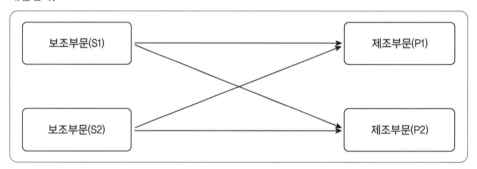

❖ 직접배분법: 보조부문 상호 간의 용역수수관계를 무시

직접배분법에 의해 주어진 사례의 보조부문원가를 배분하면 아래와 같다.

구분	S1	S2	P1	P2
부문별 원가	₩ 40,000	₩ 30,000	₩ 20,000	₩ 10,000
S1 원가배분	(40,000)		16,000(2/5)	24,000(3/5)
S2 원가배분		(30,000)	15,000(3/6)	15,000(3/6)
합계			₩ 51,000	₩ 49,000

주어진 사례에서 원가를 배분하기 전 부문별 원가의 합이 ₩ 100,000이므로 원가를 P1, P2로 배분한 결과의 합도 ₩ 100,000이 되어야 한다.

(2) 단계배분법

단계배분법은 보조부문 상호 간의 용역수수관계를 부분적으로 인식하여 보조부문원가를 배분하는 방법이다. 단계배분법에서는 보조부문원가의 배분순서부터 정한 후, 그 순서에 따라 보조부문원가를 다른 보조부문과 제조부문에 배분한다.

주의할 점은 단계배분법에서는 배분이 끝난 보조부문에는 보조부문원가를 배분하지 않는다는 점이다. 따라서 단계배분법에서는 어느 보조부문원가부터 배분하는가에 따라 그 결과가 달라진다.

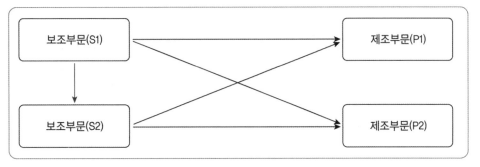

◆ 단계배분법: S1의 원가부터 배분

주어진 사례에서 S1부터 원가를 배분한다고 가정하고 단계배분법을 적용하면 아래와 같다.

구분	S1	S2	P1	P2
부문별 원가	₩ 40,000	₩ 30,000	₩ 20,000	₩ 10,000
S1 원가배분	(40,000)	20,000(0.5)	8,000(0.2)	12,000(0.3)
S2 원가배분		(50,000)	25,000(3/6)	25,000(3/6)
합계			₩ 53,000	₩ 47,000

주어진 사례에서 원가를 배분하기 전 부문별 원가의 합이 ₩ 100,000이므로 원가를 P1, P2로 배분한 결과의 합도 ₩ 100,000이 되어야 한다.

한편, S2부터 원가를 배분할 경우의 결과는 아래와 같다.

구분	S2	S1	P1	P2
부문별 원가	₩ 30,000	₩ 40,000	₩ 20,000	₩ 10,000
S2 원가배분	(30,000)	12,000(0.4)	9,000(0.3)	9,000(0.3)
S1 원가배분		(52,000)	20,800(2/5)	31,200(3/5)
합계			₩ 49,800	₩ 50,200

위 결과에서 보듯이 단계배분법에서는 어느 보조부문원가를 먼저 배분하는지에 따라 그 결과가 달라진다.

(3) 상호배분법

상호배분법은 보조부문 상호 간의 용역수수관계를 완전히 인식하여 보조부문원가를 용역을 제공한 다른 보조부문과 제조부문에 배분하는 방법이다. 상호배분법을 적용해서 원가를 배분하기 위해서는 간단한 연립일차방정식을 활용해야 하는데 그 방법은 아래와 같다.

↑ 상호배분법: 제거대상 원가의 계산

구분	S1	S2	P1	P2
부문별 원가	₩ 40,000	₩ 30,000	₩ 20,000	₩ 10,000
S1 원가배분	(S1)	$0.5 \times S1$	$0.2 \times S1$	$0.3 \times S1$
S2 원가배분	$0.4 \times S2$	(S2)	$0.3 \times S2$	$0.3 \times S2$

- $S1 = 40,000 + 0.4 \times S2$, $S2 = 30,000 + 0.5 \times S1$
  위 연립방정식을 풀면, $S1 = ₩65,000$, $S2 = ₩62,500$

S1과 S2 자리에 위의 결과를 대입하면 아래와 같은 원가배분 결과가 나온다.

구분	S1	S2	P1	P2
부문별 원가	₩ 40,000	₩ 30,000	₩ 20,000	₩ 10,000
S1 원가배분	(65,000)	32,500	13,000	19,500
S2 원가배분	25,000	(62,500)	18,750	18,750
합계			₩ 51,750	₩ 48,250

주어진 사례에서 원가를 배분하기 전 부문별 원가의 합이 ₩ 100,000이므로 원가를 P1, P2로 배분한 결과의 합도 ₩ 100,000이 되어야 한다.

선생님 TIP

보조부문 원가배분의 1차 목표는 각 보조부문의 원가를 ₩0으로 만드는 것이다. 각 보조부문의 원가를 ₩0으로 만들기 위해서는 각 보조부문에서 직접 발생시킨 원가와 다른 보조부문에서 당해 보조부문으로 배분해준 원가를 모두 제거해야 각 보조부문의 최종원가가 ₩0이 될 것이다.

4. 자기부문소비용역

자기부문소비용역은 전력부문이 생산한 전력을 전력부문이 일부 소비하거나 식당부문에서 만든 음식을 식당부문의 종업원이 먹는 경우와 같이 자기부문이 제공하는 용역을 자기부문이 소비하는 것을 말한다.

자기부문소비용역이 존재하는 경우 자기부문에 원가를 배분하든지 배분하지 않든지 최종배분 결과는 동일하므로 수험목적상으로는 자기부문에는 원가를 배분하지 않는 방법으로 접근하는 것이 더 간편하고 바람직하다.

선생님 TIP

보조부문 원가배분의 1차 목표는 각 보조부문의 원가를 ₩0으로 만드는 것이다. 자기부문소비용역이 존재한다고 해서 자기부문에 원가를 배분하게 되면 당해 보조부문의 원가가 ₩0이 되지 않는 문제가 발생한다. 따라서 계산편의를 위해 자기부분소비용역이 존재하더라도 원가를 배분하지 않는 방법으로 접근하는 것이 바람직하다.

사례 — 예제

㈜한국은 두 개의 보조부문 S1, S2와 두 개의 제조부문 P1, P2를 운영하고 있다. 부문 상호 간의 용역수수관계와 부문별 원가는 아래와 같다.

구분	S1	S2	P1	P2
용역제공량	4,000시간	1,000시간	2,000시간	5,000시간
보조부문의 각 부문별 서비스 제공비율				
S1	20%	40%	20%	20%
S2	40%	–	40%	20%

S1에서는 시간당 ₩10, S2에서는 시간당 ₩20의 변동원가가 발생한다. 상호배분법에 의해 각 보조부문의 원가를 제조부문으로 배분하시오.

해설

상호배분법에 의해 보조부문의 원가를 제조부문에 배부하면 아래와 같다.

구분	S1	S2	P1	P2
부문별 원가	₩40,000	₩20,000	–	–
S1 원가배분	(S1)	$0.5 \times S1$	$0.25 \times S1$	$0.25 \times S1$
S2 원가배분	$0.4 \times S2$	(S2)	$0.4 \times S2$	$0.2 \times S2$

- $S1 = 40,000 + 0.4 \times S2$, $S2 = 20,000 + 0.5 \times S1$
  위 연립방정식을 풀면, $S1 = ₩60,000$, $S2 = ₩50,000$

S1과 S2 자리에 위의 결과를 대입하면 아래와 같은 원가배분 결과가 나온다.

구분	S1	S2	P1	P2
부문별 원가	₩40,000	₩20,000	–	–
S1 원가배분	(60,000)	30,000	15,000	15,000
S2 원가배분	20,000	(50,000)	20,000	10,000
합계			₩35,000	₩25,000

5. 단일배분율법과 이중배분율법

고정원가는 실제조업도의 변화와 무관하게 총원가가 일정한 원가이다. 따라서 실제조업도가 고정원가의 발생원인이 된다고 볼 수 없다. 그럼에도 고정원가와 변동원가를 한꺼번에 실제조업도에 의해 배분하게 되면 고정원가에 대해 정확한 배분이 되지 않을 것이다.

보조부문원가를 변동원가와 고정원가로 구분하여 배분하는지의 여부에 따라 단일배분율법과 이중배분율법으로 나눌 수 있다.

(1) 단일배분율법

단일배분율법은 보조부문원가를 변동원가와 고정원가로 구분하지 않고 하나의 배분기준을 적용하여 배분하는 방법으로 지금까지 살펴본 방법이 단일배분율법이다. 단일배분율법에서는 일반적으로 실제조업도를 배분기준으로 사용한다.

단일배분율법은 적용이 간단하다는 장점이 있지만 변동원가와 고정원가가 발생하는 원인에 대한 차이점을 제대로 인식하지 못하므로 원가배분의 정확성이 떨어진다.

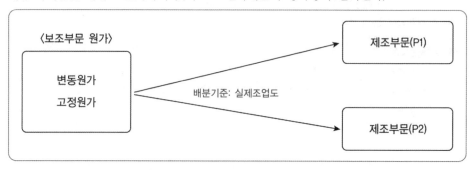

↑ 단일배분율법

(2) 이중배분율법

이중배분율법은 보조부문원가를 배분할 때 변동원가와 고정원가로 구분하여 각각 다른 배분기준을 적용하는 방법이다. 이중배분율법은 변동원가와 고정원가가 발생하는 원인에 대한 차이점을 인식하여 보조부문원가를 배분한다.

보조부문의 변동원가는 실제사용량에 비례하여 발생하므로 실제사용량을 기준으로 배분하는 것이 합리적이나, 고정원가의 대부분은 설비의 감가상각비와 같이 용역을 제공하기 위한 설비와 관련이 있고 보조부문은 최대 용역 사용량을 기준으로 설비투자를 하는 것이 일반적이다. 따라서 보조부문의 고정원가는 용역의 실제사용량이 아닌 최대사용가능량(예정사용량)을 기준으로 배분하는 것이 이중배분율법이다.

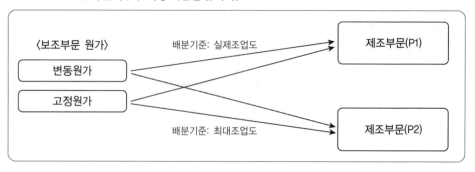

↑ 이중배분율법

사례 ─ 예제

당기 중 전력부문에서는 변동원가 ₩40,000과 고정원가 ₩60,000이 발생하였다. 전력부문은 두 개의 제조부문 P1과 P2에 전력을 제공하고 있는데 그 내용은 다음과 같다.

구분	P1	P2	합계
최대사용가능량	10,000kWh	20,000kWh	30,000kWh
실제사용량	10,000kWh	10,000kWh	20,000kWh

위의 자료를 이용하여 단일배분율법과 이중배분율법으로 각각 P1과 P2에 전력부문원가를 배분하시오.

해설

① 단일배분율법

- P1: $(40,000 + 60,000) \times \dfrac{10,000}{20,000} = ₩50,000$

- P2: $(40,000 + 60,000) \times \dfrac{10,000}{20,000} = ₩50,000$

② 이중배분율법

- P1: $40,000 \times \dfrac{10,000}{20,000} + 60,000 \times \dfrac{10,000}{30,000} = ₩40,000$

- P2: $40,000 \times \dfrac{10,000}{20,000} + 60,000 \times \dfrac{20,000}{30,000} = ₩60,000$

01 원가를 추적가능성에 따라 변동원가와 고정원가로 분류할 수 있다. ( )

02 직접재료원가와 직접노무원가의 합을 기초(기본)원가, 직접노무원가와 제조간접원가의 합을 가공(전환)원가라 한다. ( )

03 변동원가와 고정원가의 분류는 대상 기간과 조업도 범위에 관계없이 항상 일정하다. ( )

04 준고정원가란 조업도와 관계없이 발생하는 고정원가와 조업도의 변동에 비례하여 발생하는 변동원가로 구성된 원가를 말한다. ( )

05 매몰원가는 의사결정에 반영되지 않는 비관련원가에 해당한다. ( )

06 관리자의 성과를 평가할 때는 통제가능성에 관계없이 추적 가능한 모든 원가를 반영하여야 한다. ( )

07 당기총제조원가는 당기 제조과정에 투입된 원가로 재공품계정 차변에 가산되는 원가이다. ( )

08 당기제품제조원가는 당기에 완성시켜 제품으로 대체한 원가로 제품계정에 가산되는 원가이며 재공품계정에는 표시되지 않는다. ( )

09 직접배분법은 보조부문 상호 간의 용역수수관계를 부분적으로 인식하는 방법이다. ( )

10 단계배분법은 어떤 보조부문의 원가를 먼저 배분하느냐에 따라 계산 결과가 달라진다. ( )

---

01 × 원가를 추적가능성에 따라 직접원가와 간접원가로 분류할 수 있다. 변동원가와 고정원가는 원가행태에 따른 분류이다.
02 ○
03 × 변동원가와 고정원가의 분류는 일정기간을 전제한 관련범위 내에서만 성립한다.
04 × 준변동원가란 조업도와 관계없이 발생하는 고정원가와 조업도의 변동에 비례하여 발생하는 변동원가로 구성된 원가를 말한다.
05 ○
06 × 관리자의 성과를 평가할 때는 통제가능원가만을 반영한다.
07 ○
08 × 당기제품제조원가는 재공품계정 대변에 기록된다.
09 × 직접배분법은 보조부문 상호 간의 용역수수관계를 전혀 인식하지 않는다.
10 ○

1 원가의 분류

01 기본원가와 가공원가에 공통적으로 해당하는 항목은?

2013년 국가직 9급

① 제품제조원가

② 제조간접원가

③ 직접재료원가

④ 직접노무원가

02 준고정(계단)원가에 대한 설명으로 옳은 것은? (단, 조업도 이외의 다른 조건은 일정하다고 가정한다)

2016년 지방직 9급

① 조업도와 관계없이 단위당 원가는 항상 일정하다.

② 일정 조업도 범위 내에서는 조업도의 변동에 정비례하여 총원가가 변동한다.

③ 일정 조업도 범위 내에서는 총원가가 일정하지만, 일정 조업도 범위를 초과하면 총원가가 일정액만큼 증가한다.

④ 일정 조업도 범위 내에서는 조업도의 변동에 관계없이 총원가가 일정하므로, 단위당 원가는 조업도의 증가에 따라 증가한다.

---

01 ④ • 기본원가 = 직접재료원가 + 직접노무원가

　　• 가공원가 = 직접노무원가 + 제조간접원가

02 ③ ①, ② 변동원가에 대한 설명이다.

　　④ 어느 원가에도 해당하지 않는 설명이다.

03 원가행태에 대한 설명으로 옳지 않은 것은?

① 고정원가는 조업도가 증감하더라도 전체 범위에서는 고정적이기 때문에, 다른 조건이 동일하다면 제품단위당 고정원가는 조업도의 증가에 따라 감소한다.

② 관련범위 내에서 조업도 수준과 관계없이 고정원가 발생총액은 일정하다.

③ 관련범위 내에서 조업도가 증가하면 변동원가 발생총액은 비례적으로 증가한다.

④ 변동원가는 조업도의 증감에 따라 관련범위 내에서 일정하게 변동하기 때문에, 다른 조건이 동일하다면 제품단위당 변동원가는 조업도의 증감에 관계없이 일정하다.

04 원가에 대한 설명으로 옳지 않은 것은?

① 기회원가는 여러 대안 중 최선안을 선택함으로써 포기된 차선의 대안에서 희생된 잠재적 효익을 의미하며, 실제로 지출되는 원가는 아니다.

② 매몰원가는 과거 의사결정의 결과에 의해 이미 발생한 원가로서 경영자가 더 이상 통제할 수 없는 과거의 원가로 미래 의사결정에 영향을 미치지 못하는 원가이다.

③ 당기총제조원가는 특정 기간 동안 완성된 제품의 제조원가를 의미하며, 당기제품제조원가는 특정 기간 동안 재공품계정에 가산되는 총금액으로 생산완료와는 상관없이 해당 기간 동안 투입된 제조원가가 모두 포함된다.

④ 관련범위 내에서 조업도 수준이 증가함에 따라 총변동원가는 증가하지만 단위당 변동원가는 일정하다.

---

03 ① 회계에서 원가함수를 일차함수로 가정하는 것은 관련범위 내에서만 성립한다. 따라서 고정원가가 전체 범위에서 고정적이라는 설명은 잘못된 것이다.

04 ③ 당기제품제조원가는 특정 기간 동안 완성된 제품의 제조원가를 의미하며, 당기총제조원가는 특정 기간 동안 재공품계정에 가산되는 총금액으로 생산완료와는 상관없이 해당 기간 동안 투입된 제조원가가 모두 포함된다.

2 제조기업의 원가흐름

> **⨀SOLUTION**
>
> - 시험에서는 언제나 **재공품계정**을 그려서 문제를 해결한다.
> - 필요한 경우 제품계정을 추가로 그린다.
> - 직접재료원가는 원재료계정에서 발생하므로 원재료매입액에 기초 및 기말 원재료를 가감하여 직접재료원가를 계산한다.
> - 매출액이 제시된 경우 매출총이익률 등을 이용하여 매출원가로 전환하여 문제를 해결한다.

	재공품		
기초재공품	×××	당기제품제조원가	×××
당기총제조원가			
직접재료원가	×××		
직접노무원가	×××		
제조간접원가	×××	기말재공품	×××

	제품		
기초제품	×××	매출원가	×××
당기제품 제조원가	×××		
		기말제품	×××

05 다음은 ㈜한국의 2014년 중에 발생한 원가 및 비용에 관한 자료이다. 이 자료를 이용하여 기초원가와 전환 원가를 계산하면?

2015년 국가직 9급

직접재료원가	₩60,000	간접재료원가	₩15,000
직접노무원가	15,000	간접노무원가	7,500
공장건물감가상각비	10,000	영업사원급여	12,000
공장수도광열비	7,000	본사비품감가상각비	10,500
공장소모품비	5,000	본사임차료	15,000

	기초원가	전환원가
①	₩75,000	₩59,500
②	75,000	97,000
③	97,500	44,500
④	97,500	82,000

---

05 ① • 기초원가: 직접재료원가(60,000) + 직접노무원가(15,000) = ₩75,000
   • 전환원가: 직접노무원가(15,000) + 공장건물감가상각비(10,000) + 공장수도광열비(7,000) + 공장소모품비(5,000) + 간접재료원가(15,000)
      + 간접노무원가(7,500) = ₩59,500

06 다음 자료를 이용하여 직접재료원가를 계산하면? 2016년 지방직 9급

• 영업사원급여	₩ 35,000	• 간접재료원가	₩ 50,000
• 공장감가상각비	₩ 50,000	• 매출액	₩ 700,000
• 공장냉난방비	₩ 60,000	• 기본(기초)원가	₩ 350,000
• 본사건물임차료	₩ 40,000	• 가공(전환)원가	₩ 300,000

① ₩ 160,000   ② ₩ 190,000

③ ₩ 210,000   ④ ₩ 250,000

07 다음 자료를 토대로 계산한 당기총제조원가와 당기제품제조원가는? 2016년 국가직 9급

• 기초직접재료재고액	₩ 15,000
• 당기직접재료매입액	₩ 50,000
• 기말직접재료재고액	₩ 10,000
• 직접노무원가 발생액	₩ 25,000
• 제조간접원가 발생액	₩ 40,000
• 기초재공품재고액	₩ 30,000
• 기말재공품재고액	₩ 21,000
• 기초제품재고액	₩ 15,000
• 기말제품재고액	₩ 30,000

	당기총제조원가	당기제품제조원가
①	₩ 110,000	₩ 120,000
②	₩ 120,000	₩ 111,000
③	₩ 120,000	₩ 129,000
④	₩ 129,000	₩ 114,000

---

06 ③ • 제조간접원가: 50,000(간접재료) + 50,000(공장감가) + 60,000(공장냉난방) = ₩160,000
　　 • 직접노무원가: 300,000(가공원가) − 160,000(제조간접원가) = ₩140,000
　　 • 직접재료원가: 350,000(기본원가) − 140,000(직접노무원가) = ₩210,000

07 ③ • 직접재료원가: 15,000 + 50,000 − 10,000 = ₩55,000
　　 • 당기총제조원가: 55,000 + 25,000 + 40,000 = ₩120,000
　　 • 당기제품제조원가: 30,000(기초재공품) + 120,000 − 21,000(기말재공품) = ₩129,000

08 ㈜서울의 2016년의 직접재료 매입액은 ₩225,000이며, 가공원가는 ₩168,000이 발생하였다. 직접노무원가는 제조간접원가의 60%이며, ㈜서울의 2016년에 발생한 원가 관련 자료는 다음과 같다. ㈜서울의 2016년의 기본(기초)원가는 얼마인가?

2016년 서울시 9급

	기초재고	기말재고
직 접 재 료	₩45,000	₩30,000
재 공 품	₩20,000	₩28,000
제 품	₩35,000	₩60,000

① ₩273,000 ② ₩303,000
③ ₩315,000 ④ ₩340,800

09 다음 자료에 따른 당기제품제조원가와 매출총이익은? (단, 매출총이익률은 17%이다)

2013년 지방직 9급

	기초재고	기말재고
원 재 료	₩400,000	₩300,000
재 공 품	650,000	700,000
제 품	600,000	1,250,000
당기총제조원가	9,000,000	

	당기제품제조원가	매출총이익
①	₩8,300,000	₩1,070,000
②	8,300,000	1,700,000
③	8,950,000	1,070,000
④	8,950,000	1,700,000

---

08 ② • 직접재료원가: 45,000 + 225,000 − 30,000 = ₩240,000

• 직접노무원가: $168,000(가공원가) \times \frac{6}{16} = ₩63,000$

• 기본원가: 240,000 + 63,000 = ₩303,000

09 ④ • 당기제품제조원가: 650,000 + 9,000,000 − 700,000 = ₩8,950,000

• 매출원가: 600,000 + 8,950,000 − 1,250,000 = ₩8,300,000

• 매출총이익: $8,300,000 \times \frac{17}{83} = ₩1,700,000$

10 ㈜한국의 2013년 원가자료는 다음과 같다. 제조간접비가 직접노무비의 3배로 발생할 때 ㈜한국의 당기제품제조원가는 얼마인가?

2014년 서울시 9급

기초재공품재고액	₩10,000	기초원가	₩40,000
기말재공품재고액	₩15,000	가공원가	₩64,000

① ₩24,000 ② ₩48,000

③ ₩88,000 ④ ₩83,000

⑤ ₩104,000

11 ㈜한강은 단일제품을 생산·판매하고 있다. 이 회사의 2008년 12월 한 달 동안의 매출총이익은 ₩2,640이며, 당기제품제조원가는 ₩13,600이다. 월초 및 월말 재고자산이 다음과 같을 경우 2008년 12월의 매출액은?

2013년 지방직 9급

	12월 1일	12월 31일
원재료	₩1,000	₩300
재공품	1,120	1,520
제품	1,800	2,080

① ₩15,840 ② ₩16,940

③ ₩16,540 ④ ₩15,960

---

10 ④ • 직접노무원가: $64,000 \times \frac{1}{4} = ₩16,000$

    • 당기총제조원가: 40,000 + (64,000 − 16,000) = ₩88,000

    • 당기제품제조원가: 10,000(기초재공품) + 88,000(당기총제조원가) − 15,000(기말재공품) = ₩83,000

11 ④ • 매출원가: 1,800(기초제품) + 13,600(당기제품제조) − 2,080(기말제품) = ₩13,320

    • 매출액: 13,320(매출원가) + 2,640(매출총이익) = ₩15,960

12 다음 자료에 의한 당기제품제조원가는?

2014년 지방직 9급

- 직접재료 구입액   ₩ 1,000
- 직접노무원가   3,000
- 감가상각비(공장설비)   5,000
- 감가상각비(영업용화물차)   4,000
- 공장감독자 급여   1,000
- 기타 제조간접원가   2,000

	기초 재고액	기말 재고액
직접재료	₩ 3,000	₩ 1,000
재공품	10,000	8,000

① ₩ 15,000   ② ₩ 16,000

③ ₩ 17,000   ④ ₩ 18,000

---

12 ② • **직접재료원가**(DM): 3,000 + 1,000 − 1,000 = ₩ 3,000
　　• **제조간접원가**(OH): 5,000 + 1,000 + 2,000 = ₩ 8,000
　　　(영업용화물차 감가상각비는 판매비와관리비로 처리함)

재공품

기초	10,000	당기제품제조원가	16,000
DM	3,000		
DL	3,000		
OH	8,000	기말	8,000

13 제조원가 관련 자료가 다음과 같고 직접노무원가 발생액이 실제 가공원가의 40%일 때, 기본(기초)원가는? (단, 재료소비액은 모두 직접재료원가이다)

2014년 지방직 9급

• 기초재료	₩ 50,000
• 기초재공품	100,000
• 당기재료매입액	170,000
• 기말재료	30,000
• 공장감독자 급여	30,000
• 공장기계 감가상각비	20,000
• 수도광열비(본사 50%, 공장 50% 배부)	20,000

① ₩ 200,000   ② ₩ 230,000

③ ₩ 260,000   ④ ₩ 300,000

14 ㈜한국은 단일 제품을 생산 판매하고 있다. ㈜한국의 1월 중 생산활동과 관련된 정보가 다음과 같을 때, 1월의 직접재료원가는?

2014년 국가직 9급

- 당월총제조원가는 ₩ 2,000,000이고 당월제품제조원가는 ₩ 1,940,000이다.
- 1월 초 재공품은 1월 말 재공품원가의 80%이다.
- 직접노무원가는 1월 말 재공품원가의 60%이며, 제조간접원가는 직접재료원가의 40%이다.

① ₩ 1,000,000   ② ₩ 1,100,000

③ ₩ 1,200,000   ④ ₩ 1,300,000

---

13 ② • 직접재료원가: 50,000 + 170,000 − 30,000 = ₩190,000
- 제조간접가: 30,000 + 20,000 + 20,000 × 50% = ₩60,000
- 직접노무원가: $60,000 \times \dfrac{40\%}{60\%} = ₩40,000$

(가공원가는 40%가 직접노무원가, 60%가 제조간접원가에 해당한다. 따라서 제조간접원가에 $\dfrac{40\%}{60\%}$를 곱하면 직접노무원가가 계산될 것이다.)

- 기본(기초)원가: 190,000 + 40,000 = ₩230,000

14 ④

재공품

기초재공품	0.8X	당기제품제조원가	1,940,000
당기총제조원가	2,000,000		
직접재료원가			
직접노무원가			
제조간접원가		기말재공품	X

- 0.8X + 2,000,000 = 1,940,000 + X, X(기말재공품) = ₩300,000
- 직접노무원가 = 기말재공품(300,000) × 0.6 = ₩180,000
- 직접재료원가: $(2,000,000 - 180,000) \times \dfrac{1}{1.4} = ₩1,300,000$

15 다음은 ㈜한국의 2010년 7월의 원가자료이다.

	2010년 7월 1일	2010년 7월 31일
직접재료	₩ 10,000	₩ 20,000
재공품	100,000	200,000
제품	100,000	50,000

㈜한국의 2010년 7월의 직접재료 매입액이 ₩610,000이고, 매출원가는 ₩2,050,000이다. 가공원가가 직접노무원가의 300%라고 할 때, ㈜한국의 2010년 7월의 제조간접원가는?

2010년 지방직 9급

① ₩800,000
② ₩1,000,000
③ ₩1,600,000
④ ₩2,000,000

16 다음은 ㈜한국의 제품제조 및 판매와 관련된 계정과목들이다. (가)~(라) 중 옳지 않은 것은?

2015년 국가직 9급

직접재료원가	₩ 900	당기제품제조원가	₩ 13,000
직접노무원가	700	기초제품재고액	8,000
제조간접원가	(가)	기말제품재고액	(다)
당기총제조원가	2,000	매출원가	(라)
기초재공품재고액	14,000	매출액	25,000
기말재공품재고액	(나)	매출총이익	8,000

① 가: 400
② 나: 3,000
③ 다: 5,000
④ 라: 17,000

---

15 ② • 직접재료원가: 기초재료(10,000) + 당기매입(610,000) − 기말재료(20,000) = ₩600,000

제품

기초제품	100,000	매출원가	2,050,000
당기제품제조원가	2,000,000	기말제품	50,000

재공품

기초재공품	100,000	당기제품제조원가	2,000,000
당월총제조원가			
직접재료원가	600,000		
직접노무원가	X		
제조간접원가	2X	기말재공품	200,000

• 재공품계정 차변 = 재공품계정 대변, 식을 풀면 X(직접노무가) = ₩500,000
• 제조간접원가 = 직접노무원가 × 2 = ₩1,000,000

16 ③ (가) 제조간접원가: 2,000(당기총제조원가) − 900(DM) − 700(DL) = ₩400
　　(나) 기말재공품: 14,000(기초재공품재고액) + 2,000(당기총제조원가) − 13,000(당기제품제조원가) = ₩3,000
　　(라) 매출원가: 25,000(매출액) − 8,000(매출총이익) = ₩17,000
　　(다) 기말제품: 8,000(기초제품재고액) + 13,000(당기제품제조원가) − 17,000(매출원가) = ₩4,000

다음 자료에 의하여 당기 재료매입액은?

매출원가	₩ 1,000
직접노무원가	300
제조간접원가	400

	기초재고액	기말재고액
재료	₩ 250	₩ 200
재공품	200	250
제품	350	300

① ₩ 150　　　　　　　　　　② ₩ 250

③ ₩ 450　　　　　　　　　　④ ₩ 650

---

17 ②

제품			
기초제품	350	매출원가	1,000
당기제품제조원가	950	기말제품	300

재공품			
기초재공품	200	당기제품제조원가	950
당월총제조원가			
직접재료원가	300		
직접노무원가	300		
제조간접원가	400	기말재공품	250

• 250(기초재료) + X(당기매입) = 300(당기투입) + 200(기말재료), X(당기매입) = ₩ 250

18 다음은 ㈜서울의 20X1년 자료이다. ㈜서울의 기초제품재고액은 얼마인가? 2012년 서울시 9급

- 기말재공품재고액은 기초에 비해 ₩40,000 증가하였다.
- 당기 중 직접노무원가 발생액은 ₩120,000이고 기초원가 발생액은 ₩270,000이며 가공원가 발생액은 ₩180,000이다.
- 당기 매출액은 ₩500,000이며 매출총이익률은 36%이다.
- 당기 말 제품재고액은 ₩50,000이다.

① ₩80,000 ② ₩90,000
③ ₩100,000 ④ ₩110,000
⑤ ₩120,000

19 다음 자료를 토대로 계산한 ㈜대한의 매출총이익은? 2016년 국가직 9급

- 당기 중 직접재료원가는 전환원가의 50%이다.
- 직접노무원가 발생액은 매월 말 미지급임금으로 처리되며 다음 달 초에 지급된다. 미지급임금의 기초금액과 기말 금액은 동일하며, 당기 중 직접노무원가의 지급액은 ₩450이다.
- 재공품 및 제품의 기초금액과 기말금액은 ₩100으로 동일하다.
- 기타 발생비용으로 감가상각비(생산현장) ₩100, 감가 상각비(영업점) ₩100, CEO 급여 ₩150, 판매수수료 ₩100이 있다. CEO 급여는 생산현장에 1/3, 영업점에 2/3 배부된다.
- 매출액은 ₩2,000이다.

① ₩1,050 ② ₩1,100
③ ₩1,150 ④ ₩1,200

---

18 ① • 기초와 기말재공품의 금액을 임의로 대입한다.

재공품

기초재공품	0	당기제품제조원가	290,000
당월총제조원가			
직접재료원가	150,000		
직접노무원가	120,000		
제조간접원가	60,000	기말재공품	40,000

• 매출원가 = 500,000 × (1 − 36%) = ₩320,000

제품

기초제품	80,000	매출원가	320,000
당기제품제조원가	290,000	기말제품	50,000

19 ② • 직접노무원가: ₩450
- 제조간접원가: 100(감가 − 생산) + 50(CEO급여의 1/3) = ₩150
- 직접재료원가는 전환원가의 50%이므로, 직접재료원가 = (450 + 150) × 50% = ₩300
- 당기총제조원가: 300(DM) + 450(DL) + 150(OH) = ₩900
  (재공품 및 제품재고가 없으므로, 당기총제조원가 = 당기제품제조원가 = 매출원가)
- 매출총이익: 2,000 − 900 = ₩1,100

20 ㈜한국의 20X1년도 회계자료가 다음과 같고, 당기총제조원가가 ₩300,000일 때, ㉠ ~ ㉣에 들어갈 금액으로 옳지 않은 것은?

2017년 지방직 9급(12월 추가)

• 직접재료 구입액	₩100,000	• 재공품 기초재고	₩5,000
• 직접재료 기초재고	₩20,000	• 재공품 기말재고	₩20,000
• 직접재료 기말재고	(㉠)	• 당기제품제조원가	(㉢)
• 직접재료원가	(㉡)	• 제품 기초재고	(㉣)
• 직접노무원가	₩80,000	• 제품 기말재고	₩40,000
• 제조간접원가	₩110,000	• 매출원가	₩400,000

① ㉠: ₩10,000

② ㉡: ₩110,000

③ ㉢: ₩285,000

④ ㉣: ₩115,000

---

20 ④

재공품

기초재공품	5,000	당기제품제조원가	285,000
당월총제조원가			
직접재료원가*1	110,000		
직접노무원가	80,000		
제조간접원가	110,000	기말재공품	20,000

(*1) 300,000(당기총제조원가) − 80,000(DL) − 110,000(OH) = 110,000(DM)
직접재료기말재고: 20,000(기초) + 100,000(구입) − 110,000(투입) = 10,000

제품

기초제품	155,000	매출원가	400,000
당기제품제조원가	285,000	기말제품	40,000

21 ㈜대한의 20X1년 기초 및 기말 재고자산 가액은 다음과 같다.

구분	기초	기말
원재료	₩ 34,000	₩ 10,000
재공품	₩ 37,000	₩ 20,000
제품	₩ 10,000	₩ 48,000

원재료의 제조공정 투입금액은 모두 직접재료원가이고, 20X1년 중 매입한 원재료는 ₩ 56,000이다. 20X1년의 기본(기초)원가는 ₩ 320,000이고, 가공(전환)원가의 60 %가 제조간접원가이다. ㈜대한의 20X1년 매출원가는?

2018년 국가직 7급

① ₩ 659,000 ② ₩ 695,000
③ ₩ 899,000 ④ ₩ 959,000

22 다음은 (주)한국의 20X1년 기초·기말 재고에 대한 자료이다. 20X1년도 직접재료 매입액은 ₩ 125,000이고, 제조간접원가는 직접노무원가의 50%였으며, 매출원가는 ₩ 340,000이었다. (주)한국의 20X1년 기본원가(기초원가, prime cost)는?

2019년 지방직 9급

	20X1년 1월 1일	20X1년 12월 31일
직접재료	₩ 20,000	₩ 25,000
재공품	35,000	30,000
제품	100,000	110,000

① ₩ 150,000 ② ₩ 195,000
③ ₩ 225,000 ④ ₩ 270,000

---

21 ①

재공품			
기초	37,000	당기제품제조원가	
DM	80,000*1		697,000
DL	240,000*2		
OH	360,000*3	기말	20,000

제품			
기초	10,000	매출원가	
			659,000
당기제품제조원가			
	697,000	기말	48,000

(*1) 34,000(기초) + 56,000(매입) − 10,000(기말) = ₩ 80,000
(*2) 320,000(기초원가) − 80,000(DM) = ₩ 240,000
(*3) $240,000 \times \dfrac{6}{4} = ₩ 360,000$

22 ④ • 제품 계정: 기초(100,000) + 당기제품제조원가(350,000) = 매출원가(340,000) + 기말(110,000)
• 재공품 계정: 기초(35,000) + DM(120,000) + 가공원가(225,000) = 당기제품제조원가(350,000) + 기말(30,000)
• DL: 225,000 × 100/150 = ₩ 150,000
• 기본원가: 120,000(DM) + 150,000(DL) = ₩ 270,000

23 아래의 원가자료를 이용하여 계산한 ㈜서울의 당기 매출원가는?

• 당기제조간접원가	₩180,000	• 당기총제조원가	₩320,000
• 기초재공품재고액	₩10,000	• 기말재공품재고액	₩5,000
• 기초제품재고액	₩20,000	• 기말제품재고액	₩22,000

① ₩321,000   ② ₩322,000
③ ₩323,000   ④ ₩325,000

3 보조부문의 원가배분

24 보조부문원가 배부 방법에 대한 설명으로 옳지 않은 것은?

① 상호배부법은 연립방정식을 이용하여 보조부문 간의 용역제공비율을 정확하게 고려해서 배부하는 방법이다.
② 단계배부법은 보조부문원가의 배부순서를 적절하게 결정할 경우 직접배부법보다 정확하게 원가를 배부할 수 있다.
③ 단계배부법은 우선순위가 높은 보조부문의 원가를 우선순위가 낮은 보조부문에 먼저 배부하고, 배부를 끝낸 보조부문에는 다른 보조부문원가를 재배부하지 않는 방법이다.
④ 직접배부법은 보조부문 간의 용역수수관계를 정확하게 고려하면서 적용이 간편하다는 장점이 있어 실무에서 가장 많이 이용되는 방법이다.

---

23 ③ • 재공품 계정: 10,000(기초) + 320,000(당기총제조원가) = 325,000(당기제품제조원가) + 5,000(기말)
　　　• 제품 계정: 20,000(기초) + 325,000(당기제품제조원가) = 323,000(매출원가) + 22,000(기말)

24 ④ 직접배부법은 보조부문 간의 용역수수관계를 전혀 반영하지 않는 방법이다.

25 보조부문원가의 배부에 대한 설명으로 옳은 것은? 2017년 지방직 9급

① 보조부문원가는 제조부문에 배부하지 않고 기간비용으로 처리하여야 한다.

② 보조부문원가의 배부순서가 중요한 배부방법은 상호배부법이다.

③ 직접배부법은 보조부문의 배부순서에 관계없이 배부액이 일정하다.

④ 상호배부법은 보조부문 상호 간의 용역수수관계가 중요하지 않을 때 적용하는 것이 타당하다.

26 ㈜한국에는 보조부문에 수선부와 전력부가 있고, 제조부문에 A와 B가 있다. 수선부의 변동원가 당기 발생액은 ₩10,000이며, 전력부와 두 제조부문에 1,000시간의 수선 용역을 제공하였다. 전력부의 변동원가 당기 발생액은 ₩7,000이며, 수선부와 두 제조부문에 2,000kwh의 전력을 제공하였다. ㈜한국이 보조부문원가 중 수선부 원가를 먼저 배부하는 단계배부법을 사용할 경우, 제조부문 A에 배부되는 보조부문의 원가는? 2016년 국가직 9급

제공 \ 사용	수선부	전력부	제조부문 A	제조부문 B
수선부	–	200	500	300
전력부	500	–	1,000	500

① ₩11,000 ② ₩12,000

③ ₩13,000 ④ ₩14,000

---

25 ③ ① 보조부문원가는 제조부문에 배부한 후 최종적으로 제품원가에 반영한다.
② 보조부문원가의 배부순서가 중요한 배부방법은 단계배부법이다.
④ 상호배부법은 보조부문 상호 간의 용역수수관계가 중요할 때 적용하는 것이 타당하다.

26 ①

부문	수선부	전력부	제조부문 A	제조부문 B
원가발생액	10,000	7,000	–	–
수선부 배부	(10,000)	2,000	5,000	3,000
전력부 배부	–	(9,000)	6,000	3,000
			11,000	

27 ㈜서울은 두 개의 보조부문 동력부(S1), 수선부(S2)와 두 개의 제조부문 절단부(P1), 조립부(P2)를 운영하고 있다. 2016년 중 부문 상호 간의 용역수수관계와 부문별로 집계된 원가는 다음과 같다. ㈜서울은 단계배분법에 의하여 보조부문원가를 배분하고 있다. 동력부(S1)의 원가부터 배분할 경우 절단부 (P1)의 배분후 원가는 얼마인가?

2016년 서울시 9급

제공부문 \ 사용부문	동력부(S1)	수선부(S2)	절단부(P1)	조립부(P2)
동력부(S1)	–	50%	20%	30%
수선부(S2)	20%	–	40%	40%
부문별 원가	100,000	₩50,000	₩200,000	₩250,000

① ₩265,000
③ ₩275,000
② ₩270,000
④ ₩280,000

28 보조부문인 수선부와 전력부에서 발생한 원가는 각각 ₩20,000과 ₩12,000이며, 수선부 원가에 이어 전력부 원가를 배부하는 단계배부법으로 제조부문인 A공정과 B공정에 배부한다. 보조부문이 제공한 용역이 다음과 같을 때, 보조부문의 원가 ₩32,000 중에서 A공정에 배부되는 금액은?

2014년 지방직 9급

제공 \ 사용	수선부	전력부	A공정	B공정	합계
수선부	–	4,000	4,000	2,000	10,000시간
전력부	8,000	–	4,000	4,000	16,000kWh

① ₩13,000
③ ₩16,000
② ₩14,000
④ ₩18,000

27 ②

부문	동력부(S1)	수선부(S2)	절단부(P1)	조립부(P2)
원가발생액	100,000	50,000	200,000	250,000
수선부 배부	(100,000)	50,000	20,000	30,000
전력부 배부	–	(100,000)	50,000	50,000
			270,000	

28 ④

부문	수선부	전력부	A공정	B공정
원가발생액	20,000	12,000	–	–
수선부 배부	(20,000)	8,000	8,000	4,000
전력부 배부	–	(20,000)	10,000	10,000
			18,000	

29 휴대폰 부품을 생산하는 ㈜대한은 두 제조부문 (가), (나)와 두 보조부문 (A), (B)로 나누어 부문원가를 계산하고 있다. 단계배부법을 이용하여 보조부문원가를 배부할 때 두 제조부문에 최종적으로 집계되는 원가는? (단, 보조부문원가의 배부순서는 다른 보조부문에 제공한 서비스 제공비율이 큰 부문을 먼저 배부한다)

2011년 국가직 9급

구분	(가)제조부문	(나)제조부문	(A)보조부문	(B)보조부문
1차 집계원가	₩ 120,000	₩ 130,000	₩ 50,000	₩ 60,000
보조부문의 각 부문별 서비스 제공비율				
(A)보조부문	40%	40%	–	20%
(B)보조부문	40%	30%	30%	–

	(가)제조부문	(나)제조부문
①	₩ 171,200	₩ 175,200
②	₩ 178,000	₩ 182,000
③	₩ 180,000	₩ 180,000
④	₩ 182,000	₩ 178,000

29 ②

(B)보조부문	(A)보조부문	(가)제조부문	(나)제조부문
60,000	50,000	120,000	130,000
(60,000)	18,000(30%)	24,000(40%)	18,000(30%)
	(68,000)	34,000(4/8)	34,000(4/8)
		₩178,000	₩182,000

30 ㈜행복자동차는 한 개의 보조부문(수선부문)과 두 개의 제조부문(조립부문과 도장부문)으로 구성되어 있다. 수선부문은 제조부문에 설비수선용역을 제공하고 있는데, 각 제조부문에 대한 최대공급노동시간과 실제공급노동시간 그리고 수선부문 발생원가는 다음과 같다.

구분	조립부문	도장부문	합계
최대공급노동시간	500시간	700시간	1,200시간
실제공급노동시간	500시간	500시간	1,000시간

구분	수선부문
변동원가	₩ 40,000
고정원가	12,000
합계	₩ 52,000

보조부문(수선부문)의 원가를 공급노동시간을 기준으로 이중배부율법을 적용하여 제조부문에 배부한다고 할 때 조립부문에 배부될 원가는?

2010년 지방직 9급

① ₩ 5,000   ② ₩ 20,000

③ ₩ 25,000   ④ ₩ 27,000

---

30 ③ $40,000 \times \dfrac{500}{1,000} + 12,000 \times \dfrac{500}{1,200} = ₩25,000$

31 ㈜한국은 보조부문인 동력부와 제조부문인 절단부, 조립부가 있다. 동력부는 절단부와 조립부에 전력을 공급하고 있으며, 각 제조부문의 월간 전력 최대사용가능량과 3월의 전력 실제사용량은 다음과 같다.

	절단부	조립부	합계
최대사용가능량	500kw	500kw	1,000kw
실제사용량	300kw	200kw	500kw

한편, 3월 중 각 부문에서 발생한 제조간접원가는 다음과 같다.

	동력부	절단부	조립부	합계
변동원가	₩ 50,000	₩ 80,000	₩ 70,000	₩ 200,000
고정원가	₩ 100,000	₩ 150,000	₩ 50,000	₩ 300,000
합계	₩ 150,000	₩ 230,000	₩ 120,000	₩ 500,000

이중배부율법을 적용할 경우 절단부와 조립부에 배부될 동력부의 원가는?   2017년 국가직 9급(4월 시행)

	절단부	조립부
①	₩ 75,000	₩ 75,000
②	₩ 80,000	₩ 70,000
③	₩ 90,000	₩ 60,000
④	₩ 100,000	₩ 50,000

32 보조부문의 원가를 제조부문에 배부하는 방법에 대한 설명으로 가장 옳은 것은?   2018년 서울시 9급

① 상호배부법은 보조부문 상호 간의 용역수수관계를 완전히 무시하고, 보조부문원가를 제조부문에만 배부하는 방법이다.

② 단계배부법은 보조부문 간의 용역수수관계를 부분적으로 고려하는 방법으로 보조부문의 배부순서가 달라지면 배부 후의 결과가 달라진다.

③ 이중배부율법은 보조부문원가를 변동원가와 고정원가로 구분하지 않고, 하나의 배부기준을 이용하여 총원가를 배부하는 방법이다.

④ 직접배부법은 보조부문 상호 간의 용역수수관계를 완전히 고려하여 각 보조부문원가를 제조부문과 다른 보조부문에도 배부하는 방법으로, 가장 논리적이고 정확한 정보를 제공해 주는 방법이다.

---

31 ② • 동력부의 변동원가는 실제사용량, 고정원가는 최대사용가능량을 기준으로 배부한다.

• 절단부로의 배부액: $50,000(변동) \times \dfrac{3}{5} + 100,000(고정) \times \dfrac{5}{10} = ₩80,000$

• 조립부로의 배부액: $50,000(변동) \times \dfrac{2}{5} + 100,000(고정) \times \dfrac{5}{10} = ₩70,000$

32 ② ①은 직접배부법, ③은 단일배부율법, ④은 상호배부법에 대한 설명이다.

개별원가계산과 활동기준원가계산

1 개별원가계산

1. 개별원가계산의 의의

제품원가계산은 각 기업의 생산형태에 따라 또는 원가집계방법에 따라 개별원가계산(작업별원가계산)과 종합원가계산(공정별원가계산)으로 나눌 수 있다.

개별원가계산은 주로 조선업, 항공기업, 기계공업 등과 같이 고객의 주문에 따라 특정 제품을 개별적으로 생산하는 기업에서 사용하는 원가계산방법으로, 제조원가를 개별 작업별로 구분하여 집계한다. 개별원가계산은 고객의 요구에 따라 작업내용을 명확히 구분할 수 있는 회계법인, 법무법인, 컨설팅업체, 병원 등 서비스업체에도 적용될 수 있다.

종합원가계산은 정유업, 화학공업, 제지업 등과 같이 동종 제품을 연속적으로 대량생산하는 기업에서 사용하는 원가계산방법으로, 제조원가를 제조공정별로 구분하여 집계한다.

📍 선생님 TIP

종합원가계산은 03장 '종합원가계산과 결합원가계산'에서 자세히 설명한다.

◐ 개별원가계산과 종합원가계산

구분	개별원가계산	종합원가계산
생산형태	고가의 재고를 주문생산하는 기업	동종 제품을 대량생산하는 기업
원가집계	개별 작업별로 원가집계	제조공정별로 원가집계
원가계산 서류	작업원가표	제조원가보고서

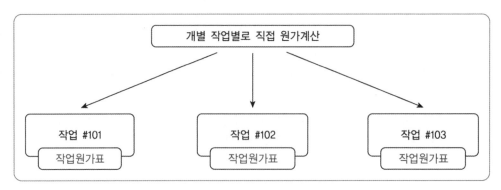

⬆ 개별원가계산의 원가계산 방법

2. 작업원가표

개별원가계산은 각 작업별로 크기, 형태, 내용 등이 다르고, 투입되는 원재료, 노동력을 구분할 수 있으므로 제조원가를 개별 작업별로 집계하여 제품원가계산을 한다. 이때 개별 작업별로 제조원가를 집계하는 서류를 작업원가표라고 부른다.

작업원가표는 개별 작업에 대한 직접재료원가, 직접노무원가, 제조간접원가를 기록, 집계하기 위하여 사용되는 문서로서 개별원가계산에서는 반드시 작성되어야 한다.

재공품

기초재공품	×××	당기제품제조원가	×××
당기총제조원가			
직접재료원가	×××		
직접노무원가	×××		
제조간접원가	×××	기 말 재 공 품	×××

작업
원가표

재공품계정 차변은 단순히 당기에 투입한 원가를 기입하고 재공품계정 대변을 기입할 때 작업원가표를 이용한다.

⊕ 작업원가표 예시

일자	직접재료원가	직접노무원가	제조간접원가	합계
20X1년 1월 1일	재료출고	작업시간	제조간접원가	×××
20X1년 1월 5일	청구서로	보고서로	배부율로	×××
20X1년 1월 9일	직접추적	직접추적	배부	×××

3. 작업원가표 작성 방법

(1) 직접재료원가와 직접노무원가: 직접추적

개별원가계산에서는 개별 작업별로 원가를 집계하므로 제조직접원가와 제조간접원가의 구분이 중요하다. 직접재료원가와 직접노무원가는 개별 작업에 직접 추적할 수 있으므로 작업원가표에 발생된 원가를 그대로 집계한다.

(2) 제조간접원가: 제조간접원가 배부율을 이용하여 배부

개별 작업을 완성하는 과정에서 직접재료원가, 직접노무원가 뿐만 아니라 간접재료원가, 간접노무원가, 공장재산세, 공장건물 감가상각비, 전기요금 등과 같은 제조간접원가도 필연적으로 발생한다. 그러나 제조간접원가는 여러 작업에서 공통적으로 발생하므로 특정 작업과의 관계가 불확실하여 개별 작업에 직접 추적하는 것이 불가능하며, 가능하다 해도 시간과 절차면에서 추적하는 것이 오히려 비효율적이다.

따라서 제조간접원가는 합리적인 배부기준을 선정하여 제조간접원가 배부율을 계산한 후 제조간접원가 배부율을 이용하여 개별 작업에 배부하게 된다.

일반적으로 노동집약적인 작업환경에서는 직접노동시간이나 직접노무원가가, 기계집약적인 작업환경에서는 기계작업시간이 주로 배부기준으로 이용된다.

⊕ 개별원가계산의 원가구분

제조직접원가 (직접재료원가와 직접노무원가)	원가대상에 직접추적
제조간접원가	제조간접원가 배부율을 이용하여 원가대상에 배부 직접노무시간(원가), 기계시간 등을 배부기준으로 사용

4. 작업원가표와 재공품계정의 관계

개별원가계산에서는 개별 작업에 투입되는 원가를 작업원가표에 집계하고 동일한 금액을 재공품계정의 차변에 기록하게 된다. 따라서 모든 작업원가표에 집계된 원가의 합계와 재공품계정의 차변 금액은 일치하게 된다.

> 작업원가표에 집계된 원가의 합계 = 재공품계정 차변에 집계된 원가

개별원가계산은 작업원가표단위로 원가계산을 하게 되는데 당기에 완성된 작업의 작업원가표는 당기제품제조원가로 분류되고, 당기에 미완성 상태로 남는 작업의 작업원가표는 기말재공품원가로 분류된다.

한편, 당기제품제조원가 중 당기에 판매된 작업의 작업원가표는 매출원가로 분류되고 판매되지 않은 작업의 작업원가표는 기말제품으로 분류된다.

> • 당기제품제조원가 = 당기 중 완성된 작업의 작업원가표
> • 기말재공품원가 = 당기 중 미완성된 작업의 작업원가표
> • 매출원가 = 당기 중 판매된 작업의 작업원가표
> • 기말제품원가 = 당기 중 완성되었으나 판매되지 않은 작업의 작업원가표

사례 ─ 예제

㈜한국은 전기 말 현재 미완성된 작업 #1이 있고(기초제품재고는 없음), 당기에 새롭게 작업 #2와 #3을 착수하였다. #1은 당기에 완성되어 판매하였으며, #2는 완성되었으나 미판매 상태에 있고, #3은 기말 현재 작업이 진행 중이다. 각 작업과 관련된 원가자료는 다음과 같다.

구분	작업 #1	작업 #2	작업 #3	합계
전기투입원가	₩50,000	–	–	₩50,000
직접재료원가	30,000	₩20,000	₩40,000	90,000
직접노무원가	40,000	35,000	25,000	100,000

당기 중 제조간접원가 발생액은 ₩80,000이다.
제조간접원가 배부기준이 직접노무원가일 경우 ㈜한국의 재공품계정과 제품계정을 보이시오.

해설

- 제조간접원가 배부율: $\dfrac{80,000}{100,000} = ₩\,0.8/$직접노무원가

작업 #1		
DM	DL	OH
50,000		
30,000	40,000	40,000 × 0.8 = 32,000

작업 #2		
DM	DL	OH
20,000	35,000	35,000 × 0.8 = 28,000

작업 #3		
DM	DL	OH
40,000	25,000	25,000 × 0.8 = 20,000

⇩ 당기제품제조원가 → 매출원가   ⇩ 당기제품제조원가 → 기말제품   ⇩ 기말재공품

- 당기제품제조원가: 작업 #1과 작업 #2의 원가 = ₩235,000
- 기말재공품원가: 작업 #3의 원가 = ₩85,000
- 매출원가: 작업 #1의 원가 = ₩152,000
- 기말제품원가: 작업 #2의 원가 = ₩83,000

재공품			
기초	50,000	당기제품제조원가 (#1, #2)	235,000
직접재료	90,000		
직접노무	100,000		
제조간접	80,000	기말 (#3)	85,000
	320,000		320,000

제품			
당기제품제조원가 (#1, #2)	235,000	매출원가 (#1)	152,000
		기말 (#2)	83,000

2 실제개별원가계산

1. 의의

실제개별원가계산은 직접재료원가, 직접노무원가, 제조간접원가 모두 실제발생액을 개별 작업에 집계하여 원가계산을 하는 방법이다.

2. 원가계산절차

직접재료원가와 직접노무원가는 개별 작업에 실제발생액을 직접 추적하여 집계하고, 제조간접원가는 기말까지 실제 발생된 제조간접원가를 집계하여, 제조간접원가 실제배부율을 구한 후, 이를 이용하여 각 작업에 배부한다.

- 제조간접원가 실제배부율 = 실제 제조간접원가 ÷ 실제배부기준수 합계
- 개별 작업에 제조간접원가배부액 = 개별 작업의 실제배부기준수 × 제조간접원가 실제배부율

선생님 TIP

p.554에서 살펴본 사례가 실제개별원가계산에 해당한다.

3. 장점과 단점

(1) 장점

① 실제 원가를 그대로 이용하므로 제조간접원가와 배부기준수를 추정할 필요가 없다.

② 제품원가계산 결과를 그대로 외부보고용 재무제표에 반영할 수 있다.

(2) 단점

① 제조간접원가 배부를 위해 제조간접원가 실제발생액이 확정될 때까지 기다려야 하는데 이렇게 되면 제품원가계산이 너무 지연되는 문제가 있다.

② 기말이 되어야 제조간접원가배부를 할 수 있으므로 원가정보의 적시성이 매우 떨어지게 된다.

제조간접원가는 감가상각비, 보험료, 전력요금 등 수 많은 항목으로 구성되는데 이들 항목의 정확한 금액은 기말이 되어야 확정이 된다.

3 정상(예정)개별원가계산

정상개별원가계산은 제조간접원가 예정배부율을 이용하여 제조간접원가를 배부함으로써 실제개별원가계산의 문제점(제품원가계산의 지연)을 극복하고자 하는 원가계산방법이다.

1. 원가계산절차

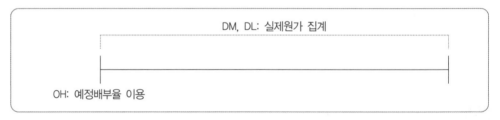

⊕ 정상개별원가계산의 적용

(1) 직접재료원가·직접노무원가

실제개별원가계산과 같이 실제발생액을 개별 작업에 직접 추적하여 집계

(2) 제조간접원가

기초에 결정한 제조간접원가 예정배부율을 이용하여 각 개별 작업에 배부

제조간접원가 예정배부는 아래와 같은 식을 이용한다.

- 제조간접원가 예정배부율(기초에 결정) = 제조간접원가예산 ÷ 예정배부기준수 합계
- 개별 작업에 제조간접원가배부액 = 제조간접원가 예정배부율 × 개별 작업의 실제배부기준수

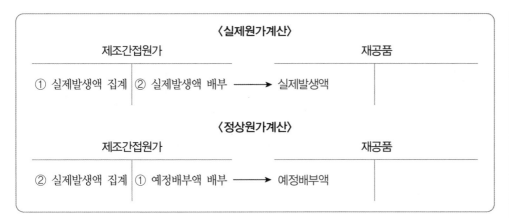

○ 실제원가계산과 정상원가계산에서의 제조간접원가

2. 장점과 단점

(1) 장점

기중에 제조간접원가 예정배부율을 이용해 원가계산을 하므로 기말에 제조간접원가 실제발생액이 확정되기 전에도 원가계산을 할 수 있다. 즉, 실제개별원가계산이 가지고 있는 원가계산지연의 문제를 해결할 수 있다.

(2) 단점

① 기초에 제조간접원가 예정배부율을 구하기 위해 제조간접원가와 배부기준수를 추정해야 하는 번거로움이 있다.

② 기중 제조간접원가 예정배부액과 기말 제조간접원가 실제발생액이 일치하지 않는 문제점이 있다.

정상개별원가계산에서는 예정배부율을 이용해 제조간접원가를 예정배부하므로, 제조간접원가 예정배부액은 기말에 집계되는 제조간접원가 실제발생액과 일치하지 않을 것이다. 이를 제조간접원가 배부차이라 부르고, 정확한 원가계산을 위해서는 이 배부차이를 조정해야 한다.

㈜한국은 당기 초 영업을 개시하였으며, 당기에 작업 #1, 작업 #2, 작업 #3을 착수하였다. ㈜한국은 정상개별원가계산을 적용하고 있는데 제조간접원가 배부기준은 직접노무원가이며, ㈜한국이 연초에 예상한 직접노무원가는 ₩120,000, 연초에 예상한 제조간접원가는 ₩84,000이다. #1은 당기에 완성되어 판매하였으며, #2는 완성되었으나 미판매 상태에 있고, #3은 기말 현재 작업이 진행 중이다. 각 작업과 관련된 원가자료는 다음과 같다.

구분	작업 #1	작업 #2	작업 #3	합계
직접재료원가	₩30,000	₩20,000	₩40,000	₩90,000
직접노무원가	40,000	35,000	25,000	100,000

당기 중 제조간접원가 발생액은 ₩80,000이다.
정상개별원가계산을 이용한 ㈜한국의 재공품계정과 제품계정을 보이고 배부차이를 구하시오.

해설

- 제조간접원가 예정배부율(기초에 결정): $\frac{84,000}{120,000} = ₩0.7/직접노무원가$

	작업 #1			작업 #2			작업 #3	
DM	DL	OH	DM	DL	OH	DM	DL	OH
30,000	40,000	40,000 × 0.7 = 28,000	20,000	35,000	35,000 × 0.7 = 24,500	40,000	25,000	25,000 × 0.7 = 17,500

⇩ 당기제품제조원가 → 매출원가 　　⇩ 당기제품제조원가 → 기말제품 　　⇩ 기말재공품

- 당기제품제조원가: 작업 #1과 작업 #2의 원가 = ₩177,500
- 기말재공품원가: 작업 #3의 원가 = ₩82,500
- 매출원가: 작업 #1의 원가 = ₩98,000
- 기말제품원가: 작업 #2의 원가 = ₩79,500

재공품

기초	–	당기제품제조원가 (#1, #2)	177,500
직접재료	90,000		
직접노무	100,000		
제조간접	70,000	기말 (#3)	82,500
	260,000		260,000

제품

당기제품제조원가	177,500	매출원가 (#1)	98,000
		기말 (#2)	79,500

제조간접원가

실제발생액(기말)	₩80,000	예정배부액(기중)	100,000 × 0.7 = ₩70,000

- 제조간접원가 배부차이: 80,000(실제발생액) − 70,000(예정배부액) = ₩10,000(과소배부)

3. 제조간접원가 배부차이

실제개별원가계산에서는 회계연도 말에 제조간접원가 발생액만큼 제조간접원가를 재공품계정으로 배부하므로 제조간접원가 배부차이가 나타나지 않는다. 그러나 정상개별원가계산에서는 회계연도 중에 제조간접원가 예정배부율을 이용하여 제조간접원가를 배부하므로 제조간접원가 실제발생액과 예정배부액 간에 차이가 발생하는데 이를 배부차이라고 한다.

> 제조간접원가 배부차이 = 실제발생액 − 예정배부액

〈제조간접원가 배부차이의 유형〉

① 과소(부족)배부: 제조간접원가 실제발생액 〉제조간접원가 예정배부액
② 과대(초과)배부: 제조간접원가 실제발생액 〈 제조간접원가 예정배부액

〈제조간접원가 과소배부〉		〈제조간접원가 과대배부〉	
제조간접원가		제조간접원가	
실제발생액	예정배부액	실제발생액	예정배부액

사례 ─ 예제

다음은 ㈜한국과 ㈜대한의 자료이다. ㈜한국과 ㈜대한의 제조간접원가 배부차이를 구하시오.

• 당기의 예산자료

구분	㈜한국	㈜대한
제조간접원가 배부기준	기계시간	직접노무원가
제조간접원가 예산	₩100,000	₩200,000
추정기계시간	10,000시간	15,000시간
직접노무원가예산	₩80,000	₩50,000

• 당기의 실제자료

구분	㈜한국	㈜대한
실제 제조간접원가	₩98,000	₩190,000
실제기계시간	9,500시간	13,500시간
실제직접노무원가	₩88,000	₩55,000

해설

• ㈜한국의 제조간접원가 예정배부율: $\dfrac{100,000}{10,000시간}$ = ₩10/기계시간

제조간접원가: ㈜한국

실제발생액(기말)	₩98,000	예정배부액(기중)	9,500 × 10 = ₩95,000

⇩

₩3,000 과소배부

• ㈜대한의 제조간접원가 예정배부율: $\dfrac{200,000}{50,000}$ = ₩ 4/직접노무원가

제조간접원가: ㈜대한

실제발생액(기말)	₩ 190,000	예정배부액(기중)	55,000 × 4 = ₩ 220,000

⇩

₩ 30,000 과대배부

4. 제조간접원가 배부차이 조정

[제조간접원가 예정배부액의 흐름]

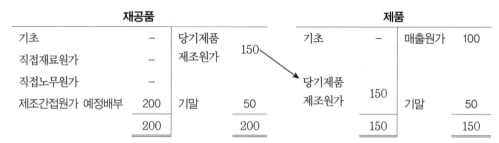

위 사례에서 제조간접원가 예정배부액은 최종적으로 기말재공품, 기말제품, 매출원가에 귀속됨을 알 수 있다.

(1) 제조간접원가 과소(부족)배부

앞의 사례에서 기말에 실제 제조간접원가 발생액이 ₩ 300으로 확정된다면 제조간접원가 계정은 아래와 같이 분석된다.

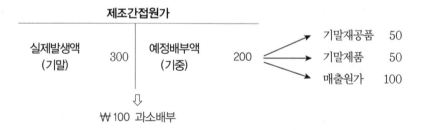

과소배부는 기중에 제조간접원가 예정배부를 너무 적게 해서 발생하는 것이므로 기말에 제조간접원가를 추가로 ₩ 100만큼 배부한다. 최초에 배부한 제조간접원가 ₩ 200이 기말재공품, 기말제품, 매출원가에 귀속되어 있으므로 추가로 배부하는 ₩ 100도 기말재공품, 기말제품, 매출원가로 배부한다. 따라서 기말 배부차이 조정을 위해서는 아래와 같은 분개가 나온다.

[배부차이 조정 분개 – 과소배부]

(차) 재 공 품	25	(대) 제 조 간 접 원 가	100
제 품	25		
매 출 원 가	50		

(2) **제조간접원가 과대(초과)배부**

앞의 사례에서 기말에 실제 제조간접원가 발생액이 ₩ 150으로 확정된다면 제조간접원가 계정은 아래와 같이 분석된다.

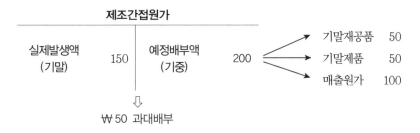

과대배부는 기중에 제조간접원가 예정배부를 너무 많이 해서 발생하는 것이므로 기말에 제조간접원가를 ₩ 50만큼 차감한다. 최초에 배부한 제조간접원가 ₩ 200이 기말재공품, 기말제품, 매출원가에 귀속되어 있으므로 기말에 제조간접원가를 차감할 때는 기말재공품, 기말제품, 매출원가에서 차감한다. 따라서 기말 배부차이 조정을 위해서는 아래와 같은 분개가 나온다.

[배부차이 조정 분개 – 과대배부]

(차) 제 조 간 접 원 가　　50　　(대) 재　　공　　품　　12.5
　　　　　　　　　　　　　　　　　　　 제　　　　　　품　　12.5
　　　　　　　　　　　　　　　　　　　 매　 출　 원　 가　　　25

이와 같은 배부차이 조정방법을 원가요소법이라 하는데 논리적으로 정확한 조정이므로 원가요소법으로 배부차이를 조정하게 되면 처음부터 실제원가계산을 한 것과 동일한 결과가 나온다.

원가요소법 외에 제조간접원가 배부차이를 조정하는 방법들은 아래와 같다.

① **매출원가조정법**

　매출원가조정법은 배부차이를 전액 매출원가에서 조정하는 방법으로, 이 방법을 적용하면 기말재공품과 기말제품의 제조간접원가는 계속 예정배부액으로 기록된다.

- 과소배부일 경우: 적게 배부된 제조간접원가를 전액 매출원가에 추가로 배부
- 과대배부일 경우: 초과 배부된 제조간접원가를 전액 매출원가에서 차감

[배부차이 조정 분개 – 매출원가조정법: 과소배부]

(차) 매　 출　 원　 가　　100　　(대) 제 조 간 접 원 가　　100

[배부차이 조정 분개 – 매출원가조정법: 과대배부]

(차) 제 조 간 접 원 가　　50　　(대) 매　 출　 원　 가　　50

선생님 TIP

공무원 회계학 시험에서는 매출원가조정법의 사례가 가장 많이 다루어진다.

② 영업외손익법

영업외손익법은 배부차이를 전액 영업외손익에서 조정하는 방법으로, 이 방법을 적용하면 기말재공품과 기말제품 및 매출원가의 제조간접원가는 계속 예정배부액으로 기록된다.

- 과소배부일 경우: 적게 배부된 제조간접원가를 전액 영업외비용으로 처리
- 과대배부일 경우: 초과 배부된 제조간접원가를 전액 영업외수익으로 처리

[배부차이 조정 분개 - 영업외손익법: 과소배부]

(차) 영 업 외 비 용　　　100　　(대) 제 조 간 접 원 가　　　100

[배부차이 조정 분개 - 영업외손익법: 과대배부]

(차) 제 조 간 접 원 가　　　50　　(대) 영 업 외 수 익　　　50

③ 비례배분법

비례배분법은 배부차이를 기말재공품, 기말제품, 매출원가에서 조정하는 방법으로 이론적으로 합리적인 방법이다. 비례배분법은 배부차이를 조정할 때 그 비율을 어떻게 설정하느냐에 따라 원가요소법과 총원가기준법이 있다.

㉠ 원가요소법

원가요소법은 기말재공품, 기말제품, 매출원가에 포함된 제조간접원가의 비율에 따라 배부차이를 조정하는 방법으로, 이론적으로 정확한 방법이며, 원가요소법으로 배부차이를 조정하게 되면 실제원가계산을 적용할 경우와 동일한 결과를 얻을 수 있다.

앞서 살펴본 방법이 원가요소법이다.

㉡ 총원가기준법

총원가기준법은 기말재공품, 기말제품, 매출원가의 총원가 비율에 따라 배부차이를 조정하는 방법이다. 기말재공품, 기말제품, 매출원가 모두에서 배부차이를 조정한다는 점에서는 합리적인 방법이지만 제조간접원가 배부차이와 관계없는 직접재료원가와 직접노무원가 금액을 포함한 총원가 비율로 제조간접원가 배부차이를 조정한다는 점에서 논리적 결함이 있는 방법이다.

사례 ― 예제

㈜한국은 당기 초 영업을 개시하였으며, 당기에 작업 #1, 작업 #2, 작업 #3을 착수하였다. ㈜한국은 정상개별원가계산을 적용하고 있는데 제조간접원가 배부기준은 직접노무원가이며, ㈜한국이 연초에 예상한 직접노무원가는 ₩120,000, 연초에 예상한 제조간접원가는 ₩84,000이다. #1은 당기에 완성되어 판매하였으며, #2는 완성되었으나 미판매 상태에 있고, #3은 기말 현재 작업이 진행 중이다. 각 작업과 관련된 원가자료는 다음과 같다.

구분	작업 #1	작업 #2	작업 #3	합계
직접재료원가	₩52,000	₩30,500	₩47,500	₩130,000
직접노무원가	40,000	35,000	25,000	100,000

당기 중 제조간접원가 발생액은 ₩80,000이다.

㈜한국이 배부차이 조정방법으로 매출원가조정법, 원가요소법, 총원가기준법을 사용할 경우 각각에 대해서 배부차이를 조정하는 회계처리를 보이시오.

해설 --

• 제조간접원가 예정배부율(기초에 결정): $\dfrac{84,000}{120,000} = ₩0.7/$직접노무원가

작업 #1			작업 #2			작업 #3		
DM	DL	OH	DM	DL	OH	DM	DL	OH
52,000	40,000	$40,000 \times 0.7$ $= 28,000$	30,500	35,000	$35,000 \times 0.7$ $= 24,500$	47,500	25,000	$25,000 \times 0.7$ $= 17,500$
	⇩			⇩			⇩	
매출원가: 120,000			기말제품: 90,000			기말재공품: 90,000		

제조간접원가

실제발생액(기말)	₩80,000	예정배부액(기중)	$100,000 \times 0.7 = ₩70,000$

⇩

₩10,000 과소배부

① 매출원가조정법

(차) 매 출 원 가   10,000   (대) 제 조 간 접 원 가   10,000

② 원가요소법

• 재공품에서 조정되는 금액: $10,000 \times \dfrac{17,500}{70,000} = ₩2,500$

• 제품에서 조정되는 금액: $10,000 \times \dfrac{24,500}{70,000} = ₩3,500$

• 매출원가에서 조정되는 금액: $10,000 \times \dfrac{28,000}{70,000} = ₩4,000$

(차) 재   공   품   2,500   (대) 제 조 간 접 원 가   10,000
　　제   품   3,500
　　매 출 원 가   4,000

③ 총원가기준법

• 재공품에서 조정되는 금액: $10,000 \times \dfrac{90,000}{300,000} = ₩3,000$

• 제품에서 조정되는 금액: $10,000 \times \dfrac{90,000}{300,000} = ₩3,000$

• 매출원가에서 조정되는 금액: $10,000 \times \dfrac{120,000}{300,000} = ₩4,000$

(차) 재   공   품   3,000   (대) 제 조 간 접 원 가   10,000
　　제   품   3,000
　　매 출 원 가   4,000

4 활동기준원가계산(Activity-Based Costing; ABC)

1. 전통적 원가계산의 문제점

(1) 전통적 원가계산에서는 일반적으로 직접노무시간, 직접노무원가, 기계시간 등을 이용해 제조간접원가를 배부함 → 생산량이 많은 제품이 직접노무시간, 직접노무원가, 기계시간 등을 많이 소비함 → 생산량이 많은 제품에 제조간접원가가 많이 배부됨

(2) 제조간접원가에는 생산량에 비례하여 발생하지 않는 원가들도 많이 포함되어 있는데 이들 원가를 생산량과 관련된 배부기준을 사용하여 배부하게 되면 제품원가의 왜곡을 초래함

(3) 과거에는 직접원가에 비해 제조간접원가의 비중이 많지 않았으므로 제조간접원가의 잘못된 배부로 인한 제품원가의 왜곡이 크지 않았으나 최근에는 제조간접원가가 급격히 증가하면서 전통적 방법으로 제조간접원가를 배부하게 되면 제품원가의 왜곡이 크게 나타나게 됨

2. 활동기준원가계산의 도입배경

(1) **제조원가 중 제조간접원가의 비중이 커짐**

과거에는 제조간접원가의 비중이 작았으므로 생산량과 관련된 배부기준을 이용하여 제조간접원가를 배부하더라도 원가왜곡현상이 크게 발생하지 않았으나, 최근에는 제조간접원가의 비중이 커지고 있어 생산량과 관련된 배부기준만으로 제조간접원가를 배부할 경우 원가왜곡현상이 크게 발생한다.

(2) **소품종 대량생산체제에서 다품종 소량생산체제로 전환**

최근에는 소비자의 다양한 욕구를 충족시키기 위해서 소품종 대량생산체제에서 다품종 소량생산체제로 전환되고 있다. 많은 종류의 제품을 생산하면 제품에 직접추적하기 힘든 간접원가가 많아지고, 활동의 종류도 많아져서 다양한 배부기준을 이용해 제조간접원가를 배부할 필요성이 있다.

(3) **원가개념의 확대**

전통적 원가계산에서는 제조원가를 이용한 제품원가계산에 중점을 두었지만 최근에는 연구개발, 설계, 마케팅, 유통, 고객서비스 등의 원가가 크게 증가하고 있으므로 이들 활동에 대한 원가정보도 필요하게 되었다.

(4) **정보수집기술의 발달**

활동기준원가계산을 적용하기 위해서는 활동분석, 자원원가, 자원동인분석, 활동원가, 원가동인분석에 필요한 많은 정보를 수집해야 하는데, 정보수집기술의 발달로 이들 정보를 적은 비용으로 쉽게 수집할 수 있게 되었다.

3. 활동기준원가계산의 의의

활동기준원가계산이란 최근 제조환경에서 급격히 증가하고 있는 제조간접원가를 제품에 정확히 배부하고, 효율적으로 관리하기 위하여 활동을 중심으로 제조간접원가를 제품에 배부하려는 원가계산시스템을 말한다.

활동기준원가계산은 '활동은 자원을 소비하고, 제품은 활동을 소비한다'는 사고에 근거하여 제품원가를 보다 정확하게 계산하려는 원가계산시스템이며, 제조기업 뿐만 아니라 서비스업체에서도 이용될 수 있다.

활동기준원가계산에서는 활동이 자원을 소비하므로 자원원가를 활동에 배부하는 단계와 제품이 활동을 소비하므로 활동에 집계된 원가를 제품에 배부하는 단계로 나누어 제조간접원가를 배부하게 된다.

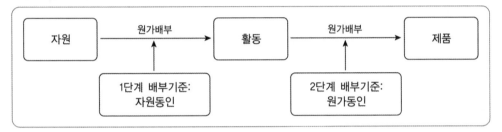

⬆ 활동기준원가계산의 계산 절차

4. 전통적 원가계산과 활동기준원가계산의 비교

(1) 전통적 원가계산에서는 제품을 생산하기 위하여 자원을 소비하므로 제품이 제조간접원가를 발생시킨다고 가정하지만, 활동기준원가계산에서는 활동이 자원을 소비하므로 활동이 제조간접원가를 발생시킨다고 가정한다.

(2) 전통적 원가계산에서는 제조간접원가 배부 시 생산량과 관련된 배부기준을 사용하지만, 활동기준원가계산에서는 작업준비횟수, 주문횟수, 검사시간 등과 같은 다양한 원가동인을 사용한다.

(3) 전통적 원가계산에서는 소수의 배부기준을 이용하여 제조간접원가를 배부하지만, 활동기준원가계산에서는 인과관계가 높은 다수의 원가동인을 이용하여 제조간접원가를 배부한다.

5. 활동기준원가계산의 계산과정

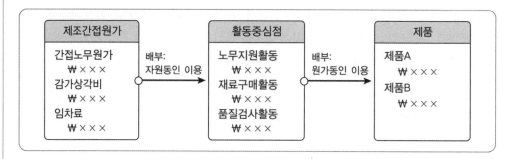

⊕ 활동기준원가계산의 계산과정

① 활동분석	제품을 생산하는 데 필요한 활동을 분석하여 자원을 소비하는 활동들을 확인
② 활동중심점의 설정	비슷한 종류의 활동들을 묶어 원가 배부대상인 활동중심점으로 설정
③ 활동중심점별로 원가집계	자원원가를 자원동인을 이용하여 활동중심점별로 집계
④ 활동중심점별로 원가동인 선정	활동중심점별로 집계된 원가를 각 제품에 배부하기 위하여 원가동인을 선정[*1]
⑤ 활동중심점별 원가배부율 계산	활동중심점별 원가 ÷ 활동중심점별 원가동인 수 = 활동중심점별 원가배부율
⑥ 활동중심점별 원가를 제품에 배부	원가동인 수 × 활동중심점별 원가배부율 = 배부되는 원가

(*1) 수행된 활동의 수로 측정하는 거래동인보다 수행에 소요된 시간으로 측정하는 시간동인이 더 정확한 배부기준임

사례 ─ 예제 **자원원가를 활동중심점으로 배부**

㈜한국에서 당기에 발생한 원가는 급여 ₩50,000, 임차료 ₩60,000, 전력비 ₩80,000이다. ㈜한국의 활동중심점과 자원동인 수는 아래와 같다.

활동	연간작업시간	면적(m^2)	전력사용량(kWh)
작업준비활동	200	30	100
절삭작업활동	200	20	150
품질검사활동	100	10	150
합계	500	60	400

자원원가를 각 활동중심점으로 배분하시오.

해설

- 급여: 연간작업시간 기준으로 각 활동중심점에 배부한다.
- 임차료: 면적 기준으로 각 활동중심점에 배부한다.
- 전력비: 전력사용량 기준으로 각 활동중심점에 배부한다.

활동	급여	임차료	전력비	활동별 원가
작업준비활동	₩20,000	₩30,000	₩20,000	₩70,000
절삭작업활동	20,000	20,000	30,000	70,000
품질검사활동	10,000	10,000	30,000	50,000
합계	₩50,000	₩60,000	₩80,000	₩190,000

사례 — 예제 활동중심점별 원가를 제품에 배부

㈜한국은 제조간접원가를 다음과 같이 활동별로 집계하였다. ㈜한국이 파악한 원가동인은 아래와 같다.

활동	활동별 원가	원가동인	원가동인 수
작업준비활동	₩70,000	작업준비시간	350시간
절삭작업활동	70,000	기계시간	700시간
품질검사활동	50,000	검사시간	100시간
합계	₩190,000		

㈜한국은 제품 A와 제품 B를 생산하고 있으며 당기 중 각 제품의 생산과 관련된 자료는 다음과 같다.

구분	제품 A	제품 B
생산량	100단위	100단위
제품단위당 직접재료원가	₩1,500	₩500
제품단위당 직접노무원가	₩500	₩1,500
제품단위당 직접노무시간	1시간	3시간
작업준비시간	200시간	150시간
기계시간	400시간	300시간
검사시간	80시간	20시간

(1) 직접노동시간을 기준으로 제조간접원가를 배부할 경우 각 제품의 단위당 제조원가를 구하시오.

(2) 활동기준원가계산을 사용할 경우 각 제품의 단위당 제조원가를 구하시오.

해설

(1) 전통적 방법
- 제조간접원가 배부율: 190,000 ÷ (100단위 × 1시간 + 100단위 × 3시간) = ₩475
- 제품A의 단위당 제조원가: 1,500 + 500 + 475 × 1시간 = ₩2,475
- 제품B의 단위당 제조원가: 500 + 1,500 + 475 × 3시간 = ₩3,425

(2) 활동기준원가계산
- 작업준비활동 배부율: 70,000 ÷ 350시간 = ₩200
- 절삭작업활동 배부율: 70,000 ÷ 700시간 = ₩100
- 품질검사활동 배부율: 50,000 ÷ 100시간 = ₩500
- 제품 A의 단위당 제조간접원가: (200H × 200 + 400H × 100 + 80H × 500) ÷ 100단위 = ₩1,200
- 제품 B의 단위당 제조간접원가: (150H × 200 + 300H × 100 + 20H × 500) ÷ 100단위 = ₩700
- 제품 A의 단위당 제조원가: 1,500 + 500 + 1,200 = ₩3,200
- 제품 B의 단위당 제조원가: 500 + 1,500 + 700 = ₩2,700

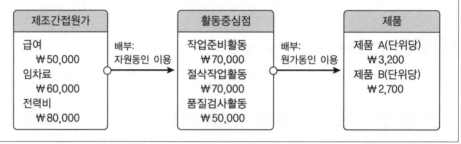

위 사례에서 작업준비원가, 절삭작업원가, 품질검사원가를 발생시키는 원가동인은 직접노무시간인 아닌 작업준비시간, 기계시간, 검사시간이므로 이들을 기준으로 제조간접원가를 배부해야 정확한 원가계산이 된다. 그러나 전통적 원가계산 방법은 이러한 원가동인을 무시하고 직접노무시간으로 제조간접원가를 배부하므로 원가왜곡을 초래하게 된다.

전통적 원가계산과 활동기준원가계산을 이용한 각 제품의 단위당 제조원가는 아래와 같다.

구분	제품 A	제품 B
전통적 원가계산	₩2,475	₩3,425
활동기준원가계산	₩3,200	₩2,700

위 결과를 분석하면 다음과 같다. 제품 A는 실제활동소비가 많은 제품이지만 전통적 원가계산에 의하면 직접노무시간이 적다는 이유로 제조간접원가를 적게 배부하게 되고, 결과적으로 제품원가를 과소계상하게 된다. 반면에 제품 B는 실제활동소비가 적은 제품이지만 전통적 원가계산에 의하면 직접노무시간이 많다는 이유로 제조간접원가를 많이 배부하게 되고, 결과적으로 제품원가를 과대계상하게 된다.

사례의 결과를 일반화하면 다음과 같은 결론을 도출할 수 있다.

⊕ 전통적 원가계산으로 나타나는 결과

제품의 특징	제조간접원가	제품원가	원가가산가격결정	결과
생산량(노무시간)은 적고 활동소비는 많음(제품 A)	과소배부	과소계상	판매가격 과소책정	수익성 저하
생산량(노무시간)은 많고 활동소비는 적음(제품 B)	과대배부	과대계상	판매가격 과대책정	시장점유율 감소

01 종합원가계산을 적용하는 기업은 작업원가표를 이용해 제조원가를 집계한다. ( )

02 작업원가표에 원가를 집계할 때 제조직접원가는 원가를 개별 작업에 직접 추적하여 집계하고 제조간접원가는 합리적인 배부기준을 선정하여 제조간접원가 배부율을 계산한 후 제조간접원가 배부율을 이용하여 원가를 개별 작업에 배부한다. ( )

03 실제개별원가계산은 제조간접원가와 배부기준수를 추정할 필요가 없다는 점에서 적용이 간편할 수 있으나 제품원가계산이 너무 지연된다는 문제가 있다. ( )

04 정상개별원가계산에서는 제조간접원가 실제발생액을 집계한 후 동금액을 재공품계정으로 배부하므로 제조간접원가 배부차이가 발생할 수 있다. ( )

05 정상원가계산에서 제조간접원가 예정배부액은 기초에 정한 제조간접원가 예정배부율에 예산 배부기준수를 곱하여 결정한다. ( )

06 제조간접원가 실제발생액보다 예정배부액이 큰 경우 과대배부에 해당하며, 기말재공품, 기말제품, 매출원가에서 제조간접원가를 차감하는 방법으로 배부차이를 조정한다. ( )

07 전통적 원가계산에 의해 제조간접원가를 배부하면 제조과정이 상대적으로 복잡한 제품에 제조간접원가가 많이 배부되는 경향이 있다. ( )

08 활동기준원가계산은 자원원가를 각 활동중심점으로 배부하고, 각 활동중심점별 원가를 제품으로 배부하는 절차를 거쳐 제품원가를 계산한다. ( )

---

01 × 개별원가계산을 적용하는 기업은 작업원가표를 이용해 제조원가를 집계한다.
02 ○
03 ○
04 × 정상개별원가계산에서는 제조간접원가를 재공품계정으로 예정 배부한 후 제조간접원가 실제발생액을 집계하므로 제조간접원가 배부차이가 발생할 수 있다.
05 × 정상원가계산에서 제조간접원가 예정배부액은 기초에 정한 제조간접원가 예정배부율에 실제 배부기준수를 곱하여 결정한다.
06 ○
07 × 전통적 원가계산에 의해 제조간접원가를 배부하면 생산량이 많은 제품에 제조간접원가가 많이 배부되는 경향이 있다.
08 ○

1 실제개별원가계산

> **◎ SOLUTION**
>
> • **작업원가표**: 직접재료원가·직접노무원가는 문제에 제시되므로 제조간접원가 배부를 직접하여 작업원가표를 채운다.
> • **당기제품제조원가** = 당기 중 완성된 작업의 작업원가표
> • **기말재공품원가** = 당기 중 미완성된 작업의 작업원가표
> • **매출원가** = 당기 중 판매된 작업의 작업원가표
> • **기말제품원가** = 당기 중 완성되었으나 판매되지 않은 작업의 작업원가표

01 ㈜태양은 주문에 의한 제품생산을 하고 있는 조선업체이다. 2010년 중에 자동차운반선(갑)과 LNG운반선(을)을 완성하여 주문자에게 인도하였고, 2010년 말 미완성된 컨테이너선(병)이 있다. 갑, 을, 병 이외의 제품주문은 없었다고 가정한다. 다음은 2010년의 실제 원가자료이다.

구분	갑	을	병	합계
기초재공품	₩300	₩400	₩100	₩800
직접재료원가	150	200	160	510
직접노무원가	60	80	40	180
직접노무시간	200시간	500시간	300시간	1,000시간

2010년에 발생한 총제조간접원가는 ₩1,000이다. ㈜태양은 제조간접원가를 직접노무시간에 따라 배부한다고 할 때, ㈜태양의 2010년 기말재공품원가는?

2010년 지방직 9급

① ₩300
② ₩600
③ ₩800
④ ₩1,000

---

01 ② 기말재공품(병): $100 + 160 + 40 + 1,000 \times \dfrac{300}{1,000} = ₩600$

02 다음의 개별원가계산 자료에 의한 당기총제조원가는? 2013년 국가직 9급

- 직접재료원가는 ₩3,000이며 직접노동시간은 30시간이고 기계시간은 100시간이다.
- 직접노무원가의 임률은 직접노동시간당 ₩12이다.
- 회사는 기계시간을 기준으로 제조간접원가를 배부한다.
- 제조간접원가 예정배부율이 기계시간당 ₩11이다.

① ₩4,460   ② ₩4,530
③ ₩4,600   ④ ₩4,670

2 배부차이 계산

⊘ SOLUTION

- **제조간접원가 예정배부율 계산**: 제조간접원가예산 ÷ 예정배부기준수 합계
  (제조간접원가 예정배부율은 기초에 예산을 이용해 계산한다.)
- **제조간접원가 예정배부액**: 제조간접원가 예정배부율 × 개별 작업의 실제배부기준수

03 ㈜한국은 직접노동시간을 기준으로 제조간접비를 예정배부하고 있다. 당기의 제조간접비예산은 ₩500,000이고, 예상되는 직접노동시간은 1,000시간이다. 당기 제조간접비 실제발생액은 ₩530,000이고 실제 직접노동시간은 1,100시간일 때, 제조간접비의 과소 또는 과대배부액은? 2011년 지방직 9급

① ₩20,000 과대배부   ② ₩20,000 과소배부
③ ₩30,000 과대배부   ④ ₩30,000 과소배부

---

02 ① 3,000 + 30시간 × 12 + 100시간 × 11 = ₩4,460

03 ① • 제조간접원가 예정배부율: $\dfrac{500,000}{1,000시간}$ = ₩500

　　• 제조간접원가 예정배부액: 500 × 1,100시간 = ₩550,000

제조간접원가

실제발생액	530,000	예정배부액	550,000

⇩
20,000 과대배부

04 ㈜한국은 정상개별원가계산을 사용하고 있으며, 제조간접원가는 직접재료원가를 기준으로 배부하고 있다. 2016년 말 ㈜한국의 제조간접원가 과대 또는 과소배부액은?

2016년 지방직 9급

	2016년도 예산	2016년도 실제 발생액
직접재료원가	₩ 2,000,000	₩ 3,000,000
직접노무원가	₩ 1,500,000	₩ 2,200,000
제조간접원가	₩ 3,000,000	₩ 4,550,000

① 과대배부액 ₩ 150,000 ② 과대배부액 ₩ 50,000
③ 과소배부액 ₩ 150,000 ④ 과소배부액 ₩ 50,000

05 ㈜서울은 제조간접원가를 기계작업시간을 기준으로 예정배부한다. 다음 자료를 기초로 제조간접원가 실제 발생액을 구하면 얼마인가?

2015년 국가직 9급

- 제조간접원가 예산: ₩ 200,000
- 예정조업도: 100,000시간
- 실제조업도: 80,000시간
- 제조간접원가 배부차이: ₩ 20,000(과소)

① ₩ 140,000 ② ₩ 160,000
③ ₩ 180,000 ④ ₩ 200,000

---

04 ④ • 제조간접원가 예정배부율: 3,000,000(OH) ÷ 2,000,000(DM) = 1.5/DM
   • 제조간접원가 예정배부액: 3,000,000(실제DM) × 1.5 = ₩4,500,000
   • 제조간접원가배부차이: 4,550,000(실제) − 4,500,000(예정배부) = ₩50,000(과소배부)

05 ③ • 제조간접원가 예정배부율: $\dfrac{200,000}{100,000시간}$ = ₩2

   • 제조간접원가 예정배부액: 2 × 80,000시간 = ₩160,000

제조간접원가

| 실제발생액 | 180,000 | 예정배부액 | 160,000 |

20,000 과소배부

06 ㈜한국은 직접노동시간을 기준으로 제조간접원가를 예정배부하고 있다. 2012년 제조간접원가와 관련된 다음 자료를 이용하여 계산한 정상조업도는? 2012년 국가직 9급

- 제조간접원가 예산액: ₩ 30,000
- 실제조업도(직접노동시간): 200시간
- 제조간접원가 실제발생액: ₩ 22,000
- 제조간접원가 배부차이: 과대배부 ₩ 2,000

① 100시간   ② 150시간
③ 200시간   ④ 250시간

07 다음의 자료는 ㈜한강의 2010년 3월의 재공품계정 차변 내용의 일부이다.

• 기초재공품	₩ 6,000
• 직접재료원가	12,000
• 직접노무원가	8,000

한편, ㈜한강의 당기제품제조원가는 ₩ 24,000이고, 기말 현재 미완성인 작업은 #10이며, 기말재공품에는 직접노무원가가 ₩ 1,000 포함되어 있다. ㈜한강의 제조간접원가를 직접노무원가의 50%의 비율로 예정배부하고 있다. 기말재공품에 포함되어 있는 직접재료원가는? (단, 제조간접원가의 배부차이는 매출원가에서 조정한다) 2010년 국가직 9급

① ₩ 500   ② ₩ 1,000
③ ₩ 4,500   ④ ₩ 5,000

---

06 ④ • 제조간접원가 예정배부액: 22,000(실제발생액) + 2,000(과대배부) = ₩ 24,000
     • 제조간접원가 예정배부율 × 200시간 = ₩ 24,000, 제조간접원가 예정배부율 = ₩ 120
     • $\dfrac{30,000(\text{제조간접원가 예산액})}{\text{정상조업도}}$ = ₩ 120, 정상조업도 = 250시간

07 ③

재공품

기초	6,000	당기제품제조원가	24,000
DM	12,000	기말 DM	4,500
DL	8,000	DL	1,000
OH	8,000 × 50% = 4,000	OH	1,000 × 50% = 500

3 배부차이 조정

✓ SOLUTION

배부차이 조정 방법
① **매출원가조정법**: 배부차이를 전액 매출원가에서 조정
② **원가요소법**: 기말재공품, 기말제품, 매출원가에 포함된 제조간접원가의 비율에 따라 배부차이를 조정
③ **총원가기준법**: 기말재공품, 기말제품, 매출원가의 총원가 비율에 따라 배부차이를 조정

---

08 ㈜한국은 개별원가계산제도를 사용하고 있으며 직접노무비를 기준으로 제조간접비를 예정배부하고 있다. 2013년 6월의 제조원가 관련 정보가 다음과 같을 때, 과소 또는 과대배부된 제조간접비에 대한 수정분개로 옳은 것은? (단, 과소 또는 과대배부된 금액은 매출원가로 조정한다)

2013년 지방직 9급

- 직접노무비와 제조간접비에 대한 예산은 각각 ₩200,000과 ₩250,000이다.
- 직접재료비 ₩520,000과 직접노무비 ₩180,000이 발생되었다.
- 실제 발생한 제조간접비는 ₩233,000이다.

	(차)		(대)	
①	제조간접비	8,000	매출원가	8,000
②	매출원가	8,000	제조간접비	8,000
③	매출원가	17,000	제조간접비	17,000
④	제조간접비	17,000	매출원가	17,000

---

08 ② • 제조간접비 예정배부율: 250,000 ÷ 200,000 = ₩1.25/직접노무비
　　 • 제조간접비 예정배부액: 180,000 × 1.25 = ₩225,000

		제조간접원가		
실제발생액	233,000	예정배부액	225,000
		⇩	
	8,000 과소배부		

• 매출원가조정법에 의한 배부차이를 조정하기 위한 분개는 다음과 같다.
　(차) 매 출 원 가 8,000 (대) 제 조 간 접 비 8,000

09 ㈜한국은 정상개별원가계산을 채택하고 있으며, 당기에 발생한 제조간접원가의 배부차이는 ₩9,000(과대배부)이다. 다음의 원가자료를 이용하여 총원가비례법으로 배부차이를 조정하는 경우 조정 후의 매출원가는?

2015년 지방직 9급

- 기말재공품: ₩20,000
- 기말제품: ₩30,000
- 매출원가: ₩450,000

① ₩441,000
② ₩441,900
③ ₩458,100
④ ₩459,000

4 활동기준원가계산

10 활동기준원가계산(ABC)에 대한 다음의 설명 중 가장 옳지 않은 것은? 2015년 국가직 9급

① 공정의 자동화로 인한 제조간접원가의 비중이 커지고 합리적인 원가배부기준을 마련하기 위한 필요에 의해 도입되었다.
② 발생하는 원가의 대부분이 하나의 원가동인에 의해 설명이 되는 경우에는 ABC의 도입효과가 크게 나타날 수 없다.
③ 활동별로 원가를 계산하는 ABC를 활용함으로써 재무제표 정보의 정확성과 신속한 작성이 가능해지게 되었다.
④ ABC의 원가정보를 활용함으로써 보다 적정한 가격결정을 할 수 있다.

---

09 ② • 매출원가 조정액: $9,000 \times \dfrac{45}{50} = ₩8,100$(차감조정)
　　• 매출원가: $450,000 - 8,100 = ₩441,900$

10 ③ • 활동기준원가계산은 계산과정의 복잡성으로 인해 원가계산의 신속성은 다소 떨어질 수 있다.
　　• 동인은 비교적 정확하게 파악할 수 있으나 설비유지활동에 대한 원가동인은 파악할 수 없다.

11 활동기준원가계산을 적용하는 ㈜대한은 다음과 같은 활동별 관련자료를 입수하였다. 생산제품 중 하나인 제품 Z에 대해 당기 중에 발생한 기초원가는 ₩50,000, 생산준비횟수는 10회, 기계사용시간은 20시간, 검사수행횟수가 10회일 때, 제품 Z의 총원가는?

2012년 지방직 9급

활동	원가동인	최대활동량	총원가
생산준비	생산준비횟수	100회	₩100,000
기계사용	기계사용시간	300시간	600,000
품질검사	검사수행횟수	200회	80,000

① ₩54,000
② ₩90,000
③ ₩102,000
④ ₩104,000

12 ㈜한국은 제품 A와 제품 B를 생산하고 있으며, 최근 최고경영자는 활동기준원가계산제도의 도입을 검토하고 있다. 활동기준원가계산 관점에서 분석한 결과가 다음과 같을 때, 옳지 않은 것은?

2017년 국가직 9급(4월 시행)

활동	제조간접비	원가동인	제품 A	제품 B
제품설계	₩400	부품 수	2개	2개
생산준비	₩600	준비횟수	1회	5회

① 제품설계활동의 원가동인은 부품 수, 생산준비활동의 원가동인은 준비횟수이다.
② 활동기준원가계산 하에서 제품 A에 배부되는 제조간접비는 ₩300, 제품 B에 배부되는 제조간접비는 ₩700이다.
③ 만약 ㈜한국의 제품종류가 더 다양해지고 각 제품별 생산수량이 줄어든다면 활동기준원가계산제도를 도입할 실익이 없다.
④ 기존의 제품별 원가와 이익수치가 비현실적이어서 원가계산의 왜곡이 의심되는 상황이면 활동기준원가계산제도의 도입을 적극 고려해볼 수 있다.

---

11 ④

활동	원가동인	최대활동량	총원가	활동별 배부율
생산준비	생산준비횟수	100회	₩100,000	₩1,000
기계사용	기계사용시간	300시간	600,000	2,000
품질검사	검사수행횟수	200회	80,000	400

Z의 원가: 50,000 + 10회 × 1,000 + 20시간 × 2,000 + 10회 × 400 = ₩104,000

12 ③ 제품종류가 다양해지면 제품에 직접추적할 수 없는 제조간접원가가 증가하므로 활동기준원가계산을 통한 정확한 제조간접원가의 배부가 더욱 필요해진다.

13 ㈜서울은 두 종류의 제품 A, B를 생산하고 있다. 회사는 활동기준원가계산에 의하여 제품원가를 계산하고 있으며, 회사의 활동 및 활동별 제조간접원가 자료는 다음과 같다. 제품 A를 100개 생산하기 위한 직접재료원가가 ₩ 30,000, 직접노무원가가 ₩ 10,000이며, 재료의 가공을 위해 소요된 기계작업은 500시간, 조립작업은 200시간이다. 이렇게 생산한 제품 A의 단위당 판매가격이 ₩ 700이고, 매출총이익 ₩ 20,000을 달성하였다면, 제품 A의 제조를 위한 생산준비 횟수는 몇 회인가? (단, 기초재고자산과 기말재고자산은 없다고 가정한다)

2017년 서울시 9급

구분	원가동인	단위당 배부액
생산준비	생산준비횟수	₩ 50
기계작업	기계시간	₩ 15
조립작업	조립시간	₩ 10

① 8회 ② 10회
③ 12회 ④ 14회

---

13 ② 100개 × 700 − 30,000 − 10,000 − 생산준비횟수 × 50 − 500시간 × 15 − 200시간 × 10 = ₩ 20,000
   생산준비횟수 = 10회

03 종합원가계산과 결합원가계산

1 종합원가계산의 기초

1. 의의

종합원가계산은 정유업, 화학공업, 제지업, 반도체제조업 등과 같이 동종제품을 하나 또는 여러 개의 제조공정을 이용하여 연속적으로 대량생산하는 기업에서 사용하는 원가계산방법이다.

개별 작업별로 제조원가를 집계하여 제품원가를 계산하는 개별원가계산과는 달리 종합원가계산은 평균화의 원리를 이용하여 제품원가를 계산한다.

〈공장〉

제조원가 투입액: ₩100억   원가계산: 평균화의 원리 이용
생산량: 1억개   ₩100억 ÷ 1억개 = ₩100

↑ 종합원가계산: 평균화의 원리

재공품

기초재공품	×××	완성품원가	×××
당기총제조원가			
직접재료원가	×××		
직접노무원가	×××		
제조간접원가	×××	기말재공품	×××

제조원가
보고서

선생님 TIP

02장 '개별원가계산과 활동기준원가계산'에서는 재공품계정 대변에 당기제품제조원가라고 표시하였는데 종합원가계산에서는 당기제품제조원가 대신 완성품원가라고 표시한다.

종합원가계산을 적용하는 기업들은 대부분 흐름생산의 형태로 제품을 생산하는데 흐름생산은 아래와 같은 생산형태를 갖는다.

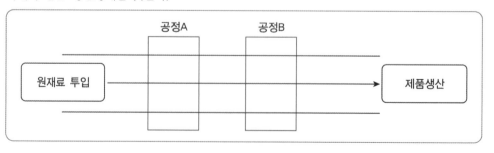

↑ 흐름생산

투입한 원가를 정리하는 계정이 재공품이다. 원가의 투입은 각 공정에서 일어나기 때문에 일반적으로 재공품계정은 공정의 수만큼 설정하게 된다.

흐름생산과 관련해서 두 가지 특징을 이해할 필요가 있다.

① 흐름생산에서는 일반적으로 여러 공정을 거쳐야 최종제품이 생산되므로 재공품계정도 여러 개를 설정하게 된다.
② 흐름생산에서는 실제 물량흐름이 선입선출의 형태로 일어난다.

개별원가계산에서는 개별 작업별로 작성된 작업원가표를 기초로 하여 원가계산을 하지만, 종합원가계산에서는 제조공정별로 제조원가보고서를 작성하여 원가계산을 한다. 개별원가계산과 종합원가계산을 비교하면 아래와 같다.

○ 개별원가계산과 종합원가계산의 비교

구분	개별원가계산	종합원가계산
생산형태	고가의 재고를 주문생산하는 기업	동종 제품을 대량생산하는 기업
원가집계	개별 작업별로 원가집계	제조공정별로 원가집계
원가계산 서류	작업별로 작성한 작업원가표	공정별로 작성한 제조원가보고서
재공품계정	보통 하나만 설정	제조공정별로 설정
원가구분	추적가능성 중시 – 제조직접원가와 제조간접원가	원가투입형태 중시 – (직접)재료원가와 가공원가
정확성	상대적으로 정확성이 높음	상대적으로 정확성이 낮음
핵심사항	제조간접원가 배부	완성품환산량 계산
관리노력 및 비용	관리노력 및 비용이 큼	관리노력 및 비용이 작음

종합원가계산에서는 재공품계정을 여러 개 설정하므로 기말재공품 계산 시 모든 공정의 기말재공품을 집계해야 한다. 그러나 당기제품제조원가는 마지막 공정의 완성품 원가만 해당한다.

2. 완성품환산량

완성품환산량이란 일정기간에 투입한 원가를 그 기간에 완성품만을 생산하는 데 투입했더라면 완성되었을 완성품수량으로 나타낸 수치를 말한다. 즉, 제조공정에서 수행한 작업량을 완성품을 기준으로 변형시킨 가상적인 수치가 완성품환산량이다.

아래의 사례를 통해 완성품환산량에 대해 이해해보자.

사례 ― 예제

㈜한국은 당기 중 400단위를 생산에 착수하여 모두 완성하였다. 기초재공품은 없으며 모든 원가는 공정의 진행에 비례하여 발생한다. 당기 중 공정에 투입한 원가는 ₩30,000이다. ㈜한국이 당기에 생산한 제품의 단위당 원가를 구하시오.

해설

• 종합원가계산은 평균화의 원리를 이용한다.

• 단위당 원가: $\dfrac{₩30,000}{400개} = ₩75$

앞의 사례와 같이 당기에 착수한 제품이 모두 완성된 경우에는 단순하게 당기투입원가를 당기 생산량으로 나누어 단위당 제품원가를 계산한다. 그러나 당기에 착수한 제품이 일부만 완성이 되고 일부는 기말재공품으로 남게 되면 단순하게 당기투입원가를 당기에 작업한 수량으로 나누어 단위원가를 계산할 수 없을 것이다.

아래의 사례를 통해 살펴보자.

사례 一 예제

㈜한국은 당기 중 400단위를 생산에 착수하여 200단위는 완성하고 200단위는 기말재공품으로 남아 있다(기말재공품의 완성도는 50%이다). 기초재공품은 없으며 모든 원가는 공정의 진행에 비례하여 발생한다. 당기 중 공정에 투입한 원가는 ₩30,000이다. ㈜한국이 당기에 생산한 제품의 단위당 원가를 구하시오.

해설

- 단위당 원가: $\dfrac{₩30,000}{400개}$ = ₩75 ⇨ 잘못된 계산
- 기말재공품은 완성품과 달리 원가를 100% 투입받지 않았으므로 단순하게 당기 수량인 400개를 분모에 기록할 수 없다.
- 단위당 원가: $\dfrac{₩30,000}{200개 \times 100\% + 200개 \times 50\%}$ = ₩100 ⇨ 올바른 계산
- 완성품은 원가를 100%, 기말재공품은 원가를 50% 투입받았으므로 수량에 원가투입비율을 곱하여 일정한 수치로 전환하는데 이를 완성품환산량이라 한다. 그리고 기말 재공품이 존재할 경우, 단위당 원가를 구하기 위해서는 분모에 완성품환산량을 기록해야 한다.

재공품이 공정에 어느 시점에 멈춰 있는지를 나타내는 것이 물리적 완성도이다. 물리적 완성도가 50%라는 것은 재공품이 공정의 50% 시점에 멈춰 있다는 의미이지, 원가가 50% 투입되었다는 의미가 아니다. 따라서 물리적 완성도와 원가투입의 완성도는 다른 개념이다.

기말재공품이 존재하는 경우에는 모든 수량(물량)에 원가를 100% 투입한 것이 아니므로 수량(물량)에 원가투입비율을 곱하여 완성품환산량을 계산하고 이를 이용하여 단위원가를 구하게 된다.

완성품환산량은 아래와 같은 식으로 구한다.

완성품환산량 = 수량(물량) × 완성도
(단, 완성도는 물리적 진척도가 아니라 원가투입정도를 의미한다)

완성품환산량은 수량(물량)에 완성도를 곱하여 계산한다. 그런데 주의할 점은 여기서 의미하는 완성도는 물리적인 진척정도가 아니라 원가투입정도라는 점이다.

예를 들어, 물리적으로 50% 진척된 기말재공품이 있는데, 이 기말재공품에 원가가 반드시 50% 투입되어 있는 것은 아니다. 경우에 따라 100% 투입되었을 수도 있고 0% 투입되었을 수도 있는데, 완성품환산량을 계산할 때에는 이와 같은 원가투입의 완성도를 파악해야 한다.

아래의 사례를 이용해 물리적 완성도와 원가투입의 완성도를 살펴보자.

선생님 TIP

문제에서 단순히 완성도라고 제시하는 경우, 완성도는 물리적 완성도를 의미한다.

사례 ― 예제

기초재공품의 완성도는 20%, 기말재공품의 완성도는 80%라고 할 때, 아래의 각 상황에서 재료원가 완성도를 구하시오.

(1) 재료가 공정의 초기에 전량 투입되는 경우

(2) 재료가 공정의 완료시점에 전량 투입되는 경우

(3) 재료가 공정의 진행에 따라 균일하게 투입되는 경우

(4) 재료가 공정의 50% 시점에 전량 투입되는 경우

해설

• 기초재공품의 물리적 완성도: 20%, 기말재공품의 물리적 완성도: 80%

(1) 재료투입

• 기초재공품의 재료원가 완성도: 100%, 기말재공품의 재료원가 완성도: 100%
  ⇨ 원가가 공정의 초기에 전량 투입되면 원가의 완성도는 언제나 100%이다.

(2)

• 기초재공품의 재료원가 완성도: 0%, 기말재공품의 재료원가 완성도: 0%
  ⇨ 원가가 공정의 완료시점에 전량 투입되면 원가의 완성도는 언제나 0%이다.

(3)

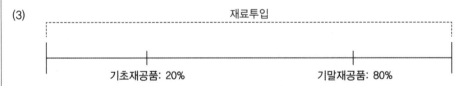

• 기초재공품의 재료원가 완성도: 20%, 기말재공품의 재료원가 완성도: 80%
  ⇨ 원가가 공정의 진행에 따라 균일하게 투입되면 원가투입의 완성도와 물리적 완성도는 일치한다.

(4)

• 기초재공품의 재료원가 완성도: 0%, 기말재공품의 재료원가 완성도: 100%

앞의 사례에서 보는 바와 같이 재공품의 물리적 완성도와 원가투입의 완성도는 전혀 다른 개념이다. 물리적 완성도는 재공품이 공정의 몇 % 시점에 위치하고 있는지를 의미하는 개념이지, 원가의 투입정도를 뜻하는 것이 아니다.

따라서 문제에서 원가투입의 완성도를 직접 제시한다면 별도로 원가투입의 완성도를 계산할 필요가 없지만, 물리적 완성도를 제시한다면 원가투입형태를 이용해서 원가투입의 완성도를 별도로 계산해야 한다.

일반적으로 재료는 공정의 초기에 전량 투입되고 가공원가는 전공정에 걸쳐 균등하게 투입된다. 따라서 대부분의 경우 재공품의 재료원가 완성도는 100%가 되고, 가공원가 완성도는 물리적 진척도와 일치한다.

2 종합원가계산의 원가계산절차

1. 종합원가계산의 원가계산 5단계

종합원가계산에서는 생산자료와 원가자료를 요약한 제조원가보고서를 제조공정별로 작성하여 완성품원가와 기말재공품원가를 계산한다. 제조원가보고서는 다음의 5단계로 작성한다.

[1단계] 수량(물량)과 완성도 파악: 재공품계정을 그려서 수량과 완성도 정리

[2단계] 원가요소별 완성품환산량 계산: 수량과 완성도를 곱하여 완성품환산량 계산

① 완성품환산량은 원가를 투입형태별로 구분하여 계산하는데 보통 재료원가와 가공원가로 구분하여 계산한다. 왜냐하면 투입형태가 달라지면 완성도가 달라져 결과적으로 완성품환산량이 달라지기 때문이다.

② 만약 문제에서 재료원가와 가공원가의 투입형태가 같다고 제시한다면 재료원가와 가공원가를 구분하여 계산할 필요가 없다. 재료원가와 가공원가의 투입형태가 같다면 완성도와 완성품환산량 역시 같을 것이기 때문이다.

③ 반면에 문제에서 투입형태가 다른 여러 가지의 재료원가를 제시한다면 각 재료별로 완성품환산량을 각각 계산하여야 한다.

[3단계] 원가요소별 배부대상원가 요약

[4단계] 원가요소별 완성품환산량 단위당 원가 계산

[5단계] [4단계]의 결과를 이용해 완성품원가와 기말재공품원가 계산

$$\frac{\text{원가} \quad \leftarrow [\text{3단계}]}{\text{완성품환산량} \leftarrow [\text{2단계}]} = [\text{4단계}] \text{ 완성품환산량 단위당 원가}$$

[1단계] 수량 × 완성도 파악

⊕ 종합원가계산의 원가계산절차

2. 선입선출법

선입선출법은 먼저 제조 착수된 것이 먼저 완성된다고 가정한다. 선입선출법은 아래와 같은 특징을 갖는다.

① 흐름생산의 경우 실제 물량흐름이 선입선출로 일어나므로 선입선출법은 실제 물량흐름에 충실한 원가흐름의 가정이다.

② 기초재공품은 당기에 가장 먼저 완성품이 되어 빠져 나간다. 따라서

- **기초재공품원가**: 완성품원가로 대체
- **당기투입원가**: 완성품원가와 기말재공품원가로 구분하여 대체 → 제조원가보고서 작성대상

③ 당기투입분으로만 제조원가보고서를 작성하므로 제조원가보고서가 순수한 당기의 수량과 원가로만 구성된다. 결국 선입선출법에 의한 제조원가보고서는 순수한 당기의 성과를 나타내므로 통제 및 성과평가에 적합하다.

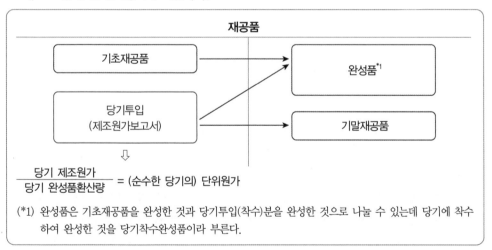

⊕ 선입선출법

(*1) 완성품은 기초재공품을 완성한 것과 당기투입(착수)분을 완성한 것으로 나눌 수 있는데 당기에 착수하여 완성한 것을 당기착수완성품이라 부른다.

㈜한국은 종합원가계산을 채택하고 있으며, 제조활동과 관련된 자료는 다음과 같다(재료는 공정 초에 투입되고 가공원가는 공정의 진행에 따라 균등하게 발생한다).

	수량	재료원가	가공원가
기초재공품	1,500개(0.2)	₩123,000	₩63,720
완성품	4,200개		
기말재공품	1,200개(0.4)		
당기총제조원가		390,000	657,000

선입선출법에 의해 완성품원가와 기말재공품원가를 계산하시오.

해설

재공품(선입선출법)		완성품환산량	
		재료원가	가공원가
기초 1,500(1)(0.2)	완성 4,200	2,700	3,900
투입 3,900	기말 1,200(1)(0.4)	1,200	480
		3,900	4,380
	총원가	₩390,000	₩657,000
	단위원가	₩100	₩150

- 완성품원가: (123,000 + 63,720) + 2,700개 × 100 + 3,900개 × 150 = ₩1,041,720
- 기말재공품원가: 1,200개 × 100 + 480개 × 150 = ₩192,000

재공품

기초재공품	186,720	완성품원가	1,041,720
당기총제조원가			
재료원가	390,000		
가공원가	657,000	기말재공품	192,000
	1,233,720		1,233,720

선입선출법은 순수하게 당기의 수량과 원가로만 완성품환산량 단위당 원가를 계산하므로 사례에서 계산된 완성품환산량 단위당 재료원가 ₩100, 가공원가 ₩150은 순수한 당기작업량에 대한 당기 원가이다. 그러므로 선입선출법은 당기의 계획과 통제에 유용한 정보를 제공하게 된다.

당기의 성과평가에는 순수하게 당기의 원가와 완성품환산량으로 계산된 원가자료를 이용해야 하는데 선입선출법의 계산 결과는 이에 부합하는 정보를 제공한다.

3. 평균법

평균법은 기초재공품원가와 당기투입원가를 구분하지 않고 가중평균된 단위원가를 산출하여 원가계산을 하는 방법이다. 평균법은 아래와 같은 특징을 갖는다.

① 평균법은 기초재공품원가와 당기투입원가를 구분하지 않고 가중평균된 원가를 산출하여 완성품원가와 기말재공품원가를 구한다. 따라서

- (기초재공품원가 + 당기투입원가) → 제조원가보고서 작성대상

② 기초재공품원가는 전기에 투입한 원가로 당기투입원가와는 구분하여 계산해야 한다. 그런데 평균법은 기초재공품원가를 당기투입원가와 구분하지 않기 위해 전기에 이미 착수된 기초재공품의 기완성도를 무시하고 기초재공품을 당기에 착수한 것처럼 가정한다. 따라서 평균법 하에서는 기초재공품원가도 마치 당기투입원가처럼 가정하게 되므로 기초재공품원가와 당기투입원가를 구분하지 않고 가중평균된 원가를 산출한다.

③ 기초재공품원가와 당기투입원가를 가중평균하여 원가를 산출하므로 평균법은 순수한 당기의 원가를 계산하지 않는다. 따라서 평균법에 의한 제조원가보고서는 통제 및 성과평가 목적으로 적절하지 않다.

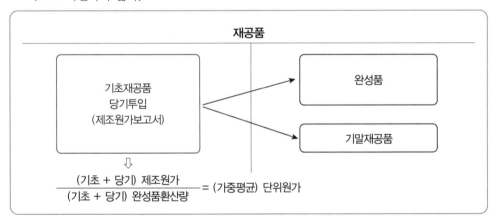

⊙ 평균법

㈜한국은 종합원가계산을 채택하고 있으며, 제조활동과 관련된 자료는 다음과 같다(재료는 공정 초에 투입되고 가공원가는 공정의 진행에 따라 균등하게 발생한다).

	수량	재료원가	가공원가
기초재공품	1,500개(0.2)	₩123,000	₩63,720
완성품	4,200개		
기말재공품	1,200개(0.4)		
당기총제조원가		390,000	657,000

평균법에 의해 완성품원가와 기말재공품원가를 계산하시오.

해설

재공품(평균법)		완성품환산량	
		재료원가	가공원가
기초 1,500(1)(0.2)	완성 4,200	4,200	4,200
투입 3,900	기말 1,200(1)(0.4)	1,200	480
		5,400	4,680
	총원가	₩513,000	₩720,720
	단위원가	₩95	₩154

• 완성품원가: 4,200개 × (95 + 154) = ₩1,045,800
• 기말재공품원가: 1,200개 × 95 + 480개 × 154 = ₩187,920

재공품			
기초재공품	186,720	완성품원가	1,045,800
당기총제조원가			
재료원가	390,000		
가공원가	657,000	기말재공품	187,920
	1,233,720		1,233,720

사례에서 완성품환산량 단위당 원가가 재료원가는 ₩95, 가공원가는 ₩154가 산출되었는데 이는 기초재공품과 당기작업량의 원가가 가중평균된 값이다. 따라서 선입선출법과 달리 순수한 당기 원가를 의미한다고 볼 수 없다.

4. 선입선출법과 평균법의 비교

흐름생산을 가정할 경우, 일반적으로 먼저 제조 착수된 것이 먼저 완성되므로 선입선출법이 실제 물량흐름에 더 충실한 방법이고, 선입선출법에 의한 완성품환산량 단위당 원가가 평균법에 비해 계획과 통제에 유용한 정보를 제공한다.

반면 평균법은 기초재공품의 기완성도를 무시하고 기초재공품도 마치 당기에 착수한 것처럼 가정하므로, 기초재공품원가와 당기투입원가를 구분할 필요가 없어 적용이 간편한 방법이다.

선입선출법과 평균법 하에서 제조원가보고서를 작성하는 절차는 동일하지만 두 방법은 다음과 같은 점에서 차이가 있다.

```
        [선입선출법의 제조원가보고서]              [평균법의 제조원가보고서]

              당기 제조원가                      (기초 + 당기) 제조원가
            ─────────────                    ──────────────────────
            당기 완성품환산량                    (기초 + 당기) 완성품환산량

            = (순수한 당기의)단위원가             = (가중평균)단위원가

                               ⇩

              기초재공품을 제조원가보고서에 포함하는지에서 차이가 발생

                               ⇩

              기초재공품이 존재하지 않는다면 두 방법의 계산결과가 같음
```

3 공손품

1. 공손(품)의 개념

공손(품)이란 정상품에 비하여 품질이 미달되는 불합격품으로 흔히 말하는 불량품을 의미한다. 공손은 정상공손과 비정상공손으로 구분해야 하는데 정상공손과 비정상공손은 회계처리 방법에 차이가 있다.

● 정상공손과 비정상공손

정상공손	정상공손은 정상품을 생산하기 위하여 어쩔 수 없이 발생하는 계획된 공손으로서 매 기간마다 거의 일정한 비율로 발생되기 때문에 예측 가능하다. 정상공손은 정상품 생산을 위한 불가피한 지출이므로 원가성이 있는 공손이다. 따라서 정상공손원가는 정상품원가에 가산한다.
비정상공손	비정상공손은 능률적인 생산조건하에서는 발생하지 않을 것으로 예상되는 공손으로서 생산과정에서 정상적으로 예측할 수 없다. 비정상공손은 당기의 비효율로 인해 발생한 공손이므로 원가성을 인정할 수 없다. 따라서 비정상공손원가는 발생된 기간에 손실로 처리한다.

	재공품	
기초재공품	완성품원가	
당기총제조원가		
직접재료원가	공손 < 정상공손원가	
직접노무원가	비정상공손원가	
제조간접원가	기말재공품	

2. 정상공손수량과 비정상공손수량 파악

정상공손과 비정상공손은 회계처리 방법이 다르므로 반드시 구분해야 하는데, 정상공손과 비정상공손을 구분할 때는 정상공손허용률을 이용해 정상공손수량을 먼저 계산하고 이를 초과한 수량은 비정상공손으로 간주한다.

> ① 공손수량파악 → ② 정상공손수량 파악(정상공손허용률 이용) → ③ 비정상공손수량 파악

> 정상공손수량 = 당기 중 검사를 통과한 정상품 × 정상공손허용률

선생님 TIP

정상공손허용률은 문제에서 제시되므로, 우리가 문제에서 파악해야 할 값은 당기 중 검사를 통과한 정상품 수량이다.

정상공손수량은 원가흐름가정과 관계없이 동일한 값이 계산된다. 즉, 선입선출법 또는 평균법 중 어떤 원가흐름가정을 하더라도 정상공손수량은 변하지 않는다.

종합원가계산에서는 먼저 재공품계정의 수량과 당기투입원가를 파악한 후에, 차변에 집계된 당기투입원가를 재공품계정 대변의 완성품원가와 기말재공품원가 등으로 배부하게 된다. 원가흐름의 가정은 이 원가배부과정에서 필요한 것이다. 따라서 정상공손수량 등을 파악하는 것은 원가흐름을 가정하고 원가를 배부하는 절차보다 더 먼저 수행하는 것이므로 원가흐름가정과 관계없이 정상공손수량은 언제나 동일한 값이 계산된다.

사례 ─ 예제

당기 생산자료는 아래와 같다. 검사를 공정의 ① 10%, ② 50%, ③ 100%에서 각각 실시한다고 할 경우 정상공손수량과 비정상공손수량을 계산하시오(단, 당기 중 검사를 통과한 수량의 10%까지를 정상공손으로 허용한다).

기초재공품	4,000단위(완성도 20%)
당기착수량	9,000단위
당기완성량	7,000단위
기말재공품	5,000단위(완성도 80%)

해설
- 당기 중 검사를 통과한 정상품 수량을 파악하는 것이 핵심이다.
- 검사를 통과한 수량을 파악할 때는 재공품계정 대변을 기준으로 한다.
- 당기에 검사를 통과할 가능성이 있는 물량은 기초재공품, 당기착수완성품, 기말재공품이다.
- 이 중 당기착수완성품은 언제나 당기에 검사를 통과한 수량에 포함된다.

① 검사를 공정의 10%에서 실시할 경우

재공품				당기검사통과 여부
기초	4,000	완성		
	(0.2)	기초	4,000	×
		당기착수완성	3,000	○
착수	9,000	공손	1,000	
		기말	5,000	○
			(0.8)	

- 정상공손수량: (3,000 + 5,000) × 10% = 800단위
- 비정상공손수량: 1,000단위 − 800단위 = 200단위

② 검사를 공정의 50%에서 실시할 경우

재공품				당기검사통과 여부
기초	4,000	완성		
	(0.2)	기초	4,000	○
		당기착수완성	3,000	○
착수	9,000	공손	1,000	
		기말	5,000	○
			(0.8)	

- 정상공손수량: (4,000 + 3,000 + 5,000) × 10% = 1,200단위
- 공손수량전체가 1,000단위이므로, 1,000단위가 모두 정상공손수량이 된다.

③ 검사를 공정의 100%에서 실시할 경우

재공품				당기검사통과 여부
기초	4,000	완성		
	(0.2)	기초	4,000	○
		당기착수완성	3,000	○
착수	9,000	공손	1,000	
		기말	5,000	×
			(0.8)	

- 정상공손수량: (4,000 + 3,000) × 10% = 700단위
- 비정상공손수량: 1,000단위 − 700단위 = 300단위

제조원가보고서 작성 시, 기초재공품과 기말재공품의 완성도를 파악하는 것과 마찬가지로 공손의 완성도도 파악해야 하는데, 공손의 물리적 완성도(진척도)는 검사시점과 일치한다. 왜냐하면 공손은 검사시점에서 발견되면 더 이상 가공되지 않고 제조공정에서 제거되는 것이 일반적이므로 정확히 검사시점까지만 작업이 수행될 것이기 때문이다.

> 공손의 완성도 = 검사시점

당기 생산자료는 아래와 같다. 공정에서 재료원가는 공정 초에 전량 투입되고 가공원가는 공정 전반에 걸쳐 균등하게 발생한다. 검사를 공정의 90%에서 실시한다고 할 경우 선입선출법에 의한 재료원가와 가공원가의 완성품환산량을 각각 계산하시오(단, 당기 중 검사를 통과한 수량의 10%까지를 정상공손으로 허용한다).

기초재공품	4,000단위(완성도 20%)
당기착수량	9,000단위
당기완성량	7,000단위
기말재공품	5,000단위(완성도 80%)

해설

- 정상공손수량: (4,000 + 3,000) × 10% = 700단위
- 비정상공손수량: 1,000단위 − 700단위 = 300단위

선생님 TIP

공손품의 회계처리에 관해서는 공무원 회계학 시험에 출제되지 않고 있다. 따라서 정상공손과 비정상공손의 수량 및 완성품환산량 계산까지만 설명하고 이외의 내용은 생략한다.

재공품				재료원가	가공원가
기초	4,000	완성	7,000	3,000	6,200
	(1)(0.2)	기초	(4,000)		
		당기착수	(3,000)		
착수	9,000	정상공손	700	700	630
		비정상공손	300	300	270
			(1)(0.9)		
		기말	5,000	5,000	4,000
			(1)(0.8)		
				9,000	11,100

4 결합원가계산

1. 결합제품

동일한 원재료가 동일한 제조공정에 투입되어 동시에 두 종류 이상의 서로 다른 제품들이 생산될 때 이 제품들을 결합제품이라고 부른다. 예를 들어, 정유산업의 경우 원유라는 단일의 원재료가 동일한 제조공정을 거쳐 휘발유, 등유, 경유, 윤활유 등의 제품으로 가공되는데 이 제품들이 결합제품이다.

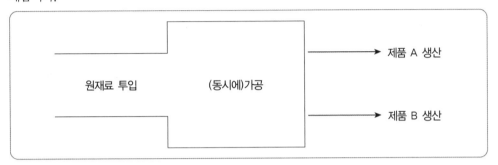

↑ 결합제품

2. 용어정리

(1) 연산품(주산물)

결합제품 중 상대적으로 판매가치가 비교적 큰 제품으로 기업의 주요 재고자산이다. 연산품(주산물)과 부산물은 회계처리 방법이 상이하므로 반드시 둘을 구분해야 한다.

(2) 부산물

연산품의 제조과정에서 부수적으로 생산되는 제품으로서 연산품에 비하여 판매가치가 상대적으로 작은 제품을 말한다.

(3) 작업폐물

작업폐물이란 투입된 원재료로부터 발생하는 찌꺼기나 조각을 말하며, 부산물에 비하여 판매가치가 더 작은 생산물을 뜻하지만 부산물의 회계처리와 그 방법이 다르지 않으므로 수험목적상으로 구분할 필요는 없다.

(4) 분리점

연산품과 부산물 등 결합제품을 개별적인 제품으로 식별할 수 있게 되는 제조과정 중의 한 지점을 말한다.

(5) 결합원가

결합제품을 생산하기 위하여 분리점까지 발생된 모든 제조원가를 말한다. 여러 제품의 생산에 공통적으로 발생되기 때문에 추적가능성이 없지만 재무보고목적을 위해 결합제품에 배분되어야 한다. 결합원가의 배분은 4절 '결합원가계산'에서 다루는 주요 주제이다.

(6) 추가가공원가(개별원가)

분리점에서 개별제품으로 분리된 이후 최종제품으로 만드는 과정에서 투입되는 원가를 말한다. 개별제품에 추적가능하므로 각 제품으로 원가를 직접 추적한다.

선생님 TIP

이하에서 다루는 주요 주제는 '결합원가를 어떻게 각 제품으로 배분할 것인가'이다. 따라서 4절의 주제를 결합원가계산이라 부른다.

3. 결합원가배분의 특징

결합원가는 여러 제품의 생산에 공통적으로 발생하는 원가이므로 결합원가를 특정 제품에 직접 추적하기가 쉽지 않다는 점에서 제조간접원가 배부와 유사하다.

그러나 제조간접원가는 각 제품별 직접노무시간이나 기계시간 등을 파악하여 배부기준으로 사용할 수 있지만, 결합제품은 동일 공정에서 같은 직접노무시간과 기계시간을 이용하여 생산되므로 개별제품별로 직접노무시간이나 기계시간을 파악할 수 없는 문제점이 있다. 따라서 결합원가는 제조간접원가에 비해 정확한 배부가 훨씬 어렵다고 할 수 있다.

결합원가를 배부할 때는 공정흐름도를 작성하여 문제를 해결하는 것이 바람직하다.

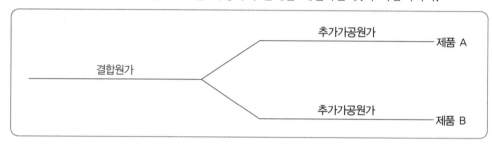

⬆ 공정흐름도

5 연산품의 원가계산

결합원가는 여러 종류의 연산품을 만드는 데 공통적으로 투입된 원가이므로 정확한 추적이 불가능하며, 연산품별로 공통적으로 적용할 수 있는 배부기준을 찾는 것도 어렵다. 따라서 인위적인 배부기준을 이용해 배부할 수밖에 없는데 그 방법에는 물량기준법, 분리점에서의 판매가치법, 순실현가치법, 균등이익률법 등이 있다.

1. 물량기준법

물량기준법이란 연산품에 공통되는 물리적 특성인 중량, 수량, 면적, 크기, 부피 등을 기준으로 결합원가를 배분하는 방법이다.

사례 — 예제

㈜한국은 알로에를 가공하여 비누원액과 화장품원액을 생산한 후, 추가가공을 거쳐 비누와 화장품을 생산하고 있다. 당월에 알로에 1,000kg을 투입(분리점까지 발생원가 ₩180,000)하여 비누원액 400L와 화장품원액 500L를 얻었다. 비누원액은 추가원가 ₩40,000으로 비누 400개로, 화장품원액은 추가원가 ₩60,000으로 화장품 600개로 만들어졌다. 물량기준법에 의해 비누와 화장품의 단위당 제조원가를 계산하시오.

해설

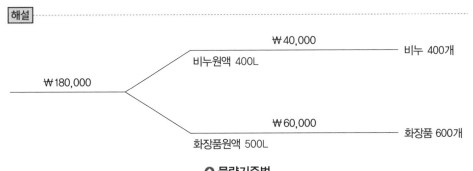

⊙ 물량기준법

- 비누원액의 결합원가배분액: $180,000 \times \dfrac{400}{900} = ₩ 80,000$

- 화장품원액의 결합원가배분액: $180,000 \times \dfrac{500}{900} = ₩ 100,000$

- 비누의 단위당 제조원가: $(80,000 + 40,000) \div 400개 = ₩ 300$
- 화장품의 단위당 제조원가: $(100,000 + 60,000) \div 600개 = ₩ 267$

위 사례에서 보는 것처럼 물량기준법이란 연산품의 물리적 특성을 기준으로 결합원가를 배분하는 방법이다. 주의할 점은 결합원가를 투입해서 생산한 것은 비누원액과 화장품원액이므로, 비누원액과 화장품원액의 물량인 400L와 500L를 기준으로 결합원가를 배분해야 한다는 점이다. 최종 생산품인 비누 400개와 화장품 600개를 기준으로 결합원가를 배분하는 실수를 할 수 있는데, 최종 생산품은 결합원가뿐만 아니라 추가가공원가까지 투입한 결과이므로 최종생산품을 배분기준으로 사용하는 것은 적절하지 않다.

2. 분리점에서의 판매가치법

분리점에서의 판매가치법이란 연산품의 분리점에서의 상대적 판매가치를 기준으로 결합원가를 배분하는 방법이다. 결합원가는 판매하는 과정이 아닌 생산하는 과정에서 발생하는 원가이므로 분리점에서의 판매가치를 계산할 때에는 판매량이 아닌 생산량을 이용해야 한다.

사례 — 예제

㈜한국은 알로에를 가공하여 비누원액과 화장품원액을 생산한 후, 추가가공을 거쳐 비누와 화장품을 생산하고 있다. 당월에 알로에 1,000kg을 투입(분리점까지 발생원가 ₩180,000)하여 비누원액 400L와 화장품원액 500L를 얻었다. 비누원액은 추가원가 ₩40,000으로 비누 400개로, 화장품원액은 추가원가 ₩60,000으로 화장품 600개로 만들어졌다. 비누원액의 판매가격은 ₩250, 화장품원액의 판매가격은 ₩400이라고 할 때, 분리점에서의 판매가치법을 이용해서 비누와 화장품의 단위당 제조원가를 계산하시오.

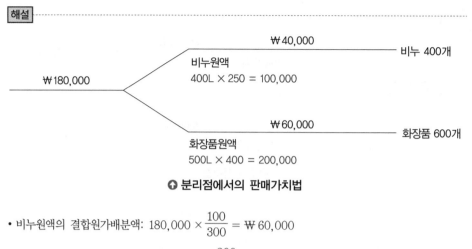

해설

⊙ 분리점에서의 판매가치법

• 비누원액의 결합원가배분액: $180,000 \times \frac{100}{300} = ₩60,000$

• 화장품원액의 결합원가배분액: $180,000 \times \frac{200}{300} = ₩120,000$

• 비누의 단위당 제조원가: $(60,000 + 40,000) \div 400개 = ₩250$

• 화장품의 단위당 제조원가: $(120,000 + 60,000) \div 600개 = ₩300$

앞의 사례에서 보는 것처럼 분리점에서의 판매가치법이란 분리점에서의 연산품 간 상대적 판매가치를 기준으로 결합원가를 배분하는 방법이다. 분리점에서의 판매가치법은 판매가치를 기준으로 원가를 배분하므로 수익과 비용을 적절히 대응시킬 수 있다.

3. 순실현가치법

분리점에서 생산되는 중간제품들은 대부분 시장에서 거래되지 않으므로 신뢰성 있는 분리점에서의 판매가치에 대한 정보를 얻는 것은 매우 어렵다.

분리점에서의 판매가치를 알 수 없는 경우에는 원가배분을 위해 분리점에서의 판매가치를 대신할 수 있는 기준이 필요한데 그것이 순실현가치이다. 결국 분리점에서의 판매가치를 알 수 있는 경우에는 분리점에서의 판매가치법으로, 알 수 없는 경우에는 순실현가치법으로 원가를 배분하는 것이 적절하다.

분리점에서의 순실현가치는 다음과 같이 계산한다.

> 분리점에서의 순실현가치 = 최종판매가액 − 추가원가 − 판매비

사례 ― 예제

㈜한국은 알로에를 가공하여 비누원액과 화장품원액을 생산한 후, 추가가공을 거쳐 비누와 화장품을 생산하고 있다. 당월에 알로에 1,000kg을 투입(분리점까지 발생원가 ₩180,000)하여 비누원액 400L와 화장품원액 500L를 얻었다. 비누원액은 추가원가 ₩40,000으로 비누 400개로, 화장품원액은 추가원가 ₩60,000으로 화장품 600개로 만들어졌다. 비누의 판매가격은 ₩300, 화장품의 판매가격은 ₩500이라고 할 때, 순실현가치법을 이용해서 비누와 화장품의 단위당 제조원가를 계산하시오.

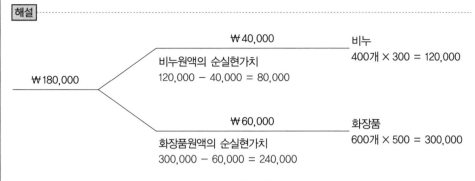

◆ 순실현가치법

- 비누원액의 결합원가배분액: $180,000 \times \dfrac{80}{320} = ₩\,45,000$

- 화장품원액의 결합원가배분액: $180,000 \times \dfrac{240}{320} = ₩\,135,000$

- 비누의 단위당 제조원가: $(45,000 + 40,000) \div 400개 = ₩\,212.5$
- 화장품의 단위당 제조원가: $(135,000 + 60,000) \div 600개 = ₩\,325$

4. 균등이익률법

균등이익률법은 동일한 제조과정에서 생산된 개별제품의 매출총이익률(매출원가율)은 같아야 한다는 관점에서 개별제품의 매출총이익률(매출원가율)이 같아지도록 결합원가를 배분하는 방법이다. 균등이익률법을 적용할 경우에는 먼저 기업전체의 매출원가율을 구한 후, 각 제품의 매출원가율이 기업전체의 매출원가율과 같아지도록 원가를 배분하면 된다.

사례 ─ 예제

㈜한국은 알로에를 가공하여 비누원액과 화장품원액을 생산한 후, 추가가공을 거쳐 비누와 화장품을 생산하고 있다. 당월에 알로에 1,000kg을 투입(분리점까지 발생원가 ₩180,000)하여 비누원액 400L와 화장품원액 500L를 얻었다. 비누원액은 추가원가 ₩40,000으로 비누 400개로, 화장품원액은 추가원가 ₩60,000으로 화장품 600개로 만들어졌다. 비누의 판매가격은 ₩300, 화장품의 판매가격은 ₩500이라고 할 때, 균등이익률법에 의해 각 제품에 결합원가를 배분하시오.

해설

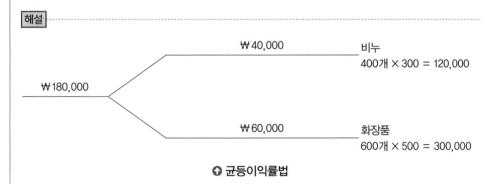

◆ 균등이익률법

- 기업전체의 매출원가율: $(180,000 + 40,000 + 60,000) \div (120,000 + 300,000) = \dfrac{2}{3}$

- 비누의 총제조원가: $120,000 \times \dfrac{2}{3} = ₩80,000$

- 화장품의 총제조원가: $300,000 \times \dfrac{2}{3} = ₩200,000$

- 비누의 결합원가배분액: $80,000 - 40,000 = ₩40,000$
- 화장품의 결합원가배분액: $200,000 - 60,000 = ₩140,000$

지금까지 물량기준법, 분리점에서의 판매가치법, 순실현가치법, 균등이익률법에 의한 결합원가 배분을 살펴보았다. 주의할 점은 어떤 방법에 의해 결합원가를 배분하더라도 위 사례에서 기업전체의 매출총이익은 ₩140,000으로 일정하다는 점이다.

결합원가 배분방법의 선택에 따라 개별제품의 매출총이익은 영향을 받지만 기업 전체의 매출총이익은 영향을 받지 않는다. 결합원가배분은 기업 내에서 발생한 원가를 어떤 제품에 얼마만큼 배부할 것인지에 대한 문제일 뿐, 기업 외부와의 거래가 아니므로 기업 전체의 이익에는 영향을 미치지 않는 것이다.

5. 부산물의 회계처리

선생님 TIP

부산물의 회계처리는 아직까지 공무원 회계학 시험에 출제된 적은 없다.

연산품에 비하여 판매가치가 상대적으로 작은 것을 부산물, 부산물보다 판매가치가 더 작은 것을 작업폐물이라고 하는데 부산물과 작업폐물은 연산품의 제조과정에서 부수적으로 생산되며 연산품에 비하여 판매가치가 현저히 낮기 때문에 연산품과 동일한 방법으로 원가계산을 할 수는 없다.

부산물의 회계처리는 여러 가지 방법이 있으나, 아래의 두 가지 방법이 일반적으로 가장 많이 사용된다.

(1) **생산기준법(생산시점에서 부산물을 순실현가치로 평가하는 방법)**

생산기준법은 부산물이 생산되는 시점에서 부산물을 순실현가치로 평가하여 자산으로 계상하고, 최초 결합원가에서 부산물의 순실현가치를 차감한 금액을 연산품에 배부하는 방법이다.

이 방법을 사용하게 되면 결합원가 중 일부가 부산물에 배부되며, 부산물의 총제조원가는 결합원가배분액과 추가가공원가의 합으로 이루어진다. 또한 부산물의 판매손익은 인식되지 않는다.

(2) **판매기준법(판매시점에서 부산물의 판매이익을 인식하는 방법)**

판매기준법은 부산물에 결합원가를 배분하지 않고 부산물의 판매시점에서 판매이익을 계상하거나 판매이익에 해당하는 금액을 매출원가에서 차감하는 방법이다.

이 방법을 사용하게 되면 결합원가는 모두 연산품에만 배부되며, 부산물의 총제조원가는 추가가공원가로만 이루어진다. 또한 부산물의 판매이익이 인식되거나 판매이익에 해당하는 금액이 매출원가에서 차감된다.

○ 생산기준법과 판매기준법

구분	생산기준법	판매기준법
분리점에서 평가액	순실현가치	0
결합원가 배분여부	순실현가치만큼 결합원가배분	배분하지 않음
연산품에 배분할 결합원가	최초결합원가 − 부산물 배분액	최초결합원가
부산물의 총제조원가	결합원가배분액 + 추가가공원가	추가가공원가
부산물의 판매이익	인식하지 않음	인식함

사례 ─ 예제

㈜한국은 알로에를 가공하여 비누원액과 화장품원액을 생산한 후, 추가가공을 거쳐 비누와 화장품을 생산하고 있다. 당월에 알로에 1,000kg을 투입(분리점까지 발생원가 ₩180,000)하여 비누원액 400L와 화장품원액 500L, 그리고 부산물 100L를 얻었다. 비누원액은 추가원가 ₩40,000으로 비누 400개로, 화장품원액은 추가원가 ₩60,000으로 화장품 600개로 만들어졌으며 부산물은 추가원가 ₩10,000으로 부산물 100개로 만들어졌다. 비누의 판매가격은 ₩300, 화장품의 판매가격은 ₩500, 부산물의 판매가격은 ₩300이라고 할 때, 아래의 상황에서 순실현가치법을 이용해서 비누와 화장품의 단위당 제조원가를 계산하시오.

(1) 부산물의 순실현가치를 결합원가에서 차감할 경우

(2) 부산물의 판매시점에서 판매이익을 계상할 경우

해설

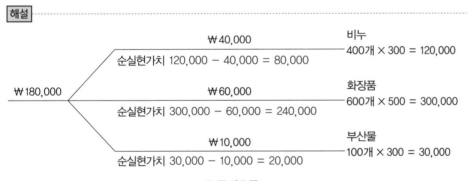

○ 공정흐름도

(1) 부산물의 순실현가치를 결합원가에서 차감할 경우
- 연산품에 배분할 결합원가: 180,000 − 20,000(부산물에 배분할 결합원가) = ₩160,000
- 비누원액의 결합원가배분액: $160,000 \times \dfrac{80}{320} = ₩40,000$
- 화장품원액의 결합원가배분액: $160,000 \times \dfrac{240}{320} = ₩120,000$
- 비누의 단위당 제조원가: (40,000 + 40,000) ÷ 400개 = ₩200
- 화장품의 단위당 제조원가: (120,000 + 60,000) ÷ 600개 = ₩300

(2) 부산물의 판매시점에서 판매이익을 계상할 경우

- 비누원액의 결합원가배분액: $180,000 \times \dfrac{80}{320} = ₩45,000$

- 화장품원액의 결합원가배분액: $180,000 \times \dfrac{240}{320} = ₩135,000$

- 비누의 단위당 제조원가: $(45,000 + 40,000) \div 400개 = ₩212.5$
- 화장품의 단위당 제조원가: $(135,000 + 60,000) \div 600개 = ₩325$

6 결합제품의 추가가공 여부 결정

선생님 TIP

의사결정은 회사가 어떤 선택을 하느냐에 따라 영향을 받는 미래원가를 고려해서 수행한다. 결합원가는 매몰원가(기발생원가)로서 어떤 의사결정을 하더라도 영향을 받지 않는 원가이므로 의사결정 시 고려하지 않는다. 의사결정에 대한 내용은 04장 '변동원가계산과 CVP분석'에서 자세히 설명한다.

결합제품을 분리점에서 판매할 수도 있고, 추가가공 후에도 판매할 수 있다면, '분리점에서 판매할 것인가, 추가가공 후에 판매할 것인가'에 대한 의사결정을 해야 한다.

의사결정은 분리점에서 즉시 판매할 경우의 이익과 추가가공 후에 판매할 경우의 이익을 비교하여 수행하면 되는데, 이때 주의할 점은 분리점까지 발생된 결합원가는 추가가공 의사결정 시 고려하지 않는 비관련원가라는 점이다. 결합원가는 과거에 이미 발생한 원가(매몰원가, 기발생원가)로서 어떤 의사결정을 하더라도 달라지지 않는 원가이기 때문이다.

사례 ─ 예제

㈜한국은 결합공정에서 제품 A와 제품 B를 생산하고 있다. ㈜한국이 결합공정에 투입한 재료원가는 ₩100,000, 가공원가는 ₩200,000이다. 제품 A는 추가가공원가 ₩50,000을 투입해서 최종제품으로 생산한 후, ₩350,000에 판매할 예정이고, 제품 B는 분리점에서 ₩200,000에 판매하거나 추가가공원가 ₩100,000을 투입해서 ₩350,000에 판매할 수 있다. ㈜한국은 제품 B를 분리점에서 판매하는 것과 추가가공 후 판매하는 것 중 어떤 대안이 얼마나 유리한가?

해설

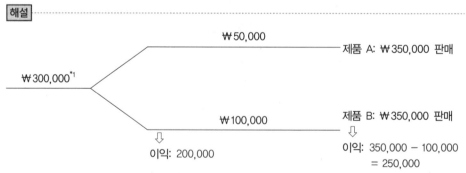

(*1) 재료원가와 가공원가의 원가배분방법이 다르지 않으므로 둘을 구분하지 않고 합계액을 기록한다.

◆ 공정흐름도

- 추가가공 후 판매하는 경우의 이익이 ₩50,000만큼 크므로 추가가공 후 판매하는 것이 유리하다.

01 동종제품을 대량생산하는 기업은 종합원가계산을 적용하는 것이 적절하다. ( )

02 종합원가계산을 적용하는 기업에서는 일반적으로 재료원가와 가공원가를 투입하는 형태가 다르므로 완성품환산량을 구할 때 재료원가와 가공원가를 구분하여 계산한다. ( )

03 평균법에 의한 제조원가보고서는 순수한 당기의 성과를 나타내므로 통제 및 성과평가에 적합하다. ( )

04 흐름생산의 경우 실제 물량흐름이 선입선출로 일어나므로 선입선출법은 실제 물량흐름에 충실한 원가흐름의 가정이다. ( )

05 선입선출법에서는 기초재공품의 기완성도를 무시하고 기초재공품을 당기에 착수한 것처럼 가정한다. ( )

06 기초재공품이 존재하지 않는다면 선입선출법에 의한 계산결과와 평균법에 의한 계산결과가 동일하다. ( )

07 정상공손은 당기의 비효율로 인해 발생한 공손이므로 정상공손원가는 발생된 기간에 손실로 처리한다. ( )

08 결합원가 배분방법의 선택에 따라 기업 전체의 매출총이익 크기는 달라진다. ( )

09 결합제품 추가가공 의사결정 시 결합원가를 배분한 후 의사결정을 하여야 한다. ( )

---

01 ○
02 ○
03 × 선입선출법에 의한 제조원가보고서는 순수한 당기의 성과를 나타내므로 통제 및 성과평가에 적합하다.
04 ○
05 × 평균법에서는 기초재공품의 기완성도를 무시하고 기초재공품을 당기에 착수한 것처럼 가정한다.
06 ○
07 × 비정상공손은 당기의 비효율로 인해 발생한 공손이므로 비정상공손원가는 발생된 기간에 손실로 처리한다.
08 × 결합원가 배분방법의 선택에 따라 개별제품의 매출총이익은 영향을 받지만 기업 전체의 매출총이익은 영향을 받지 않는다.
09 × 결합원가는 과거에 이미 발생한 원가(매몰원가, 기발생원가)로서 어떤 의사결정을 하더라도 달라지지 않는 원가이므로 추가가공 의사결정 시 고려하지 않는다.

1 종합원가계산의 기초

01 다음 중 가중평균법에 의한 종합원가계산에서 완성품환산량 단위당 원가는 어느 원가를 사용하는가?

2015년 국가직 9급

① 당기투입원가

② 당기투입원가 + 기초재공품원가

③ 당기투입원가 + 기말재공품원가

④ 당기투입원가 − 기초재공품원가

02 종합원가계산제도에 대한 설명으로 옳은 것은?

2013년 지방직 9급

① 평균법은 기초재공품의 제조가 당기 이전에 착수되었음에도 불구하고 당기에 착수된 것으로 가정한다.

② 선입선출법 또는 평균법을 사용할 수 있으며, 평균법이 실제 물량흐름에 보다 충실한 원가흐름이다.

③ 평균법은 기초재공품원가와 당기발생원가를 구분하지 않기 때문에 선입선출법보다 원가계산이 정확하다는 장점이 있다.

④ 선입선출법은 당기 투입분을 우선적으로 가공하여 완성시킨 후 기초재공품을 완성한다고 가정한다.

03 종합원가계산에서 완성품환산량 산출 시 선입선출법이나 평균법 어느 것을 적용하든지 완성품환산량의 단위당 원가가 동일한 경우는?

2013년 국가직 9급

① 기초재고가 전혀 없는 경우

② 표준원가계산방법을 사용하는 경우

③ 기말재고가 전혀 없는 경우

④ 기초재고와 기말재고의 완성도가 50%로 동일한 경우

---

01 ② 가중평균법은 당기투입원가와 기초재공품원가를 모두 포함하여 제조원가보고서를 작성한다.

02 ① ② 선입선출법이 실제 물량흐름에 보다 충실한 원가흐름이다.
　　③ 실제 물량흐름에 충실한 방법인 선입선출법의 원가계산 결과가 더욱 합리적이다.
　　④ 선입선출법은 기초재공품이 먼저 완성되고 당기 투입분 중 일부는 완성품, 나머지는 기말재공품이 된다고 가정하는 방법이다.

03 ① 기초재공품이 존재하지 않으면 평균법에 의한 계산결과와 선입선출법에 의한 계산결과가 동일하다.

2 완성품환산량 계산

04 ㈜한국은 종합원가계산방법을 적용하고 있으며, 원가 관련 자료는 다음과 같다. ㈜한국의 완성품환산량에 대한 설명으로 옳은 것은?

2016년 국가직 9급

- 직접재료는 공정의 초기에 전량 투입되고, 전환원가는 공정의 진행에 따라 균일하게 발생된다.
- 기초재공품의 완성도는 50%, 기말재공품의 완성도는 10%이다.
- 기초재공품은 2,000개, 당기착수 13,000개, 기말재공품 3,000개이다.

① 평균법의 직접재료원가 완성품환산량은 13,000개이다.
② 평균법의 전환원가 완성품환산량은 10,300개이다.
③ 선입선출법의 직접재료원가 완성품환산량은 15,000개이다.
④ 선입선출법의 전환원가 완성품환산량은 11,300개이다.

---

04 ④

재공품(평균법)

| 기초 | 2,000(1)(0.5) | 완성 | 12,000 |
| 투입 | 13,000 | 기말 | 3,000(1)(0.1) |

완성품환산량

재료원가	가공원가
12,000	12,000
3,000	300
15,000	12,300

재공품(선입선출법)

| 기초 | 2,000(1)(0.5) | 완성 | 12,000 |
| 투입 | 13,000 | 기말 | 3,000(1)(0.1) |

완성품환산량

재료원가	가공원가
10,000	11,000
3,000	300
13,000	11,300

05 ㈜한국은 선입선출법을 이용하여 종합원가계산을 실시한다. 다음 자료에 의한 재료원가와 가공원가의 완성품환산량은? (단, 재료는 공정 개시시점에서 전량 투입되고, 가공원가는 공정전체를 통해 균등하게 발생한다)

2013년 국가직 9급

• 기초재공품 수량	300개(완성도 30%)
• 당기착수량	3,500개
• 당기완성량	3,300개
• 기말재공품 수량	500개(완성도 40%)

	재료원가	가공원가
①	3,510	3,300
②	3,600	3,200
③	3,800	3,010
④	3,500	3,410

06 ㈜한국은 종합원가계산을 사용하고 있으며, 가중평균법을 적용하여 완성품환산량을 계산하고 있다. 회사의 기초제품 수량은 25,000개, 당기판매량은 20,000개, 기말제품 수량은 15,000개이다. 기초재공품 수량은 1,000개(완성도 70%), 기말재공품 수량이 5,000개(완성도 50%)일 때, 회사의 당기 가공원가에 대한 완성품환산량은? (단, 가공원가는 공정 전반에 걸쳐 균등하게 발생한다)

2014년 지방직 9급

① 10,000개 ② 12,500개
③ 13,500개 ④ 15,000개

---

05 ④

재공품(선입선출법)

기초	300(1)(0.3)	완성	3,300
투입	3,500	기말	500(1)(0.4)

완성품환산량

재료원가	가공원가
3,000	3,210
500	200
3,500	3,410

06 ②

제품

기초	25,000	판매	20,000
생산	10,000	기말	15,000

재공품(평균법)

기초	1,000(0.7)	완성	10,000
투입	14,000	기말	5,000(0.5)

가공원가 완성품환산량

10,000
2,500
12,500

07 종합원가계산을 실시하는 ㈜대한은 원재료를 공정 개시시점에서 전량 투입하고, 가공비는 전 공정을 통해 균일하게 발생한다. ㈜대한이 재공품의 평가방법으로 평균법과 선입선출법을 사용할 경우, 다음 자료를 이용하여 가공비의 당기 완성품환산량을 계산하면?

- 기초재공품 수량: 200개(완성도 40%)
- 착수량: 3,500개
- 완성품수량: 3,200개
- 기말재공품 수량: 500개(완성도 50%)

	평균법	선입선출법
①	3,450개	3,330개
②	3,700개	3,450개
③	3,450개	3,370개
④	3,700개	3,750개

08 ㈜한국은 2010년 10월 1일 현재 완성도가 60%인 월초재공품 8,000개를 보유하고 있다. 직접재료원가는 공정 초기에 투입되고, 가공원가는 전 공정을 통해 균등하게 투입된다. 10월 중에 34,000개가 생산에 착수되었고, 36,000개가 완성되었다. 10월 말 현재 월말재공품은 완성도가 80%인 6,000개이다. 10월의 완성품환산량 단위원가를 계산할 때 가중평균법에 의한 완성품환산량이 선입선출법에 의한 완성품환산량보다 더 많은 개수는?

2010년 국가직 9급

	직접재료원가	가공원가
①	0	3,200
②	0	4,800
③	8,000	3,200
④	8,000	4,800

---

07 ③

재공품(평균법)			가공원가 완성품환산량
기초 200(0.4)	완성	3,200	3,200
투입 3,500	기말	500(0.5)	250
			3,450

- 선입선출법의 완성품환산량은 평균법 결과에서 기초재공품 완성품환산량을 차감한 값이다.
- 선입선출법: 3,450개(평균법) − 200개 × 40% = 3,370개

08 ④ • 평균법과 선입선출법의 완성품환산량의 차이는 기초재공품을 포함할 것인가에 있다.
- 기초재공품의 직접재료원가 완성품환산량: 8,000개 × 100% = 8,000개
- 기초재공품의 가공원가 완성품환산량: 8,000개 × 60% = 4,800개

03 종합원가계산과 결합원가계산 **593**

09 ㈜한국은 종합원가계산제도를 채택하고 있으며, 원가의 흐름으로 선입선출법을 적용하고 있다. 재료는 공정초기에 50%가 투입되고 나머지는 가공이 50% 진행된 시점부터 공정진행에 따라 비례적으로 투입된다. 다음의 5월 자료를 이용한 재료원가의 완성품환산량은?

2017년 지방직 9급(6월 시행)

- 기초재공품(공정의 완성도 70%): 2,000개
- 완성품: 5,000개
- 당기투입: 5,000개
- 기말재공품(공정의 완성도 40%): 2,000개

① 4,400개　　② 4,600개　　③ 4,800개　　④ 5,000개

10 ㈜한국은 종합원가계산을 사용하며 선입선출법을 적용한다. 제품은 제1공정을 거쳐 제2공정에서 최종 완성되며, 제2공정 관련 자료는 다음과 같다.

구분	물량단위(개)	가공비완성도
기초재공품	500	30%
전공정대체량	5,500	
당기완성량	?	
기말재공품	200	30%

제2공정에서 직접재료가 가공비완성도 50% 시점에서 투입된다면, 직접재료비와 가공비 당기작업량의 완성품환산량은? (단, 가공비는 공정 전반에 걸쳐서 균일하게 발생하며, 제조공정의 공손·감손은 없다)

2018년 국가직 9급

	직접재료비 완성품환산량(개)	가공비 완성품환산량(개)
①	5,300	5,300
②	5,800	5,650
③	5,800	5,710
④	5,800	5,800

---

09 ②

재공품(FIFO)

기초	2,000(0.7*1)	완성	5,000
투입	5,000	기말	2,000(0.5*2)

재료원가 완성품환산량

3,600
1,000
4,600

(*1) 0.5 + 0.5 × 40% = 0.7
(*2) 0.5 + 0.5 × 0% = 0.5

10 ③

재공품(선입선출법)

기초	500(0)(0.3)	완성	5,800
투입	5,500	기말	200(0)(0.3)

완성품환산량

재료원가	가공원가
5,800	5,650
–	60
5,800	5,710

11 ㈜서울은 종합원가계산을 적용하고 있으며, 제품을 생산하기 위해 재료 A와 재료 B를 사용하고 있다. 재료 A는 공정 초기에 전량 투입되며, 재료 B는 공정의 60% 시점에서 일시에 전량 투입되고, 가공원가는 공정 전반에 걸쳐서 균등하게 발생한다. 당기 제품제조활동과 관련한 자료가 아래와 같을 때, 선입선출법을 적용하여 계산한 완성품환산량은?

2018년 서울시 9급

구분	물량
기초재공품	300개(완성도 20%)
당기착수	1,500개
당기완수	1,300개
기말재공품	500개(완성도 50%)

	재료원가 A	재료원가 B	가공원가
①	1,500개	1,300개	1,490개
②	1,500개	1,550개	1,490개
③	1,800개	1,300개	1,550개
④	1,800개	1,550개	1,550개

11 ①

재공품(선입선출법)

기초	300(1)(－)(0.2)	완성	1,300
투입	1,500	기말	500(1)(－)(0.5)

완성품환산량

재료원가A	재료원가B	가공원가
1,000	1,300	1,240
500	－	250
1,500	1,300	1,490

12 ㈜한국은 제조원가 계산 시에 기말재공품 평가는 선입선출법을 적용하고 있다. 그리고 생산과정에서 재료는 제조 착수시점에 전량 투입되고, 가공비는 공정진행에 따라 평균적으로 발생한다. 다음의 원가자료를 이용하여 당기 제품제조원가를 계산하면?

2010년 국가직 9급

	수량	재료원가	가공원가
기초재공품원가 및 수량	80개(완성도 50%)	₩ 5,000	₩ 4,000
당기 제조원가	–	16,000	27,000
기말재공품 수량	40개(완성도 50%)		
완성품 수량	200개		

① ₩ 36,000
③ ₩ 45,000
② ₩ 43,000
④ ₩ 52,000

---

12 ③

재공품(선입선출법)		완성품환산량	
		재료원가	가공원가
기초 80(1)(0.5) 완성 200		120	160
투입 160 기말 40(1)(0.5)		40	20
		160	180
	총원가	₩ 16,000	₩ 27,000
	단위원가	₩ 100	₩ 150

완성품원가: (5,000 + 4,000) + 120개 × 100 + 160개 × 150 = ₩ 45,000

13 ㈜한국은 평균법에 의한 종합원가계산을 채택하고 있다. 기초재공품이 75,000단위이고 당기착수량이 225,000 단위이다. 기말재공품이 50,000단위이며 직접재료는 전량투입되었고, 가공원가 완성도는 70%이다. 기초 재공품에 포함된 가공원가가 ₩14,000이고 당기발생 가공원가가 ₩100,000인 경우 기말재공품에 배부되 는 가공원가는?

2015년 지방직 9급

① ₩12,000   ② ₩14,000
③ ₩18,000   ④ ₩20,000

14 종합원가계산제도를 채택하고 있는 갑회사의 기초재공품은 10개(완성도 50%), 당기착수량은 50개, 기말 재공품은 20개(완성도 50%), 기초재공품원가는 ₩5,000, 당기투입원가는 ₩15,000이다. 재공품의 평가 에는 평균법을 하고, 모든 원가는 공정 전체를 통하여 균등하게 발생한다. 기말재공품의 원가는 얼마인가?

2014년 서울시 9급

① ₩2,500   ② ₩3,000   ③ ₩3,500
④ ₩4,500   ⑤ ₩4,000

---

13 ②

재공품(평균법)				완성품환산량
				가공원가
기초	75,000	완성	250,000	250,000
투입	225,000	기말	50,000(0.7)	35,000
				285,000
			총원가	₩100,000 + ₩14,000
			단위원가	₩0.4

기말재공품의 가공원가: 35,000개 × 0.4 = ₩14,000

14 ⑤

재공품(평균법)				완성품환산량
기초	10(0.5)	완성	40	40
투입	50	기말	20(0.5)	10
				50
			총원가	5,000 + 15,000
			단위원가	400

기말재공품원가: 10개 × 400 = ₩4,000

15 다음은 2015년 ㈜서울의 원가계산과 관련된 자료이다. 2015년 직접재료원가와 가공원가의 완성품환산량 단위당 원가는 각각 얼마인가? (단, ㈜서울은 선입선출법에 의한 종합원가계산시스템을 도입하고 있다)

2016년 서울시 7급

- 기초재공품 1,000(수량)   100%(직접재료원가완성도)   40%(가공원가완성도)
- 기말재공품 2,000(수량)   100%(직접재료원가완성도)   20%(가공원가완성도)
- 기초재공품 재료원가　　　　　₩10,000　　　　• 기초재공품 가공원가　　　　　₩6,000
- 당기착수량　　　　　　　　　　20,000　　　　• 당기완성품 수량　　　　　　　19,000
- 당기투입 재료원가　　　　　　₩240,000　　　• 당기투입 가공원가　　　　　₩380,000

	직접재료원가	가공원가		직접재료원가	가공원가
①	₩10	₩15	②	₩10	₩20
③	₩12	₩15	④	₩12	₩20

16 ㈜한국은 가중평균법을 이용한 종합원가계산을 적용하고 있다. 모든 원가는 공정 전반에 걸쳐 균등하게 발생하고, 기초재공품원가는 ₩2,000, 당기에 투입된 직접재료원가와 가공원가의 합계는 ₩10,000이다. 생산 활동에 관한 자료가 다음과 같고, 완성품환산량 단위당 원가가 ₩30이라면 기말재공품의 완성도는?

2017년 지방직 9급(12월 추가)

구분	수량	완성도
기말재공품	200개	?
완성품	300개	100%

① 30%　　　　② 35%　　　　③ 45%　　　　④ 50%

---

15 ④

재공품(선입선출법)

기초	1,000	완성	19,000
	(1)(0.4)	기말	2,000
투입	20,000		(1)(0.2)

완성품환산량

	재료원가	가공원가
	18,000	18,600
	2,000	400
	20,000	19,000
당기투입원가	240,000	380,000
단위원가	12	20

16 ④

재공품(평균법)

기초	−	완성	300
투입	−	기말	200(0.5)

완성품환산량

300	
100	
400[*1]	
총원가	2,000 + 10,000
단위원가	₩30

(*1) (2,000 + 10,000) ÷ 30 = 400단위

4 공손품 회계

> ⊘ **SOLUTION**
>
> ① 공손수량파악 → ② 정상공손수량 파악(정상공손허용률 이용) → ③ 비정상공손수량 파악
> • **정상공손수량** = 당기 중 검사를 통과한 정상품 × 정상공손허용률
> • **(정상·비정상)공손품의 완성도**: 검사시점

17 ㈜한국의 2013년 11월 생산자료는 다음과 같다. 원재료는 공정 초에 투입되며, 가공비의 경우 월초재공품은 70% 완성되고 월말재공품은 60% 완성되었다. 공손은 공정의 완료시점에서 발견되었다. ㈜한국이 평균법에 의한 종합원가계산을 할 때, 가공비의 당월 완성품환산량은? 2014년 국가직 9급

> • 11월 1일 월초재공품: 2,500개
> • 11월 30일 월말재공품: 4,500개
> • 비정상공손: 500개
>
> • 11월 착수량: 12,000개
> • 완성 후 제품계정 대체: 9,300개

① 12,500개
② 12,700개
③ 13,200개
④ 14,500개

---

17 ② 공정의 완료시점에서 검사를 하므로 공손품의 완성도는 100% 이다.

재공품				완성품환산량
기초	2,500(0.7)	완성	9,300	9,300
		정상공손	200(1)	200
투입	12,000	비정상공손	500(1)	500
		기말	4,500(0.6)	2,700
				12,700개

18 ㈜대한은 종합원가계산방법을 적용하고 있다. 직접재료는 공정 초기에 전량 투입되며, 전환원가는 공정 전반에 걸쳐 균등하게 발생한다. 당기완성품환산량 단위당 원가는 직접재료원가 ₩60, 전환원가 ₩40이었다. 공정의 50% 시점에서 품질검사를 수행하며, 검사에 합격한 전체수량의 10%를 정상공손으로 처리하고 있다. ㈜대한의 물량흐름 자료가 다음과 같을 때, 정상공손원가는?

2016년 국가직 9급

• 기초재공품: 1,000개(완성도 30%)	• 공손수량: 500개
• 당기착수량: 3,000개	• 기말재공품: 900개(완성도 60%)
• 당기완성량: 2,600개	

① ₩17,500   ② ₩20,800

③ ₩28,000   ④ ₩35,000

---

18 ③
- 당기에 검사를 통과한 수량: 1,000(기초) + 1,600(당기착수완성) + 900(기말) = 3,500개
- 정상공손수량: 3,500단위 × 10% = 350단위

재공품				완성품환산량	
				재료원가	가공원가
기초	1,000(1)(0.3)	완성	2,600	–	–
		정상	350(1)(0.5)	350	175
		비정상	150(1)(0.5)	–	–
투입	3,000	기말	900(1)(0.6)	–	–
				–	–
		단위당 원가		₩60	₩40

- 정상공손원가: 350개 × 60 + 175개 × 40 = ₩28,000

19 ㈜한국은 선입선출법에 의한 종합원가계산을 채택하고 있으며, 당기의 생산 관련 자료는 다음과 같다.

구분	물량(개)	가공비 완성도
기초재공품	1,000	(완성도 30%)
당기착수량	4,300	
당기완성량	4,300	
공손품	300	
기말재공품	700	(완성도 50%)

원재료는 공정 초기에 전량 투입되며, 가공비는 공정 전반에 걸쳐 균등하게 발생한다. 품질검사는 가공비 완성도 40% 시점에서 이루어지며, 당기 검사를 통과한 정상품의 5%에 해당하는 수량은 정상공손으로 간주한다. 당기의 비정상공손수량은?   2016년 지방직 9급

① 50개   ② 85개
③ 215개   ④ 250개

5 결합원가계산

20 ㈜한국은 결합공정에서 연산품 A와 B를 생산한다. 당기 중 원재료 10,000kg이 공정에 투입되어 다음과 같이 생산되었다.

연산품	생산량	최종판매가치	추가가공비
A	2,000kg	₩ 10,000	₩ 2,000
B	8,000kg	48,000	6,000

결합원가 ₩40,000을 분리점의 순실현가치로 배분할 때, 연산품 B에 배분될 결합원가는?   2012년 지방직 9급

① ₩ 6,400   ② ₩ 32,000
③ ₩ 33,600   ④ ₩ 40,000

---

19 ① • 당기에 검사를 통과한 수량: 1,000(기초) + 3,300(당기착수완성) + 700(기말) = 5,000개
　　　 • 정상공손수량: 5,000단위 × 5% = 250단위
　　　 • 비정상공손수량: 300단위 − 250단위 = 50단위

20 ③ • A의 순실현가치: 10,000 − 2,000 = ₩ 8,000
　　　 • B의 순실현가치: 48,000 − 6,000 = ₩ 42,000
　　　 • B로 배분할 결합원가: $40,000 \times \dfrac{42,000}{(8,000 + 42,000)} = ₩ 33,600$

21 다음은 제품 A ~ C에 대한 자료이다. 이 중에서 제품 A에 대한 설명으로 옳지 않은 것은? (단, 결합원가 ₩70,000의 배분은 순실현가치기준법을 사용한다)

2015년 국가직 9급

제품	생산량	각 연산품 추가가공비	단위당 공정가치
A	100kg	₩ 15,000	₩ 500
B	150kg	8,000	300
C	200kg	12,000	200

① 매출액은 ₩ 50,000이다.　② 순실현가치는 ₩ 35,000이다.

③ 단위당 제조원가는 ₩ 245이다.　④ 결합원가의 배분액은 ₩ 24,500이다.

22 ㈜한국은 단일의 공정을 거쳐 A, B 두 종류의 결합제품을 생산하고 있으며, 사업 첫 해인 당기에 발생한 결합원가는 ₩ 200이다. 다음의 자료를 이용하여 결합원가를 균등이익률법으로 배부할 경우 제품 A와 B에 배부될 결합원가로 옳은 것은?

2017년 국가직 9급(4월 시행)

	추가가공 후 최종가치(매출액)	추가가공원가
제품 A	₩ 100	₩ 50
제품 B	₩ 300	₩ 50

	제품 A	제품 B
①	₩ 25	₩ 175
②	₩ 50	₩ 150
③	₩ 150	₩ 50
④	₩ 175	₩ 25

---

21 ③ · A의 매출액: 100kg × 500 = ₩ 50,000

　　· A의 순실현가치: 50,000 − 15,000 = ₩ 35,000

　　· A, B, C의 순실현가치 합계: 35,000 + (150 × 300 − 8,000) + (200 × 200 − 12,000) = ₩ 100,000

　　· A의 결합원가배분액: $70,000 \times \frac{35}{100}$ = ₩ 24,500

　　· A의 단위당 제조원가: (24,500 + 15,000) ÷ 100kg = ₩ 395

22 ① · 회사전체의 원가율: (200 + 50 + 50) ÷ (100 + 300) = 75%

　　· 제품 A의 원가: 100 × 75% = ₩ 75

　　· 제품 A로의 결합원가 배부액: 75 − 50 = ₩ 25

　　· 제품 B로의 결합원가 배부액: 200 − 25 = ₩ 175

23 ㈜서울은 사과를 가공해서 사과주스원액과 사과비누원액을 생산한 후, 추가가공을 거쳐 사과주스와 사과비누를 생산하고 있다. 20X1년 1월 사과 1,000kg을 투입(분리점까지 발생원가: ₩3,000,000)하여 사과주스원액 500L와 사과 비누원액 500L가 생산되었다. 사과주스원액 500L는 추가 원가 ₩500,000으로 사과주스 2,000개가 생산되었으며, 사과비누원액 500L는 추가원가 ₩700,000으로 사과비누 2,000개가 생산되었다. 제품별 판매가격은 아래와 같다. 기초 및 기말재고자산은 없으며 생산된 제품은 모두 판매되었다. 분리점에서의 판매가치법(sales value at split − off method)을 이용하여 결합원가를 배분할 경우 사과주스의 매출총이익은?

2018년 서울시 7급

> - 사과주스원액 판매가격: L당 ₩1,000
> - 비누원액 판매가격: L당 ₩2,000
> - 사과주스 판매가격: 개당 ₩2,000
> - 비누판매가격: 개당 ₩3,000

① ₩1,200,000   ② ₩1,500,000
③ ₩2,000,000   ④ ₩2,500,000

---

23 ④ • 사과주스원액의 판매가치: 500L × 1,000 = ₩500,000
　　　 • 비누원액의 판매가치: 500L × 2,000 = ₩1,000,000
　　　 • 사과주스원액으로 결합원가 배부액: 3,000,000 × 5/15 = ₩1,000,000
　　　 • 사과주스 매출총이익: 2,000개 × 2,000 − 1,000,000 − 500,000 = ₩2,500,000

1 전부원가계산과 변동원가계산

제품원가계산은 제품원가를 구성하는 요소에 따라 전부원가계산, 변동원가계산, 초변동원가계산으로 구분할 수 있다.

🔍 **표로 미리보기 |**

구분		전부원가계산	변동원가계산
제품원가		직접재료원가	직접재료원가
		직접노무원가	직접노무원가
		변동제조간접원가	변동제조간접원가
		고정제조간접원가	
기간원가			고정제조간접원가
		변동판매비와관리비	변동판매비와관리비
		고정판매비와관리비	고정판매비와관리비

1. 전부원가계산

전부원가계산은 모든 제조원가를 제품원가에 포함시키는 방법이다. 전부원가계산은 일반적으로 인정된 회계원칙에서 인정하는 방법이므로 외부보고용 재무제표를 작성할 때에는 이 방법에 따라야 한다.

(1) 전부원가계산의 손익계산서

전부원가계산에 의한 손익계산서를 전통적 손익계산서라고 하는데 외부보고를 위하여 이용되는 전통적 손익계산서에는 비용을 매출원가, 판매비와관리비와 같이 그 기능에 따라 분류한다. 원가를 기능별로 분류하는 경우, 외부정보이용자에게는 유용한 정보가 될 수 있으나, 판매량의 변동이 비용에 미치는 영향을 직관적으로 파악할 수 없어 계획 및 의사결정, 통제 및 성과평가 등 관리회계 목적으로 이용하기에는 어렵다.

전부원가계산 손익계산서(기능별 분류)

매출액	@가격 × 판매량	×××
매출원가		(×××)
직접재료원가	@DM × 판매량	
직접노무원가	@DL × 판매량	
변동제조간접원가	@VOH × 판매량	
고정제조간접원가	₩ FOH/생산량 × 판매량	
매출총이익		×××
판매비와관리비		(×××)
변동판매관리비	@판관비 × 판매량	
고정판매관리비	₩ 고정판매관리비	
영업이익		×××

(2) 전부원가계산의 이익함수

위 손익계산서를 살펴보면 전부원가계산의 영업이익에는 두 가지 변수가 영향을 미친다는 것을 알 수 있다.

① **판매량:** 판매량이 증가하면 전부원가계산의 영업이익은 증가할 것이다.

    ⇨ 판매량 증가 → 영업이익 증가

② **생산량:** 생산량이 증가하면 단위당 고정제조간접원가가 감소해 비용처리되는 고정제조간접원가가 감소하게 된다. 따라서 영업이익은 증가하게 된다.

    ⇨ 생산량 증가 → @FOH 감소 → 비용처리되는 FOH 감소 → 영업이익 증가

> **전부원가계산의 영업이익**증가, 증가 = f(판매량증가, 생산량증가)

생산량은 고정제조간접원가 외에 다른 원가에는 영향을 미치지 않는다.

2. 변동원가계산

변동원가계산(직접원가계산, 공헌이익법)은 직접재료원가, 직접노무원가, 변동제조간접원가 등 변동제조원가만을 제품원가에 포함시킨다. 따라서 변동원가계산에서는 고정제조간접원가가 판매비·관리비와 더불어 기간비용으로 처리된다. 변동원가계산은 주로 의사결정, 성과평가 등 관리회계 목적으로 이용된다.

(1) 변동원가계산의 손익계산서

변동원가계산은 내부관리 목적으로 이용되므로 원가를 행태에 따라 분류하게 된다. 따라서 변동원가계산 손익계산서에서는 비용을 변동원가와 고정원가로 구분하여 표시한다.

변동원가에는 변동제조원가와 변동판매관리비가 포함되며 변동원가는 매출액에서 차감된다. 매출액에서 변동원가를 차감한 값을 공헌이익(contribution margin)이라고 하는데, 이는 고정원가를 회수하고 이익에 공헌하는 금액을 의미한다. 고정원가에는 고정제조간접원가와 고정판매관리비가 포함되며, 공헌이익에서 고정원가를 차감하여 영업이익을 계산하게 된다. 변동원가계산의 손익계산서에는 공헌이익이 표시되므로 공헌이익 손익계산서라고도 한다.

변동원가계산 손익계산서(행태별 분류)

매출액	@가격 × 판매량	×××
변동원가		(×××)
직접재료원가	@DM × 판매량	
직접노무원가	@DL × 판매량	
변동제조간접원가	@VOH × 판매량	
변동판매관리비	@판관비 × 판매량	
공헌이익		×××[*1]
고정원가		(×××)
고정제조간접원가	₩ 고정제조간접원가[*2]	
고정판매관리비	₩ 고정판매관리비	
영업이익		×××

(*1) 공헌이익은 다음과 같이 직접 계산할 수도 있다.

공헌이익: {@가격 − (@DM + @DL + @VOH + @변동판관비)} × 판매량
                    ↳ @변동원가

(*2) 변동원가계산에서 고정제조간접원가는 기간비용이므로 단위당 고정제조간접원가를 구하지 않고 실제 발생액을 단순히 비용처리한다.

(2) 변동원가계산의 이익함수

위 손익계산서를 살펴보면 변동원가계산의 영업이익에는 한 가지 변수만 영향을 미친다는 것을 알 수 있다.

- **판매량**: 판매량이 증가하면 변동원가계산의 영업이익은 증가할 것이다.

  ⇨ 판매량 증가 → 영업이익 증가

> 변동원가계산의 영업이익$_{증가}$ = f(판매량$_{증가}$)

전부원가계산과 달리 변동원가계산의 영업이익에는 생산량이 영향을 미치지 않는다. 따라서 변동원가계산은 전부원가계산에 비해 판매량의 변동이 영업이익에 미치는 영향을 더 직관적으로 파악할 수 있다.

3. 양 방법의 본질적 차이

전부원가계산과 변동원가계산의 본질적인 차이점은 고정제조간접원가를 제품원가에 포함시킬 것인가에 있다. 전부원가계산은 고정제조간접원가를 제품원가에 포함하므로 원가 발생 시에는 자산으로 계상한 후, 제품 판매 시에 비용으로 처리하지만, 변동원가계산은 고정제조간접원가를 발생 시점에 전액 기간비용으로 처리한다.

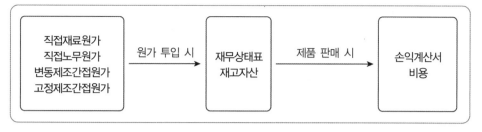

⊕ 전부원가계산

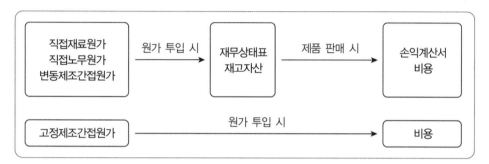

⊕ 변동원가계산

4. 이익차이 조정

전부원가계산과 변동원가계산의 차이점은 고정제조간접원가를 제품원가에 포함시킬 것인지의 여부에 있다. 양 방법에서의 유일한 차이는 고정제조간접원가의 자산화 여부이므로 양 방법의 이익차이를 가져오는 것도 고정제조간접원가가 유일하다.

결과적으로 전부원가계산과 변동원가계산의 이익차이를 분석할 때는 고정제조간접원가만 분석하여 양 방법의 이익차이를 조정한다.

(1) 비용처리되는 고정제조간접원가

원가흐름의 가정으로 선입선출법을 가정하면, 비용처리되는 고정제조간접원가는 다음과 같이 계산한다.

① **변동원가계산**: 고정제조간접원가가 기간비용이므로 당기에 발생된 고정제조간접원가를 전액 비용으로 처리한다.
　　→ 당기 FOH
② **전부원가계산**: 고정제조간접원가를 판매 시에 비용으로 처리한다. 선입선출법 하에서는 기초재고자산이 가장 먼저 판매되므로, 기초재고자산에 포함된 고정제조간접원가를 가장 먼저 비용으로 처리하고, 기말재고자산은 아직 판매되지 않았으므로 기말재고자산에 포함된 고정제조간접원가는 비용에서 취소하여 자산으로 계상한다.
　　→ 기초재고 FOH + 당기 FOH − 기말재고 FOH

고정제조간접원가 외의 원가들은 전부원가계산과 변동원가계산에서의 처리가 동일하므로 이익차이를 가져오지 않는다.

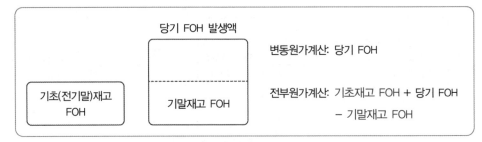

◑ 비용처리되는 고정제조간접원가

(2) 이익차이 조정

양 방법에서 비용처리되는 고정제조간접원가를 살펴보면 아래와 같은 결과를 도출할 수 있다.

① 기초재고 FOH만큼 전부원가계산에서 비용처리를 추가로 함

    → 전부원가계산의 이익이 감소함

② 기말재고 FOH만큼 전부원가계산에서 비용처리를 적게 함

    → 전부원가계산의 이익이 증가함

	변동원가계산의 이익	×××
(−)	기초재고 FOH	×××
(+)	기말재고 FOH	×××
	전부원가계산의 이익	×××

◑ 전부원가계산과 변동원가계산의 이익차이 조정

이익차이를 조정하는 식을 구체적으로 나타내면 아래와 같다.

	변동원가계산의 이익	×××
(−)	기초재고 FOH	기초재고수량 × (전기의)단위당 고정제조간접원가[*1]
(+)	기말재고 FOH	기말재고수량 × (당기의)단위당 고정제조간접원가[*2]
	전부원가계산의 이익	×××

(*1) 기초재고는 전기에 생산한 물량이므로 전기의 원가를 적용한다.
(*2) 기말재고는 당기에 생산한 물량이므로 당기의 원가를 적용한다.

위 식에서 아래와 같은 결론을 내릴 수 있다. 다만, 아래의 표는 매년 단위당 고정제조간접원가가 같을 경우 정확히 성립하지만, 그렇지 않을 경우에는 성립하지 않을 수도 있음에 유의해야 한다.

◑ 상황, 재고변화, 이익의 크기에 따른 이익차이 조정

상황	재고변화	이익의 크기
생산량 〉 판매량	기초재고수량 〈 기말재고수량	전부원가 〉 변동원가
생산량 = 판매량	기초재고수량 = 기말재고수량	전부원가 = 변동원가
생산량 〈 판매량	기초재고수량 〉 기말재고수량	전부원가 〈 변동원가

사례 ─ 예제

20X1년 초에 영업을 개시한 ㈜한국의 생산 및 판매자료와 원가자료는 아래와 같다. 아래의 자료를 이용해서 ㈜한국의 매년 변동원가계산 영업이익을 구하고, 전부원가계산에 의한 영업이익으로 조정하시오(단, ㈜한국의 단위당 판매가격은 ₩100이고, 선입선출법에 의해 재고자산을 평가하고 있다).

수량	20X1년	20X2년	20X3년
기초제품재고량	–	1,000	1,000
당기 생산량	3,000	2,000	3,000
당기 판매량	2,000	2,000	4,000
기말제품재고량	1,000	1,000	–

매년 단위당 변동원가	₩50
매년 고정제조간접원가	₩60,000
매년 고정판매관리비	₩20,000

해설

① 20X1년

- 변동원가계산 영업이익: $(100-50) \times 2,000$단위 $- (60,000 + 20,000) = $ ₩20,000

변동원가계산의 영업이익	₩20,000
(−) 기초재고 FOH	–
(+) 기말재고 FOH	$1,000단위 \times \dfrac{60,000}{3,000단위}$
전부원가계산의 영업이익	₩40,000

② 20X2년

- 변동원가계산 영업이익: $(100-50) \times 2,000$단위 $- (60,000 + 20,000) = $ ₩20,000

변동원가계산의 영업이익	₩20,000
(−) 기초재고 FOH	$1,000단위 \times \dfrac{60,000}{3,000단위}$
(+) 기말재고 FOH	$1,000단위 \times \dfrac{60,000}{2,000단위}$
전부원가계산의 영업이익	₩30,000

③ 20X3년

- 변동원가계산 영업이익: $(100 - 50) \times 4,000$단위 $- (60,000 + 20,000) = $ ₩120,000

변동원가계산의 영업이익	₩120,000
(−) 기초재고 FOH	$1,000단위 \times \dfrac{60,000}{2,000단위}$
(+) 기말재고 FOH	–
전부원가계산의 영업이익	₩90,000

선생님 TIP

변동원가계산 영업이익은 판매량에만 영향을 받는다. 20X1년과 20X2년의 판매량이 동일하므로 변동원가계산 영업이익도 동일하게 ₩20,000으로 계산된다.

2 원가추정

1. 원가함수

의사결정은 과거에 발생한 원가가 아닌 미래에 발생할 원가를 이용하여 분석한다. 따라서 의사결정에 있어 원가함수의 추정은 중요한 절차이다.

경영자는 미래에 발생될 원가를 이용하여 계획과 통제 및 의사결정을 한다. 의사결정 등을 위해서는 미래에 발생할 원가를 추정해야 하는데 일반적으로는 조업도와 원가 사이의 관계를 규명하여 원가함수를 추정하고, 원가함수를 이용하여 미래원가를 예측하는 방법을 사용한다.

회계학에서는 적용의 편의를 위해 원가함수를 선형으로 가정한다. 따라서 회계학에서는 원가함수를 다음과 같이 표현한다.

> Y(총원가) = a(총고정원가) + b(단위당 변동원가) × X(조업도)

2. 고저점법

위 식과 같이 원가함수는 a와 b값에 의해 결정된다. 따라서 원가함수를 표현하기 위해서는 a와 b값을 결정해야 하는데 a와 b값을 결정할 때 일반적으로 사용하는 방법이 고저점법이다.

고저점법은 과거의 여러 원가 자료들 중 최고조업도와 최저조업도의 원가를 직선으로 연결하여 원가함수를 추정하는 방법이다. 주의할 점은 최고점과 최저점을 선택할 때 그 기준이 총원가가 아니라 조업도라는 점이다.

선생님 TIP

총원가에 의해 고점과 저점을 선택하면 1월과 3월 자료가 선택되지만 고저점법은 조업도에 의해 고점과 저점을 선택하므로 2월과 4월 자료를 이용하여 원가함수를 추정한다.

사례 — 예제

㈜한국의 최근 4개월 간 원가자료는 다음과 같다. 고저점법에 의해 ㈜한국의 제조원가 함수를 추정하시오.

월	생산량	총제조원가
1	1,200	₩ 90,000
2	1,000	100,000
3	1,800	155,000
4	2,000	150,000

해설

- 조업도에 의해 고점과 저점을 선택하므로 2월과 4월의 원가자료를 이용해 원가함수를 추정한다.
- 기울기(단위당 변동원가): $\dfrac{(150,000 - 100,000)}{(2,000 - 1,000)} = ₩ 50$
- Y절편(총고정원가): (2월 원가자료 대입) a + 50 × 1,000단위 = ₩ 100,000,
  a = ₩ 50,000
- ㈜한국의 제조원가함수: Y = 50,000 + 50 × X

3 | 원가 – 조업도 – 이익분석(Cost-Volume-Profit analysis; CVP분석)

원가 – 조업도 – 이익분석(CVP분석)이란 판매량과 같은 조업도의 변화가 기업의 원가, 수익, 이익에 미치는 영향을 분석하는 기법을 말하며 보통 CVP분석이라고 부른다.

> CVP분석: 판매량 변화 → 원가 변화 → 이익 변화 예측

CVP분석은 경영계획을 수립하거나 이익의 예측, 가격정책의 결정, 판매전략의 수립, 특별주문수락에 관한 의사결정 등 여러 형태의 의사결정에 유용하며, 제조업뿐만 아니라 상기업, 서비스업 및 학교와 병원 등과 같은 비영리조직에서도 이용할 수 있다.

변동원가계산은 원가를 원가행태에 따라 변동원가와 고정원가로 구분하기 때문에 변동원가계산 손익계산서를 이용하면 조업도의 변화가 원가와 이익에 미치는 영향을 쉽게 파악할 수 있으므로 CVP분석에서는 변동원가계산 양식을 이용한다.

따라서 CVP분석의 기본식은 변동원가계산에 바탕을 두고 있으며 아래와 같이 나타낼 수 있다.

> 공헌이익 = 고정원가 + 영업이익

위 식은 기업이 영업을 통해 실제로 벌어들인 이익은 공헌이익으로, 공헌이익은 고정원가를 회수하고, 고정원가의 회수가 끝나면 영업이익을 창출한다는 의미이다.

1. CVP분석의 기본가정

CVP분석에서는 상황을 단순화하기 위하여 다음과 같은 가정을 한다.

① 조업도만이 수익과 원가에 영향을 미치는 유일한 요인이다.
② 모든 원가는 조업도의 변동에 정비례하여 변동하는 변동원가와 조업도의 변동에 관계없이 일정한 고정원가로 구분될 수 있다.
③ 수익과 원가의 행태는 확실하게 결정되어 있고, 관련범위 내에서는 선형이다. 즉, 관련범위 내에서는 단위당 판매가격, 단위당 변동원가, 총고정원가가 일정하다.
④ 단일제품을 생산·판매한다. 다만, 복수제품을 생산·판매할 경우 매출배합은 일정하다.
⑤ 분석대상기간의 생산량과 판매량은 일치한다. 이 가정이 충족되면 변동원가계산과 전부원가계산의 CVP분석 결과는 일치하게 된다.
⑥ 발생주의에 의해 분석한다.
⑦ 대상기간이 단기이므로 화폐의 시간가치를 고려하지 않는다.

변동원가계산 손익계산서 양식에서 공헌이익 이하를 살펴보면, '공헌이익 – 고정원가 = 영업이익'인데, 여기서 고정원가를 우항으로 이항하면, '공헌이익 = 고정원가 + 영업이익'의 기본식이 도출된다.

2. CVP분석을 위한 기본 개념

(1) 공헌이익

공헌이익은 매출액에서 변동원가를 차감한 금액이며, 이 금액이 증가함에 따라 점차 고정원가가 회수되어 이익이 증가하게 된다. 공헌이익이 고정원가보다 클 경우, 다시 말해 고정원가를 회수하고도 남는 공헌이익이 있을 경우에는 이익이 발생한다. 반대로, 공헌이익이 고정원가보다 작을 경우, 다시 말해 공헌이익이 고정원가를 다 회수하지 못할 경우에는 손실이 발생한다.

공헌이익은 아래의 두 가지 방법으로 계산한다.

$$\text{공헌이익} = \text{단위당 공헌이익} \times \text{판매량}$$
$$= \text{공헌이익률}\left(\frac{\text{공헌이익}}{\text{매출액}}\right) \times \text{매출액}$$

위 식에서 공헌이익률이란 공헌이익을 매출액으로 나눈 비율로, 매출액 중 공헌이익이 몇 %를 차지하는지를 나타낸다. 매출액이 ₩1 증가하면 공헌이익은 공헌이익률만큼 증가할 것이다. 매출액에서 변동원가를 차감한 값이 공헌이익이므로 아래와 같은 식이 성립한다.

$$\text{변동비율}\left(\frac{\text{변동원가}}{\text{매출액}}\right) + \text{공헌이익률}\left(\frac{\text{공헌이익}}{\text{매출액}}\right) = \frac{\text{변동원가} + \text{공헌이익}(= \text{매출액})}{\text{매출액}} = 1$$

(2) 세전이익과 세후이익

CVP분석의 기본식은 세전금액이 기준이므로 세후금액이 주어지는 경우 다음과 같은 식을 이용해 세전기준으로 환산한다.

- 세후이익 = 세전이익 × (1 − 세율)
- 세전이익 = 세후이익 ÷ (1 − 세율)

(3) 손익분기점(Break − Even Point; BEP)

손익분기점이란 총수익과 총비용이 일치하여 이익도 손실도 발생하지 않는 판매량 또는 매출액을 말한다. 손익분기점에서는 '총수익 = 총비용'이므로 '이익 = 0'이 되며, 손익분기점보다 적은 판매량 혹은 매출액에서는 손실이 발생하고, 손익분기점보다 많은 판매량 혹은 매출액에서는 이익이 발생한다.

$$\text{단위당 공헌이익(@CM)} \times \text{BEP판매량} = \text{고정원가}$$
$$\text{공헌이익률(CM\%)} \times \text{BEP매출액} = \text{고정원가}$$

⇩

$$\text{손익분기점의 공헌이익} = \text{고정원가}$$

(4) 복수의 세율이 적용되는 경우

세율을 적용할 때 구간별로 다른 세율을 적용하는 경우가 있다. 이 경우 문제에서는 대부분 세율의 변곡점을 세전이익 기준으로 제시하지만 풀이할 때는 세후이익에 세율을 적용해야 하므로 세율의 변곡점을 세후금액으로 환산해야 한다.

예를 들어, 세전이익 ₩10,000까지는 20%, ₩10,000을 초과하는 금액부터는 30% 세율을 적용하는 경우, 세전이익 ₩10,000을 기준으로 세율이 바뀌지만, 세율의 변곡점인 ₩10,000을 세후금액으로 환산하면, '₩10,000 × (1 − 20%) = ₩8,000'이 된다. 그리고 문제에 적용할 때는 이 ₩8,000을 기준으로 세율을 달리 적용하여 세후이익을 세전이익으로 환산해야 한다.

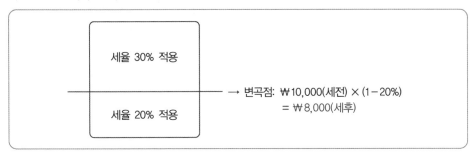

❖ 복수의 세율이 적용되는 경우

사례 — 예제

㈜한국은 A제품을 생산하여 단위당 ₩1,000에 1,000단위를 판매할 예정이며 A제품의 원가자료는 다음과 같다.

구분	단위당 변동원가	고정원가
직접재료원가	₩ 200	−
직접노무원가	150	−
제조간접원가	100	₩ 200,000
판매비와관리비	150	100,000
합계	₩ 600	₩ 300,000

(1) 단위당 공헌이익과 공헌이익률을 이용하여 공헌이익과 영업이익을 계산하시오.

(2) 판매량이 1,200단위로 증가할 경우 영업이익 증가액을 계산하시오.

(3) 손익분기점판매량과 매출액을 계산하시오.

(4) 세전이익 ₩200,000을 얻기 위한 판매량과 매출액을 계산하시오.

(5) 세후이익 ₩120,000을 얻기 위한 판매량과 매출액을 계산하시오(단, 세율은 40%이다).

(6) 세후이익 ₩140,000을 얻기 위한 판매량과 매출액을 계산하시오(단, 세전이익 ₩100,000까지는 20%의 세율이, ₩100,000 초과분에 대하여는 40%의 세율이 적용된다).

(1) ① 단위당 공헌이익: $1,000 - 200 - 150 - 100 - 150 = ₩400$

  영업이익: $400 × 1,000단위 - 300,000 = ₩100,000$

  ② 공헌이익률: $\dfrac{400}{1,000} = 40\%$

  영업이익: $1,000 × 1,000단위 × 40\% - 300,000 = ₩100,000$

(2) • 공헌이익 증가액 = 고정원가 증가액 + 영업이익 증가액

  여기서, 고정원가의 증가가 없으므로, '공헌이익 증가액 = 영업이익 증가액'

  • 공헌이익 증가액 = $400 × 200단위 = 40\% × 200,000 = ₩80,000$

(3) • $400 ×$ 손익분기점판매량 $= ₩300,000$, 손익분기점판매량 $= 750단위$

  • $40\% ×$ 손익분기점매출액 $= ₩300,000$, 손익분기점매출액 $= ₩750,000$

(4) • $400 ×$ 판매량 $= ₩300,000 + ₩200,000$, 판매량 $= 1,250단위$

  • $40\% ×$ 매출액 $= ₩300,000 + ₩200,000$, 매출액 $= ₩1,250,000$

(5) • $400 ×$ 판매량 $= ₩300,000 + \dfrac{₩120,000}{(1-0.4)}$, 판매량 $= 1,250단위$

  • $40\% ×$ 매출액 $= ₩300,000 + \dfrac{₩120,000}{(1-0.4)}$, 매출액 $= ₩1,250,000$

(6) • 세후이익 기준 세율의 변곡점: $100,000 × (1 - 20\%) = ₩80,000$

  • $400 ×$ 판매량 $= ₩300,000 + \dfrac{₩80,000}{(1-0.2)} + \dfrac{₩60,000}{(1-0.4)}$, 판매량 $= 1,250단위$

  • $40\% ×$ 매출액 $= ₩300,000 + \dfrac{₩80,000}{(1-0.2)} + \dfrac{₩60,000}{(1-0.4)}$, 매출액 $= ₩1,250,000$

선생님 TIP

매출액은 언제나 판매량에 가격을 곱한 값이므로,
손익분기점매출액
= 손익분기점판매량 × 가격
= 750단위 × 1,000
= ₩750,000
으로 구할 수도 있다.

3. 안전한계

안전한계(Margin of Safety; M/S)는 실제 또는 예상판매량(매출액)이 손익분기점의 판매량(매출액)을 초과하는 판매량(매출액)을 의미한다. 안전한계는 현 상황에서 손실을 발생시키지 않으면서 허용할 수 있는 판매량(매출액)의 최대감소폭을 나타내기 때문에 기업의 안전성을 측정하는 지표로 활용된다.

안전한계판매량(매출액) = 실제판매량(매출액) − 손익분기점판매량(매출액)

'@CM × BEP판매량 = 고정원가'이므로, BEP판매량은 고정원가를 회수하는 역할을 한다.

기업의 전체판매량(매출액)은 손익분기점판매량(매출액)과 안전한계판매량(매출액)으로 나눌 수 있다. 전체판매량 중 손익분기점판매량을 초과한 부분이 안전한계판매량이기 때문이다.

여기서 손익분기점판매량(매출액)이 고정원가를 회수하는 역할을 하므로 안전한계판매량(매출액)은 영업이익을 창출하는 역할을 한다.

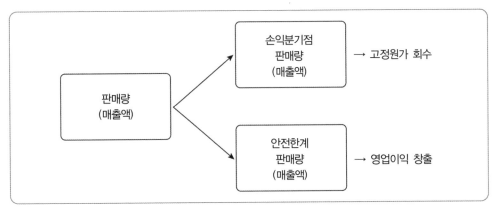

손익분기점과 안전한계(1)

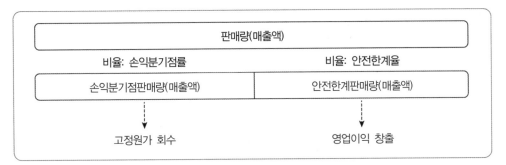

손익분기점과 안전한계(2)

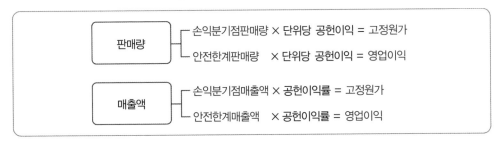

손익분기점과 안전한계(3)

안전한계판매량(매출액)을 전체판매량(매출액)으로 나눈 값을 안전한계율이라고 하며, 이 비율은 전체판매량(매출액) 중에서 안전한계판매량(매출액)이 몇 %를 차지하는지를 나타낸다.

안전한계율을 구하는 식은 아래와 같다.

$$\text{안전한계율} = \frac{\text{안전한계판매량(매출액)}}{\text{판매량(매출액)}} \times \frac{\text{단위당 공헌이익(공헌이익률)}}{\text{단위당 공헌이익(공헌이익률)}} = \frac{\text{영업이익}}{\text{공헌이익}}$$

다음의 손익계산서를 이용해서 아래의 물음에 답하시오.

매출액(1,000단위 × ₩ 100)	₩ 100,000
변동원가(1,000단위 × ₩ 60)	60,000
공헌이익(1,000단위 × ₩ 40)	₩ 40,000
고정원가	30,000
영업이익	₩ 10,000

(1) 손익분기점판매량과 매출액을 구하시오.

(2) 안전한계판매량과 매출액을 구하시오.

(3) 안전한계판매량과 매출액을 이용하여 현재 영업이익을 계산하시오.

(4) 안전한계율을 구하시오.

해설

(1) • $40 × $ 손익분기점판매량 $ = ₩ 30,000$,   손익분기점판매량 = 750단위
   • $40\% × $ 손익분기점매출액 $ = ₩ 30,000$,   손익분기점매출액 $ = ₩ 75,000$

(2) • 안전한계판매량: 1,000단위 − 750단위 = 250단위
   • 안전한계매출액: $100,000 − 75,000 = ₩ 25,000$

(3) 250단위 $× 40 = 25,000 × 40\% = ₩ 10,000$

(4) • 안전한계율: $\dfrac{250단위}{1,000단위} = \dfrac{25,000}{100,000} = 25\%$

   • 안전한계율: $\dfrac{영업이익}{공헌이익} = \dfrac{10,000}{40,000} = 25\%$

4. 영업레버리지

(1) 원가구조

원가구조란 기업의 고정원가와 변동원가의 상대적 구성관계를 말한다. 원가구조에 따라 이익의 안정성은 아래와 같이 달라진다.

① 노동집약적 방법 → 변동원가↑, 고정원가↓ → 단위당 공헌이익(공헌이익률)↓ → 판매량(매출액)변화에 따라 공헌이익 변화 작음 → 영업이익 변화 작음 → 호황일 때 불리, 불황일 때 유리

② 자본집약적 방법 → 변동원가↓, 고정원가↑ → 단위당 공헌이익(공헌이익률)↑ → 판매량(매출액)변화에 따라 공헌이익 변화 큼 → 영업이익 변화 큼 → 호황일 때 유리, 불황일 때 불리

위의 결과로 볼 때, 기업이 고정원가를 적게 부담(변동원가를 많이 부담)하면 이익의 변동폭이 작아지지만, 고정원가를 많이 부담(변동원가를 적게 부담)하면 이익의 변동폭이 매우 커진다.

노동집약적 생산방법 하에서는 직접노무원가 등의 발생이 많으므로 변동원가의 비중이 높다.

자본집약적 생산방법 하에서는 고정제조간접원가(감가상각비 등)의 발생이 많으므로 고정원가의 비중이 높다.

이렇게 고정원가로 인해 영업이익의 변동폭이 커지는 효과를 영업레버리지 효과라 부르는데, 호황일 때는 레버리지 효과를 높이는 것이 유리하고, 불황일 경우에는 영업레버리지 효과를 낮추는 것이 유리하다.

(2) 영업레버리지도(Degree of Operating Leverage; DOL)

아래의 사례에서 영업레버리지 효과를 확인해보자.

사례 一 예제

현재의 손익계산서			판매량의 증가로 매출 20% 증가	
매출액(1,000개 × 100)	₩ 100,000		매출액(1,200개 × 100)	₩ 120,000
변동원가(1,000개 × 60)	60,000	판매량 20% 증가	변동원가(1,200개 × 60)	72,000
공헌이익(1,000개 × 40)	₩ 40,000		공헌이익(1,200개 × 40)	₩ 48,000
고정원가	30,000		고정원가	30,000
영업이익	₩ 10,000		영업이익	₩ 18,000

⇩

판매량 · 매출액 · 공헌이익은 20% 증가하였으나, 영업이익은 80% 증가

현재의 손익계산서			판매량의 감소로 매출 20% 감소	
매출액(1,000개 × 100)	₩ 100,000		매출액(800개 × 100)	₩ 80,000
변동원가(1,000개 × 60)	60,000	판매량 20% 감소	변동원가(800개 × 60)	48,000
공헌이익(1,000개 × 40)	₩ 40,000		공헌이익(800개 × 40)	₩ 32,000
고정원가	30,000		고정원가	30,000
영업이익	₩ 10,000		영업이익	₩ 2,000

⇩

판매량 · 매출액 · 공헌이익은 20% 감소하였으나, 영업이익은 80% 감소

위 사례에서 매출액 · 변동원가 · 공헌이익은 20% 증감하는데 영업이익은 80% 증감하고 있다. 이유는 판매량의 변화에 따라 고정원가가 변하지 않기 때문인데, 결국 판매량(매출액)에 비해 영업이익이 더 크게 움직이는 이유는 고정원가 때문이라 할 수 있다. 이와 같은 효과를 영업레버리지 효과라고 부른다.

영업레버리지 효과를 구체적인 수치로 측정한 것을 영업레버리지도라고 부르는데, 영업레버리지도는 아래와 같이 계산한다.

$$\text{영업레버리지도(DOL)} = \frac{\text{영업이익 변화율}}{\text{매출액 변화율}} = \frac{\text{공헌이익}}{\text{영업이익}} = \frac{1}{\text{안전한계율}}$$

영업레버리지도는 매출액이 1% 변화할 때 영업이익은 몇 % 변화하는지를 측정하는 값이다.

앞의 사례에서 영업레버리지도를 계산해보면, $\frac{40,000}{10,000}$ = 4가 산출되는데, 이 결과는 매출액변화율에 비해 영업이익변화율이 4배만큼 크다는 의미이다. 따라서 사례에서 매출액이 20%만 변화함에도 영업이익은 4배인 80%만큼 변화하고 있는 것이다.

영업레버리지도의 개념을 이용하면 기업의 미래 영업이익을 쉽게 추정할 수 있는데, 그 식은 아래와 같다.

> 미래 영업이익 = 현재 영업이익 × (1 + 매출액변화율 × 영업레버리지도)

위 식을 이용하여 사례에서 매출액이 20% 증가할 경우와 감소할 경우의 영업이익을 계산하면 다음과 같은 결과가 나온다.

- 매출액이 20% 증가할 경우: $10,000 \times (1 + 20\% \times 4) = ₩18,000$
- 매출액이 20% 감소할 경우: $10,000 \times (1 - 20\% \times 4) = ₩2,000$

(3) 영업레버리지도의 변화

① 고정원가와 영업레버리지도

영업레버리지도는 고정원가 수준에 따라 달라진다. 고정원가가 0이면 영업레버리지도가 1이 되어 영업레버리지 효과가 발생하지 않으며, 고정원가가 증가할수록 영업레버리지도는 증가한다.

> 고정원가 증가 → 영업레버리지도 증가

② 매출액수준과 영업레버리지도

기업의 매출액수준마다 영업이익과 공헌이익이 달라지므로 영업레버리지도 역시 기업의 매출액 수준마다 달라진다. 앞의 사례에서 매출액이 ₩100,000일 경우, 영업레버리지도는 4가 산출되지만 매출액이 ₩120,000 혹은 ₩80,000으로 변할 경우 영업레버리지도는 4와 다른 값이 측정된다.

매출액수준이 증가할수록 기업의 영업이익과 공헌이익은 증가한다. 고정원가가 변하지 않는다면, 영업이익과 공헌이익은 동일한 값이 증가하게 되는데, 영업레버리지도를 측정하는 식이 $\frac{공헌이익}{영업이익}$ 이므로 만일 매출액이 증가하여 영업이익과 공헌이익이 동일한 값만큼 증가한다면 전체 분수 값은 감소할 것이다. 따라서 매출액 증가에 따라 영업레버리지도는 감소한다.

> 매출액 증가 → 영업레버리지도 감소

다음의 손익계산서를 이용하여 아래의 물음에 답하시오.

㈜한국		㈜대한	
매출액	₩ 100,000	매출액	₩ 100,000
변동원가	20,000	변동원가	60,000
공헌이익	₩ 80,000	공헌이익	₩ 40,000
고정원가	60,000	고정원가	20,000
영업이익	₩ 20,000	영업이익	₩ 20,000

(1) 현재 매출액 수준에서 각 회사의 영업레버리지도를 계산하시오.

(2) 영업레버리지도를 이용하여 다음의 경우에 각 회사의 영업이익을 계산하시오.
  ① 판매량의 증가로 매출액이 30% 증가하는 경우
  ② 판매량의 감소로 매출액이 10% 감소하는 경우

해설

(1) • ㈜한국의 영업레버리지도: $\dfrac{80,000}{20,000} = 4$

  • ㈜대한의 영업레버리지도: $\dfrac{40,000}{20,000} = 2$

(2) ① ㈜한국: $20,000 \times (1 + 30\% \times 4) = ₩ 44,000$
    ㈜대한: $20,000 \times (1 + 30\% \times 2) = ₩ 32,000$
  ② ㈜한국: $20,000 \times (1 - 10\% \times 4) = ₩ 12,000$
    ㈜대한: $20,000 \times (1 - 10\% \times 2) = ₩ 16,000$

5. 복수제품 CVP분석

지금까지 CVP분석에서는 한 종류의 제품을 생산·판매한다고 가정하였으나 대부분의 기업은 여러 종류의 제품을 생산·판매한다. 이와 같이 여러 종류의 제품을 생산·판매하는 경우의 CVP분석을 복수제품 CVP분석이라 한다.

복수제품 CVP분석에서 어려운 점은 제품의 종류가 다양하므로 단위당 공헌이익이나 공헌이익률을 특정할 수 없다는 점이다. 이런 경우에는 CVP분석의 식을 세울 수가 없게 되므로 복수제품 CVP분석에서는 항상 제품배합이 일정하다는 가정 하에서 출발한다.

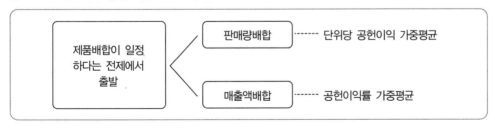

◎ 복수제품 CVP분석

제품배합에는 판매량배합과 매출액배합이 있는데 판매량에 판매가격을 곱한 값이 매출액이므로 판매량배합과 매출액배합은 다음과 같은 관계를 갖는다.

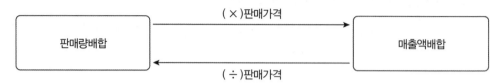

예를 들어, 판매량배합이 3 : 1인 제품 A와 제품 B의 가격이 각각 ₩200, ₩600이라고 한다면 매출액배합은 다음과 같이 계산된다.

	판매량배합		판매가격		매출액	매출액배합
제품 A	3	×	₩200	=	₩600	1
제품 B	1	×	₩600	=	₩600	1

제품배합이 결정되면 제품배합을 이용해서 단위당 공헌이익 혹은 공헌이익률을 가중평균할 수 있는데 주의할 점은 단위당 공헌이익을 가중평균할 경우에는 반드시 판매량배합을 이용하고, 공헌이익률을 가중평균할 경우에는 반드시 매출액배합을 이용해야 한다는 점이다.

📱 선생님 TIP

판매량배합이 주어지는 경우 가중평균 단위당 공헌이익 대신 SET접근법(꾸러미법) 등을 이용할 수 있으나 계산논리가 다르지 않으므로 본 교재에서는 가중평균 단위당 공헌이익을 이용하겠다.

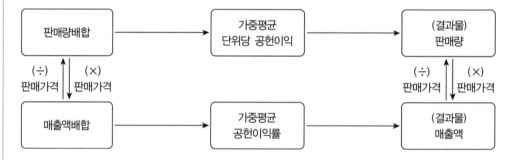

사례 ― 예제

㈜한국은 제품 A와 제품 B를 생산·판매하고 있는데 두 제품의 판매량배합은 1 : 4이고, 두 제품의 판매가격은 각각 ₩500, ₩250이다. 제품 A와 제품 B의 단위당 변동원가는 각각 ₩300, ₩175이며, ㈜한국의 고정원가는 ₩10,000이다.

(1) 가중평균 단위당 공헌이익을 이용하여 제품 A와 제품 B의 손익분기점판매량을 구하시오.

(2) 가중평균 공헌이익률을 이용하여 제품 A와 제품 B의 손익분기점매출액을 구하시오.

해설

(1) 가중평균 단위당 공헌이익 이용

가중평균 단위당 공헌이익: $200 \times \frac{1}{5} + 75 \times \frac{4}{5} = ₩100$

$100 \times$ 손익분기점판매량 $= ₩10,000$, 손익분기점판매량 $= 100$단위

제품 A: 100단위 $\times \frac{1}{5} = 20$단위, 제품 B: 100단위 $\times \frac{4}{5} = 80$단위

(2) 가중평균 공헌이익률 이용

매출액배합 = $(1 \times 500) : (4 \times 250) = 500 : 1,000 = 1 : 2$

가중평균 공헌이익률: $0.4 \times \dfrac{1}{3} + 0.3 \times \dfrac{2}{3} = \dfrac{1}{3}$

$\dfrac{1}{3} \times$ 손익분기점매출액 $= ₩10,000,$ 손익분기점매출액 $= ₩30,000$

제품 A: $30,000 \times \dfrac{1}{3} = ₩10,000,$ 제품 B: $30,000 \times \dfrac{2}{3} = ₩20,000$

선생님 TIP

손익분기점 매출액은 손익분기점 판매량에 가격을 곱해서 구할 수도 있다.
• 제품 A의 손익분기점 매출액:
 20단위 × 500 = ₩10,000
• 제품 B의 손익분기점 매출액:
 80단위 × 250 = ₩20,000

6. 비선형함수하의 CVP분석

비선형함수하의 CVP분석은 앞서 가정한 수익과 원가함수가 관련범위 내에서 선형이라는 가정을 완화한 것이다. 수익과 원가함수가 비선형이라고 해서 2차 이상의 복잡한 함수식이 시험에 출제되지는 않는다. 다만 수익과 원가함수가 끊어진 1차 함수의 형태로 존재하게 될 것인데, 문제를 풀 때는 각 관련범위마다 식을 각각 세운 후에 해를 구하면 된다. 주의할 점은 구해진 해가 관련범위 내에 존재하여 최종 정답이 될 수 있는지를 반드시 검토해야 한다.

사례 ─ 예제

㈜한국은 상품 A를 개당 ₩30에 수입하여 ₩70에 판매하고 있다. ㈜한국의 고정원가는 판매량에 따라 다음과 같이 변한다.

판매량의 범위	고정원가
0 ~ 2,000개	₩60,000
2,001 ~ 7,500개	120,000
7,501 ~ 10,000개	160,000

(1) 손익분기점판매량을 구하시오.

(2) 법인세율이 40%일 경우, 세후이익 ₩18,000을 얻기 위한 판매량을 구하시오.

해설

(1)

판매량의 범위	식	판매량	관련범위검토
0 ~ 2,000개	40 × 판매량 = 60,000	1,500개	○
2,001 ~ 7,500개	40 × 판매량 = 120,000	3,000개	○
7,501 ~ 10,000개	40 × 판매량 = 160,000	4,000개	×

손익분기점판매량: 1,500단위, 3,000단위

(2)

판매량의 범위	식	판매량	관련범위
0 ~ 2,000개	$40 \times$ 판매량 $= 60,000 + \dfrac{18,000}{1 - 0.4}$	2,250개	×
2,001 ~ 7,500개	$40 \times$ 판매량 $= 120,000 + \dfrac{18,000}{1 - 0.4}$	3,750개	○
7,501 ~ 10,000개	$40 \times$ 판매량 $= 160,000 + \dfrac{18,000}{1 - 0.4}$	4,750개	×

세후이익 ₩18,000을 얻기 위한 판매량: 3,750단위

4 관련원가분석

기업 경영과 관련된 의사결정은 그 특성에 따라 여러 종류로 분류할 수 있지만 관리회계 분야에서 주로 다루게 되는 것이 단기적 특수의사결정이다. 단기적 특수의사결정에서 관련수익의 분석은 비교적 고려할 사항이 적은 반면, 관련원가의 분석은 고려할 사항이 많아서 그 내용이 다소 복잡하다. 따라서 단기적 특수의사결정에서는 주로 관련원가의 분석에 초점이 맞추어지는데 이런 이유로 단기적 특수의사결정을 보통 관련원가분석이라 부른다.

관련수익이란 의사결정과 관련이 있는 수익으로, 고려 중인 대안들 사이에 차이가 나는 미래현금수익을 말한다.

반면 관련원가란 의사결정과 관련이 있는 원가로, 고려 중인 대안들 사이에 차이가 나는 미래현금지출원가를 말한다. 관련원가를 구체적으로 나타내면 아래와 같은데 관련원가분석을 수행할 때 고정원가는 특별한 언급이 없는 한 변하지 않는 원가이므로 비관련원가로 간주한다.

원가		
미래원가		과거에 발생된 원가 (매몰원가, 역사적원가)
각 대안 간에 차이가 있는 원가	각 대안 간에 차이가 없는 원가	
관련원가	비관련원가	

관련원가분석의 주제들 중 공무원 회계학 시험에서 주로 다루어지는 것은 특별주문과 제한된 자원의 사용이므로 아래에서는 이 두 가지 주제에 대해 자세히 살펴보겠다.

1. 특별주문

기업은 고객으로부터 제품을 대량 구매하겠으니 가격을 할인해달라는 제의를 받는 경우가 있다. 이러한 제의를 특별주문이라 하는데 기업은 이 특별주문을 수락할 것인가 또는 거절할 것인가를 결정해야 한다.

(1) 문제접근방법

특별주문 수락여부를 결정할 때 가장 일반적으로 쓰이는 방법은 증분수익과 증분비용을 이용하는 것이다. 증분수익에서 증분비용을 차감하여 증분이익이 '0' 보다 클 경우에는 특별주문을 수락하고 그렇지 않을 경우에는 거절한다. 특별주문을 수락할 경우 관련된 증분수익과 증분비용으로는 다음과 같은 것들이 있다.

증분수익	
특별주문을 수락할 경우 공헌이익 증가액	×××
증분비용	
(문제에서 제시할 경우)고정원가 증가액	×××
(유휴설비가 부족할 경우)임차료	×××
(유휴설비가 부족할 경우)외부구입원가	×××
(유휴설비가 부족할 경우)기회비용	×××
증분이익	×××

특별주문 수락 여부를 결정할 경우 가장 먼저 고려해야 할 사항은 '특별주문을 수락하기 위한 유휴생산능력이 존재하는가?'이다.

① 특별주문을 수락하기 위한 유휴생산능력이 존재하는 경우

유휴생산능력이 존재한다면 유휴 설비를 이용해 특별주문분을 생산하므로 특별주문으로 인한 공헌이익 증가액이 증분수익이 될 것이고, 문제에서 특별한 자료가 제시되지 않는 한 증분비용은 존재하지 않는다.

증분수익	
특별주문을 수락할 경우 공헌이익 증가액	×××
증분비용	
(문제에서 제시할 경우) 고정원가 증가액	×××
증분이익	×××

② 특별주문을 수락하기 위한 유휴생산능력이 존재하지 않는 경우

유휴생산능력이 존재하지 않는다면 생산능력 부족분을 해결하기 위한 추가비용이 필요하다. 예를 들어, 특별주문이 500개만큼 들어왔는데, 현재 유휴설비가 300개 분량밖에 존재하지 않는다면 설비가 200개만큼 부족한 경우이고, 이 부족한 부분을 해결하기 위한 추가비용이 지출되어야 하는데, 추가비용의 종류에는 다음과 같은 것들이 있다.

방법 1	생산능력의 확장	감가상각비 또는 임차료 증가
방법 2	외부에서 구입	외부구입원가 증가
방법 3	정규판매량을 포기	기존 정규시장의 이익 감소분(기회비용) 발생

선생님 TIP

공무원 회계학 시험에서는 주로 기회비용을 부담하는 방법이 출제된다.

증분수익		
특별주문을 수락할 경우 공헌이익 증가액		×××
증분비용		
(문제에서 제시할 경우)고정원가 증가액		×××
임차료	(또는)	×××
외부구입원가	(또는)	×××
기회비용		×××
증분이익		×××

(2) 기회비용

기회비용은 특정 대안을 선택하기 위하여 포기해야 하는 효익(순현금유입액) 중 가장 큰 금액이다. 예를 들어, 기업이 생산설비를 현재 용도에 사용하면 영업이익 ₩100,000이 예상되고, A기업에 임대하면 임대료 ₩50,000, B기업에 임대하면 임대료 ₩150,000이 예상된다고 하자. 이때 회사가 생산설비를 현재 용도에 사용하는 것으로 결정하였다면, A기업에서 받을 수 있는 임대료와 B기업에서 받을 수 있는 임대료를 포기하는 것인데, B기업으로부터 받을 수 있는 임대료가 더 큰 값이므로 기회비용은 ₩150,000이 된다.

특별주문의 사례는 증분수익과 증분비용을 분석해 문제를 해결하는데 증분비용의 가장 대표적인 형태가 바로 기회비용이다. 증분수익에는 수익의 증가액뿐만 아니라 비용의 감소액도 포함된다. 마찬가지로 증분비용에는 비용의 증가액뿐만 아니라 수익의 감소액도 포함된다.

기회비용을 부담한다는 것은 특별주문을 받아들이기 위해 정규시장의 판매를 줄여 생산능력을 확보한 후 이를 이용해 특별주문분을 생산하겠다는 것이다. 따라서 기회비용을 부담하게 되면 정규시장의 판매량을 감소시키게 되고 이에 해당하는 만큼 기업의 공헌이익이 감소하게 된다. 공헌이익 감소분은 수익의 감소이므로 이는 증분비용에 포함되어야 한다.

> 특별주문 수락을 위한 설비 부족 → 정규시장판매 감소(특별주문 생산능력 확보)
> → 기회비용 발생 → 증분비용에 반영

사례 一 예제

㈜한국은 A제품을 생산·판매하고 있다. 정규시장에서 A제품의 단위당 판매가격은 ₩100, 변동제조원가는 ₩70, 변동판매관리비는 ₩10이며, 총고정제조원가는 ₩10,000, 고정판매관리비는 ₩5,000이 발생한다. ㈜한국의 연간최대생산능력은 1,000개이고 연간 판매량은 700개로 일정하다. 한편, ㈜한국은 새로운 고객으로부터 A제품을 개당 ₩85에 구입하겠다는 제의를 받았다. 이 주문과 관련하여 운송비 ₩2,000 외에 판매관리비는 발생하지 않는다.

(1) 특별주문량이 200개일 경우, 특별주문을 수락해야 하는가?

(2) 특별주문량이 400개일 경우, 다음 상황에서 특별주문 수락 여부를 결정하시오.
  ① 부족분을 생산하기 위해 설비를 연간 ₩20,000에 임차하는 경우
  ② 부족분을 외부에서 개당 ₩95에 구입할 수 있는 경우
  ③ 정규시장의 판매량을 감소시키는 경우

(3) 위 ③번 상황의 경우, 특별주문을 수락하기 위해 받아야 하는 최소판매가격은 얼마인가?

해설

(1) ㈜한국의 유휴설비가 300개이고 특별주문량이 200개이므로 유휴설비가 존재한다.

증분수익		
공헌이익 증가	(85 − 70) × 200개	₩ 3,000
증분비용		
운송비		2,000
증분이익		₩ 1,000

• 증분이익이 ₩1,000이므로 특별주문을 수락한다.

(2) ① ㈜한국의 유휴설비가 300개이고 특별주문량이 400개이므로 유휴설비가 존재하지 않는다.

증분수익		
공헌이익 증가	(85 − 70) × 400개	₩ 6,000
증분비용		
운송비		2,000
임차료		20,000
증분이익		(−)₩ 16,000

• 증분손실이 ₩ 16,000이므로 특별주문을 거절한다.

② ㈜한국의 유휴설비가 300개이고 특별주문량이 400개이므로 유휴설비가 존재하지 않는다.

증분수익		
공헌이익 증가	(85 − 70) × 300개	₩ 4,500
	(85 − 95) × 100개	(−) 1,000
증분비용		
운송비		2,000
증분이익		₩ 1,500

• 증분이익이 ₩ 1,500이므로 특별주문을 수락한다.

③ ㈜한국의 유휴설비가 300개이고 특별주문량이 400개이므로 유휴설비가 존재하지 않는다.

증분수익		
공헌이익 증가	(85 − 70) × 400개	₩ 6,000
증분비용		
운송비		2,000
기회비용	(100 − 80) × 100개	2,000
증분이익		₩ 2,000

• 증분이익이 ₩ 2,000이므로 특별주문을 수락한다.

(3)

증분수익		
공헌이익 증가		(판매가격 − 70) × 400개
증분비용		
운송비		2,000
기회비용	(100 − 80) × 100개	2,000
증분이익		?

• '증분수익 = 증분비용'의 식을 풀면, (최소)판매가격 = ₩ 80이다.

2. 제한된 자원의 사용

기업이 제품을 생산하기 위해서는 여러 생산요소들이 필요한데, 이러한 생산요소들의 사용가능량이 제품에 대한 시장수요를 충족시키기에 충분하지 않은 경우가 있다. 이러한 경우에는 충분하지 않은 생산요소를 어떤 제품의 생산에 먼저 투입할지를 결정해야 하는데 이를 제한된 자원의 사용이라 부른다.

제한된 자원이 있는 경우에도 지금까지와 마찬가지로 의사결정의 목표는 공헌이익을 최대화하는 것이고, 공헌이익을 최대화하기 위해서는 제한된 자원을 효과적으로 사용하는 것이 가장 중요하다. 따라서 제한된 자원이 존재하는 경우에는 제한된 자원단위당 공헌이익이 큰 제품부터 순서대로 제한된 자원을 투입하여 생산하여야 한다.

📖 선생님 TIP

제한된 자원단위당 공헌이익이 생산순서를 결정하는 기준이다. 단위당 공헌이익이 아님에 유의해야 한다.

사례 — 예제 | 제한된 자원이 하나인 경우

㈜한국은 제품 A와 제품 B를 생산하고 있는데 각 제품과 관련된 자료는 아래와 같다.

	제품A	제품B
단위당 판매가격	₩100	₩150
단위당 직접재료원가	30	40
단위당 직접노무원가(시간당 임률 ₩10)	20	40
단위당 변동제조간접원가	10	20
단위당 변동판매관리비	10	10
연간 수요량	500단위	300단위

㈜한국의 연간고정원가는 ₩10,000이며, 연간 이용가능한 직접노동시간은 2,000시간이다.

(1) ㈜한국의 이익을 최대화하기 위한 제품 A와 제품 B의 생산량을 각각 구하시오.

(2) ㈜한국의 연간 달성 가능한 최대이익은 얼마인가?

(3) 거래처로부터 제품 A 100단위를 단위당 ₩95에 구입하겠다는 특별주문을 받았다. 특별주문의 수락여부를 결정하시오.

(4) ㈜한국은 새로운 제품 C를 생산하고자 하는데, 제품 C의 단위당 변동원가는 ₩60, 단위당 직접노동시간은 5시간이다. 제품 C를 생산하기 위해서는 제품 C의 판매가격이 최소한 얼마 이상이어야 하는가?

해설

(1) 제약자원이 직접노동시간이므로 직접노동시간당 공헌이익이 큰 순서대로 생산한다.

	제품 A	제품 B
단위당 공헌이익	₩30	₩40
단위당 직접노동시간	÷2시간	÷4시간
직접노동시간당 공헌이익	₩15	₩10
생산순위	1순위	2순위
생산량	500개 × 2H = 1,000H	1,000H ÷ 4H = 250개

(2) 500개 × 30 + 250개 × 40 − 10,000 = ₩15,000

　　또는 1,000H × 15 + 1,000H × 10 − 10,000 = ₩15,000

(3) • 특별주문 사례이므로, 유휴설비를 먼저 구한다.

　　• 유휴직접노동시간: 0시간, 필요직접노동시간: (A)100단위 × 2H = 200H

　　• 200H만큼 직접노동시간이 부족하므로 2순위인 제품 B의 생산을 200H만큼 포기한다.

　　　(기회비용 발생)

증분수익		
공헌이익 증가	(95 − 70) × 100개	₩ 2,500
증분비용		
기회비용	200H × 10	2,000
증분이익		₩　500

　　• 증분이익이 ₩500이므로 특별주문을 수락한다.

(4) • 제품 C를 생산하기 위해서는 의사결정기준인 직접노동시간(제한된자원)당 공헌이익이 2순위인
제품 B보다 커야 한다.

　　• $\dfrac{판매가격 − 60}{5시간} = 10$,　　(최소)판매가격 = ₩110

사례 ― 예제 **제한된 자원이 여러 개인 경우**

㈜한국은 단위당 판매가격과 변동원가가 각각 ₩600과 ₩300인 X제품과 ₩1,000과 ₩800인 Y제품을 생산하여 판매하고 있다. ㈜한국의 연간 고정원가는 ₩10,000이며 각 제품의 시장수요는 무한하다. ㈜한국의 생산에 관한 자료는 아래와 같다.

연간사용가능 기계시간	제품단위당 기계시간		연간사용가능 원재료	제품단위당 원재료	
	X제품	Y제품		X제품	Y제품
720시간	3시간	6시간	360kg	2kg	1kg

㈜한국이 달성할 수 있는 최대영업이익을 구하시오.

해설

- 첫 번째 제약자원이 기계시간이므로 기계시간당 공헌이익을 구한다.

	X제품	Y제품
단위당 공헌이익	₩300	₩200
단위당 기계시간	÷ 3시간	÷ 6시간
기계시간당 공헌이익	₩100	$\dfrac{₩100}{3}$

- 두 번째 제약자원이 원재료이므로 원재료 1kg당 공헌이익을 구한다.

	X제품	Y제품
단위당 공헌이익	₩300	₩200
단위당 원재료	÷ 2kg	÷ 1kg
원재료 1kg당 공헌이익	₩150	₩200

- 기계시간은 X제품에 먼저 투입하고, 원재료는 Y제품에 먼저 투입한다. 따라서 X제품과 Y제품을 동시에 생산하게 되므로 제약자원을 이용해 각 제품의 생산량을 구한다.

- 각 제품의 생산량을 구하는 식은 다음과 같다.
  720기계시간 = 3시간 × X제품 + 6시간 × Y제품
  360kg = 2kg × X제품 + 1kg × Y제품

- 위의 두 식을 연립하여 풀면, X제품 = 160단위, Y제품 = 40단위

- ㈜한국의 영업이익: 160단위 × 300 + 40단위 × 200 − 10,000 = ₩46,000

01 외부보고용 재무제표를 작성할 때에는 전부원가계산에 의해 작성한다. ( )

02 전부원가계산 손익계산서에서는 비용을 매출원가, 판매비와관리비와 같이 그 기능에 따라 분류하므로 계획 및 의사결정, 통제 및 성과평가 등 관리회계 목적으로 이용하기에 적합하다. ( )

03 전부원가계산에서는 판매량 증가에 따라 영업이익이 증가하고 생산량 증가에 따라 영업이익이 감소한다. ( )

04 변동원가계산에서는 판매량 증가에 따라 영업이익이 증가하고 생산량 증가에 따라 영업이익이 증가한다. ( )

05 변동원가계산에서는 고정제조간접원가를 기간원가로 분류하므로 고정제조간접원가 투입 시 자산으로 인식한다. ( )

06 변동원가계산 영업이익에서 기초재고에 포함되어 있는 고정제조간접원가만큼 차감하고 기말재고에 포함되어 있는 고정제조간접원가만큼 가산하면 전부원가계산 영업이익이 계산된다. ( )

07 고저점법에서는 과거의 여러 원가 자료들 중 최고원가와 최저원가를 직선으로 연결하여 원가함수를 추정한다. ( )

08 안전한계율과 영업레버리지도는 역수 관계이다. ( )

---

01 ○
02 × 전부원가계산 손익계산서에서는 비용을 매출원가, 판매비와관리비와 같이 그 기능에 따라 분류하므로 외부정보이용자를 위해 목적적합한 정보가 될 수 있으나 계획 및 의사결정, 통제 및 성과평가 등 관리회계 목적으로 이용하기에는 적절하지 않다.
03 × 전부원가계산에서는 판매량 증가에 따라 영업이익이 증가하고 생산량 증가에 따라 영업이익이 증가한다.
04 × 변동원가계산에서는 판매량 증가에 따라 영업이익이 증가하고 생산량과 영업이익은 무관하다.
05 × 변동원가계산에서는 고정제조간접원가를 기간원가로 분류하므로 고정제조간접원가 투입 시 즉시 비용으로 인식한다.
06 ○
07 × 고저점법에서는 최고조업도와 최저조업도를 직선으로 연결하여 원가함수를 추정한다.
08 ○

1 전부원가계산과 변동원가계산의 특징

01 변동원가계산과 관련된 다음의 설명 중 옳지 않은 것은?

2014년 서울시 9급

① 변동제조간접원가는 매출원가에 포함된다.
② 공헌이익에 대한 정보를 제공하므로 단기의사결정과 성과평가에 유용하다.
③ 외부보고 및 조세목적을 위해서 일반적으로 인정되는 방법이다.
④ 고정제조간접원가는 매출원가에 포함되지 않는다.
⑤ 제품의 생산량이 영업이익에 영향을 미치지 않는다.

02 신설법인인 ㈜한국의 기말 제품재고는 1,000개, 기말 재공품 재고는 없다. 다음 자료를 근거로 변동원가계산 방법에 의한 공헌이익은?

2018년 국가직 9급

• 판매량	4,000개
• 단위당 판매가격	₩1,000
• 생산량	5,000개
• 단위당 직접재료원가	₩300
• 단위당 직접노무원가	₩200
• 단위당 변동제조간접원가	₩100
• 총 고정제조간접비	₩1,000,000
• 단위당 변동판매관리비	₩150
• 총 고정판매관리비	₩800,000

① ₩1,000,000
② ₩1,250,000
③ ₩1,600,000
④ ₩2,000,000

---

01 ③ 외부보고 및 조세목적을 위해서 일반적으로 인정되는 방법은 전부원가계산이다.

02 ① 1,000 × 4,000개(매출) − 750 × 4,000개(변동원가) = ₩1,000,000

2 이익차이조정

> **✓ SOLUTION**
>
> [전부원가계산과 변동원가계산의 이익차이 조정]
>
> | | 변동원가계산의 이익 | ×××|
> |---|---|---|
> | (−) | 기초재고 FOH | ×××|
> | (+) | 기말재고 FOH | ×××|
> | | 전부원가계산의 이익 | ×××|

03 ㈜한국은 변동원가계산을 사용하여 ₩100,000의 순이익을 보고하였다. 기초 및 기말 재고자산은 각각 15,000단위와 19,000단위이다. 매 기간 고정제조간접비배부율이 단위당 ₩3이었다면 전부원가계산에 의한 순이익은? (단, 법인세는 무시한다) 2014년 국가직 9급

① ₩88,000   ② ₩145,000

③ ₩43,000   ④ ₩112,000

04 2010년 1월 1일에 영업을 개시한 ㈜대한은 2010년에 10,000단위의 제품을 생산하여 9,000단위를 판매하였으며, 2010년 12월 31일 현재 기말재공품 및 원재료 재고는 없다. 실제 제품원가는 제품단위당 직접재료원가 ₩40, 직접노무원가 ₩20, 변동제조간접원가 ₩10이었고, 총고정제조간접원가는 ₩200,000이었다. ㈜대한이 실제원가계산을 하는 경우 2010년도 전부원가계산에 의한 영업이익과 변동원가계산에 의한 영업이익의 차이는? 2011년 국가직 9급

① ₩20,000   ② ₩90,000

③ ₩180,000   ④ ₩200,000

---

03 ④

	변동원가계산 영업이익	₩100,000
(−)	기초재고에 포함된 FOH	3 × 15,000개 = ₩45,000
(+)	기말재고에 포함된 FOH	3 × 19,000개 = ₩57,000
	전부원가계산영업이익	₩112,000

04 ①

	기초제품에 포함된 고정제조간접원가	−
(−)		
(+)	기말제품에 포함된 고정제조간접원가	$1,000개 \times \dfrac{200,000}{10,000개}$
	영업이익의 차이	₩20,000

05 20X1년 1월에 영업을 시작한 ㈜서울은 실제원가계산을 하고 있는데 20X1년 1월과 2월의 생산 및 판매자료는 다음과 같다.

구분	1월	2월
생산량	500개	400개
판매량	350개	350개
고정제조간접원가	₩1,100,000	₩1,000,000
고정판매비와관리비	450,000	500,000

20X1년 2월 전부원가계산에 의한 영업이익이 ₩1,020,000일 때, 변동원가계산에 의한 영업이익은 얼마인가?

① ₩720,000
② ₩850,000
③ ₩1,180,000
④ ₩1,350,000
⑤ ₩1,520,000

---

05 ②

변동원가계산 영업이익	X
(-) 기초재고에 포함된 FOH	$150개 \times \dfrac{1,100,000}{500개} = 330,000$
(+) 기말재고에 포함된 FOH	$200개 \times \dfrac{1,000,000}{400개} = 500,000$
전부원가계산 영업이익	₩1,020,000

• 변동원가계산 영업이익(X) = ₩850,000

632 해커스공무원 학원·인강 gosi.Hackers.com

06 ㈜한국은 2015년에 영업을 시작하였으며, 당해 연도의 생산 및 판매와 관련된 자료는 다음과 같다. ㈜한국이 실제원가계산에 의한 전부원가계산방법과 변동원가계산방법을 사용할 경우, 영업이익이 더 높은 방법과 두 방법 간 영업이익의 차이는?

• 제품생산량	1,000개
• 제품판매량	800개
• 고정제조간접원가	₩ 1,000,000
• 고정판매비와 관리비	₩ 1,100,000
• 기말 재공품은 없음	

	영업이익이 더 높은 방법	영업이익의 차이
①	전부원가계산	₩ 200,000
②	변동원가계산	₩ 200,000
③	전부원가계산	₩ 220,000
④	변동원가계산	₩ 220,000

---

06 ①

	변동원가계산 영업이익	X
(−)	기초재고에 포함된 FOH	−
(+)	기말재고에 포함된 FOH	$\dfrac{1,000,000}{1,000개} \times 200개$
	전부원가계산영업이익	X + 200,000

• 전부원가계산에 의한 영업이익이 변동원가계산에 의한 영업이익보다 200,000만큼 크다.

04 변동원가계산과 CVP분석 **633**

3 고저점법

07 ㈜글로벌은 볼펜을 생산하고 있다. 지난 1년간의 생산 및 원가자료를 이용하여 원가행태를 추정하려고 한다. 다음 자료를 기초로 고저점법을 이용하여 원가를 추정한 결과를 바르게 나타낸 것은? 2010년 국가직 9급

월	생산량	원가(₩)	월	생산량	원가(₩)
1	100	15,100	7	160	20,500
2	120	16,300	8	130	18,100
3	150	18,700	9	120	17,900
4	110	14,940	10	110	16,000
5	130	17,500	11	170	20,700
6	120	16,900	12	140	19,100

	고정원가	단위당 변동원가
①	₩ 80	₩ 7,100
②	7,100	80
③	96	4,380
④	4,380	96

08 ㈜한국의 최근 2년간 생산량과 총제품제조원가는 다음과 같다. 2년간 고정원가와 단위당 변동원가는 변화가 없었다. 2013년도에 고정원가는 10% 증가하고 단위당 변동원가가 20% 감소하면, 생산량이 500개일 때 총제품제조원가는? 2014년 국가직 9급

연도	생산량	총제품제조원가
2011	100개	₩ 30,000
2012	300개	₩ 60,000

① ₩ 76,500   ② ₩ 75,500

③ ₩ 94,500   ④ ₩ 70,000

---

07 ② • 최고조업도는 11월, 최저조업도는 1월이다.

- 단위당 변동원가: $\dfrac{20,700 - 15,100}{170단위 - 100단위} = ₩ 80$

- (1월 자료에 대입하면) 80 × 100개 + 고정원가 = ₩ 15,100, 고정원가 = ₩ 7,100

08 ① • 변동원가: (60,000 − 30,000) ÷ (300개 − 100개) = ₩ 150

- 2011년도 자료를 원가함수에 대입하면, ₩ 30,000 = 고정원가(X) + 변동원가(150) × 100개
  고정원가(X) = ₩ 15,000

- 2013년도의 원가함수 = 15,000 × 1.1 + 150 × 0.8 × 조업도 = 16,500 + 120 × 조업도

- 생산량 500개일 때 총제품제조원가: 16,500 + 120 × 500개 = ₩ 76,500

09 최근 2년간 생산량과 총제조원가는 아래와 같다. 2년간 고정원가와 단위당 변동원가는 변화가 없었다.

구분	생산량	총제조원가
2013년	2,000개	₩ 50,000,000
2014년	3,000개	₩ 60,000,000

2015년도에 고정원가가 10% 증가하고 단위당 변동원가가 20% 감소하면 생산량이 4,000개일 때 총제조원가는 얼마인가?

2015년 국가직 9급

① ₩ 60,000,000　　　　　　　　　　② ₩ 62,000,000

③ ₩ 65,000,000　　　　　　　　　　④ ₩ 70,000,000

4　기본적인 CVP분석

10 ㈜서울은 단일 제품을 생산하여 판매하고 있다. 제품의 단위당 판매가격은 ₩ 2,000이며, 단위당 변동제조원가는 ₩ 1,000이고, 단위당 변동판매관리비는 ₩ 250이다. 연간 고정제조간접원가는 ₩ 1,000,000이며, 고정판매관리비는 ₩ 500,000이 발생하였다. 목표이익 ₩ 3,000,000을 달성하기 위한 제품의 판매량은 몇 단위인가?

2016년 서울시 9급

① 3,000단위　　　　　　　　　　② 4,000단위

③ 4,500단위　　　　　　　　　　④ 6,000단위

---

09 ③　• 단위당 변동원가: $\dfrac{60,000,000 - 50,000,000}{1,000개} = ₩ 10,000$

　　　• (2013년 자료를 이용) 2,000개 × 10,000 + 고정원가 = ₩ 50,000,000
　　　　고정원가 = ₩ 30,000,000
　　　• 총제조원가 = 생산량 × 10,000 + 30,000,000
　　　• 변화 후 총제조원가 = 생산량 × 8,000 + 33,000,000
　　　• 생산량 4,000개의 총제조원가: 4,000개 × 8,000 + 33,000,000 = ₩ 65,000,000

10 ④　(2,000 − 1,000 − 250) × 판매량 = (1,000,000 + 500,000) + 3,000,000,
　　　판매량 = 6,000단위

11 갑회사는 계산기를 제조하여 판매하고 있다. 계산기의 단위당 판매가격은 ₩5,000, 단위당 변동비는 ₩ 3,000, 총고정비는 ₩500,000이다. 법인세율이 40%라고 할 때, 세후목표이익 ₩120,000을 달성하기 위해 필요한 계산기의 판매량은?

2014년 서울시 9급

① 250개   ② 300개

③ 310개   ④ 350개

⑤ 380개

12 다음은 단일제품인 곰인형을 생산하고 있는 ㈜한국의 판매가격 및 원가와 관련된 자료이다. 법인세율이 20%인 경우, 세후 목표이익 ₩200,000을 달성하기 위한 곰인형의 판매수량은? (단, 생산설비는 충분히 크며, 생산량과 판매량은 같다고 가정한다)

2015년 지방직 9급

• 단위당 판매가격: ₩1,000	• 단위당 직접재료원가: ₩450
• 단위당 직접노무원가: ₩200	• 단위당 변동제조간접원가: ₩100
• 단위당 변동판매원가: ₩50	• 고정원가 총액: ₩300,000

① 2,250단위   ② 2,500단위

③ 2,750단위   ④ 3,000단위

---

11 ④ $2,000 \times 판매량 = 500,000 + \dfrac{120,000}{1 - 0.4}$

판매량 = 350개

12 ③ • 단위당 공헌이익: $1,000 - 450 - 200 - 100 - 50 = ₩200$

• $200 \times 판매량 = 300,000 + \dfrac{200,000}{(1 - 0.2)}$, 판매량 = 2,750단위

13 ㈜한국은 개당 ₩100에 호빵을 팔고 있으며, 사업 첫달의 매출액은 ₩10,000, 총변동비는 ₩6,000, 총고정비는 ₩2,000이다. 이에 대한 설명으로 옳지 않은 것은?

2011년 지방직 9급

① 공헌이익률은 60%이다.
② 단위당 공헌이익은 ₩40이다.
③ 손익분기점 매출액은 ₩5,000이다.
④ 매출이 ₩8,000이라면 이익은 ₩1,200이다.

14 ㈜한국의 공헌이익률은 30%이고, 목표 영업이익은 매출액의 16%이다. 매출액을 S, 총고정비를 F라 할 때, 목표 영업이익을 달성하기 위하여 요구되는 매출액은?

2012년 지방직 9급

① $\dfrac{0.3}{F}$

② $\dfrac{F}{0.14}$

③ $\dfrac{F}{0.3}$

④ $\dfrac{0.14}{F}$

---

13 ①

매출	₩10,000	= ₩100 × 100개
변동원가	(6,000)	= ₩60 × 100개
공헌이익	4,000	= ₩40 × 100개
고정원가	(2,000)	
영업이익	2,000	

③ 손익분기점매출(X) × 공헌이익률(40%) = 고정원가(2,000)
   손익분기점매출(X) = ₩5,000
④ 매출이 20% 감소하면 공헌이익도 20% 감소한다.
   4,000 × 80%(공헌이익) − 2,000(고정원가) = ₩1,200

14 ② 매출액(X) × 30% = F + 매출액(X) × 16%, 매출액(X) = $\dfrac{F}{0.14}$

15 ㈜한국의 손익분기점매출액이 ₩100,000,000, 고정비는 ₩40,000,000, 단위당 변동비는 ₩1,200일 때, 단위당 판매가격은?

2015년 국가직 9급

① ₩1,500   ② ₩1,600
③ ₩1,800   ④ ₩2,000

16 손익분기점 매출액이 ₩360이며, 공헌이익률은 30%일 때, 목표이익 ₩84을 달성하기 위한 총매출액은?

2013년 지방직 9급

① ₩280   ② ₩480
③ ₩560   ④ ₩640

17 김철수 씨는 버스정류장 근처에서 조그만 컨테이너 박스를 임대하여 김밥을 판매하고 있다. 김밥은 개당 ₩1,000에 구입하여 ₩2,000에 판매하고, 매월 임대료 등 고정비용은 ₩600,000이다. 김철수 씨는 최근 월임대료 ₩180,000의 인상을 통보받았다. 또한 김밥의 구입단가도 ₩1,200으로 인상되었다. 김철수 씨는 종전과 같은 월 손익분기매출수량을 유지하기 위해 김밥의 판매가격 조정을 고려하고 있다. 새로 조정될 김밥 판매가격은?

2010년 지방직 9급

① ₩1,500   ② ₩2,000
③ ₩2,500   ④ ₩3,000

---

15 ④ • 공헌이익률 × 손익분기점매출액(100,000,000) = 고정원가(40,000,000)
- 공헌이익률 = 40% → 변동비율 = 60%
- 단위당 판매가격: $1,200 \times \dfrac{100}{60} = ₩2,000$

16 ④ • 고정원가: 손익분기점매출액 × 공헌이익률 = 360 × 30% = ₩108
- 매출액(X) × 30%(공헌이익률) = 108(고정원가) + 84(영업이익)
  매출액(X) = ₩640

17 ③ • 기존 손익분기점판매량: (2,000 − 1,000) × 판매량 = ₩600,000
  손익분기점판매량 = 600개
- (새로운 가격 − 1,200) × 600개 = 600,000 + 180,000
  새로운 가격 = ₩2,500

18 2013년 1월 1일에 영업을 개시한 ㈜대한은 단위당 판매가격 ₩1,000, 단위당 변동원가 ₩700 그리고 총 고정원가가 ₩70,000인 연필을 생산하여 판매하고 있다. ㈜대한의 당해 연도에 생산된 연필은 당기 중에 모두 판매된다. 한편 ㈜대한의 세전이익에 대해 ₩10,000까지는 10%, ₩10,000을 초과하는 금액에 대해서는 20%의 세율이 적용된다. 만일 ㈜대한이 2013년도에 ₩17,000의 세후순이익을 보고하였다면 2013년도에 판매한 연필의 수량은?

① 200개   ② 250개
③ 300개   ④ 350개

19 ㈜한강전자는 한 종류의 휴대전화기를 제조 · 판매한다. 휴대전화기의 단위당 판매가격은 ₩80이고, 단위당 변동원가는 ₩60, 고정원가는 ₩240,000이며, 관련범위는 18,000단위이다. 다음 중 옳지 않은 것은? (단, 세금은 고려하지 않음)

2010년 국가직 9급

① 휴대전화기의 단위당 공헌이익률은 25%이다.
② 매출수량이 12,000단위이면 안전한계는 0이다.
③ 제품단위당 변동원가가 ₩10 감소하면 손익분기점판매량은 4,000단위가 감소한다.
④ 고정원가가 ₩192,000으로 감소하면 공헌이익률은 20% 증가한다.

---

18 ③ • 10,000 × (1 − 10%) = ₩9,000
(세후이익 기준으로 ₩9,000이 세율의 변곡점이다.)

• $300 × 판매량 = 70,000 + \dfrac{9,000}{(1-0.1)} + \dfrac{8,000}{(1-0.2)}$

판매량 = 300개

19 ④ 공헌이익률은 $\dfrac{공헌이익}{매출액}$ 으로 계산되는 값으로 고정원가와는 관계없다.

① 공헌이익률: $\dfrac{20}{80}$ = 25%
② 손익분기점판매량: 20 × 판매량(X) = 240,000, X = 12,000단위
③ 30 × 판매량(X) = 240,000, X = 8,000단위

20 A제품의 매출액이 ₩500,000이고, 제품단위당 변동원가가 ₩6, 판매가격이 ₩8이다. 고정원가가 ₩100,000일 경우 안전한계는?

2011년 국가직 9급

① ₩25,000
② ₩100,000
③ ₩125,000
④ ₩275,000

21 ㈜대한은 A 투자안과 B 투자안 중에서 원가구조가 이익에 미치는 영향을 고려하여 하나의 투자안을 선택하고자 한다. 두 투자안의 예상 판매량은 각 100단위이고, 매출액 등의 자료가 다음과 같을 때, 두 투자안에 대한 비교 설명으로 옳은 것은?

2016년 국가직 9급

구분	A 투자안	B 투자안
매출액	₩ 20,000	₩ 20,000
변동비	12,000	10,000
고정비	4,000	6,000
영업이익	4,000	4,000

① A 투자안의 변동비율이 B 투자안의 변동비율보다 작다.
② A 투자안의 단위당 공헌이익이 B 투자안의 단위당 공헌이익보다 크다.
③ A 투자안의 손익분기점 판매량이 B 투자안의 손익분기점 판매량보다 적다.
④ A 투자안의 안전한계는 B 투자안의 안전한계보다 작다.

---

20 ② • 안전한계란 손익분기점매출액(판매량)을 초과하는 매출액(판매량)을 의미한다.
  • 손익분기점매출액(X) × 공헌이익률(25%) = 고정원가(100,000)
   손익분기점매출액(X) = ₩400,000
  • 안전한계매출: 500,000 − 400,000 = ₩100,000

21 ③ ① A 투자안의 변동비율: $\frac{12,000}{20,000}$ = 60%

  B 투자안의 변동비율: $\frac{10,000}{20,000}$ = 50%

  ② A 투자안의 단위당 공헌이익: $\frac{8,000}{100단위}$ = ₩80

  B 투자안의 단위당 공헌이익: $\frac{10,000}{100단위}$ = ₩100

  ③ A 투자안의 손익분기점판매량: 80 × BEP판매량 = ₩4,000, BEP판매량 = 50단위
   B 투자안의 손익분기점판매량: 100 × BEP판매량 = ₩6,000, BEP판매량 = 60단위
  ④ A 투자안의 안전한계: 100단위 − 50단위 = 50단위
   B 투자안의 안전한계: 100단위 − 60단위 = 40단위

22 **㈜한국의 자료가 다음과 같을 때, 옳지 않은 것은?**

• 상품 단위당 판매가격	₩100	• 당기 판매량	100개
• 당기총고정원가	₩500	• 공헌이익률	10%
• 법인세율	50%		

① 세후이익은 ₩250이다.
② 손익분기점 매출액은 ₩5,000이다.
③ 안전한계는 ₩5,000이다.
④ 영업레버리지도는 3이다.

23 **㈜한국의 20X1년 제품 단위당 변동원가는 ₩600, 연간 고정원가는 ₩190,000이다. 국내시장에서 단위당 ₩1,000에 300개를 판매할 계획이며, 남은 제품은 해외시장에서 ₩950에 판매가능하다. 20X1년 손익분기점 판매량은? (단, 해외시장에 판매하더라도 제품단위당 변동원가는 동일하며 해외판매는 국내수요에 영향을 주지 않는다)**

① 500개   ② 950개
③ 1,050개   ④ 1,100개

---

22 ④ ① (₩100 × 10% × 100개 − 500) × (1 − 50%) = ₩250
② 손익분기점매출액 × 10% = ₩500, 손익분기점매출액 = ₩5,000
③ 안전한계매출액: ₩100×100개(현재매출액) − 5,000(손익분기매출액) = ₩5,000
④ 영업레버리지도 = $\dfrac{1}{\text{안전한계율}}$ = $\dfrac{1}{\dfrac{5,000}{10,000}}$ = 2

23 ① • (1,000 − 600) × 300개 + (950 − 600) × 초과판매량 = 190,000, 초과판매량 = 200개
• 손익분기점 판매량: 300개 + 200개 = 500개

24 ㈜서울의 2018년 매출이 ₩18,000,000이고, 총비용은 ₩15,000,000이다. 총비용 중 고정비와 변동비의 비율은 2 : 3이다. ㈜서울의 손익분기점이 되는 매출액은?

2018년 서울시 7급

① ₩6,000,000
② ₩9,000,000
③ ₩12,000,000
④ ₩15,000,000

25 ㈜한국의 20X1년도 손익분기점 매출액은 ₩100,000이고 단위당 공헌이익률은 20%, 순이익은 ₩30,000 이다. ㈜한국의 20X1년도 총고정원가는?

2017년 국가직 7급

① ₩250,000
② ₩150,000
③ ₩20,000
④ ₩6,000

5 복수제품 CVP분석

26 ㈜한국은 제품 X, Y를 생산하고 있으며 관련 자료는 다음과 같다.

구분	제품 X	제품 Y
단위당 판매가격	₩110	₩550
단위당 변동원가	100	500
총 고정원가	₩180,000	

㈜한국은 제품 X, Y를 하나의 묶음으로 판매하고 있으며, 한 묶음은 X제품 4개, Y제품 1개로 구성된다. 손익분기점에서 각 제품의 판매량은?

2016년 지방직 9급

	제품 X	제품 Y		제품 X	제품 Y
①	1,000개	1,000개	②	2,000개	2,000개
③	2,000개	8,000개	④	8,000개	2,000개

---

24 ③ • 변동원가: 15,000,000 × 60% = ₩9,000,000
  • 고정원가: 15,000,000 × 40% = ₩6,000,000
  • 공헌이익률: 9,000,000 ÷ 18,000,000 = 50%
  • 손익분기점매출액 × 50% = 6,000,000, 손익분기점매출액 = ₩12,000,000

25 ③ 100,000(손익분기점 매출액) × 20% = ₩20,000

26 ④ • 가중평균 단위당 공헌이익: 10 × 0.8 + 50 × 0.2 = ₩18
  • 18 × 판매량 = ₩180,000, 판매량 = 10,000개
  • 제품 X: 10,000개 × 0.8 = 8,000개, 제품 Y: 10,000개 × 0.2 = 2,000개

  [별해] 제품 X와 제품 Y의 판매량 배합이 4 : 1이며, 판매량 배합 4 : 1을 만족하는 보기는 ④번이다.

6 관련원가분석

27 ㈜서울은 ㈜한강으로부터 2012년 1년 간 5,000개의 제품을 개당 ₩110에 구매하겠다는 특별주문을 받았다. 이 특별주문을 받아들일 경우 추가로 소요되는 고정 판매비와 관리비 증가분은 ₩20,000이고, 이외의 원가 행태에는 영향을 주지 않는다. 특별주문 전의 생산판매와 관련한 다음의 자료를 이용할 때, ㈜서울이 5,000개 제품 전체의 특별주문을 수락하는 경우, 2012년도 손익에 미치는 영향은?   2012년 국가직 9급

> • ㈜서울의 최대생산능력은 13,000개이고 특별주문을 받아들이더라도 추가적인 설비 증설은 없다.
> • 매년 평균 10,000개의 제품을 시장의 수요에 의해 생산판매 해왔고, 특별주문을 수락하더라도 이를 제외한 시장의 수요에는 변화가 없다.
> • 일반적인 판매방식의 제품 판매가격 및 발생원가
>   제품단위당 판매가격 ₩150, 변동제조원가 ₩90, 변동 판매비와 관리비 ₩10
> • 생산량과 판매량은 동일하다.

① ₩20,000 감소

② ₩70,000 감소

③ ₩30,000 증가

④ ₩80,000 증가

---

27 ② • 공헌이익의 증가: (110 − 100) × 5,000개 = ₩50,000
　　 • 기회비용: (150 − 100) × 2,000개 = ₩100,000
　　 • 증분손익: 50,000 − 100,000(기회비용) − 20,000(고정판관비 증가분) = ₩70,000 손실

　[별해] 주어진 문제에서 특별주문분에 대해 변동판관비는 추가로 발생하지 않는 것으로 가정하면 풀이는 아래와 같으나 특별주문분에 대해 변동판관비가 추가로 발생하지 않는다고 해석할만한 자료가 문제에 주어지지 않았으므로 이렇게 해석하는 것은 다소 무리가 있다.
　　 • 공헌이익의 증가: (110 − 90) × 5,000개 = ₩100,000
　　 • 기회비용: (150 − 100) × 2,000개 = ₩100,000
　　 • 증분손익: 100,000 − 100,000(기회비용) − 20,000(고정판관비 증가분) = ₩20,000 손실

05 표준원가

1 표준원가계산

> **표준원가계산**
> 직접재료원가, 직접노무원가, 변동제조간접원가, 고정제조간접원가에 대하여 미리 설정해놓은 표준 원가를 이용하여 제품원가를 계산하는 원가계산방법

1. 표준원가계산의 유용성

① 실제원가를 집계하기 이전에도 제품원가를 계산할 수 있으므로 제품원가계산이 빠르고 단순해진다.

② 표준원가는 기업의 예산편성에 유용하게 활용된다.

③ 표준원가는 정상적이고 효율적인 상황에서 발생할 것으로 예상되는 원가이므로, 기말에 발생한 실제원가와 비교하게 되면 통제와 성과평가에 유용한 정보를 제공하게 된다.

선생님 TIP

공무원 회계학 시험에서는 표준원가의 유용성 중 ③과 관련한 내용을 주로 다룬다.

2. 표준원가의 설정

(1) 표준직접재료원가

제품단위당 표준직접재료원가는 정상적이고 효율적인 상황에서 제품 한 단위당 투입될 것으로 예상되는 직접재료 표준수량에 직접재료 표준구입가격을 곱하여 계산된다.

> 제품단위당 **표준직접재료원가** = 직접재료 표준수량 × 직접재료단위당 표준구입가격

(2) 표준직접노무원가

제품단위당 표준직접노무원가는 정상적이고 효율적인 상황에서 제품 한 단위당 투입될 것으로 예상되는 표준직접노동시간에 직접노동시간당 표준임률을 곱하여 계산된다.

> 제품단위당 **표준직접노무원가** = 표준직접노동시간 × 직접노동시간당 표준임률

(3) **표준변동제조간접원가**

변동제조간접원가에는 간접재료원가, 전력비, 수선비 등 많은 원가들이 포함되어 있으므로 직접재료원가나 직접노무원가처럼 제품단위당 표준 투입량을 일일이 파악해서 표준원가를 개별적으로 설정한다는 것이 불가능하다.

따라서 표준변동제조간접원가는 변동제조간접원가의 발생을 논리적으로 잘 설명할 수 있는 배부기준을 결정하고, 배부기준단위당 변동제조간접원가 표준배부율을 설정하는 방법으로 표준원가를 결정하게 된다.

> 제품단위당 표준변동제조간접원가 = 표준배부기준수 × 배부기준단위당 표준배부율

(4) **표준고정제조간접원가**

고정제조간접원가는 조업도수준에 관계없이 총액이 일정한 원가이므로 예산을 설정할 때 총액으로 설정하게 되고 통제 및 성과평가에도 총액을 이용하게 된다.

그러나 표준원가를 이용하여 제품원가계산을 할 때는 고정제조간접원가 총액을 이용할 수 없다. 예를 들어, 회사가 생산하는 제품의 단위당 표준원가가 얼마인가를 결정할 때 고정제조간접원가 총액을 이용하는 것은 불가능하다.

따라서 기중 회계처리를 위해 고정제조간접원가는 총액 예산뿐만 아니라 단위당 표준배부율도 필요하다. 결과적으로 고정제조간접원가는 통제 및 성과평가 목적으로는 총액 예산을 이용하고 회계처리 목적으로는 단위당 표준배부율을 이용한다.

고정제조간접원가 표준배부율은 고정제조간접원가 총액 예산을 기준조업도로 나누어 설정할 수 있다.

> • 고정제조간접원가 표준배부율 = 고정제조간접원가예산 ÷ 기준조업도
> • 제품단위당 표준고정제조간접원가 = 표준배부기준수 × 배부기준단위당 표준배부율

➕ **표준고정제조간접원가**

목적	이용하는 원가	적용 사례
통제 · 성과평가 목적	고정제조간접원가 총액 예산 이용	고정제조간접원가 예산 ₩100,000 고정제조간접원가 실제발생액 ₩110,000 ⇨ ₩10,000(불리)
회계처리 목적	고정제조간접원가 표준배부율 이용	회계처리에 필요한 제품단위당 표준원가 DM @₩100, DL @₩60, VOH @₩40 FOH @₩100(₩100,000 ÷ 1,000단위) ⇨ 제품단위당 표준원가 ₩300 : 회계처리에 이용

임차료 등 고정원가의 예산을 편성할 때는 매월 혹은 매년 지급하는 총액을 예산으로 설정한다. 임차료 등의 예산을 단위당으로 설정하지 않는다.

📖 **선생님 TIP**

기준조업도에는 연간예산조업도, 정상조업도, 실제적 최대조업도, 이론적 최대조업도가 있으나 이에 대한 내용은 공무원 회계학 시험 범위를 벗어나는 것이므로 자세한 설명은 생략한다.

앞의 내용들을 종합해 표준원가를 설정한 사례는 아래와 같다.

구분	단위당 표준수량	요소단위당 표준가격	단위당 표준원가
직접재료원가	20m²	₩ 4/m²	₩ 80
직접노무원가	4시간	₩ 40/시간	160
변동제조간접원가	4시간	₩ 15/시간	60
고정제조간접원가	4시간	₩ 7/시간	28[*1]
합계			₩ 328

(*1) 고정제조간접원가 표준배부율 혹은 제품단위당 표준고정제조간접원가는 제품원가계산을 위해서만 사용하고, 통제 및 성과평가 목적으로는 고정제조간접원가 예산 총액을 이용한다.

2 차이분석

1. 예산

기업이 사전에 계획을 수립하고 이를 화폐가치로 표현한 것을 예산이라고 한다. 예산은 통제와 성과평가에 있어서 유용한 도구가 되는데 그 이유는 예산이 성과평가의 기준치가 되기 때문이다. 예산에는 고정예산과 변동예산이 있다.

(1) 고정예산

> **고정예산**
> 목표조업도를 기준으로 사전에 편성된 예산

제조부문의 성과를 평가하는 데 있어서 고정예산은 유용한 정보를 제공하지 못하므로 원가 차이분석에 있어 고정예산은 중요하게 다루어지지 않는다.

예를 들어, 기업이 기초에 1,000개를 생산·판매하기로 목표하였는데, 실제로는 1,200개를 생산·판매했다고 가정해보자. 이 경우 기말에 발생한 실제원가는 기초에 설정한 예산보다 증가했을 가능성이 높다. 왜냐하면 예산은 생산량 1,000개를 기준으로 설정된 것이고, 실제원가는 생산량 1,200개만큼 발생했기 때문이다. 다시 말해서, 제조부문의 성과를 평가하는 데 있어 1,000개를 생산하기로 예정했을 때의 예산과 1,200개를 만들고 나서의 실제원가를 비교하는 것은 의미 있는 정보를 제공해주지 않는다.

따라서 제조부문의 성과를 평가하기 위해서는 실제생산량인 1,200개를 기준으로 했을 때의 예산과 실제성과를 비교하는 것이 적절한데 이러한 예산을 변동예산이라 부른다.

(2) 변동예산

목표생산·판매량과 실제생산·판매량이 다를 경우, 목표생산·판매량에 근거한 고정예산과 실제생산·판매량에 근거한 실제성과를 비교하는 것은 의미가 없으므로 회계연도 말에 실제생산·판매량을 기준으로 예산을 조정하여 편성하는데 이를 변동예산이라고 한다.

변동예산은 다음과 같은 특징을 갖는다.

① 변동예산에는 실제생산·판매량을 적용한다.
② 변동예산의 판매가격, 단위당변동원가, 총고정원가는 고정예산상의 금액을 적용한다.

제조원가 차이분석은 변동예산과 실제원가를 비교해서 이루어지게 되는데, 이때 변동예산상의 금액보다 실제원가가 증가할 경우를 불리한차이(Unfavorable variance; U), 변동예산상의 금액보다 실제원가가 감소할 경우를 유리한차이(Favorable variance; F)라고 부른다. 왜냐하면 변동예산보다 실제원가가 증가하면 영업이익이 감소할 것이고, 변동예산보다 실제원가가 감소하면 영업이익이 증가할 것이기 때문이다.

> 변동예산은 기말에 실제생산량을 기준으로 다시 편성한 예산이므로 조업도만 실제생산량을 이용하고 나머지 모든 원가자료는 고정예산상의 금액을 이용한다.

> 유리·불리를 판단할 때는 언제나 영업이익이 기준이다. 즉, 영업이익을 증가시키는 차이는 유리한차이, 영업이익을 감소시키는 차이는 불리한차이이다.

2. 차이분석의 기본모형

사례 一 예제 | **기본자료**

㈜한국은 A제품을 생산·판매하고 있으며 A제품의 예산원가와 실제원가자료는 아래와 같다.

1. 예산자료

㈜한국의 목표생산·판매량은 1,000개이고, 연간 고정제조간접원가예산은 ₩56,000이다. ㈜한국의 표준원가는 다음과 같다.

구분	단위당 표준수량	요소단위당 표준가격	단위당 표준원가
직접재료원가	20m²	₩4/m²	₩80
직접노무원가	4시간	₩40/시간	160
변동제조간접원가	4시간	₩15/시간	60
고정제조간접원가	4시간	₩7/시간	28
합계			₩328

㈜한국은 제조간접원가 배부기준으로 직접노무시간을 사용하며, 고정제조간접원가 배부율을 구하기 위한 기준조업도로 2,000개(8,000시간)를 사용하고 있다.

2. 실제자료

실제생산량	1,200개
직접재료구입액(30,000m² × ₩5)	₩150,000
직접재료원가(23,000m² × ₩5)	115,000
직접노무원가(5,400시간 × ₩30)	162,000
변동제조간접원가	70,000
고정제조간접원가	43,000

> 목표생산·판매량과 기준조업도는 서로 다른 값을 가질 수도 있고 같은 값을 가질 수도 있다.

앞서 제조부문 성과평가는 변동예산과 실제성과를 비교하여 수행한다고 하였으므로 ㈜한국의 성과평가 결과를 나타내면 다음과 같다.

	실제성과	변동예산차이	변동예산
생산량	1,200개		1,200개
직접재료원가	₩115,000	₩19,000(U)	1,200개 × 20m^2 × 4 = ₩96,000
직접노무원가	162,000	30,000(F)	1,200개 × 4H × 40 = ₩192,000
변동제조간접원가	70,000	2,000(F)	1,200개 × 4H × 15 = ₩72,000
고정제조간접원가	43,000	13,000(F)	₩56,000
계	₩390,000	₩26,000(F)	₩416,000

실제생산량인 1,200개를 기준으로 한 변동예산과 비교해서 실제원가 총액이 ₩26,000만큼 감소하였으므로 ㈜한국은 당기 제조활동을 효율적으로 수행했다고 평가할 수 있다. 다만 통제 및 성과평가목적을 위해 차이분석은 여기서 그치지 않고 추가적인 분석을 수행해야 한다. 왜냐하면 각 원가요소별로 변동예산차이에 대한 원인이 다른 관리자에게 있기 때문이다.

예를 들어, 직접재료원가에서 변동예산보다 실제원가가 ₩19,000만큼 증가하여 불리한차이가 발생하였는데, 직접재료원가 불리한 변동예산차이가 발생한 이유는 직접재료구입가격과 직접재료사용량의 두 가지 차이가 혼합되어 나타난 결과이다. 직접재료구입가격과 직접재료사용량에 대한 책임은 각각 서로 다른 관리자에게 있으므로 올바른 성과평가를 위해서는 직접재료원가 변동예산차이에 대한 추가적인 분석을 할 필요가 있다.

3. 직접재료원가 차이분석

(1) 가격차이를 사용시점에서 분리하는 방법

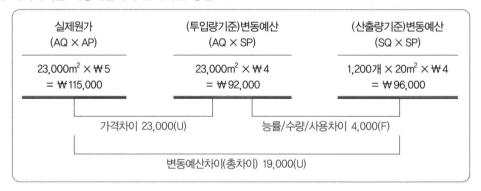

기본자료에서 직접재료원가 변동예산차이(총차이)는 ₩19,000(불리)이 발생한다. 그리고 직접재료원가 변동예산차이는 가격차이와 능률차이로 구분되는데 그 의미는 다음과 같다.

① 직접재료원가 가격차이: ㈜한국은 직접재료 1m^{2}당 ₩4에 구입하기로 표준가격을 설정하였는데 실제로는 1m^{2}당 ₩5에 직접재료를 매입하였다. 이러한 결과로 직접재료원가가 ₩23,000만큼 증가하였는데 이것이 직접재료원가 가격차이이다.

② **직접재료원가 능률차이:** ㈜한국은 제품 1,200개 생산을 위해 총 24,000m²의 원재료를 사용해야 하는데 실제로는 23,000m²로 1,000m²만큼 원재료 사용량을 절약하였다. 이에 따라 원가가 ₩4,000만큼 감소했는데 이것이 직접재료원가 능률차이이다.

차이분석을 수행할 때 주의할 점은 반드시 가격차이를 먼저 구분하고 그 후에 능률차이를 구분해야 한다는 것이다. 만약 순서를 바꿔서 차이분석을 수행하게 되면 전혀 다른 결과가 도출되므로 반드시 차이분석의 순서를 지켜야 한다.

원재료 구입가격은 일반적으로 구매부분 책임자의 통제 하에 있고, 원재료 사용량은 일반적으로 제조부문 책임자의 통제 하에 있다. 앞에서 구한 직접재료원가 가격차이와 능률차이를 성과평가에 반영한다면 더욱 합리적인 성과평가 결과를 도출 할 수 있다. 다만, 차이분석의 결과를 해석할 때는 가격차이와 능률차이가 서로 영향을 미칠 수 있다는 것을 고려해야 한다.

(2) 가격차이를 구입시점에 분리하는 방법(원재료계정을 표준원가로 기록하는 방법)

직접재료원가 차이분석은 다음과 같이 수행할 수도 있다.

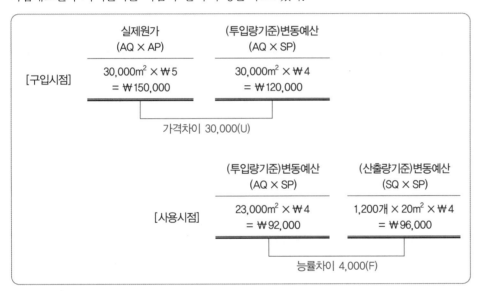

4. 직접노무원가 차이분석

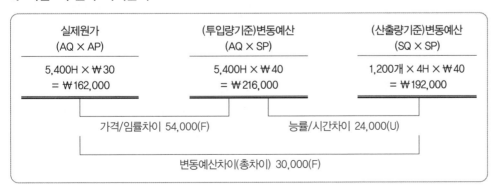

기본자료에서 직접노무원가 변동예산차이(총차이)는 ₩ 30,000(유리)이 발생한다. 그리고 직접노무원가 변동예산차이는 가격(임률)차이와 능률(시간)차이로 구분되는데 그 의미는 다음과 같다.

① **직접노무원가 가격(임률)차이:** ㈜한국은 직접노무 임률을 시간당 ₩ 40 지급하기로 표준가격을 설정하였는데 실제로는 시간당 ₩ 30을 지급하였다. 이러한 결과로 직접노무원가가 ₩ 54,000 만큼 감소하였는데 이것이 직접노무원가 가격(임률)차이이다.

② **직접노무원가 능률(시간)차이:** ㈜한국은 제품 1,200개 생산을 위해 총 4,800시간의 노무를 해야 하는데 실제로는 5,400시간으로 600시간만큼 노무시간이 증가하였다. 이에 따라 원가가 ₩ 24,000만큼 증가하였는데 이것이 직접노무원가 능률(시간)차이이다.

5. 변동제조간접원가 차이분석

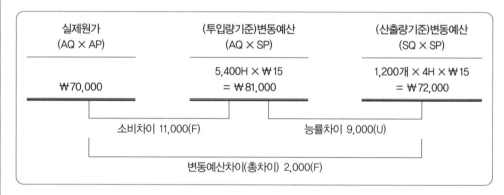

앞서 변동제조간접원가는 다양한 항목이 섞여 있으므로 직접재료원가나 직접노무원가처럼 표준원가를 설정하지 않고 변동제조간접원가의 발생을 잘 설명하는 배부기준을 설정하고 거기에 적절한 배부율을 곱해서 표준원가를 설정한다고 하였다.

따라서 위 차이분석에서 SQ는 배부기준의 표준인 표준직접노무시간을 의미하고, AQ는 배부기준의 실제인 실제직접노무시간을 의미한다.

6. 고정제조간접원가 차이분석

고정제조간접원가 차이분석은 고정원가가 가지는 특징으로 인해 변동제조원가 차이분석과는 다른 방법으로 수행한다. 고정제조간접원가 차이분석을 수행하기 위해서는 다음의 세 가지 사항에 주의해야 한다.

(1) **고정제조간접원가 차이분석은 총액으로 수행한다.**
고정제조간접원가는 생산량 등 조업도와 관계없이 정해진 기간에 일정액이 발생하기로 예정된 총액 원가이다. 따라서 성과평가도 조업도와 관계없이 단순 총액을 이용해서 수행하는 것이 합리적이다.

(2) 고정제조간접원가는 능률차이가 존재하지 않는다.

고정제조간접원가는 조업도 수준과는 관계없이 관련범위 내에서는 동일한 금액을 갖기 때문에 투입과 산출사이에 비례관계가 존재하지 않으므로 직접재료, 직접노동시간, 기계시간 등이 제조과정에서 얼마나 효율적으로 사용되었는가를 나타내는 능률차이의 개념은 존재하지 않는다. 따라서 고정제조간접원가 차이분석에서는 예산차이가 모두 소비차이가 된다.

(3) 변동예산과 회계처리금액(배부액)이 다르다. → 조업도차이가 존재한다.

변동제조원가는 변동예산 수립 시에 단위당 원가를 이용하고 회계처리를 할 때도 단위당 원가를 이용하므로 변동예산 금액과 회계처리 금액 간에 차이가 발생하지 않는다. 그러나 고정제조간접원가는 변동예산을 수립할 때는 총액 예산을 이용하지만 회계처리를 수행할 때는 단위당 예산을 이용하므로 이 두 금액 간에 차이가 존재하는데 이를 조업도차이라고 한다.

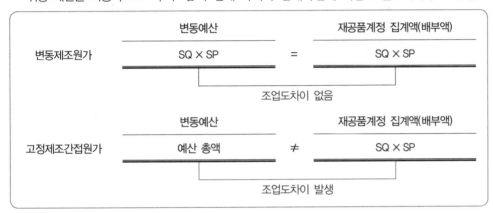

위 내용을 바탕으로 고정제조간접원가 차이분석을 수행하면 아래와 같다.

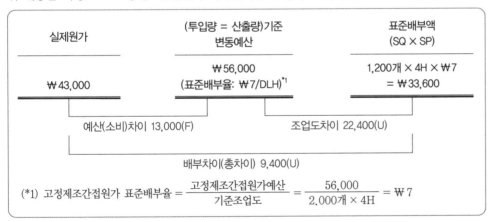

㈜한국은 기준조업도로 2,000개를 설정하였고 이를 이용해 고정제조간접원가 표준배부율 ₩7을 산출하였다. 즉, ㈜한국은 당기에 기준조업도인 2,000개를 생산할 수 있는 설비능력을 확보하였다. 그러나 ㈜한국은 당기에 1,200개 밖에 생산하지 못하였고 2,000개만큼을 생산할 수 있는 설비를 충분히 활용하지 못한 것이다. 따라서 ㈜한국의 조업도차이는 불리한차이가 발생하였다. 이처럼 설비능력의 이용정도를 측정하는 것이 조업도차이이다.

조업도차이가 ₩22,400만큼 불리하게 발생한 것은 2,000개를 생산할 수 있음에도 불구하고 실제로 1,200개밖에 생산하지 못했기 때문이다. 만약 ㈜한국의 실제생산량이 2,000개를 초과했다면 유리한 조업도차이가 발생했을 것이고, 정확히 2,000개를 생산한다면 조업도차이가 발생하지 않을 것이다.

- 기준조업도 〉실제생산량: 생산자원 과소 활용 → 불리한 조업도차이
- 기준조업도 〈 실제생산량: 생산자원 충분히 활용 → 유리한 조업도차이

---

7. 제조간접원가에 대한 여러 가지 차이분석

지금까지 제조간접원가 차이분석을 수행할 때는 변동제조간접원가와 고정제조간접원가로 나누어 각각 (변동제조간접원가)소비차이, 능률차이, (고정제조간접원가)예산차이, 조업도차이를 구하였다. 이러한 차이분석을 4분법이라 하는데 4분법 차이분석을 하기 위해서는 변동제조간접원가와 고정제조간접원가를 정확히 구분할 수 있어야 한다. 그러나 현실적으로 제조간접원가를 변동원가와 고정원가로 명확히 구분하기가 어렵다는 문제가 있다.

변동제조간접원가와 고정제조간접원가를 명확히 구분할 수 없는 경우에는 3분법, 2분법, 1분법에 의한 차이분석을 수행하게 된다.

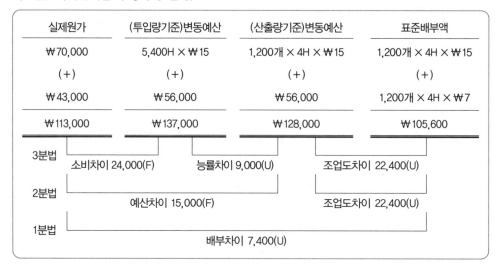

위 차이분석에서 두 가지 사항을 발견할 수 있다.

① 제조간접원가 능률차이는 변동제조간접원가에서만 발생한다.
　　→ 제조간접원가 능률차이 = 변동제조간접원가 능률차이

② 제조간접원가 조업도차이는 고정제조간접원가에서만 발생한다.
　　→ 제조간접원가 조업도차이 = 고정제조간접원가 조업도차이

01 표준원가는 기업의 예산편성과 차이분석을 이용한 성과평가에 유용하게 사용할 수 있지만 제품원가계산이 지연된다는 문제가 있다. (   )

02 고정제조간접원가는 통제 및 성과평가 목적으로는 총액 예산을 이용하고 회계처리 목적으로는 단위당 표준배부율을 이용한다. (   )

03 고정예산은 목표조업도를 기준으로 사전에 편성된 예산으로 제조부문의 성과평가를 위해 이용된다. (   )

04 변동예산은 기말에 실제생산량을 기준으로 다시 편성한 예산으로 제조부문 차이분석의 기준자료로 이용된다. (   )

05 변동예산상의 금액보다 실제원가가 증가할 경우를 유리한차이, 변동예산상의 금액보다 실제원가가 감소할 경우를 불리한차이라고 한다. (   )

06 직접재료원가 변동예산차이에 대한 책임은 제조부문 책임자에게 있다. (   )

07 고정제조간접원가는 능률차이가 존재하지 않고 조업도차이가 존재한다. (   )

01 × 표준원가계산을 이용하면 실제원가를 집계하기 이전에도 제품원가를 계산할 수 있으므로 제품원가계산이 빠르고 단순해진다.
02 ○
03 × 제조부문의 성과평가를 위해 변동예산을 이용한다.
04 ○
05 × 변동예산상의 금액보다 실제원가가 증가할 경우를 불리한차이, 변동예산상의 금액보다 실제원가가 감소할 경우를 유리한차이라고 한다.
06 × 원재료 구입가격은 일반적으로 구매부분 책임자의 통제 하에 있고, 원재료 사용량은 일반적으로 제조부문 책임자의 통제 하에 있다.
07 ○

1 변동제조원가 차이분석

01 각 사업부의 성과를 평가하고 그 결과에 따른 보상제도를 실시하려고 할 경우 고려해야 할 적절한 원가는?

2011년 국가직 9급

① 고정원가　　　　　　　　　　　　② 매몰원가
③ 통제가능원가　　　　　　　　　　④ 기회원가

02 원가 계산방법과 분석기법에 대한 설명으로 옳은 것은?　　　2017년 국가직 9급(4월 시행)

① 고저점법은 원가를 기준으로 최저점과 최고점에 해당하는 과거의 자료를 이용하여 혼합원가 추정식을 구하는 방법이다.
② 변동원가계산과 비교하여 전부원가계산은 회계기간 말에 불필요한 생산을 늘려 이익을 증가시키려는 유인을 방지할 수 있다.
③ 단위당 판매가와 총고정원가가 일정할 경우 단위당 변동원가가 커지면 손익분기점은 높아진다.
④ 차이분석에서 유리한차이는 실제원가가 예산보다 낮은 경우이므로 추가적인 관리를 할 필요가 전혀 없다.

---

01 ③ 각 사업부의 성과를 평가할 때는 각 사업부에서 통제가 가능한 원가만 포함해야 하고 각 사업부에서 통제가 불가능한 원가는 제외해야 한다.

02 ③ ① 고저점법은 최고조업도와 최저조업도의 원가자료를 이용하여 원가함수를 구하는 방법이다.
　　　② 전부원가계산 하에서는 생산량이 증가할수록 이익이 증가하므로 불필요한 생산을 늘려 이익을 증가시키려는 유인이 크다.
　　　③ 단위당 변동원가가 커지면 단위당 공헌이익이 감소하므로, 고정원가를 회수하기 위해서는 더 많은 판매량을 달성해야 한다. 즉, 손익분기점 판매량이 높아진다.
　　　④ 차이분석에서 유리한차이가 발생했다 하더라도 차이의 발생원인 등을 파악하기 위해서는 추가적인 차이분석이 필요하다.

03 ㈜서울의 직접재료원가 관련 자료가 다음과 같다면, 직접재료가격차이와 직접재료수량차이로 옳은 것은?

2016년 서울시 9급

• 직접재료 표준사용량	1,000단위
• 직접재료 실제사용량	1,200단위
• 직접재료 단위당 표준가격	₩ 23
• 직접재료 단위당 실제가격	₩ 20

	직접재료가격차이	직접재료수량차이
①	₩ 3,000(유리한차이)	₩ 4,000(불리한차이)
②	₩ 3,000(불리한차이)	₩ 4,000(유리한차이)
③	₩ 3,600(유리한차이)	₩ 4,600(불리한차이)
④	₩ 3,600(불리한차이)	₩ 4,600(유리한차이)

04 2009년 5월 중 ㈜대한의 노무비와 관련된 다음의 자료를 이용하여 직접노무비 능률차이를 구하면?

2010년 국가직 9급

• 제품단위당 표준직접노무시간	3시간
• 시간당 표준임률	₩ 20
• 시간당 실제임률	₩ 22
• 5월 중 제품생산량	2,100단위
• 5월 중 실제직접노무시간	6,000시간

① ₩ 6,000 불리 ② ₩ 6,000 유리

③ ₩ 6,600 불리 ④ ₩ 6,600 유리

---

03 ③

AQ × AP	AQ × SP	SQ × SP
1,200 × 20	1,200 × 23	1,000 × 23
= 24,000	= 27,600	= 23,000

• 직접재료가격차이: 27,600 − 24,000 = ₩3,600(유리)
• 직접재료능률차이: 23,000 − 27,600 = ₩4,600(불리)

04 ②

AQ × AP	AQ × SP	SQ × SP
6,000 × 22	6,000 × 20	2,100개 × 3 × 20
= 132,000	= 120,000	= 126,000

직접노무비 능률차이: 126,000 − 120,000 = ₩6,000(유리)

05 2011년 12월 ㈜한강의 직접노무원가 실제발생액은 ₩130,200,000이며, 실제직접노동시간은 21,000시간이다. 12월의 표준직접노동시간은 20,000시간이며, 직접노무원가에 대한 차이분석 결과 임률차이는 ₩4,200,000 불리한 것으로 나타났다. 12월의 직접노무원가 능률차이는?

2012년 지방직 9급

① ₩6,000,000 유리   ② ₩6,000,000 불리
③ ₩10,200,000 유리   ④ ₩10,200,000 불리

06 ㈜한국의 2012년 11월 중 원가관련 자료가 다음과 같을 때, 11월 중 실제 임률은?

2012년 국가직 9급

- 표준 직접노동시간: 1,450시간
- 표준임률: ₩400/시간
- 직접노무원가 임률차이: ₩30,000(유리)
- 직접노무원가 능률차이: ₩20,000(불리)

① ₩365/시간   ② ₩370/시간
③ ₩375/시간   ④ ₩380/시간

---

05 ②

AQ × AP	AQ × SP	SQ × SP
21,000시간 × 6,200	21,000시간 × 6,000	20,000시간 × 6,000
= 130,200,000	= 126,000,000	= 120,000,000

직접노무원가 능률차이: 126,000,000 − 120,000,000 = ₩6,000,000(불리)

06 ④

AQ × AP	AQ × SP	SQ × SP
1,500시간 × 380	1,500시간 × 400	1,450시간 × 400
= 570,000	= 600,000	= 580,000

07 ㈜한국은 표준원가계산을 사용하고 있다. 다음 자료를 근거로 한 직접노무원가의 능률차이는?

2018년 국가직 9급

• 실제 직접노동시간	7,000시간
• 표준 직접노동시간	8,000시간
• 직접노무원가 임률차이	₩3,500(불리)
• 실제 노무원가 총액	₩24,500

① ₩3,000(유리) 　　　　　　　　　② ₩3,000(불리)
③ ₩4,000(유리) 　　　　　　　　　④ ₩4,000(불리)

08 제품 100개를 생산할 때 총직접노동시간은 500시간이 걸릴 것으로 추정하고 있으며 표준임률은 시간당 ₩200이다. 당기실제생산량은 120개였고 실제작업시간은 600시간이었다. 당기에 ₩15,000의 불리한 임률차이가 발생하였다면, 실제임률은?

2018년 지방직 9급

① ₩225 　　　　　　　　　② ₩205
③ ₩195 　　　　　　　　　④ ₩175

---

07 ①

AQ × AP	AQ × SP	SQ × SP
7,000시간 × 3.5	7,000시간 × 3	8,000시간 × 3
= 24,500	= 21,000	= 24,000

직접노무원가 능률차이: 24,000 − 21,000 = ₩3,000(유리)

08 ①

AQ×AP	AQ×SP	SQ×SP
600H × 225	600H × 200	120개 × 5H × 200
= 135,000*	= 120,000	= 120,000

(*) 120,000 + 15,000(불리한 임률차이) = ₩135,000

09 표준원가계산 제도를 사용하고 있는 ㈜서울은 제품 단위당 표준 직접재료원가로 ₩ 200을 설정하였으며 단위당 표준직접재료원가의 산정 내역과 2018년 3월 동안 제품을 생산하면서 집계한 자료는 아래와 같다. ㈜서울의 직접재료원가 변동예산차이에 대한 설명으로 가장 옳지 않은 것은?

2018년 서울시 9급

직접재료 표준원가 산정내역	실제 제품생산관련 자료
• 제품 단위당 직접재료 • 표준사용량: 10kg • 직접재료의 표준가격: ₩ 20/kg	• 제품 생산량: 100단위 • 실제 직접재료 사용량: 1,050kg • 실제 직접재료원가: ₩20,600

① 총변동예산차이는 ₩ 600(불리한차이)이다.
② 가격차이는 ₩ 400(유리한차이)이다.
③ 능률차이는 ₩ 1,000(불리한차이)이다.
④ 총변동예산차이는 ₩ 600(유리한차이)이다.

09 ④

AQ × AP	AQ × SP	SQ × ×SP
	1,050kg × 20	100단위 × 10kg × 20
20,600	= 21,000	= 20,000

• 가격차이: 21,000 − 20,600 = ₩ 400(유리)
• 능률차이: 21,000 − 20,000 = ₩ 1,000(불리)
• 총변동예산차이: 20,600 − 20,000 = ₩ 600(불리)

2 고정제조간접원가 차이분석

10 표준원가계산제도를 채택하고 있는 ㈜한국의 2010년 4월의 기준생산조업도는 50,000기계작업시간이고, 제조간접원가는 기계작업시간을 기준으로 배부한다. 제품 한 단위당 표준기계작업시간은 5시간이고, 기계작업시간당 고정제조간접원가는 ₩3으로 제품단위당 표준고정제조간접원가는 ₩150이다. 2010년 4월 중 제품 9,000개를 생산하였는데 실제 기계작업시간은 44,000시간이었고, 고정제조간접원가 ₩160,000이 발생하였다. 고정제조간접원가의 생산조업도 차이는?

2010년 지방직 9급

① ₩10,000 유리   ② ₩10,000 불리
③ ₩15,000 유리   ④ ₩15,000 불리

11 ㈜한국은 내부관리 목적으로 표준원가계산시스템을 채택하고 있고, 표준노무시간은 제품단위당 5시간이다. 제품의 실제생산량은 2,100단위이고 고정제조간접원가 실제발생액은 ₩900,000이다. 이 회사는 고정제조간접원가를 노무시간을 기준으로 배부하며 기준조업도는 10,000노무시간이다. 고정제조간접원가 예산차이가 ₩100,000 유리하다면 조업도차이는?

2017년 지방직 9급(12월 추가)

① ₩40,000 불리   ② ₩40,000 유리
③ ₩50,000 불리   ④ ₩50,000 유리

---

10 ④

실제원가	변동예산	배부액
	50,000시간 × 3	9,000개 × 5시간 × 3
	= 150,000	= 135,000
160,000		

고정제조간접원가 조업도차이: 150,000 − 135,000 = ₩15,000(불리)

11 ④

실제원가	변동예산	배부액
900,000	1,000,000	2,100단위 × 5H × 100
	(직접노무시간당 ₩100*1)	= 1,050,000

(*1) 1,000,000 ÷ 10,000DLH(기준조업도) = ₩100
조업도차이: 1,050,000 − 1,000,000 = ₩50,000(유리)

정부회계

1. 정부회계의 특징

① 정부회계는 일반기업회계와는 달리 이윤추구가 목적이 아니라 공공서비스의 제공을 그 목표로 하는 비영리회계이다.

② 정부회계는 법률에 기초한 예산에 의해서 통제된다. 따라서 모든 지출은 예산에 의해서 집행되며, 집행자의 임의적 결정이 배제된다.

③ 소유권 개념이 존재하지 않는다. 따라서 자본이라는 용어 대신 순자산이라는 용어를 사용한다. 순자산이란 정부의 재정활동 결과 예산을 집행하고 남은 잉여금을 의미한다.

④ 정부조직은 다양한 설립목적을 가진 국가 조직들에 의해 공공서비스가 제공되기 때문에 일반회계, 특별회계, 기금과 같은 서로 다른 다수의 회계실체가 존재한다.

    ㉠ **일반회계**: 조세수입을 주된 재원으로 공공재를 공급하는 정부의 가장 일반적이고 고유한 행정활동을 수행하는 회계 실체

    ㉡ **특별회계**: 일반회계와 달리 국가가 특정사업이나 특정자금을 운영 및 보유하거나 특정세입으로 특정세출에 충당할 목적으로 법률에 의해서 일반회계와 분리하여 설치 및 운영하는 회계. 기업특별회계와 기타특별회계로 구분(지방자치단체회계에서는 지방공기업특별회계와 기타특별회계로 구분)

        • **기타특별회계**: 특정한 세입으로 특정한 세출을 충당함으로써 일반회계와 구분하여 회계처리할 필요가 있을 때

                ㉖ 농어촌구조개선특별회계, 환경개선특별회계 등

        • **기업특별회계**: 국가에서 특정한 사업을 운영하고자 할 때

                ㉖ 우편사업특별회계, 우체국예금특별회계 등

    ㉢ **기금**: 세입, 세출 예산에 의지하지 않고 운용할 수 있는 특정사업을 위하여 보유하는 자금. 정부의 출연금 또는 법률에 따른 민간 부담금을 재원으로 함. 특정 수입과 지출의 연계면에서는 특별회계와 유사하나 세입세출예산과 별도로 운영된다는 점에서 차이

                ㉖ 군인복지기금, 공무원연금기금, 국민연금기금, 고용보험기금, 국민체육진흥기금 등

구분	예산			기금
	일반회계	특별회계		
		기타특별회계	기업특별회계	
특징	일반적이고 고유한 행정활동 수행(행정형)		개별적 보상관계, 독립채산제(사업형)	
목적	정부의 고유 기능	특정세입으로 특정세출에 충당		특정 수입으로 특정지출에 운용
세입세출예산	적용			미적용
재원	조세수입		사용료수익 등	정부출연금, 민간부담금

⑤ 정부는 영리기업과 달리 공익성을 목표로 하는 양질의 행정서비스를 제공하는 것이 운영목 표이므로, 정부회계에서는 당기순이익을 산출하는 포괄손익계산서 대신 수행하는 정책사업 별 원가를 산출하는 재정운영표를 작성한다.

⑥ 결산의 수행

   ㉠ 기금결산보고서: 중앙관서의 장이 아닌 기금관리주체는 회계연도마다 기금결산보고서를 작성하여 소관 중앙관서의 장에게 제출. 직전 회계연도기준 기금운용규모가 5천억원 이상인 기금은 회계법인의 감사보고서를 첨부. 지방자치단체의 장은 결산검사에 필요한 서류를 제출할 때 재무제표에 공인회계사법에 따른 공인회계사의 검토의견을 첨부

   ㉡ 중앙관서결산보고서의 작성: 중앙관서의 장은 회계연도마다 그 소관에 속하는 일반회계, 특별회계 및 기금을 통합한 중앙관서 결산보고서를 작성

   ㉢ 국가결산보고서의 작성: 기획재정부장관은 회계연도마다 중앙관서결산보고서를 통합하여 국가결산보고서를 작성하여 국무회의 심의를 거쳐 대통령 승인

2. 정부회계의 분류

(1) 회계처리방식에 따른 구분

예산회계	현금주의, 단식부기 방식의 세입세출결산서(기금: 수입지출결산서) 작성
재무회계	발생주의, 복식부기 방식의 재무제표 작성

(2) 재정활동주체에 따른 구분

구분	국가회계	지방자치단체회계
근거법령	• 국가재정법 제3장 결산 • 국가회계법 및 시행령 • 국가회계기준에 관한 규칙 • 국가회계예규(기획재정부 예규)	• 지방회계법 • 지방회계법 시행령 • 지방자치단체회계기준에 관한 규칙 • 지방자치단체 원가계산준칙 • 지방자치단체 재무회계 운영규정
보고실체	국가, 중앙관서, 기금	특별시, 광역시, 도, 특별자치도, 시, 군, 구
회계실체	일반회계, 특별회계, 기금	일반회계, 기타특별회계, 지방공기업특별회계, 기금
시행시기	2009.1.1	2007.1.1
결산(재무)보고서	결산개요, 세입세출결산, 재무제표, 성과보고서	
분류 및 평가	• 주민편의시설, 장기충당부채 등 계정과목 분류의 차이 존재 • 기타 계정의 분류 및 평가방법 등은 대부분 일치	

구분	국가회계기준의 재무제표	지방자치단체회계기준의 재무제표
재무제표	재정상태표, 재정운영표, 순자산변동표, 주석	재정상태표, 재정운영표, 현금흐름표, 순자산변동표, 주석
부속서류	필수보충정보, 부속명세서	필수보충정보, 부속명세서

3. 재정상태표와 재정운영표 예시

재정상태표

자산		부채	
유동자산	×××	유동부채	×××
투자자산	×××	장기차입부채	×××
일반유형자산	×××	장기충당부채	×××
사회기반시설	×××	기타비유동부채	×××
무형자산	×××	부채계	×××
기타비유동자산	×××	순자산	
		기본순자산	×××
		적립금과 잉여금	×××
		순자산조정	×××
		순자산계	×××
자산계	×××	부채와 순자산 계	×××

재정운영표

	Ⅰ. 프로그램(사업)순원가		
	프로그램(사업)총원가	프로그램별 배부 가능한 원가	
(−)	프로그램(사업)수익	교환수익으로서 직접 추적이 가능한 수익	
(+)	Ⅱ. 관리운영비	프로그램 수행을 지원하는 비용	
(+)	Ⅲ. 비배분비용	프로그램에 직접적으로 대응하기 어려운 비용	
(−)	Ⅳ. 비배분수익	프로그램에 직접적으로 대응하기 어려운 수익	
=	Ⅴ. 재정운영순원가		
(−)	Ⅵ. 비교환(일반)수익 등	직접적인 반대급부 없이 발생하는 수익	
=	Ⅶ. 재정운영결과		

- 프로그램수익: 재화판매수익, 용역제공수익, 연금수익, 보험수익 등
- 프로그램에 대응되는 원가 중 행정운영성 경비는 관리운영비, 그 외의 원가는 프로그램총원가로 분류
- 비배분비용 및 비배분수익: 이자비용(수익), 평가손익, 자산처분이익 등

4. 국고금회계

국고금이란 정부가 보유하는 현금 및 현금성자산을 뜻하는 것으로, 각 중앙관서의 장은 모든 세입을 기획재정부의 국고계정에 불입 후 예산배정을 통해 지출 재원을 마련한다. 따라서 일반회계와 기타특별회계의 경우 수익이 발생할 경우 국고금 계정에 불입되고, 지출이 발생할 경우 국고금 계정에서 지출되는 회계처리를 수행해야 한다. 기업특별회계와 기금은 국고금에서 제외한다.

사례 ― 예제

```
법인세 ₩10,000을 신고납부받은 경우
[국세청 – 일반회계]
(차) 국 고 이 전 지 출    10,000    (대) 소 득 세    수 익    10,000
[국고금 회계]
(차) 국고금(한국은행국가예금)    10,000    (대) 국 고 이 전 수 입    10,000

국방부에서 용역비 ₩10,000을 지출하는 경우
[국방부 – 일반회계]
(차) 용    역    비    10,000    (대) 국    고    수    입    10,000
[국고금 회계]
(차) 세 출 예 산 지 출 액    10,000    (대) 국고금(한국은행국가예금)    10,000
```

5. 국가회계와 지방자치단체회계의 비교

(1) 계정과목 등

구분	국가회계	지방자치단체회계
유산자산 등	유산자산은 필수보충정보로 공시	관리책임자산은 필수보충정보로 공시
주민편의시설	없음	있음
무형자산	별도 구분 표시	기타비유동자산에 포함
전비품	일반유형자산에 포함	없음
압수품과 몰수품	유동자산에 포함	없음
장기충당부채	있음	없음
퇴직급여충당부채	장기충당부채에 포함	기타비유동부채에 포함
연금,보험,보증 충당부채	장기충당부채에 포함	인식하지 않음
순자산	기본순자산, 적립금및잉여금, 순자산조정	고정순자산, 특정순자산, 일반순자산

(2) 무상취득

구분	국가회계	지방자치단체회계
관리전환	• 무상관리전환 취득원가: 장부금액 • 유상관리전환 취득원가: 공정가액	모든 관리전환의 취득원가: 공정가액
기부채납	수익으로 인식	순자산의 증감

(3) 자산의 평가

구분	국가회계	지방자치단체회계
자산 감액손실 환입	재정운영순원가에 반영	규정 없음
유가증권	• 채무증권: 상각후 취득원가 • 지분증권.투자증권: 취득원가 • 투자목적: 공정가액	장기투자증권: 총평균법을 적용한 취득원가
재고자산	저가법 인정	저가법 규정 없음
일반유형자산	공정가액 등으로 재평가 가능	재평가 인정 안 함

2 국가회계기준에 관한 규칙

제1장 총칙

제1조【목적】 이 규칙은「국가회계법」제11조제1항에 따라 국가의 재정활동에서 발생하는 경제적 거래 등을 발생 사실에 따라 복식부기 방식으로 회계처리하는 데에 필요한 기준을 정함을 목적으로 한다.

제2조【정의】 이 규칙에서 사용하는 용어의 뜻은 다음과 같다.

1. "국가회계실체"란「국가재정법」제4조에 따른 일반회계, 특별회계 및 같은 법 제5조에 따른 기금으로서 중앙관서별로 구분된 것을 말한다.
2. "재정상태표일"이란 제7조에 따른 재정상태의 작성 기준일을 말한다.
3. "공정가액"이란 합리적인 판단력과 거래의사가 있는 독립된 당사자 간에 거래될 수 있는 교환가격을 말한다.
4. "내부거래"란 재무제표를 작성할 때 상계(相計)되어야 하는 국가회계실체 간의 거래를 말한다.
5. "회수가능가액"이란 순실현가능가치와 사용가치 중 큰 금액을 말한다.

제3조【적용범위 등】 ① 이 규칙은「국가재정법」제4조에 따른 일반회계, 특별회계 및 같은 법 제5조에 따른 기금의 회계처리에 대하여 적용한다.

② 이 규칙의 해석과 실무회계처리에 관한 사항은 기획재정부장관이 정하는 바에 따른다.

③ 이 규칙에서 정하는 것 외의 사항에 대해서는 일반적으로 인정되는 회계원칙과 일반적으로 공정하고 타당하다고 인정되는 회계관습에 따른다.

제4조【일반원칙】 국가의 회계처리는 복식부기·발생주의 방식으로 하며, 다음 각 호의 원칙에 따라 이루어져야 한다.

1. 회계처리는 신뢰할 수 있도록 객관적인 자료와 증거에 따라 공정하게 이루어져야 한다.
2. 재무제표의 양식, 과목 및 회계용어는 이해하기 쉽도록 간단명료하게 표시하여야 한다.
3. 중요한 회계방침, 회계처리기준, 과목 및 금액에 관하여는 그 내용을 재무제표에 충분히 표시하여야 한다.
4. 회계처리에 관한 기준 및 추정(推定)은 기간별 비교가 가능하도록 기간마다 계속하여 적용하고 정당한 사유 없이 변경해서는 아니 된다.
5. 회계처리와 재무제표 작성을 위한 계정과목과 금액은 그 중요성에 따라 실용적인 방법으로 결정하여야 한다.
6. 회계처리는 거래 사실과 경제적 실질을 반영할 수 있어야 한다.

제5조【재무제표와 부속서류】 ① 재무제표는「국가회계법」제14조제3호에 따라 재정상태표, 재정운영표, 순자산변동표로 구성하되, 재무제표에 대한 주석을 포함한다.

② 재무제표의 부속서류는 필수보충정보와 부속명세서로 한다.

③ 재무제표는 국가의 재정활동에 직접적 또는 간접적으로 이해관계를 갖는 정보이용자가 국가의 재정활동 내용을 파악하고, 합리적으로 의사결정을 할 수 있도록 유용한 정보를 제공하는 것을 목적으로 한다.

④ 재무제표는 국가가 공공회계책임을 적절히 이행하였는지를 평가하는 데 필요한 다음 각 호의 정보를 제공하여야 한다.

1. 국가의 재정상태 및 그 변동과 재정운영결과에 관한 정보
2. 국가사업의 목적을 능률적, 효과적으로 달성하였는 지에 관한 정보
3. 예산과 그 밖에 관련 법규의 준수에 관한 정보

구분	국가회계기준의 재무제표	지방자치단체회계기준의 재무제표
재무제표	재정상태표, 재정운영표, 순자산변동표, 주석	재정상태표, 재정운영표, 현금흐름표, 순자산변동표, 주석
부속서류	필수보충정보, 부속명세서	필수보충정보, 부속명세서

제6조【재무제표의 작성원칙】 ① 재무제표는 다음 각 호의 원칙에 따라 작성한다.

1. 재무제표는 해당 회계연도분과 직전 회계연도분을 비교하는 형식으로 작성한다.
2. 제1호에 따라 비교하는 형식으로 작성되는 두 회계연도의 재무제표는 계속성의 원칙에 따라 작성하며,「국가회계법」에 따른 적용 범위, 회계정책 또는 이 규칙 등이 변경된 경우에는 그 내용을 주석으로 공시한다.
3. 재무제표의 과목은 해당 항목의 중요성에 따라 별도의 과목으로 표시하거나 다른 과목으로 통합하여 표시할 수 있다.
4. 재무제표를 통합하여 작성할 경우 내부거래는 상계하여 작성한다.

② 「국고금관리법 시행령」제2장에 따른 출납정리기한 중에 발생하는 거래에 대한 회계처리는 해당 회계연도에 발생한 거래로 보아 다음 각 호와 같이 처리한다.

1. 「국고금관리법 시행령」제5조제2항 각 호의 어느 하나에 해당하는 납입은 해당 회계연도 말일에 수입된 것으로 본다.
2. 「국고금관리법 시행령」제6조제1항 각 호의 어느 하나에 해당하는 지출은 해당 회계연도 말일에 지출된 것으로 본다.
3. 「국고금관리법 시행령」제7조 단서에 따라 관서운영경비출납공무원이 교부받은 관서운영경비를 해당 회계연도 말일 후에 반납하는 경우에는 해당 회계연도 말일에 반납된 것으로 본다.

국가회계기준	지방자치단체회계기준
출납정리기한 중에 발생하는 거래에 대한 회계처리는 해당 회계연도의 거래로 간주	출납 폐쇄기한 내의 세입금 수납과 세출금 지출은 해당 회계연도의 거래로 처리

제2장 재정상태표

제1절 총칙

제7조【재정상태표】 ① 재정상태표는 재정상태표일 현재의 자산과 부채의 명세 및 상호관계 등 재정상태를 나타내는 재무제표로서 자산, 부채 및 순자산으로 구성된다.

② 재정상태표는 별지 제1호서식과 같다.

제8조【재정상태표 작성기준】 ① 자산과 부채는 유동성이 높은 항목부터 배열한다. 이 경우 유동성이란 현금으로 전환되기 쉬운 정도를 말한다.

② 자산, 부채 및 순자산은 총액으로 표시한다. 이 경우 자산 항목과 부채 또는 순자산 항목을 상계함으로써 그 전부 또는 일부를 재정상태표에서 제외해서는 아니 된다.

제2절 자산

제9조【자산의 정의와 구분】 ① 자산은 과거의 거래나 사건의 결과로 현재 국가회계실체가 소유(실질적으로 소유하는 경우를 포함한다) 또는 통제하고 있는 자원으로서, 미래에 공공서비스를 제공할 수 있거나 직접 또는 간접적으로 경제적 효익을 창출하거나 창출에 기여할 것으로 기대되는 자원을 말한다.

② 자산은 유동자산, 투자자산, 일반유형자산, 사회기반시설, 무형자산 및 기타 비유동자산으로 구분하여 재정상태표에 표시한다.

구분	국가회계기준	지방자치단체회계기준
자산의 구분	유동자산, 투자자산, 일반유형자산, 사회기반시설, 무형자산, 기타비유동자산	유동자산, 투자자산, 일반유형자산, 주민편의시설, 사회기반시설, 기타비유동자산

제10조【자산의 인식기준】① 자산은 공용 또는 공공용으로 사용되는 등 공공서비스를 제공할 수 있거나 직접적 또는 간접적으로 경제적 효익을 창출하거나 창출에 기여할 가능성이 매우 높고 그 가액을 신뢰성 있게 측정할 수 있을 때에 인식한다.

② 현재 세대와 미래 세대를 위하여 정부가 영구히 보존하여야 할 자산으로서 역사적, 자연적, 문화적, 교육적 및 예술적으로 중요한 가치를 갖는 자산(이하 "유산자산"이라 한다)은 자산으로 인식하지 아니하고 그 종류와 현황 등을 필수보충정보로 공시한다.

③ 국가안보와 관련된 자산은 기획재정부장관과 협의하여 자산으로 인식하지 아니할 수 있다. 이 경우 해당 중앙관서의 장은 해당 자산의 종류, 취득시기 및 관리현황 등을 별도의 장부에 기록하여야 한다.

국가회계기준	지방자치단체회계기준
자산은 공용 또는 공공용으로 사용되는 등 공공서비스를 제공할 수 있거나 직접적 또는 간접적으로 경제적 효익을 창출하거나 창출에 기여할 가능성이 매우 높고 그 가액을 신뢰성 있게 측정할 수 있을 때에 인식	자산은 공공서비스의 잠재력을 창출하거나 미래의 경제적 효익이 회계실체에 유입될 것이 거의 확실하고 그 금액을 신뢰성 있게 측정할 수 있을 때에 인식
유산자산은 자산으로 인식하지 아니하고 그 종류와 현황 등을 필수보충정보로 공시	관리책임자산은 자산으로 인식하지 아니하고 필수보충정보로 보고

제11조【유동자산】① 유동자산은 재정상태표일부터 1년 이내에 현금화되거나 사용될 것으로 예상되는 자산으로서, 현금 및 현금성자산, 단기금융상품, 단기투자증권, 미수채권, 단기대여금 및 기타 유동자산 등을 말한다.

② 제1항의 단기투자증권은 만기가 1년 이내이거나 1년 이내에 처분 예정인 채무증권, 지분증권 및 기타 단기투자증권을 말하고, 같은 항의 기타 유동자산은 미수수익, 선급금, 선급비용 및 재고자산 등을 말한다.

제12조【투자자산】① 투자자산은 투자 또는 권리행사 등의 목적으로 보유하고 있는 자산으로서, 장기금융상품, 장기투자증권, 장기대여금 및 기타 투자자산 등을 말한다.

② 제1항의 장기투자증권은 만기가 1년 후이거나 1년 후에 처분 예정인 채무증권, 지분증권 및 기타 장기투자증권을 말한다.

제13조【일반유형자산】① 일반유형자산은 고유한 행정활동에 1년 이상 사용할 목적으로 취득한 자산(제14조에 따른 사회기반시설은 제외한다)으로서, 토지, 건물, 구축물, 기계장치, 집기·비품·차량운반구, 전비품, 기타 일반유형자산 및 건설 중인 일반유형자산 등을 말한다.

② 제1항의 전비품은 전쟁의 억제 또는 수행에 직접적으로 사용되는 전문적인 군사장비와 탄약 등을 말한다.

제14조【사회기반시설】사회기반시설은 국가의 기반을 형성하기 위하여 대규모로 투자하여 건설하고 그 경제적 효과가 장기간에 걸쳐 나타나는 자산으로서, 도로, 철도, 항만, 댐, 공항, 하천, 상수도, 국가어항, 기타 사회기반시설 및 건설 중인 사회기반시설 등을 말한다.

제15조【무형자산】무형자산은 일정 기간 독점적·배타적으로 이용할 수 있는 권리인 자산으로서, 산업재산권, 광업권, 소프트웨어, 기타 무형자산 등을 말한다.

제16조【기타 비유동자산】기타 비유동자산은 유동자산, 투자자산, 일반유형자산, 사회기반시설 및 무형자산에 해당하지 아니하는 자산을 말한다.

제3절 부채

제17조【부채의 정의와 구분】 ① 부채는 과거의 거래나 사건의 결과로 국가회계실체가 부담하는 의무로서, 그 이행을 위하여 미래에 자원의 유출 또는 사용이 예상되는 현재의 의무를 말한다.

② 부채는 유동부채, 장기차입부채, 장기충당부채 및 기타 비유동부채로 구분하여 재정상태표에 표시한다.

구분	국가회계기준	지방자치단체회계기준
부채의 구분	유동부채, 장기차입부채, 장기충당부채, 기타비유동부채	유동부채, 장기차입부채, 기타비유동부채

제18조【부채의 인식기준】 ① 부채는 국가회계실체가 부담하는 현재의 의무 중 향후 그 이행을 위하여 지출이 발생할 가능성이 매우 높고 그 금액을 신뢰성 있게 측정할 수 있을 때 인식한다.

② 국가안보와 관련된 부채는 기획재정부장관과 협의하여 부채로 인식하지 아니할 수 있다. 이 경우 해당 중앙관서의 장은 해당 부채의 종류, 취득시기 및 관리현황 등을 별도의 장부에 기록하여야 한다.

국가회계기준	지방자치단체회계기준
부채는 국가회계실체가 부담하는 현재의 의무 중 향후 그 이행을 위하여 지출이 발생할 가능성이 매우 높고 그 금액을 신뢰성 있게 측정할 수 있을 때 인식	부채는 회계실체가 부담하는 현재의 의무를 이행하기 위하여 경제적 효익이 유출될 것이 거의 확실하고 그 금액을 신뢰성 있게 측정할 수 있을 때에 인식

제19조【유동부채】 ① 유동부채는 재정상태표일부터 1년 이내에 상환하여야 하는 부채로서 단기국채, 단기공채, 단기차입금, 유동성장기차입부채 및 기타 유동부채 등을 말한다.

② 제1항의 기타 유동부채는 미지급금, 미지급비용, 선수금, 선수수익 등을 말한다.

제20조【장기차입부채】 장기차입부채는 재정상태표일부터 1년 후에 만기가 되는 확정부채로서 국채, 공채, 장기차입금 및 기타 장기차입부채 등을 말한다.

제21조【장기충당부채】 장기충당부채는 지출시기 또는 지출금액이 불확실한 부채로서 퇴직급여충당부채, 연금충당부채, 보험충당부채 및 기타 장기충당부채 등을 말한다.

제22조【기타 비유동부채】 기타 비유동부채는 유동부채, 장기차입부채 및 장기충당부채에 해당하지 아니하는 부채를 말한다.

제4절 순자산

제23조【순자산의 정의와 구분】 ① 순자산은 자산에서 부채를 뺀 금액을 말하며, 기본순자산, 적립금 및 잉여금, 순자산조정으로 구분한다.

② 기본순자산은 순자산에서 적립금 및 잉여금과 순자산조정을 뺀 금액으로 표시한다.

③ 적립금 및 잉여금은 임의적립금, 전기이월결손금·잉여금, 재정운영결과 등을 표시한다.

④ 순자산조정은 투자증권평가손익, 파생상품평가손익 및 기타 순자산의 증감 등을 표시한다.

구분	국가회계기준	지방자치단체회계기준
순자산	기본순자산, 적립금및잉여금, 순자산조정	고정순자산, 특정순자산, 일반순자산

제3장 재정운영표

제1절 총칙

제24조【재정운영표】① 재정운영표는 회계연도 동안 수행한 정책 또는 사업의 원가와 재정운영에 따른 원가의 회수명세 등을 포함한 재정운영결과를 나타내는 재무제표를 말한다.

② 중앙관서 또는 기금의 재정운영표는 별지 제2호서식과 같다.

③ 국가의 재정운영표는 별지 제3호서식과 같다.

제25조【중앙관서 또는 기금의 재정운영표】① 중앙관서 또는 기금의 재정운영표는 프로그램순원가, 재정운영순원가, 재정운영결과로 구분하여 표시한다.

② 프로그램순원가는 프로그램을 수행하기 위하여 투입한 원가 합계에서 다른 프로그램으로부터 배부받은 원가를 더하고, 다른 프로그램에 배부한 원가는 빼며, 프로그램 수행과정에서 발생한 수익 등을 빼서 표시한다.

③ 재정운영순원가는 프로그램순원가에서 제1호 및 제2호의 비용은 더하고, 제3호의 수익은 빼서 표시한다.

1. 관리운영비: 기관운영비와 같이 기관의 여러 정책이나 사업, 활동을 지원하는 비용(「정부기업예산법」 제3조에 따른 특별회계나 기금의 경우에는 관리업무비를 말한다)

2. 비배분비용: 국가회계실체에서 발생한 비용 중 프로그램에 대응되지 않는 비용

3. 비배분수익: 국가회계실체에서 발생한 수익 중 프로그램에 대응되지 않는 수익

④ 재정운영결과는 재정운영순원가에서 비교환수익(제28조제2항제2호의 비교환수익을 말한다. 이하 같다) 등을 빼서 표시한다. 다만, 「국고금관리법 시행령」 제50조의2에 따라 통합관리하는 일반회계 및 특별회계의 자금에서 발생하는 비교환수익 등은 순자산변동표의 재원의 조달 및 이전란에 표시한다.

재정운영표(중앙관서 또는 기금)

	Ⅰ. **프로그램순원가**		
	프로그램총원가	프로그램별 배부 가능한 원가	
(−)	프로그램수익	교환수익으로서 직접 추적이 가능한 수익	
(+)	Ⅱ. 관리운영비	프로그램 수행을 지원하는 비용	
(+)	Ⅲ. 비배분비용	프로그램에 직접적으로 대응하기 어려운 비용	
(−)	Ⅳ. 비배분수익	프로그램에 직접적으로 대응하기 어려운 수익	
=	**Ⅴ. 재정운영순원가**		
(−)	Ⅵ. 비교환수익 등	직접적인 반대급부 없이 발생하는 수익	
=	**Ⅶ. 재정운영결과**		

• 프로그램수익: 재화판매수익, 용역제공수익, 연금수익, 보험수익 등
• 프로그램에 대응되는 원가 중 행정운영성 경비는 관리운영비, 그 외의 원가는 프로그램총원가로 분류
• 비배분비용 및 비배분수익: 이자비용(수익), 평가손익, 자산처분이익 등

제26조【국가의 재정운영표】① 중앙관서 또는 기금의 재정운영표를 통합하여 작성하는 국가의 재정운영표는 다음 각 호와 같이 표시한다.

1. 재정운영표: 내부거래를 제거하여 작성하되 재정운영순원가, 비교환수익 등 및 재정운영결과로 구분하여 표시

2. 재정운영순원가: 각 중앙관서별로 구분하여 표시

3. 재정운영결과: 재정운영순원가에서 비교환수익 등을 빼서 표시

② 제1항에서 정한 사항 외에 국가의 재정운영표 작성 방법은 중앙관서 또는 기금의 재정운영표 작성 방법을 준용한다.

재정운영표(국가)

Ⅰ. 재정운영순원가
  1. 대통령비서실
  2. ....
(-)   Ⅱ. 비교환수익 등   직접적인 반대급부 없이 발생하는 수익
  1. 국세수익
  2. 부담금수익
  3. 제재금수익
=   Ⅲ. 재정운영결과

제27조【재정운영표의 작성기준】 재정운영표의 모든 수익과 비용은 발생주의 원칙에 따라 거래나 사실이 발생한 기간에 표시한다.

제2절 수익과 비용

제28조【수익의 정의와 구분】 ① 수익은 국가의 재정활동과 관련하여 재화 또는 용역을 제공한 대가로 발생하거나, 직접적인 반대급부 없이 법령에 따라 납부의무가 발생한 금품의 수납 또는 자발적인 기부금 수령 등에 따라 발생하는 순자산의 증가를 말한다.

② 수익은 그 원천에 따라 다음 각 호와 같이 구분한다.

1. 교환수익: 재화나 용역을 제공한 대가로 발생하는 수익

2. 비교환수익: 직접적인 반대급부 없이 발생하는 국세, 부담금, 기부금, 무상이전 및 제재금 등의 수익

제29조【수익의 인식기준】 ① 교환수익은 수익창출 활동이 끝나고 그 금액을 합리적으로 측정할 수 있을 때에 인식한다.

② 비교환수익은 해당 수익에 대한 청구권이 발생하고 그 금액을 합리적으로 측정할 수 있을 때에 인식하며, 수익 유형에 따른 세부 인식기준은 다음 각 호와 같다.

1. 신고·납부하는 방식의 국세: 납세의무자가 세액을 자진신고하는 때에 수익으로 인식

2. 정부가 부과하는 방식의 국세: 국가가 고지하는 때에 수익으로 인식

3. 원천징수하는 국세: 원천징수의무자가 원천징수한 금액을 신고·납부하는 때에 수익으로 인식

4. 연부연납(年賦延納) 또는 분납이 가능한 국세: 징수할 세금이 확정된 때에 그 납부할 세액 전체를 수익으로 인식

5. 부담금수익, 기부금수익, 무상이전수입, 제재금수익 등: 청구권 등이 확정된 때에 그 확정된 금액을 수익으로 인식. 다만, 제재금수익 중 벌금, 과료, 범칙금 또는 몰수품으로서 청구권이 확정된 때나 몰수품을 몰수한 때에 그 금액을 확정하기 어려운 경우에는 벌금, 과료 또는 범칙금이 납부되거나 몰수품이 처분된 때에 수익으로 인식할 수 있다.

제30조【비용의 정의와 인식기준】 ① 비용은 국가의 재정활동과 관련하여 재화 또는 용역을 제공하여 발생하거나, 직접적인 반대급부 없이 발생하는 자원 유출이나 사용 등에 따른 순자산의 감소를 말한다.

② 비용은 다음 각 호의 기준에 따라 인식한다.

1. 재화나 용역의 제공 등 국가재정활동 수행을 위하여 자산이 감소하고 그 금액을 합리적으로 측정할 수 있을 때 또는 법령 등에 따라 지출에 대한 의무가 존재하고 그 금액을 합리적으로 측정할 수 있을 때에 비용으로 인식

2. 과거에 자산으로 인식한 자산의 미래 경제적 효익이 감소 또는 소멸하거나 자원의 지출 없이 부채가 발생 또는 증가한 것이 명백한 때에 비용으로 인식

제31조【원가계산】 ① 원가는 중앙관서의 장 또는 기금관리주체가 프로그램의 목표를 달성하고 성과를 창출하기 위하여 직접적·간접적으로 투입한 경제적 자원의 가치를 말한다.

② 원가 집계 대상과 배부기준 등 원가계산에 관한 세부적인 사항은 기획재정부장관이 정하는 바에 따른다.

제4장 자산과 부채의 평가

제32조【자산의 평가기준】 ① 재정상태표에 표시하는 자산의 가액은 해당 자산의 취득원가를 기초로 하여 계상(計上)한다. 다만, 무주부동산의 취득, 국가 외의 상대방과의 교환 또는 기부채납 등의 방법으로 자산을 취득한 경우에는 취득 당시의 공정가액을 취득원가로 한다.

② 국가회계실체 사이에 발생하는 관리전환은 무상거래일 경우에는 자산의 장부가액을 취득원가로 하고, 유상거래일 경우에는 자산의 공정가액을 취득원가로 한다.

③ 재정상태표에 표시하는 자산은 이 규칙에서 따로 정한 경우를 제외하고는 자산의 물리적인 손상 또는 시장가치의 급격한 하락 등으로 해당 자산의 회수가능가액이 장부가액에 미달하고 그 미달액이 중요한 경우에는 장부가액에서 직접 빼서 회수가능가액으로 조정하고, 장부가액과 회수가능가액의 차액을 그 자산에 대한 감액손실의 과목으로 재정운영순원가에 반영하며 감액명세를 주석으로 표시한다. 다만, 감액한 자산의 회수가능가액이 차기 이후에 해당 자산이 감액되지 아니하였을 경우의 장부가액 이상으로 회복되는 경우에는 그 장부가액을 한도로 하여 그 자산에 대한 감액손실환입 과목으로 재정운영순원가에 반영한다.

④ 「군수품관리법」에 따라 관리되는 전비품 등의 평가기준은 국방부장관이 따로 정하는 바에 따를 수 있다.

구분	국가회계기준	지방자치단체회계기준
자산의 평가	취득원가주의	취득원가주의
공정가액 평가	무주부동산, 국가 외의 상대방과 교환, 기부채납	기부채납, 관리전환, 그 밖에 무상으로 취득한 자산
관리전환	• 무상: 장부가액 취득원가 • 유상: 공정가액 취득원가	공정가액 취득원가
감액손실	인식	인식
감액손실 환입	인식	규정 없음

제33조【유가증권의 평가】 ① 유가증권은 매입가액에 부대비용을 더하고 종목별로 총평균법 등을 적용하여 산정한 가액을 취득원가로 한다.

② 유가증권은 자산의 분류기준에 따라 단기투자증권과 장기투자증권으로 구분한다.

③ 채무증권은 상각후취득원가로 평가하고 지분증권과 기타 장기투자증권 및 기타 단기투자증권은 취득원가로 평가한다. 다만, 투자목적의 장기투자증권 또는 단기투자증권인 경우에는 재정상태표일 현재 신뢰성 있게 공정가액을 측정할 수 있으면 그 공정가액으로 평가하며, 장부가액과 공정가액의 차이금액은 순자산변동표에 조정항목으로 표시한다.

④ 유가증권의 회수가능가액이 장부가액 미만으로 하락하고 그 하락이 장기간 계속되어 회복될 가능성이 없을 경우에는 장부가액과의 차액을 감액손실로 인식하고 재정운영순원가에 반영한다.

구분	국가회계기준	지방자치단체회계기준
유가 증권	• 종목별로 총평균법 등을 적용 • 단기투자증권/장기투자증권 구분 • 채무증권: 상각후원가 평가 지분증권: 취득원가 평가 투자목적: 공정가액 평가	종목별로 총평균법을 적용

제34조【미수채권 등의 평가】 미수채권, 장기대여금 또는 단기대여금은 신뢰성 있고 객관적인 기준에 따라 산출한 대손추산액을 대손충당금으로 설정하여 평가한다.

제35조【재고자산의 평가】① 재고자산은 판매 또는 용역제공을 위하여 보유하거나 생산과정에 있는 자산, 생산과정 또는 용역제공과정에 투입될 원재료나 소모품 형태로 존재하는 자산을 말한다.

② 재고자산은 제조원가 또는 매입가액에 부대비용을 더한 금액을 취득원가로 하고 품목별로 선입선출법(先入先出法)을 적용하여 평가한다. 다만, 실물흐름과 원가산정 방법 등에 비추어 다른 방법을 적용하는 것이 보다 합리적이라고 인정되는 경우에는 개별법, 이동평균법 등을 적용하고 그 내용을 주석으로 표시한다.

③ 제2항에 따라 선택된 재고자산의 평가 방법은 정당한 사유 없이 변경할 수 없으며, 평가 방법의 정당한 변경 사유가 발생한 경우에는 제51조에 따라 회계처리한다.

④ 재고자산의 시가(時價)가 취득원가보다 낮은 경우에는 시가를 재정상태표 가액으로 한다. 이 경우 원재료 외의 재고자산의 시가는 순실현가능가액을 말하며, 생산과정에 투입될 원재료의 시가는 현재 시점에서 매입하거나 재생산하는 데 드는 현행대체원가를 말한다.

구분	국가회계기준	지방자치단체회계기준
재고자산	• 선입선출법 등을 적용 • 재고자산평가손실 인식	• 선입선출법 등을 적용 • 재고자산평가손실 언급 없음

제36조【압수품 및 몰수품의 평가】 압수품 및 몰수품은 다음 각 호의 구분에 따라 평가한다.

1. 화폐성자산: 압류 또는 몰수 당시의 시장가격으로 평가

2. 비화폐성자산: 압류 또는 몰수 당시의 감정가액 또는 공정가액 등으로 평가. 이 경우 그 평가된 가액을 주석으로 표시한다.

제37조【일반유형자산의 평가】① 일반유형자산은 해당 자산의 건설원가 또는 매입가액에 부대비용을 더한 금액을 취득원가로 하고, 객관적이고 합리적인 방법으로 추정한 기간에 정액법(定額法) 등을 적용하여 감가상각한다.

② 일반유형자산에 대한 사용수익권은 해당 자산의 차감항목에 표시한다.

제38조【사회기반시설의 평가】① 사회기반시설의 평가에 관하여는 제37조를 준용한다. 이 경우 감가상각은 건물, 구축물 등 세부 구성요소별로 감가상각한다.

② 제1항에도 불구하고 사회기반시설 중 관리·유지 노력에 따라 취득 당시의 용역 잠재력을 그대로 유지할 수 있는 시설에 대해서는 감가상각하지 아니하고 관리·유지에 투입되는 비용으로 감가상각비용을 대체할 수 있다. 다만, 효율적인 사회기반시설 관리시스템으로 사회기반시설의 용역 잠재력이 취득 당시와 같은 수준으로 유지된다는 것이 객관적으로 증명되는 경우로 한정한다.

③ 사회기반시설에 대한 사용수익권은 해당 자산의 차감항목에 표시한다.

제38조의2(일반유형자산 및 사회기반시설의 재평가 기준】① 제32조에도 불구하고 일반유형자산과 사회기반시설을 취득한 후 재평가할 때에는 공정가액으로 계상하여야 한다. 다만, 해당 자산의 공정가액에 대한 합리적인 증거가 없는 경우 등에는 재평가일 기준으로 재생산 또는 재취득하는 경우에 필요한 가격에서 경과연수에 따른 감가상각누계액 및 감액손실누계액을 뺀 가액으로 재평가하여 계상할 수 있다.

② 제1항에 따른 재평가의 최초 평가연도, 평가방법 및 요건 등 세부회계처리에 관하여는 기획재정부장관이 정한다.

구분	국가회계기준	지방자치단체회계기준
재평가모형	규정 있음	언급 없음

제39조【무형자산의 평가】① 무형자산은 해당 자산의 개발원가 또는 매입가액에 부대비용을 더한 금액을 취득원가로 하여 평가한다.

② 무형자산은 정액법에 따라 해당 자산을 사용할 수 있는 시점부터 합리적인 기간 동안 상각한다. 이 경우 상각기간은 독점적·배타적인 권리를 부여하고 있는 관계 법령이나 계약에서 정한 경우를 제외하고는 20년을 초과할 수 없다.

제40조【일반유형자산 및 사회기반시설의 취득 후 지출】일반유형자산 및 사회기반시설의 내용연수를 연장시키거나 가치를 실질적으로 증가시키는 지출은 자산의 증가로 회계처리하고, 원상회복시키거나 능률유지를 위한 지출은 비용으로 회계처리한다.

제41조【부채의 평가기준】재정상태표에 표시하는 부채의 가액은 이 규칙에서 따로 정한 경우를 제외하고는 원칙적으로 만기상환가액으로 평가한다.

제42조【국채의 평가】① 국채는 국채발행수수료 및 발행과 관련하여 직접 발생한 비용을 뺀 발행가액으로 평가한다.

② 국채의 액면가액과 발행가액의 차이는 국채할인(할증)발행차금 과목으로 액면가액에 빼거나 더하는 형식으로 표시하며, 그 할인(할증)발행차금은 발행한 때부터 최종 상환할 때까지의 기간에 유효이자율로 상각 또는 환입하여 국채에 대한 이자비용에 더하거나 뺀다.

제43조【퇴직급여충당부채의 평가】① 퇴직급여충당부채는 재정상태표일 현재 「공무원연금법」 및 「군인연금법」을 적용받지 아니하는 퇴직금 지급대상자가 일시에 퇴직할 경우 지급하여야 할 퇴직금으로 평가한다.

② 퇴직금산정명세, 퇴직금추계액, 회계연도 중 실제로 지급한 퇴직금 등은 주석으로 표시한다.

제44조【연금충당부채 및 보험충당부채의 평가】연금충당부채 및 보험충당부채는 기획재정부장관이 따로 정하는 방법으로 평가한다.

제45조【융자보조원가충당금과 보증충당부채의 평가】① 융자보조원가충당금은 융자사업에서 발생한 융자금 원금과 추정 회수가능액의 현재가치와의 차액으로 평가한다.

② 보증충당부채는 보증약정 등에 따른 피보증인인 주채무자의 채무불이행에 따라 국가회계실체가 부담하게 될 추정 순현금유출액의 현재가치로 평가한다.

③ 제1항 및 제2항에서 정한 사항 외에 융자보조원가충당금 및 보증충당부채의 회계처리에 관한 세부 사항은 기획재정부장관이 정하는 바에 따른다.

제46조【채권·채무의 현재가치에 따른 평가】① 장기연불조건의 거래, 장기금전대차거래 또는 이와 유사한 거래에서 발생하는 채권·채무로서 명목가액과 현재가치의 차이가 중요한 경우에는 현재가치로 평가한다.

② 제1항에 따른 현재가치 가액은 해당 채권·채무로 미래에 받거나 지급할 총금액을 해당 거래의 유효이자율 (유효이자율을 확인하기 어려운 경우에는 유사한 조건의 국채 유통수익률을 말한다)로 할인한 가액으로 한다.

③ 제1항에 따라 발생하는 채권·채무의 명목가액과 현재가치 가액의 차액인 현재가치할인차금은 유효이자율로 매 회계연도에 환입하거나 상각하여 재정운영순원가에 반영한다.

제47조【외화자산 및 외화부채의 평가】① 화폐성 외화자산과 화폐성 외화부채는 재정상태표일 현재의 적절한 환율로 평가한다.

② 비화폐성 외화자산과 비화폐성 외화부채는 다음 각 호의 구분에 따라 평가한다.

1. 역사적원가로 측정하는 경우: 해당 자산을 취득하거나 해당 부채를 부담한 당시의 적절한 환율로 평가

2. 공정가액으로 측정하는 경우: 공정가액이 측정된 날의 적절한 환율로 평가

③ 제1항에 따라 발생하는 환율변동효과는 외화평가손실 또는 외화평가이익의 과목으로 하여 재정운영순원가에 반영한다.

④ 비화폐성 외화자산과 비화폐성 외화부채에서 발생한 손익을 조정항목에 반영하는 경우에는 그 손익에 포함된 환율변동효과도 해당 조정항목에 반영하고, 재정운영순원가에 반영하는 경우에는 그 손익에 포함된 환율변동효과도 해당 재정운영순원가에 반영한다.

⑤ 화폐성 외화자산과 화폐성 외화부채는 화폐가치의 변동과 상관없이 자산과 부채의 금액이 계약 등에 의하여 일정 화폐액으로 확정되었거나 결정가능한 경우의 자산과 부채를 말한다. 다만, 화폐성과 비화폐성의 성질을 모두 가지고 있는 외화자산과 외화부채는 해당 자산과 부채의 보유 목적이나 성질에 따라 구분한다.

⑥ 중요한 외화자산과 외화부채의 내용, 평가기준 및 평가손익의 내용은 주석으로 표시한다.

제48조【리스에 따른 자산과 부채의 평가】 ① 리스는 일정 기간 설비 등 특정 자산의 사용권을 리스회사로부터 이전받고, 그 대가로 사용료를 지급하는 계약을 말하며, 다음 각 호와 같이 구분한다.

1. 금융리스: 리스자산의 소유에 따른 위험과 효익이 실질적으로 리스이용자에게 이전되는 리스

2. 운용리스: 제1호 외의 리스

② 금융리스는 리스료를 내재이자율로 할인한 가액과 리스자산의 공정가액 중 낮은 금액을 리스자산과 리스부채로 각각 계상하여 감가상각하고, 운용리스는 리스료를 해당 회계연도의 비용으로 회계처리한다.

제49조【파생상품의 평가】 ① 파생상품은 해당 계약에 따라 발생한 권리와 의무를 각각 자산 및 부채로 계상하여야 하며, 공정가액으로 평가한 금액을 재정상태표 가액으로 한다.

② 파생상품에서 발생한 평가손익은 발생한 시점에 재정운영순원가에 반영한다. 다만, 미래예상거래의 현금흐름변동위험을 회피하는 계약에서 발생하는 평가손익은 순자산변동표의 조정항목 중 파생상품평가손익으로 표시한다.

③ 파생상품 거래는 그 거래 목적 및 거래명세 등을 주석으로 표시한다. 이 경우 위험회피 목적의 파생상품 거래인 경우에는 위험회피 대상항목, 위험회피 대상범위, 위험회피 활동을 반영하기 위한 회계처리방법, 이연(移延)된 손익금액 등을 표시한다.

제50조【우발상황】 ① 충당부채는 지출시기 또는 지출금액이 불확실한 부채를 말하며, 현재의무의 이행에 소요되는 지출에 대한 최선의 추정치를 재정상태표 가액으로 한다. 이 경우 추정치 산정 시에는 관련된 사건과 상황에 대한 위험과 불확실성을 고려하여야 한다.

② 우발부채는 다음 각 호에 해당하는 의무를 말하며, 의무를 이행하기 위하여 경제적 효익이 있는 자원이 유출될 가능성이 희박하지 않는 한 주석에 공시한다.

1. 과거의 거래나 사건으로 발생하였으나, 국가회계실체가 전적으로 통제할 수 없는 하나 이상의 불확실한 미래 사건의 발생 여부로만 그 존재 유무를 확인할 수 있는 잠재적 의무

2. 과거의 거래나 사건으로 발생하였으나, 해당의무를 이행하기 위하여 경제적 효익이 있는 자원을 유출할 가능성이 매우 높지 않거나, 그 금액을 신뢰성 있게 측정할 수 없는 경우에 해당하여 인식하지 아니하는 현재의 의무

③ 우발자산은 과거의 거래나 사건으로 발생하였으나 국가회계실체가 전적으로 통제할 수 없는 하나 이상의 불확실한 미래 사건의 발생 여부로만 그 존재 유무를 확인할 수 있는 잠재적 자산을 말하며, 경제적 효익의 유입 가능성이 매우 높은 경우 주석에 공시한다.

제51조【회계 변경과 오류 수정】 ① 회계정책 및 회계추정의 변경은 그 변경으로 재무제표를 보다 적절히 표시할 수 있는 경우 또는 법령 등에서 새로운 회계기준을 채택하거나 기존의 회계기준을 폐지함에 따라 변경이 불가피한 경우에 할 수 있으며, 그 유형에 따라 다음 각 호와 같이 처리한다.

1. 회계정책의 변경에 따른 영향은 비교표시되는 직전 회계연도의 순자산 기초금액 및 기타 대응금액을 새로운 회계정책이 처음부터 적용된 것처럼 조정한다. 다만, 회계정책의 변경에 따른 누적효과를 합리적으로 추정하기 어려운 경우에는 회계정책의 변경에 따른 영향을 해당 회계연도와 그 회계연도 후의 기간에 반영할 수 있다.

2. 회계추정의 변경에 따른 영향은 해당 회계연도 이후의 기간에 미치는 것으로 한다.

3. 회계정책을 변경한 경우에는 그 변경내용, 변경사유 및 변경에 따라 해당 회계연도의 재무제표에 미치는 영향을 주석으로 표시한다. 다만, 회계정책의 변경에 따른 누적효과를 합리적으로 추정하기 어려운 경우에는 다음 각 목에 관한 내용을 주석으로 표시한다.

가. 누적효과를 합리적으로 추정하기 어려운 사유

　　나. 회계정책 변경의 적용방법

　　다. 회계정책 변경의 적용시기

4. 회계추정을 변경한 경우에는 그 변경내용, 변경사유 및 변경에 따라 해당 회계연도의 재무제표에 미치는 영향을 주석으로 표시한다.

② 오류수정사항이란 회계기준 또는 법령 등에서 정한 기준에 합당하지 아니한 경우로서 전 회계연도 또는 그 전 기간에 발생한 다음 각 호의 오류는 다음 각 호의 구분에 따라 처리한다.

1. 중대한 오류: 오류가 발생한 회계연도 재정상태표의 순자산에 반영하고, 관련된 계정잔액을 수정한다. 이 경우 비교재무제표를 작성할 때에는 중대한 오류의 영향을 받는 회계기간의 재무제표 항목을 다시 작성한다.

2. 제1호 외의 오류: 해당 회계연도의 재정운영표에 반영한다.

③ 전 회계연도 이전에 발생한 오류수정사항은 주석으로 표시하되, 제2항제1호에 따른 중대한 오류를 수정한 경우에는 다음 각 호의 사항을 주석으로 포함한다.

1. 중대한 오류로 판단한 근거

2. 비교재무제표에 표시된 과거회계기간에 대한 수정금액

3. 비교재무제표가 다시 작성되었다는 사실

제5장 순자산변동표

제52조【순자산변동표】① 순자산변동표는 회계연도 동안 순자산의 변동명세를 표시하는 재무제표를 말한다.

② 중앙관서 또는 기금의 순자산변동표는 기초순자산, 재정운영결과, 재원의 조달 및 이전, 조정항목, 기말순자산으로 구분하여 표시한다.

③ 중앙관서 또는 기금의 순자산변동표는 별지 제4호서식과 같다.

④ 중앙관서 또는 기금의 순자산변동표를 통합하여 작성하는 국가의 순자산변동표는 기초순자산, 재정운영결과, 조정항목, 기말순자산으로 구분하여 표시한다.

⑤ 국가의 순자산변동표는 별지 제5호서식과 같다.

제53조【조정항목】조정항목은 납입자본의 증감, 투자증권평가손익, 파생상품평가손익 및 기타 순자산의 증감 등을 포함한다.

제6장 필수보충정보, 주석 및 부속명세서 등

제54조【필수보충정보】① 필수보충정보는 재무제표에는 표시하지 아니하였으나, 재무제표의 내용을 보완하고 이해를 돕기 위하여 필수적으로 제공되어야 하는 정보를 말한다.

② 필수보충정보는 다음 각 호의 정보를 말한다.

1. 유산자산의 종류, 수량 및 관리상태

2. 연금보고서

3. 보험보고서

4. 사회보험보고서

5. 국세징수활동표

6. 총잉여금·재정운영결과조정표

7. 수익·비용 성질별 재정운영표

8. 그 밖에 재무제표에는 반영되지 아니하였으나 중요하다고 판단되는 정보

③ 필수보충정보의 작성기준과 서식은 기획재정부장관이 정하는 바에 따른다.

제55조 【주석】 ① 주석은 정보이용자에게 충분한 회계정보를 제공하기 위하여 채택한 중요한 회계정책과 재무제표에 중대한 영향을 미치는 사항을 설명한 것을 말한다.

② 이 규칙에서 규정한 주석 사항 외에 필요한 경우에는 다음 각 호의 사항을 주석으로 표시한다.

1. 중요한 회계처리방법

2. 장기차입부채 상환계획

3. 장기충당부채

4. 외화자산 및 외화부채

5. 우발사항 및 약정사항(지급보증, 파생상품, 담보제공자산 명세를 포함한다)

6. 전기오류수정 및 회계처리방법의 변경

7. 순자산조정명세

8. 제1호부터 제7호까지에서 규정한 사항 외에 재무제표에 중대한 영향을 미치는 사항과 재무제표의 이해를 위하여 필요한 사항

③ 주석의 작성기준과 서식은 기획재정부장관이 정한다.

제56조 【부속명세서】 부속명세서는 재무제표에 표시된 회계과목에 대한 세부 명세를 명시할 필요가 있을 때에 추가적인 정보를 제공하기 위한 것으로서, 부속명세서의 종류, 작성기준 및 서식은 기획재정부장관이 정하는 바에 따른다.

제7장 보칙

제57조 【국유재산관리운용보고서 등의 작성】 「국유재산법」 제69조에 따른 국유재산관리운용보고서, 「물품관리법」 제21조에 따른 물품관리운용보고서 및 「국가채권관리법」 제36조에 따른 채권현재액보고서 작성을 위한 세부회계처리지침은 기획재정부장관이 정한다.

제58조 【세부회계처리기준】 ① 중앙관서의 장과 기금관리주체는 기획재정부장관과 협의하여 이 규칙의 시행에 필요한 세부회계처리기준을 정할 수 있다. 이 경우 세부회계처리기준은 이 규칙의 범위에서 작성되어야 한다.

② 중앙관서의 장과 기금관리주체는 해당 국가회계실체의 특성 등을 고려하여 불가피하다고 인정되는 경우에는 기획재정부장관의 승인을 받아 이 규칙과 다른 내용의 세부회계처리기준을 정할 수 있다.

재정상태표

당기: 20XY년 12월 31일 현재
전기: 20XX년 12월 31일 현재

○○기금, ○○부처, 대한민국 정부   (단위:)

	주석	20XY		20XX	
자산					
Ⅰ. 유동자산			×××		×××
1. 현금 및 현금성자산	×		×××		×××
2. 단기금융상품	×		×××		×××
3. 단기투자증권	×		×××		×××
4. 미수채권	×	×××		×××	
…		×××		×××	
5. 단기대여금	×	×××		×××	
…		×××		×××	
6. 기타 유동자산	×		×××		×××
Ⅱ. 투자자산			×××		×××
1. 장기금융상품	×		×××		×××
2. 장기투자증권	×		×××		×××
3. 장기대여금	×	×××		×××	
…		×××		×××	
4. 기타 투자자산	×		×××		×××
Ⅲ. 일반유형자산			×××		×××
1. 토지	×	×××		×××	
…		×××		×××	
2. 건물	×	×××		×××	
…		×××		×××	
3. 구축물	×	×××		×××	
…		×××		×××	
4. 기계장치	×	×××		×××	
…		×××		×××	
5. 집기·비품·차량운반구	×	×××		×××	
…		×××		×××	
6. 전비품	×	×××		×××	
…		×××		×××	
7. 기타 일반유형자산	×	×××		×××	
…		×××		×××	
8. 건설 중인 일반유형자산	×		×××		×××

Ⅳ. 사회기반시설			×××		×××
1. 도로	×	×××		×××	
…		×××		×××	
2. 철도	×	×××		×××	
…		×××		×××	
3. 항만	×	×××		×××	
…		×××		×××	
4. 댐	×	×××		×××	
…		×××		×××	
5. 공항	×	×××		×××	
…		×××		×××	
6. 하천	×	×××		×××	
…		×××		×××	
7. 상수도	×	×××		×××	
…		×××		×××	
8. 국가어항	×	×××		×××	
…		×××		×××	
9. 기타 사회기반시설	×	×××		×××	
		×××		×××	
10. 건설 중인 사회기반시설	×		×××		×××
Ⅴ. 무형자산			×××		×××
1. 산업재산권	×		×××		×××
2. 광업권	×		×××		×××
3. 소프트웨어	×		×××		×××
4. 기타무형자산	×		×××		×××
Ⅵ. 기타 비유동자산			×××		×××
1. 장기미수채권	×	×××		×××	
2. …	×	×××		×××	
자산계			×××		×××
부채					
Ⅰ. 유동부채			×××		×××
1. 단기국채	×	×××		×××	
…		×××		×××	
2. 단기공채	×	×××		×××	
…		×××		×××	
3. 단기차입금	×		×××		×××
4. 유동성장기차입부채	×		×××		×××
5. 기타 유동부채	×	×××		×××	
…		×××		×××	

Ⅱ. 장기차입부채			×××		×××
1. 국채	×	×××		×××	
…		×××		×××	
2. 공채	×	×××		×××	
…		×××		×××	
3. 장기차입금	×		×××		×××
4. 기타 장기차입부채	×		×××		×××
Ⅲ. 장기충당부채			×××		×××
1. 퇴직급여충당부채	×		×××		×××
2. 연금충당부채	×		×××		×××
3. 보험충당부채	×		×××		×××
4. 기타 장기충당부채	×		×××		×××
Ⅳ. 기타 비유동부채			×××		×××
1. 장기미지급금	×	×××		×××	
2. …	×	×××		×××	
부채계			×××		×××
순자산					
Ⅰ. 기본순자산			×××		×××
Ⅱ. 적립금 및 잉여금			×××		×××
Ⅲ. 순자산조정			×××		×××
순자산계			×××		×××
부채와순자산계			×××		×××

재정운영표

당기: 20XY년 1월 1일부터 20XY년 12월 31일까지
전기: 20XX년 1월 1일부터 20XX년 12월 31일까지

○○기금, ○○부처   (단위:)

	주석	20XY			20XX		
		총원가	수익	순원가	총원가	수익	순원가
Ⅰ. 프로그램순원가	×	×××	(×××)	×××	×××	(×××)	×××
1. 프로그램(A)		×××	(×××)	×××	×××	(×××)	×××
2. 프로그램(B)		×××	(×××)	×××	×××	(×××)	×××
3. 프로그램(C)		×××	(×××)	×××	×××	(×××)	×××
4. 프로그램(D)		×××	(×××)	×××	×××	(×××)	×××
5. …		×××	(×××)	×××	×××	(×××)	×××
Ⅱ. 관리운영비	×			×××			×××
1. 인건비				×××			×××
2. 경비				×××			×××
Ⅲ. 비배분비용	×			×××			×××
1. 자산처분손실				×××			×××
2. 기타비용				×××			×××
3. …				×××			×××
Ⅳ. 비배분수익	×			×××			×××
1. 자산처분이익				×××			×××
2. 기타수익				×××			×××
3. …				×××			×××
Ⅴ. 재정운영순원가(Ⅰ + Ⅱ + Ⅲ − Ⅳ)				×××			×××
Ⅵ. 비교환수익 등	×			×××			×××
1. 부담금수익				×××			×××
2. 제재금수익				×××			×××
3. 사회보험수익				×××			×××
4. 채무면제이익				×××			×××
5. 기타비교환수익				×××			×××
6. 기타재원조달및이전				×××			×××
Ⅶ. 재정운영결과(Ⅴ − Ⅵ)				×××			×××

재정운영표

당기: 20XY년 1월 1일부터 20XY년 12월 31일까지
전기: 20XX년 1월 1일부터 20XX년 12월 31일까지

대한민국 정부 (단위:)

	주석	20XY		20XX	
Ⅰ. 재정운영순원가			×××		×××
1. 대통령비서실			×××		×××
2. …			×××		×××
3. …			×××		×××
4. …			×××		×××
Ⅱ. 비교환수익 등			×××		×××
1. 국세수익	×				
(1) 국세수익		×××		×××	
(2) 대손상각비		×××		×××	
(3) 대손충당금환입		×××	×××	×××	×××
2. 부담금수익	×		×××		×××
3. 제재금수익	×		×××		×××
4. 사회보험수익			×××		×××
5. 채무면제이익			×××		×××
6. 기타비교환수익			×××		×××
7. 기타재원조달및이전			×××		×××
Ⅲ. 재정운영결과(Ⅰ - Ⅱ)			×××		×××

순자산변동표

당기: 20XY년 1월 1일부터 20XY년 12월 31일까지
전기: 20XX년 1월 1일부터 20XX년 12월 31일까지

○○기금, ○○부처   (단위:)

	주석	기본순자산	적립금 및 잉여금	순자산조정	합계
Ⅰ. 기초순자산		×××	×××	×××	×××
1. 보고금액		×××	×××	×××	×××
2. 전기오류수정손익	×	×××	×××	×××	×××
3. 회계변경누적효과	×	×××	×××	×××	×××
Ⅱ. 재정운영결과			×××		×××
Ⅲ. 재원의 조달 및 이전			×××		×××
1. 재원의 조달			×××		×××
(1) 국고수입			×××		×××
(2) 부담금수익			×××		×××
(3) 제재금수익			×××		×××
(4) 기타비교환수익			×××		×××
(5) 무상이전수입			×××		×××
(6) 채무면제이익			×××		×××
(7) 기타재원조달			×××		×××
2. 재원의 이전			×××		×××
(1) 국고이전지출			×××		×××
(2) 무상이전지출			×××		×××
(3) 기타재원이전			×××		×××
Ⅳ. 조정항목		×××	×××	×××	×××
1. 납입자본의 증감	×	×××	－	－	×××
2. 투자증권평가손익	×	－	－	×××	×××
3. 파생상품평가손익	×	－	－	×××	×××
4. 기타 순자산의 증감	×	×××	×××	×××	×××
5. …	×	×××	×××	×××	×××
Ⅴ. 기말순자산(Ⅰ－Ⅱ+Ⅲ+Ⅳ)		×××	×××	×××	×××

순자산변동표

당기: 20XY년 1월 1일부터 20XY년 12월 31일까지
전기: 20XX년 1월 1일부터 20XX년 12월 31일까지

대한민국 정부 (단위:)

	주석	기본순자산	적립금및 잉여금	순자산조정	합계
Ⅰ. 기초순자산		×× ×	×× ×	×× ×	×× ×
1. 보고금액		×× ×	×× ×	×× ×	×× ×
2. 전기오류수정손익	×	×× ×	×× ×	×× ×	×× ×
3. 회계변경누적효과	×	×× ×	×× ×	×× ×	×× ×
Ⅱ. 재정운영결과			×× ×		×× ×
Ⅲ. 조정항목		×× ×	×× ×	×× ×	×× ×
1. 납입자본의 증감	×	×× ×	—	—	×× ×
2. 투자증권평가손익	×	—	—	×× ×	×× ×
3. 파생상품평가손익	×	—	—	×× ×	×× ×
4. 기타 순자산의 증감	×	×× ×	×× ×	×× ×	×× ×
5. …	×	×× ×	×× ×	×× ×	×× ×
Ⅳ. 기말순자산(Ⅰ－Ⅱ＋Ⅲ)		×× ×	×× ×	×× ×	×× ×

3 지방자치단체회계기준에 관한 규칙

제1장 총칙

제1조【목적】이 규칙은 지방자치단체의 회계처리 및 재무제표 보고의 통일성과 객관성을 확보함으로써 정보이용자에게 유용한 정보를 제공하고, 지방자치단체의 재정 투명성과 공공 책임성을 제고함을 목적으로 한다.

제2조【적용대상】① 이 규칙은 지방자치단체가 수행하는 모든 일반적인 거래의 회계처리와 재무제표 보고(이하 "재무보고"라 한다)에 대하여 적용한다.

② 실무회계처리에 관한 구체적인 사항은 행정안전부장관이 정한다.

③ 이 규칙으로 정하는 것과 제2항에 따라 행정안전부장관이 정한 것 외의 사항에 대해서는 일반적으로 인정되는 회계원칙과 일반적으로 공정하며 타당하다고 인정되는 회계관습에 따른다.

제3조【정의】이 규칙에서 사용하는 용어의 정의는 다음과 같다.

1. "경제적 자원"이라 함은 지방자치단체의 행정활동에 직접 또는 간접적으로 투입하여 사용하거나 소비할 수 있는 경제적 가치를 지닌 모든 자원을 말한다.

2. "공정가액"이라 함은 합리적인 판단력과 거래의사가 있는 독립된 당사자간에 거래될 수 있는 교환가격을 말한다.

3. "내부거래"라 함은 재무제표를 작성하는 경우 상계되어야 하는 지방자치단체 내의 개별 회계실체간의 거래를 말한다.

4. "회계실체"란 재무제표를 작성하는 단위를 말하며, 다음 각 목과 같이 구분한다.

   가. 개별 회계실체: 「지방재정법」제9조에 따른 일반회계 및 특별회계와 「지방자치단체 기금관리기본법」제2조에 따른 기금으로서 재무제표를 작성하는 최소 단위를 말한다.

   나. 유형별 회계실체: 개별 회계실체를 그 성격이나 특성에 따라 유형별로 구분한 것으로서 그 유형은 제6조제1항의 구분에 따른다.

   다. 통합 회계실체: 유형별 회계실체의 재무제표를 모두 통합하여 재무제표를 작성하는 단위로서 지방자치단체를 말한다.

제4조【재무보고의 목적】① 재무보고는 지방자치단체와 직간접적 이해관계가 있는 정보이용자가 재정활동 내용을 파악하여 합리적인 의사결정을 하는 데에 유용한 정보를 제공하는 것을 목적으로 한다.

② 재무보고는 지방자치단체가 공공회계책임을 적절히 이행하였는가 여부를 평가하는 데에 필요한 다음 각 호의 정보를 제공하여야 한다.

1. 재정상태·재정운영성과·현금흐름 및 순자산 변동에 관한 정보

2. 당기(當期)의 수입이 당기(當期)의 서비스를 제공하기에 충분하였는지 또는 미래의 납세자가 과거에 제공된 서비스에 대한 부담을 지게 되는지에 대한 기간간 형평성에 관한 정보

3. 예산과 그 밖의 관련 법규의 준수에 관한 정보

제5조【일반원칙】지방자치단체의 회계처리와 재무보고는 발생주의·복식부기 방식에 의하며 다음 각 호의 일반원칙에 따라 이루어져야 한다.

1. 회계처리와 보고는 신뢰할 수 있도록 객관적인 자료와 증거에 의하여 공정하게 처리하여야 한다.

2. 재무제표의 양식 및 과목과 회계용어는 이해하기 쉽도록 간단명료하게 표시하여야 한다.

3. 중요한 회계방침과 회계처리기준·과목 및 금액에 관하여는 그 내용을 재무제표상에 충분히 표시하여야 한다.

4. 회계처리에 관한 기준과 추정은 기간별 비교가 가능하도록 기간마다 계속하여 적용하고 정당한 사유 없이 이를 변경하여서는 아니된다.

5. 회계처리를 하거나 재무제표를 작성할 때 과목과 금액은 그 중요성에 따라 실용적인 방법을 통하여 결정하여야 한다.

6. 회계처리는 거래의 사실과 경제적 실질을 반영할 수 있어야 한다.

제6조【유형별 회계실체의 구분 등】① 유형별 회계실체는 지방자치단체의 회계구분에 따라 일반회계, 기타특별회계, 기금회계 및 지방공기업특별회계로 구분한다.

② 회계실체는 그 활동의 성격에 따라 행정형 회계실체와 사업형 회계실체로 구분할 수 있다.

1. 행정형 회계실체는 지방자치단체의 일반적이고 고유한 행정활동을 수행하는 회계실체를 말한다.

2. 사업형 회계실체는 개별적 보상관계가 적용되는 기업적인 활동을 주된 목적으로 하는 회계실체를 말한다.

③ 지방공기업특별회계는「지방공기업법」에서 따로 정한 경우 이 기준을 적용하지 아니한다.

제2장 재무제표

제7조 삭제

제8조【재무제표】① 재무제표는 지방자치단체의 재정상황을 표시하는 중요한 요소로서 재정상태표, 재정운영표, 현금흐름표, 순자산변동표, 주석(註釋)으로 구성된다.

② 재무제표의 부속서류는 필수보충정보와 부속명세서로 한다.

구분	국가회계기준의 재무제표	지방자치단체회계기준의 재무제표
재무제표	재정상태표, 재정운영표, 순자산변동표, 주석	재정상태표, 재정운영표, 현금흐름표, 순자산변동표, 주석
부속서류	필수보충정보, 부속명세서	필수보충정보, 부속명세서

제9조【재무제표의 작성원칙】① 지방자치단체의 재무제표는 일반회계·기타특별회계·기금회계 및 지방공기업특별회계의 유형별 재무제표를 통합하여 작성한다. 이 경우 내부거래는 상계하고 작성한다.

② 유형별 회계실체의 재무제표를 작성할 때에는 해당 유형에 속한 개별 회계실체의 재무제표를 합산하여 작성한다. 이 경우 유형별 회계실체 안에서의 내부거래는 상계하고 작성한다.

③ 개별 회계실체의 재무제표를 작성할 때에는 지방자치단체 안의 다른 개별 회계실체와의 내부거래를 상계하지 아니한다. 이 경우 내부거래는 해당 지방자치단체에 속하지 아니한 다른 회계실체 등과의 거래와 동일한 방식으로 회계처리한다.

④ 재무제표는 당해 회계연도분과 직전 회계연도분을 비교하는 형식으로 작성되어야 한다. 이 경우 비교식으로 작성되는 양 회계연도의 재무제표는 계속성의 원칙에 따라 작성되어야 하며 회계정책상의 변화 등 회계변경이 발생한 경우에는 그 내용을 주석(註釋)으로 공시하여야 한다.

⑤「지방회계법」제7조제1항에 따른 출납 폐쇄기한 내의 세입금 수납과 세출금 지출은 해당 회계연도의 거래로 처리한다.

국가회계기준	지방자치단체회계기준
출납정리기한 중에 발생하는 거래에 대한 회계처리는 해당 회계연도의 거래로 간주	출납 폐쇄기한 내의 세입금 수납과 세출금 지출은 해당 회계연도의 거래로 처리

제3장 재정상태표

제10조【재정상태표】① 재정상태표는 특정 시점의 회계실체의 자산과 부채의 내역 및 상호관계 등 재정상태를 나타내는 재무제표로서 자산·부채 및 순자산으로 구성된다.

② 제9조제1항에 따라 유형별 재무제표를 통합하여 작성하는 지방자치단체의 재무제표 중 재정상태표는 별지 제1호서식과 같다.

제11조【자산·부채 및 순자산의 정의】① 자산은 회계실체가 소유하고 이들 자산을 일정기간 보유하거나 사용함으로써 공공서비스 잠재력이나 경제적 효익을 창출할 수 있는 자원을 말한다.

② 부채는 과거 사건의 결과로 회계실체가 부담하는 의무로서 그 이행을 위하여 미래에 자원의 유출이 예상되는 현재 시점의 의무를 말한다.

③ 순자산은 회계실체의 자산에서 부채를 뺀 나머지 금액을 말한다.

제12조【자산과 부채의 인식기준】① 자산은 공공서비스의 잠재력을 창출하거나 미래의 경제적 효익이 회계실체에 유입될 것이 거의 확실하고 그 금액을 신뢰성 있게 측정할 수 있을 때에 인식한다.

② 문화재, 예술작품, 역사적 문건 및 자연자원은 자산으로 인식하지 아니하고 필수보충정보의 관리책임자산으로 보고한다.

③ 부채는 회계실체가 부담하는 현재의 의무를 이행하기 위하여 경제적 효익이 유출될 것이 거의 확실하고 그 금액을 신뢰성 있게 측정할 수 있을 때에 인식한다.

국가회계기준	지방자치단체회계기준
자산은 공용 또는 공공용으로 사용되는 등 공공서비스를 제공할 수 있거나 직접적 또는 간접적으로 경제적 효익을 창출하거나 창출에 기여할 가능성이 매우 높고 그 가액을 신뢰성 있게 측정할 수 있을 때에 인식	자산은 공공서비스의 잠재력을 창출하거나 미래의 경제적 효익이 회계실체에 유입될 것이 거의 확실하고 그 금액을 신뢰성 있게 측정할 수 있을 때에 인식
유산자산은 자산으로 인식하지 아니하고 그 종류와 현황 등을 필수보충정보로 공시	관리책임자산은 자산으로 인식하지 아니하고 필수보충정보로 보고

제13조【재정상태표의 작성기준】① 자산과 부채는 유동성이 높은 항목부터 배열하는 것을 원칙으로 한다.

② 자산과 부채는 총액에 따라 적는 것을 원칙으로 하고, 자산의 항목과 부채 또는 순자산의 항목을 상계함으로써 그 전부 또는 일부를 재정상태표에서 제외하여서는 아니된다.

③ 가지급금이나 가수금 등의 미결산항목은 그 내용을 나타내는 적절한 과목으로 표시하고, 비망계정(備忘計定)은 재정상태표의 자산 또는 부채항목으로 표시하지 아니한다.

제14조【자산의 분류】① 자산은 유동자산, 투자자산, 일반유형자산, 주민편의시설, 사회기반시설, 기타비유동자산으로 분류한다.

② 삭제

구분	국가회계기준	지방자치단체회계기준
자산의 구분	유동자산, 투자자산, 일반유형자산, 사회기반시설, 무형자산, 기타비유동자산	유동자산, 투자자산, 일반유형자산, 주민편의시설, 사회기반시설, 기타비유동자산

제15조【유동자산】유동자산은 회계연도 종료 후 1년 내에 현금화가 가능하거나 실현될 것으로 예상되는 자산으로서 현금 및 현금성 자산, 단기금융상품, 미수세금, 미수세외수입금 등을 말한다.

제16조【투자자산】투자자산은 회계실체가 투자하거나 권리행사 등의 목적으로 보유하고 있는 비유동자산으로서 장기금융상품, 장기융자금, 장기투자증권 등을 말한다.

제17조【일반유형자산】일반유형자산은 공공서비스의 제공을 위하여 1년 이상 반복적 또는 계속적으로 사용되는 자산으로서 토지, 건물, 입목 등을 말한다.

제18조【주민편의시설】주민편의시설은 주민의 편의를 위하여 1년 이상 반복적 또는 계속적으로 사용되는 자산으로서 도서관, 주차장, 공원, 박물관 및 미술관 등을 말한다.

제19조【사회기반시설】사회기반시설은 초기에 대규모 투자가 필요하고 파급효과가 장기간에 걸쳐 나타나는 지역사회의 기반적인 자산으로서 도로, 도시철도, 상수도시설, 수질정화시설, 하천부속시설 등을 말한다.

제20조【기타비유동자산】기타비유동자산은 유동자산, 투자자산, 일반유형자산, 주민편의시설, 사회기반시설에 속하지 아니하는 자산으로서 보증금, 무형자산 등을 말한다.

제21조【부채의 분류】부채는 유동부채, 장기차입부채 및 기타비유동부채로 분류한다.

구분	국가회계기준	지방자치단체회계기준
부채의 구분	유동부채, 장기차입부채, 장기충당부채, 기타비유동부채	유동부채, 장기차입부채, 기타비유동부채

제22조【유동부채】유동부채는 회계연도 종료 후 1년 이내에 상환되어야 하는 부채로서 단기차입금, 유동성 장기차입부채 등을 말한다.

제23조【장기차입부채】장기차입부채는 회계연도 종료 후 1년 이후에 만기가 되는 차입부채로서 장기차입금, 지방채증권 등을 말한다.

제24조【기타비유동부채】기타비유동부채는 유동부채와 장기차입부채에 속하지 아니하는 부채로서 퇴직급여충당부채, 장기예수보증금, 장기선수수익 등을 말한다.

제25조【순자산의 분류】① 순자산은 지방자치단체의 기능과 용도를 기준으로 고정순자산, 특정순자산 및 일반순자산으로 분류한다.

② 고정순자산은 일반유형자산, 주민편의시설, 사회기반시설 및 무형자산의 투자액에서 그 시설의 투자재원을 마련할 목적으로 조달한 장기차입금 및 지방채증권 등을 뺀 금액으로 한다.

③ 특정순자산은 채무상환 목적이나 적립성기금의 원금과 같이 그 사용목적이 특정되어 있는 재원과 관련된 순자산을 말한다.

④ 일반순자산은 고정순자산과 특정순자산을 제외한 나머지 금액을 말한다.

구분	국가회계기준	지방자치단체회계기준
순자산	기본순자산, 적립금및잉여금, 순자산조정	고정순자산, 특정순자산, 일반순자산

제4장 재정운영표

제26조【재정운영표】① 재정운영표는 회계연도 동안 회계실체가 수행한 사업의 원가와 회수된 원가 정보를 포함한 재정운영결과를 나타내는 재무제표를 말한다.

② 재정운영표는 다음 각 호와 같이 구분하여 표시한다.

1. 사업순원가: 가목에 따른 총원가에서 나목에 따른 사업수익을 빼서 표시한다.

    가. 총원가: 사업을 수행하기 위하여 투입한 원가에서 다른 사업으로부터 배부받은 원가를 더하고, 다른 사업에 배부한 원가를 뺀 것

    나. 사업수익: 사업의 수행과정에서 발생하거나 사업과 관련하여 국가 · 지방자치단체 등으로부터 얻은 수익

2. 재정운영순원가: 제1호에 따른 사업순원가에서 가목 및 나목의 비용은 더하고, 다목의 수익을 빼서 표시한다.

　　가. 관리운영비: 조직의 일반적이고 기본적인 기능을 수행하는 데 필요한 인건비, 기본경비 및 운영경비

　　나. 비배분비용: 임시적·비경상적으로 발생한 비용 및 사업과 직접적 또는 간접적 관련이 없어 제1호가목에 따른 총원가에 배분하는 것이 합리적이지 아니한 비용

　　다. 비배분수익: 임시적·비경상적으로 발생한 수익 및 사업과 직접적 관련이 없어 제1호나목의 사업수익에 합산하는 것이 합리적이지 아니한 수익

3. 재정운영결과: 제2호의 재정운영순원가에서 제30조에 따른 일반수익을 뺀 것

③ 제9조제1항에 따라 유형별 재무제표를 통합하여 작성하는 지방자치단체의 재무제표 중 재정운영표는 별지 제2호서식에 따른다.

④ 제3항에 따른 지방자치단체의 재정운영표에 제2항제1호가목에 따른 총원가와 같은 항 같은 호 나목에 따른 사업수익을 표시할 때 그 세부 항목은 「지방재정법 시행령」 제47조제2항에 따른 과목의 구분에 따른다.

재정운영표(지방자치단체)

	Ⅰ. 사업순원가		
	사업총원가	사업별 배부 가능한 원가
(−)	사업수익	교환수익으로서 직접 추적이 가능한 수익
(+)	Ⅱ. 관리운영비	사업 수행을 지원하는 비용
(+)	Ⅲ. 비배분비용	사업에 직접적으로 대응하기 어려운 비용
(−)	Ⅳ. 비배분수익	사업에 직접적으로 대응하기 어려운 수익
=	Ⅴ. 재정운영순원가	
(−)	Ⅵ. 일반수익 등	직접적인 반대급부 없이 발생하는 수익
=	Ⅶ. 재정운영결과	

- 사업수익: 재화판매수익, 용역제공수익, 연금수익, 보험수익 등
- 사업에 대응되는 원가 중 행정운영성 경비는 관리운영비, 그 외의 원가는 프로그램총원가로 분류
- 비배분비용 및 비배분수익: 이자비용(수익), 평가손익, 자산처분이익 등

제27조【수익과 비용의 정의】 ① 수익은 자산의 증가 또는 부채의 감소를 초래하는 회계연도 동안의 거래로 생긴 순자산의 증가를 말한다. 다만, 관리전환이나 기부채납 등으로 생긴 순자산의 증가는 수익에 포함하지 아니한다.

② 비용은 자산의 감소나 부채의 증가를 초래하는 회계연도 동안의 거래로 생긴 순자산의 감소를 말한다. 다만, 관리전환 등으로 생긴 순자산의 감소는 비용에 포함하지 아니한다.

제28조【수익과 비용의 인식기준】 ① 수익은 다음과 같이 인식한다.

1. 교환거래로 생긴 수익은 재화나 서비스 제공의 반대급부로 생긴 사용료, 수수료 등으로서 수익창출활동이 끝나고 그 금액을 합리적으로 측정할 수 있을 때에 인식한다.

2. 비교환거래로 생긴 수익은 직접적인 반대급부 없이 생기는 지방세, 보조금, 기부금 등으로서 해당수익에 대한 청구권이 발생하고 그 금액을 합리적으로 측정할 수 있을 때에 인식한다.

② 비용은 다음과 같이 인식한다.

1. 교환거래에 따르는 비용은 반대급부로 발생하는 급여, 지급수수료, 임차료, 수선유지비 등으로서 대가를 지급하는 조건으로 민간부문이나 다른 공공부문으로부터 재화와 서비스의 제공이 끝나고 그 금액을 합리적으로 측정할 수 있을 때에 인식한다.

2. 비교환거래에 의한 비용은 직접적인 반대급부 없이 발생하는 보조금, 기부금 등으로서 가치의 이전에 대한 의무가 존재하고 그 금액을 합리적으로 측정할 수 있을 때에 인식한다.

제29조【재정운영표의 작성기준】① 재정운영표의 모든 수익과 비용은 발생주의 원칙에 따라 거래나 사실이 발생한 기간에 표시한다.

② 수익과 비용은 그 발생원천에 따라 명확하게 분류하여야 하며, 해당 항목의 중요성에 따라 별도의 과목으로 표시하거나 다른 과목과 통합하여 표시할 수 있다. 이 경우 해당 항목의 중요성은 금액과 질적 요소를 고려하여 판단하여야 한다.

제29조의2(원가계산) ① 원가는 회계실체가 사업의 목표를 달성하고 성과를 창출하기 위하여 직접적·간접적으로 투입한 경제적 자원의 가치를 말한다.

② 원가의 계산에 관한 세부적인 사항은 행정안전부장관이 정하는 바에 따른다.

제30조【일반수익의 분류】일반수익은 재원조달의 원천에 따라 다음 각 호와 같이 구분한다.
  1. 자체조달수익: 지방자치단체가 독자적인 과세 권한과 자체적인 징수활동을 통하여 조달한 수익
  2. 정부간이전수익: 회계실체가 국가 또는 다른 지방자치단체로부터 이전받은 수익
  3. 기타수익: 제1호 및 제2호에 따른 수익 외의 수익

제31조 삭제

제32조 삭제

제33조 삭제

제34조 삭제

제5장 현금흐름표

제35조【현금흐름표】① 현금흐름표는 회계연도 동안의 현금자원의 변동에 관한 정보로서 자금의 원천과 사용결과를 표시하는 재무제표로서 경상활동, 투자활동 및 재무활동으로 구성된다.

② 현금흐름표는 별지 제3호서식과 같다.

제36조【현금흐름의 구분】① 경상활동은 지방자치단체의 행정서비스와 관련된 활동으로서 투자활동과 재무활동에 속하지 아니하는 거래를 말한다.

② 투자활동은 자금의 융자와 회수, 장기투자증권·일반유형자산·주민편의시설·사회기반시설 및 무형자산의 취득과 처분 등을 말한다.

③ 재무활동은 자금의 차입과 상환, 지방채의 발행과 상환 등을 말한다.

제37조【현금흐름표의 작성기준】① 현금흐름표는 회계연도 중의 순현금흐름에 회계연도 초의 현금을 더하여 회계연도 말 현재의 현금을 산출하는 형식으로 표시한다.

② 현금의 유입과 유출은 회계연도 중의 증가나 감소를 상계하지 아니하고 각각 총액으로 적는다. 다만, 거래가 잦아 총 금액이 크고 단기간에 만기가 도래하는 경우에는 순증감액으로 적을 수 있다.

③ 현물출자로 인한 유형자산 등의 취득, 유형자산의 교환 등 현금의 유입과 유출이 없는 거래 중 중요한 거래에 대하여는 주석(註釋)으로 공시한다.

제6장 순자산변동표

제38조【순자산변동표】① 순자산변동표는 회계연도 동안의 순자산의 증감 내역을 표시하는 재무제표로서 재정운영결과와 순자산의 변동을 기재한다.

② 제9조제1항에 따라 유형별 재무제표를 통합하여 작성하는 지방자치단체의 재무제표 중 순자산변동보고서는 별지 제4호서식과 같다.

제39조【순자산의 증가와 감소】① 순자산의 증가사항은 전기오류수정이익, 회계기준변경으로 생긴 누적이익 등을 말한다.

② 순자산의 감소사항은 전기오류수정손실, 회계기준변경으로 생긴 누적손실 등을 말한다.

제7장 주석

제40조 삭제

제41조【주석】① 주석(註釋)은 정보이용자에게 충분한 회계정보를 제공하기 위하여 채택한 중요한 회계정책, 회계과목의 세부내역 및 재무제표에 중대한 영향을 미치는 사항을 설명한 것을 말한다.

② 이 규칙에서 규정한 주석(註釋)사항 외에 필요한 경우에는 다음 각 호의 사항을 주석(註釋)으로 공시한다.

1. 지방자치단체 회계실체간의 주요 거래내용
2. 삭제
3. 타인을 위하여 제공하고 있는 담보보증의 내용
4. 천재지변, 중대한 사고, 파업, 화재 등에 관한 내용과 결과
5. 채무부담행위 및 보증채무부담행위의 종류와 구체적 내용
6. 무상사용허가권이 주어진 기부채납자산의 세부내용
7. 그 밖의 사항으로서 재무제표에 중대한 영향을 미치는 사항과 재무제표의 이해를 위하여 필요한 사항

③ 제1항 및 제2항에서 규정한 사항 외에 주석의 내용과 서식은 행정안전부장관이 정한다.

제7장의2 필수보충정보 및 부속명세서

제42조【필수보충정보】① 필수보충정보는 재무제표의 내용을 보완하고 이해를 돕기 위하여 필수적으로 제공되어야 하는 정보를 말한다.

② 필수보충정보는 다음 각 호의 정보를 말한다.

1. 예산결산요약표
2. 별지 제5호서식에 따른 지방자치단체의 성질별 재정운영표
2의2. 별지 제6호서식에 따른 일반회계의 재정운영표
2의3. 별지 제7호서식에 따른 개별 회계실체(일반회계는 제외한다)의 재정운영표
3. 관리책임자산
4. 예산회계와 재무회계의 차이에 대한 명세서
5. 그 밖에 재무제표에는 반영되지 아니하였으나 중요하다고 판단되는 정보

③ 제2항의 예산결산요약표 및 예산회계와 재무회계의 차이에 대한 명세서는 예산결산이 완료된 후에 첨부할 수 있다.

제43조【부속명세서】부속명세서는 재무제표에 표시된 회계과목에 대한 세부내역을 명시할 필요가 있을 때에 제공되어야 하는 추가적인 정보를 말한다.

제44조【필수보충정보 및 부속명세서의 작성지침】제42조 및 제43조에 따른 필수보충정보 및 부속명세서의 내용과 서식은 행정안전부장관이 정한다.

제8장 자산 및 부채의 평가

제45조【자산의 평가기준】 ① 재정상태표에 기록하는 자산의 가액은 해당 자산의 취득원가를 기초로 하여 계상함을 원칙으로 한다. 다만, 교환, 기부채납, 관리전환, 그 밖에 무상으로 취득한 자산의 가액은 공정가액을 취득원가로 한다.

② 재정상태표에 기재하는 자산은 자산의 진부화, 물리적인 손상 및 시장가치의 급격한 하락 등의 원인으로 인하여 해당 자산의 회수가능가액이 장부가액에 미달하고 그 미달액이 중요한 경우에는 이를 장부가액에서 직접 차감하여 회수가능가액으로 조정하고 감액내역을 주석(註釋)으로 공시한다. 이 경우 회수가능가액은 해당 자산의 순 실현가능액과 사용가치 중 큰 금액으로 한다.

구분	국가회계기준	지방자치단체회계기준
자산의 평가	취득원가주의	취득원가주의
공정가액 평가	무주부동산, 국가 외의 상대방과 교환, 기부채납	기부채납, 관리전환, 그 밖에 무상으로 취득한 자산
관리전환	• 무상: 장부가액 취득원가 • 유상: 공정가액 취득원가	공정가액 취득원가
감액손실	인식	인식
감액손실 환입	인식	규정 없음

제46조【미수세금 등의 평가】 ① 미수세금은 합리적이고 객관적인 기준에 따라 평가하여 대손충당금을 설정하고 이를 미수세금 금액에서 차감하는 형식으로 표시하며, 대손충당금의 내역을 주석(註釋)으로 공시한다.

② 미수세외수입금, 단기대여금, 장기대여금 등에 관하여는 제1항의 규정을 준용한다.

제47조【재고자산의 평가】 재고자산은 구입가액에 부대비용을 더하고 이에 선입선출법을 적용하여 산정한 가액을 취득원가로 한다. 다만, 실물흐름과 원가산정방법 등에 비추어 다른 방법을 적용하는 것이 보다 합리적이라고 인정되는 경우에는 개별법, 이동평균법 등을 적용하고 그 내용을 주석(註釋)으로 공시한다.

구분	국가회계기준	지방자치단체회계기준
재고자산	• 선입선출법 등을 적용 • 재고자산평가손실 인식	• 선입선출법 등을 적용 • 재고자산평가손실 언급 없음

제48조【장기투자증권의 평가】 장기투자증권은 매입가격에 부대비용을 더하고 이에 종목별로 총평균법을 적용하여 산정한 취득원가로 평가함을 원칙으로 한다.

구분	국가회계기준	지방자치단체회계기준

유가증권	• 종목별로 총평균법 등을 적용
	• 단기투자증권/장기투자증권 구분
	• 채무증권: 상각후원가 평가
	  지분증권: 취득원가 평가
	  투자목적: 공정가액 평가
		종목별로 총평균법을 적용

제49조【일반유형자산과 주민편의시설의 평가】 ① 일반유형자산과 주민편의시설은 당해 자산의 건설원가나 매입가액에 부대비용을 더한 취득원가로 평가함을 원칙으로 한다.

② 일반유형자산과 주민편의시설 중 상각대상 자산에 대한 감가상각은 정액법을 원칙으로 한다.

③ 일반유형자산과 주민편의시설에 대한 사용수익권은 해당 자산의 차감항목으로 표시한다.

제50조【사회기반시설의 평가】① 사회기반시설의 평가에 관하여는 제49조의 규정을 준용한다.

② 사회기반시설 중 유지보수를 통하여 현상이 유지되는 도로, 도시철도, 하천부속시설 등은 감가상각 대상에서 제외할 수 있으며, 유지보수에 투입되는 비용과 감가상각을 하지 아니한 이유를 주석(註釋)으로 공시한다.

③ 사회기반시설에 대한 사용수익권은 해당 자산의 차감항목으로 표시한다.

구분	국가회계기준	지방자치단체회계기준
재평가모형	규정 있음	언급 없음

제51조【무형자산의 평가】① 무형자산은 당해 자산의 개발원가나 매입가액에 취득부대비용을 더한 가액을 취득원가로 한다.

② 무형자산은 정액법에 따라 당해 자산을 사용할 수 있는 시점부터 합리적인 기간동안 상각한다. 다만, 독점적·배타적인 권리를 부여하는 관계법령이나 계약에서 정한 경우를 제외하고는 20년을 넘을 수 없다.

제52조【자본적 지출과 경상적 지출】자산취득 이후의 지출 중 당해 자산의 내용연수를 연장시키거나 가치를 실질적으로 증가시키는 지출은 자본적 지출로 처리하고, 당해 자산을 원상회복시키거나 능률유지를 위한 지출은 경상적 지출로 처리한다.

제53조【부채의 평가기준】부채의 가액은 회계실체가 지급의무를 지는 채무액을 말하며, 채무액은 이 규칙에서 정하는 것을 제외하고는 만기상환가액으로 함을 원칙으로 한다.

제54조【지방채증권의 평가】① 지방채증권은 발행가액으로 평가하되, 발행가액은 지방채증권 발행수수료 및 발행과 관련하여 직접 발생한 비용을 뺀 후의 가액으로 한다.

② 지방채증권의 액면가액과 발행가액의 차이는 지방채할인 또는 할증 발행차금으로 하고, 할인 또는 할증 발행차금은 증권 발행시부터 최종 상환시까지의 기간에 유효이자율 등으로 상각 또는 환입하고 그 상각액 또는 환입액은 지방채증권에 대한 이자비용에 더하거나 뺀다.

제55조【퇴직급여충당 부채의 평가】① 퇴직급여충당 부채는 회계연도말 현재 「공무원연금법」을 적용받는 지방공무원을 제외한 무기계약근로자 등이 일시에 퇴직할 경우 지방자치단체가 지급하여야 할 퇴직금에 상당한 금액으로 한다.

② 퇴직금 지급규정, 퇴직금 산정내역, 회계연도 중 실제로 지급한 퇴직금 등은 주석(註釋)으로 공시한다.

제56조【채권·채무의 현재가치에 따른 평가】① 장기연불조건의 매매거래, 장기금전대차거래 또는 이와 유사한 거래에서 발생하는 채권·채무로서 명목가액과 현재가치의 차이가 중요한 경우에는 이를 현재가치로 평가한다.

② 제1항의 현재가치는 당해 채권·채무로 인하여 받거나 지급할 총금액을 적절한 이자율로 할인한 가액으로 한다.

③ 제2항의 적절한 할인율은 당해 거래의 유효이자율을 적용한다. 다만, 당해 거래의 유효이자율을 확인하기 어려운 경우에는 유사한 조건의 국채수익률을 적용한다.

④ 제1항에 따라 발생하는 채권·채무의 명목가액과 현재가치의 차액은 현재가치 할인차금의 과목으로 하여 당해 채권·채무의 명목가액에서 빼는 방식으로 기록하고 적용한 할인율, 기간 및 회계처리방법 등은 주석(註釋)으로 공시한다.

제57조【외화자산과 외화부채의 평가】① 화폐성 외화자산과 화폐성 외화부채는 회계연도 종료일 현재의 적절한 환율로 평가한 가액을 재정상태표 가액으로 한다.

② 비화폐성 외화자산과 비화폐성 외화부채는 해당 자산을 취득하거나 해당 부채를 부담한 당시의 적절한 환율로 평가한 가액을 재정상태표 가액으로 함을 원칙으로 한다.

③ 화폐성 외화자산과 화폐성 외화부채는 외화예금, 외화융자금, 외화차입금 등과 같이 화폐가치의 변동과 상관없이 자산과 부채금액이 계약 및 기타의 원인에 의하여 일정액의 화폐액으로 고정되어 있는 경우의 당해 자산과 부채를 말한다.

제58조【리스에 따른 자산과 부채의 평가】① 리스는 지방자치단체가 일정기간 설비 등 특정 자산의 사용권을 리스회사로부터 이전받고, 그 대가로 사용료를 지급하는 계약을 말한다.

② 리스는 금융리스와 운용리스로 구분하며, 금융리스는 리스자산의 소유에 따른 위험과 효익이 실질적으로 리스이용자에게 이전되는 리스이고, 운용리스는 금융리스 외의 리스를 말한다.

③ 금융리스는 리스료를 내재이자율로 할인한 가액과 리스자산의 공정가액 중 낮은 금액을 리스자산과 리스부채로 각각 계상하여 감가상각하고, 운용리스는 리스료를 해당 회계연도의 비용으로 회계처리한다.

제59조【우발상황】① 우발상황은 미래에 어떤 사건이 발생하거나 발생하지 아니함으로 인하여 궁극적으로 확정될 손실 또는 이익으로서 발생 여부가 불확실한 현재의 상태 또는 상황을 말한다.

② 우발상황에는 진행 중인 소송사건, 채무에 대한 지급보증, 배상책임 등이 포함되며, 우발상황은 다음 각 호와 같이 처리한다.

1. 재정상태표 보고일 현재 우발손실의 발생이 확실하고 그 손실금액을 합리적으로 추정할 수 있는 경우: 우발손실을 재무제표에 반영하고 그 내용을 주석으로 표시

2. 재정상태표 보고일 현재 우발손실의 발생이 확실하지 아니하거나 우발손실의 발생은 확실하지만 그 손실금액을 합리적으로 추정할 수 없는 경우: 우발상황의 내용, 우발손실에 따른 재무적 영향을 주석으로 표시

3. 우발이익의 발생이 확실하고 그 이익금액을 합리적으로 추정할 수 있는 경우: 우발상황의 내용을 주석으로 표시

제60조【회계변경과 오류수정】① 회계정책과 회계추정의 변경은 그 변경으로 재무제표를 보다 적절히 표시할 수 있는 경우 또는 법령 등에서 새로운 회계기준을 채택하거나 기존의 회계기준을 폐지하여 변경이 불가피한 경우에 할 수 있으며, 그 유형에 따라 다음 각 호와 같이 처리한다.

1. 회계정책의 변경에 따른 영향은 해당 회계연도 재정상태표의 순자산에 반영한다. 다만, 회계정책의 변경에 따른 누적효과를 합리적으로 추정하기 어려운 경우에는 회계정책의 변경에 따른 영향을 해당 회계연도와 그 회계연도 후의 기간에 반영할 수 있다.

2. 회계추정의 변경에 따른 영향은 해당 회계연도 후의 기간에 미치는 것으로 한다.

3. 회계정책 또는 회계추정을 변경한 경우에는 그 변경내용, 변경사유 및 변경이 해당 회계연도의 재무제표에 미치는 영향을 주석으로 표시한다.

② 오류의 수정은 전년도 이전에 발생한 회계기준적용의 오류, 추정의 오류, 계정분류의 오류, 계산상의 오류, 사실의 누락 및 사실의 오용 등을 수정하는 것으로서 다음 각 호의 구분에 따라 처리한다.

1. 중대한 오류: 오류가 발생한 회계연도 재정상태표의 순자산에 반영하고, 관련된 계정잔액을 수정. 이 경우 비교재무제표를 작성할 때에는 중대한 오류의 영향을 받는 회계기간의 재무제표 항목을 다시 작성한다.

2. 제1호 외의 오류: 해당 회계연도의 재정운영표에 반영

③ 회계변경과 오류수정의 회계처리에 대한 사항은 주석으로 표시하되, 제2항제1호에 따른 중대한 오류를 수정한 경우에는 다음 각 호의 사항을 주석으로 포함한다.

1. 중대한 오류로 판단한 근거

2. 비교재무제표에 표시된 과거회계기간에 대한 수정금액

3. 비교재무제표가 다시 작성되었다는 사실

제61조【재정상태표 보고일 이후 발생한 사건】① 재정상태표 보고일 이후 발생한 사건의 회계처리에 대해서는 행정안전부장관이 정한다.

② 재정상태표 보고일 이후 발생한 사건은 회계연도의 말일인 재정상태표 보고일과 「지방회계법」 제7조제3항에 따른 출납사무 완결기한 사이에 발생한 사건으로서 재정상태표 보고일 현재 존재하였던 상황에 대한 추가적 증거를 제공하는 사건을 말한다.

재정상태표

해당연도 20XX년 X월 X일 현재
직전연도 20XX년 X월 X일 현재

지방자치단체명 (단위: 원)

과목	해당연도(20XX년)						직전연도(20XX년)					
	일반회계	기타특별회계	기금회계	지방공기업특별회계	내부거래	계	일반회계	기타특별회계	기금회계	지방공기업특별회계	내부거래	계
자산												
Ⅰ. 유동자산												
현금및현금성자산												
단기금융상품												
…												
Ⅱ. 투자자산												
장기금융상품												
장기대여금												
…												
Ⅲ. 일반유형자산												
토지												
건물												
건물감가상각누계액												
…												
Ⅳ. 주민편의시설												
도서관												
주차장												
…												
Ⅴ. 사회기반시설												
도로												
도시철도												
…												
Ⅵ. 기타비유동자산												
보증금												
무형자산												
자산 총계												
부채												
Ⅰ. 유동부채												
단기차입금												
유동성장기차입부채												
…												
Ⅱ. 장기차입부채												
장기차입금												
지방채증권												
…												
Ⅲ. 기타비유동부채												
퇴직급여충당부채												
…												
부채 총계												
순자산												
Ⅰ. 고정순자산												
Ⅱ. 특정순자산												
Ⅲ. 일반순자산												
순자산 총계												
부채와 순자산 총계												

재정운영표

해당연도 20XX년 X월 X일부터 20XX년 X월 X일까지
직전연도 20XX년 X월 X일부터 20XX년 X월 X일까지

지방자치단체명   (단위: 원)

과목	해당연도(20XX년)					직전연도(20XX년)				
	총원가	사업수익	순원가	내부거래	계	총원가	사업수익	순원가	내부거래	계
Ⅰ. 사업순원가										
일반공공 행정										
공공질서 및 안전										
…										
Ⅱ. 관리운영비										
1. 인건비										
급여										
…										
2. 경비										
도서구입 및 인쇄비										
…										
Ⅲ. 비배분비용										
자산처분손실										
기타비용										
…										
Ⅳ. 비배분수익										
자산처분이익										
기타이익										
…										
Ⅴ. 재정운영순원가(Ⅰ+Ⅱ+Ⅲ−Ⅳ)										
Ⅵ. 일반수익										
1. 자체조달수익										
지방세수익										
경상세외수익										
…										
2. 정부간이전수익										
지방교부세수익										
보조금수익										
…										
3. 기타수익										
전입금수익										
기타 재원조달										
…										
Ⅶ. 재정운영결과(Ⅴ−Ⅵ)										

현금흐름표

해당연도 20XX년 X월 X일부터 20XX년 X월 X일까지
직전연도 20XX년 X월 X일부터 20XX년 X월 X일까지

지방자치단체명 (단위: 원)

과목	해당연도(20XX년)						직전연도(20XX년)					
	일반 회계	기타 특별 회계	기금 회계	지방 공기업 특별 회계	내부 거래	계	일반 회계	기타 특별 회계	기금 회계	지방 공기업 특별 회계	내부 거래	계
Ⅰ. 경상활동으로 인한 현금 흐름												
1. 경상활동으로 인한 현금 유입액												
자체조달수익												
정부간이전수익												
…												
2. 경상활동으로 인한 현금 유출액												
인건비												
운영비												
정부간이전비용												
민간등이전비용												
…												
Ⅱ. 투자활동으로 인한 현금 흐름												
1. 투자활동으로 인한 현금 유입액												
대여금의 회수												
장기투자증권의 처분												
일반유형자산의 처분												
…												
2. 투자활동으로 인한 현금 유출액												
대여금의 상환												
장기투자증권의 취득												
일반유형자산의 취득												
…												
Ⅲ. 재무활동으로 인한 현금 흐름												
1. 재무활동으로 인한 현금 유입액												
차입금의 차입												
지방채증권의 발행												
…												
2. 재무활동으로 인한 현금 유출액												
차입금의 상환												
지방채증권의 상환												
…												
Ⅳ. 현금의 증가(감소)(Ⅰ + Ⅱ + Ⅲ)												
Ⅴ. 기초의 현금												
Ⅶ. 기말의 현금(Ⅳ + Ⅴ)												

■ 지방자치단체 회계기준에 관한 규칙 [별지 제4호서식]

순자산변동표

해당연도 20XX년 X월 X일부터 20XX년 X월 X일까지
직전연도 20XX년 X월 X일부터 20XX년 X월 X일까지

지방자치단체명 (단위: 원)

과목	해당연도(20XX년)						직전연도(20XX년)					
	일반 회계	기타 특별 회계	기금 회계	지방 공기업 특별 회계	내부 거래	계	일반 회계	기타 특별 회계	기금 회계	지방 공기업 특별 회계	내부 거래	계
Ⅰ. 기초순자산												
Ⅱ. 재정운영결과												
Ⅲ. 순자산의 증가												
전기오류수정이익 회계기준변경으로 생긴 누적이익 …												
Ⅳ. 순자산의 감소												
전기오류수정손실 회계기준변경으로 생긴 누적손실 …												
Ⅴ. 기말순자산(Ⅰ - Ⅱ + Ⅲ - Ⅳ)												

재정운영표(성질별)

해당연도 20XX년 X월 X일부터 20XX년 X월 X일까지
직전연도 20XX년 X월 X일부터 20XX년 X월 X일까지

지방자치단체명   (단위: 원)

과목	해당연도(20XX년)						직전연도(20XX년)					
	일반 회계	기타 특별 회계	기금 회계	지방 공기업 특별 회계	내부 거래	계	일반 회계	기타 특별 회계	기금 회계	지방 공기업 특별 회계	내부 거래	계
Ⅰ. 인건비												
급여												
복리후생비												
…												
Ⅱ. 운영비												
소모품비												
지급수수료												
업무추진비												
…												
Ⅲ. 정부간이전비용												
시도비보조금												
조정교부금												
…												
Ⅳ. 민간등이전비용												
민간보조금												
출연금												
…												
Ⅴ. 기타비용												
자산처분손실												
자산감액손실												
…												
Ⅵ. 비용총계												
Ⅶ. 자체조달수익												
지방세수익												
경상세외수익												
임시세외수익												
Ⅷ. 정부간이전수익												
지방교부세수익												
보조금수익												
…												
Ⅸ. 기타수익												
전입금수익												
기부금수익												
…												
Ⅹ. 수익총계												
Ⅺ. 재정운영결과(Ⅵ - Ⅹ)												

재정운영표(일반회계)

해당연도 20XX년 X월 X일부터 20XX년 X월 X일까지
직전연도 20XX년 X월 X일부터 20XX년 X월 X일까지

지방자치단체명 (단위: 원)

과목	해당연도(20XX년)			직전연도(20XX년)		
	총원가	사업수익	순원가	총원가	사업수익	순원가
I. 사업순원가						
일반공공 행정						
일반행정						
부서명						
정책사업						
…						
공공질서 및 안전						
…						
II. 관리운영비						
1. 인건비						
급여						
…						
2. 경비						
도서구입 및 인쇄비						
…						
III. 비배분비용						
자산처분손실						
기타비용						
…						
IV. 비배분수익						
자산처분이익						
기타이익						
…						
V. 재정운영순원가(I + II + III − IV)						
VI. 일반수익						
1. 자체조달수익						
지방세수익						
경상세외수익						
…						
2. 정부간이전수익						
지방교부세수익						
보조금수익						
…						
3. 기타수익						
전입금수익						
…						
VII. 재정운영결과(V − VI)						

■ 지방자치단체 회계기준에 관한 규칙 [별지 제7호서식]

재정운영표(회계)

해당연도 20XX년 X월 X일부터 20XX년 X월 X일까지
직전연도 20XX년 X월 X일부터 20XX년 X월 X일까지

지방자치단체명

(단위: 원)

과목	해당연도(20XX년)			직전연도(20XX년)		
	총원가	사업수익	순원가	총원가	사업수익	순원가
Ⅰ. 사업순원가(○○ 기능)						
부서명						
정책사업						
단위사업						
세부사업						
…						
Ⅱ. 관리운영비						
1. 인건비						
급여						
…						
2. 경비						
도서구입 및 인쇄비						
…						
Ⅲ. 비배분비용						
자산처분손실						
기타비용						
…						
Ⅳ. 비배분수익						
자산처분이익						
기타이익						
…						
Ⅴ. 재정운영순원가(Ⅰ+Ⅱ+Ⅲ-Ⅳ)						
Ⅵ. 일반수익						
1. 정부간이전수익						
지방교부세수익						
보조금수익						
…						
2. 기타수익						
전입금수익						
기타 재원조달						
…						
Ⅶ. 재정운영결과(Ⅴ-Ⅵ)						

01 국가 및 지방자치단체회계에서 자산과 부채는 유동·비유동구분법과 유동성순서배열법 중 선택하여 작성한다.
( )

02 국가회계에서 자산은 유동자산, 투자자산, 일반유형자산, 사회기반시설, 무형자산 및 기타 비유동자산으로 구분하여 재정상태표에 표시한다.
( )

03 국가회계에서 현재 세대와 미래 세대를 위하여 정부가 영구히 보존하여야 할 자산으로서 역사적, 자연적, 문화적, 교육적 및 예술적으로 중요한 가치를 갖는 자산을 유산자산이라 하고, 유산자산은 자산으로 인식하지 아니하고 그 종류와 현황 등을 주석으로 공시한다.
( )

04 지방자치단체회계에서 순자산은 기본순자산, 적립금 및 잉여금, 순자산조정으로 구분한다.
( )

05 원천징수하는 국세는 원천징수의무자가 원천징수한 금액을 신고·납부하는 때에 수익으로 인식한다.
( )

06 연부연납 또는 분납하는 국세는 분할 납부가 일어나는 때에 수익으로 인식한다.
( )

07 국가회계실체 사이에 발생하는 관리전환은 무상거래일 경우에는 자산의 장부가액을 취득원가로 하고, 유상거래일 경우에는 자산의 공정가액을 취득원가로 한다.
( )

08 주민편의시설 중 관리·유지 노력에 따라 취득 당시의 용역 잠재력을 그대로 유지할 수 있는 시설에 대해서는 감가상각하지 아니하고 관리·유지에 투입되는 비용으로 감가상각비용을 대체할 수 있다.
( )

09 지방자치단체회계에서 자산은 유동자산, 투자자산, 일반유형자산, 주민편의시설, 사회기반시설, 기타비유동자산으로 분류한다.
( )

10 주민편의시설은 주민의 편의를 위하여 1년 이상 반복적 또는 계속적으로 사용되는 자산으로서 도서관, 주차장, 공원, 박물관 및 미술관 등을 말한다.
( )

01 × 자산과 부채는 유동성이 높은 항목부터 배열한다.
02 ○
03 × 유산자산은 자산으로 인식하지 아니하고 그 종류와 현황 등을 필수보충정보로 공시한다.
04 × 국가회계에서 순자산은 기본순자산, 적립금 및 잉여금, 순자산조정으로 구분한다.
05 ○
06 × 연부연납 또는 분납하는 국세는 징수할 세금이 확정된 때에 그 납부할 세액 전체를 수익으로 인식한다.
07 ○
08 × 사회기반시설 중 관리·유지 노력에 따라 취득 당시의 용역 잠재력을 그대로 유지할 수 있는 시설에 대해서는 감가상각하지 아니하고 관리·유지에 투입되는 비용으로 감가상각비용을 대체할 수 있다.
09 ○
10 ○

1 국가회계기준에 관한 규칙

01 '국가회계기준에 관한 규칙'에서 정한 재정상태표 요소의 구분과 표시에 대한 설명으로 옳지 않은 것은?

2016년 국가직 9급

① 재정상태표는 자산, 부채, 순자산으로 구성되며, 자산 항목과 부채 또는 순자산 항목을 상계하지 않고 총액으로 표시한다.
② 자산은 유동자산, 투자자산, 일반유형자산, 유산자산, 무형자산 및 기타비유동자산으로 구분한다.
③ 부채는 유동부채, 장기차입부채, 장기충당부채 및 기타비유동부채로 구분한다.
④ 순자산은 기본순자산, 적립금 및 잉여금, 순자산조정으로 구분한다.

02 다음 중 국가회계기준에 관한 규칙에 따른 재무제표에 대한 설명 중 올바른 것은? 2014년 서울시 9급

① 재무제표는 국가회계법 제14조 제3호에 따라 재정상태표, 재정운영표, 순자산변동표로 구성하되, 재무제표에 대한 주석과 필수보충정보를 포함한다.
② 재무제표의 과목은 해당 항목의 중요성에 따라 별도의 과목으로 표시하거나 다른 과목으로 통합하여 표시할 수 있다.
③ 재무제표를 통합하여 작성할 경우 중앙 관서의 재정상태 및 재정운영에 관한 정보를 명확히 구분할 수 있도록 내부거래는 상계하지 않는다.
④ 비교하는 형식으로 작성되는 두 회계연도의 재무제표는 계속성의 원칙에 따라 작성하며, 국가회계법에 따른 적용범위, 회계정책 또는 규칙 등이 변경된 경우에는 그 내용을 필수보충정보로 공시한다.
⑤ 국고금관리법 시행령 제2장에 따른 출납정리기한 중에 발생하는 거래에 대한 회계처리는 차기 회계연도에 발생한 거래로 본다.

---

01 ② 자산은 유동자산, 투자자산, 일반유형자산, 사회기반시설, 무형자산 및 기타비유동자산으로 구분한다.

02 ② ① 재무제표는 국가회계법 제14조 제3호에 따라 재정상태표, 재정운영표, 순자산변동표로 구성하되, 재무제표에 대한 주석을 포함한다.
③ 재무제표를 통합하여 작성할 경우 내부거래는 상계하여 작성한다.
④ 비교하는 형식으로 작성되는 두 회계연도의 재무제표는 계속성의 원칙에 따라 작성하며, 국가회계법에 따른 적용범위, 회계정책 또는 규칙 등이 변경된 경우에는 그 내용을 주석으로 공시한다.
⑤ 국고금관리법 시행령 제2장에 따른 출납정리기한 중에 발생하는 거래에 대한 회계처리는 해당 회계연도에 발생한 거래로 본다.

03 '국가회계기준에 관한 규칙'상 재정상태표에 대한 설명으로 옳은 것은? 2016년 국가직 7급

① 자산은 유동자산, 투자자산, 일반유형자산, 사회기반시설, 주민편의시설 및 기타비유동자산으로 구분한다.
② 부채의 가액은 '국가회계기준에 관한 규칙'에 따로 정한 경우를 제외하고는 원칙적으로 현재가치로 평가한다.
③ 국가안보와 관련된 자산과 부채는 기획재정부장관과 협의하여 자산과 부채로 인식하지 아니할 수 있다.
④ 순자산은 고정순자산, 특정순자산 및 일반순자산으로 분류한다.

04 '국가회계기준에 관한 규칙'상 자산의 인식기준으로 옳지 않은 것은? 2015년 국가직 7급

① 자산은 공용 또는 공공용으로 사용되는 등 공공서비스를 제공할 수 있거나 직접적 또는 간접적으로 경제적 효익을 창출하거나 창출에 기여할 가능성이 매우 높아야 한다.
② 자산은 그 가액을 신뢰성 있게 측정할 수 있어야 한다.
③ 국가안보와 관련된 자산은 기획재정부장관과 협의하여 자산으로 인식하지 아니할 수 있다.
④ 현재 세대와 미래 세대를 위하여 정부가 영구히 보존하여야 할 자산으로서 역사적, 자연적, 문화적, 교육적 및 예술적으로 중요한 가치를 갖는 유산자산은 재정상태표상 자산으로 인식한다.

05 국가회계기준에 관한 규칙에 대한 설명으로 옳지 않은 것은? 2015년 국가직 9급

① 재무제표는 재정상태표, 재정운영표, 순자산변동표로 구성하되 재무제표에 대한 주석을 포함한다.
② 현재 세대와 미래 세대를 위하여 정부가 영구히 보존하여야 할 자산으로서 역사적, 자연적, 문화적, 교육적 및 예술적으로 중요한 가치를 갖는 자산(유산자산)은 자산으로 인식하지 아니하고 그 종류와 현황 등을 필수보충정보로 공시한다.
③ 재정상태표에 표시하는 부채의 가액은 원칙적으로 현재가치로 평가한다.
④ 사회기반시설 중 관리·유지 노력에 따라 취득 당시의 용역 잠재력을 그대로 유지할 수 있는 시설에 대해서는 감가상각하지 아니하고 관리·유지 노력에 투입되는 비용으로 감가상각비용을 대체할 수 있다.

---

03 ③ ① 자산은 유동자산, 투자자산, 일반유형자산, 사회기반시설, 무형자산 및 기타비유동자산으로 구분한다.
② 부채의 가액은 '국가회계기준에 관한 규칙'에 따로 정한 경우를 제외하고는 원칙적으로 만기상환가액으로 평가한다.
④ 순자산은 기본순자산, 적립금 및 잉여금, 순자산조정으로 구분한다.

04 ④ 유산자산은 자산으로 인식하지 아니하고 그 종류와 현황 등을 필수보충정보로 공시한다.

05 ③ 재정상태표에 표시하는 부채의 가액은 원칙적으로 만기상환가액으로 평가한다.

06 '국가회계기준에 관한 규칙'에서 정한 자산과 부채의 평가에 대한 내용으로 옳지 않은 것은?

2016년 국가직 9급

① 일반유형자산에 대한 사용수익권은 해당 자산의 차감항목에 표시한다.
② 사회기반시설 중 관리·유지 노력에 따라 취득 당시 용역잠재력을 그대로 유지할 수 있는 시설에 대해서는 감가상각하지 아니하고 관리·유지에 투입되는 비용으로 감가상각비용을 대체할 수 있다.
③ 유가증권은 부대비용을 제외한 매입가액에 종목별로 총평균법을 적용하여 산정한 가액을 취득원가로 한다.
④ 재정상태표에 표시하는 부채의 가액은 '국가회계기준에 관한 규칙'에 따로 정한 경우를 제외하고는 원칙적으로 만기상환가액으로 평가한다.

07 '국가회계기준에 관한 규칙'상 자산과 부채의 평가에 대한 설명으로 옳지 않은 것은?

2015년 국가직 7급

① 재고자산의 시가가 취득원가보다 낮은 경우에는 시가를 재정상태표 가액으로 하며, 생산과정에 투입될 원재료의 시가는 순실현가능가액을 말한다.
② 재고자산은 제조원가 또는 매입가액에 부대비용을 더한 금액을 취득원가로 한다.
③ 재고자산은 실물흐름과 원가산정 방법 등에 비추어 선입선출법 이외의 방법을 적용하는 것이 보다 합리적이라고 인정되는 경우에는 개별법, 이동평균법 등을 적용하고 그 내용을 주석으로 표시한다.
④ 국가회계실체 사이에 발생하는 관리전환은 무상거래일 경우에는 자산의 장부가액을 취득원가로 하고, 유상거래일 경우에는 자산의 공정가액을 취득원가로 한다.

08 '국가회계기준에 관한 규칙'상 비교환수익의 유형에 따른 수익인식기준에 대한 설명으로 옳지 않은 것은?

2015년 지방직 9급

① 신고·납부하는 방식의 국세: 납세의무자가 세액을 자진신고하는 때에 수익으로 인식
② 정부가 부과하는 방식의 국세: 국가가 고지하는 때에 수익으로 인식
③ 연부연납 또는 분납이 가능한 국세: 납세의무자가 납부한 때에 납부한 세액을 수익으로 인식
④ 부담금수익: 청구권이 확정된 때에 그 확정된 금액을 수익으로 인식

---

06 ③ 유가증권은 매입가액에 부대비용을 더하고 종목별로 총평균법 등을 적용하여 산정한 가액을 취득원가로 한다.

07 ① 원재료의 시가는 현행대체원가를 말한다.

08 ③ 연부연납 또는 분납이 가능한 국세는 징수할 세금이 확정된 때에 그 납부할 세액 전체를 수익으로 인식한다.

09 국가회계기준에 관한 규칙의 수익 인식에 관한 설명으로 옳지 않은 것은? 2014년 국가직 9급

① 정부가 부과하는 방식의 국세는 국가가 국세를 수납하는 때에 수익으로 인식한다.

② 원천징수하는 국세는 원천징수의무자가 원천징수한 금액을 신고, 납부하는 때에 수익으로 인식한다.

③ 분납이 가능한 국세는 징수할 세금이 확정된 때에 그 납부할 세액 전체를 수익으로 인식한다.

④ 기부금 수익은 청구권이 확정된 때에 그 확정된 금액을 수익으로 인식한다.

10 국가회계기준에 관한 규칙에 대한 설명으로 옳지 않은 것은? 2014년 국가직 7급

① 국세수익은 중앙관서 또는 기금의 재정운영표에는 표시되지 않지만, 국가의 재정운영표에는 표시된다.

② 비교환수익은 수익창출활동이 끝나고 그 금액을 합리적으로 측정할 수 있을 때 인식한다.

③ 신고·납부하는 방식의 국세는 납세의무자가 세액을 자진신고하는 때에 수익으로 인식한다.

④ 원천징수하는 국세는 원천징수의무자가 원천징수한 금액을 신고·납부하는 때에 수익으로 인식한다.

11 '국가회계기준에 관한 규칙'에 대한 설명으로 옳지 않은 것은? 2016년 국가직 7급

① 국세징수활동표는 재무제표의 내용을 보완하고 이해를 돕기 위하여 제공되는 필수보충정보이다.

② 유산자산의 종류, 수량 및 관리상태는 주석으로 표시한다.

③ 금융리스는 리스료를 내재이자율로 할인한 가액과 리스자산의 공정가액 중 낮은 금액을 리스자산과 리스부채로 각각 계상하여 감가상각한다.

④ 장기연불조건의 거래에서 발생하는 채권·채무로서 명목가액과 현재가치의 차이가 중요한 경우에는 현재가치로 평가한다.

---

09 ① 정부가 부과하는 방식의 국세는 국가가 고지하는 때에 수익으로 인식한다.

10 ② 교환수익은 수익창출활동이 끝나고 그 금액을 합리적으로 측정할 수 있을 때 인식한다.

11 ② 유산자산의 종류, 수량 및 관리상태는 필수보충정보로 표시한다.

12 '국가 회계기준에 관한 규칙'에 대한 설명으로 옳지 않은 것은?   2016년 서울시 7급

① 재무제표는 재정상태표, 재정운영표, 순자산변동표로 구성하되, 재무제표에 대한 주석을 포함한다.

② 재무제표는 해당 회계연도분과 직전 회계연도분을 비교하는 형식으로 작성한다.

③ 재무제표는 국가의 재정활동에 직접적 또는 간접적으로 이해관계를 갖는 정보이용자가 국가의 재정활동 내용을 파악하고, 합리적으로 의사결정을 할 수 있도록 유용한 정보를 제공하는 것을 목적으로 한다.

④ 재무제표를 통합하여 작성하더라도 내부거래는 상계하지 않는다.

13 '국가 회계기준에 관한 규칙'상 유가증권 평가에 대한 설명으로 옳지 않은 것은?   2016년 서울시 7급

① 유가증권은 자산의 분류기준에 따라 단기투자증권과 장기투자증권으로 구분한다.

② 유가증권은 매입가액에 부대비용을 더하고 종목별로 총평균법 등을 적용하여 산정한 가액을 취득원가로 한다.

③ 채무증권, 지분증권 및 기타 장단기투자증권은 취득원가로 평가한다.

④ 유가증권의 회수가능액이 장부가액 미만으로 하락하고 그 하락이 장기간 계속되어 회복될 가능성이 없을 경우에는 장부가액과의 차액을 감액손실로 인식하고 재정운영순원가에 반영한다.

14 국가회계기준에 관한 규칙에서 규정하고 있는 자산의 평가와 관련된 설명으로 옳지 않은 것은?

2014년 국가직 7급

① 융자보조원가충당금은 융자사업에서 발생한 융자금 원금과 추정 회수가능액의 현재가치와의 차액으로 평가하며, 보증충당부채는 보증채무불이행에 따른 추정 순현금유출액의 현재 가치로 평가한다.

② 재정상태표일 현재 장기 및 단기 투자증권의 신뢰성 있는 공정가치를 측정할 수 있어 당해 자산을 공정가치로 평가할 경우 장기투자증권평가손익은 순자산변동으로 회계처리하고, 단기투자증권평가손익은 재정운영표의 수익 또는 비용으로 보고한다.

③ 기부채납을 통해 무상취득한 일반유형자산의 경우에는 취득 당시의 공정가액을 취득원가로 계상하는데, 일반유형자산에 대한 사용수익권은 해당 자산의 차감항목에 표시한다.

④ 효율적인 사회기반시설 관리시스템으로 사회기반시설의 용역잠재력이 취득 당시와 같은 수준으로 유지된다는 것이 객관적으로 증명되는 경우에 사회기반시설 중 관리·유지 노력에 따라 취득 당시의 용역잠재력을 그대로 유지할 수 있는 시설에 대해서는 감가상각을 하지 않고, 관리·유지에 투입되는 비용으로 감가상각비용을 대체할 수 있다.

---

12 ④ 재무제표를 통합하여 작성할 경우 내부거래는 상계하여 작성한다(국가회계기준에 관한 규칙 제6조 제1항 제4호).

13 ③ 채무증권은 상각후취득원가로 평가하고 지분증권과 기타 장기투자증권 및 기타 단기투자증권은 취득원가로 평가한다(국가회계기준에 관한 규칙 제33조 제3항).

14 ② 투자목적의 장기투자증권 또는 단기투자증권인 경우에는 재정상태일 현재 신뢰성 있게 공정가액을 측정할 수 있으면 그 공정가액으로 평가하며, 장부가액과 공정가액의 차이금액은 순자산변동표에 조정항목으로 표시한다.

15 국가회계기준에 관한 규칙상 '자산과 부채의 평가'에 대한 설명으로 옳지 않은 것은? 2018년 국가직 7급

① 국가회계실체 사이에 발생하는 관리전환이 무상거래일 경우에는 취득 당시의 공정가액을 취득원가로 한다.

② 무형자산은 정액법에 따라 해당 자산을 사용할 수 있는 시점부터 합리적인 기간 동안 상각한다.

③ 비화폐성 외화자산을 역사적 원가로 측정하는 경우 해당 자산을 취득한 당시의 적절한 환율로 평가한다.

④ 보증충당부채는 보증채무불이행에 따른 추정 순현금유출액의 현재가치로 평가한다.

16 중앙관서 A의 재정운영표를 작성하기 위한 자료가 다음과 같을 때 재정운영순원가는?

2017년 지방직 9급(12월 추가)

• 프로그램수익	₩ 400	• 비배분비용	₩ 50
• 국세수익	₩ 100	• 관리운영비	₩ 100
• 프로그램총원가	₩ 700	• 비배분수익	₩ 70

① ₩ 280

② ₩ 350

③ ₩ 380

④ ₩ 450

17 국가회계기준에 관한 규칙에 대한 설명으로 옳은 것은? 2018년 국가직 9급

① 회계처리와 재무제표 작성을 위한 계정과목과 금액은 그 중요성에 따라 실용적인 방법으로 결정하여야 한다.

② 자산 항목과 부채 또는 순자산 항목을 상계함으로써 그 전부 또는 일부를 재정상태표에서 제외할 수 있다.

③ 이 규칙에서 정하는 것 외의 사항에 대해서는 일반적으로 인정되는 회계원칙을 따를 수 있으나, 일반적으로 공정하고 타당하다고 인정되는 회계관습은 따르지 않는다.

④ 재무제표는 재정상태표, 재정운영표, 순자산변동표로 구성하되 재무제표에 대한 주석은 제외한다.

---

15 ① 국가회계실체 사이에 발생하는 관리전환이 무상거래일 경우에는 취득 당시의 장부금액을 취득원가로 한다.

16 ③

	Ⅰ. 프로그램순원가	300
	프로그램총원가	700
(−)	프로그램수익	400
(+)	Ⅱ. 관리운영비	100
(+)	Ⅲ. 비배분비용	50
(−)	Ⅳ. 비배분수익	70
=	Ⅴ. 재정운영순원가	380

17 ① ② 자산 항목과 부채 또는 순자산 항목을 상계함으로써 그 전부 또는 일부를 재정상태표에서 제외해서는 아니 된다.

③ 이 규칙에서 정하는 것 외의 사항에 대해서는 일반적으로 인정되는 회계원칙과 일반적으로 공정하고 타당하다고 인정되는 회계관습에 따른다.

④ 재무제표는 재정상태표, 재정운영표, 순자산변동표로 구성하되, 재무제표에 대한 주석을 포함한다.

708 해커스공무원 학원·인강 gosi.Hackers.com

18 다음 자료를 이용하여 국가회계실체인 A부의 재정상태표에 표시할 자산의 장부가액은? 2018년 국가직 9급

- 국가회계실체인 B부가 ₩200,000,000으로 계상하고 있던 토지를 관리전환받아 공정가액 ₩300,000,000을 지급하고 취득함
- 국가 외의 상대방으로부터 공정가액 ₩1,000,000,000인 건물을 무상으로 기부받고 동시에 건물에 대하여 10년에 걸쳐 사용수익권 ₩500,000,000을 기부자에게 제공하기로 함
- 공정가액 ₩700,000,000인 무주토지를 발굴하여 자산에 등재함

① ₩1,400,000,000   ② ₩1,500,000,000
③ ₩2,000,000,000   ④ ₩2,500,000,000

19 다음의 자료를 이용하여 중앙관서 A의 재정운영표를 작성하는 경우 재정운영순원가는? 2019년 국가직 9급

• 프로그램순원가	₩300,000	• 관리운영비	₩150,000
• 이자비용	₩130,000	• 유형자산처분이익	₩150,000
• 부담금수익	₩30,000	• 채무면제이익	₩300,000

① ₩150,000   ② ₩220,000
③ ₩380,000   ④ ₩430,000

18 ② 300,000,000(관리전환 – 유상) + 1,000,000,000 – 500,000,000 + 700,000,000 = ₩1,500,000,000

19 ④ 재정운영순원가: 300,000(프로그램순원가) + 150,000(관리운영비) + 130,000(비배분비용 – 이자비용) – 150,000(비배분수익 – 유형자산처분이익) = ₩430,000

2 지방자치단체회계기준에 관한 규칙

20 지방자치단체회계기준에 관한 규칙에 의한 재무보고서에 포함되지 않는 것은? 2014년 지방직 9급 수정

① 성과보고서
② 재무제표
③ 세입세출결산
④ 국유재산관리운용 보고서

21 지방자치단체 회계기준에 관한 규칙에서 규정하고 있는 자산 분류를 나타낸 것으로 적절하지 않은 것은? 2014년 국가직 9급

① 유동자산: 현금및현금성자산, 단기금융상품, 미수세외수입금 등
② 투자자산: 장기금융상품, 장기대여금, 장기투자증권 등
③ 주민편의시설: 주차장, 도로, 공원 등
④ 사회기반시설: 상수도시설, 수질정화시설, 하천부속시설 등

22 '지방자치단체회계기준에 관한 규칙'에 대한 설명으로 옳지 않은 것은? 2016년 지방직 9급

① 순자산은 특정순자산, 고정순자산, 일반순자산으로 분류되는데, 일반순자산은 고정순자산과 특정순자산을 제외한 나머지 금액을 의미한다.
② 지방세, 보조금 등의 비교환거래로 생긴 수익은 비록 금액을 합리적으로 측정할 수 없더라도 해당 수익에 대한 청구권이 발생한 시점에 수익으로 인식한다.
③ 일반유형자산과 주민편의시설 중 상각대상 자산에 대한 감가상각은 정액법을 원칙으로 한다.
④ 문화재, 예술작품, 역사적 문건 및 자연자원은 자산으로 인식하지 아니하고 필수보충정보의 관리책임자산으로 보고한다.

---

20 ④ 지방자치단체회계의 결산(재무)보고서는 결산개요, 세입세출결산, 재무제표, 성과보고서로 구성되며 이는 국가회계와 일치한다.

21 ③ 도로는 사회기반시설에 해당한다.

22 ② 지방세, 보조금 등의 비교환거래로 생긴 수익은 해당 수익에 대한 청구권이 발생하고 그 금액을 합리적으로 측정할 수 있을 때 인식한다.

23 '지방자치단체 회계기준에 관한 규칙'에 대한 다음의 설명 중 가장 옳지 않은 것은? 2016년 서울시 9급

① 무상으로 취득한 자산의 가액은 공정가액을 취득원가로 한다.

② 재정운영순원가는 사업순원가에서 관리운영비 및 비배분비용은 더하고, 비배분수익을 빼서 표시한다.

③ 자산은 공공서비스의 잠재력을 창출하거나 미래의 경제적 효익이 회계실체에 유입될 가능성이 높고 그 금액을 신뢰성 있게 측정할 수 있을 때 인식한다.

④ 지방자치단체 재무제표는 일반회계·기타특별회계·기금회계 및 지방공기업특별회계의 유형별 재무제표를 통합하여 작성한다. 이 경우 내부거래는 상계하고 작성한다.

24 '지방자치단체 회계기준에 관한 규칙'에서 규정하는 자산의 회계처리에 대한 설명으로 옳은 것은? 2017년 국가직 9급(4월 시행)

① 재고자산은 구입가액에 부대비용을 더하고 이에 총평균법을 적용하여 산정한 가액을 취득원가로 평가함을 원칙으로 한다.

② 장기투자증권은 매입가격에 부대비용을 더하고 이에 종목별로 선입선출법을 적용하여 산정한 취득원가로 평가함을 원칙으로 한다.

③ 주민편의시설 중 상각대상 자산에 대한 감가상각은 정액법을 원칙으로 한다.

④ 사회기반시설 중 유지보수를 통하여 현상이 유지되는 도로, 도시철도, 하천부속시설 등에 대한 감가상각은 사용량비례법을 원칙으로 한다.

---

23 ③ 자산은 공공서비스의 잠재력을 창출하거나 미래의 경제적 효익이 회계실체에 유입될 가능성이 거의 확실하고 그 금액을 신뢰성 있게 측정할 수 있을 때 인식한다.

24 ③ ① 재고자산은 구입가액에 부대비용을 더하고 이에 선입선출법을 적용하여 산정한 가액을 취득원가로 한다.
  ② 장기투자증권은 매입가격에 부대비용을 더하고 이에 종목별로 총평균법을 적용하여 산정한 취득원가로 평가함을 원칙으로 한다.
  ④ 사회기반시설 중 유지보수를 통하여 현상이 유지되는 도로, 도시철도, 하천부속시설 등은 감가상각 대상에서 제외할 수 있다.

25 '지방자치단체 회계기준에 관한 규칙'에 대한 설명으로 옳지 않은 것은? 2015년 지방직 9급

① 비용은 자산의 감소나 부채의 증가를 초래하는 회계연도 동안의 거래로 생긴 순자산의 감소를 말하며, 관리전환 등으로 생긴 순자산의 감소도 비용에 포함된다.

② 문화재, 예술작품, 역사적 문건 및 자연자원은 자산으로 인식하지 아니하고 필수보충정보의 관리책임자산으로 보고한다.

③ 지방자치단체의 재무제표는 재정상태표, 재정운영표, 현금흐름표, 순자산변동표 및 주석으로 구성된다.

④ 순자산의 감소사항은 전기오류수정손실, 회계기준변경으로 생긴 누적손실 등을 말한다.

26 다음은 어느 지방자치단체의 재정운영표 내용이다. 재정운영순원가는? 2015년 국가직 9급

• 사업총원가	₩ 117,000
• 사업수익	39,000
• 관리운영비	65,000
• 비배분비용	47,000
• 비배분수익	38,000
• 일반수익	37,000

① ₩ 106,000   ② ₩ 115,000

③ ₩ 143,000   ④ ₩ 152,000

---

25 ① 관리전환 등으로 생긴 순자산의 감소는 비용에 포함하지 않는다.

26 ④

	Ⅰ. 사업순원가	78,000
	사업총원가	117,000
(−)	사업수익	39,000
(+)	Ⅱ. 관리운영비	65,000
(+)	Ⅲ. 비배분비용	47,000
(−)	Ⅳ. 비배분수익	38,000
=	Ⅴ. 재정운영순원가	152,000

27 지방자치단체 수익에 대한 설명으로 옳지 않은 것은?   2018년 국가직 9급

① 지방자치단체가 과세권을 바탕으로 징수하는 세금은 자체조달수익으로 분류한다.

② 지방자치단체가 기부채납방식으로 자산을 기부받는 경우 기부시점에 수익으로 인식한다.

③ 회계실체가 국가 또는 다른 지방자치단체로부터 이전받은 수익은 정부간이전수익으로 분류한다.

④ 교환거래로 생긴 수익은 수익창출이 끝나고 그 금액을 합리적으로 측정할 수 있을 때에 인식한다.

28 '지방자치단체 회계기준에 관한 규칙'상 수익과 비용의 정의 및 인식기준에 대한 설명으로 옳지 않은 것은?   2017년 지방직 9급(12월 추가)

① 교환거래로 생긴 수익은 사용료, 수수료, 보조금 등을 포함한다.

② 관리전환 등으로 생긴 순자산의 감소는 비용에 포함하지 아니한다.

③ 교환거래로 생긴 수익은 수익창출활동이 끝나고 그 금액을 합리적으로 측정할 수 있을 때에 인식한다.

④ 비교환거래에 의한 비용은 가치의 이전에 대한 의무가 존재하고 그 금액을 합리적으로 측정할 수 있을 때에 인식한다.

29 '지방자치단체 회계기준에 관한 규칙'에 대한 설명 중 가장 옳지 않은 것은?   2018년 서울시 9급

① 지방자치단체의 재무제표는 일반회계·기타특별회계·기금회계 및 지방공기업특별회계의 유형별 재무제표를 통합하여 작성한다.

② 현금흐름표는 회계연도 동안의 현금자원의 변동에 관한 정보로서 자금의 원천과 사용결과를 표시하는 재무제표로서 경상활동, 투자활동 및 재무활동으로 구성된다.

③ 재정운영표의 수익과 비용은 그 발생원천에 따라 명확하게 분류하여야 하며, 해당 항목의 중요성에 따라 별도의 과목으로 표시하거나 다른 과목과 통합하여 표시할 수 있다.

④ 재정상태표의 순자산은 지방자치단체의 기능과 용도를 기준으로 고정순자산과 일반순자산의 2가지로 분류한다.

---

27 ② 관리전환이나 기부채납 등으로 생긴 순자산의 증가는 수익에 포함하지 아니한다.

28 ① 보조금은 비교환수익에 해당한다.

29 ④ 재정상태표의 순자산은 고정순자산, 특정순자산 및 일반순자산으로 분류한다.

30 '지방자치단체 회계기준에 관한 규칙'상의 자산 및 부채 평가와 관련된 다음 설명 중 가장 옳은 것은?

2017년 서울시 9급

① 사회기반시설 중 유지보수를 통하여 현상이 유지되는 도로, 도시철도, 하천부속시설 등도 감가상각하여야 한다.
② 지방채증권은 발행가액으로 평가하되, 발행가액은 지방채 증권 발행수수료 및 발행과 관련하여 직접 발생한 비용을 가산한 가액으로 한다.
③ 일반유형자산과 주민편의시설에 대한 사용수익권은 해당 자산의 차감항목으로 표시한다.
④ 퇴직급여충당부채는 회계연도말 현재 공무원연금법을 적용받는 지방공무원이 일시에 퇴직할 경우 지방자치단체가 지급하여야 할 퇴직금에 상당한 금액으로 한다.

31 '지방자치단체 회계기준에 관한 규칙'상 재무제표의 작성원칙으로 옳지 않은 것은?

2017년 지방직 9급

① 개별 회계실체의 재무제표를 작성할 때에는 지방자치단체 안의 다른 개별 회계실체와의 내부거래를 상계한다.
② 지방자치단체의 재무제표는 일반회계 · 기타특별회계 · 기금회계 및 지방공기업특별회계의 유형별 재무제표를 통합하여 작성한다.
③ 유형별 회계실체의 재무제표를 작성할 때에는 해당 유형에 속한 개별 회계실체의 재무제표를 합산하여 작성한다.
④ 재무제표는 당해 회계연도분과 직전 회계연도분을 비교하는 형식으로 작성되어야 한다.

32 '지방자치단체 회계기준에 관한 규칙'에 대한 설명으로 옳지 않은 것은?

2018년 지방직 9급

① 재무제표는 재정상태표, 재정운영표, 현금흐름표, 순자산변동표, 주석으로 구성된다.
② 재무제표는 일반회계, 기타특별회계, 기금회계 및 지방공기업특별회계의 유형별 재무제표를 통합하여 작성한다. 이 경우 내부거래는 상계하지 않는다.
③ 재무제표는 당해 회계연도분과 직전 회계연도분을 비교하는 형식으로 작성한다.
④ 회계실체는 그 활동의 성격에 따라 행정형 회계실체와 사업형 회계실체로 구분할 수 있다.

---

30 ③ ① 사회기반시설 중 유지보수를 통하여 현상이 유지되는 도로, 도시철도, 하천부속시설 등은 감가상각 대상에서 제외할 수 있다.
   ② 지방채증권은 발행가액으로 평가하되, 발행가액은 지방채 증권 발행수수료 및 발행과 관련하여 직접 발생한 비용을 차감한 가액으로 한다.
   ④ 퇴직급여충당부채는 회계연도말 현재 공무원연금법을 적용받는 지방공무원을 제외한 무기계약근로자 등이 일시에 퇴직할 경우 지방자치단체가 지급하여야 할 퇴직금에 상당한 금액으로 한다.

31 ① 개별 회계실체의 재무제표를 작성할 때에는 지방자치단체 안의 다른 개별 회계실체와의 내부거래를 상계하지 아니한다.

32 ② 지방자치단체의 재무제표는 일반회계 · 기타특별회계 · 기금회계 및 지방공기업특별회계의 유형별 재무제표를 통합하여 작성한다. 이 경우 내부거래는 상계하고 작성한다.

3 국가회계와 지방자치단체회계의 비교

33 '국가회계기준에 관한 규칙'과 '지방자치단체회계기준에 관한 규칙'에 대한 설명으로 옳지 않은 것은?

2016년 지방직 9급

① 국가회계기준의 재무제표에는 현금흐름표가 포함되나, 지방자치단체회계기준의 재무제표에는 현금흐름표가 포함되지 않는다.
② 국가회계기준의 자산 분류에는 주민편의시설이 포함되지 않으나, 지방자치단체회계기준의 자산 분류에는 주민편의시설이 포함된다.
③ 국가회계기준에서는 일반유형자산에 대하여 재평가모형을 적용할 수 있으나, 지방자치단체회계기준에서는 일반유형자산에 대하여 재평가모형을 적용하지 않는다.
④ 국가회계기준과 지방자치단체회계기준 모두 자산과 부채는 유동성이 높은 항목부터 배열하는 것을 원칙으로 한다.

34 '국가회계기준에 관한 규칙'과 '지방자치단체 회계기준에 관한 규칙'에 대한 설명으로 옳지 않은 것은?

2017년 지방직 9급

① 국가의 일반유형자산과 사회기반시설을 취득한 후 재평가할 때에는 공정가액으로 계상하여야 한다.
② 국가와 지방자치단체의 금융리스는 리스료를 내재이자율로 할인한 가액과 리스자산의 공정가액 중 낮은 금액을 리스자산과 리스부채로 각각 계상하여 감가상각한다.
③ 국가의 유가증권은 매입가액에 부대비용을 더하고 종목별로 총평균법 등을 적용하여 산정한 가액을 취득원가로 한다.
④ 기부채납 등으로 인한 지방자치단체의 순자산 증가는 수익에 포함한다.

---

33 ① 지방자치단체회계기준의 재무제표에는 현금흐름표가 포함되나, 국가회계기준의 재무제표에는 현금흐름표가 포함되지 않는다.

34 ④ 지방자치단체회계에서는 관리전환이나 기부채납 등으로 생긴 순자산의 증가는 수익에 포함하지 아니한다.